Editions du Conseil de l'Europe

Lexique
Anglais - Français
(principalement juridique)

Bureau de la Terminologie

Strasbourg, avril 2000

Editions du Conseil de l'Europe
F-67075 Strasbourg Cedex

ISBN 92-871-2313-6
© Conseil de l'Europe, 1993
Réimpression avril 2000
Imprimé en Allemagne

Remerciements de l'éditeur

Le présent ouvrage, dont la confection a exigé plusieurs années, a été réalisé par le Bureau de la Terminologie du Conseil de l'Europe. Ce lexique est issu du matériel terminologique recueilli et compilé par Yvette Kayserlian et Nadine Barry au fil de leur expérience de la traduction. Principalement consacré au droit, il propose également des solutions à de nombreuses difficultés courantes rencontrées par les traducteurs.

Le lexique est organisé en entrées principales (en majuscules) suivies, le cas échéant, d'entrées secondaires (exemples), toutes classées par ordre alphabétique. Les acceptions foncièrement différentes d'un même terme sont numérotées ; le point-virgule indique l'existence d'une nuance de sens importante. Enfin, on trouvera quelquefois une définition ou une explication de termes dont il s'avère impossible de donner une traduction exacte, en raison de l'absence d'équivalent, notamment dans le système juridique français.

Nous tenons à rendre hommage à tous ceux qui ont collaboré à la rédaction de cet ouvrage. Nos remerciements vont d'abord et avant tout aux auteurs, Yvette Kayserlian et Nadine Barry, qui ont bien voulu mettre à la disposition de tous le fruit de leurs connaissances et ont assuré la tâche ingrate de la relecture. Ils s'adressent également à ceux qui, du travail considérable de saisie jusqu'à la mise en page, ont apporté leur concours pour forger cet outil. Nous espérons que, sous sa nouvelle forme, ce lexique vous sera plus utile encore.

ABANDON (to) - <u>Abandonner, délaisser, renoncer à</u>
* **(to) abandon a prosecution** - renoncer à poursuivre (en justice)
* **(to) abandon a ship to the underwriters** - délaisser un navire aux assureurs, faire délaissement du navire aux assureurs
* **(to) abandon a submission** - se déjuger
* **(to) abandon an argument** - se déjuger

ABANDONMENT - 1. <u>Abandon, désistement, renonciation (à un droit)</u>
* **abandonment of a child** - délaissement d'enfant
* **abandonment of land on account of mortgage** - délaissement par hypothèque
* **declaration of abandonment** - déclaration d'abandon (d'un navire)
* **time allowed for making a declaration of abandonment** - délai d'abandon

- 2. <u>Désaffectation (d'un bâtiment, d'une voie publique)</u>

ABATE (to) - 1. <u>Se relâcher, faiblir, fléchir, mollir, s'épuiser, se calmer, céder, lâcher, s'affaiblir, s'apaiser</u>

- 2. <u>Réduire, supprimer</u>

ABATED - Mis en sommeil

ABATEMENT
* **noise-zone abatement** - zone de moindre bruit

ABDUCTION - <u>Enlèvement, rapt, détournement</u>
* **abduction by consent** - rapt par séduction
* **abduction of a child** - enlèvement d'enfant
* **abduction of a minor** - détournement de mineur

ABDUCTOR - Ravisseur

ABETTING - Complicité

ABETTOR - <u>Instigateur, complice</u>
* **abettor of a crime** - instigateur d'un délit, complice d'un délit
* **abettor of disturbances** - fauteur de troubles

ABEYANCE - <u>Suspension (loi), vacance (poste), vacation (droits)</u>
* **estate in abeyance** - succession vacante
* **the matter is still in abeyance** - la question reste pendante
* **(to) fall in abeyance** - tomber en désuétude
* **(to) hold in abeyance** - suspendre (une procédure)
* **(to) leave a decree in abeyance** - suspendre un décret
* **work in abeyance** - travail interrompu, travail provisoirement suspendu, travail en souffrance

ABIDE (to) - <u>Rester, demeurer, maintenir</u>
* **I abide by what I said** - je maintiens mon dire
* **(to) abide by a decision** - respecter une décision, observer une décision
* **(to) abide by a law** - se conformer à une loi
* **(to) abide by a rule** - se conformer à un règlement
* **(to) abide by somebody's advice** - s'en remettre à l'avis de qqn, s'en rapporter à l'avis de qqn
* **(to) abide by the treaty** - s'en tenir à l'application du traité

ABILITY - 1. <u>Compétence, aptitude, intelligence, talent</u>
* **man of ability** - un homme capable
* **personal abilities** - aptitudes personnelles
* **salary commensurate with one's abilities** - revenu salarial proportionnel à ses compétences
* **the ability to convince him** - le fait qu'on ait réussi à le convaincre

- 2. <u>Capacité</u>
* **ability to produce** - capacité de production

- 3. <u>Capacité (juridique), faculté, pouvoir</u>
* **ability to bring action** - capacité d'ester, capacité d'agir en justice
* **ability to pay** - solvabilité, capacité contributive (fisc)

ABLE - 1. <u>Capable, compétent, expert, habile</u>
* **able assistance** - aide efficace
* **able bodied** - vigoureux, valide, apte au travail, robuste
* **able speech** - discours intéressant, discours bien construit
* **able to work** - en état de travailler

- 2. <u>Apte à (juridiquement)</u>
* **able and willing to** - capable et désireux de
* **able to devise property** - apte à léguer
* **(to) be able to do something** - avoir la liberté de faire qqch

- 3.
* **able seaman** - marin breveté

ABNORMAL - <u>Anormal</u>
* **abnormal condition** - anomalie
* **abnormal movements** - mouvements erratiques
* **potentially abnormal condition** - risque d'anomalie

ABODE - <u>Demeure, résidence, domicile</u>
* **fixed abode** - résidence fixe
* **person of no fixed abode** - personne sans domicile fixe
* **person with no fixed abode** - personne sans domicile fixe (SDF)

ABOVE - <u>Au-dessus de</u>
* **above all** - au premier chef
* **above-limit investments** - investissements majeurs (pays de l'Est)
* **above par** - au dessus du pair (change)
* **above-quota deliveries** - livraisons hors contingent
* **above-the-line expenditures** - dépenses du budget ordinaire
* **above-the-line income** - recettes du budget ordinaire
* **described above** - déjà signalé, susvisé
* **the above** - (ce) qui précède, l'exposé ci-dessus
* **(to) be above** - être au-dessus de, excéder, être supérieur à, dépasser, être en sus de
* **(to) rise above** - dépasser
* **(to) shoot above** - bondir au-dessus, dépasser rapidement

ABREAST - <u>De front, sur la même ligne</u>
* **(to) be abreast of the times** - être de son époque, vivre avec son temps
* **(to) keep abreast of events** - rester à la hauteur des événements
* **(to) keep abreast of the times** - être de son époque, vivre avec son temps
* **(to) keep wages abreast of the cost of living** - maintenir les salaires au niveau du coût de la vie

ABSCOND (to) - Se soustraire à la justice, fuir

ABSCONDER - Contumax, défaillant, fugitif, évadé

ABSCONDING - <u>Fuite, évasion</u>
* **danger of absconding** - danger de fuite

ABSENCE - 1. <u>Absence, éloignement</u>
* **absence without leave** - absence irrégulière, absence illégale, absence non réglementaire
* **excused absence** - absence justifiée
* **leave of absence** - congé

- 2. <u>Défaut</u>
* **absence of evidence** - défaut de preuve
* **in the absence of** - à défaut de, faute de
* **sentenced in his absence** - condamné par contumace, condamné par défaut

ABSENTIA - <u>Par défaut</u>
* **conviction in absentia** - condamnation par contumace
* **(person) convicted of a felony in absentia** - jugement par défaut (civil)
* **judgment in absentia** - jugement par contumace (pénal)
* **retrial after conviction in absentia** - purge de la contumace

ABSOLUTE - <u>Absolu, souverain, péremptoire, définitif</u>
* **absolute decree** - décision définitive, décision irrévocable
* **absolute distress** - misère absolue
* **absolute ground of divorce** - cause péremptoire de divorce
* **absolute impediment** - empêchement dirimant
* **absolute liability** - obligation inconditionnelle
* **absolute power** - droit souverain
* **absolute right** - droit souverain
* **absolute veto** - veto formel

ABSORB (to) - <u>Absorber, résorber, prendre à sa charge, endosser, supporter, digérer; éponger, pomper, drainer; amortir; ne pas pouvoir répercuter; insérer; imputer sur; résorber (chômage)</u>
* **selling is usually well absorbed** - les offres trouvent facilement preneurs
* **(to) be absorbed** - être intégré à, être absorbé par

ABSORPTION - <u>(qqfs) Consommation</u>
* **industrial absorption** - besoins industriels, consommation industrielle

ABSTINENCE - <u>Abstinence</u>
* **period of abstinence** - (qqfs) période de viduité

ABSTRACT - Aperçu, résumé analytique, recueil, relevé, sommaire, analyse (documentaire), précis, condensé, sommaire
* **abstract journal** - bulletin signalétique, revue d'analyse (CNRS)
* **papers and abstracts** - mémoires et résumés
* **statistical abstracts** - sommaire statistique (publication annuelle condensée)

ABSTRACTING
* **abstracting periodical** - périodique d'analyse
* **abstracting services** - services de résumés analytiques
* **indexing and abstracting** - indexage et analyse documentaire

ABSTRACTION - Abstraction
* **abstraction of information** - dépouillement, classification

ABSTRACTOR - Analyste

ABUSE - 1. Abus, utilisation abusive, usage abusif
* **abuse from an official** - manquement d'un fonctionnaire aux devoirs de sa charge
* **abuse of authority** - abus de pouvoir
* **abuse of process** - abus de procédure
* **abuse of State's grant** - détournement des fonds alloués par l'Etat
* **abuse of trust** - prévarication
* **abuse of veto** - usage abusif du veto
* **child abuse** - sévices à enfant
* **child sexual abuse** - violences sexuelles sur enfant
* **sexual abuse** - violences sexuelles
* **(to) remedy an abuse** - redresser un abus

- 2. Insultes, injures, dénigrement, scandale
* **public abuses** - scandales

- 3. Violences, mauvais traitements, voies de fait, (qqfs) dommages
* **sexual abuse** - viol, attentat à la pudeur

ABUTTING - Limitrophe, riverain
* **abutting on** - confinant à, aboutissant à, limitrophe
* **abutting against** - confinant à, aboutissant à, limitrophe
* **abutting on the street** - riverain de la voie publique
* **obligation imposed on an abutting owner** - servitude de riveraineté
* **obligation imposed on owners of property abutting on public roads** - servitude de voirie
* **rights of abutting owners** - droit de riveraineté

ACADEMIC - 1. Spéculatif, théorique, intellectuel, abstrait
* **academic economist** - théoricien de l'économie

- 2. Scolaire, universitaire, classique
* **academic ability** - aptitude scolaire
* **academic freedom** - indépendance de l'enseignement
* **academic studies** - études classiques (par opposition à techniques)
* **academic subjects** - matières traditionnelles
* **academic training** - formation générale
* **academic writings** - travaux scientifiques, travaux savants, travaux universitaires
* **academic year** - année scolaire, année universitaire

- 3. Intellectuel, platonique, (qqfs) désintéressé (personne), stérile (chose), les théoriciens

ACADEMY - 1. Académie

- 2. Ecole
* **business academy** - école commerciale

- 3. (qqfs) Ecole des Beaux-Arts

ACCEDE (to) - Adhérer
* **the other party accedes to the appeal of the accused** - la partie adverse se joint à l'appel du prévenu
* **(to) adhere to a request** - faire droit à une demande, accueillir une demande, retenir une demande
* **(to) adhere to a treaty** - adhérer à un traité

ACCELERATE (to) - Accélérer, pousser, activer, hâter, précipiter, diligenter

ACCEPT (to) - Accepter, retenir, adhérer à, adopter, souscrire à, admettre, s'incliner devant, prendre son parti de, donner son assentiment à, agréer, approuver, se rallier à, déclarer recevable
* **a widely accepted belief** - une idée largement accréditée
* **accepted custom** - usage admis
* **accepted definition** - définition habituelle
* **against accepted opinion** - à l'encontre des idées reçues, contrairement à l'opinion courante
* **contrary accepted opinion** - à l'encontre des idées reçues, contrairement à l'opinion courante
* **doctrine universally accepted** - doctrine (devenue) classique
* **he does not accept that** - il conteste que
* **it was accepted that** - il a été reconnu que, il a été admis que

./..

* **nor do they accept the argument** - ils rejettent aussi l'idée que
* **principles generally accepted** - principes communément admis
* **results universally accepted** - résultats incontestés
* **should not be accepted** - est à proscrire
* **they could not accept that** - ils voient mal en quoi
* **they coult not accept this** - ils ne peuvent pas souscrire à cette affirmation
* **this being accepted as** - étant admis que
* **(to) be generally accepted** - recueillir l'adhésion générale

ACCEPTABLE - Recevable, admissible, possible, acceptable (amendement, etc.), populaire (mesure), qui rencontre l'agrément de, propre à rallier les suffrages
* **an acceptable method** - une méthode satisfaisante
* **is acceptable to my delegation** - ma délégation est disposée à accepter, ma délégation est en mesure d'accepter
* **more acceptable to all** - ralliant plus facilement l'adhésion de tous
* **(to) be acceptable to** - rencontrer l'agrément de
* **widely acceptable** - susceptible d'être généralement accepté

ACCEPTANCE - 1. Acceptation, agrément, acquiescement
* **acceptance house** - agence de courtiers
* **acceptance inferred from conduct** - acceptation implicite
* **acceptance of a bill** - acceptation d'un effet
* **acceptance of a judgment** - acquiescement à un jugement
* **acceptance of liability for costs** - prise en charge des frais
* **accommodation acceptance** - acceptation de complaisance
* **clean acceptance** - acceptation sans réserves, acceptation pure et simple
* **conditional acceptance** - acceptation conditionnelle, acceptation sous réserve
* **general acceptance** - acceptation sans réserves, acceptation pure et simple
* **idea gaining acceptance** - idée qui fait école
* **instrument of acceptance** - instrument d'acceptation
* **it achieved a wide measure of acceptance** - l'idée recueillit l'adhésion de nombreux...
* **notice of acceptance** - avis d'acceptation
* **partial acceptance** - acceptation restreinte, acceptation partielle
* **qualified acceptance** - acceptation conditionnelle, acceptation sous réserve
* **silence cannot constitute acceptance** - silence n'implique pas acceptation
* **this theory has gained some acceptance** - cette théorie a trouvé quelque crédit

* **(to) win acceptance for one's opinion** - faire prévaloir son opinion
* **unconditional acceptance** - acceptation sans réserves, acceptation pure et simple

- 2. Prise en charge (transports)

ACCEPTED - Apprécié, en renom, en vedette, en vue
* **accepted price index** - indice des prix officiels
* **generally accepted** - entré dans les moeurs
* **the most accepted writers** - les auteurs les plus appréciés, les auteurs les plus en vogue

ACCESS - 1. Accès, droit de visite
* **access is not barred by law** - le droit ne fait pas obstacle à l'accès
* **denial of access** - refus d'accéder (à une instance), impossibilité d'accéder (à une instance)
* **effective access was denied to** - (il) s'est vu refuser en pratique l'accès à
* **her access to court is barred by the fact that** - le fait que... l'a empêchée de saisir la justice
* **insufficient access to the highway** - issue insuffisante sur la voie publique
* **right of access** - droit de visite (à un enfant)
* **staying access** - droit d'hébergement (d'un enfant sous la garde d'un tiers)
* **(to) exercise direct personal access** - saisir directement les tribunaux
* **(to) secure proper access** - assurer dûment l'accès à

- 2. Accessibilité, accès, consultation
* **access time** - délai de restitution
* **public access to archives** - consultabilité des archives, accès aux archives
* **random access** - accès aléatoire
* **right of access** - droit de consultation
* **segmental access** - accès segmentiel
* **short access storage** - mémoire à restitution rapide
* **(to) have access to** - consulter (des documents)

ACCESSIBLE - 1. Abordable (qqch), approchable (qqn)
* **a person easily accessible** - personne d'abord facile

- 2. Accessible (chose)
* **collection not accessible to the public** - collection non ouverte au public, collection non visible par le public

- 3. Vérifiable
* **fact accessible** - fait vérifiable

ACCESSION - 1. <u>Adhésion</u>
* **accession instrument** - instrument d'adhésion
* **accession to a treaty** - adhésion à un traité
* **declaration of accession** - déclaration d'adhésion
* **right of accession** - droit adhérer, droit d'accession

- 2. <u>Embauche (écon.)</u>
* **accession rate** - taux d'embauche

ACCESSIONING - <u>Enregistrement, inscription au registre</u>
* **accessioning of serials** - enregistrement des publications en série

ACCESSORY - 1. <u>Annexe, accessoire, subsidiaire</u>
* **accessory right** - droit annexe

- 2. <u>Instigateur, complice</u>
* **accessory after the fact** - complice par assistance, complice après coup
* **accessory before the fact** - complice par instigation

ACCIDENT - 1. <u>Accident</u>
* **accident prone** - accidentéiste, prédisposé aux accidents
* **accident report** - constat d'accident (ass.)
* **accidents of sea** - événements de mer
* **defence of inevitable accident** - plaider l'accident inévitable
* **industrial accident** - accident du travail

- 2. <u>Cas</u>
* **by a mere accident** - par pur hasard
* **(to) leave nothing to accident** - parer à toute éventualité
* **unforeseeable accident** - cas fortuit
* **unforeseen accident** - cas fortuit

ACCIDENTAL - <u>Accidentel, fortuit</u>
* **accidental occurrence** - cas fortuit
* **purely accidental** - fortuit
* **purely accidental loss** - perte fortuite

ACCIDENTALLY - <u>Par cas fortuit, par mégarde, par hasard, fortuitement</u>

ACCOMMODATE (to) - <u>Accommoder, servir, obliger (qqn); s'accommoder (de qqch), faire face à (USA)</u>
* **accommodating items (budget)** - transferts compensatoires
* **(to) accommodate oneself to circumstances** - s'adapter aux circonstances
* **(to) accommodate somebody with something** - fournir qqch à qqn

ACCOMMODATION - 1. <u>Accommodement, complaisance, (qqfs) accueil</u>
* **accommodation acceptance** - acceptation de complaisance
* **accommodation address** - adresse fictive
* **accommodation bill** - effet de complaisance, "traite de cavalerie"
* **accommodation documents** - documents de complaisance
* **bank accommodation** - facilités de caisse, prêts bancaires
* **(to) come to an accommodation** - arriver à un compromis, s'arranger à l'amiable

- 2. <u>Habitation, logement, facilités</u>
* **accommodation of a meeting** - conditions matérielles d'une réunion
* **accommodation supplied by the employing business** - logement d'entreprise
* **allocation of accommodation** - affectation de logement
* **hospital accommodation** - facilités d'hospitalisation
* **hotel accommodation** - hébergement
* **living accommodation** - local d'habitation
* **official accommodation** - logement de fonction
* **standard of travel accommodation** - conditions de voyage
* **(to) provide free-living accommodation** - fournir gratuitement le vivre et le couvert
* **under-occupied accommodation** - logement insuffisamment occupé

ACCOMPANIMENT - Accompagnement; corollaire

ACCOMPANY (to) - <u>Accompagner, être le corollaire de</u>
* **is accompanied by** - entraîne, est assorti de

ACCOMPANYING - Concomitant (symptôme)

ACCOMPLICE - Complice, co-auteur d'un délit

ACCOMPLISH (to) - Accomplir, venir à bout de, exécuter, achever, mener à bonne fin, réaliser
* **accomplished art** - art consommé
* **(to) accomplish one's objective** - atteindre son but
* **(to) know what X has accomplished** - on connaît le bel effort de X

ACCORD - Accord, consentement, consensus
* **accord and satisfaction** - dation en paiement, libération d'une obligation (à titre onéreux), novation exécutée
* **in accord with** - en conformité avec
* **of its own accord** - de son propre mouvement
* **(to) be out of accord with somebody** - être en désaccord avec qqn
* **with one accord** - d'un commun accord

ACCORDANCE - (Conforme)
* **in accordance with** - en conformité avec, faisant suite à, conformément aux dispositions de, comme il est prévu à, correspondant à, dans le cadre de
* **in full accordance with** - strictement conforme à

ACCORDING - Sur le modèle de, suivant (les normes), eu égard à, conformément
* **according to instructions** - conformément aux instructions
* **according to what you decide** - selon votre décision, suivant votre décision
* **figures compiled according to the UN system** - statistiques établies sur le modèle du système de l'ONU

ACCORDINGLY - 1. Aussi, c'est pourquoi, en conséquence, donc, à cette fin

- 2. Conformément à, à ce titre

ACCOUNT (subst.) - 1. Compte, comptabilité
* **account day** - jour du règlement, liquidation
* **account status** - état du compte, situation du compte
* **accounts payable** - dettes passives, sommes dues par le débiteur
* **accounts receivable** - dettes actives, sommes dues au débiteur
* **ajustment (debtor and creditor) account** - compte de régularisation
* **appropriation accounts** - comptes d'affectation

* **budget account** - compte budgétaire
* **budgetary management account** - compte de gestion budgétaire
* **capital accounts** - comptes de capital
* **capital expenditures account** - comptes immobilisations
* **capital finance account** - compte de financement du capital
* **cash accounts** - comptes de trésorerie
* **cost accounts** - comptes économiques
* **current account debtor** - débiteur en compte courant
* **current account deficit** - déficit de la balance commerciale
* **demand account** - compte à vue
* **deposit account** - compte de dépôt
* **discharge of an account** - apurement d'un compte
* **escrow account** - compte fiduciaire bloqué
* **expenditure account** - compte de dépenses
* **falsification of accounts** - faux en écritures comptables
* **final accounts** - comptes de clôture
* **final annual accounts** - comptes de fin d'exercice
* **industrial accounts** - comptabilité industrielle
* **itemized account** - compte détaillé
* **link accounts** - comptes de liaison, comptes de relation
* **national accounts** - comptes de la nation
* **offset account** - compte d'ordre
* **operating cost and receipt accounts** - comptes des charges et recettes d'exploitation
* **production account** - compte d'exploitation
* **revenue account** - compte de recettes
* **screen accounts** - comptes écrans
* **share premium account** - compte "primes d'émission"
* **social accounts** - comptabilité économique
* **statement of account** - état comptable
* **stationery account** - dépôt inactif
* **suspense account** - compte d'ordre, compte d'attente, compte de méthode
* **(to) audit the accounts** - contrôler les comptes, vérifier les comptes
* **(to) balance the accounts** - solder les comptes
* **(to) check and settle an account** - apurer un compte
* **(to) enter in an account** - passer en comptabilité
* **(to) keep the accounts** - tenir la comptabilité
* **trading account** - compte d'exploitation
* **type of account** - nature des comptes

- 2. Etude, examen, compte rendu, analyse
* **account of the procedure** - description de la procédure
* **statement of account** - exposé, étude

- 3. Récit, témoignage
* **eye-witness account** - récit de témoin oculaire

- 4. Etat
* **account of assets and liabilities** - état de l'actif et du passif

./..

* **on account of** - en raison de
* **(to) be called to account** - devoir rendre compte (de ses activités, de sa conduite)
* **(to) give account** - faire connaître (le résultat de démarches, d'une requête, de travaux), donner des précisions
* **(to) take into account** - s'informer de, tenir (dûment, le plus grand) compte de, faire entrer en ligne de compte, ne pas négliger l'incidence de, faire la part de

ACCOUNT (to)

* **is accounted as follows** - se décompose comme suit, se répartit comme suit
* **is accounted for by** - est dû à, est imputable à; s'explique par; tire son origine de; doit être attribué à
* **(to) account for** - représenter, fournir, recevoir, absorber la part de... dans, intervenir à raison de; s'expliquer par; contribuer à; être à l'origine de
* **(to) be accounted** - être porté en compte, être comptabilisé

ACCOUNTABILITY - 1. Responsabilité (sociale, fonctionnelle, gestionnaire, de gestion, administrative, comptable, financière, politique)

- 2. Obligation de se justifier, obligation de justification, obligation de rendre compte

- 3. Imputabilité
* **public accountability** - contrôle public

ACCOUNTABLE - Comptable, responsable, redevable

* **accountable receipt** - reçu certifié, pièce comptable
* **(to) be accountable to somebody for something** - être responsable de qqch devant qqn, être comptable envers qqn de qqch

ACCOUNTANT - Comptable

* **chartered accountant** - expert comptable

ACCOUNTING - Comptable, comptabilité

* **accounting clerk** - commis comptable
* **accounting code number** - code comptable
* **accounting document** - document comptable
* **accounting exchange rate** - taux de change comptable
* **accounting groups** - sections comptables
* **accounting on a value basis** - comptabilité-bilan
* **accounting period** - exercice comptable
* **accounting procedures** - méthodes comptables

* **accounting records** - les comptes, la comptabilité
* **accounting unit** - unité de compte
* **accounting units** - sections comptables
* **accountins systems** - systèmes comptables, systèmes de comptabilité
* **basic accounting structure** - comptabilité cadre
* **business accounting** - comptabilité d'entreprise
* **current-cost accounting** - comptabilité aux coûts courants
* **management accounting** - comptabilité de gestion

ACCREDITATION - Validation (diplôme), autorisation (journalistes), accréditation (ambassadeurs)

ACCREDITED - Accrédité, attitré

* **accredited beliefs** - croyances reçues, croyances admises, croyances orthodoxes
* **accredited opinions** - opinions reçues, opinions admises, opinions orthodoxes
* **accredited representative** - représentant qualifié

ACCRUAL - Accumulation

* **accrual and cash basis for the accounting of financial transactions** - comptabilisation des opérations financières sur la base de l'exercice et sur la base de la gestion
* **accruals** - créances venues à terme
* **date of accrual** - point de départ, apparition, survenance
* **on an accrual basis** - base de l'exercice, système de l'exercice; comptabilité patrimoniale

ACCRUE (to) - 1. Provenir de, dériver de

* **advantages that accrue to society from** - avantages que la société retire de
* **(to) accrue from** - provenir de, dériver de
* **(to) accrue to somebody** - revenir à qqn
* **(to) accrue to something** - s'ajouter à qqch

- 2. Courir, s'accumuler (intérêts), échoir
* **(to) accrue a leave** - accumuler son congé

ACCRUED - Accumulé, échu, acquis, à recevoir, gagné; à payer, couru
* **accrued annual leave** - jours de congé annuel
* **accrued expenditure** - dépenses imputées sur un exercice
* **accrued expenses** - charges à payer
* **accrued from day to day** - acquis (jour) par jour
* **accrued income** - revenus gagnés, recettes acquises, revenus échus et encaissés
* **accrued interest receivable** - intérêts échus à recevoir
* **accrued rights** - droits acquis
* **accrued salary** - traitement à payer

ACCRUING
* **accruing interests** - intérêts à échoir
* **accruing rights** - droits acquis
* **income accruing to public authorities** - revenus allant aux pouvoirs publics, revenus dont les pouvoirs publics bénéficient

ACCUMULATED - Accumulé, cumulatif
* **accumulated deficit at end of the year** - montant du déficit cumulatif en fin d'exercice
* **accumulated experience** - fonds d'expérience
* **accumulated saving** - épargne préexistante

ACCUMULATION - Entassement; accroissement, cumul, accumulation
* **accumulation fund** - fonds d'accumulation
* **accumulation risk** - risque de cumul (ass.)
* **the rate of inventory accumulation** - le rythme du stockage

ACCUMULATIVE - Qui s'accumule, cumulé
* **accumulative error** - erreur cumulée
* **accumulative sentence** - cumul des peines

ACCURACY - Exactitude, précision, justesse
* **accuracy error** - erreur de justesse (erreur entre la valeur vraie et la moyenne des résultats)

ACCUSATION - Accusation, (acte d') incrimination, (qqfs) dénonciation (à la police)
* **false accusation** - dénonciation calomnieuse
* **(to) bring an accusation against** - porter une accusation contre

ACCUSED - 1. Prévenu (délits)
* **accused on bail** - prévenu libre

- 2. Inculpé (devant le juge d'instruction)

- 3. Accusé (crimes ou infractions graves)

ACHIEVE (to) - Aboutir à, accomplir, instaurer, parvenir à, mener à bien, mener à bon terme, obtenir des résultats, exécuter, réaliser, obtenir, atteindre, arriver à
* **the largest increases have been achieved in Europe** - les plus fortes augmentations ont été obtenues en Europe

ACHIEVEMENT - Réalisation, résultat, oeuvre, réussite, succès, bilan, rendement
* **achievement gains** - progrès (scolaires)
* **achievement motivation** - motivation de réussite
* **achievement of independence** - accession à l'indépendance
* **achievement sport** - sport de performance
* **achievement test** - test de résultat
* **common standard of achievement of all peoples** - idéal commun à atteindre par tous les peuples
* **major scientific achievement** - grande réussite scientifique
* **need for achievement** - obligation de résultats
* **sense of achievement** - sentiment d'accomplissement

ACID
* **acid test** - pierre de touche
* **acid test ratio** - ratio de liquidités immédiates, ratio de liquidités disponibles

ACKNOWLEDGE (to) - 1. Reconnaître, avouer (qqch), convenir (d'une erreur), constater, admettre, prendre acte, faire état de
* **an acknowledged fact** - un fait reconnu par tous, un fait notoire, un fait avéré
* **(to) acknowledge something as a fact** - faire la constatation de, constater que

- 2. Accuser réception, répondre à une lettre, attester de, exprimer sa gratitude pour

ACKNOWLEDGEMENT - 1. (formule d') Authentification d'un acte

* **(to) give acknowledgement** - donner acte

- 2. Aveu (d'une faute)

- 3. Reconnaissance (d'une obligation, d'une dette)

* **acknowledgement of a debt** - reconnaissance de dette
* **in acknowledgement of this service** - pour récompenser ce service, en récompense de ce service, pour témoigner sa reconnaissance de ce service

- 4. Constatation (d'un fait)

- 5. Reçu, cédule, récépissé, quittance (d'un paiement)

* **acknowledgement of receipt** - accusé de réception

ACQUISITION - 1. Achat, acquisition

* **compulsory acquisition of property** - expropriation

- 2. Rachat, absorption, prise de contrôle, prise de participation (sociétés)

- 3. Saisie, collecte, rassemblement (de données) (inf.)

ACQUISITIVE - Apre au gain, thésauriseur

* **acquisitive offences** - délits commis dans un but de lucre

ACQUITTAL - 1. (Jugement d') acquittement, (jugement de) relaxe

* **acquittal and discharge** - relaxe
* **acquittal establishing innocence** - décision absolutoire, décision d'absolution

- 2. Acquittement (d'une dette)

- 3. Exécution, accomplissement (d'une tâche)

* **excuses involving acquittal** - excuses absolutoires

ACREAGE - Superficie

* **arable acreage** - superficie arable
* **cereal acreage** - emblavures, superficies emblavées

ACROSS

* **across reduction** - réduction linéaire (tarif douanier)
* **across-the-board** - général, linéaire, indistinctement
* **(to) put an idea across** - faire accepter une idée, faire passer une idée

ACT (subst.) - 1. Acte, fait

* **act of forbearance** - abstention délibérée (par ex., non assistance à personne en danger)
* **act of God** - (cas de) force majeure, cas fortuit, vis major, calamité naturelle
* **act of Government** - fait du prince, acte de puissance publique, acte de gouvernement
* **act of resisting the authority** - fait de résistance
* **act of State** - fait du prince, acte de puissance publique, acte de gouvernement
* **act of war** - fait de guerre
* **acts with which the accused is charged** - faits matériels mis à la charge de l'accusé
* **arrest in act of** - arrestation sur le fait, arrestation en flagrant délit
* **closely connected act** - fait connexe
* **illegal act** - fait illicite
* **legislative act** - acte législatif
* **physical act** - acte matériel
* **prerogative act** - acte de gouvernement
* **private act** - acte du Parlement (intéressant un individu)
* **tortious act** - fait délictueux, fait illicite
* **unlawful act** - acte irrégulier

- 2. Loi, instrument

* **act containing prohibitions** - loi d'interdiction
* **act establishing** - loi organique
* **act interpreting a previous act** - loi interprétative
* **amendment act** - loi modificative
* **appropriation act** - loi de budget, loi budgétaire, loi de finances
* **approving act** - loi d'approbation
* **army act** - loi militaire
* **basic act** - loi fondamentale
* **breach of an act** - infraction à la loi, violation de la loi
* **budget act** - loi de budget, loi budgétaire, loi de finances
* **collective (wage) agreements act** - loi tarifaire
* **electoral provisions act** - loi électorale
* **enabling act** - loi d'habilitation, loi de pleins pouvoirs, loi-cadre
* **evasion of an act** - fraude à la loi
* **existing act** - loi en vigueur
* **finance act** - loi de recettes
* **general act** - loi d'ensemble
* **general principles act** - loi d'orientation, loi-cadre
* **implementing act** - loi d'application, loi d'exécution
* **institutional act** - loi organique
* **instrument constituting act** - instrument normatif
* **local government act** - loi municipale
* **mandatory act** - loi d'ordre public
* **outline act** - loi d'orientation, loi-cadre
* **penal act** - loi répressive   ./..

* **police act** - loi de police
* **procedure act** - loi de procédure
* **repealing act** - loi d'abrogation
* **special act** - loi de circonstance, loi d'exception, loi particulière
* **state authorities act** - loi organique
* **supplementary act** - loi additionnelle
* **tax act** - loi fiscale
* **the act** - (qqfs) le législateur
* **(to) pass an act** - adopter une loi, promulguer une loi, voter une loi
* **(to) repeal an act** - abroger une loi
* **transitional provisions act** - loi de transition
* **validated act** - loi validée

- 3. Mesure
* **act of clemency** - mesure de clémence
* **act of deprival** - mesure de dépossession

- 4.
* **acts** - manoeuvres, agissements

ACT (to) - Instrumenter (pour un homme de loi)
* **acted as a stimulant** - a eu pour effet de stimuler
* **acting for** - au nom de
* **acting out** - passage à l'acte
* **acting upon** - pour donner suite à
* **capacity to act** - capacité d'exercice
* **(to) act as** - faire fonction de, faire office de
* **(to) act as a court** - dire le droit
* **(to) act beyond one's authority** - excéder ses pouvoirs
* **(to) act by means of majority vote** - statuer à la majorité
* **(to) act contrary to Art. 5** - transgresser l'article 5
* **(to) act for** - faire fonction de, faire office de
* **(to) act on expedited proceedings** - statuer d'urgence
* **(to) act on the assumption that** - se fonder sur l'hypothèse que
* **(to) be acted upon** - être soumis à, être manipulé par

ACTING (adj.) - Faisant fonction de, intérimaire, par intérim, suppléant, agissant pour le compte de
* **acting chairman** - président par intérim (remplaçant le président régulièrement élu); président provisoire (avant l'élection du Bureau)
* **acting President** - président en exercice (Commission DH)

ACTION - 1. Action (en justice)
* **action at law** - action en justice, procès, instance
* **action for breach of contract** - action en résolution, action pour défaut d'exécution (de contrat)
* **action for damages** - action en dommages-intérêts, action en responsabilité

* **action for maintenance** - action à fins de subsides
* **action for recovery of property** - action en revendication
* **action for rescission** - action rédhibitoire, action en rescision, action en résolution
* **action in tort** - action en responsabilité délictuelle
* **action limited to part of the matter** - action divisionnaire
* **action on quantum meruit** - action de in rem verso
* **action on quantum volebat** - action de in rem verso
* **action on the case** - action en dommages-intérêts (pour préjudice direct et dont la charge de la preuve revient au demandeur)
* **action to declare void** - action en nullité, action en révocation, action en déclaration de nullité
* **action to enforce a right in personam** - action personnelle
* **action to enforce a right in rem** - action réelle
* **action to establish ownership** - action en revendication
* **action to obtain a declaration** - action déclaratoire
* **action to set aside (for error, deceit, duress, ...)** - action en nullité (pour erreur, dol, contrainte, ...)
* **associated action** - action connexe
* **cause of action** - droit d'action
* **civil action** - action civile
* **class action** - action collective
* **closely connected action** - action connexe
* **cross-action** - action reconventionnelle
* **declaratory action** - action en contestation
* **frivolous action** - action dénuée de tout fondement
* **group action** - action collective
* **ordinary action for assault** - action ordinaire pour sévices
* **possessory action** - action possessive
* **relator action** - action en revendication d'un droit public (sujette à l'autorisation du procureur général)
* **right of action** - droit d'ester en justice
* **status action** - action d'état
* **(to) bring an action (against)** - saisir la justice, intenter une action (en justice), intenter un procès, intenter des poursuites contre
* **(to) consolidate a civil action** - joindre les instances
* **(to) make available to him an action against the State** - lui ouvrir une action contre l'Etat

- 2. Complainte
* **action for recovery at possession (after forcible execution)** - complainte, (action en) réintégrande

- 3. Demande (en justice)
* **action for possession** - demande d'expulsion
* **action to register and enforce foreign judgment** - demande d'exéquatur
* **associated action** - demande connexe
* **closely connected action** - demande connexe
* **(to) dismiss an action** - rejeter une demande, repousser une demande
* **(to) withdraw an action** - retirer une demande

./..

- 4. Poursuites
* **legal action** - poursuites judiciaires
* **(to) discontinue a civil action** - renoncer aux poursuites, suspendre les poursuites
* **(to) take legal action** - intenter des poursuites, poursuivre en justice
* **vexatious action** - poursuites abusives

- 5. Procédure
* **(to) bring an action** - engager une procédure

- 6. Voie
* **flagrantly illegal action** - voie de fait (droit administratif)
* **legal action** - voie de droit

- 7. Mesures, action (en général)
* **Action Plan for the Human Environment** - Plan d'action pour l'environnement
* **affirmative action programme** - programme d'accès à l'égalité (DH); mesures en faveur des groupes défavorisés; action palliative
* **enforcement action** - action coercitive, mesures d'exécution
* **line of action** - ligne de conduite
* **State action** - (qqfs) agissements de l'Etat
* **(to) report on the action taken** - rendre compte des mesures prises

- 8. Efforts, suites données, action, décision, mesure, intervention, initiative, activités
* **action against** - mesures de rétorsion
* **action copy** - original
* **action-oriented project** - projet préparant une action concrète
* **action research** - recherche pratique
* **action to be taken following** - suites que comportent
* **as a result of human action** - par l'action de l'homme
* **court action** - décision judiciaire
* **decision to take no action** - classement (des poursuites), (classer une affaire)
* **for action** - pour suite à donner, pour exécution, (qqfs) en vue d'une décision immédiate, en vue de l'adoption des mesures d'exécution
* **government action** - intervention des pouvoirs publics
* **industrial action** - mouvement revendicatif, mouvements sociaux
* **means of action** - modes d'intervention
* **on which action is necessary** - qui appelle une action
* **order action** - exécution des commandes
* **personnel action** - mouvement du personnel
* **sphere of action** - aire d'action
* **(to) take action upon** - donner suite à (une requête)

ACTIONABLE
* **actionable in civil law** - peut donner lieu à des poursuites au civil
* **actionable per se** - passible de poursuites

ACTIVATE (to) - 1. Stimuler, faire jouer, faire entrer en jeu (un accord); remettre dans le circuit; faire fructifier (des fonds); mettre en vigueur (des mesures)

- 2. Mettre en service (ligne téléphonique)

- 3. Créer, mettre sur pied (une unité)

ACTIVATION - Activation (écon.), mobilisation
* **activation analysis** - analyse par activation
* **potential level of awakened activation** - potentiel vigile d'activation

ACTIVE - Actif, agile, alerte (qqn); agissant, effectif (qqch)
* **a new active policy** - une politique nouvelle et délibérée
* **active assets** - éléments d'actif productifs de revenu
* **active balance** - solde créditeur
* **active detection** - dépistage actif (méd.)
* **active duty** - service actif
* **active elements** - éléments moteurs
* **active energy** - puissance vive, force vive
* **active fleet** - flotte en service
* **active in the defence of his friends** - actif à défendre ses amis
* **active ingredient** - principe actif (pharm.)
* **active market** - marché réel, prix réel
* **active vocabulary** - vocabulaire actif
* **active wage** - salaire effectif
* **in active service** - en situation d'activité
* **laws active in all these fields** - lois s'exerçant dans tous ces domaines
* **there is an active foreign demand for** - les valeurs sont très recherchées par l'étranger
* **(to) be active in** - faire de son mieux pour

ACTIVIST - Militant

ACTIVITY - Activité, action, (qqfs) fonctions
* **activities of a Division** - fonctions d'une Division
* **activity methods** - méthodes actives (disciplines d'éveil) (éduc.)
* **activity programme** - (qqfs) programme expérimental
* **activity unit** - centre d'intérêt
* **annual report on the activities** - rapport de gestion annuel
* **operational activities on the field** - action opérationnelle sur le terrain
* **pupil activity** - travail individuel, travail spontané

ACTUAL - <u>Réel, effectif, vrai, véritable, proprement dit, immédiat, direct</u>
* **actual cost** - coût réel
* **actual expenditure** - dépenses réelles, dépenses effectives
* **actual population** - la population existante, la population présente
* **actual programme** - programme proprement dit
* **actual wage** - salaire réel, salaire effectif
* **actuals** - produits livrables immédiatement
* **the actual facts** - les faits de la cause
* **the actual transfer** - en pratique, le transfert...
* **the actual wording** - la forme exacte (à donner)

ACTUALITY - <u>Réalité, actualité, le temps présent</u>
* **actualities** - conditions réelles, conditions actuelles

ACTUALLY - <u>(qqfs) Déjà, en fait, en réalité, essentiellement, bel et bien, positivement</u>
* **actually funded from** - effectivement imputé à

ADAPT (to) - <u>Adapter, aménager</u>
* **(to) adapt oneself to** - s'accommoder de
* **(to) be adapted for** - se prêter à

ADAPTABILITY - Souplesse

ADAPTABLE to - Permettant ...

ADAPTION (USA) - Adaptation

ADAPTIVE - <u>(qqfs) Auto-adaptable; souple; permettant l'adaptation; adaptatif (système) (inf.)</u>
* **adaptive control** - contrôle adaptatif
* **adaptive research** - recherche adaptative

ADD (to) - <u>Ajouter, fournir un appoint à, superposer à, grossir, renforcer, étoffer</u>
* **added benefit** - allocation supplémentaire
* **higher incomes add to the pressure of demand** - l'augmentation des revenus accentue la pression de la demande
* **the increase in the price of goods added 2 points to the all-items index** - la hausse des produits a relevé de 2 points l'indice général des prix

ADDICTED (subst.) - <u>Intoxiqué, toxicomane</u>
* **(to) be a drug addicted** - s'adonner aux stupéfiants

ADDICTION - 1. <u>Attachement (à l'étude)</u>
* **addiction to good** - penchant pour le bien
* **addiction to science** - inclination pour les sciences

- 2. <u>Habitude</u>

- 3. <u>Vice, manie</u>
* **addictions** - toxicomanies
* **addiction-producing drug** - drogue engendrant la toxicomanie
* **addiction to ether** - éthéromanie

ADDITION (subst.) - <u>Addition, complément, appoint, rallonge, renfort, adjonction, ajouts (mots), surcroît, totalisation</u>
* **addition element** - élément d'addition, addition (ferro-alliages)
* **addition of data** - adjonction de données
* **addition to** - agrandissement
* **arising in addition to** - qui sont venues se greffer sur
* **in addition to** - en sus de, autres que, indépendamment de, non seulement... mais aussi
* **(to) make additions to the agenda** - ajouter des questions à l'ordre du jour

ADDITION (to)
* **by additioning B to A** - la somme de A et de B

ADDITIONAL - <u>Nouveau, frais, complémentaire, supplémentaire, d'appoint, additionnel, en supplément</u>
* **additional charge** - droit en sus
* **additional cost** - coût supplémentaire
* **additional credit** - crédit supplémentaire, crédit additionnel
* **additional information** - complément d'information
* **additional item** - question additionnelle
* **additional labour** - apport de main-d'oeuvre
* **additional paid-in capital** - actifs non intégrés (dans le capital social)
* **additional premium** - surprime, majoration de prime
* **additional price** - supplément de prix
* **additional terms of reference** - mandat additionnel
* **some additional imports** - un surcroît d'importations

ADDITIONALITY - (qqfs) Complémentarité

ADDRESS (subst.) - 1. Adresse
* **address for service** - domicile élu, élection de domicile

- 2. Discours
* **counsel's address** - plaidoirie
* **plaintiff's opening address** - déclaration liminaire, exposé liminaire, exposé in limine litis
* **prosecutor's address** - réquisitoire

- 3. Requête
* **removable on address** - texte révocable, suite à une requête formulée par les deux Chambres du Parlement

- 4.
* **forms of address** - formules de politesse

ADDRESS (to) - 1. Adresser (lettre, etc.)

- 2. S'adresser à
* **(to) address a crowd** - haranguer une foule
* **(to) address oneself to somebody** - s'adresser à
* **(to) address somebody at lenght** - tenir un long discours
* **(to) address the meeting** - prendre la parole lors de la réunion

- 3.
* **proposals addressing these problems** - les propositions auxquelles ces problèmes ont donné lieu
* **this article does not address the question of** - cet article ne concerne pas la question de

ADDUCE (to) - Invoquer, alléguer, produire, citer
* **evidence adduced in support of** - preuve à charge
* **(to) adduce a witness** - produire un témoin
* **(to) adduce an argument** - invoquer une raison
* **(to) adduce authorities** - citer un précédent
* **(to) adduce evidence** - fournir une preuve

ADEQUACY - Congruité, pertinence, adéquation
* **the adequacy of** - dans quelle mesure ... est satisfaisant; si ... est bien adapté
* **(to) test the adequacy of** - établir dans quelle mesure ... se révèle satisfaisant, voir si (une chose) correspond bien à son objet

ADEQUATE - Juste, qui suffit, raisonnable, qui s'adapte, suffisant, suffisamment, complet, indiqué, bien dosé, bien conçu, bon, nécessaire, adéquat, utile, (qqfs) correspondant (à son objet), pertinent, qui est à la hauteur de
* **adequate provisional credentials** - pouvoirs provisoires suffisants
* **(to) be adequate** - répondre aux conditions requises, réponses aux besoins, présenter les conditions voulues, avoir la portée nécessaire, avoir l'envergure nécessaire, atteindre l'objectf visé, atteindre l'objectif recherché
* **(to) give adequate treatment to somebody** - traiter qqn comme il le mérite

ADEQUATELY - Dûment, bien, avec soin, de la manière voulue

ADHERE (to) - Se conformer à, suivre (doctrine), respecter (règlement)

AD HOC - De circonstance, ponctuel, ad hoc, spécial, occasionnel, à titre exceptionnel, provisoire, créé en vue d'une tâche déterminée (comité)
* **ad hoc aid** - aide circonstancielle (ONU)
* **ad hoc committee** - comité ad hoc
* **ad hoc disturbances** - perturbations d'étendue limitée (GATT)
* **ad hoc legislation** - loi de circonstance
* **on an ad hoc basis** - sur une base pragmatique, suivant les modalités adaptées aux circonstances, selon des méthodes appropriées à chaque cas individuel, de manière empirique, établi à cet effet, conçu à cet effet, au coup par coup

ADJACENT - Contigu, adjacent
* **adjacent premises, property, land** - fonds contigu, tenants et aboutissants

ADJECTIVE
* **adjective law** - procédure, règles de procédure, droit judiciaire, droit de la procédure et droit de la preuve

ADJOINING - Contigu
* **adjoining territorial waters** - eaux territoriales contiguës

ADJOURN (to) - Surseoir, ajourner, différer, lever, (suspendre), interrompre, reporter
* **(to) adjourn a discussion** - ajourner une discussion
* **(to) adjourn a problem** - ajourner une question
* **(to) adjourn a session** - prononcer la clôture d'une session, déclarer la session close, proroger la session
* **(to) adjourn the debate** - ajourner la discussion, renvoyer la suite de la discussion; ordonner une suspension d'audience
* **(to) adjourn the meeting** - lever la séance, déclarer la réunion close
* **(to) adjourn the proceedings** - surseoir à statuer
* **(to) adjourn to** - s'ajourner au ...
* **(to) adjourn without giving a date** - s'ajourner sine die

ADJOURNED - Reporté (examen d'une question), ajourné
* **adjourned generally** - ajourné sine die

ADJOURNEMENT - Ajournement, clôture, prorogation, renvoi du débat, remise du débat, suspension (des travaux), interruption de session (parlement), levée (séance)
* **adjournement of a case** - remise d'une cause, renvoi d'une cause
* **short adjournement of a hearing** - suspension d'audience, suspension de séance

ADJUDGE (to) - 1. Juger, décider, se prononcer sur
* **may it please the Court to adjudge and declare...** - plaise à la Cour dire et juger...
* **(to) adjudge somebody a penalty** - condamner qqn à une peine
* **(to) adjudge somebody (to be) guilty** - déclarer qqn coupable

- 2. Adjuger, décerner (un prix), accorder (une réduction)
* **(to) adjudge somebody damages** - accorder des dommages-intérêts à qqn

ADJUDICABLE - Pouvant faire l'objet d'une décision judiciaire

ADJUDICATE (to) - Statuer sur, se prononcer sur, juger de, rendre un arrêt, rendre une décision judiciaire, rendre un jugement, rendre un jugement déclaratif, trancher, décider de
* **authority to adjudicate** - pourvoir de trancher
* **magistrates entitled to adjudicate** - magistrats compétents
* **(to) adjudicate on any dispute** - statuer sur tout litige
* **(to) adjudicate somebody bankrupt** - déclarer qqn en faillite, mettre qqn en faillite

ADJUDICATION - 1. Adjudication, attribution
* **adjudication of a bankrupt's debts** - répartition des dettes d'un failli
* **adjudication to the lowest bid** - adjudication au moins-disant, adjudication au moins-offrant

- 2. Jugement, décision, arrêt, règlement, décision judiciaire, décision au contentieux
* **adjudication clause** - clause juridictionnelle, clause de règlement judiciaire
* **adjudication in bankruptcy** - déclaration de faillite, règlement judiciaire, jugement déclaratif de faillite
* **adjudication of bankruptcy** - déclaration de faillite, règlement judiciaire, jugement déclaratif de faillite
* **adjudication on the merits** - décision quant au fond
* **adjudication tribunal** - juridictions de jugement
* **adjudications** - le contentieux

ADJUDICATOR - 1. Juge, arbitre

- 2. Membre d'un jury

ADJUDICATORY
* **adjudicatory role** - rôle contentieux, mentions contentieuses, attributions contentieuses

ADJUST (to) - Ajuster, régler, mettre au point, corriger, aménager, rajuster, compenser, rectifier, moduler
* **adjusted for** - pour éliminer l'incidence de, pour tenir compte de
* **adjusted for overtime** - corrigé des variations du nombre d'heures supplémentaires
* **adjusted rate** - taux comparatif, taux corrigé, taux ajusté
* **adjusting entry** - écriture d'ajustement
* **cyclically adjusted** - corrigé des influences cycliques, corrigé des influences conjoncturelles
* **prices were adjusted downwards** - on a baissé les prix

./..

* **seasonnally adjusted** - (chiffres, données) corrigés des variations saisonnières, (chiffres, données) "désaisonnalisés"
* **(to) adjust a claim** - régler un sinistre (ass.)
* **(to) adjust downwards** - réduire, abaisser, rabaisser
* **(to) adjust for inflation** - actualiser

ADJUSTMENT - Mise au point, compensation, redressement, règlement, rectification, correctif, ajustement, aménagement, révision, modification, retouche, réorientation, remise en ordre, réglage, réajustement; mise en concordance, alignement, correction

* **adjustment assistance** - aide à la reconversion
* **adjustment of damages** - règlement des dommages
* **adjustments** - aménagements
* **average adjustment** - règlements d'avaries
* **cost-of-living adjustment** - échelle mobile (des salaires), indexation des salaires sur l'évolution du coût de la vie
* **downward adjustment** - abattement
* **education as adjustment to social life** - l'éducation en tant que processus d'adaptation à la vie sociale
* **exchange adjustments** - ajustements de change
* **financial adjustment** - redressement financier
* **fixed steps adjustment** - rectification par paliers
* **inventory valuation adjustment** - réévaluation des stocks
* **locally negociated adjustments to particular requirements** - négociation locale d'aménagements
* **mechanism of international adjustments** - mécanisme des règlements internationaux
* **peaceful adjustment of damages** - règlement des différends par des moyens pacifiques, règlement pacifique des conflits
* **structural adjustment** -aménagement de structure
* **tax adjustment** - redressement fiscal
* **upward adjustment** - correction en hausse, relèvement
* **with the necessary adjustments** - mutatis mutandis

ADMINISTER (to) - Administrer, gérer (des fonds, etc.)

* **administered price** - prix imposé
* **administering authority** - puissance administrante
* **the way the Courts administered the evidence before them** - le mode d'administration par les tribunaux des éléments de preuve produits
* **(to) administer a budget** - exécuter un budget
* **(to) administer a project** - gérer un projet
* **(to) administer an oath** - déférer le serment
* **(to) administer fellowships** - administrer des bourses
* **(to) administer punishment** - infliger une peine

ADMINISTRATION - 1. Administration, pouvoirs publics, gouvernement

* **administration of justice** - système judiciaire
* **health administration** - administration sanitaire, administration de la santé publique
* **local administration** - l'administration locale, les pouvoirs locaux
* **the U.S. administration has always held...** - le gouvernement des Etats-Unis a toujours considéré

- 2. Gestion, mise en oeuvre, application pratique, modalités d'application

* **administration of projects** - mise en oeuvre de projets
* **administration of proof** - (mode d') administration des preuves, (mode d') administration de la preuve
* **judicial administration proceedings** - procédure de redressement judiciaire

ADMINISTRATIVE - Administratif

* **administrative authorities** - police administrative
* **administrative capabilities** - moyens de l'administration
* **administrative channel** - voie administrative
* **administrative control** - tutelle administrative
* **administrative costs** - dépenses d'administration
* **administrative decentralisation** - décentralisation des pouvoirs
* **administrative decision** - acte administratif
* **administrative improvement Office** - Service de réforme administrative
* **administrative leadership** - postes d'administrateurs de niveau élevé
* **administrative proceedings** - contentieux administratif
* **administrative processes** - (qqfs) services administratifs
* **administrative set-up** - structure administrative
* **administrative supervision** - tutelle administrative
* **administrative unit** - unité administrative
* **administrative management service (AMS)** - service de gestion administrative
* **by administrative order** - par voie d'autorité
* **ruling as an administrative disputes court** - statuant au contentieux

ADMINISTRATOR - Administrateur, curateur, mandataire de justice (faillite)

ADMISSIBILITY - Recevabilité

* **objection to admissibility** - fin de non-recevoir
* **the admissibility of whether** - la recevabilité quant au point de savoir

ADMISSIBLE - 1. Admissible (hypothèse, etc.)
* **admissible in evidence without proof** - document faisant foi de plein droit en justice (= acte authentique)

- 2. Recevable (requête)
* **(to) declare an application admissible** - déclarer une requête recevable

- 3. Qui rencontre l'agrément de

ADMISSION - 1. Inscription, admission, autorisation
* **admission desk** - guichet des cartes d'entrée
* **admission fee** - droit d'inscription
* **admission of witnesses** - admission des témoins
* **admission to quotation** - admission à la cote officielle (Bourse)
* **admission to the exercice of functions** - autorisation d'exercer des fonctions
* **admissions office** - bureau des admissions

- 2. Aveu, reconnaissance d'une allégation
* **express admission** - reconnaissance expresse
* **implied admission** - reconnaissance implicite
* **the applicant made no admissions whether** - le requérant n'a pas fait le moindre aveu

- 3. Accueil, hébergement
* **admission capacity** - capacité d'accueil

ADMIT (to) - Admettre, accepter, reconnaître que, avancer
* **not to admit evidence** - ne pas retenir des éléments de preuve

ADMITTEDLY - Certes, notoirement, communément admis, (j'entends bien...), (il est reconnu que...), à vrai dire

ADMONITION - Semonce, réprimande (sévère), remontrance, admonestation

ADOPT (to) - Adopter, faire sien, arrêter (budget)
* **adopted by the Court** - retenu par la Cour

ADOPTION - Adoption
* **adoption of Roman Law** - réception du droit romain

ADULTERATION - Frelatage, altération
* **adulteration of goods** - falsification de marchandises

ADULTERINUS - Enfant adultérin

ADVANCE (adj.) - Préliminaire, préalable, anticipé, avancé
* **advance allocation** - allocation anticipative
* **advance annual leave** - avance sur congé annuel
* **advance authorisation** - autorisation préalable
* **advance copy** - avant-tirage
* **advance distribution** - distribution préliminaire
* **advance party** - détachement précurseur
* **advance payment** - paiement anticipé
* **advance procurement** - achats anticipés

ADVANCE (subst.) - 1. Avance, progrès, développement, progression, augmentation, hausse, terrain parcouru
* **a 5% wage advance** - une augmentation des salaires de 5%, une augmentation salariale de 5%
* **advance party** - groupe de reconnaissance
* **advances in technology** - progrès techniques
* **is an advance on** - constitue un progrès sur
* **the rate of economic advance** - le rythme de la croissance économique
* **well in advance** - avec une marge de temps suffisante

- 2. Acompte, provision, avance, prêt
* **advance for costs** - provision ad litem
* **bridging advance** - crédit-relais, crédit de soudure
* **by way of advance** - par provision
* **payment in advance** - versement provisionnel, paiement par anticipation

ADVANCE (to) - 1. Avancer, faire valoir
* **(to) advance a claim** - faire valoir un droit
* **(to) advance a right** - invoquer un droit
* **(to) advance an argument** - invoquer un argument

- 2. S'avancer, progresser, augmenter, relever, monter, pousser (une étude)
* **prices have been advancing for some time** - les prix sont en hausse depuis quelque temps
* **(to) advance the prices of steel** - relever les prix de l'acier
* **(to) advance to** - se porter à

ADVANCED - Avancé, développé, évolué, perfectionné
* **advanced countries** - pays avancés, pays industrialisés
* **advanced techniques** - techniques de pointe
* **advanced telecom practices** - procédés nouveaux de télécommunications
* **advanced training** - formation spécialisée, formation supérieure
* **centre of advanced studies** - centre de perfectionnement
* **college of advanced technology** - collège technique supérieur

ADVANCEMENT - 1. Avance; avance d'hoirie (à un enfant)
* **by way of advancement** - en avancement d'hoirie

        - 2. Promotion, progrès, avancement (des lettres, des sciences, etc.)
* **advancement of women** - progrès de la femme, promotion de la femme
* **educational advancement** - niveau d'instruction, degré d'instruction
* **social advancement** - promotion sociale
* **vocational advancement** - promotion professionnelle

ADVANTAGE - Atout, avantage
* **of advantage** - profitable
* **(to) take advantage of** - tirer parti, bénéficier, exploiter, abuser (de qqn)
* **(to) the best advantage of** - dans l'intérêt le mieux compris de

ADVANTAGEOUS - Avantageux, profitable, utile
* **most advantageous bidder** - le moins-disant (enchères)

ADVERSARIAL - Accusatoire
* **adversarial principle** - principe du contradictoire
* **adversarial procedure** - caractère accusatoire de la procédure

ADVERSARY - Adversaire
* **adversary proceedings** - débat contradictoire
* **adversary system** - procédure accusatoire, procédure contradictoire

ADVERSE - Adverse, dépréciatif, contraire, opposé, défavorable, nocif, dommageable, préjudiciable
* **adverse budget** - budget déficitaire
* **adverse change** - altération, détérioration
* **adverse events** - revers
* **adverse inferences** - effets pervers
* **adverse movement** - dégradation
* **adverse opinion** - opinion défavorable
* **adverse reaction** - réaction indésirable, effet indésirable, effet secondaire
* **adverse report** - rapport défavorable
* **the adverse party** - la partie adverse
* **(to) be adverse to a decision** - être opposé à une décision, être hostile à une décision
* **(to) have an adverse effect** - nuire à, compromettre

ADVERSELY
* **(to) act adversely to somebody** - prendre le contre-pied de qqn
* **(to) act adversely to somebody's interests** - agir contre les intérêts de qqn
* **(to) affect adversely on** - avoir une influence défavorable sur, nuire à, causer un préjudice à
* **(to) be adversely affected by** - pâtir de
* **(to) reflect adversely on** - avoir une influence défavorable sur, nuire à, causer un préjudice à

ADVERTISE (to) - 1. Avertir, informer, faire savoir, (connaître)
* **advertised** - annoncé (dans la presse)
* **the advertised time** - l'heure prévue sur l'horaire, l'heure annoncée sur l'horaire
* **(to) advertise for something** - chercher qqch par voie d'annonces dans les journaux

        - 2. Faire de la publicité, faire de la réclame, faire de la propagande (pour qqch, pour qqn)
* **(to) advertise oneself** - se faire valoir

ADVERTISEMENT - Publicité, réclame, insertion (dans un journal), annonce publicitaire
* **by advertisement** - par voie d'annonces
* **classified advertisement** - petites annonces

ADVERTISER - Annonceur

ADVERTISING - <u>Publicité</u>
* **advertising industry** - la publicité, (qqfs) la profession publicitaire
* **advertising media** - supports publicitaires
* **advertising practitionner** - publicitaire
* **false advertising** - publicité mensongère
* **purchase of advertising space** - souscripteur d'espace publicitaire, souscripteur d'un support publicitaire

ADVICE - <u>Conseil, avis</u>
* **appointed on advice of** - nommé sur proposition de
* **expert advice** - avis autorisé
* **legal advice** - constultation juridique, avis juridique
* **preliminary advice** - préavis
* **provision of advice** - services consultatifs
* **remittance advice** - avis de crédits
* **the advice is sought from...** - ... sont consultés
* **(to) take legal advice** - consulter un homme de loi

ADVISABLE - <u>Souhaitable, opportun, sage</u>
* **(to) be advisable** - convenir, (il y a intérêt à)

ADVISE (to) - <u>Conseiller, aider de ses conseils,</u> <u>informer, notifier, aviser, donner son avis</u> <u>sur, formuler son avis sur</u>
* **(to) advise against something** - déconseiller, mettre en garde contre
* **(to) advise on** - faire rapport à... sur, informer sur, renseigner sur
* **(to) advise something** - recommander qqch
* **(to) keep somebody advise of something** - tenir qqn au courant de qqch

ADVISER - <u>Conseiller</u>
* **chief legal adviser** - auditeur général
* **community adviser** - conseiller des collectivités
* **legal adviser** - conseiller juridique, (qqfs) auditeur
* **legal adviser office** - auditorat
* **research adviser** - conseiller pour la recherche
* **social adviser** - conseiller social, conseiller pour les affaires sociales

ADVISORY - <u>Consultatif</u>
* **Advisory Committee on disputes** - Comité consultatif du contentieux
* **advisory opinions** - avis consultatifs

ADVOCATE (subst.) - Défenseur, partisan, protagoniste

ADVOWSON - Droit de présentation à un bénéfice ecclésiastique

AFFECT (to) - <u>Affecter, contrarier, perturber, avoir des</u> <u>incidences sur, avoir des répercussions</u> <u>sur, avoir un effet sur, modifier, altérer,</u> <u>fausser, compromettre, éprouver, frapper,</u> <u>retentir, influer sur, déterminer, porter</u> <u>atteinte à, toucher à, influencer, avoir un</u> <u>effet préjudiciable sur, agir sur, sévir</u>
* **affected property** - bien grevé d'une hypothèque, bien grevé d'une servitude; bien nanti
* **affecting** - applicable
* **decisions affecting the organisation** - décisions qui visent l'organisation
* **is affected by** - souffre de
* **shall be affected by** - se ressentira de
* **the position has been affected** - la situation est moins favorable
* **(to) affect seriously** - porter un coup grave à, porter gravement atteinte à
* **(to) be adversely affected by** - subir le contre-coup de
* **(to) be affected as well** - connaître le même sort
* **(to) be affected by** - subir l'effet de, être vulnérable à, être sensible à, être touché par, être éprouvé par, pâtir de

AFFIDAVIT - 1. <u>Déclaration écrite sous (la foi du)</u> <u>serment</u>

- 2. <u>Déposition d'un témoin sous serment,</u> <u>attestation d'un témoin sous serment</u>
* **affidavit by process server** - constat d'huissier
* **affidavit of bias** - requête en suspicion légitime
* **evidence taken on affidavit** - déposition recueillie sous serment
* **Inland Revenue affidavit** - déclaration pro fisco
* **(to) swear an affidavit** - certifier sous serment une déclaration écrite
* **(to) take an affidavit** - obtenir une déclaration (écrite) sous serment, faire une déclaration (écrite) sous serment

AFFILIATES - Filiales, organismes affiliés, sociétés affiliées

AFFILIATION - 1. <u>Affiliation (à une société), attaches</u> <u>(à un parti politique), appartenance</u> <u>politique, poste occupé</u>

- 2. <u>Reconnaissance d'enfant,</u> <u>légitimation</u>
* **affiliation proceedings** - recherche en paternité
* **(to) make an affiliation order** - rendre une ordonnance en assignation à père putatif

AFFIRM (to) - 1. Affirmer, soutenir, assurer que

    - 2. Confirmer un jugement, homologuer un jugement

AFFIRMANCE - 1. Affirmation

    - 2. Déclaration solennelle sur l'honneur

    - 3. Confirmation d'un jugement (en appel), homologation d'un jugement (en appel)

AFFIRMATIVE - Affirmatif
* **affirmative action** - action positive, action palliative, action en faveur de
* **affirmative action programme** - programme d'accès à l'égalité (Canada)
* **affirmative vote** - voix "pour"

AFFLUENT (adj.) - Riche, abondant, opulent, prospère
* **affluent society** - société d'abondance
* **(to) be in affluent circumstances** - être très à l'aise

AFFORDABILITY - Faisabilité financière

AFFRAY - Bagarre, échauffourée, rixe (jur.)

AFTER - Après, au lendemain de
* **after all** - somme toute; aussi bien; (n'oublions pas que)
* **after consulting the Committee** - le Comité entendu,
* **after effects** - séquelles
* **after school activities** - activités extra-scolaires

AFTER-ACQUIRED
* **after-acquired property** - les acquêts
* **community of after-acquired property** - communauté limitée aux acquêts
* **sharing of after-acquired property** - participation aux acquêts

AFTER-CARE - 1. Assistance post-pénitentiaire, assistance post-pénale, aide post-pénitentiaire, aide post-pénale; assistance aux libérés

    - 2. Post-cure (après maladie)

    - 3. Suivi éducatif (dans le cadre pénitentiaire)

AGAINST - Au regard de; imputé à; (qqfs) à l'encontre de; au titre de
* **can be raised against third parties** - opposable aux tiers
* **case against the French Government** - affaire introduite contre le Gouvernement français, affaire intentée contre le Gouvernement français, affaire dirigée contre le Gouvernement français
* **checked against** - vérifié à l'aide de
* **effective against third parties** - opposable aux tiers
* **(to) operate against** - s'opposer à
* **trends against something** - courant hostile à qqch
* **valid against third parties** - opposable aux tiers

AGE - Age
* **age at entry into employment** - âge d'entrée en activité, âge d'entrée au travail, âge d'entrée dans la vie active
* **age at withdrawal** - âge de la cessation d'activité
* **age of criminal responsibility** - majorité pénale
* **age period** - période de la vie, âge de la vie
* **full age** - majorité (civile)
* **person of full age** - majeur
* **proof of age** - certificat d'âge (antiquités)
* **reading age** - âge de lecture
* **school age population** - effectifs d'âge scolaire; population scolarisée
* **(to) declare of full age** - émanciper (un prévenu)
* **voting age** - majorité électorale

AGED - Les personnes âgées, le troisième âge, la vieillesse
* **the aged and the elderly** - les personnes âgées et les vieillards, le troisième et le quatrième âge

AGEING (AGING)
* **ageing factor** - coefficient de survie
* **ageing of the population** - vieillissement de la population
* **artificial ageing** - (qqfs) vieillissement accéléré (d'un objet)
* **individual ageing** - vieillissement individuel

AGENCY - 1. <u>Administration, organisation, société, institution, oeuvre, office, (qqfs) représentation, moyen, établissement, organisme</u>
* **agency earnings** - recettes de l'organisation
* **charitable agency** - oeuvre charitable, oeuvre de bienfaisance
* **employing agency** - organisme employeur
* **executing agency** - agent d'exécution (PNUD); organisation chargée de l'exécution
* **Government agencies** - organismes publics; rouages de l'Etat
* **housing agency** - office du logement
* **interaffairs agencies** - affaires interorganisations
* **normal commercial agencies** - moyens commerciaux normaux
* **on an agency basis** - sur une base de représentation, comme mandataire
* **participating agency** - organisation participante
* **to the appropriate agencies** - aux autorités compétentes, à qui de droit
* **welfare agency** - organisme de protection sociale

- 2. <u>Gestion</u>
* **unauthorised agency** - gestion de fait, gestion occulte

- 3. <u>Groupement</u>
* **agency of economic interests** - groupement d'intérêt économique

AGENDA
* **(to) be the top of the political agenda** - être l'un des thèmes majeurs de l'actualité politique

AGENT - <u>Agent, représentant, commissionnaire, mandataire, intermédiaire, préposé, (qqfs) acteur</u>
* **agent agreements** - accords d'organisation (pouvoirs locaux, UK)
* **agent of a company** - mandataire social
* **agents, counsel and advocates** - agents, conseils et avocats
* **commission agent** - commissionnaire
* **confidential agent** - homme de confiance
* **customs agent** - agent en douane
* **estate agent** - agent immobilier, marchand de biens
* **forwarding agent** - commissionnaire expéditeur, commissionnaire de transport
* **invoicing agent** - agent facturier
* **shipping agent** - agent maritime
* **sole agent agreement** - accord de représentation exclusive
* **statutory agent** - mandataire légal
* **(to) appoint an agent** - nommer un mandataire, constituer un mandataire
* **(to) appoint as agent** - mandater

AGGRAVATED - <u>Aggravé</u>
* **aggravated larceny** - vol qualifié; banditisme
* **aggravated theft** - vol qualifié; banditisme

AGGRAVATING - <u>Aggravant</u>
* **aggravating circumstances** - circonstances aggravantes

AGGREGATE (adj.) - <u>Agrégatif, collectif, global, total</u>
* **aggregate demand** - demande globale
* **aggregate projection** - projection globale
* **aggregate value** - valeur globale

AGGREGATE (subst.) - <u>Ensemble, assemblage, agrégat, total</u>
* **aggregates** - totaux
* **in the aggregate** - dans l'ensemble, au total, en somme
* **main aggregates** - principaux ensembles
* **man in its aggregate** - l'humanité dans son ensemble, l'homme dans sa totalité, l'homme dans son intégralité

AGGREGATE (to) - <u>Combiner, agréger, associer</u>
* **aggregating planning** - planification globale

AGGREGATION - <u>Agrégation (somme d'agrégats), totalisation, agglomération</u>

AGGRESSIVE - <u>Agressif; dynamique, (qui va de l'avant, qui a du mordant, qui a de l'allant), énergique, cassant (ton)</u>
* **aggressive policy** - politique militante

AGGRESSIVELY - <u>Agressivement; activement</u>

AGGRIEVED - 1. <u>Chagriné, blessé, affecté</u>

- 2. <u>Lésé, victime d'une injustice</u>
* **aggrieved party** - partie lésée

AGITATOR - <u>Factieux, fauteur de désordre, fauteur de troubles, contestataire</u>

AGREE (to) - Considérer, estimer que, convenir, souscrire, décider, accepter, promettre de, se mettre d'accord sur, être du même avis que, reconnaître, admettre, ne pas contester (opinion, avis), concorder (personnes), s'accorder à penser, s'entendre sur, se rallier à, consentir à, partager l'opinion de

* **except as may be otherwise agreed** - sauf stipulation contraire
* **I agree** - j'en conviens
* **shall agree among themselves upon the selection of** - s'entendront pour désigner
* **shall be agreed upon by** - fera l'objet d'un accord entre
* **the Committee agreed** - le Comité en décide ainsi
* **the Committee agreed that** - de l'avis général, le Comité estime que
* **the parties agreed that** - les parties s'accordent à reconnaître que
* **(to) agree in words with** - se déclarer d'accord avec
* **(to) agree with** - approuver
* **(to) agree with a suggestion** - approuver une suggestion, donner son approbation à une suggestion, donner son assentiment à une suggestion; se rallier à une suggestion
* **(to) agree with the Court** - se rallier au point de vue de la Cour
* **(to) agree with the Government that** - constater avec le gouvernement que
* **(to) be agreed between them** - à fixer d'un commun accord
* **(to) fully agree** - souscrire sans réserve
* **we have agreed about** - nous sommes convenus de
* **we must agree that** - on doit convenir que
* **you will agree** - vous m'accorderez

AGREED - Sur lequel on s'est mis d'accord, sur lequel l'accord s'est fait, adopté, convenu, fixé, accepté d'un commun accord (de part et d'autre)

* **agreed action** - action concertée, action en commun
* **agreed divorce** - divorce par consentement mutuel
* **agreed form** - grille uniforme
* **agreed per value** - valeur convenue
* **agreed rules** - règles établies
* **agreed separation** - séparation par consentement mutuel
* **agreed solution** - solution acceptée par tous
* **agreed termination** - licenciement amiable
* **but, as it is widely agreed,...** - mais, de l'avis général,
* **text agreed** - texte arrêté
* **the Committe drew up an agreed statement** - le Comité a mis au point une déclaration
* **the line agreed upon in the declaration** - la ligne fixée dans la déclaration

AGREEMENT - 1. Accord, contrat, entente, pacte, concorde

* **administration agreement** - accord d'exécution
* **administrative agreement** - accord d'exécution
* **agreement has been reached by the Commission** - la Commission s'est mise d'accord
* **agreement of the parties** - concordance des volontés, concours de volontés, accord des parties
* **arbitration agreement** - convention d'arbitrage
* **articles of agreement** - statuts, accords
* **as a result of an agreement dated 1975** - un accord a été conclu en 1975, qui a eu pour effet de
* **by agreement** - par voie d'accord
* **by mutual agreement** - d'un commun accord, à l'amiable
* **customs tariff agreement** - contrat tarifaire, accord tarifaire
* **dormant agreement** - accord resté en sommeil
* **express agreement** - consentement formel (ONU)
* **formal agreement** - accord en bonne et due forme
* **gentleman's agreement** - accord verbal, convention verbale
* **in agreement with** - d'entente avec
* **mutual trade agreement** - accord réciproque (GATT)
* **option agreement** - promesse de contrat, pacte de préférence
* **preemption agreement** - promesse de contrat, pacte de préférence
* **prior agreement** - entente préalable
* **private agreement** - acte sous seing privé
* **special service agreement** - contrat spécial de service, contrat spécial d'engagement
* **spirit of agreement** - esprit de concorde
* **staff agreement** - accord collectif d'établissement, convention d'entreprise, accord d'enterprise
* **the widest measure of agreement** - qui emporte le plus d'adhésion
* **there is general agreement** - de l'avis général
* **(to) conclude a private agreement** - traité de gré à gré
* **(to) enter into an agreement** - passer contrat
* **(to) reach substantial agreement** - parvenir à un large degré d'accord, parvenir à une large convergence de vues, parvenir à un large consensus
* **(to) withdraw from an agreement** - dénoncer un accord
* **uniform tenancy agreement** - contrat-type de location
* **working agreement** - accord collectif d'établissement
* **works agreement** - convention d'entreprise, accord d'entreprise

- 2. Convention
* **agreement exempting liability** - convention de non-responsabilité
* **agreement to continue ownership** - convention d'indivision
* **agreement to pay interest** - convention d'intérêts
* **amicable agreement** - convention à l'amiable
* **based on agreement** - conventionnel
* **bilateral agreement** - convention synallagmatique
* **binding agreement** - convention liant les parties

./..

* **domestic agreement** - accord de famille
* **express agreement** - convention expresse
* **General Armistice agreement** - convention d'armistice général
* **implied agreement** - convention tacite, accord tacite
* **industrial agreement** - convention collective
* **inheritance agreement** - convention d'hérédité
* **oral agreement** - convention verbale
* **parole agreement** - convention verbale
* **reciprocal agreement** - convention synallagmatique
* **salvage agreement** - convention d'assistance maritime
* **standard agreement** - convention type
* **wage agreement** - convention collective
* **written agreement** - convention couchée par écrit

AHEAD
* **in the months ahead** - dans les mois à venir
* **the country is well ahead** - le pays a une forte avance

AID - Assistance, aide, secours, auxiliaire
* **aid and abetting** - complicité
* **aid for development** - aide au service du développement
* **aid hearing** - auxiliaire auditif
* **aid requirements** - montant de l'aide nécessaire (à l'exécution de projets)
* **audio-visual aids** - auxiliaires audio-visuels, moyens audio-visuels, matériel audio-visuel
* **emergency aid** - secours d'urgence
* **food aid** - aide alimentaire
* **legal aid scheme** - régime d'assistance judiciaire, régime d'aide judiciaire
* **mutual aid** - entraide, aide mutuelle
* **non-project aid** - aide hors projet
* **official development aid** - aide publique au développement
* **social aid** - auxiliaire social
* **tying aid** - aide liée

AIDER
* **aider and abettor** - complice

AIM (subst.) - But, dessein, objectif, mission
* **explicit aims** - objectifs déclarés
* **expressed aims** - objectifs déclarés
* **there must be a wider aim** - il faut viser plus loin
* **what is the aim of...?** - à quoi tend...?
* **with the aim of doing** - dans le dessein de

AIM (to) - S'efforcer de, viser, tendre à, s'employer à, poursuivre (un but), avoir pour objet de, avoir l'intention de
* **aimed at** - dont l'objet est de
* **this criticism is aimed at** - cette critique est destinée à, cette critique porte sur
* **(to) aim to be helpful** - croire rendre service
* **(to) aim to become** - aspirer à

AIR - 1.
* **air law** - droit aérien
* **air survey** - photographie aérienne, topographie aérienne, aérotopographie
* **air worthiness** - navigabilité (d'un appareil)
* **law of air transport** - droit de navigation aérienne

- 2.
* **open-air museum** - éco-musée
* **open-air university** - université par les ondes, télé-université

AIRBORNE
* **airborne carrier** - entreprise de transports aériens
* **airborne radioactive wastes** - déchets radioactifs en suspension dans l'air
* **airborne services** - services de transports aériens
* **airbone TV** - TV aéroportée

AIRLESS - Anaérobie (adj.)

AKIN
* **akin to somebody** - parent de, apparenté à
* **profoundly akin** - lié par une profonde affinité (de nature)
* **(to) be akin to something** - être voisin de, tenir de, toucher à

AL
* **et al** - et coll. (collègues)

ALERTNESS - Vigilance, promptitude, activité

ALIBI - Alibi
* **(to) establish an alibi** - établir un alibi
* **(to) plead an alibi** - invoquer un alibi

ALIEN - Etranger
* **alien register** - registre des étrangers
* **alien resident** - étranger résident
* **alien visitor** - étranger de passage
* **alien to** - étranger à
* **aliens department** - police des étrangers
* **illegal alien** - étranger en situation irrégulière
* **(status of) being an alien** - extranéité
* **visiting alien** - étranger de passage

ALIENATE (to) - 1. Céder, aliéner (un bien), transférer

- 2. Disposer de
* **person alienating** - disposant
* **right to alienate** - droit de disposition
* **(to) alienate inter vivos** - disposer entre vifs

- 3. Détourner (une somme), détacher (qqn de qqch), s'aliéner (les esprits)

ALIENATION - Transfert, cession, mutation, aliénation (de biens)
* **power of alienation** - pouvoir de disposition

ALIENEE - Cessionnaire

ALIENOR - Cédant

ALIGHT - Allumé, en feu
* **(to) set the bond market alight** - emballer le marché des obligations

ALIVE - Vivant, en vie
* **issue is alive** - reste à trancher
* **(to) be fully alive of something** - être pleinement conscient de qqch
* **(to) keep a contract alive** - maintenir un contrat en vigueur

ALL
* **all-European co-operation** - coopération paneuropéenne
* **all-out** - complètement, total, au maximum, suprême (effort), sans restriction, à fond, en règle (bataille)
* **all-round** - complet, universel, général
* **all-round know-how** - savoir-faire polyvalent
* **all-round work** - travail "tous azimuths"
* **all this makes ...** - ... est, dès lors,...
* **an all-round information** - un aperçu complet
* **if at all** - si tant est que ..., pour peu que ...

ALLEGATION - 1. Allégation, affirmation, accusation, dires, prétention
* **allegation of forgery** - dénonciation en faux
* **clear allegations** - évidentes allégations
* **defamatory allegation** - fait diffamatoire, imputation diffamatoire
* **false allegations** - allégations mensongères
* **prejudiced allegations** - procès d'intention
* **(to) admit an allegation** - reconnaître le bien-fondé de l'allégation
* **(to) traverse an allegation** - réfuter une allégation, nier les faits mêmes de l'allégation
* **untrue allegations** - accusations mensongères

- 2. Grief, plainte
* **allegation regarding infringements of rights** - plainte relative à des atteintes à l'exercice de droits
* **new allegations** - nouveaux griefs
* **(to) make allegations** - formuler des griefs

ALLEGE (to) - Alléguer, invoquer, exciper de (pour le défendre)
* **alleged offence** - prétendu délit, chef d'inculpation
* **alleged violation** - violation alléguée
* **document alleged to be false** - pièce arguée de faux
* **he was alleged to have been tortured** - il aurait été torturé
* **the alleged thief** - le voleur présumé

ALLEGEDLY - Jugé (+ adj.); (verbe au conditionnel)
* **(to) be allegedly bound by** - être censé tomber sous le coup de

ALLEGIANCE - Loyauté
* **allegiance to the community of colleagues** - esprit de corps
* **(to) owe allegiance** - devoir de fidélité et loyauté

ALLIANCE - Alliance
* **political alliance** - apparentement politique
* **(to) be in alliance** - être solidaire

ALLOCATE (to) - Allouer, répartir, attribuer, affecter, assigner
* **allocated costs** - dépenses imputées
* **(to) allocate an item** - réserver un point de l'ordre du jour; renvoyer un point en commission
* **(to) be allocated** - être imputé à, être mis à la charge de

ALLOCATION - 1. Allocation, attribution, affectation, octroi
* **allocation of appropriations** - allocation de crédits, attribution de crédits
* **allocation of the radio frequencies** - attribution des fréquences radio
* **delivery allocation** - lieu de livraison

- 2. Ventilation, répartition
* **allocation cartel** - cartel de distribution, cartel de répartition
* **allocation of assets and liabilities** - ventilation de l'actif et du passif
* **allocation of functions** - partage des compétences
* **allocation of population** - classement de la population

ALLOTMENT - 1. Compte budgétaire, allocation de crédit, autorisation d'engagement de dépenses
* **allotment balance** - solde de crédits
* **allotment issued** - crédit alloué
* **on allotment** - lors de la répartition

- 2. Part de terrain, lot de terrain, lopin de terre
* **allotments** - jardins ouvriers

ALLOW (to) - 1. Admettre, faire droit, donner suite à (demande, grief)
* **the Act allowing their dismissal** - la loi en vertu de laquelle ils ont été privés de leur emploi
* **(to) allow an appeal** - accueillir un appel, admettre un appel, accueillir un recours au fond, donner raison à la partie appelante
* **(to) allow an application** - faire droit à une demande
* **(to) allow the application** - reconnaître le bien-fondé de la demande

- 2. Impartir
* **the 20 days grace allowed by the law** - le délai de 20 jours imparti par la loi

- 3. Consentir, accorder, permettre, autoriser
* **after allowing for** - déduction faite de
* **allowing for the circumstances** - eu égard aux circonstances
* **(to) allow a discount** - faire une remise
* **(to) allow for** - tenir compte de
* **(to) be allowed to** - avoir la faculté de

ALLOWANCE - 1. Allocation
* **exchange control currency allowance** - allocation de devises

- 2. Déduction, abattement, réduction, dégrèvement
* **allowance for the difference between new and old** - déduction du vieux au neuf
* **dependant allowances** - déduction pour charges de famille, abattement pour charges de famille; déductions familiales
* **depreciation allowance** - amortissement autorisé
* **family allowances** - déduction pour charges de famille, abattement pour charges de famille; déductions familiales
* **tax free allowance** - montant non imposé, montant exonéré (fisc)

- 3. Indemnité
* **additional allowance** - indemnité complémentaire
* **allowances and benefits** - indemnités et prestations
* **attendance allowance** - indemnité pour assistance aux travaux de la Chambre
* **cost of living allowance** - indemnité de vie chère
* **duty allowance** - indemnité de fonctions
* **entertainment allowance** - frais de représentation, indemnité de représentation
* **equalisation allowance** - indemnité compensatrice, indemnité compensatoire, indemnité différentielle
* **expenditure allowance** - indemnité pour frais
* **foreign service (residence) allowance** - indemnité d'éloignement
* **hardship allowance** - indemnité compensatrice, indemnité compensatoire, indemnité différentielle
* **liability allowance** - indemnité de responsabilité
* **nursing allowance** - indemnité d'allaitement
* **office allowance** - frais de bureau, frais de représentation
* **official expenditure allowance** - indemnité de fonctions, indemnité de frais de service
* **professional expenditure allowance** - indemnité de frais professionnels
* **seniority allowance** - indemnité d'ancienneté
* **separation allowance** - indemnité de séparation
* **subsidiary allowance** - indemnité accessoire
* **supplementary allowance** - indemnité accessoire
* **travelling allowance** - indemnité de déplacement

- 4. Marge de sécurité, tolérance
* **allowance for heat expansion** - jeu à ménager pour la dilatation

./..

- 5. Prime
* **language allowance** - prime linguistique
* **secretarial allowance** - prime de secrétariat

- 6. (Expressions idiomatiques)
* **after allowance has been made for this factor** - une fois défalquée l'incidence de ce facteur
* **all allowances being made** - tout bien considéré
* **ample allowance must be made for** - il faut faire une large place à, il faut laisser une bonne marge pour
* **due allowance being made** - (qqfs) toute proportion gardée
* **(to) make allowance for** - faire la part de, compter avec, avoir égard à

ALONGSIDE - 1. Aux côtés de, parallèlement à

- 2. (qqfs) A quai (mar.)
* **(to) go alongside** - aller à quai

ALOOF - A l'écart
* **buyers are holding aloof** - les acheteurs boudent
* **(to) hold aloof** - s'abstenir (de faire qqch)
* **(to) keep aloof from politics** - se désintéresser de la politique

ALTER (to) - 1. Modifier, changer, remanier, retoucher

- 2. Se modifier, évoluer
* **unless prices alter rapidly** - sauf évolution rapide des prix

ALTERATION - Transformation, retouche
* **alteration of the Statutes** - modification statutaire
* **alteration work** - travaux d'aménagement
* **physical alterations** - innovations matérielles

ALTERNATE (adj.) - Alternatif, alterné, successif, alternant; de remplacement, de rechange; une fois sur deux
* **alternate airfield** - aéroport de dégagement, aéroport de déroutement
* **alternate fuels** - combustibles de remplacement

ALTERNATE (subst.) - Suppléant, remplaçant

ALTERNATIVE (adj.) - 1. Subsidiaire
* **alternative count** - question subsidiaire
* **alternative submissions** - conclusions subsidiaires
* **in the alternative** - à titre subsidiaire, subsidiairement (DH), accessoirement

- 2. Substitutif, de substitution, de rechange, de remplacement
* **alternative choices** - options
* **alternative cost** - coût alternatif
* **alternative courses of action** - différentes actions possibles
* **alternative energy** - énergie de substitution
* **alternative formulas** - diverses formules possibles
* **alternative gymnastics** - anti-gymnastique
* **alternative measure** - mesure de substitution
* **alternative movements** - mouvements alternatifs, recherches de voies nouvelles, recherches de structures nouvelles
* **alternative offers** - choix d'offres
* **alternative proposal** - contre-proposition, autre proposition, variante, proposition double
* **alternative remedy** - solution de rechange, autre possibilité offerte
* **alternative technologies** - variantes technologiques
* **alternative text** - contreproposition, autre proposition, variante, proposition double
* **alternative to imprisonment** - (peine) de substitution à l'emprisonnement
* **alternative uses** - utilisations concurrentes
* **under different alternative assumptions** - à partir de différentes hypothèses

ALTERNATIVE (subst.) - Alternative, succédané, choix possibles, solution de remplacement, solution de rechange, éventualité, formule nouvelle
* **the two alternatives** - les deux termes de l'alternative
* **these alternatives** - ces diverses possibilités
* **(to) have no other alternative** - il n'est pas d'autre issue

ALTERNATIVELY - A titre subsidiaire, en ordre subsidiaire, soit ... soit, ou à défaut, également

AMBIGUOUS - Ambigu, équivoque

AMBIT - Portée, étendue; cadre (de la convention, de la loi); domaine d'application

AMENABLE - 1. Justiciable de, relevant (d'une juridiction)
* **amenable to a fine** - passible d'une amende
* **amenable to justice** - pouvant être traduit en justice
* **the case is not amenable to ordinary rules** - l'affaire n'est pas justiciable des règles ordinaires
* **they are amenable to the law** - la loi leur est applicable

- 2. Soumis à (la discipline)
* **amenable child** - enfant docile
* **amenable to reason** - disposé à entendre raison, raisonnable
* **(to) be amenable** - être arrangeant, être conciliant

AMEND (to) - Modifier (de préférence à "amender"), (qqfs) mettre à jour, remanier, rectifier
* **Act to amend existing enactments** - loi tendant à modifier, loi portant modification
* **amended budget** - budget rectifié
* **amended in conformity with** - harmonisé avec
* **amending** - portant modification
* **amending Act** - loi modificatrice
* **amending agreement** - accord modificatif
* **as amended** - sous sa forme amendée, dans sa teneur modifiée (par la présente loi)
* **the proposal as amended** - la proposition (ainsi) modifiée, la proposition sous sa forme modifiée

AMENDMENT - Amendement (projet de loi), modification (loi), rectification, révision (constitution), retouche
* **amendment budget** - rectificatif budgétaire
* **amendment to an amendment** - sous-amendement
* **drafting amendment** - modification de forme
* **Income Tax Amendment Act** - loi portant modification de la loi relative à l'impôt sur le revenu
* **substantive amendment** - modification de fond
* **(to) move an amendment** - présenter un amendement
* **(to) table an amendment** - présenter un amendement

AMENDS - Réparation, dédommagement, compensation
* **offer of amends** - proposition de compensation, proposition de réparation, offre de compensation, offre de réparation
* **(to) make amends for an injury** - réparer un tort

AMENITIES - Facilités, agréments, attraits, aménagements, commodités, éléments de confort, douceurs, charmes
* **amenities of a town** - le charme d'une ville, les avantages offerts par une ville
* **amenities service** - services collectifs

* **community amenities** - aménagements à usage collectif
* **compensation for loss of amenities** - dommages-intérêts pour atteinte portée à l'agrément (d'une propriété)
* **land-development amenities** - aménagements fonciers
* **loss of amenities** - préjudice moral, préjudice esthétique, préjudice psychologique
* **personal amenities** - articles à usage personnel
* **public amenities** - aménagements collectifs, équipements collectifs
* **social amenities** - équipements sociaux
* **sports and games amenities** - équipements de jeux et de sports

AMENITY
* **amenity bed** - chambre privée (payante)
* **amenity groups** - associations du cadre de vie
* **amenity society** - association pour la qualité de l'environnement
* **houses of amenity value** - maisons bien situées

AMICABLE
* **amicable adjustment** - arrangement à l'amiable

AMOUNT (subst.) - Montant, somme, chiffre, (qqfs) quantum
* **amount involved in the case** - montant en litige
* **amount of the claim** - chiffre des prétentions

AMOUNT (to) - Atteindre, s'élever à, se monter à, ressortir à, s'établir à, se chiffrer à, représenter, équivaloir, constituer
* **an action wich amounts to a breach of the Convention** - un acte qui constitue une violation de la Convention
* **(to) amount to about** - avoisiner, être de l'ordre de

AMPLIFICATION - Augmentation, extension; explication, commentaires
* **(to) add some details in amplification of the report** - ajouter quelques détails en complément du rapport

AMPLIFY (to) - Compléter, développer, ajouter des détails à (un rapport), étendre (ses connaissances)

ANALYSE (to) - Faire l'analyse de, analyser, décomposer, dépouiller; subdiviser, ventiler, énumérer, exprimer

ANALYSIS - Analyse, bilan; étude, exposé, synthèse, mesure
* **a refined analysis** - une analyse poussée
* **analysis of the financial situation** - bilan de la situation financière
* **analysis of the metal for lead** - analyse de la teneur du métal en plomb
* **operating analysis** - analyse des opérations
* **ore analysis basis** - critères d'estimation de la comparaison du minerai (chimie)
* **short-term analysis** - analyse (de la conjoncture) à court terme
* **systems analysis** - analyse de systèmes, analyse du fonctionnement, analyse fonctionnelle, analyse des circuits

ANCESTRY
* **UK ancestry rule** - règle de l'ascendance britannique

ANCILLARY - Auxiliaire, satellite, accessoire, secondaire, subordonné, complémentaire, utile
* **ancillary enterprises** - unités auxiliaires (de production)
* **ancillary equipment** - accessoires
* **ancillary right** - droit annexe
* **ancillary services** - services auxiliaires
* **ancillary to** - subordonné à; utile à; subsidiairement à
* **court ancillary to another** - tribunal subsidiaire

ANIMUS DONANDI (intention of making a gift) - Intention libérale, intention de donner, volonté de donner

ANNEXATION - Annexion de, mainmise sur

ANNOUNCE (to) - Annoncer, faire l'annonce de
* **meetings announced** - réunions prévues
* **the Prime Minister announced his Cabinet** - le Premier Ministre a fait connaître la composition de son gouvernement
* **the scheme was announced in both Houses of Parliament** - le plan a fait l'objet d'une communication devant les deux Chambres du Parlement

ANNOUNCEMENT - Annonce, faire-part, avis; affiche judiciaire
* **announcements** - avis divers
* **meeting announcement** - réunions prévues

ANNOYANCE - Contrariété, désagrément, ennui
* **annoyance call** - appel malveillant

ANNUAL
* **annual abstract of statistics** - annuaire de statistiques
* **annual instalment** - annuité
* **annual report (of a company)** - rapport de gestion
* **anti-annual report** - contre-rapport annuel (transnationales)

ANNUITANT - Créancier de rente, crédirentier

ANNUITY - Rente, annuité, pension
* **annuity insurance** - assurance-rente
* **annuity wich passes to another on death** - rente réversible
* **contractual annuity** - rente constituée
* **deferred life annuity** - rente différée
* **life annuity** - pension viagère, rente viagère
* **person liable to pay an annuity** - débirentier
* **redeemable annuity** - rente amortissable
* **survivor's annuity** - rente d'ayant-droit, rente de réversion
* **terminable annuity** - rente de durée déterminée

ANNUL (to) - Abroger (une loi), résilier (un acte, un contrat), dissoudre (un mariage), infirmer (une décision), déclarer nul, résoudre (un contrat), dénoncer (un traité), révoquer (un legs), casser (un jugement)

ANNULMENT - Annulation, cassation
* **annulment order** - ordonnance d'annulation
* **(to) give effect to annulment** - exécuter l'annulation

ANOTHER
* **holding in the right of another** - possession précaire
* **not holding in the right of another** - possession exempte de précarité

ANSWER (subst.) - Réponse, réplique, riposte, solution (d'un problème), réfutation (d'une accusation)
* (pleadings) answer - requête en défense

ANSWERABLE - Responsable, comptable, réfutable
* act for wich the Government is answerable - acte qui engage la responsabilité du gouvernement
* answerable charge - accusation réfutable
* the company is not answerable for... - la société ne répond pas de...
* (to) be answerable to - avoir à répondre de ses actes devant, être comptable de ses actes devant, être responsable envers

ANTECEDENCE - Antériorité

ANTECHRESIS - Antichrèse

ANTE-ROOM - Antichambre, vestibule
* Committee of Ministers' ante-room - foyer du Comité des Ministres

ANTICIPATE (to) - Anticiper sur, se réjouir d'avance de, escompter, s'attendre à (un résultat), prévenir, devancer, prévoir
* anticipated - prévu, escompté

ANTICIPATION - Anticipation, prévision, attente, (qqfs) expectative
* in anticipation of - en prévision de
* the general anticipation was that - on prévoyait que

ANTI-SOCIAL - Les asociaux

ANXIOUS - Inquiet, soucieux, tourmenté, angoissé, désireux, (soucieux de faire), avide, impatient, (avoir) envie de
* anxious moment - moment d'anxiété
* anxious not to - tenir à ne pas, vouloir éviter de
* anxioux to make his way - impatient de percer
* (to) be anxious to - avoir hâte de
* were anxious to - ont voulu

ANY - S'il y a lieu, le cas échéant; (souvent, ne pas traduire et laisser "un", "une")
* he could act in any possible way - il pouvait agir comme il l'entendait
* in the event of any failure - dans l'éventualité d'une quelconque défaillance
* is not justified in any way - n'est nullement justifié
* occupation, if any - le cas échéant, profession

APPARENT - Apparent, manifeste, évident
* apparent consumption - consommation apparente
* apparent dilemna, ... - si dilemme il y a, ...
* heir apparent - héritier présomptif
* in face of an apparent danger - en état de légitime défense
* which had been apparent for several years - qui se dessinait depuis plusieurs années

APPEAL (subst.) - 1. Appel (devant une juridiction pouvant réformer)
* appeal (by the prosecution) to increase the sentence - appel a minima
* appeal (by the prosecution) to reduce the sentence - appel a maxima
* appeal by way of case stated - appel par exposé écrit des faits
* cross appeal - appel incident
* frivolous appeal - fol appel
* in his appeal - dans son acte d'appel
* notice of appeal - déclaration d'appel
* petition of appeal - déclaration d'appel
* (to) enter notice of appeal - faire appel, interjeter appel
* (to) give notice of appeal - faire appel, interjeter appel
* (to) lodge an appeal - faire appel, interjeter appel
* vexatious appeal - fol appel

- 2. Intimation
* notice of appeal on the respondent - intimation

- 3. Opposition (devant la juridiction qui a rendu la déclaration contestée)

- 4. Pourvoi (cassation)
* appeal on points of law - pourvoi en cassation
* filing notice of appeal - déclaration de pourvoi
* grounds of appeal - acte de pourvoi
* notice of appeal - acte de pourvoi
* (to) dismiss an appeal - rejeter un pourvoi
* (to) lodge notice of appeal to the Court of Cassation - déclaration de pourvoi devant la Cour de cassation
* unsuccessful appeal - pourvoi rejeté

./..

- 5. Recours (terme général), acte récursoire, voie de recours, voie de droit, voie de réformation, recours en réforme
* **admissible appeal** - recours recevable, appel recevable
* **appeal Board** - Commission de recours
* **appeal by way of case stated** - appel par exposé écrit des faits
* **appeal for clemency** - recours en grâce
* **appeal on a point of law** - recours en cassation, appel sur une question de droit
* **appeal proceedings** - instance de recours
* **appeal submitted** - recours formé
* **appeal to a superior administrative authority** - recours administratif
* **appeal to an administrative Court** - recours administratif contentieux
* **constitutional appeal** - recours constitutionnel
* **counter appeal** - recours joint
* **cross appeal** - recours joint
* **decision on appeal** - décision rendue sur recours
* **entering an appeal** - introduction d'un recours
* **final appeal** - ultime recours
* **hierarchical appeal** - recours hiérarchique
* **possibility of lodging an appeal against the indictment** - faculté de recourir contre l'acte d'accusation
* **right of appeal** - droit de recours
* **right of appeal to a higher Court** - droit à un double degré de juridiction
* **right to an appeal to a higher Court** - droit à un double degré de juridiction
* **subject-matter of the appeal** - objet du recours
* **system of appeal Courts** - double degré de juridiction
* **three successive appeals of** - trois niveaux d'appel successifs
* **time-limit for entering an appeal** - délai de recours
* **(to) file a constitutional appeal** - former un recours constitutionnel
* **(to) refuse to accept the appeal** - refuser de retenir le recours

APPEAL (to) - 1. Faire appel, former un recours, se pourvoir en appel, en appeler (d'une décision)
* **court appealed from** - juge a quo
* **decision appealed against** - décision litigieuse
* **judgment appealed against** - jugement incriminé
* **may be appealed to** - sont susceptibles de recours devant
* **(to) appeal against a decision** - en appeler d'une décision
* **(to) appeal to** - interjeter appel

- 2. Demander, s'adresser à
* **he wishes to appeal to** - il tient à demander instamment

APPEAR (to) - 1. Comparaître
* **failure to appear** - défaut de comparution
* **order to appear** - mandat d'amener
* **summons to appear** - mandat de comparution, sommation à comparaître

- 2. Ester en justice
* **State entitled to appear before the International Court of Justice** - Etat admis à ester devant la Cour internationale de Justice

APPEARANCE - Comparution, représentation
* **entering an appearance** - constitution d'avoué, constitution d'avocat
* **in default of appearance** - par défaut
* **in time to arrange for his appearance in the proceedings** - en temps utile pour qu'il puisse préparer sa défense
* **memorandum of appearance** - formule officielle signifiant son intention de contester la plainte
* **summons to appearance** - mandat de comparution, sommation à comparaître
* **(to) enter an appearance** - déposer un mémorandum de défense (= s'opposer à la demande par un acte formel), constituer avoué, constituer avocat, comparaître en justice

APPELLANT - Requérant, auteur du recours, demandeur, appelant, partie appelante (en appel)

APPELLATE
* **appellate commission** - commission de recours
* **appellate jurisdiction** - juridiction de recours

APPENDAGE - Accessoire, annexe
* **the house and its appendage** - la maison et ses dépendances, la maison et ses annexes

APPLIANCE - Appareil, engin, (appareil de) prothèse
* **appliance methods** - méthodes à adjuvants (planning familial)
* **hoisting appliance** - appareil de levage
* **lifting appliance** - appareil de levage

APPLICABILITY - Validité, applicabilité, possibilités d'application

APPLICABLE - <u>Utilisable, applicable, valable</u>
* **not applicable** - sans objet
* **where applicable** - s'il y a lieu, (mutatis mutandis)

APPLICANT - 1. <u>Partie poursuivante, partie demanderesse, demandeur, requérant, partie réclamante, partie requérante</u>
* **applicant represented by a lawyer** - requête introduite par le ministère d'un avocat

- 2. <u>Déposant (brevets)</u>

APPLICATION - <u>Demande, requête, déclaration, supplique, recours, pourvoi</u>
* **a successful application** - le requérant a gain de cause; le défenseur est reconnu en tort
* **application for a retrial** - requête en révision, pourvoi en révision
* **application for approval** - requête en approbation
* **application for commencement of bankruptcy** - déclaration de faillite
* **application for consent** - requête en approbation
* **application for extension of time** - requête en prorogation de délai
* **application for permutation of an attachment** - demande en mainlevée
* **application for release from an attachment** - demande en mainlevée
* **application for taxation (of costs)** - requête en liquidation des dépens
* **application of the Commission bringing the case before the Court** - requête introductive d'instance
* **application to register a death** - requête de déclaration de décès
* **application to register a design** - déclaration de modèle
* **application to reopen civil proceedings** - recours en révision
* **ex parte application** - requête unilatérale
* **frivolous application** - recours abusif
* **incidental application** - demande incidente
* **interlocutous application** - demande incidente
* **on application by the public prosecutor** - sur requête du ministère public
* **right of individual application** - droit de recours individuel
* **supplementary application** - demande incidente
* **the application is admissible** - la requête est recevable
* **the application was lodged with the Commission** - la requête a été introduite auprès de la Commission
* **(to) file an application** - introduire une requête, introduire un recours
* **(to) grant an application** - accueillir une demande, faire droit à une demande
* **(to) lodge an application** - introduire une requête, introduire un recours
* **(to) make an application** - introduire une requête, introduire un recours

* **(to) refer the application to the Court for decision** - solliciter une décision du tribunal
* **(to) reject an application** - rejeter une demande, repousser une demande

APPLY (to) - 1. <u>Appliquer, être applicable à, convenir pour</u>
* **does not apply** - sans objet

- 2.
* **those who apply** - les candidats, les personnes qui font acte de candidature
* **(to) apply for** - Solliciter, demander, s'adresser à... pour, requérir, recourir, avoir recours à

APPOINT (to) - <u>Nommer, désigner, instituer (un comité)</u>
* **appointed date** - date de référence
* **appointed day** - date de référence
* **right to appoint** - droit de nomination
* **(to) appoint an agent** - constituer un mandataire
* **(to) appoint an attorney** - constituer un mandataire
* **(to) appoint an heir** - instituer un héritier
* **(to) appoint somebody to an office** - préposer qqn à une fonction
* **(to) appoint that something shall be done** - prescrire que qqch se fasse, décider que qqch se fasse

APPOINTEE - Candidat nommé, nouveau titulaire

APPOINTMENT - 1. <u>Nomination, engagement, désignation, affectation, (qqfs) prise de fonctions</u>
* **appointment of a Committee** - constitution d'un Comité
* **appointment of outsider (to top job)** - parachutage
* **local authority appointments** - recrutement dans les services locaux
* **right of appointment** - droit de désignation, droit de collation
* **(to) terminate the appointment of somebody** - mettre fin à l'engagement de qqn

- 2.
* **appointments** - installations, aménagement intérieur, équipement intérieur (bureau, navire, hôtel)

APPORTIONMENT - <u>Répartition, distribution, ventilation, fragmentation</u>
* **apportionment of changes** - répartition des changes
* **apportionment of the frequencies** - répartition des fréquences
* **apportionment of the risks** - partage des risques
* **apportionment plan** - état de distribution, état de répartition
* **apportionment proceedings** - procédure de distribution
* **basis of apportionment** - barème de répartition, clé de répartition

APPRAISAL - 1. <u>Evaluation, appréciation, examen (critique), analyse, jugement sur, jugement de valeur</u>
* **appraisal mission** - mission d'appréciation (et non "d'évaluation")
* **appraisal of the budget estimates** - observations d'ensemble sur le projet de budget
* **health appraisal of the pupils** - examen médical régulier des élèves

- 2. <u>Expertise, devis d'expert</u>
* **official appraisal** - expertise

APPRAISEMENT
* **appraisement fee** - droit de prisée

APPRECIATE (to) - 1. <u>Savoir gré de, être sensible à, ne pas perdre de vue, être conscient de, reconnaître (l'urgence), attacher une grande valeur à (travail), rendre hommage à, faire grand cas de, ne pas méconnaître, apprécier (une offre)</u>
* **I fully appreciate** - je me rends parfaitement compte
* **the magnitude of the problems has been fully appreciated** - l'ampleur des problèmes a été pleinement reconnue
* **(to) appreciate the point** - pour s'en convaincre
* **which was much appreciated** - (à laquelle) nous avons été très sensibles

- 2. <u>Revaloriser (une monnaie)</u>

- 3. <u>Se revaloriser, monter, être en hausse</u>

APPRECIATION - 1. <u>Plus-value, valorisation, réévaluation</u>
* **appreciation of currency** - réévaluation d'une monnaie
* **capital appreciation** - plus-value en capital
* **stock appreciation** - valorisation des stocks

- 2. <u>Appréciation, estimation, évaluation; sensibilisation à, prise de conscience de; estime, satisfaction, louange, compliments</u>
* **expresses its appreciation** - se déclare satisfait de, se déclare sensible à, exprime sa satisfaction, exprime ses remerciements, rend hommage
* **he exposed his delegation's appreciation** - sa délégation se félicite de
* **(to) express appreciation of the Committee work** - prononcer des paroles aimables pour les travaux du Comité, féliciter le Comité pour son travail
* **wishes to record its deep appreciation of** - tient à dire combien il apprécie

APPREHENSION - 1. <u>Arrestation, prise de corps</u>
* **(to) carry out an apprehension** - opérer une arrestation

- 2. <u>Compréhension (d'un fait), façon de voir, perception, entendement</u>

- 3. <u>Crainte, appréhension, réticence</u>
* **(to) give cause for apprehension** - susciter des craintes

APPROACH (subst.) - <u>Conception, esprit, approche, optique, méthode, méthodes, perspective, manière d'aborder, façon de voir, démarche, (voir) sous l'angle de, accès, voie d'accès, point de vue, attitude, formule, procédés, plan d'action, ligne de conduite, action, stratégie, analyse</u>
* **a new approach** - (qqfs) évaluation renouvelée
* **a new approach was needed** - il a fallu innover
* **across the board approach** - méthode linéaire
* **approach chosen** - direction choisie
* **approach of the Registry** - démarche du Greffe
* **approach to problems** - façon de penser certains problèmes
* **approach to understanding values** - moyens d'accès aux valeurs
* **area approach** - approche régionale
* **basic approach** - conceptions fondamentales
* **coherent approach** - démarche logique
* **concerted approach** - concertation, approche concertée
* **current approaches to treatment** - pratiques actuelles en matière de traitement

.∕..

* **following the same approach as the judgment** - pour rester sur le terrain de l'arrêt
* **individual approach** - méthode individuelle
* **modern approach** - stratégies d'approche moderne, tendances modernes
* **neibourghood approach** - démocratie de proximité
* **regional approach** - examen sous l'angle régional, étude sous l'angle régional, approche régionale
* **social work approach** - esprit de service social
* **step-by-step approach** - politique des petits pas
* **timeless approach** - optique intemporelle
* **(to) consider the question under a new approach** - considérer la question sous un autre angle

APPROACH (to) - 1. Approcher
* **(to) approach to** - être voisin de, atteindre presque

- 2. Pressentir, consulter qqn, entrer en pourparlers avec
* **(to) be approached for advice** - être prié de donner son avis

- 3. Aborder
* **a new way of approaching the problems** - une nouvelle manière d'apprécier les problèmes

APPROPRIATE (adj.) - Utile, satisfaisant, valable, compétent, (le mieux) indiqué, pertinent, voulu, choisi, judicieux, spécial, (qqfs) autorisé à cet effet, applicable, opportun, (qqfs) raisonnable, recevable (candidature)

* **appropriate decision** - décision de circonstance
* **appropriate for** - convenant à
* **as appropriate** - selon qu'il conviendra, selon le cas
* **as far as appropriate** - dans la mesure du possible
* **decide as appropriate** - prend, à cet égard, la décision voulue
* **for appropriate action** - à toutes fins utiles
* **if appropriate** - le cas échéant
* **if need be with appropriate advice** - en s'entourant, au besoin, de conseils éclairés
* **it may be appropriate** - lorsqu'il y aura lieu
* **the appropriate Committee** - le Comité compétent
* **to the appropriate agency** - à qui de droit
* **under appropriate conditions** - lorsqu'il y aura lieu
* **when and where appropriate** - lorsqu'il y a lieu, quand les circonstances le permettent
* **where appropriate** - éventuellement, le cas échéant, s'il y a lieu, quand les circonstances s'y prêteront, si les circonstances le permettent

APPROPRIATE (to) - 1. Affecter, consacrer
* **appropriated funds** - crédits ouverts pour, crédits prévus pour, crédits affectés à
* **(to) appropriate funds for** - ouvrir des crédits pour

- 2. S'approprier, détourner (des fonds), dérober (des idées), s'attribuer, se réserver qqch

APPROPRIATENESS - A propos, applicabilité, justesse, (qqfs) rationalité

APPROPRIATION - Ouverture de crédit, crédit ouvert, crédit voté, crédit accordé, autorisation de dépense
* **allocation of appropriations** - attribution de crédits
* **amended appropriation** - crédit modifié
* **amount of appropriations used** - état de la consommation des crédits
* **appropriation and finance Act** - Loi de finances
* **appropriation to the reserve** - dotation à la réserve
* **budget appropriations** - crédits budgétaires
* **carry-over of an appropriation** - report de crédit
* **conditions of appropriation** - crédit d'agrément
* **freezing of appropriations** - blocage des crédits
* **proposal for an appropriation** - projet de crédit
* **provisional monthly appropriation pending the adoption of the budget** - douzième provisoire
* **(to) vote an appropriation** - voter un crédit, ouvrir un crédit
* **utilisation of appropriation** - état de la consommation des crédits

APPROVAL - 1. Approbation, avis conforme, agrément, assentiment, accord
* **book sent on approval** - livre envoyé pour examen
* **on approval** - à l'examen, à l'étude
* **(to) meet with the approval of** - recevoir l'agrément de, recueillir l'agrément de
* **(to) sell on approval** - vendre sous condition
* **without approval or disapproval** - sans avis favorable ou défavorable

- 2. Homologation, ratification
* **approval of vehicles** - homologation des véhicules
* **(to) stamp one's approval on a document** - ratifier un document

APPROVE (to) - Homologuer, sanctionner, agréer, accepter, souscrire à, donner son agrément, donner son adhésion, donner son assentiment, être de l'avis de, prendre parti pour, recommander, être partisan de, se prononcer pour, reconnaître le bien-fondé de, reconnaître la justesse de, appuyer
* **(to) approve a report** - adopter un rapport (le faire sien ou le soumettre à un organe supérieur), approuver un rapport (en prendre connaissance et donner son approbation)

APPROVED - <u>Autorisé, homologué, approuvé, agréé;</u>
<u>classique, connu, notoire</u>
* **approved agenda** - ordre du jour définitif
* **approved school** - maison d'éducation surveillée, établissement de redressement
* **approved thief** - voleur notoire
* **approved type certificate** - certificat d'homologation
* **body approved by the Government** - organisme agréé par l'Etat, organisme conventionné
* **old approved methods** - "bonnes vieilles" méthodes, méthodes classiques

APPURTENANCE - <u>Dépendance, servitude</u>
* **house with all its appurtenances** - immeuble avec ses servitudes
* **necessary appurtenances** - dépendances nécessaires

APPURTENANT - 1. <u>Appartenant à, dépendant de,</u>
<u>accessoire de, accessoire à</u>
* **appurtenant to** - appartenant à, dépendant de, accessoire de, accessoire à
* **the treaty and the appurtenant ratifications** - le traité et les ratifications qui s'y rapportent

- 2. <u>Propre, particulier</u>

ARBITRARILY - <u>Arbitrairement, au jugé</u>
* **(to) allocate arbitrarily** - allouer (qqch) au jugé, répartir (qqch) au jugé

ARBITRARY - <u>Arbitraire; forfaitaire</u>
* **arbitrary estimate** - devis forfaitaire
* **arbitrary sequence** - enchaînement arbitraire

ARBITRATION - <u>Arbitrage</u>
* **administrated arbitration** - arbitrage organisé
* **arbitration agreement** - compromis
* **arbitration clause** - clause compromissoire, compromis d'arbitrage
* **arbitration court** - cour d'arbitrage
* **arbitration rules** - règlement d'arbitrage
* **arbitration settlement by...** - règlement arbitral
* **arbitration tribunal** - tribunal arbitral, tribunal d'arbitrage, instance d'arbitrage
* **(to) go to arbitration** - recourir à l'arbitrage, faire appel à l'arbitrage

ARBITRATOR - <u>Arbitre</u>
* **the award of the 3rd arbitrator shall be final** - la sentence du 3ème arbitre est sans appel
* **third arbitrator** - tiers-arbitre

ARCHAEOLOGY - <u>Archéologie</u>
* **rescue archaeology** - archéologie de sauvetage

ARCHITECT - 1. <u>Architecte</u>

- 2. <u>Maître d'oeuvre</u>

ARCHIVES - <u>Archives</u>
* **archives administration** - archivistique
* **archives science** - archivistique
* **destruction of archives** - élimination des archives
* **disposal of archives** - élimination des archives
* **disposition of archives** - triage des archives
* **film archives** - filmothèque, cinémathèque, archives cinématographiques
* **public access to archives** - consultabilité des archives
* **sound recording archives** - archives sonores
* **transfer to archives** - archivage

AREA - <u>Surface, aire, zone, marge, région, secteur,</u>
<u>domaine, périmètre, ensemble, espace</u>
* **area deprivation** - "poche de pauvreté"
* **area harvested** - superficie récoltée
* **area management** - gestion aréolaire
* **area of agreement** - terrain d'entente
* **area of disagreement** - terrain de désaccord
* **area of influence** - sphère d'influence, aire d'influence
* **area services** - services régionaux
* **area specialist** - spécialiste régional
* **area study** - étude aréolaire
* **area under cultivation** - superficie en culture, superficie cultivée
* **area unit** - unité aréolaire
* **areas and groups of buildings** - sites et groupes d'immeubles
* **breeding area** - aire de reproduction (ornith.)
* **built-up area** - agglomération; superficie bâtie
* **catchment area** - aire de captation
* **central areas** - espaces centraux
* **employment area** - bassin d'emploi
* **European rural areas** - l'espace rural européen
* **feeding area** - aire de nourrissage (ornith.)
* **free-trade area** - zone de libre-échange
* **improved area** - zone aménagée
* **in their areas of jurisdiction** - dans l'aire de leur juridiction
* **land consolidation area** - périmètre de remembrement
* **living area** - surface habitable, superficie habitable

./..

* **metropolitan area** - aire métropolitaine
* **new economic areas** - nouveaux espaces économiques
* **operated area** - superficie exploitée, zone exploitée
* **parking area** - aire de stationnement
* **populated areas** - grandes agglomérations urbaines
* **protected area** - périmètre de protection
* **staging area** - aire de rassemblement (ornith.)
* **the area of war** - le théâtre de la guerre
* **the entire forest area** - la totalité du domaine boisé, la totalité de la superficie boisée
* **the entire wooden area** - la totalité du domaine boisé, la totalité de la superficie boisée
* **wintering area** - aire d'hivernage, quartiers d'hivernage

ARGUABLE - Défendable, soutenable, (qqfs) plausible
* **arguable claim** - prétend de manière plausible
* **it's arguable that** - on peut soutenir que
* **where an individual has an arguable claim to be the victim of a violation** - un individu qui, de manière plausible, se prétend victime d'une violation

ARGUE (to) - Estimer, soutenir
* **it was argued by** - selon ...,
* **it was argued that** - (il) a soutenu que
* **this point has been broadly argued by the parties** - ce point a été brièvement examiné par les parties
* **(to) argue a point** - discuter d'une question
* **(to) argue his right** - arguer de son droit
* **(to) argue one's case** - faire valoir son point de vue

ARGUMENT - Argument, opinion, idée, vue, thèse (des parties), moyen, (qqfs) contestation
* **argument based on Art. 1** - moyen déduit de l'article 1, moyen tiré de l'article 1
* **arguments by the defence** - plaidoirie
* **arguments by the prosecutor** - réquisitoire
* **closing arguments** - plaidoiries et réquisitoire
* **in support of the argument** - à l'appui de sa thèse
* **information and arguments** - les exposés, en fait et en droit
* **legal argument** - exposé de droit
* **oral argument in chief** - exposé principal
* **order of the argument** - méthode de raisonnement
* **the argument made by the applicant** - le requérant a soutenu
* **the argument relies on** - l'argument invoqué
* **(to) reject the argument based on Art. 5** - rejeter le moyen tiré de l'article 5, rejeter l'argument tiré de l'article 5
* **(to) submit further arguments** - présenter des observations écrites supplémentaires

ARISE (to) - S'élever, surgir, survenir, naître, se faire sentir
* **arising out of** - résultant de, portant sur
* **arising under** - relevant de, se rapportant à
* **issue arising out of** - différend créé par, différend soulevé par
* **obligations that arise from a clause** - obligations découlant d'une clause
* **right arising from** - droit issu de, droit dérivant de
* **(to) arise from** - résulter, provenir, découler, naître, donner lieu à, émaner de, tenir à
* **which arose out of** - ... séquelles de

ARRAIGN (to) - Porter une accusation contre (politique), attaquer (une opinion), s'en prendre (à qqn), mettre en accusation, traduire en justice, s'assurer de la comparution personnelle de
* **(to) arraign somebody for** - inculper qqn de qqch

ARRAIGNMENT - 1. Acte d'accusation; inculpation

- 2. Interpellation (de l'accusé)

- 3. Mise en accusation, mise en jugement

- 4. Comparution personnelle de l'accusé pour lecture de l'acte d'accusation, lecture de l'acte d'accusation à l'accusé

ARRANGE (to) - Aménager
* **the Government shall arrange with the Organisation for** - le gouvernement s'entendra avec l'Organisation pour
* **(to) arrange for** - faire en sorte que, faire que, prendre les dispositions voulues pour, prendre des dispositions pour, faire procéder à, régler les modalités de

ARRANGEMENT - Arrangement, aménagement, mécanisme, entente, accomodement, accord, organisation, régime, formule, dispositions, modalités, formalités, préparatifs, agencement, mesures, démarches, procédé
* **arrangement being made to** - les préparatifs en cours, les préparatifs en vue de
* **arrangement for coordinating** - modalités de coordination

./..

* **arrangement of business** - organisation des travaux
* **arrangement with creditors** - concordat
* **arrangements for cooperation** - formules de co-opération, modalités de co-opération
* **arrangements with** - arrangements passés avec
* **consultative arrangements** - arrangements en vue d'une consultation
* **debt arrangements** - aménagement de la dette
* **deed of arrangement** - plan d'apurement du passif
* **family arrangement** - compromis successoral
* **institutional arrangements** - dispositions institutionnelles
* **private arrangement** - accord à l'amiable
* **private arrangements** - arrangements particuliers, engagements particuliers
* **scheme of arrangement** - concordat (faillite)
* **service arrangements** - dispositions concernant les services (transports)
* **such arrangements for** - dispositions nécessaires pour
* **through such arrangements** - par le moyen desdits accords
* **(to) approve a scheme of arrangement** - homologuer un concordat
* **(to) make arrangements** - prendre ses dispositions
* **(to) make suitable arrangements** - prendre toutes dispositions utiles
* **trade arrangements** - régime des échanges
* **travel arrangements** - conditions de voyage
* **working arrangement** - méthodes pratiques à suivre

ARRAY - 1. Dispositif, système, déploiement
* **an important array of rules** - tout un éventail de mesures, tout un déploiement de mesures
* **antenna array** - système d'antennes

- 2. Appel nominal, tableau des jurés

ARREARS - Arriérés (à payer), arrérages
* **arrears in proceedings** - encombrement des tribunaux
* **arrears of dividends** - arrérages de dividendes
* **arrears of interest** - intérêts moratoires
* **arrears of salary** - rappel de traitement
* **demand for arrears of tax** - rappel d'impôts
* **payment of arrears of salary** - rappel de traitement
* **(to) be in arrears** - ne pas avoir payé ses dettes à l'échéance
* **(to) fall in arrears** - ne pas avoir payé ses dettes à l'échéance

ARREST (subst.) - 1. Arrestation, écrou, (mandat d') arrêt
* **arrest pending trial** - détention préventive
* **arrest warrant** - ordre d'écrou, mandat d'arrêt
* **false arrest** - arrestation illégale, détention arbitraire, séquestration
* **house arrest** - assignation à domicile
* **(to) be put under house arrest** - être mis en résidence surveillée, être placé en résidence surveillée

- 2. Arrêt, sursis
* **arrest of judgment** - sursis à l'exécution d'un jugement; suspension du jugement

ARREST (to) - 1. Arrêter (qqn), appréhender, écrouer, surseoir
* **(to) arrest judgment** - surseoir à statuer
* **(to) arrest without warrant** - arrêter sans mandat

- 2. Arrêter, stopper, bloquer, faire barrage à, mettre un terme à, avoir raison de, juguler, enrayer, casser (la tendance), freiner
* **(to) succeed in arresting and even reversing the trend** - arriver à stopper et même à renverser la tendance

ARRESTABLE
* **arrestable offence** - délit justifiant l'arrestation sans mandat

ARRESTED - Appréhendé, arrêté

ARRESTING
* **arresting officer** - policier responsable de l'arrestation

ARSON - Incendie volontaire
* **person committing arson** - incendiaire

ARSONIST - Coupable d'incendie volontaire, incendiaire

ART - Art
* **art adviser** - conseiller artistique
* **art dealer** - marchand d'oeuvres d'art
* **arts and crafts** - artisanat de création, métiers d'art
* **graphic arts** - arts graphiques
* **practical arts** - arts appliqués
* **state-of-the-art report** - revue de la question
* **visual arts** - arts plastiques et décoratifs

ARTERY - Axe (routier)
* **telecommunication arteries** - artères de télécommunication (UIT)

ARTICLE - Article
* **leading article** - article de fond (presse)

ARTICLES - Articles, clauses, stipulations, (qqfs) statuts
* **articles and conditions** - cahier des charges
* **articles of a Bill** - clauses d'un projet de loi
* **articles of a company** - statuts d'une société
* **Articles of Agreement** - Statuts
* **articles of apprenticeship** - contrat d'apprentissage
* **articles of association of a company** - contrat de société, statuts
* **articles of incorporation** - statuts
* **articles of partnership** - contrat de société, acte (constitutif) de société
* **in accordance with the articles** - statutairement
* **provided by the articles** - statutaire
* **under the articles** - statutairement

ARTIFICIAL - Artificiel, théorique, factice

ARTISTIC - Artistique
* **artistic rights** - propriété intellectuelle

AS
* **as a contribution** - à titre de contribution
* **as against** - en regard de
* **as and when possible** - au fur et à mesure des possibilités
* **as between** - dans les rapports entre, ligne de partage
* **as much as** - vu, considérant, attendu que
* **as part of** - dans le cadre de, (trouver place dans)
* **as the case stands** - étant donné les faits de la cause
* **defined as** - défini par

ASCENT - Montée, progression

ASCERTAIN (to) - Déterminer, vérifier, établir, mettre en évidence, s'assurer de, s'informer de, constater (un fait), examiner
* **ascertained damages** - dommages constatés
* **(to) ascertain something from somebody** - s'informer de qqch auprès de qqn
* **(to) ascertain that** - s'assurer que
* **(to) proceed to ascertain the facts** - procéder à l'établissement des faits

ASCRIBE (to) - Attribuer, imputer
* **(to) ascribe a fault** - imputer une faute

ASIDE - A l'écart, à part
* **aside from** - excepté, sauf, outre le fait que
* **(to) lay aside something** - réserver qqch, mettre de côté qqch
* **(to) put aside something** - réserver qqch, mettre de côté qqch
* **(to) set aside something** - prélever qqch

ASPECT - Aspect, facette, caractéristique
* **all the aspects of** - tout ce qui concerne, tout ce qui caractérise
* **health aspects of nutrition** - la santé dans ses rapports avec la nutrition
* **structural aspects** - caractéristiques de structure, caractéristiques structurelles

ASSAULT (subst.) - Tentatives ou menaces de voies de fait, coups et blessures, voies de fait, brutalité, sévices
* **aggravated assault** - voies de fait graves, coups et violences graves, agression caractérisée
* **armed assault** - attaque à main armée
* **assault and battery** - violences, voies de fait, coups et blessures, agression
* **assault causing bodily harm** - atteinte à l'intégrité physique
* **assault on a constable** - outrage à agent
* **assault with intent to rob** - menaces de voies de fait dans l'accomplissement d'un vol
* **complaint of assault** - grief relatif à des brutalités
* **indecent assault** - attentat à la pudeur, outrage aux bonnes moeurs
* **ordinary action for assault** - action ordinaire pour sévices
* **unlawful assault** - brutalité exercée illégalement

ASSAULT (to) - Attaquer, agresser
* **(to) be assaulted** - être victime d'une agression, être victime de violences, être agressé
* **(to) be convicted of assaulting** - être reconnu coupable d'une agression

ASSEMBLY - 1. Réunion; assemblée
* **in open assembly** - en séance publique
* **peaceful assembly** - réunion pacifique
* **right of assembly** - droit de réunion
* **unlawful assembly** - attroupement illicite

- 2. Montage, assemblage, regroupement
* **assembly area** - zone de regroupement
* **assembly line** - chaîne de montage

ASSENT - Assentiment, agrément, accord
* **assent in writing** - consentement par écrit
* **Royal assent** - sanction royale

ASSERT (to) - 1. Affirmer, prétendre, soutenir
* **(to) assert one's innocence** - affirmer son innocence, proclamer son innocence
* **(to) assert that** - affirmer que, soutenir que

- 2. Revendiquer, faire valoir
* **(to) assert one's authority** - imposer son autorité
* **(to) assert one's rights** - revendiquer ses droits, faire valoir ses droits

ASSESS (to) - 1. Mesurer, faire le point de

- 2. Apprécier, examiner, évaluer, porter un jugement sur, porter une appréciation sur, déterminer, fixer, répartir
* **assessed budget** - budget arrêté
* **(to) assess a damage** - évaluer les dégâts, fixer les dommages et intérêts
* **(to) assess natural resources** - inventorier les ressources naturelles
* **(to) assess progress** - suivre les progrès réalisés
* **(to) assess taxes** - fixer l'assiette de l'impôt
* **(to) assess the evidence** - apprécier les éléments de preuve
* **(to) assess the expenses between the parties** - répartir les frais entre les parties
* **(to) assess the outlook of** - définir les perspectives de
* **(to) assess the situation** - faire le point de la situation

- 3. Imposer, taxer
* **assessed wealth** - fortune imposée
* **persons assessed to surtax** - personnes assujetties à la surtaxe

ASSESSMENT - 1. Estimation, appréciation, évaluation, contrôle (des connaissances), processus d'appréciation, modalités d'appréciation, méthodes d'appréciation
* **arbitral assessment board** - commission arbitrale d'évaluation
* **are not subject to precise assessment** - ne peuvent être exactement appréciés
* **assessment by the Court** - estimation judiciaire
* **assessment in the presence of the parties** - estimation contradictoire
* **assessment of damages** - constatation du dommage, évaluation des dommages, fixation des dommages-intérêts
* **assessment of evidence** - appréciation des preuves
* **assessment of monuments** - classement des monuments
* **judicial assessment** - estimation judiciaire
* **methods of assessment** - procédures d'appréciation, modalités d'appréciation, méthodes d'appréciation
* **overall assessment** - bilan, faire le point de la situation
* **tax assessment** - établissement (de l'assiette) de l'impôt

- 2. Imposition, fixation d'un droit à prélever, droits d'imposition, décision d'imposition, établissement de l'impôt, feuille d'impôt, taxation
* **annual assessment** - imposition annuelle
* **assessment of contributions** - fixation de la quote-part
* **assessment period** - période imposable, période d'imposition
* **basis of assessment** - article de l'impôt, base d'imposition, montant à recouvrer
* **discretionary assessment** - taxation d'office
* **empirical assessment** - impôt forfaitaire
* **highest assessment** - quote-part la plus élevée
* **lump-sum assessment** - impôt forfaitaire
* **presumptive assessment** - impôt forfaitaire
* **scale of assessments** - barème des contributions
* **separate assessment** - imposition séparée
* **staff assessment plan** - barème des contributions (du personnel), quote-part (des Etats membres)
* **supplementary assessment** - rappel d'imposition, rappel de droits

- 3. Liquidation
* **assessment of costs** - liquidation des dépenses
* **assessment of damages** - liquidation des dommages
* **tax assessment** - liquidation d'impôts

- 4. Notation (de fonctionnaires), note
* **assessment of improvement** - note d'amendement (détenus)

ASSESSOR - Assesseur
* **district judge's assessor** - auditeur de justice

ASSET - Atout, avantage

ASSETS - 1. Actifs, avoirs, biens, élément d'actif, apport, disponibilités
* **assets and liabilities** - actif et passif
* **assets brought in** - apport
* **available assets** - actif disponible
* **capital assets** - actif immobilisé, immobilisations
* **cash assets** - avoirs en numéraire, disponibilités, liquidités
* **current assets** - actif circulant, actif disponible, actif réalisable, capital de roulement
* **deceased assets** - biens successoraux
* **declaration of assets** - déclaration de biens
* **fixed assets** - immobilisations
* **foreign assets invested to the total assets of the firm** - proportion des capitaux étrangers investis dans les immobilisations totales de l'entreprise
* **frozen assets** - actif non disponible
* **liquid assets** - disponibilités (de trésorerie), liquidités
* **net assets employed** - actif net utilisé
* **partnership assets** - patrimoine social
* **real assets** - actif immobilier
* **return of assets** - déclaration de biens
* **tangible and intangible assets** - biens corporels et incorporels
* **wasting assets** - actif surévalué

- 2. Fortune, patrimoine, éléments du patrimoine
* **assets inherited and inheritable** - effets patrimoniaux
* **immovable assets** - fortune immobilière
* **movable assets** - fortune mobilière
* **taxable assets** - fortune imposable

- 3. Immobilisations, biens immobiliers
* **capital assets** - immobilisations
* **fixed assets including investments** - immobilisations, y compris participations
* **(to) classify as fixed assets** - immobiliser

- 4. Masse
* **assets of the estate** - masse de la succession, masse successorale
* **assets to be divided** - masse de partage (faillite)
* **group of assets** - masse de biens
* **remaining assets** - surplus de l'actif

ASSIGN (subst.) - Voir Assignee

ASSIGN (to) - 1. Assigner, affecter (ressources), attribuer (tâche, fonction); fixer (heure); changer, investir

- 2. Céder, transmettre, faire cession
* **(to) assign a property to** - céder une propriété à, transférer une propriété à
* **(to) assign a right to** - faire cession d'un droit
* **(to) assign shares** - transmettre des actions

ASSIGNABLE - Cessible, transférable

ASSIGNED - Attribué, dévolu
* **assigned to hourly rates** - payé à l'heure

ASSIGNEE (or ASSIGN) - Cessionnaire (des droits), ayant-cause, ayant-droit
* **assignee in bankruptcy** - syndic de faillite
* **official assignee** - syndic, liquidateur

ASSIGNMENT - 1. Affectation, poste, désignation, nomination, tâche assignée, travaux assignés aux élèves, exercices assignés aux élèves
* **assignment allowance** - indemnité d'affectation, indemnité de poste
* **assignment limitations** - limites d'affectation
* **assignment of duties** - responsabilités, mission
* **assignments** - attributions
* **first assignment to** - lieu d'affectation initial
* **mission assignment** - affectation à une mission
* **on assignment** - en mission, en reportage (presse)
* **radio-frequency assignment** - attribution de fréquences radio
* **special assignment** - mission spéciale, tâche spéciale, affectation spéciale

- 2. Cession, transfert
* **acceptance of the assignment of a chose in action** - reprise de créance
* **assignment by way of lease** - cession à bail
* **assignment by way of security** - cession à titre de garantie
* **assignment for the benefit of creditors** - acte attributif des biens du failli au syndic de la masse
* **assignment of a chose in action** - cession de créance
* **assignment of a debt** - cession de créance
* **assignment of a right of user** - cession d'usage
* **assignment of claims** - cession de créances
* **assignment of contract** - cession des droits et obligations d'un contrat
* **assignment (of debts) for collection** - cession aux fins d'encaissement
* **assignment of interest** - cession d'usufruit
* **assignment of priority** - cession d'antériorité
* **deed of assignment** - acte attributif, acte de cession, acte translatif de propriété
* **notice of assignment** - déclaration de cession

./..

- 3. Délégation
* **assignment of a lease** - report de bail
* **assignment of debts** - délégation de dettes
* **assignment of salary** - délégation de traitement
* **assignment order** - délégation de sommes

ASSIGNOR - Cédant

ASSIST (to) - Aider, prêter son assistance, seconder
* **(to) assist research** - aider la recherche, faciliter la recherche, subventionner la recherche

ASSISTANCE - 1. Aide, conseils, avis, secours, concours
* **assistance fund** - oeuvre (de bienfaisance)
* **assistance home** - maison de refuge
* **back-stopping assistance** - aide de la base à une équipe de pointe
* **duty of assistance** - devoir de secours
* **expert assistance** - avis d'expert, conseils d'expert
* **financial assistance** - concours financier
* **(to) invite the assistance of** - faire appel au secours de
* **(to) render assistance and protection to nationals** - prêter aide et assistance aux nationaux

- 2. Services, personnel
* **administrative assistance required** - encadrement administratif nécessaire
* **clerical assistance** - services de bureau
* **secretarial-clerical assistance** - secrétaires et commis
* **temporary assistance** - personnel temporaire

ASSISTANT - Assistant, adjoint
* **assistant professor** - chargé de cours
* **assistant teacher** - chef de travaux, maître-assistant (université)
* **assistant to a Conference** - adjoint à une Conférence

ASSOCIATE (adj.) - Associé
* **associate expert** - expert associé
* **associate officer** - administrateur adjoint
* **associate participation** - participation associée
* **associate professor** - professeur adjoint, professeur suppléant

ASSOCIATE (to)
* **(to) associate oneself with the observations of** - approuver les observations de
* **(to) associate with somebody** - fréquenter qqn, avoir des relations avec qqn

ASSOCIATED
* **associated cause of death** - cause secondaire du décès
* **associated company** - société apparentée à un groupe
* **associated school project** - système d'écoles associées, réseau des écoles associées
* **associated youth entreprise** - entreprise associée de jeunesse

ASSOCIATION - 1. Groupement, syndicat, coopérative, ordre, association, amicale
* **articles of association of a company** - contrat de société, acte de société
* **association of local authorities** - groupement communal, regroupement des communes, syndicat des collectivités
* **employers' association** - groupement patronal
* **farmers' association** - syndicat agricole
* **industrial association** - association professionnelle, syndicat (professionnel)
* **medical association** - ordre des médecins
* **non-profit-making associations** - associations à but non lucratif
* **professional association** - syndicat professionnel
* **removal from association** - mise à l'écart de la population pénale, mise à l'écart des co-détenus, mise à l'écart de la communauté pénitentiaire
* **restrictive trade associations** - ententes industrielles
* **right of association** - droit syndical, droit de coalition
* **sport association** - amicale sportive
* **trade association** - association professionnelle, syndicat (professionnel)
* **trades association** - chambre des métiers
* **unlawful association** - groupement illicite

- 2. Société
* **articles of association** - règlement interne d'une société
* **deed of association** - acte de société
* **memorandum of association** - statuts d'une société, acte constitutif d'une société

- 3. Relations, appartenance
* **association with** - appartenance à
* **(to) form associations** - se faire des relations

ASSUME (to) - 1. Simuler, affecter, feindre

- 2. Assumer, se charger de, prendre à sa charge, prendre sur soi, prendre à son compte
* **(to) assume a duty** - se charger d'un devoir
* **(to) assume an obligation** - souscrire à une obligation
* **(to) assume command** - assumer le commandement, prendre le commandement
* **(to) assume duties** - accepter les fonctions, entrer en fonctions

./..

* **(to) assume office** - accepter les fonctions, entrer en fonctions
* **(to) assume responsibility** - assumer la responsabilité
* **(to) assume the risk** - assumer le risque

       - 3. <u>S'attribuer, s'arroger, s'approprier</u>
* **assumed name** - pseudonyme
* **(to) assume a name** - prendre un faux nom, adopter un nom d'emprunt
* **(to) assume a succession** - s'immiscer dans une succession
* **(to) assume ownership** - faire acte de propriétaire

      - 4. <u>Accepter comme principe que, poser en principe que, supposer, penser, admettre, présumer, partir de l'hypothèse que, tenir pour établi que</u>
* **a certain experience is assumed** - doit avoir, en principe, une certaine expérience
* **assumed to be innocent** - présumé innocent
* **(even) assuming that** - à supposer même que, dans l'hypothèse où
* **if this statement is assumed to be true** - si l'on prête foi à ce témoignage
* **innocence is always assumed** - il y a toujours présomption d'innocence
* **it is assumed as a fact that** - il passe pour avéré que
* **it may be safely assumed that** - il y a tout lieu de croire que
* **let us assume that such is the case** - mettons qu'il en soit ainsi
* **one would normally assume from the wording of Art. 2** - d'après le libellé de l'article 2,...

ASSUMPSIT - 1. <u>Contrat verbal; contrat sous seing privé</u>

      - 2. <u>Action intentée pour rupture de contrat, action en dommages-intérêts pour non-exécution de contrat</u>

ASSUMPTION - 1. <u>Action de prendre, prise en charge</u>
* **assumption of a debt** - prise en charge d'une dette
* **assumption of a false name** - usurpation d'état civil
* **assumption of duty** - prise de fonctions, entrée en fonctions, prise d'emploi
* **assumption of identity** - usurpation d'état civil
* **assumption of office** - prise de fonctions, entrée en fonctions, prise d'emploi
* **assumption of power** - prise de pouvoir
* **assumption of risks** - acceptation des risques
* **unauthorised assumption** - usurpation (d'un droit), appropriation (d'un droit)

      - 2. <u>Arrogance, présomption, prétention, prétentions</u>
* **(to) make no assumption of knowledge in this field** - n'afficher aucune prétention de savoir en la matière

      - 3. <u>Hypothèse, supposition, postulat, conception, (qqfs) idée préconçue, présomption</u>
* **based on the assumption that** - qui postule que
* **groundless assumption** - hypothèse gratuite
* **on the assumption that** - dans l'idée que, dans l'hypothèse que
* **prejudiced assumptions** - procès d'intention
* **the underlying assumption** - le point de départ
* **working assumption** - hypothèse de travail, hypothèse d'école

ASSURANCE - 1. <u>Constitution de droits, transfert de droits (à une propriété)</u>
* **disentailing assurance** - acte de libération d'un majorat

      - 2. <u>Assurance, garantie, (qqfs) contrôle, vérification</u>
* **(ordinary) endowment assurance** - assurance mixte
* **job assurance** - promesse d'emploi, garantie d'emploi
* **(to) make assurance double** - par surcroît de précautions

ATAVISTIC - <u>Atavique, ancestral</u>

ATTACH (to) - <u>Attacher, annexer, saisir</u>
* **property attached** - objet saisi
* **right to attach a property as a security for payment** - droit de saisie du gage
* **thing attached** - objet saisi
* **(to) attach comments** - joindre des commentaires
* **(to) attach salary** - mettre opposition sur un traitement, faire saisie sur le salaire

ATTACHABLE - 1. <u>Saisissable</u>

      - 2. <u>Contraignable (par corps)</u>

ATTACHMENT - 1. Saisie, saisie-arrêt, opposition, mainmise de la justice, séquestre
* **attachment against securities** - opposition sur titres
* **attachment for conservation** - saisie conservatoire
* **attachment for enforcement** - saisie exécutoire
* **attachment of a debt** - saisie-arrêt
* **attachment of goods** - saisie-exécution
* **attachment of real property** - saisie réelle, saisie immobilière
* **attachment of salary** - saisie du salaire
* **discharge of an attachment** - mainlevée de saisie
* **exempt from attachment** - insaisissable
* **liable to attachment** - saisissabilité
* **not subject to attachment** - insaisissable
* **notice of attachment of a debt** - saisie-opposition
* **protective attachment** - saisie conservatoire

- 2. Mandat d'amener; contrainte par corps
* **(to) issue an attachment against** - délivrer un mandat d'amener

- 3. (Assur.)
* **attachment of cover** - commencement de la garantie, prise d'effet de la garantie
* **attachment of risk** - commencement du risque

- 4. Accessoire (subst.)

ATTACK - Agression
* **threat to attack persons** - menace d'attentat contre les personnes

ATTAIN (to) - Atteindre, toucher, arriver à, parvenir à
* **the levels attained during the past few years** - les résultats acquis ces dernières années
* **(to) attain the end in view** - aboutir
* **(to) attain to power** - arriver au pouvoir

ATTAINMENT - Arrivée, réalisation
* **attainment of independence** - accession à l'indépendance
* **education attainment** - niveau d'instruction
* **his legal attainments** - sa connaissance du droit
* **low standard of attainment** - faible niveau d'études
* **person of high attainment** - personne de grande valeur

ATTEMPT - Tentative, essai, effort; délit tenté
* **attempt against liberty** - atteinte à la liberté
* **attempt on liberty** - atteinte à la liberté
* **attempts to** - travaux visant à
* **hardly any attempt has been made to** - on ne s'est guère préoccupé
* **minimal attempt (on somebody's life)** - attentat (contre la vie de qqn)
* **no attempt is made to** - il n'est pas question de

ATTENDANCE - 1. Comparution (à l'audience)
* **attendance of witnesses** - convocation de témoins
* **attendance order** - sommation

- 2. Visites
* **attendances on somebody** - visites rendues à qqn, services rendus à qqn (par un médecin, un avocat)

- 3. Présence, participation
* **attendance card** - carte de présence, carte de pointage
* **attendance list** - liste des présents
* **attendance records** - états de présence
* **attendance report** - feuille de présence

- 4. Assistance, fréquentation, assiduité
* **cost of attendance of a delegation** - frais de voyage et de séjour d'une délégation
* **regular attendance** - assiduité
* **school attendance** - fréquentation scolaire, effectifs scolaires

ATTENDANT (adj.) - Qui accompagne, qui suit, (séquelles)
* **attendant circumstances of a crime** - circonstances concomitantes du délit
* **attendant upon** - inhérent à, qui est la conséquence de, qui est la suite de
* **the attendant notions** - les notions corollaires

ATTENDANT (subst.) - Personne de service, préposé (adm.), gardien, préparateur (laboratoire), personnel de service, la suite de qqn, les satellites de qqn
* **meeting rooms attendants** - personnel de service des salles de conférence

ATTENTION - <u>Attention</u>
* **insufficient attention is given to** - on ne s'attache pas suffisamment à, on ne tient pas assez compte de, on ne s'intéresse pas assez
* **received the least attention** - a été le plus négligé
* **(to) call attention to** - appeler l'attention de, attirer l'attention de, rappeler, signaler, faire observer, souligner
* **(to) draw attention to** - appeler l'attention de, attirer l'attention de, rappeler, signaler, faire observer, souligner
* **(to) give great attention to** - prendre grand soin de
* **(to) give particular attention to** - porter une attention toute spéciale à, se préoccuper, s'attacher tout spécialement à
* **(to) pay close attention to** - suivre de près
* **(to) receive attention** - être étudié

ATTITUDE - <u>Attitude, état d'esprit, mentalité, disposition, manière de voir, manière de penser, comportement, réaction, (qqfs) choix, options, prise de position, orientation; conception (en matière de), thèse</u>
* **changes of attitudes** - modifications des mentalités
* **(to) adopt a favorable attitude** - marquer un préjugé favorable
* **(to) make one's attitude know** - faire connaître sa position

ATTORNEY - 1. <u>Avocat (USA), avoué (UK), homme de loi; procureur, ministère public</u>
* **attorney general** - procureur général (UK), Ministre de la Justice (USA)
* **attorney general's department** - magistrature debout, ministère public, partie publique
* **defence attorney** - avocat
* **deputy attorney** - substitut du procureur
* **district attorney** - ministère public
* **district attorney's office** - parquet
* **special district attorney** - procureur de district extraordinaire

- 2. <u>Fondé de pouvoir, mandataire</u>
* **attorney of a company** - mandataire social
* **general power of attorney** - mandat général
* **power of attorney** - mandat, procuration
* **special power of attorney** - mandat spécial
* **(to) appoint as attorney** - mandater
* **with power of attorney** - avec effet juridique

ATTRACTIVE - <u>Attractif, attirant, attrayant, tentant, habile, intéressant, bien conçu</u>
* **attractive effect** - phénomène d'attraction
* **attractive prices** - prix intéressants
* **attractive prospect** - perspective alléchante
* **investment financially attractive** - investissement rentable

ATTRIBUTABLE - <u>Imputable, afférent à</u>
* **attributable expenses** - dépenses imputables

ATTRIBUTE (subst.) - <u>Attribut, symbole, qualité, caractère</u>
* **attributes** - (qqfs) aptitudes, qualités
* **the main attribute to the problem** - la principale composante du problème

ATTRIBUTE (to) - <u>Attribuer, imputer, mettre sur le compte de</u>
* **(to) attribute a crime to somebody** - imputer un délit à qqn
* **(to) attribute a speech** - citer le nom de l'orateur

ATTRIBUTION - 1. <u>Imputation, affectation, attribution</u>
* **attribution of a sum to** - affectation d'une somme à
* **that lies outside my attributions** - cela sort de mes attributions

- 2. <u>Citation nominale</u>

ATTRIBUTIVELY
* **the replies are not given attributively** - les réponses ne sont pas nominatives

ATTRITION - 1. <u>Usure, épuisement, érosion, effritement, amenuisement, élimination naturelle, déperdition (d'effectifs)</u>
* **jobs eliminated by attrition** - emplois résorbés par élimination naturelle
* **the attrition of the purchasing power** - l'érosion du pouvoir d'achat
* **war of attrition** - guerre d'usure

- 2. <u>Extinction (d'une génération)</u>
* **double attrition table** - table à double extinction (démogr.)

AUCTION (subst.) - <u>Enchères, encan, licitation, adjudication</u>
* **auction by court** - licitation judiciaire
* **auction by mutual agreement** - licitation amiable, licitation volontaire
* **public auction** - vente publique, vente à la criée
* **sale by auction** - vente aux enchères, vente à l'encan, adjudication publique, licitation
* **(to) sell by public auction** - vendre aux enchères, liciter

AUCTION (to) - Mettre aux enchères

AUDIENCE - Audience, public, spectateurs, assistance, auditoire
* **audience rating** - taux d'écoute, indice d'écoute
* **right of audience** - droit de plaider, droit (pour un conseil juridique) d'être entendu

AUDIT - Vérification des comptes, contrôle comptable, contrôle de la comptabilité; contrôle
* **audit certificate** - attestation de vérification des comptes
* **audit clerk** - commis à la vérification des comptes
* **Audit Court** - Cour des comptes
* **Audit Department** - Cour des comptes
* **Audit Office** - Cour des comptes
* **audit opinion** - opinion des commissaires aux comptes
* **Court of Audit** - Cour des comptes
* **external audit** - contrôle externe, vérification extérieure
* **management audit** - contrôle de gestion
* **officer to the Court of Audit** - conseiller référendaire
* **statutory audit** - vérification légale

AUDITING - Contrôle des finances publiques
* **certificate of auditing** - attestation de vérification des comptes

AUDITOR - Commissaire aux comptes
* **Board of Auditors** - Commission de vérification des comptes, collège des commissaires aux comptes
* **management auditor** - contrôleur de gestion

AUTHENTIC
* **authentic text (qqfs)** - texte original
* **texts equally authentic** - textes faisant également foi
* **(to) be authentic** - faire foi

AUTHENTICATED - Authentique, dont l'authenticité a été établie
* **authenticated by** - certifié conforme par
* **authenticated contract** - contrat solennel
* **authenticated date** - date certaine

AUTHENTICATION - 1. Authentification, homologation, validation, légalisation, certification (d'un document, d'une signature)

- 2. Identification
* **authentification code** - code d'identification

AUTHENTICITY - Authenticité
* **(to) challenge the authenticity of a document** - arguer de faux

AUTHOR - Auteur
* **author's certificate** - certificat d'auteur (= titre de propriété industrielle)
* **authors** - la doctrine (ex.: les arrêtistes)

AUTHORISATION - Autorisation, titre, habilitation
* **authorisation of settlement** - ordonnancement des dépenses
* **authorisations** - sorties autorisées, mise en place des fonds publics
* **payment authorisation** - titre de paiement
* **statutory authorisation** - habilitation législative

AUTHORISE (to) - Autoriser, donner pouvoir de, donner mandat de, consentir à, charger, habiliter
* **the Agency is authorised to** - l'Agence a pour attributions de

AUTHORISED - Agréé, autorisé, habilité, officiel, (qqfs) homologué
* **authorised agent** - mandataire, fondé de pouvoir
* **authorised bank** - banque agréée
* **authorised capital** - capital social autorisé, capital nominal
* **authorised establishment** - effectifs approuvés
* **authorised name** - nom officiel
* **authorised person** - qui de droit
* **officers specificaly authorised** - agents spécifiquement habilités
* **through the authorised channels** - par la voie hiérarchique

AUTHORITATIVE - D'autorité, péremptoire (ton); revêtu d'autorité; de principe
* **authoritative comment** - analyse de qualité
* **authoritative criteria** - critères solidement fondés
* **authoritative decision** - décision de principe
* **authoritative information** - information de bonne source, information sérieuse
* **authoritative opinion** - opinion autorisée
* **body sufficiently authoritative to** - organe revêtu de l'autorité suffisante pour
* **texts equally authoritative in both languages** - textes faisant également foi dans les deux langues
* **(to) be authoritative** - faire foi, faire autorité

AUTHORITATIVELY - Péremptoirement, (parler) en maître, (parler) avec autorité
* **(to) state authoritatively that** - affirmer de bonne source que

AUTHORITATIVENESS - Autorité (d'un document), ton d'autorité, ton péremptoire

AUTHORITY - 1. Autorité, autorités
* **control authority** - autorité de tutelle
* **exercise of public authority** - exercice de l'autorité publique, exercice des pouvoirs de l'autorité
* **judicial authority** - autorité judiciaire
* **legal authority** - autorité judiciaire
* **monetary authorities** - autorités monétaires
* **sale by authority of law** - vente par autorité de justice, vente judiciaire
* **State Authorities Act** - loi organique
* **superior administrative authority** - tutelle administrative
* **supervising authority** - autorité de tutelle

- 2. Collectivité, entreprise, établissement
* **basic local authorities** - collectivités locales de base
* **local authorities** - collectivités locales (communes), collectivités territoriales
* **local authorities areas** - régions institutionnelles
* **municipal authorities** - municipalités
* **public authorities** - collectivités publiques
* **public authority** - entreprise publique, établissement public, service public
* **regional authorities** - régions, collectivités régionales

- 3. Instance, administration, service, office
* **central authority** - administration centrale
* **central authority for housing** - office central du logement
* **court authority** - instance judiciaire
* **executive authorities** - instances dirigeantes

* **health authorities** - services de santé
* **judicial authority** - instance judiciaire
* **public authority** - instance publique
* **revenue authorities** - agents du fisc, le fisc, administration des impôts
* **supervising authority** - instance de contrôle
* **the authorities** - les grands corps constitués

- 4. Pouvoir, pouvoirs
* **abuse of authority** - détournement de pouvoir, abus d'autorité, abus de pouvoir
* **acting in excess of one's authority** - abus de pouvoir, excès de pouvoir, dépassement de pouvoir, empiètement de fonctions
* **amount of authority** - degré de pouvoir
* **authority to adjudicate** - pouvoir de trancher
* **authority to express the consent** - pouvoir d'exprimer le consentement
* **full authority** - pleins pouvoirs
* **guardianship authority** - pouvoir de tutelle
* **legislative authority** - pouvoir législatif
* **local authorities** - pouvoirs locaux
* **misapplication of authority** - détournement de pouvoir, abus d'autorité, abus de pouvoir
* **public authorities** - pouvoirs publics, la puissance publique
* **supervision authority** - pouvoir de tutelle
* **(to) check the authority for** - contrôler en vertu de quels pouvoirs
* **(to) delegate authority** - déléguer des pouvoirs

- 5. Doctrine, textes de base
* **authority in point** - précédent invoqué
* **legal authorities** - jurisprudence
* **line of authority** - ensemble des précédents invoqués
* **lines of authority** - textes invoqués, jurisprudence invoquée
* **most authorities** - opinion doctrinale dominante, doctrine dominante
* **the authorities** - les précédents

- 6. Mandat, procuration
* **authority conferred by the Court** - mandat judiciaire
* **authority conferred by the Statute** - mandat légal
* **authority to act (barrister)** - mandat ad litem
* **authority to collect debts** - mandat de recouvrement
* **authority to execute** - mandat d'exécution
* **authority to pay** - mandat de paiement
* **authority to sell** - procuration pour la vente
* **authority to vote for somebody else** - procuration électorale
* **general authority** - procuration générale
* **if he is able to produce an authority** - à condition de justifier par procuration
* **lack of authority** - défaut de procuration
* **oral authority** - mandat oral, mandat verbal
* **statutory authority** - mandat légal
* **(to) exceed one's authority** - excéder son mandat

- 7. Ordonnance
* **authority to enforce a judgment** - ordonnance d'exequatur
./..

- 8. Puissance, force
* **act of public authority** - acte de puissance publique
* **authority of precedent** - force du précédent
* **deprivation of paternal authority** - déchéance de la puissance paternelle
* **person entitled to exercise parental authority** - détenteur de la puissance paternelle, détenteur de la puissance parentale
* **public authorities** - puissance publique

- 9. Justification
* **legal authority for the arrest** - justification légale de l'arrestation
* **this argument cannot be used as an authority for the prohibition of...** - on ne saurait invoquer cet argument pour justifier l'interdiction de...

- 10. (Sens divers)
* **area of authority** - compétence
* **authority relationships** - voies hiérarchiques
* **having an authority in** - d'une haute compétence
* **having the necessary authority** - y ayant vocation, ayant la compétence voulue pour
* **lines of authority** - subordination hiérarchique
* **on the authority of** - sur l'ordre de, sous la caution de
* **(to) have authority for** - avoir qualité pour, être habilité à
* **without further authority** - de plano

AUTOMATIC - 1. Automatique

- 2. Tacite, (qqfs) de plein droit, es-qualités
* **automatic renewal** - reconduction tacite (d'un accord)

AUTOMATICALLY - D'emblée, systématiquement

AUTONOMIC
* **autonomic functions** - fonctions végétatives

AUXILIARY - Auxiliaire, subsidiaire, d'appoint, supplémentaire
* **auxiliary guardian** - subrogé tuteur
* **auxiliary language** - langue auxiliaire
* **auxiliary party** - intervenant (dans la procédure)

AVAIL (to) - Utiliser, se servir de, avoir recours à, se prévaloir de, se réclamer de, faire usage de, user de, profiter de, s'aider de
* **(to) avail oneself (of a remedy)** - utiliser un recours, faire usage du recours, se prévaloir du recours
* **(to) avail oneself of a right** - exercer un droit, se prévaloir d'un droit
* **(to) avail oneself of the opportunity to** - saisir l'occasion de

AVAILABILITY - Existence, présence de, disponibilité, disponibilités, approvisionnement, possibilité de se procurer, possibilité d'obtenir, possibilité de disposer de, potentiel, accessibilité
* **availabilities** - offre, disponibilités, approvisionnement, facilités d'obtention
* **availability of credit** - facilités de crédit, possibilités d'accès au crédit
* **availability of funds under an appropriation** - disponibilité d'un crédit, mise à disposition d'un crédit
* **availability of resources** - ressources disponibles
* **availability ratio** - taux de disponibilité
* **capital availability** - conditions d'accès aux capitaux
* **export availability** - potentiel d'exportation
* **non availability** - non disponibilité

AVAILABLE - Disponible, utilisable, libre, accessible, connu, ouvert à
* **available for** - prêt pour, prévu pour
* **available for service** - en disponibilité (fonctionnaire)
* **available funds** - disponibilités de trésorerie, liquidités
* **available roads** - desserte de voirie
* **available supplies** - offre globale
* **Court available at all times** - tribunal siégeant en permanence, tribunal accessible en tout temps
* **having an available remedy** - ayant accès au recours
* **if available** - si possible
* **not available (N.A.)** - non connu (N.C.) (stat.); inexistant, non disponible
* **not to be available** - faire défaut
* **potentially available** - existant en puissance
* **readily available** - facile à obtenir
* **rights available against** - droits opposables à
* **this document will be made available to the Court** - ce documents sera remis à la Cour
* **ticket no longer available** - billet périmé
* **(to) be available to the public** - être du domaine public
* **(to) make available for** - faire servir à, mettre à la disposition de, communiquer, fournir, délivrer, faire bénéficier de, détacher
* **(to) make data available** - diffuser des données
* **when available** - aussitôt que possible
* **will be available** - seront à la disposition de
* **will be made available to you** - vous seront remis
* **would not be available** - serait hors d'atteinte

AVER (to) - 1. Affirmer, déclarer
* **this is avered to be true** - on affirme que c'est vrai

- 2. Prouver son dire

AVERAGE (subst.) - 1. Moyenne
* **mean average** - moyenne arithmétique
* **moving average** - moyenne mobile
* **of average quality** - de qualité moyenne
* **weighted average** - moyenne pondérée

- 2. Avarie, dommage
* **adjustment of average** - règlement d'avarie
* **average clause** - clause d'avaries
* **average settlement** - règlement d'avarie

AVERAGE (to) - Faire établir la moyenne, prendre la moyenne
* **(to) average up to** - atteindre une moyenne de, rendre une moyenne de, s'établir en moyenne à

AVERMENT - Déclaration formelle, attestation

AWAIT (to) - Attendre
* **awaiting trial** - en instance de jugement
* **parcels awaiting delivery** - colis en souffrance

AWAKENED - Vigile, d'éveil
* **awakened state** - état vigile

AWARD (subst.) - 1. (Attribution de) prix, (attribution de) bourse, (attribution de) récompense
* **award of fellowships** - attribution de bourses de perfectionnement
* **award system** - (qqfs) sanction des études
* **awards** - prix et récompenses
* **awards of merit** - récompenses honorifiques
* **money awards** - récompenses en espèces
* **university award** - bourse universitaire

- 2. Décision, jugement, sentence
* **arbitral award** - décision arbitrale, décision d'arbitrage, sentence arbitrale, jugement arbitral
* **arbitration award** - décision arbitrale, décision d'arbitrage, sentence arbitrale, jugement arbitral
* **final award** - décision sans appel

- 3. Indemnités, octroi d'indemnités, dommages et intérêts, dédommagement
* **award of damages** - satisfaction équitable
* **award of pension** - liquidation d'une pension, octroi d'une pension
* **forcing large pay awards** - exiger de fortes augmentations de salaire
* **statutory awards** - allocations légales
* **workmen's compensation** - indemnité pour accidents de travail

AWARD (to) - Adjuger, décerner, attribuer, allouer (prestations), liquider (retraite)
* **the solicitors awarded costs** - les avoués auxquels ont été accordés les frais et dépens
* **(to) award damages** - allouer des dommages-intérêts, allouer des réparations
* **(to) award financial advantages** - allouer des avantages financiers
* **(to) award the costs** - mettre les frais à la charge de

AWARE (to be aware of) - Connaître, voir (bien clairement), être sensible à, être conscient (du fait) de, être instruit de
* **he is aware that** - il ne lui échappe pas que
* **is aware of** - connaît, sans doute,
* **is fully aware of** - mesure parfaitement
* **is well aware that** - sait bien que
* **(to) make aware of** - rendre attentif à

AWARENESS - 1. Vigilance, promptitude (d'esprit)

- 2. Prise de conscience de, sensibilisation à
* **environmental awareness** - écosensibilisation
* **in order to promote awareness for the need of** - afin de bien pénétrer les esprits de la nécessité de
* **(to) raise awareness of issues** - rendre attentif à

AXIOMATIC - Axiomatique
* **axiomatic basis** - base axiomatique
* **axiomatic method** - méthode axiomatique
* **it is axiomatic** - c'est axiomatique

BACK TO BACK - Face à face (écon.) (mise en présence d'un prêteur et d'un emprunteur par une banque)
* **back to back credit** - crédit face à face

BACKGROUND - Contexte (général), situation d'ensemble, historique, genèse, antécédents, vue générale, origine (d'une affaire), rappel (des faits), état (de la question), données (du problème), aperçu (de la situation), toile de fond, dossier, tendances (du droit), prémisses (raisonnement)
* **against the background of** - étant donné, pour tenir compte de, dans la perspective de
* **background knowledge** - notions de base, connaissances générales, bagage, acquis
* **background of a question** - notice documentaire sur la question
* **background of the discussion** - genèse de la discussion, base de la discussion
* **background paper** - document de base, document d'information, document de référence, document de travail, mémoire
* **background study** - étude de fond
* **background subjects** - matières générales, connaissances de base, bagage fondamental
* **cultural background** - milieu culturel
* **educational background** - degré d'instruction
* **for the purpose of a background** - afin de situer les faits
* **historical background** - rappel historique
* **on this background** - dans cette perspective
* **personal background** - origine, antécédents, formation, (qqfs) curriculum vitae; ascendance, biographie
* **policy background** - contexte doctrinal
* **social background** - milieu social, origine sociale
* **theoretical background** - attitude doctrinale
* **(to) have adequate undergraduate background** - avoir des connaissances suffisantes
* **(to) relegate to the background** - reléguer au deuxième plan, détourner l'attention de

BACKING - 1. Couverture (d'une monnaie)

- 2. Aval
* **backing of a bill** - aval d'un effet (de commerce)

BACKLOG - Arriéré, accumulation
* **backlog of demand** - demande jusqu'alors insatisfaite
* **backlog of orders** - commandes non encore livrées, commandes en attente d'exécution
* **backlog of outstanding payments** - retards sur paiements
* **(to) catch up with backlog** - liquider l'arriéré, se remettre à jour

BACKSTOPPING - Soutien
* **headquarters backstopping to experts** - appui du siège aux experts, soutien technique aux experts, aide aux experts

BACKWARD - Attardé, retardataire, peu évolué
* **backward areas** - régions déshéritées
* **backward countries** - pays peu développés
* **backward linkage effects** - (effets d') entraînement en amont

BACKWARDNESS - Conditions primitives, arriération, retard, état primitif
* **the backwardness of agriculture** - le retard de l'agriculture

BACKWASH - Remous
* **backwash effects** - effet de "remous"

BAD - Mauvais, fâcheux, douteux, mal fondé, incorrect, grave
* **bad accident** - accident grave
* **bad claim** - réclamation non fondée, réclamation mal fondée
* **bad conduct discharge** - exclusion pour mauvaise conduite
* **bad debt** - créance douteuse, créance irrécouvrable
* **bad debt reserve** - provision pour créances douteuses
* **bad mistake** - lourde méprise, faute grave

BAGSNATCHING - Vol à l'arraché

BAIL (subst.) - Caution, cautionnement, garanties, mise en liberté sous caution, libération sous caution, mise en liberté provisoire
* **bail bond** - engagement signé par la caution (que le prisonnier libéré provisoirement comparaîtra à la date voulue)
* **bail breaker** - qui commet un délit tout en étant libéré sous caution
* **on bail** - libéré sous caution
* **(to) apply for bail** - demander sa mise en liberté sous caution
* **(to) forfeit one's bail** - perdre sa caution
* **(to) jump bail** - se dérober à la justice, faire défaut
* **(to) refuse bail** - rejeter une demande de mise en liberté sous caution
* **(to) release on bail** - libérer sous caution

./..

* **(to) save one's bail** - comparaître devant le tribunal (pour qqn libéré sous caution)
* **(to) stand for bail** - se porter garant
* **(to) surrender to one's bail** - comparaître devant le tribunal (pour qqn libéré sous caution)
* **unable to find bail** - dépourvu de garanties de représentation

BAIL (to) - Accorder la liberté provisoire sous caution
* **(to) bail out** - verser un cautionnement
* **(to) bail somebody out** - cautionner qqn, se porter caution pour obtenir l'élargissement provisoire de qqn

BAILEE - Détenteur, dépositaire (de biens sous contrat)
* **bailee clause** - clause de dépositaire

BAILIFF - 1. Huissier de justice (pour signification d'exploit)

     - 2. Intendant, régisseur
* **water bailiff** - garde-pêche

BAILMENT - Contrat de dépôt

BAILOR - Déposant

BALANCE (subst.) - 1. Equilibre, harmonie, aplomb, dosage, importance relative, adéquation entre ... et ...
* **balance of power** - équilibre des forces
* **balance of terror** - équilibre de la terreur
* **checks and balances** - poids et contrepoids
* **on balance** - tout bien considéré, tout bien pesé, à tout prendre, en définitive, tout compte fait
* **on the balance of probabilities** - vraisemblable, probable
* **the balance of advantages** - ce qui l'emporte des avantages ou des inconvénients
* **(to) be in external balance** - être en équilibre vis-à-vis de l'extérieur
* **(to) keep a balance** - tenir le juste milieu, établir un certain dosage
* **(to) strike a balance between** - concilier, trouver un point d'équilibre entre

     - 2. Solde, reste, reliquat, surplus, balance (écon.), excédent, bilan, (qqfs) report, appoint
* **allocation of the (credit) balance** - affectation du résultat
* **annual balance** - bilan annuel
* **balance carried forward** - report à nouveau, solde reporté
* **balance due** - reliquat, solde débiteur, solde à payer
* **balance in hand** - solde créditeur (disponible)
* **balance of an account** - arrêté d'un compte, clôture d'un compte
* **balance of goods and services** - balance du compte marchandises et matières
* **balance of land** - bilan des terres
* **balance of money flows** - bilan des courants monétaires
* **balance tank** - réservoir-tampon (contraintes budgétaires)
* **balance to equalise shares** - soulte
* **commodity balance** - balance-matières
* **credit balance** - résultats comptables
* **current balance** - balance des opérations courantes, situation du compte courant
* **current balance with the rest of the world** - excédent de la nation en compte courant
* **declining balance** - solde dégressif
* **diminishing balance depreciation** - amortissement progressif
* **final balance** - résultat, arrêté (d'un compte)
* **heat balance** - bilan thermique
* **outstanding balance of a claim** - reliquat d'une créance
* **person who owes the balance of an account** - reliquataire
* **sheet balance** - bilan, inventaire
* **supply/demand balance** - situation de l'offre par rapport à la demande
* **water balance** - bilan hydrologique, bilan hydrique

     - 3.
* **the test of balance of probabilities in civil cases** - le critère de la plus forte probabilité dans les affaires civiles

BALANCE (to) - Mettre en équilibre, mettre à égalité, mettre à parité; équilibrer, compenser; faire équilibre à, équivaloir à, être à égalité avec, être à parité avec, mettre en balance
* **balanced** - équilibré, harmonieux
* **balanced information** - information objective, information impartiale; le pour et le contre
* **balancing equation method** - méthode de l'équation de concordance
* **balancing item** - poste résiduel
* **balancing point** - point d'équilibre
* **balancing reservoir** - réservoir régulateur (équip.)
* **the two elements balance** - les deux éléments s'équilibrent, les deux éléments se font contrepoids
* **(to) balance differences** - compenser

BALANCE-SHEET - Bilan de situation, bilan de liquidation, bilan d'exploitation
* **closing balance-sheet** - bilan de clôture
* **condensed balance-sheet** - bilan résumé
* **consolidated balance-sheet** - bilan consolidé
* **food balance-sheet** - bilan alimentaire

BALLOT - Scrutin, tour de scrutin, vote, consultation électorale; bulletin de vote
* **ballot box** - urne
* **by ballot** - au scrutin
* **holding of a ballot** - élections avec scrutin
* **inconclusive ballot** - vote non décisif
* **second ballot** - scrutin de ballotage
* **unrestricted ballot** - scrutin libre

BAND - Bande, tranche
* **bands** - marges (financières)
* **population band** - tranche de la population

BANDWAGON
* **the bandwagon effect** - effet processionnaire (ralliement à la majorité)

BANEFUL - Néfaste, funeste, pernicieux, nuisible
* **baneful influence** - influence pernicieuse

BANISHED - Interdit de séjour

BANISHMENT - Mise en résidence forcée, (qqfs) exil intérieur (URSS), bannissement
* **banishment order** - arrêté de mise en résidence forcée, assignation à résidence
* **breach of a banishment order** - rupture de ban
* **local banishment** - interdiction de séjour

BANK (subst.) - Banque
* **bank acceptance** - acceptation bancaire
* **bank accomodation** - facilités de caisse
* **bank book** - carnet de compte
* **bank branch** - filiale bancaire
* **bank charges** - frais de banque, frais bancaires, agios
* **bank credit proxy** - indicateur quotidien de la masse monétaire
* **bank guarantee** - fidéjussion d'une banque; garantie bancaire
* **bank holiday** - fête légale

* **bank legal reserve ratio** - coefficient de réserves obligatoires des banques
* **bank money** - monnaie scripturale
* **bank rate** - taux (officiel) d'escompte
* **bank reconciliation** - concordance bancaire
* **bank syndicate** - consortium de banques, consortium bancaire
* **chartered bank** - banque privilégiée
* **clearing bank** - banque de compensation
* **commercial bank** - banque d'affaires, établissement de crédit, banque de placement
* **issuing bank** - banque émettrice
* **leading bank** - banque chef de file
* **mortgage bank** - banque hypothécaire
* **originating bank** - banque agréée

BANK (to)
* **(to) bank on somebody** - se fier à qqn
* **(to) bank on something** - miser sur, jouer sur, escompter, compter sur qqch

BANKABLE - Bancable, apte à bénéficier d'un concours bancaire

BANKER
* **banker's clearing house** - office de clearing bancaire

BANKING - Bancaire, opérations bancaires
* **banking law** - droit bancaire
* **banking standards** - normes bancaires
* **in banking** - dans les carrières bancaires, dans les établissements bancaires
* **investment banking firm** - banque d'affaires
* **private banking** - établissements de crédit privés

BANKRUPT - Failli; débiteur failli
* **bankrupt's assets** - masse de la faillite
* **bankrupt's certificate** - concordat
* **bankrupt's estate** - masse des biens de la faillite
* **bankrupt's property** - patrimoine du failli
* **(to) adjudicate somebody's bankrupt** - prononcer la faillite de qqn, déclarer qqn en état de faillite
* **(to) discharge a bankrupt** - réhabiliter un failli
* **(to) distrain on bankrupt's goods** - saisir et vendre les biens du failli
* **(to) go bankrupt** - faire faillite

BANKRUPTCY - Faillite, banqueroute simple, masse des créanciers
* **act of bankruptcy** - indice patent d'insolvabilité
* **adjudication in bankruptcy** - jugement (déclaratif) de faillite; règlement judiciaire
* **adjudication of bankruptcy** - jugement (déclaratif) de faillite; règlement judicaire
* **assignee in bankruptcy** - syndic de la faillite
* **bankruptcy judge** - juge commissaire (dans une procédure d'assainissement financier)
* **bankruptcy on petition** - faillite sur requête
* **bankruptcy petition** - requête en faillite
* **commencement of bankruptcy** - ouverture de la faillite
* **creditor in bankruptcy** - créancier dans la masse
* **creditor of the bankruptcy** - créancier dans la masse
* **culpable bankruptcy** - banqueroute frauduleuse
* **decree of bankruptcy** - jugement déclaratif de faillite
* **fortuitous bankruptcy** - faillite simple
* **fraudulent bankruptcy** - banqueroute frauduleuse
* **if bankruptcy proceedings have been instituted** - si la faillite a été déclarée
* **institution of bankruptcy proceedings** - jugement déclaratif de faillite
* **judgment in bankruptcy** - jugement déclaratif de faillite
* **petition in bankruptcy** - assignation en déclaration de faillite
* **receiver in bankruptcy** - syndic de la faillite
* **referee in bankruptcy** - syndic de la faillite
* **retrospective adjudication in bankruptcy** - jugement de report de faillite
* **simple bankruptcy** - règlement judiciaire
* **(to) commit an act of bankruptcy** - être en état manifeste d'insolvabilité
* **(to) file a petition in bankruptcy** - se déclarer en faillite, déposer son bilan
* **(to) prove claims in bankruptcy** - produire les créances à la masse
* **(to) stay a petition in bankruptcy** - suspendre la demande de mise en liquidation
* **trustee in bankruptcy** - syndic de la faillite

BANNED - Frappé d'interdiction
* **banned person** - personne faisant l'objet de mesures d'interdiction, personne assignée à résidence

BANNING
* **banning order** - arrêté d'interdiction, assignation à résidence

BAR (subst.) - 1. Barreau (des avocats)
* **Bar Association** - Ordre des avocats
* **Bar Council** - Conseil de l'ordre des avocats
* **Bar leader** - bâtonnier
* **President of the Bar** - bâtonnier
* **(to) be called to the Bar** - se faire inscrire au barreau, être admis au barreau
* **(to) go to the Bar** - se faire inscrire au barreau, être admis au barreau

- 2. Barre (des accusés)
* **at the bar of public opinion** - devant (le tribunal de) l'opinion publique
* **the prisoner at the bar** - l'accusé
* **(to) appear at the bar** - paraître à la barre

- 3. Empêchement, obstacle, exception, fin de non-recevoir
* **a plea in bar** - fin de non-recevoir
* **absolute bar** - empêchement absolu, empêchement dirimant
* **bar none** - sans exception
* **bar one** - sauf un
* **bar to set off** - obstacle à la compensation

- 4. Barre (sens général)
* **bar chart** - diagramme à barres, histogramme
* **bar code** - code à barres (identification des marchandises)

BAR (to) - Barrer, défendre, prohiber, interdire, exclure, opposer une fin de non-recevoir
* **barred** - interdit
* **barring of a right by statutory limitation** - prescription d'un droit
* **statute barred claim** - créance prescrite
* **(to) be barred by limitation** - forclos, prescrit

BARGAIN (subst.) - Négociation
* **bargain for account** - négociation à terme
* **bargain for cash** - négociation au comptant
* **option bargain** - négociation à prime

BARGAIN (to) - Négocier

BARGAINING - <u>Négociation, marchandage</u>

* **bargaining power** - pouvoir de négociation, capacité contractuelle, (qqfs) rapport de forces
* **collective bargaining** - négociations collectives, conventions collectives
* **in a strong bargaining position** - en forte position pour négocier
* **plea bargaining** - compromis quant aux chefs d'accusation, marchandage judiciaire
* **(to) strenghten one's bargaining power** - acquérir une position plus avantageuse, renforcer sa position

BARRISTER - <u>Avocat</u>

* **compulsory representation by a barrister would make the proceedings cumbersome** - le ministère obligatoire d'un avocat alourdirait la procédure
* **consulting barrister** - avocat-conseil
* **junior barrister** - avocat non membre du Queen's Counsel
* **senior barrister** - avocat membre du Queen's Counsel
* **(to) brief a barrister** - engager un avocat
* **(to) disbar a barrister** - radier un avocat
* **(to) instruct a barrister** - engager un avocat

BASE (subst.) - <u>Base</u>

* **as a base for** - comme support à
* **base-line** - terme de comparaison
* **base-line data** - données de base
* **base-line survey** - enquête initiale
* **base metals** - métaux courants
* **base period** - période de référence
* **base weighted** - pondération à la période de référence
* **industrial base** - équipement industriel

BASE (to) - <u>Se fonder sur</u>

* **(to) base a decision upon** - motiver la décision par
* **(to) base oneself on the fact that** - partir du fait que

BASED

* **conclusions based on** - conclusions fondées sur
* **emotionally based attitudes** - attitudes à dominante affective
* **the argument based on Art. 6** - l'argument tiré de l'article 6
* **this reasoning is essentially based on** - cette thèse repose essentiellement sur...
* **(to) be based on** - établi à l'aide de, être fondé sur, reposant sur, s'appuyant sur, être axé sur, s'inspirer de

BASIC - <u>De base, fondamental, essentiel</u>

* **a more basic action** - une action plus en profondeur
* **basic agreement** - accord de base
* **basic data** - données de base, données brutes
* **"basic facts about UN"** - "L'ABC des Nations Unies"
* **basic features** - grandes lignes
* **basic idea** - idée-maîtresse, (qqfs) doctrine
* **basic instruments** - statuts
* **basic law** - loi fondamentale
* **basic objectives** - fins essentielles
* **basic Plan** - plan général
* **basic principle** - principe directeur
* **basic protection** - protection fondamentale
* **basic purpose** - finalité profonde
* **basic research** - recherche fondamentale
* **basic skills** - mécanismes de base, techniques élémentaires
* **basic staff** - personnel d'exécution
* **basic survey** - inventaire
* **is basic to the need for** - est essentiel si l'on veut

BASIS - <u>Fondement, base, assise, critère, plan, formule, éléments</u>

* **accrual basis** - base de l'exercice
* **cash basis** - base de la gestion
* **determined on the basis of** - mesuré d'après l'importance de
* **discrimination on the basis of property** - discrimination fondée sur le niveau des ressources
* **fundamental basis** - point de départ
* **legal basis** - fondement juridique
* **on a co-operative basis** - dans un cadre coopératif
* **on a knock-out basis** - par élimination directe
* **on a sample basis** - par sondage
* **on a voluntary basis** - sur une base de libre adhésion
* **on that basis** - compte tenu de ces considérations, en se fondant sur
* **on the basis of** - d'après, selon, en tenant compte de, à l'aide de
* **one of the basis of the decision** - l'un des fondements de la décision
* **statutory basis** - fondement juridique
* **tax basis** - assiette de l'impôt
* **the necessary basis for action** - les éléments nécessaires à l'action
* **(to) mention Art. 3, on the basis that** - mentionner l'article 3 en faisant valoir que
* **(to) put on a more solid basis** - asseoir sur une base plus ferme
* **(to) take as a basis** - se référer à, à partir de,...

BATCH - <u>Lot</u>

* **in batches** - en discontinu
* **on a batch basis** - en discontinu

BATTERY - <u>Voies de fait</u>
* **assault and battery** - violences et voies de fait

BEAR (subst.) - <u>Baissier (bourse), spéculateur à la baisse</u>
* **bear market** - tendance à la baisse
* **bear position** - position vendeur
* **bear transaction** - opération à la baisse
* **(to) go a bear** - spéculer à la baisse

BEAR (to) - <u>Porter, assumer, prendre à sa charge,</u>
<u>endosser</u>
* **bearing in mind** - il ne faut pas perdre de vue, il faut avoir sans cesse à l'esprit
* **this bears on the question of** - ceci a trait à la question de
* **this is borne out by** - ce que vient corroborer
* **(to) be borne by** - incomber à
* **(to) bear out a statement** - confirmer une affirmation, corroborer une affirmation
* **(to) bear the responsibility of** - assumer la responsabilité de

BEARER - <u>Porteur, détenteur</u>
* **bearer bill** - billet au porteur
* **bearer bill of lading** - connaissement au porteur
* **bearer clause** - clause au porteur
* **bearer security** - papier au porteur
* **bearer share** - action au porteur
* **(to) be made out to bearer** - être au porteur

BEARING - <u>(qqfs) Répercussions, incidences,</u>
<u>conséquences</u>
* **(to) consider a question in all its bearings** - examiner la question sous tous ses aspects

BEATING - <u>Bastonnade</u>
* **severe beating** - passage à tabac

BEFORE
* **the object of the case before the Court** - l'objet du litige déféré à la Cour
* **the text before the Council** - le texte dont le Conseil est saisi, le texte que le Conseil examine

BEG (to) - <u>Mendier</u>
* **(to) beg somebody off** - demander grâce pour qqn
* **(to) beg the morning off** - demander la matinée de congé
* **(to) beg the question at issue** - supposer vrai ce qui est une question, faire une pétition de principe

BEGGAR
* **beggar-my-neighbour policy** - politique d'accaparement, politique d'égoïsme sacré

BEGGING - <u>Mendicité</u>
* **house-to-house begging** - mendicité à domicile

BEGIN (to) - <u>Commencer, entreprendre, entamer,</u>
<u>amorcer, faire démarrer</u>
* **beginning stock** - stock d'ouverture
* **(to) begin with** - aborder en premier lieu, débuter, s'ouvrir, s'esquisser, s'ébaucher, se dessiner, naître, éclore, voir le jour, poindre, partir, prendre le départ

BEGRUDGE (to) - <u>Donner à contrecoeur, rechigner à</u>
* **(to) begrudge time for** - consacrer un temps insuffisant à

BEHALF
* **on behalf of** - pour le compte de, au nom de, par délégation de, d'ordre de

BEHAVIOUR - <u>Conduite, comportement, tenue</u>
* **allegations of criminal behaviour** - allégations d'ordre pénal
* **deviant behaviour** - déviance
* **dishonest behaviour** - indélicatesse
* **disloyal behaviour** - menées, manoeuvres, intrigue
* **good behaviour** - bonne conduite, jouissance en bon père de famille
* **indecent behaviour** - outrage à la pudeur
* **market behaviour** - comportement (de la valeur) sur le marché
* **reproductive behaviour** - comportement procréateur
* **terminal behaviour** - comportement final (éduc.)
* **violent behaviour** - comportement de violence

BEHAVIOURAL
* **behavioural regulator of activity** - conduite régulatrice de l'activité

BEHIND - Qui préside à (conception), qui motive, qui inspire (but)
* behind the scenes - rôle discret, en coulisse

BELIEF - Croyance, conviction; foi, confiance en, confiance dans
* to the best of my belief - autant que je sache

BELIEVE (to) - Croire, accorder foi à, accorder créance à
* a structure which is believed to be capable of - une structure jugée apte à
* is believed to be - est, apparemment,...

BELITTLE (to) - Déprécier, sous-estimer, amoindrir, rabaisser (le mérite de), méconnaître (l'intérêt), déconsidérer, décrier (qqn)
* (to) belittle advice - faire fi des conseils

BENCH - Magistrature assise, collège, formation collégiale, tribunal collégial
* bench people - personnel des services opérationnels
* sitting as a bench - en formation collégiale, collégialement
* the Back Benches - (banquettes des) parlementaires sans portefeuille
* the bench - la magistrature assise, les magistrats du siège, la Cour, le pouvoir judiciaire
* the Cross Benches - députés du centre
* the Front Benches - (banquettes occupées par les) ministres, ex-ministres et ministrables
* (to) be on the bench - être magistrat
* (to) be raised to the bench - être nommé juge

BENCHER - 1. Membre de l'ordre des avocats, doyen d'une "Inn of Court"

- 2. Député non inscrit

BENCHMARK - Repère, norme, point de référence
* benchmark data - données essentielles, données repères
* benchmark statistics - données de base
* development of benchmark housing statistics - établissement de données repères sur l'habitation

BENEFICIARY - Bénéficiaire, titulaire, ayant-droit
* class of beneficiary - catégorie de bénéficiaires
* residuary beneficiary - ayant-droit à titre universel
* standard beneficiary - bénéficiaire type

BENEFIT (subst.) - Avantage, profit
* added benefit - allocation supplémentaire
* benefit in kind - prestation en nature
* benefit level - montant des prestations
* benefit of the doubt - bénéfice du doute
* benefit rating factors - facteurs de classement par ordre de rentabilité
* collateral benefit - prestation accessoire
* cost/benefit analysis - analyse (comparative) des coûts et rendements
* costs and benefits - coûts et avantages
* financial benefit factors - facteurs de rentabilité financière
* for the benefit of - dans l'intérêt de, au profit de
* fringe benefits - avantages accessoires, compléments de salaire
* indirect benefits - avantages sociaux indirects
* maternity benefit - prestation de maternité; prime d'accouchement
* overlapping benefits - cumul de prestations
* pay-related benefit - rapport gains-prestations
* payment of benefits - service des prestations
* (promised) benefit - prestation, pension
* retirement benefit - pension de retraite
* side benefit - retombée
* social (security) benefit - prestation de la sécurité sociale
* supplementary benefits - compléments (de salaire), avantages accessoires
* the public benefit - le bien public
* (to) give somebody the benefit of the doubt - acquitter faute de preuves

BENEFIT (to)
* (to) benefit by - tirer profit de
* to benefit to - être favorable à, être avantageux pour

BEREAVEMENT - Deuil, perte d'un être cher, deuil d'un proche

BEST
* at best - dans les meilleurs conditions, dans les conditions les plus favorables, appliqué avec succès
* at the best prevailing rates - aux taux les plus favorables
* second best - faute de mieux
* (to) do one's best for - s'occuper de son mieux de
* (to) get the best of the bargain - l'emporter, avoir le dessus
* (to) make the best of bad circumstances - s'adapter aux circonstances

BET (subst.) - Pari, gageure
* **(to) lay a bet** - faire un pari

BETTERMENT - 1. Amélioration
* **for human betterment** - pour le bien de l'humanité, dans l'intérêt de l'humanité

- 2. Plus-value (foncière)

BEYOND
* **(to) go beyond the individual case** - déborder le cas d'espèce
* **(to) go beyond the jurisdiction of the Court** - échapper à la compétence de la Cour

BIAS - 1. Erreur systématique, orientation tendancieuse, déformation, distorsion (biais), (qqfs) coloration
* **downward bias** - erreur systématique par défaut
* **interviewer bias** - erreur due à l'enquêteur
* **upward bias** - erreur systématique par excès

- 2. Partialité, parti pris, préjugés, prévention
* **affidavit of bias** - requête en suspicion légitime
* **allegation of bias** - reproche de parti-pris
* **application on grounds of bias** - requête en suspicion légitime
* **bias (for a court)** - suspicion légitime (tribunal)
* **(to) have bias against somebody** - prendre parti contre qqn, avoir un préjugé défavorable contre qqn
* **(to) have bias towards somebody** - prendre parti en faveur de qqn, avoir un préjugé favorable pour qqn
* **without bias** - sans prévention, sans aucun parti-pris

BIASED
* **judgment biased** - jugement partial, jugement entaché de préjugés
* **the Court was biased against him** - le tribunal était prévenu contre lui

BID (subst.) - Enchère, soumission
* **advertisement for bids** - appel d'offres ouvertes
* **bid sheet** - offre, enchère
* **call for bids** - avis d'appel d'offres
* **collusive bid** - offre concertée, offre collusive, soumission concertée, soumission collusive
* **higher bid** - mise supérieure
* **highest bid** - plus forte enchère
* **lowest bid** - enchère minimum
* **notification of higher bid (after an auction)** - dénonciation de surenchère
* **sham bid** - folle enchère
* **take-over bid** - offre publique d'achat (OPA)

BID (to)
* **prices are bid up** - la surenchère fait monter les prix
* **the pound has been bid down to** - l'offre a été telle que la livre est descendue à
* **(to) bid down** - faire baisser
* **(to) bid up** - pousser, faire monter, faire remonter

BIDDER - Enchérisseur, soumissionnaire
* **highest bidder** - enchérisseur le plus offrant, dernier enchérisseur
* **lowest bidder** - moins disant
* **sham bidder** - fol enchérisseur

BIDDING - Appel d'offres; adjudication
* **competitive bidding** - appel à la concurrence, mise en concurrence
* **open bidding** - adjudication publique
* **(to) take part in bidding** - concourir

BILATERAL - Bilatéral
* **bilateral agreement** - accord bilatéral
* **bilateral contract** - contrat synallagmatique

BILL - 1. Effet, billet, traite, lettre de change
* **accomodating bill** - effet fictif, effet de cavalerie, billet de complaisance, traite de complaisance, effet de circulation
* **address for payment of a bill** - domiciliation
* **bank bill** - effet de circulation
* **bearer bill** - billet au porteur
* **bill for collection** - effet à l'encaissement
* **bill for discount** - effet à l'escompte
* **bill held over** - effet en souffrance
* **bill of exchange** - effet de change, lettre de change
* **bill payable after date** - traite à délai de préavis
* **bill payable on a fixed day** - effet à échéance
* **circulating bill** - effet en cours
* **country bill** - effet déplacé, effet sur le dehors
* **current bill** - effet en cours
* **discounted bill** - effet escompté
* **domestic bill** - effet sur l'intérieur
* **domiciliated bill** - effet domicilié
* **drawer of a bill** - émetteur d'un effet
* **finance bill** - effet de circulation, effet en commandite
* **foreign bill** - effet déplacé, effet sur le dehors
* **holder of a bill** - détenteur d'une traite, porteur d'une traite
* **honoured bill** - traite acquittée
* **issuer of a bill** - émetteur d'un effet
* **local bill** - effet sur place
* **matured bill** - effet échu
* **non local bill** - effet déplacé, effet sur le dehors

./..

* **overdue bill** - effet en souffrance
* **payee of bill** - bénéficiaire d'une traite
* **sight bill** - effet à vue
* **time bill** - échéance à terme
* **(to) back a bill** - avaliser une traite
* **(to) draw a bill** - créer un effet, tirer une traite
* **(to) endorse a bill over** - transmettre une traite par endossement
* **(to) guarantee a bill** - avaliser une traite
* **(to) meet a bill** - honorer une traite
* **(to) note protest of bill** - faire le protêt d'une traite
* **(to) sign a bill** - accepter une traite
* **town bill** - effet sur place
* **unenforceable bill** - effet privé d'effet

- 2. Déclaration
* **bill of entry** - déclaration d'entrée en douane
* **bill of rights** - déclaration des droits
* **transit bill** - déclaration provisoire, passavant

- 3. Nantissement, connaissement
* **bill of lading** - connaissement
* **bill of sale** - nantissement
* **clean bill of lading** - connaissement
* **model bill of lading** - connaissement type
* **non-negotiable bill of lading** - connaissement intransmissible
* **pawned bill** - effet en nantissement
* **river bill of lading** - connaissement fluvial
* **straight bill of lading** - connaissement nominatif

- 4. Note, facture, mémoire, montant
* **bill of costs** - état des frais, note de frais
* **bill of goods and services** - montant de biens et services
* **bill of quantities** - devis
* **freight bill** - facture de transporteur
* **port dues bill** - relevé des taxes de port
* **total wages bill** - masse salariale globale

- 5. Projet de loi
* **bill before the House** - projet de loi en cours d'examen
* **bill involving taxation** - projet fiscal
* **bill of supply** - projet de crédit supplémentaire, collectif budgétaire
* **Committee stage of a bill** - discussion d'un projet de loi en commission
* **finance bill** - projet de loi des finances, projet de loi budgétaire
* **first reading of a bill** - examen en première lecture d'un projet de loi
* **government bill** - projet de loi (du gouvernement)
* **money bill** - projet de loi des finances, projet de loi budgétaire
* **personal bill** - projet de loi intéressant certains particuliers
* **preamble of a bill** - exposé des motifs d'un projet de loi
* **private bill** - projet de loi de portée restreinte (intéressant des collectivités, des particuliers)

* **private member's bill** - initiative parlementaire, proposition de loi (présentée par des députés)
* **public bill** - projet de loi d'intérêt général, projet de loi (de portée) national(e)
* **(to) draft a bill** - établir un projet de loi
* **(to) enact a bill** - adopter un projet de loi
* **(to) pass a bill** - adopter un projet de loi
* **(to) reject a bill** - repousser un projet de loi
* **(to) table a bill** - déposer un projet de loi

- 6. Résumé des chefs d'accusation (présenté au jury)
* **(to) find a true bill against** - déclarer fondés les chefs d'accusation
* **(to) ignore the bill** - refuser la mise en accusation

BILLING - Facturation
* **premium billing** - quittancement des primes
* **through billing** - facturation globale

BINARY - Binaire
* **rule of binary judgment** - règlement du jugement binaire

BIND (to) - Lier, attacher, associer
* **is bound to** - doit fatalement, ne saurait manquer de
* **substance which can be selectively bound to** - substance qui peut se lier sélectivement avec (chimie)
* **(to) bind over** - infliger une amende avec sursis

BINDING - Contraignant, impératif, ayant force de loi, ayant force exécutoire, opposable à, obligatoire, qui s'impose
* **binding custom** - usage impératif
* **binding decision** - décision finale, décision définitive, décision sans appel, décision obligatoire
* **binding declaration** - garantie ferme
* **binding effect** - valeur obligatoire, force obligatoire, effet obligatoire
* **binding effet of a judgment** - revêtu de l'autorité relative à la chose jugée
* **binding force of a contract** - contrat exécutoire
* **binding offer** - offre irrévocable
* **binding on** - opposable à
* **binding on third parties** - opposable aux tiers
* **binding over** - sommation de bonne conduite (sanction pénale)
* **binding rule** - règle impérative, règle impérieuse
* **binding sanctions** - sanctions obligatoires
* **binding upon parties** - qui lie les parties
* **legally binding** - ayant force de loi
* **not binding on** - inopposable à
* **quality of being binding** - force obligatoire

./..

* **right binding only on a specific person** - droit relatif
* **this choice is binding on the Court** - ce choix s'impose à la Cour
* **(to) be binding on** - avoir l'autorité de la chose jugée, s'imposer à, lier
* **two types of contract will be fully binding on him** - il ne peut contracter de pleine obligation juridique que par deux types de contrat

BIRTH - Naissance
* **birth certificate** - acte de naissance
* **birth control** - régulation des naissances, planning familial, planification de la famille
* **birth in wedlock** - naissance légitime
* **birth out of wedlock** - naissance illégitime
* **birth order** - rang de naissance
* **multiple births** - accouchements multiples
* **nationality by birth** - nationalité d'origine
* **single birth** - accouchement simple
* **subsequent birth of a child** - survenance d'enfant

BITE (to) - Entamer, amputer, écorner
* **the new measures will bite on dividends** - les nouvelles dispositions amputeront les dividendes

BLACKMAIL (subst.) - 1. Chantage, extorsion (de fonds)

- 2. Argent extorqué par chantage

BLACKMAIL (to)
* **(to) be blackmailed by** - être soumis à un chantage par
* **(to) blackmail somebody** - exercer un chantage sur qqn, faire chanter qqn

BLACKMAILER - Maître-chanteur

BLAME (to) - Blâmer, condamner, reprocher
* **(to) blame something for an accident** - attribuer un accident à qqn
* **(to) blame the applicant in view of** - s'en prendre au requérant en raison de

BLANK - En blanc
* **blank signature** - blanc-seing
* **paper signed in blank** - blanc-seing

BLANKET (adj.) - Général, applicable à tous les cas
* **blanket authority** - mandat de caractère général, blanc-seing, autorisation générale
* **blanket commitment request** - demande globale d'engagement de dépenses
* **blanket condemnation** - amalgame
* **blanket judgment** - amalgame
* **blanket policy** - police d'assurance générale
* **blanket provision** - disposition d'ensemble
* **blanket treatment** - traitement généralisé

BLANKET (to) - 1. Etouffer
* **(to) blanket a scandal** - étouffer un scandale, passer un scandale sous silence

- 2. Généraliser
* **many other categories will be blanketted into the pension scheme** - le régime de retraite sera étendu à bien d'autres catégories

BLIGHT (subst.) - Flétrissure
* **industrial blight** - pollution industrielle
* **urban blight** - la lèpre urbaine

BLIGHT (to) - Flétrir, compromettre
* **blighted areas** - zones dégradées, zones lépreuses
* **(to) blight somebody's prospects** - compromettre les perspective d'avenir de qqn

BLOCK - 1. Bloc, en bloc, groupé, en continu
* **block farming** - lotissement agricole
* **block grants** - transferts non affectés
* **block of shares** - paquet d'actions
* **block placement** - stage pratique "continu"
* **building blocks of local government** - cellules de base de l'administration locale

- 2. Ilot (urbanisme), secteur

BLOCKING
* **blanket blocking** - mesure générale de blocage

BLOCKADE - 1. Blocus
* **blockade runner** - forceur de blocus
* **close blockade** - blocus rigoureux
* **paper blockade** - blocus fictif
* **(to) run the blockade** - forcer le blocus

- 2. Arrêt de la circulation, embouteillage, encombrement, bouchon

BLUE - Illégal
* **blue cigarettes** - cigarettes de contrebande
* **blue exams** - examens entachés de fraude
* **blue movie** - film érotique illégal

BLUE PRINT - Schéma, cadre, grandes lignes, canevas, plan, ébauche, esquisse, croquis; dossier d'exécution; (qqfs) tirage

BLUNDER - Bévue, maladresse, erreur
* **disastrous blunder** - bavure

BOARD - Conseil, comité, commission, autorité collégiale, office, ministère, administration, instance, délégation à, dièdre
* **across the board** - de manière générale, de manière globale
* **advisory board** - comité consultatif, conseil consultatif
* **board meeting** - réunion du conseil (d'administration)
* **board of auditors** - commission de vérification des comptes, collège des commissaires aux comptes
* **board of directors** - conseil d'administration
* **Board of Education** - ministère de l'Education
* **board of enquiry** - commission d'enquête
* **board of examiners** - commission d'examen, jury d'examen
* **disciplinary board** - conseil de discipline
* **managing board** - direction (d'une société)
* **school board** - commission scolaire
* **tourist board** - office du tourisme
* **war damage board** - commission des dommages de guerre

BODY - Corps; organe; ensemble; instance
* **body corporate** - personne morale
* **body height** - taille
* **body of creditors** - masse des créanciers, union des créanciers
* **body of theory** - ensemble des connaissances théoriques, corps des connaissances théoriques
* **body search** - fouille corporelle
* **body weight** - poids
* **close body search** - fouille corporelle rapprochée

* **expert body** - organe d'experts
* **intimate body search** - fouille corporelle rapprochée
* **statutory body** - établissement public

BOGUS - Faux, feint, simulé
* **bogus company** - société fictive, société fantôme
* **bogus passport** - passeport de fantaisie
* **bogus signature** - signature de complaisance
* **bogus transactions** - transactions véreuses

BOMBING - 1. Bombardement

- 2. Attentat à la bombe

BONA FIDE - De bonne foi; véritable, authentique
* **bona fide profits** - bénéfices légitimes, bénéfices licites, bénéfices honnêtes
* **bona fide purchaser** - acquéreur de bonne foi

BOND (subst.) - 1. Bon, titre, obligation
* **bearer bond** - titre au porteur
* **bond discount** - prime d'émission sur les obligations
* **bond holder** - porteur, obligataire
* **bond index** - indice des obligations
* **bond issue** - émission d'obligations
* **bond outstanding** - obligation en circulation non encore amortie
* **bond pledge** - obligation souscrite
* **bond unissued** - obligation à la souche
* **bond with coupon attached** - bon muni de coupon
* **bottomry bond** - contrat à la grosse
* **callable bond** - bon remboursable par anticipation
* **debenture bond** - bon d'obligation
* **deferred bond** - obligation non libérée
* **Exchequer bond** - bon du Trésor
* **gold bond** - obligation-or
* **government bonds** - fonds d'Etat
* **guaranteed bond** - obligation garantie
* **matured bond** - obligation échue
* **premium bond** - bon à prime, valeur à prime
* **prize bond** - bon à lots, valeur à lots
* **redeemable bond** - bon amortissable, bon remboursable
* **redemption of bond** - remboursement du bon, amortissement du bon
* **security for bond** - gage, garantie
* **(to) subscribe a bond** - souscrire une obligation
* **Treasury bond** - bon du Trésor
* **unissued bond** - bon non émis, bon resté à la souche
* **yields of bonds** - rendement des obligations

./..

- 2. Engagement, garantie, caution, lettre de gage, dette obligatoire
* **bid bond** - garantie de soumission
* **mortgage bond** - lettre de gage hypothécaire
* **performance bond** - garantie de bonne exécution

- 3. Entrepôt, dépôt (sous douane), acquit (de douane)
* **bond note** - acquit-à-caution
* **in bond** - sous sujétion douanière, non dédouané
* **(to) bring into bond** - constituer en entrepôt
* **(to) discharge a bond** - décharger un acquit
* **under bond** - sous régime de douane

BOND (to) - 1. Garantir par obligation

- 2. Mettre en dépôt, entreposer

BONDED
* **bonded goods** - marchandises entreposées sous douane
* **bonded warehouse** - entrepôt de douane, entrepôt sous douane
* **private bonded warehouse** - entrepôt (de douane) fictif
* **public bonded warehouse** - entrepôt (de douane) réel

BONUS - Gratification, bonus, prime
* **bonus dividend** - action gratuite
* **bonus issue** - distribution d'actions gratuites
* **completion bonus** - indemnité de cessation de fonctions
* **incentive bonus** - prime de stimulation

BOOK - Livre, registre, recueil
* **book designer** - maquettiste, metteur en pages
* **book entry** - écriture comptable
* **book loss** - perte comptable
* **book value** - valeur comptable
* **case book** - recueil de jurisprudence
* **family civil status book** - livret de famille
* **Land Book** - registre foncier
* **savings book** - livret de caisse d'épargne, carnet de caisse d'épargne
* **(ship's) log book** - livre de bord
* **soldier's book** - livret militaire

BOOM - Boom, (période d') essor, haute conjoncture, (phase d') euphorie, prospérité, (vague d') expansion, survoltage, envolée
* **investment boom** - surinvestissement, fièvre d'investissement
* **price boom** - emballement des prix
* **(to) share the boom conditions** - avoir sa part de prospérité générale

BOOST (to) - Stimuler, pousser, valoriser, donner de l'élan à, activer, donner une impulsion à, "mettre les gaz"
* **bold measures to boost industrial output** - des mesures hardies pour donner une impulsion à la production industrielle

BOOSTER - De secours, d'appoint, renforçateur
* **booster dose** - injection de rappel

BOOTY - Butin, prise de guerre

BORDER - Bord, limite, frontière, cadre, marge
* **border central officers** - police des frontières
* **border central staff** - police des frontières
* **border State** - Etat limitrophe

BORDERLINE (adj.) - Limite, marginal, douteux, ambigu, mal défini, tangent, indéterminé
* **borderline ability** - aptitude moyenne
* **borderline case** - cas limite, cas marginal, cas douteux, cas ambigu, cas mal défini, cas tangent, cas indéterminé
* **borderline form** - forme intermédiaire
* **borderline subjects** - sujets limitrophes, sujets mitoyens

BORDERLINE (subst.) - Limite, démarcation, frontière, ligne de séparation
* **borderline agreement** - accord de bon voisinage

BORROW (to)
* **General Arrangements to Borrow (GAB)** - Accords généraux d'emprunt (FMI)
* **borrowed funds** - capitaux d'emprunt
* **borrowing power** - capacité d'emprunt
* **illicit borrowing** - vol d'usage

BORSTAL - Etablissement de redressement
* **borstal institution** - maison d'éducation surveillée
* **treatment in borstals** - éducation surveillée

BOTTLENECK - Goulet d'étranglement, blocage, (qqfs) rareté spécifique
* **bottleneck in electric generating capacity** - insuffisance de la fonction d'énergie électrique

BOTTOM
* **(to) get to the bottom of something** - mener une opération-vérité sur qqch, étudier à fond qqch

BOUNDARY - Frontière, limite, borne
* **boundaries** - (qqfs) périmètre
* **boundary adjustment** - rectification de frontières
* **Boundary Commission** - Commission de délimitation
* **boundary dispute** - différend de frontière
* **damaging boundary stones** - dégradation de bornes, dégradation de limites
* **new local authorities boundaries** - redécoupage communal
* **right to take proceedings to fix a boundary** - qualité pour procéder au bornage

BOX
* **jury box** - banc du jury

BRAIN
* **brain drain** - exode des compétences, hémorragie des compétences, exode des cerveaux, exode des cadres (scientifiques et techniques); fuite de la matière grise
* **brain sciences** - neuro-sciences
* **brain storming** - "remue-méninges", prospection d'idées, recherche d'idées en équipe, (méthode d') imagination collective, conférence-choc
* **brain storming group** - groupe de créativité
* **brain washing** - lavage de cerveaux, lessivage des cerveaux, pompage des cerveaux, bourrage de crâne

BRANCH - Filiale, succursale; service, direction (administration); agence (banque)
* **industrial branch** - branche d'activité

BRAND - Dénomination commerciale, marque de fabrique, image de marque
* **own-name brand** - marque commerciale

BRANDED
* **branded articles** - articles de marque
* **branded goods** - produits de marque, articles de marque
* **branded products** - produits de marque

BRAWL - Rixe, échauffourée, bagarre, querelle

BREACH - Manquement, violation, infraction (aux règles), rupture, méconnaissance de, contravention à (un texte), inexécution, lésion
* **breach by the Government of its obligations** - manquement du gouvernement à ses obligations
* **breach of confidence** - divulgation d'informations confidentielles
* **breach of contract** - rupture de contrat, rupture du contrat, violation de contrat, violation du contrat
* **breach of faith** - manque de parole
* **breach of official duty** - forfaiture
* **breach of peace** - rupture de la paix
* **breach of police regulations** - contravention de simple police
* **breach of privileges** - atteinte aux privilèges (du Parlement, par exemple)
* **breach of promise of marriage** - rupture de fiançailles
* **breach of the Constitution** - violation de la Constitution
* **breach of the Convention** - manquement à la Convention
* **breach of the peace** - atteinte à l'ordre public
* **breach of trust** - abus de confiance, malversation
* **breach of warranty** - rupture de garantie
* **the Court can find no breach of the Convention** - la Cour ne discerne aucune méconnaissance de la Convention
* **the party in breach** - la partie en défaut
* **without risk of breach of the law** - sans risquer d'enfreindre la loi

BREAD
* **bread and water** - régime sec
* **bread-winner** - soutien de famille

BREAK (subst.) - Chute rapide, culbute, rupture, pause, arrêt, fractionnement, effondrement, dégradation
* **break clause** - clause de résiliation
* **break-even point** - point d'équilibre, point d'égalité, point mort; seuil de rentabilité
* **break-in** - vol avec effraction
* **break in hearing** - suspension d'audience
* **break in service** - rupture dans la continuité du service
* **official break** - pause réglementaire

BREAK (to) - Rompre, violer, briser
* **(to) break a contract** - rompre un contrat, violer un contrat
* **(to) break an officer** - casser un officier
* **(to) break away from** - s'affranchir de
* **(to) break open** - fracturer
* **(to) break someone** - ruiner qqn
* **(to) break the peace** - violer l'ordre public

BREAKDOWN - 1. Avarie (de machine)

- 2. Echec, faillite, dislocation, dissociation, défaillance, écroulement, crise, arrêt
* **breakdown of marriage** - échec du mariage, faillite du mariage, rupture du lien conjugal, ébranlement du lien conjugal
* **breakdown of the negociations** - rupture des négociations
* **breakdown principle** - principe du divorce-faillite
* **irretrievable breakdown of the marriage** - altération profonde du lien conjugal, rupture conjugale

BREAKING
* **breaking and entering on premises** - vol avec effraction
* **breaking into closed premises** - bris de clôture
* **breaking into premises** - effraction
* **breaking of bulk** - rupture de charge; (qqfs) transbordement
* **breaking offence** - délit d'effraction
* **house breaking** - vol avec effraction

BREATHING
* **breathing space** - temps d'arrêt, pause (de consolidation), répit
* **breathing spell** - temps d'arrêt, pause (de consolidation), répit

BREVITY - Brièveté, concision, laconisme
* **for brevity** - pour abréger

BRIBE (subst.) - Paiement illicite, prébende, pot de vin, dessous de table
* **(to) take a bribe** - se laisser corrompre

BRIBE (to) - Corrompre, acheter, soudoyer

BRIBERY - Corruption, exaction, pot de vin, dessous de table, concussion, malversations
* **accepting or soliciting briberies** - corruption passive
* **active bribery** - corruption active
* **bribery of civil servants** - corruption de fonctionnaires

BRIDGE (to) - Combler (lacune, écart), couvrir (déficit), supprimer, colmater, aveugler (brèche), faire la soudure

BRIEF (subst.) - 1. Directives, instructions, orientation

- 2. Dossier (d'une procédure), conclusions écrites, mémoire
* **brief for counsel** - instructions à l'avocat
* **brief (of argument) (US)** - conclusions présentées à la Cour avant l'audience
* **(to) hold a brief for someone** - être chargé d'une cause, représenter qqn en justice
* **(to) hold a watching brief for someone** - veiller (en justice) aux intérêts de qqn

BRIEF (to) - Mettre au courant, donner une mission à, donner des instructions à, passer les consignes
* **(to) brief a barrister** - constituer avocat; confier une cause à un avocat, mandater un avocat
* **(to) brief a case** - faire le résumé d'une affaire, établir le dossier d'une affaire

BRIEFING - 1. Réunion d'information, préparation, instructions, directives, mise au courant
* **background briefing** - réunion d'information générale
* **de-briefing** - compte rendu (de l'exécution d'une mission)

- 2. (qqfs) Conférence de presse

- 3. Dossier d'instruction (avocat)

BRING (to)
* **brought about by** - rendu nécessaire par
* **no charges were brought against them** - ils ne furent inculpés d'aucune charge
* **reasons which could be brought under the Convention** - raisons qui peuvent entrer dans le champ d'application de la Convention
* **the case was brought before the Court** - l'affaire a été déférée à la Cour
* **(to) bring a matter before a Court** - saisir un tribunal
* **(to) bring down** - abaisser, faire baisser, faire tomber, diminuer

./..

* (to) bring somebody before a Court - traduire qqn devant un tribunal
* (to) bring to Court - citer, déférer en justice
* (to) bring to justice - traduire en justice

BROAD - Large, grand, très étendu
* broad-based - (qqfs) plurivalent

BROADCASTING - Radiodiffusion, radio/télédiffusion, audiovisuel
* broadcasting station - station émettrice
* broadcasting traffic - trafic hertzien

BROADLY
* broadly speaking - grosso modo, schématiquement

BROKER - Agent de change, courtier
* bill broker - agent de change
* broker's commission - droit de courtage
* customs broker - agent en douanes, commissionnaire en douanes
* floor broker - courtier en valeurs
* outside broker - courtier en valeurs
* share broker - courtier en valeurs mobilières
* stock broker - courtier en valeurs mobilières

BROKERAGE - Courtage; frais de courtage
* brokerage contract - contrat de courtage

BROTHER - Frère
* full brother - frère germain
* half brother on father's side - frère consanguin
* half brother on mother's side - frère utérin
* my learned brother - mon éminent confrère (entre juges)

BUDGET (subst.) - Budget
* Budget Act - loi de finances
* budget clearances - approbations budgétaires
* budget level - montant du budget
* budget outurn - résultat de l'exécution du budget
* budget package - enveloppe budgétaire
* budget records - documents budgétaires
* budget review group - groupe d'examen des demandes de crédits, groupe d'examen des prévisions budgétaires
* budget service - service du budget
* budget sheet - tableau budgétaire

* drastic budget reductions - (tailler dans le budget)
* household budget - comptes du ménage
* manpower budget - état des besoins et disponibilités en main-d'oeuvre
* performance budget - budget fonctionnel, budget de réalisation
* programme budget - budget-programme
* proposed budget - projet de budget
* ways and means budget - budget des voies et moyens

BUDGET (to)
* funds budgeted under... - crédits inscrits au (chapitre ...) du budget

BUDGETARY - Budgétaire
* budgetary clearance - approbation budgétaire
* budgetary package - enveloppe budgétaire
* budgetary period - exercice budgétaire, période budgétaire
* budgetary resources - volume du budget

BUGGERY - Sodomie

BUILD (to) - (faire) Construire, (faire) bâtir; échafauder (des idées)
* is progressively building up - s'établit progressivement
* right to build higher - droit d'exhaussement
* (to) build machinery for - mettre en place des moyens pour
* (to) build up - constituer, créer, former, accumuler, renforcer, développer, étoffer
* (to) build up stocks - constituer des réserves, stocker

BUILDING - Construction, bâtiment
* building activities - professions du bâtiment
* building and construction - bâtiment et travaux publics (BTP)
* building industry - industrie du bâtiment
* building lease - emphytéose de construction
* building line - alignement (d'une maison)
* building pass - carte d'accès au bâtiment
* building permit - permis de construire
* building plot - (parcelle de) terrain à bâtir, terrain, assiette de l'immeuble
* building regulations authority - police des bâtiments
* building society - société immobilière
* building standards - normes de construction
* factory building - bâtiment industriel
* obligation to observe a building line - servitude de reculement

BUILT-IN - Automatique, inhérent, encastré, interne, organique, entré dans les moeurs
* **built-in revision** - révision automatique

BUILT-UP
* **built-up area** - zone urbanisée, agglomération
* **built-up environment** - environnement bâti

BULGE - 1. Poussée

- 2. Forte hausse des cours (Bourse)

BULK (subst.) - Masse, volume
* **bulk breaking** - conditionnement de produits en vrac pour la vente au détail
* **bulk delivery** - livraison en vrac
* **bulk measurements** - cotes d'encombrement (BTP), gabarit
* **in bulk** - en vrac
* **the bulk of** - pour l'essentiel, le gros de, le plus clair de

BULK (to)
* **(to) bulk largely** - tenir une place très importante, tenir une grande place

BULL (subst.) - Haussier (bourse), spéculateur à la hausse
* **bull operation** - spéculation à la hausse

BULL (to)
* **(to) bull the market** - spéculer à la hausse

BULLETIN - Bulletin, circulaire, feuille d'avis
* **bulletin board** - panneau d'affichage, tableau d'affichage

BULLISHY - Orienté en hausse
* **bullishy market** - marché ayant tendance à la hausse
* **bullishy stocks** - valeurs en hausse

BULWARK - Rempart, moyen de protection, digue
* **the final bulwark of protection** - l'ultime moyen de protection

BUNCH (to) - Grouper, lier, resserrer
* **bunching of exports** - contraction des importations

BUNDLE (subst.) - Paquet, lot, faisceau, liasse
* **bundle of products** - assortiment d'articles

BUOYANCY - Entrain, optimisme, (connaître un) bel essor

BUOYANT - Ferme, soutenu, actif
* **buoyant demand** - demande soutenue, demande active
* **buoyant industry** - industrie florissante
* **buoyant market** - marché ferme, marché élastique

BURDEN (subst.) - Fardeau, charge
* **burden of the proof** - charge de la preuve
* **equalisation of burdens** - péréquation des charges
* **excessive and individual burden** - charge spéciale et exorbitante
* **public burdens** - charges publiques
* **tax burden** - poids de la fiscalité, pression fiscale, ponction fiscale
* **(to) place a heavy burden on** - mettre lourdement à contribution
* **(to) shift the burden of proof** - renverser la charge de la preuve

BURDEN (to) - Charger, encombrer; grever, hypothéquer
* **burdened estate** - domaine hypothéqué
* **(to) be burdened with taxes** - être accablé d'impôts

BURDENSOME - Afflictif

BURGLARY - Cambriolage (de nuit), vol avec effraction (de nuit), vol qualifié
* **aggravated burglary** - cambriolage à main armée

BURGLE (to) - Cambrioler

BUSINESS - 1. Entreprise, affaires, établissement, secteur privé, activité économique, fonds (de commerce), commercial, activité économique
* **business activity** - activité lucrative
* **business agent** - agent d'affaires
* **business concern** - entreprise commerciale
* **business contract** - contrat d'entreprise
* **business costs** - frais d'exploitation
* **business cycle** - conjoncture
* **business interruption insurance** - assurance de perte de bénéfices
* **business law** - droit économique
* **business licence** - patente
* **business like** - utilitaire
* **business name** - raison sociale, raison de commerce
* **business (names) register** - registre du commerce
* **business premises** - locaux professionnels
* **business trend** - conjoncture
* **business venture** - opération commerciale, transaction commerciale
* **income from business** - revenus industriels et commerciaux
* **losing business** - entreprise déficitaire, entreprise travaillant à perte
* **mail order business** - vente par correspondance
* **on official business** - pour les besoins du service
* **place of business** - établissement
* **principal place of business** - établissement principal
* **purchaser of a business** - cessionnaire d'un fonds
* **retail business** - commerce de détail
* **sale of a business** - cession d'un fonds
* **the views of business** - l'opinion des milieux d'affaires
* **(to) wind up one's business** - liquider ses affaires
* **wholesale business** - commerce de gros

- 2. Gestion
* **business administration** - administration d'entreprises
* **business game** - gestion simulée, simulation de gestion, jeu d'entreprise
* **business-oriented computer** - ordinateur de gestion

- 3. Travaux, débats (d'une conférence, ...)
* **conduct of business** - conduite des débats
* **order of business** - programme des travaux
* **unfinished business** - questions renvoyées à une réunion ultérieure

BUST (to) - Diviser, dégrader, démanteler, briser, faire éclater
* **hard busting** - opposition ouverte contre, lutte ouverte contre
* **soft busting** - travail de sape
* **(to) bust up** - faire faillite
* **trade-union busting** - action anti-syndicale

BUY (subst.) - Achat, affaire
* **buy-back price** - prix de rachat, prix de reprise

BUY OUT (to) - Racheter (parts), désintéresser (associé)

BUZZ - Bourdonnement
* **buzz group** - groupe de discussion, groupe de travail, sous-groupe de discussion, sous-groupe de travail
* **buzz phrase** - slogan
* **buzz session** - discussion en sous-groupes, discussion en petits groupes
* **buzz word** - slogan

BY
* **by and large** - à tout prendre, généralement, pour l'essentiel, dans l'ensemble, grosso modo

BY-ELECTION - Election complémentaire, élection partielle

BY-LAWS - 1. Arrêtés locaux, arrêtés municipaux

- 2. Statuts (d'une société)

- 3. Règlements, réglementation

BYPASS (subst.) - 1. Rocade (route)

- 2. Pontage, dérivation (méd.)

- 3. Dérivation (ind.)

BYPASS (to) - 1. Eviter, contourner, court-circuiter
* **(to) bypass the traffic** - dévier la circulation

- 2. Laisser de côté, ne tenir aucun compte de, passer outre, passer sous silence

BY-PRODUCT - Produit dérivé, effet secondaire, application, sous-produit, retombée, (qqfs) accessoire, accessoirement

CABINET - Cabinet, ministère, conseil des ministres
* **cabinet council** - conseil des ministres
* **cabinet crisis** - crise ministérielle
* **cabinet minister** - Ministre d'Etat
* **(to) form a cabinet** - former le gouvernement

CALL (subst.) - 1. Appel
* **a call on limited resources** - une ponction sur des ressources limitées
* **advance call** - appel (de cotisation) anticipé
* **call for contributions** - appel de contributions
* **call for tenders** - appel d'offres
* **call on shareholders** - appel de fonds
* **call-up capital** - capital appelé
* **port of call** - relâche, lieu d'escale
* **there is no call to hold hearings** - il n'y a pas lieu à audiences

- 2. A vue (banque)
* **call deposit** - dépôt à vue
* **call money** - dépôt à vue

CALL (to) - 1. Appeler
* **called for in this Article** - prévu par cet article
* **(to) call for** - demander, préconiser
* **(to) call on** - faire appel à, inviter, demander à; mobiliser, mettre à contribution; rendre visite à; donner la parole à (réunions)
* **(to) call the meeting to order** - ouvrir la séance, déclarer la séance ouverte
* **(to) call upon** - faire appel à, inviter, demander à; mobiliser, mettre à contribution; rendre visite à; donner la parole à (réunions)

- 2. Convoquer
* **the Court called X** - le tribunal fit comparaître X
* **(to) call a conference** - convoquer une conférence
* **(to) call witnesses** - citer des témoins

CALLED - Dénommé, désigné (sous le nom de); intitulé
* **hereinafter called** - ci-après dénommé

CALLING - Appel (de fonds), convocation (d'une assemblée)
* **calling for proposals** - appel d'offres
* **calling in a loan** - dénonciation d'emprunt

CALM - (Sans incidents)

CALVO - Calvo
* **Calvo clause (waiver of diplomatic protection)** - clause Calvo (renonciation à la protection diplomatique)

CAMERA - 1. Délibéré
* **(to) put the case in camera** - mettre l'affaire en délibéré

- 2. Huis clos
* **in camera** - à huis clos
* **proceedings in camera** - débats à huis clos

CANCEL (to) - Abroger, annuler, purger (un droit), rapporter, résoudre, infirmer (un jugement)
* **effect of cancelling** - effet résolutif
* **right to cancel** - droit de résolution
* **the instrument of concession cancels all the owner's rights in the subsoil** - l'acte de concession purge tous les droits du propriétaire sur son sous-sol
* **(to) cancel a project** - abandonner un projet
* **(to) cancel out** - s'annuler, se neutraliser, se compenser, s'équilibrer

CANCELLATION - Main-levée, suppression; résiliation
* **cancellation of a contract** - résiliation d'un contrat
* **cancellation of a contribution** - remise d'une cotisation, exonération d'une cotisation
* **cancellation of a mortgage** - main-levée d'inscription hypothécaire
* **cancellation of an entry** - radiation (d'une mention dans un registre)
* **cancellation of the arrest warrant** - main-levée du mandat de dépôt

CANING - Bastonnade

CANNIBALISATION - Cannibalisation (récupération d'éléments en état sur des matériels hors d'usage et emploi de ces éléments sur des matériels en état qui peuvent ainsi être remis en service)

CANONISED - Consacré

CANVASS (to) - 1. Faire campagne (pour un candidat)

- 2. Faire du démarchage à domicile

- 3. Quadriller un quartier (police)

CANVASSER - Démarcheur, placier
* **canvasser method** - méthode de la tournée, méthode de l'entrevue, méthode de l'interrogatoire (recensements)

CAPABILITY - Potentiel (choses); compétences (personnes)
* **land capability map** - carte des possibilités d'exploitation des terres
* **land capability survey** - enquête agronométrique
* **matrimonial capability** - majorité matrimoniale, nubilité
* **military (nuclear) capability** - puissance militaire (nucléaire)

CAPABLE - Habile, apte
* **capable of inheriting** - apte à succéder
* **capable of making a will** - apter à tester

CAPACITY - 1. Capacité, qualité (pour agir)
* **capacity to defend in a legal proceedings** - qualité pour défendre en justice
* **capacity to make a will** - capacité de tester
* **capacity to marry** - capacité matrimoniale
* **capacity to sue** - capacité d'ester en justice
* **capacity to take legal proceedings** - qualité pour ester en justice
* **deprivation of legal capacity** - interdiction judiciaire
* **dual capacity** - dédoublement fonctionnel
* **having capacity to** - habilité à
* **in a judicial capacity** - en qualité de juge
* **in his individual capacity (as an expert)** - à titre individuel (en qualité d'expert)
* **in that capacity** - ès qualité, en sa qualité de
* **in their personal capacities** - à titre personnel
* **(legal) basic capacity** - capacité juridique ou de jouissance
* **legal capacity** - capacité d'exercice, capacité juridique
* **person deprived of legal capacity** - interdit
* **person subject to penal capacity** - interdit légal
* **possessing legal capacity** - capable
* **statutory in capacity (of convicts)** - interdiction légale

- 2. Capacité
* **capacity study** - étude sur la capacité
* **excess capacity** - capacité de production excédentaire; (qqfs) suréquipement
* **financial capacity** - capacité de financement
* **firm capacity** - puissance garantie (électr.)
* **idle capacity** - capacité (de production) inutilisée

* **mental capacity** - discernement
* **minimum economic capacity** - seuil de rentabilité
* **population carrying capacity** - densité potentielle (démogr.)
* **rate of capacity utilisation** - taux d'utilisation de la capacité
* **rated capacity** - puissance nominale (électr.)
* **seating capacity** - nombre de places assises

CAPITAL (adj.) - 1. Capital, de premier ordre, décisif
* **capital error** - erreur fatale

- 2. Passible de la peine de mort
* **capital murder** - meurtre puni de la peine de mort
* **capital punishment** - peine capitale, peine de mort

CAPITAL (subst.) - Capital
* **alteration of capital** - modification du capital
* **authorised capital** - capital social déclaré
* **available capital** - capital disponible
* **basic capital** - capital initial
* **call on capital** - appel de fonds
* **called up capital** - capital appelé, capital versé
* **capital allowances** - abattements fiscaux
* **capital bonus** - actions en prime
* **capital expenditures** - dépenses d'investissement, dépenses d'installation
* **capital flight** - fuite de capitaux
* **capital gains** - plus-values
* **capital goods** - biens d'investissement
* **capital intensive** - à fort coefficient de capital, (projet fortement) capitalistique
* **capital investment** - mise de fonds
* **capital investment allowance** - prime d'équipement
* **Capital Issues Committee (UK)** - Commission des opérations de bourse
* **capital levy** - prélèvement sur le capital
* **capital markets** - marchés financiers
* **capital outlay** - frais d'établissement
* **capital output** - rendement de capital
* **capital turnover** - roulement du capital
* **cash capital** - capital en numéraire
* **company capital** - capital social
* **contingent capital** - capital d'apport
* **corporate capital** - capital social
* **debenture capital** - capital-obligations
* **discount capital** - capital actualisé
* **expenditure on capital account** - dépenses par imputation sur le compte capital
* **increase in capital** - augmentation du capital
* **(incremental) capital/output ratio** - coefficient (marginal) de capital
* **initial capital** - capital initial
* **invested capital** - fonds propres, capitaux permanents
* **issued capital** - capital souscrit, capital émis
* **loan capital** - capital d'emprunt

./..

* making political capital out of a demonstration - récupération politique d'une manifestation
* management of the capital finances - financement du secteur public
* net export of capital - excédent d'exportation de capitaux
* opening capital - capital initial
* paid-in capital - capital versé
* paid-up capital - capital libéré
* reduction of capital - diminution du capital
* registered capital - capital autorisé
* requisite capital - capital (minimum) requis par la loi, capital social
* return of capital - rendement du capital
* risk capital - capital à risque
* share capital - capital-actions
* uncalled capital - capital non appelé, capital non versé
* venture capital - capital à risque
* working capital - capital de roulement, capital d'exploitation
* working capital ratio - ratio de liquidité général

CAPITALISATION - Mise à contribution, recours à

CAPITALISE (to) - Ajouter à la valeur comptable d'un capital
* capitalised - considéré comme un investissement, considéré comme une dépense en capital
* (to) capitalise on - exploiter, mettre à profit (une situation)
* (to) capitalise reserves - incorporer des réserves au capital

CAPSULE - 1. Version condensée
* capsule film - condensé cinématographique
* capsule report - résumé (de rapport)

- 2. Gélule (pharm.)

- 3. Habitacle (esp.)

CAPTION - En-tête, sous-titre, légende

CAPTIVE
* captive markets - marchés réservés, marchés captifs
* captive savings - épargne affectée

CARD - Fiche, carte
* card punch - perforateur de cartes
* card reproducing punch - reproductrice de cartes
* card row - ligne de cartes
* card sorter - trieuse
* card stocker - récepteur de cartes
* cardex card - carte perforée
* cope chat card - carte à perforation marginale
* flash card - fiche audio-visuelle, carte-éclair (Unesco)
* punched card file - fichier de cartes perforées

CARE - 1. Aide, assistance, protection, garde, tutelle, soins
* after care - assistance post-pénitentiaire, aide post-pénitentiaire; post-cure
* care and custody over a child - puissance paternelle
* care decision - décision de prise en charge
* care of old people - soins aux personnes âgées
* child care - aide sociale à l'enfance, puériculture
* child care facilities - services d'aide maternelle
* child in the care of public authorities - enfant assisté, enfant sous assistance
* day care - soins dans des établissements de jour
* day care centre - garderie, crèche, pouponnière
* home care - soins à domicile, aide médicale à domicile
* in care - qui fait l'objet de soins, qui fait l'objet de mesures
* medical care - soins médicaux
* personal care - (qqfs) hygiène
* social care - protection sociale
* (to) have care decision terminated - obtenir la mainlevée de la prise en charge

- 2. Diligence, attention, prudence, précaution, discernement, sérieux
* acting with due care - vigilant
* duty of care and skill - obligation de prudence et de diligence
* maximum amount of the care is requested - (tenu au) devoir de diligence
* (to) exercise due care - manifester la diligence voulue

CAREER - Carrière
* career appointment - nomination définitive
* career development - avancement, perspectives de carrière
* career officer - orienteur, conseiller en orientation professionnelle
* career pattern - profil de carrière
* career post - poste permanent
* career service - service de carrière (fonction publique)
* career staff - personnel de carrière, fonctionnaires
* career system - service de carrière (fonction publique)
* career training - cours de perfectionnement pour l'avancement dans la carrière

CAREFUL - Attentif, judicieux, bien conçu, bien pesé, bien réfléchi, délicat, soigneux; approfondi, serré, méthodique, rigoureux

CAREFULLY - Judicieusement, méticuleusement, avec discernement, attentivement, avec soin
* **carefully drafted** - mûrement élaboré

CARELESSLY - Avec insouciance, de manière inconsidérée, sans circonspection, sans discernement

CARER - Soignant

CARRIAGE - 1. Port
* **carriage forward** - en port dû
* **carriage free** - franc de port

- 2. Voiture
* **carriage road** - route carrossable
* **carriage way** - chaussée
* **passenger carriage** - voiture à voyageurs

CARRIER - Transporteur, voiturier, camionneur
* **aircraft carrier** - porte-avions
* **common carrier** - transporteur public, transporteur en commun
* **connecting carrier** - transporteur auxiliaire
* **energy carriers** - vecteurs d'énergie
* **fraudulent conversion by a carrier** - vol voiturier
* **ocean carrier** - transporteur maritime
* **store carrier** - transport de matériel et de vivres

CARRY (to) - Porter, (qqfs) comptabiliser
* **carrying charge** - frais de report (bourse), commission de vente à crédit
* **cash and carry sale** - vente au comptant
* **population carrying capacity** - densité potentielle (démogr.)
* **text carried by acclamations** - texte voté par acclamation
* **(to) carry forward** - reporter
* **(to) carry over** - reporter
* **(to) carry over a loss** - reporter une perte
* **(to) carry over an appropriation** - reporter un crédit

CARTAGE - Droit de factage

CARTEL - Cartel, entente
* **allocation cartel** - cartel de distribution
* **exempted cartel** - cartel autorisé
* **export cartel** - entente à l'exportation

CARTELISATION - (Constitution d') ententes industrielles

CASE - 1. Jurisprudence, précédents jurisprudentiels
* **case book** - recueil de jurisprudence
* **decided case** - décision judiciaire
* **leading cases** - grands arrêts de jurisprudence, arrêts-pilote, arrêts de principe, décisions de principe
* **line of cases** - la jurisprudence
* **test case** - précédent, affaire-type
* **the cases** - la jurisprudence
* **the cases on** - la jurisprudence relative à
* **(to) make case** - faire jurisprudence
* **well-established line of cases** - la jurisprudence constante

- 2. Litige, affaire, requête, procès, instance, procédure, cause, grief, différend, dossier, cas, moyens de défense
* **after this case** - après ce procès
* **arguable case** - thèse défendable
* **case conference** - exposé des cas
* **case file** - dossier du procès; procédure
* **case processing** - la procédure
* **case properly brought out** - affaire présentée avec toute la clarté souhaitable
* **case record** - pièces du dossier
* **consideration of the case** - examen de l'affaire
* **defended case** - affaire comportant la présence d'un défenseur
* **deserving cases** - cas dignes d'intérêt
* **examination of the case** - examen du dossier
* **facts of any relevance to the case** - faits susceptibles d'éclairer l'affaire
* **his case stands proven** - sa cause est entendue
* **if the case were to be upheld** - si la requête devait obtenir gain de cause
* **in cases referred to it** - dans les affaires dont il est saisi
* **in the (present) case** - en l'espèce, dans le cas d'espèce, dans la présente affaire
* **in the case in point** - pour le cas d'espèce
* **individual case** - cas d'espèce
* **legal issues in the case** - problèmes juridiques en cause
* **matrimonial case** - affaire relative à des questions matrimoniales
* **no case to answer** - non-lieu (décision judiciaire)
* **no matter how strong her case** - quel que soit le bien-fondé de sa cause
* **on the merits of the case** - sur le fond
* **outline of the case** - résumé des faits de la cause

./..

* **pending case** - litige en instance
* **prima facie case** - affaire de prime abord bien fondée
* **request bringing the case before the Court** - demande introductive d'instance
* **settlement of a case** - règlement d'un litige
* **"stateable" case** - cause "valable"
* **the case is ready for hearing** - l'affaire est en état
* **the circumstances of the case** - les circonstances de l'affaire, les particularités de l 'affaire
* **the criminal case against him** - la procédure pénale engagée contre lui
* **the facts of the case** - les faits de la cause
* **(to) answer a case** - se défendre
* **(to) bring the case before the Court** - saisir la Cour, porter l'affaire devant la Cour
* **(to) dismiss a case** - rejeter une affaire
* **(to) give a decision of no case** - débouter le plaignant (de sa demande)
* **(to) have a case** - avoir un moyen de défense valable, avoir un grief légitime
* **(to) hear a case** - juger une affaire
* **(to) hear and decide the case** - statuer au principal
* **(to) lose one's case** - perdre son procès
* **(to) make a case ready for hearing** - mettre l'affaire en état
* **(to) meet a case** - se défendre
* **(to) present one's case** - faire valoir ses moyens
* **(to) prove one's case** - justifier sa plainte
* **(to) put one's case** - présenter sa plainte, présenter sa défense
* **(to) release a case** - renvoyer une affaire à une juridiction inférieure
* **(to) remit a case** - renvoyer une affaire à une juridiction supérieure
* **(to) settle a case** - régler un litige, vider un litige
* **(to) settle a case out of Court** - régler un litige à l'amiable
* **(to) sit in a case** - siéger à l'audience
* **(to) state the case** - exposer les faits
* **(to) strike off the list of cases** - rayer du rôle
* **(to) submit there is no case** - plaider un non-lieu
* **(to) try a case** - juger une affaire
* **(to) try the case** - statuer au principal
* **(to) win a case** - gagner un procès, avoir gain de cause
* **unreal case** - affaire "théorique"

- 3.
* **case for the Crown** - l'accusation
* **case for the defence** - la plaidoirie pour la défense
* **case for the prosecution** - le réquisitoire, l'accusation

- 4. Matière, question de droit
* **appeal by way of case stated** - pourvoi en cassation sur un point de droit
* **case stated** - question de droit préjudicielle
* **civil case** - matière civile
* **criminal case** - matière pénale
* **short civil or commercial case** - matière sommaire

- 5. Motif, moyen, argument, thèse, justification, conclusions, décision, raisonnement, cas
* **case for the defence** - moyens de la défense, arguments de la défense; plaidoirie, plaidoyer, considérations à l'appui de
* **case for the prosecution** - arguments de l'accusation, thèse de l'accusation, moyens de l'accusation; réquisitoire
* **no prima facie case of** - aucune présomption sérieuse de
* **the case has never been made that** - (le requérant) n'a jamais prétendu que
* **the entire case is based on** - tout le raisonnement est fondé sur
* **the only cas made by the applicant** - le requérant a simplement soutenu que
* **then it is the case that** - alors, effectivement,...
* **there is a considerable case** - il existe de nombreux arguments
* **(to) have a strong case** - disposer d'arguments solides, établir par des arguments solides, avoir de bons moyens de défense
* **(to) make a strong case** - établir le bien-fondé d'un argument
* **(to) make out one's case** - établir le bien-fondé de sa thèse
* **(to) meet a case** - prendre en considération une thèse, réfuter une thèse
* **(to) present one's case** - faire valoir ses droits (civil); présenter sa défense (pénal)
* **(to) rest one's case** - fonder sa thèse sur, mettre fin à son argumentation, clore son argumentation
* **(to) seek one's case** - chercher à établir sa thèse, chercher à prouver sa thèse
* **(to) state a case** - exposer les faits, formuler un point de droit

- 6. Dossier, cas
* **case control studies** - études de cas témoins
* **case finding** - recherche de cas; dépistage fortuit (méd.)
* **case history** - antécédents, dossier individuel, fiche individuelle
* **case studies** - monographies, études de cas, études spécifiques
* **examination of the case** - examen du dossier
* **(to) transfer the case** - transmettre le dossier

- 7.
* **case method** - méthode des cas
* **in any case** - quoi qu'il en soit, du reste, au demeurant
* **in such case** - en pareil cas
* **in the present case** - cette fois, en l'occurrence, en l'espèce
* **in this case** - cette fois, en l'occurrence, en l'espèce
* **the case is made** - la justification a été établie, la justification a été apportée
* **there is a case for** - il convient d'envisager (l'opportunité de)
* **(to) make a case for** - justifier, défendre, préconiser

CASE-BOOK - Recueil de jurisprudence

CASE-FILE - Dossier
* **having regard to all the documents in the case-file** - vu l'ensemble des pièces figurant au dossier

CASE-LAW - Jurisprudence
* **according to its established case-law** - selon sa jurisprudence constante
* **case-law data base** - base de données jurisprudentielles
* **decided case-law** - jurisprudence
* **extension by case-law** - extension jurisprudentielle
* **the resulting case-law** - la jurisprudence ainsi acquise

CASE-LOAD - 1. Volume de travail
* **case-load programme** - envergure du programme

- 2. Nombre de cas traités (soc.)

- 3. Contingent (de personnes, de réfugiés)

CASE-SHEET - Dossier

CASE-WORK - Traitement personnalisé (délinquants), assistance sociale aux cas individuels, service social familial

CASH - Espèces, trésorerie, liquidités, argent frais, encaisse, numéraire
* **active cash** - disponibilités actives
* **cash advance** - avance en espèces
* **cash and carry** - vente au comptant
* **cash assets** - encaisse disponible
* **cash balance on hands** - encaisse disponible, liquidités disponibles
* **cash base** - liquidités
* **cash basis** - comptabilité de caisse
* **cash bonus discount** - bon prime, bons primes
* **cash brought in** - apport en espèces
* **cash flow** - flux de trésorerie, produit disponible (marge brute d'autofinancement)
* **cash grants** - dons en espèces
* **cash in hand** - encaisse, avoirs en numéraire, disponibilités
* **cash margin** - volant de trésorerie
* **cash on account** - acompte
* **cash on delivery** - envoi contre remboursement
* **cash provision** - provision de trésorerie
* **cash ratio** - coefficient de trésorerie, ratio de liquidité immédiate
* **Cash Receipt Voucher (CRV)** - avis d'encaissement
* **cash resources** - disponibilités de trésorerie
* **cash squeeze** - grippage de la trésorerie
* **cash with order** - paiement à la commande

* **cold cash** - argent liquide
* **deposit of cash by way of security** - consignation d'espèces
* **easy cash position** - trésorerie aisée
* **for cash** - au comptant
* **imprest cash funds** - fonds d'avances temporaires
* **non-earning cash** - liquidités improductives
* **on a cash basis** - en trésorerie
* **payment in cash** - prestation en espèces, versement en espèces
* **reduction for cash** - remise sur les paiements comptants

CASHING - Encaissement

CASHLESS - Scriptural

CAST (to)
* **cast votes** - suffrages exprimés
* **casting vote** - voix prépondérante
* **the chairman has the cast vote** - la voix du président est prépondérante
* **(to) cast a vote** - émettre un vote, voter pour, donner une voix à

CASTING - 1. Coulée (ind.); moulage; pièce coulée

- 2. Diffusion (artistique) (audiov.)
* **narrow casting** - diffusion locale

CASU
* **in casu** - en l'espèce

CASUAL - Accessoire, intermittent, fortuit, inopiné, adventice, désinvolte, accidentel, occasionnel
* **casual income** - recettes accessoires, recettes occasionnelles
* **casual labour** - main-d'oeuvre occasionnelle
* **casual offence** - délit accidentel
* **casual offender** - délinquant accidentel
* **casual vacancy** - cavance survenant après une élection
* **for casual labour** - pour des travaux occasionnels

CATALOGUING
* **alphabetical cataloguing** - index
* **subject cataloguing** - catalogage thématique

CATCHMENT - Captation, captage (attraction)
* **catchment area** - périmètre d'alimentation, bassin versant (hydrol.), aire d'attraction; secteur de recrutement (de clientèle, d'effectifs scolaires)
* **manpower catchment area** - bassin d'emploi (espace au sein duquel un travailleur peut changer d'emploi sans changer de domicile)
* **stream catchment** - aire d'alimentation (cours d'eau)

CATER (to) - Approvisionner, desservir
* **catering trades** - hôtellerie et restauration
* **(to) cater for** - pourvoir à

CAUCUS - Réunion politique à huis clos

CAUSAL - Causal
* **causal factors** - facteurs déterminants
* **causal relationship** - rapport de causalité, relation causale, lien de cause à effet

CAUSATION - Lien causal
* **chain of causation** - lien de causalité

CAUSE - Litige, affaire, motif, cause, cas
* **associated cause of death** - cause contributive de décès
* **cause lists** - rôles d'audience
* **cause of action** - cause d'action, raison d'agir, motif d'action (en justice), droit d'agir, prétention, droit de poursuite, cas d'ouverture d'instance
* **challenge for cause** - récusation motivée
* **challenge without cause** - récusation péremptoire
* **contributory cause of death** - cause contributive de décès
* **it is common cause** - il est admis de part et d'autre, il est reconnu de part et d'autre (jur.)
* **matrimonial cause** - affaire matrimoniale
* **probable cause** - motifs raisonnables et suffisants (de penser que la procédure est justifiée)
* **relationship of cause and effect** - rapport de causalité
* **(to) give a cause of action** - ouvrir une action
* **(to) reveal a cause of action** - justifier l'engagement des poursuites
* **(to) show cause** - exposer des motifs, faire valoir des moyens
* **which he paid without cause** - indûment payé par lui
* **without reasonable cause** - sans motif sérieux

CAUTION (subst.) - 1. Prudence, précaution, circonspection, prévoyance, avertissement
* **a formal caution** - un avertissement officiel

- 2. Caution, garantie, répondant (USA)
* **caution money** - cautionnement

CAUTION (to) - Avertir, prévenir
* **(to) be cautioned** - être informé de son droit de garder le silence

CAUTIONARY
* **cautionary observation** - avertissement

CAVEAT (subst.) - Avertissement, mise en garde; opposition
* **caveat against unfair practices** - avertissement contre la concurrence déloyale
* **caveat emptor** - aux risques de l'acheteur
* **(to) enter in a caveat against** - former opposition à, mettre opposition à
* **(to) put in a caveat against** - former opposition à, mettre opposition à

CAVEAT (to)
* **(to) caveat against** - mettre opposition à, faire opposition à

CAVEATOR - Opposant

CELIBACY - Célibat
* **celibacy clause** - clause de non-convol (interdisant le mariage)

CELL - Cellule (pénitentiaire)
* **commitment to security cell** - mise au cachot, mise au bloc (disciplinaire)
* **commitment to special cell** - mise en régime cellulaire
* **punishment in a cell** - cachot

CENSORSHIP - Censure, contrôle
* **postal censorship** - contrôle postal

CENSUS - Recensement, dénombrement
* **census calendar** - calendrier des opérations
* **census data** - données de recensement
* **census enumeration areas (EA)** - districts de recensement (DR)
* **census family** - famille statistique
* **census moment** - moment du dénombrement
* **census population** - population recensée
* **census procedure** - méthode de recensement
* **census records** - données du recensement
* **census returns** - relevés du recensement
* **census tabulation** - tableau de recensement
* **census tests** - essais de recensement

CENTRE - Centre
* **centre of excellence** - centre d'études avancées, centre d'excellence
* **growth development centre** - pôle de croissance, pôle de développement
* **local centre** - ville-centre (pouvoirs locaux)
* **small local centre** - village-centre (pouvoirs locaux)

CERTAIN - Certain, assuré
* **certain success** - succès infaillible
* **it is not certain that** - rien ne dit que

CERTAINLY - (En tout cas)

CERTAINTY - Certitude, fait certain, conviction
* **certainty of objects** - bénéfices certains
* **certainty of subject-matter** - biens déterminés
* **certainty of the law** - sécurité du droit
* **certainty of words** - intention précise
* **legal certainty principle** - principe de la sécurité juridique, principe de la légalité

CERTIFICATE - Acte, certificat, attestation, déclaration
* **bearer certificate** - certificat au porteur
* **birth certificate** - extrait de naissance, acte de naissance
* **certificate of discharge** - certificat de quitus
* **certificate of eligibility** - attestation de droit (aux prestations)
* **certificate of incorporation** - déclaration de constitution de société, certificat d'immatriculation
* **certificate of manufacture** - certificat de fabrication
* **certificate of naturalisation** - décret de naturalisation
* **certificate of origin** - certificat d'origine
* **certificate of poverty** - déclaration d'indigence, certificat d'indigence
* **civil status certificate** - pièce d'état civil, acte d'état civil

* **death certificate** - bulletin de décès
* **land certificate** - extrait du registre foncier
* **legal aid certificate** - certificat donnant droit à l'aide judiciaire
* **military service certificate** - livret matricule, livret (militaire) individuel
* **practising certificate** - certificat d'exercice
* **registered certificate** - certificat nominatif
* **short form certificates (of civil status)** - extraits (d'actes d'état civil)

CERTIFICATED - Certifié, diplômé (instituteur, professeur)

CERTIFICATION - 1. Homologation

- 2. Certificat
* **clearance certification** - certificat de décharge

- 3. Ordonnancement de dépenses

CERTIFIED - 1. Agréé, diplômé, visé
* **certified accountant** - comptable agréé
* **certified cheque** - chèque visé
* **certified copy** - copie (certifiée) conforme, ampliation, copie authentique, copie littérale
* **right to a certified copy** - droit d'expédition
* **shall have effect of certified matters of records** - fait foi des inscriptions et mentions
* **state certified** - diplômé d'Etat

- 2. Interdit
* **certified lunatic** - aliéné interdit

CERTIFY (to) - Certifier, déclarer, attester, authentifier
* **(to) certify a death** - constater un décès
* **(to) certify expenditures for payment** - ordonnancer un paiement, déclarer "bon à payer"
* **(to) certify somebody** - déclarer qqn atteint d'aliénation (méd.)

CERTIORARI
* **certiorari order** - ordonnance de certiorari (contrôle par le juge de l'exercice d'un pouvoir discrétionnaire de l'administration) (= ordre donné à l'administration de rectifier une décision)

CESSATION - Cessation, interruption, arrêt
* **cessation of legal effects** - extinction des conséquences légales

CETERIS PARIBUS - Toutes choses égales par ailleurs

CFE (Conventional Forces in Europe) - CFR (Forces conventionnelles en Europe)

CHAIN - Chaîne, voie
* **chain index** - indice-chaîne
* **chain indexing** - calcul d'indices en chaîne
* **chain of command** - voie hiérarchique
* **chain reaction** - réaction en chaîne, effet d'entraînement
* **chain store** - magasin à succursales multiples

CHAIR - Présidence
* **ruling from the chair** - décision du président

CHAIRMAN - Président
* **acting chairman** - président par interim
* **ad hoc chairman** - président ad hoc, président provisoire
* **chairman in office** - président en exercice

CHALLENGE (subst.) - 1. Défi, enjeu, gageure, problème, objectif, pari, tâche (ardue), épreuve (stimulante), appel (impérieux), entreprise; (qqfs) remise en question
* **are a challenge to** - violent la conscience de, répugnent à; portent atteinte à l'honneur de
* **illiteracy, a challenge for Africa** - l'Afrique face à l'analphabétisme
* **(to) respond to challenge** - être à la hauteur de la tâche à accomplir, être à la hauteur des circonstances

- 2. Contestation; récusation
* **challenge for bias** - récusation pour cause de partialité
* **challenge for cause** - récusation motivée
* **challenge to a judge (for bias)** - requête en suspicion légitime, requête en récusation
* **challenge without cause** - récusation péremptoire
* **peremptory challenge** - récusation péremptoire
* **right of challenge** - droit de récusation

CHALLENGE (to) - Contester (un droit), remettre en question, attaquer (une mesure, un acte), récuser (un juge, un jury); stimuler
* **challenging** - stimulant, exaltant
* **challenging a judge** - récusation d'un juge
* **motion challenging** - déclinatoire
* **motion challenging the jurisdiction** - déclinatoire de compétence
* **not liable to be challenged** - irrécusable
* **(to) challenge a ruling** - en appeler d'une décision, contester la validité d'une décision
* **(to) challenge the lawfulness** - contester la légalité de, contester la régularité de

CHAMBER - Chambre, formation collégiale; cabinet d'avocat
* **assize chamber** - chambre criminelle
* **chamber of summary procedure** - chambre de procédure sommaire
* **chamber of two judges** - chambre restreinte
* **chamber of three judges** - chambre restreinte
* **commercial chamber** - chambre économique
* **criminal chamber** - chambre correctionnelle
* **in chamber** - en chambre du conseil (DH)
* **indictments chamber** - chambre d'accusation, chambre des mises en accusation
* **joint chambers** - chambres réunies
* **judge chambers** - chambre du conseil (DH)
* **the court in chambers** - en chambre du conseil
* **(to) take a decision in chambers** - statuer en chambre du conseil
* **(to) try a case in chambers** - statuer en référé

CHAMPERTOUS
* **champertous agreement** - pacte (illicite) de quota litis

CHAMPERTY
* **champerty agreement** - pacte (illicite) de quota litis

CHANCELLOR - Administrateur principal, recteur (éduc.)
* **Lord Chancellor** - Président de la "Court of Appeal"
* **Lord High Chancellor** - Lord Chancelier (Ministre de la Justice et Président de la Chambre des Lords)
* **Office of the Lord Chancellor** - ministère de la Justice

CHANGE - Changement, variation, mouvement, inflexion, mutation, évolution, réorientation, fluctuation, conversion, rénovation, revirement (de situation, d'opinion), réorganisation, réforme, retouche, progrès, translation, remaniement, déplacement
* **change in exchange rates** - fluctuation des taux de change, fluctuation des parités
* **change in reserves** - mouvement des réserves
* **change in voyage clause** - clause de déroutement
* **change of a judgment** - réforme d'un jugement
* **change of permanent residence** - translation de domicile
* **change of possession** - changement de mains
* **change order** - avenant à une commande
* **changes in** - changements relevés dans, changements survenus dans
* **population changes** - mouvement de la population
* **price changes** - variations de prix, mouvements de prix, déplacement des cours
* **sudden changes** - à-coups, secousses, soubresauts
* **sweeping changes** - changements profonds, changements radicaux

CHANGING - En évolution
* **a changing world** - un monde en devenir

CHANNEL (subst.) - Voie, courant, circuit, réseau, moyen, canal, filière
* **administrative channels** - voie administrative
* **channels of trade** - débouchés commerciaux
* **legal channel** - voie de droit
* **prescribed channel** - voies légales
* **through legislative channel** - par la voie législative
* **through the official channels** - par les voies officielles
* **through the usual channels** - par la voie hiérarchique

CHANNEL (to) - Canaliser, orienter, acheminer, drainer, diriger
* **the funds may be channelled into various forms of investment** - les capitaux à investir pourront recevoir des affectations diverses

CHARACTER - Personnalité, nature, énergie, force de caractère, mentalité, réputation morale, moralité, conduite, qualités morales, (qqfs) vocation
* **character witness** - témoin de moralité
* **of previous good character** - (avait observé) jusque là une bonne conduite
* **(to) preserve their own character** - préserver leur spécificité

CHARACTERISATION - Caractérisation, qualification (d'un délit); (qqfs) typologie

CHARGE (subst.) - 1. Accusation, grief, chef d'accusation, chef d'inculpation, motif d'inculpation
* **arrest prior to a charge being laid** - arrestation précédant une inculpation
* **charge in an indictment** - motif d'accusation, chef d'accusation
* **criminal charge** - accusation pénale
* **false charge** - accusation mensongère
* **finding on each charge** - conclusion sur chaque chef d'accusation
* **introduction of charges** - introduction d'accusations
* **no charges were brought against the applicants** - les requérants ne furent pas incriminés
* **on a charge of** - sous l'inculpation de, inculpé de
* **on charges of sedition** - inculpé de sédition
* **pleaded guilty to four charges under the law** - plaidé coupable au titre des quatre chefs d'accusation relevés contre lui en application de la loi
* **public charge** - accusation du ministère public
* **the charges against X** - les accusations portées contre X
* **(to) bring charges against somebody** - mettre qqn en cause, inculper qqn
* **(to) determine the charge** - statuer sur le bien-fondé de l'accusation
* **(to) dismiss a charge** - rendre un non-lieu
* **(to) lodge a charge with the prosecuting authorities** - déposer une plainte
* **(to) make a charge** - formuler une accusation
* **(to) withdraw a charge** - lever une inculpation
* **trumped-up charge** - accusation forgée de toutes pièces

- 2. Instructions, résumé
* **charge to the jury** - instructions données (par le juge) au jury, résumé (fait par le juge) à l'intention du jury

- 3. Droit (à payer), charge, frais, tarif, taxe, taux, redevance, cotisation
* **additional charge** - droit en sus
* **apportionment of charges** - répartition des charges
* **bank charges** - frais bancaires
* **carrying charge** - commission de vente à crédit
* **charge for safe keeping** - droit de garde (= sens de conserver)
* **charge on property** - sûreté réelle
* **charge on real property** - droit de gage immobilier
* **commitment charge** - commission d'engagement
* **deferred charges** - charges différées, dépenses non encore comptabilisées
* **double charge** - double droit
* **entrance charge** - droit d'entrée
* **graduated charge** - droit gradué
* **land charge** - hypothèque

./..

* list of charge - tarifs
* service charge - commission
* standard charge - droit global
* user charges - redevances versées par les usagers

- 4. Charge, fonction
* in charge - en fonction
* the doctor in charge of the institution - le médecin-chef de l'établissement

- 5. Bail
* rent charge - bail à rente

- 6. Privilège, nantissement
* charge on - privilège sur
* equitable charge - droit de jouissance
* land charge - privilège
* legal charge - charge privilégiée

CHARGE (to) - 1. Soutenir, alléguer, déclarer
* (to) charge that - alléguer que
* (to) charge the jury - s'adresser au jury (USA)

- 2. Accuser, reprocher, se plaindre de, imputer (qqch à qqn)
* (to) be charged with - être inculpé de
* (to) charge somebody - porter une accusation contre qqn
* (to) charge with - inculper de

- 3. Percevoir (droit, taxe), imputer (sur un budget), prélever (sur un fonds), porter au débit de
* rate charged - taux appliqué

CHARGEABLE - Exigible, imputable, percevable

CHARGED - Accusé (au stade du procès), sous l'inculpation de, prévenu, inculpé
* a person charged with an offence - une personne poursuivie pour une infraction
* acts charged - actes incriminés
* charged with criminal offence - accusé (au pénal), inculpé d'infractions pénales
* facts charged - faits reprochés
* formally charged - formellement accusé
* the charged - les inculpés

CHARGING - Dation en gage, dation en nantissement

CHARITABLE - Charitable
* charitable corporation - établissement d'utilité publique
* charitable institution - oeuvre de bienfaisance

CHARITY - Organisme de bienfaisance, oeuvre de bienfaisance, établissement de bienfaisance; oeuvre caritative, oeuvre reconnue d'utilité publique, association reconnue d'utilité publique
* charity commissioners - commission de surveillance des oeuvres de bienfaisance, commission de surveillance des oeuvres caritatives
* medical charities - organismes d'aide médicale
* private charities - oeuvres privées
* public charities - services d'aide sociale; organismes publics de secours, organismes publics de bienfaisance

CHART - Diagramme, tableau
* business chart - tableau de bord
* chart flip - tableau-papier (à feuilles)
* chart pad - tableau-papier (à feuilles)
* easel chart - tableau-papier (à feuilles)
* establishment chart - organigramme
* flow process chart - tableau des circuits administratifs
* organisational chart - organigramme

CHARTER - Charte, convention, statut, statuts (d'une société), acte d'association; affrètement
* charter hire - en charte-partie
* charter operating - opérations à la demande (aviat.)
* charter party - charte-partie, contrat d'affrètement
* free in and out charter - franco chargement et déchargement
* lump-sum charter - affrètement à forfait
* time charter - convention à temps, affrètement à temps

CHARTERED - 1. Agréé, patenté
* chartered accountant - expert comptable agréé

- 2. Affrété
* chartered flight - vol affrété, "charter"

CHARTERER - Affréteur

CHATTELS - Effets mobiliers, meubles corporels, biens meubles, droits mobiliers et immobiliers
* chattels mortgage - hypothèque mobilière
* chattels personal - biens et droits mobiliers
* chattels real - droits immobiliers

CHEAP - Peu onéreux, économique, à bas prix, à peu de frais, à bon compte, à vil prix

CHEAT (subst.) - Escroc, imposteur, fourbe

CHEAT (to) - Escroquer, frauder, voler; tricher
* **(to) cheat somebody out of something** - escroquer qqch à qqn

CHECK (subst.) - Contrôle, frein, entrave
* **attendance check** - contrôle d'effectifs
* **check card** - carte eurochèque (banques)
* **check-list** - liste de vérification, liste de contrôle, liste de pointage; liste récapitulative
* **checks and balances** - freins et contrepoids (constitution USA)
* **identity check** - contrôle d'identité
* **medical check-up** - bilan de santé
* **previous check** - contrôle a priori
* **spot check** - sondage
* **subsequent check** - contrôle a posteriori
* **tentative check-list** - liste indicative

CHECK (to) - Maîtriser, modérer, freiner, discipliner, lutter contre, entraver, restreindre, faire obstacle à, mettre en échec, résister à, réprimer, juguler, enrayer, contenir, réfréner; cocher, pointer
* **(to) check against** - confronter
* **(to) check price increases** - enrayer la hausse des prix, enrayer l'inflation des prix
* **(to) check out with X** - consulter X

CHECKING
* **checking officer** - agent de contrôle

CHEERS - Applaudissements, acclamations, vivats
* **tremendous cheers** - vibrante ovation

CHICANERY - Argutie, sophisme, subtilités

CHIEF - Chef, notable, dirigeant
* **chief expert opinion** - surexpertise
* **chief medical adviser** - conseiller médical en chef
* **chief of staff** - chef d'état-major (mil.)

CHILD - Enfant
* **adulterine child** - enfant adultérin
* **child abuse** - sévices à enfant
* **child en-ventre-de-sa-mère** - enfant conçu
* **child guidance centre** - centre de guidance infantile, centre psycho-médico-pédagogique
* **exposure of a child** - abandon d'enfant
* **neglected child** - enfant moralement abandonné
* **step child** - enfant d'un autre lit
* **substitution of a child** - susbsitution d'enfant, supposition d'enfant

CHIP - Microcircuit, microplaquette
* **silicon chip** - "puce", pastille de silicium

CHOICE - Choix
* **act of free choice** - acte de libre option
* **approved choice** - choix raisonné
* **choice of law** - conflit de droit
* **domicile of choice** - domicile d'élection
* **right of first choice** - préemption

CHOSE (subst.)
* **assignment of a chose in action** - cession de créance, cession-transport
* **chose in action** - créance, droit incorporel
* **chose in possession** - droit corporel
* **legacy of chose in action** - legs de créance
* **(to) assign a chose in action** - transférer une créance

CIRCUIT - 1. Tournée d'un magistrat dans les comtés (UK)
* **circuit judge** - juge itinérant
* **on circuit** - en tournée

- 2. Circonscription, ressort des tribunaux

CIRCULAR (subst.) - Note circulaire, circulaire
* **ministerial circular** - (qqfs) instruction ministérielle
* **(office) circular** - note de service

CIRCULATE (to) - Circuler, mettre en circulation, écouler, propager, répandre, diffuser
* **circulating medium** - moyens de paiement en circulation
* **(to) circulate a letter according to rule...** - distribuer une lettre conformément à l'article...

CIRCUMSCRIBE (to) - <u>Circonscrire, limiter,</u>
<u>restreindre</u>
* **(to) circumscribe the charges** - délimiter les
accusations

CIRCUMSTANCES - <u>Circonstances, conditions,</u>
<u>situation</u>
* **a person in the circumstances of the applicant** -
une personne dans la situation de la requérante
* **application to the circumstances of the case** -
application du cas d'espèce
* **circumstances of the case** - circonstances de la cause,
circonstances de l'espèce
* **divorced from national circumstances** - dégagé des
contingences nationales
* **extenuating circumstances** - circonstances atténuantes
* **factual circumstances** - éléments de fait
* **in no circumstances** - sous aucun prétexte
* **in the circumstances** - en l'occurrence
* **material circumstances** - conditions de fond
* **mitigating circumstances** - circonstances atténuantes
* **personal circumstances of the individuals** - la
situation individuelle de chacun
* **relevant circumstances** - aspects pertinents de la
situation
* **subjective circumstances of the case** - circonstances
propres à l'affaire
* **(to) take the circumstances into account** - faire la
part des circonstances
* **under the circumstances** - dans ces conditions, en
l'occurrence, dès lors

CIRCUMVENT (to) - <u>Eluder, tourner, circonvenir à,</u>
<u>se soustraire à</u>
* **(to) circumvent a provision** - tourner une disposition

CITIZEN
* **citizen's arrest** - arrestation par un particulier; droit
d'arrestation reconnu au citoyen
* **citizen's band (CB)** - canal banalisé (CB), bande
publique

CIVIC - 1. <u>Civil, civique</u>
* **civic mindedness** - civisme
* **civics** - instruction civique
* **civil rights** - droits civils et politiques, droits du citoyen

- 2. <u>Communautaire, municipal</u>

CIVIL - 1. <u>De l'administration</u>
* **civil servant** - fonctionnaire (d'Etat)
* **civil servant awaiting reappointment (redundant)**
- fonctionnaire en instance de réaffectation
* **civil servant on probation** - fonctionnaire stagiaire
* **civil servant temporarily retired** - fonctionnaire en
disponibilité
* **civil service** - fonction publique
* **civil service regulations** - statut de la fonction
publique
* **established civil servant** - fonctionnaire de carrière,
fonctionnaire titulaire
* **senior civil servant** - haut-fonctionnaire
* **temporary civil servant** - fonctionnaire contractuel,
fonctionnaire non titulaire

- 2. <u>Civil, civique</u>
* **civil claim** - contestation civile
* **civil court** - tribunal civil
* **civil defence** - protection civile
* **civil engineer** - ingénieur du génie civil
* **civil law** - droit romain; droit civil, code civil
* **civil law countries** - pays de droit romain, pays
civilistes
* **civil rights** - droit civils, droits civiques, libertés
publiques; droits des minorités (USA)
* **civil rights campaigner** - militant des droits civils
* **civil wrong** - délit civil
* **(to) bring a civil action** - poursuivre au civil

- 3.
* **civil prisoner** - détenu dettier; détenu condamné pour
"civil contempt at Court"
* **(to) draw in the criminal proceedings as a civil
party claiming damages** - se constituer partie civile

CKD (completely knocked down) - En kit, en
pièces détachées

CLAIM (subst.) - <u>Demande, grief, recours, prétention,</u>
<u>plainte, doléance, réclamation, intérêt,</u>
<u>requête, revendication, contestation,</u>
<u>objet du litige</u>
* **against which the claim is made** - mis en cause
* **aim of the claim** - objet de la demande, objet du litige
* **applicant's claim for exemption** - demande de
dispense du requérant
* **civil claim** - intérêt civil (private law); constestation
(relative à des droits de caractère civil)
* **claim for damages** - demande de dommages-intérêts
* **claim of ownership** - action pétitoire
* **compensation claim** - demande d'indemnisation,
demande de dommages-intérêts, demande de
dédommagement, action en dommages, action en
réparation, demande d'indemnité
* **counter claim** - demande reconventionnelle
* **ground for claim** - matière à procès

./..

* **licensed prospecting claim** - périmètre de prospection
* **not to make any further claims against** - cesser toute action contre, abandonner toute contestation à propos de, abandonner toute revendication à propos de
* **plaintiff's claim** - demande du plaignant
* **purpose of the claim** - objet de la demande, objet du litige
* **small claims arbitration** - arbitrage des petits procès
* **statement of claim** - exposé des prétentions du demandeur, conclusions du demandeur, acte introductif d'instance, requête introductive d'instance, libellé de l'exploit
* **the company's claim was rejected on the merits** - la société fut déboutée quant au fond
* **the claim was disallowed** - la demande fut rejetée
* **(to) assert one's claims** - faire valoir ses prétentions
* **(to) contest a claim** - contester une plainte, se défendre
* **(to) defeat a claim** - déclarer une plainte non recevable
* **(to) direct one's claim against** - dénoncer
* **(to) have a legal claim** - être fondé à réclamer
* **(to) have jurisdiction to decide the claim** - avoir compétence pour trancher
* **(to) present a claim for damages** - faire valoir ses prétentions au civil
* **(to) put in a claim** - demander une réparation
* **(to) satisfy a claim** - satisfaire une revendication
* **(to) settle a claim out of Court** - régler une affaire à l'amiable
* **total claim for damages** - montant total du dédommagement réclamé

- 2. Prétention, allégation, affirmation
* **civil claims in penal judgments** - prétentions civiles dans le procès pénal
* **gross claim** - argument grossier
* **prima facie claim** - (il est tenu pour établi que)
* **(to) dismiss the claim** - rejeter les prétentions
* **(to) stricke out claim** - débouter un plaignant
* **vexatious claim** - plainte abusive

- 3. Créance
* **allowance of claim** - satisfaction des créances
* **book claim** - créance comptable
* **casualty insurance claim receivable** - prestations d'assurance-accident à recevoir
* **claim for interest** - créance d'intérêt
* **claim on the Treasury** - contrepartie des dépôts au Trésor
* **claim proved in bankruptcy** - créance produite
* **claim subject to a stipulation as to time** - créance à terme
* **claim to compensation** - créance en indemnisation
* **counter claim** - créance en contrepartie
* **disputed claim** - créance litigieuse, créance contestée, somme prise en contentieux
* **foreing claim** - créance sur l'étranger
* **inalienable claim** - créance incessible
* **joint claim** - créance indivise
* **lesser claim** - diminutif
* **maintenance claim** - prétention alimentaire, créance alimentaire

* **money claim** - réclamation pécuniaire, créance pécuniaire
* **non negotiable claim** - créance incessible
* **outstanding balance of claim** - reliquat d'une créance
* **outstanding claims** - sinistres en suspens, sinistres non liquidés (ass.); encours de créance (fin.)
* **payment of claim** - désintéressement des créances
* **pecuniary claim** - réclamation pécuniaire, créance pécuniaire
* **tax claims** - créances fiscales
* **(to) realise a claim** - couvrir une créance

- 4. Droit, titre
* **affording a claim in damages** - donnant droit à réparation, ouvrant droit à réparation
* **claim entitlement** - droit à indemnité
* **credit claims** - titres de crédit
* **established claim** - droit reconnu
* **savings claims** - titres d'épargne
* **(to) advance a claim** - faire valoir un droit
* **(to) disallow a claim** - dénier un droit à qqn
* **(to) put forward a claim** - faire valoir un droit
* **(to) reject a claim** - dénier un droit à qqn
* **(to) submit a claim** - faire valoir un droit, faire connaître ses prétentions

- 5. Concession (minière, par ex.)

- 6. Risque (contrat d'ass.)

CLAIM (to) - Prétendre, alléguer, affirmer, soutenir, plaider que, revendiquer, faire valoir, demander en justice
* **as claimed by the applicant** - selon les allégations du requérant
* **he claims that his wife...** - sa femme aurait...
* **rights apparently claimed** - droits apparemment invoqués
* **the Government has claimed that...** - d'après le gouvernement,...
* **the remedy claimed** - le recours invoqué
* **this argument cannot claim any merits** - cet argument ne repose sur aucun fondement
* **(to) claim a right to** - revendiquer le droit de
* **(to) claim a right to examine witnesses** - revendiquer le droit d'interroger des témoins
* **(to) claim damages** - exiger des dommages-intérêts, prétendre à des dommages-intérêts
* **(to) claim nullity** - invoquer la nullité
* **(to) claim retirement benefit** - faire valoir ses droits à la retraite
* **(to) claim the right to** - prétendre avoir le droit de, faire valoir son droit de
* **which is claimed to be violated** - dont on allègue la violation

CLAIMANT - 1. <u>Créancier, justiciable</u>

    - 2. <u>Demandeur, requérant</u>

    - 3. <u>Réclamant</u>
* **rightful claimant** - ayant droit

CLARIFICATION - <u>Mise au point</u>
* **(to) speak on a point of clarification** - fournir des éclaircissements, donner des précisions, faire une mise au point

CLARIFY (to) - <u>Expliciter, faire la lumière sur, faire une mise au point</u>
* **(to) clarify one's position** - préciser son attitude, donner des éclaircissements, faire mieux comprendre sa position

CLASS
* **class action** - action collective

CLASSIFICATION - 1. <u>Classification, archivage, classement</u>
* **duty classification** - classement (des postes) par attributions
* **job classification** - définition des emplois
* **rank classification** - classement (des postes) fondé sur le rang
* **standard classification** - classification-type

    - 2. <u>Qualification (jur.)</u>
* **classification of an offence** - qualification d'un délit
* **conflicting legal classifications** - conflit de qualification
* **legal classification** - qualification légale, qualification juridique

CLASSIFY (to) - 1. <u>Classer, sérier, classifier</u>
* **classified document** - document secret, document ultra-secret
* **classified list** - (qqfs) index méthodique
* **classified monument** - monument classé
* **(to) classify and file** - classer et tenir à jour
* **(to) de-classify** - déclasser un document

    - 2. <u>Qualifier (une infraction)</u>

CLAUSE - 1. <u>Clause, stipulation</u>
* **additional clause** - avenant (à un contrat)
* **arbitration clause** - clause compromissoire
* **break clause** - clause de résiliation
* **clause in a contract** - stipulation contractuelle, stipulation conventionnelle
* **exclusive rights clause** - clause d'exclusivité
* **exculpatory clause** - clause d'exonération de responsabilité, clause de non-responsabilité
* **forfeiture clause** - clause de déchéance
* **hardship clause** - clause (par souci) d'humanité
* **hold harmless clause** - clause de dégagement de responsabilité
* **jurisdiction clause** - clause d'attribution de compétence
* **penalty clause** - clause pénale
* **renewal clause** - clause de reconduction
* **standing clause** - clause de style

    - 2. <u>Article (dans un projet de loi)</u>

CLEAN - <u>Net, propre, franc, pur</u>
* **clean acceptance** - acceptation inconditionnelle
* **clean credit** - crédit simple
* **"clean-slate" principle** - principe de la "table rase" (traités)
* **clean water** - eau salubre, eau non polluée

CLEAR (adj.) - 1. <u>Clair</u>
* **it is clear that** - il est clair que, il ressort clairement que, il va de soi que
* **it is not clear how** - on ne voit pas bien comment
* **it was not therefore clear whether...** - il n'était donc pas évident que...
* **the answer is clear** - la réponse ne fait aucun doute
* **(to) be clear cut** - être catégorique

    - 2. <u>Franc</u>
* **clear day** - jour franc
* **in eight clear days** - à huitaine franche
* **in fourteen clear days** - à quinzaine franche

CLEAR (to) - <u>Dégager, liquider, disculper, innocenter, exonérer; dédouaner; faire agréer, se tenir à l'écart de</u>
* **cleared cheque** - chèque compensé

CLEARANCE - 1. <u>Notification de décharge, certificat d'acquittement (quitus); autorisation</u>
* **clearance fee** - droit de dédouanement
* **custom clearance** - quittance de dédouanement
* **entry clearance** - titre d'admission (UK)
* **payment awaiting clearance** - engagement restant à payer
                               ./..

- 2. Tolérance, jeu (dans un engrenage)

- 3. Enquête de sécurité

- 4. (qqfs) Autorisations (Ass. parl.)

- 5. Expropriation
* **clearance order** - arrêté d'expropriation
* **slum clearance** - élimination des taudis, démolition des îlots insalubres

- 6. Dégagement, espace libre

CLEARING - 1. Clearing, compensation
* **cheques in the clearing** - chèques par compensation
* **clearing agreement** - accord de clearing, accord de compensation

- 2. Apurement
* **clearing house** - chambre de compensation

- 3. Bureau de documentation, centre de documentation, centre d'échanges d'informations, centre de diffusion d'informations; centre de concertation, "carrefour des idées"; organe centralisateur

CLEMENCY - Grâce
* **act of clemency** - grâce
* **petition of clemency** - recours en grâce

CLERICAL - De bureau
* **clerical error** - erreur matérielle, erreur d'écriture
* **clerical staff** - personnel de secrétariat, personnel de bureau
* **clerical test** - test d'aptitude aux travaux de secrétariat
* **clerical work** - travail administratif, travail de bureau

CLERK - 1. Clerc, employé, commis
* **articled clerk** - avoué stagiaire
* **barrister's clerk** - clerc d'avocat
* **clerk of works** - agent technique, technicien
* **principal clerk** - commis principal
* **solicitor's clerk** - clerc d'avoué, clerc de notaire

- 2. Greffier
* **clerk of arraigns** - greffier des charges
* **clerk to the Justices** - greffier près le tribunal

CLIENT - Client, usager (de services sociaux, par ex.)

CLIENTELE - L'usager

CLOSE (adj.) - Attentif, serré (contrôle), approfondi (examen), rapproché
* **close agreement** - étroite concordance
* **close combat** - combat rapproché
* **close correlation** - bonne corrélation
* **close debate** - discussion serrée, débat animé
* **close scrutiny** - contrôle attentif
* **close support** - soutien rapproché

CLOSE (subst.) - Fermeture, issue
* **at the close of** - au terme de, à l'issue de
* **(to) draw to one's close** - toucher à sa fin, approcher de son terme

CLOSE (to) - Terminer, lever, clôturer, liquider, combler, colmater, boucher
* **closing arguments** - arguments et plaidoiries
* **closing price** - dernier cours, cours de clôture
* **closing speech** - discours de clôture
* **the closing months of the year** - les derniers mois de l'année
* **(to) close a case** - classer une affaire
* **(to) close down** - cesser toute activité, liquider
* **(to) close the case** - parler le dernier (pour un avocat), terminer les plaidoiries
* **(to) close the debate** - prononcer la clôture de la discussion, prononcer la clôture des débats

CLOSED - Clos, fermé
* **closed economy** - économie fermée
* **closed end lease** - crédit-bail simple
* **closed meeting** - réunion privée
* **closed shop principle** - monopole syndical d'embauche, monopole syndical d'emploi
* **closed shop system** - monopole syndical d'embauche, monopole syndical d'emploi
* **closed to progress** -réfractaire au progrès

CLOSE-ENDED
* **close-ended question** - question fermée, question-dilemne, question orientée

CLOSURE - Clôture
* **(to) make final the closure of the proceedings** - rendre définitive la clôture des débats

CLUB - 1. Club, association

- 2. Matraque, gourdin

CLUE - Indication, indice

CLUSTER - Bouquet, grappe, groupe, faisceau, amas
* **cluster sampling** - sondage en grappes
* **cluster size** - taille de la grappe
* **job cluster** - famille d'emplois

CLUSTERING - En grappe; (qqfs) agglutination
* **clustering effect** - effet de grappe
* **clustering of economic activities in urban areas** - agglutination des activités économiques en milieu urbain
* **degree of clustering** - degré de groupement

CO-ACCUSED - Coprévenu (petty offence or misdemeanour), co-accusé

COAST (to) - Profiter de l'élan initial, se laisser aller en roue libre, rouler sur la vitesse acquise

COASTAL - Côtier
* **coastal development** - aménagement du littoral
* **coastal State** - Etat côtier, Etat riverain
* **coastal transfer of pollutants** - mouvement des polluants le long des côtes
* **coastal waters** - eaux adjacentes, eaux côtières

CODE - Code
* **code of behaviour** - code de déontologie, code d'éthique professionnelle
* **code of fair practice** - code de bonne conduite
* **code of practice** - code d'usages, code de l'usage, code des règles à suivre, code d'instructions pratiques, code de prescriptions techniques
* **code of statutes** - recueil de lois

CO-DEFENDANT - Coprévenu (petty offence or misdemeanour), co-défendeur

CODIFICATION - Codification, classement
* **codification of diplomatic law** - codification du droit diplomatique
* **codification of posts** - classement des postes
* **step by step codification** - codification graduelle

COERCED - Forcé, contraint
* **coerced confession** - aveux obtenus sous la contrainte

COERCION - Contrainte, coercition
* **Coercion Act** - loi qui suspend les droits civils

COERCIVE - Contraignant, coercitif, imposé, forcé, comminatoire
* **coercive force of a contract** - force contraignante d'un contrat
* **coercive measure** - mesure de coercition, mesure de contrainte, mesure coercitive, mesure comminatoire; procédure contrainte, procédure forcée

COEXISTENCE - Concordance
* **coexistence of inferences** - faisceau d'indices

COEXTENSIVE - De même étendue, de même durée
* **(to) be coextensive with** - coïncider avec

COGENERATION
* **cogeneration of heat energy** - production mixte d'énergie thermique, production combinée d'énergie thermique

COGENT - Concluant, décisif (argument)

COGNISANCE - Connaissance
* **(to) take cognisance of** - connaître de

CO-GUARANTOR - Cofidéijusseur

CO-GUARDIAN - Subrogé tuteur

COHABITATION - Communauté d'habitation
* **cessation of cohabitation** - rupture de la vie commune
* **consortium and cohabitation** - communauté de vie
* **non cohabitation order** - décision autorisant résidence séparée
* **unmarried cohabitation** - concubinage

COHABITEE - Concubin

COHERENT - Bien articulé (programme), bien suivi (raisonnement)

COINAGE - Frappe (monnaie)
* **coinage offences** - contrefaçon de monnaies
* **right of coinage** - droit de battre monnaie, droit de frappe

COINER - Fabricant de fausse monnaie

COLLAPSE (subst.) - Effondrement, épuisement, dégringolade, naufrage, débâcle

COLLATERAL - Garantie, gage, nantissement
* **assignment as collateral** - garantie offerte, dépôt de titres en nantissement
* **collateral contract** - contrat accessoire
* **collateral guarantee** - aval
* **collateral loan** - prêt accessoire
* **collateral security** - garantie additionnelle, gage supplémentaire
* **(to) be pledged as collateral against** - servir de garantie à

COLLATION - Rassemblement, assemblage, collationnement
* **collation of data** - exploitation (statistique) de données
* **collation of texts** - confrontation de textes

COLLECT (to) - Percevoir, recouvrer
* **authority to collect debts** - mandat de recouvrement
* **(to) collect a cheque** - encaisser un chèque
* **(to) collect debts** - recouvrer

COLLECTED (adj.) - Calme, maître de soi

COLLECTION - 1. Encaissement, recouvrement
* **bill for collection** - effet à recouvrer
* **cheque for collection** - chèque à l'encaissement
* **collection charge** - débit d'encaissement, droit de recette
* **collection fee** - droit de remboursement
* **collection of debts** - (mise en) recouvrement (dettes, impôts)
* **collection order** - ordre de recouvrement, titre de recette

- 2. Captage
* **urban collection system** - système de captage des eaux usées

- 3. Collection
* **collection co-ordinator** - conservateur chargé du fonds (de bibliothèque)
* **collection development** - accroissement du fonds (de bibliothèque)
* **collection of decisions** - recueil de jurisprudence

COLLECTIVE - Collectif
* **collective agreement** - convention collective, accord collectif de travail, contrat collectif de travail
* **collective right** - droit collectif

COLLECTOR - Percepteur, agent chargé du recouvrement
* **collector of taxes** - receveur des finances

COLLUSION - Collusion, connivence, complicité
* **collusion with the ennemy** - intelligence avec l'ennemi

COLLUSIVE - Collusoire
* **collusive bid** - offre concertée, offre collusoire, soumission concertée, soumission collusoire

COLONY - Colonie
* **penal colony** - colonie pénitentiaire

COLUMNIST - Collaborateur régulier d'un journal, chroniqueur

COMBINATION - 1. Association d'intérêts

- 2. Coalition

- 3. Regroupement d'entreprises

- 4. Entente

- 5. Agencement, composition

- 6.
* **in combination** - allant de pair avec

COMBINE (subst.) - Entente
* **industrial combine** - entente industrielle, consortium industriel, combinat (URSS)
* **meat combines** - combinats de boucherie

COMBINE (to) - Combiner, cumuler, associer, confondre, assurer la conjonction de
* **Art. 10 combined with Art. 14** - l'article 10 considéré en liaison avec l'article 14
* **combined management of the different units** - gestion unitaire des différents services
* **combined sentence** - peine globale, peine d'ensemble
* **if this action is combined with** - si cette mesure s'accompagne de
* **(to) combine functions** - cumuler des fonctions
* **(to) combine most effectively two elements** - doser judicieusement deux éléments
* **(to) combine sentences** - confondre les peines

COMMAND (subst.) - 1. Commandement, autorité
* **chain of command** - chaîne de commandement, hiérarchie bien déterminée

- 2. Télécommande (télécom.)

- 3. Unité commandée (mil.)

COMMANDEER (to) - Réquisitionner

COMMANDER
* **military commander** - commandant militaire

COMMANDING
* **commanding advantage** - avantage déterminant
* **commanding officer** - officier responsable, officier qui exerce le commandement, chef d'unité, officier commandant

COMMENCEMENT - 1. Ouverture, début, commencement
* **commencement of a (judicial) information** - ouverture d'une information
* **commencement of a policy** - effet d'une police (ass.)
* **commencement of an Act** - entrée en vigueur d'une loi, mise en vigueur d'une loi
* **commencement of enjoyment** - entrée en jouissance
* **commencement of Regulations** - entrée en vigueur d'un règlement, mise en vigueur d'un règlement
* **commencement of the action** - introduction de l'action
* **commencement of the hearings** - ouverture des débats, ouverture de la procédure orale
* **commencement of the prescription period** - point de départ du délai de prescription
* **commencement of the proceedings** - introduction de l'instance

- 2. Remise des diplômes (USA)

COMMENT (subst.) - Commentaire, observation
* **comment card** - carte d'appréciation
* **for comment** - pour observations, pour appréciations
* **for observations and comments** - pour en prendre connaissance et formuler des observations à son sujet
* **there being no further comment** - aucune autre observation n'ayant été formulée,... ; aucun autre délégué n'ayant demandé la parole
* **(to) give rise to comments** - prêter à discussion
* **(to) show restraint by absence of comment** - observer la réserve en se gardant de commenter

COMMENT (to) - Analyser, exposer
* **commenting on** - fait observer, à propos de,...
* **in commenting** - dans ses observations relatives à
* **(to) comment upon** - intervenir au sujet de

COMMENTARY - (qqfs) Notes explicatives

COMMERCIAL - Commercial, marchand
* **commercial and distributive sectors** - commerce et distribution
* **commercial bank** - banque de dépôt
* **commercial crops** - cultures industrielles
* **commercial deposit** - gisement rentable (mines)
* **commercial organisation** - organisation à but lucratif
* **commercial purposes** - dans un but lucratif
* **commercial sale** - vente dans le commerce
* **commercial traveller** - commis voyageur

COMMISSION (subst.) - 1. <u>Droit de commission, pourcentage (d'un courtier, par ex.)</u>
* **commission earnings** - rémunération à la commission
* **commission house** - maison de courtage
* **guarantee commission** - droit de garantie

- 2. <u>Charge, titre, mandat officiel, brevet</u>
* **commission day** - jour de l'ouverture des assises
* **commission of the peace** - charge de juge de tribunal (d'instance)

- 3. <u>Délégation de pouvoir, ordre, commande, mission</u>

COMMISSION (to) - <u>Préposer, déléguer, nommer, charger, commander, commanditer (une étude)</u>
* **commissioned officer** - officier
* **commissioned work** - travail exécuté sur commande, tâche exécutée sur commande, ouvrage exécuté sur commande
* **non commissioned officer** - sous-officier

COMMISSIONER - <u>Commissaire</u>
* **parliamentary commissioner (adm.)** - médiateur, conciliateur
* **security commissioner** - délégué à la sécurité

COMMIT (to) - 1. <u>Confier, livrer, remettre</u>
* **committed for trial** - en état de prévention, détenu préventivement
* **compulsory committed** - interné
* **(to) commit somebody for trial** - mettre qqn en accusation, renvoyer qqn aux assises
* **(to) commit somebody to prison** - délivrer un mandat de dépôt contre qqn, écrouer qqn

- 2. <u>Renvoyer</u>
* **application to commit for trial** - réquisition en renvoi
* **committed for trial** - envoyé devant la cour d'assises
* **(to) commit a bill** - renvoyer un projet de loi en commission
* **(to) commit for trial** - renvoyer en jugement

- 3. <u>Engager</u>
* **committed to** - attaché à
* **(to) commit expenditure** - engager des dépenses
* **(to) commit funds** - engager des dépenses
* **(to) commit oneself** - se compromettre
* **(to) commit the organisation** - engager l'organisation
* **(to) refuse to commit oneself** - refuser de s'engager, se tenir sur la réserve

- 4. <u>Commettre</u>
* **the offence is committed** - l'infraction est constituée
* **(to) commit an offence** - commettre un délit

COMMITMENT - 1. <u>Tâche, obligation, décision, objectif, (qqfs) vocation, engagement</u>
* **national commitment to the Third World aid** - sentiment de responsabilité de la nation envers le tiers-monde, vocation tiers-mondiste du pays
* **the Government has displayed a commitment to help** - le Gouvernement a manifesté sa volonté d'aider

- 2. <u>Engagement prévisionnel (de dépenses)</u>
* **a firm commitment to promote** - promouvoir résolument
* **business commitment** - engagement commercial
* **commitment of expenditure** - engagement de dépenses
* **commitment request** - demande d'engagement de dépenses
* **future commitment** - engagement à terme
* **(to) enter into a commitment** - contracter un engagement, souscrire un engagement
* **without commitment** - sans engagement

- 3. <u>Internement</u>

COMMITTAL - 1. <u>Mise en accusation</u>
* **before committal proceedings in the Court** - avant son renvoi en jugement
* **committal for trial** - décision de renvoi, renvoi en jugement, mise en accusation, ordonnance de renvoi
* **committal proceedings** - instruction; mise en accusation; phase de mise en accusation
* **direct committal** - saisine directe

- 2. <u>Ecrou</u>
* **order for committal to prison** - ordre d'écrou
* **order of committal** - mandat de dépôt

COMMON - 1. <u>Public</u>
* **common land** - domaine public
* **common of stovers** - droit d'affouage
* **common of pasture** - vaine pâture
* **countries of common law** - pays de "common law"

./..

- 2. Habituel, courant, commun, ordinaire, concordant, convergent, même, unique, uniforme

* **a common phenomenon to all species** - un phénomène qui concerne toutes les espèces
* **common core** - tronc commun
* **common experience** - expérience de tous
* **common ground** - point d'accord, terrain d'entente
* **common in the past** - dont le passé offre tant d'exemples
* **common points between ...** - convergences entre ...
* **common stock** - actions ordinaires
* **common system** - système commun, régime commun
* **in common form** - suivant un modèle-type

COMMONLY - Communément
* **commonly shared** - communément admis

COMMONPLACE - Banalité, lieu commun, trivialité
* **(to) become commonplace** - se banaliser

COMMUNICATION - 1. Communication, déclaration (jur.)
* **communication to the Court and to the parties** - communication à juge et à parties
* **confidential communications** - faits non communicables (secret professionnel)
* **privileged communications** - faits non communicables (secret professionnel)

- 2. Communication, voie d'accès, liaison, diffusion

* **communication channel** - voie de communication
* **communication link** - liaison
* **communication of regulations** - diffusion des règlements
* **communication professions** - les métiers de la communication
* **communication sciences** - sciences de la communication
* **communications** - l'information; télécommunications; échanges
* **communications oriented** - conçu pour la télégestion
* **computer communication** - télématique
* **data communication** - téléinformatique, transmission des données
* **mass communication** - les médias
* **means of communication** - moyens de diffusion (de la pensée), modes de communication, "le dialogue"
* **(secret) communication with the enemy** - (avoir) des intelligences avec l'ennemi
* **signal communication facilities** - moyens de transmission
* **through communication** - intercommunication, intercirculation

* **(to) be in close communication with** - être en relations suivies avec
* **(to) get into a communication with somebody** - communiquer avec qqn, se mettre en relations avec qqn, entrer en relations avec qqn
* **two-way communication** - circulation verticale de l'information

COMMUNIQUE
* **joint communiqué** - communiqué publié conjointement
* **public communiqué** - déclaration officielle

COMMUNITY - Communauté, collectivité, (qqfs) population, la société
* **community centre** - foyer récréatif et culturel, centre communautaire
* **community development** - (qqfs) animation (socio-culturelle)
* **community facilities** - équipements collectifs
* **community land** - terrains domaniaux
* **community of after acquired property** - communauté limitée aux acquêts
* **community organisation** - entraide sociale, organisation sociale de la collectivité
* **community organisations** - organisations locales
* **community resources centre** - médiathèque
* **community service** - travail d'intérêt général (TIG), travail d'utilité sociale, travail au profit de la communauté
* **community service order** - peine de travail d'intérêt général
* **community service sentencing** - peine de travail d'intérêt général
* **community services** - services publics
* **community (social) work** - service (social) de communauté, action sociale
* **community supervision officer** - éducateur de rue
* **community wealth programme** - programme sanitaire de la population
* **community welfare** - services sociaux de la collectivité
* **community work** - travail d'intérêt général (TIG), travail d'utilité sociale, travail au profit de la communauté
* **marital community** - communauté entre époux, société conjugale
* **penal community** - population pénale, population pénitentiaire, collectivité carcérale
* **plant community** - association végétale
* **the international community** - la communauté des Etats, la communauté internationale, le concert des nations
* **therapeutic community** - communauté thérapeutique

COMMUTE (to) - Convertir
* **right to commute sentences** - droit de réduire les peines
* **(to) commute a benefit in a lump sum** - convertir une prestation en une somme en capital

COMMUTER - Migrant quotidien, migrant alternant, (qqfs) banlieusard, navetteur, navettane (en Afrique)

COMMUTING - Navette, navettes, trajets journaliers, migrations quotidiennes, migrations alternantes, migrations pendulaires
* **commuting distance** - rayon de migration journalière

COMPACT - Intensif et restreint, (qqfs) homogène

COMPANY - Entreprise, société, firme
* **affiliated company** - filiale
* **branch company** - succursale
* **certificate of company** - certificat de constitution
* **charter of company** - statut de constitution
* **company earnings** - revenus des sociétés
* **company head office** - siège principal
* **company law** - droit des sociétés
* **company liabilities** - dettes sociales
* **company limited by guarantee** - S.A.R.L. par garantie
* **company limited by shares** - société en commandite par actions
* **company member** - associé
* **company name** - raison sociale
* **company objects** - objet social
* **company secretary** - secrétaire général
* **company's articles** - statut de la société
* **company's corporate personality** - personnalité morale
* **date of company** - date de constitution
* **deed of company** - acte constitutif
* **holding company** - société de portefeuille, société "holding"
* **incorporated company (USA)** - société anonyme
* **incorporation of a company** - immatriculation d'une société
* **joint stock company** - entreprise anonyme, société (en commandite) par actions
* **lifting the veil of a company** - doctrine de la transparence
* **limited liability company** - S.A.R.L.
* **loan company** - société de prêts, caisse de prêts
* **majority holding company** - filiale majoritaire
* **mixed company** - société d'économie mixte
* **non-profit company** - société sans but lucratif
* **one man company** - société unipersonnelle; entrepreneur individuel
* **paper company** - société fictive
* **parent company** - société-mère
* **private (limited) company** - S.A.R.L., société privée
* **public (limited) company** - S.A.
* **real estate company** - société immobilière
* **registered company** - société enregistrée conformément à la loi
* **state company** - société publique

* **statutory company** - société formée à la requête de ses fondateurs par une loi spéciale
* **subsidiary company** - filiale
* **(to) float a company** - lancer une société, monter une société, créer une société
* **(to) form a company** - lancer une société, monter une société, créer une société
* **(to) found a company** - fonder une société
* **(to) incorporate a company** - constituer une société, immatriculer une société
* **(to) wind up a company** - liquider une société
* **trust company** - société de gestion

COMPARE (to) - Comparer, confronter
* **as compared** - en regard de
* **compared with** - contre, par rapport à, rapporté à, si l'on compare
* **(to) compare with** - avoisiner, être voisin de

COMPARISON
* **by comparison to** - en référence à

COMPASSIONATE - De bienveillance, de secours
* **compassionate benefits** - secours
* **compassionate leave** - congé pour raisons spéciales, congé pour raisons personnelles

COMPATIBLE - Compatible
* **compatible systems** - systèmes unifiés
* **compatible with** - (qqfs) conforme à

COMPELLING - Impératif, contraignant, impérieux
* **compelling criticism** - une critique plus déterminante
* **in compelling circumstances** - si les circonstances l'exigent

COMPENSATE (to) - 1. Compenser, contrebalancer, faire équilibre, équilibrer, faire contrepoids à, neutraliser

- 2. Dédommager, indemniser, réparer; désintéresser (qqn)

COMPENSATION - 1. <u>Indemnisation, réparation, indemnité, dédommagement</u>

* **as compensation for all damages** - toutes causes de préjudice confondues (règlement amiable ou jugement)
* **claim to compensation** - créance en indemnisation
* **compensation claim** - demande d'indemnisation
* **compensation for accident** - indemnité en cas d'accident
* **compensation for injuries** - indemnité en cas d'accident
* **compensation for loss of betterment** - indemnité de plus-value
* **compensation for loss of earnings** - indemnité pour perte de salaire, indemnité pour manque à gagner
* **compensation for loss of enjoyment** - indemnité pour privation de jouissance
* **compensation for loss of property** - indemnité pour privation de jouissance
* **compensation for loss of wages** - indemnité pour perte de salaire, indemnité pour manque à gagner
* **compensation for the victims** - dédommagement des victimes
* **compensation for wear and tear** - indemnité de dépréciation
* **compensation in cash** - indemnité en espèces
* **compensation in lieu of notice** - indemnité de préavis
* **compensation order** - ordonnance d'indemnisation
* **compensation payment** - versement d'indemnités
* **fair compensation** - juste indemnité, indemnité équitable
* **full compensation** - réparation intégrale
* **insurance compensation** - indemnité d'assurance
* **lump-sum compensation** - indemnité forfaitaire
* **moneraty compensation** - soulte (en droit successoral)
* **partial compensation** - indemnité partielle
* **provisional compensation** - indemnité provisionnelle
* **rate of compensation** - tarif d'indemnisation
* **right to (receive) compensation** - droit à indemnisation, droit à dédommagement, droit à réparation
* **scale of compensation** - barème d'indemnisation
* **(to) claim compensation** - demander à être indemnisé
* **(to) grant compensation** - indemniser, accorder une indemnité, allouer une indemnité
* **(to) have an enforceable right to compensation** - avoir droit à réparation
* **workmen's compensation** - réparation des accidents du travail et des maladies professionnelles

- 2. <u>Traitement des cadres, rémunération des cadres, paiement des cadres</u>

COMPETE (to) - <u>Soutenir la concurrence avec</u>
* **(to) compete on equal terms** - lutter à armes égales

COMPETENCE - <u>Compétence, aptitude</u>
* **certificate of competence** - certificat d'aptitude
* **(to) come within the competence of** - ressortir à la compétence de

COMPETENT - 1. <u>Capable, compétent</u>
* **competent to determine all aspects of the case** - jouissant de la plénitude de juridiction
* **competent work** - travail consciencieux

- 2. <u>Fondé à, habilité à, capable de</u>
* **competent evidence** - preuve recevable
* **competent for the districts** - (avoir) la charge des circonscriptions
* **competent question** - question légitime, question pouvant être légitimement posée à un témoin
* **(to) be competent for** - avoir compétence pour, être compétent pour

COMPETITION - <u>Compétition; concurrence</u>
* **perfect competition** - concurrence parfaite
* **price competition** - concurrence sur les prix
* **restraint on competition** - limitation de la concurrence

COMPETITIVE - <u>Compétitif</u>
* **competitive bidding** - appel à la concurrence, mise en concurrence
* **competitive concern** - entreprise compétitive
* **competitive strenght** - position compétitive
* **on a competitive basis** - par voie de concours

COMPETITIVENESS - <u>Compétitivité, capacité concurrentielle, capacité de concurrence</u>
* **competitiveness of exports** - nature compétitive des exportations

COMPILATION - <u>Confection (répertoire, fichier, liste), compilation, calcul des indices</u>

COMPILE (to) - <u>Elaborer, constituer (fichier), établir (liste, documentation)</u>
* **(to) compile data on** - recueillir des données sur, collecter des données sur

COMPLACENCY - <u>Optimisme excessif, suffisance, contentement de soi</u>
* **success does not justify complacency** - il ne s'agit pas de se reposer sur ses lauriers

COMPLAIN (to) - 1. Reprocher, mettre en cause
* **complained** - allégué, incriminé
* **habitual complaining** - quérulence (psychol.)
* **judgment complained of** - jugement attaqué
* **matter complained of** - fait incriminé, fait reproché
* **proceedings complained of** - procédure litigieuse
* **the State complained of** - l'Etat mis en cause, l'Etat attaqué
* **(to) complain that the trial is unsatisfactory** - mettre en cause la régularité de son procès

- 2. Plaindre, dénoncer, attaquer
* **she complains that** - elle formule les griefs ci-après
* **they further complain that no adequate remedies had been made available to them** - ils se plaignent, en outre, de n'avoir disposé d'aucune possibilité réelle de recours
* **(to) complain of the procedure** - s'en prendre à la procédure, s'élever contre la procédure

COMPLAINANT - Partie plaignante, partie réclamante, plaignant, requérant

COMPLAINT - Grief, réclamation, plainte, moyen
* **admissible complaint** - grief déclaré recevable
* **associated complaints** - griefs connexes
* **complaint against person unknown** - plainte contre X
* **Convention complaints** - griefs tirés de la Convention
* **her main complaint was that** - elle s'est surtout plainte que
* **meeting the applicant's complaint** - en réponse au grief du requérant
* **substance of the complaints** - substance des griefs, objet des griefs
* **substantive complaint** - moyen de fond
* **the points on which he bases his complaints** - les points dont il tire grief
* **(to) drop one's complaint** - se désister
* **(to) have similar complaints** - formuler des griefs identiques
* **(to) lodge a complaint** - déposer une plainte, porter plainte, adresser une plainte
* **(to) make various complaints** - formuler divers griefs, avancer divers griefs
* **(to) meet a complaint** - remédier à la situation qui a motivé le grief
* **(to) redress a complaint** - parer à un grief, apaiser un grief, faire justice d'un grief
* **(to) remove a complaint** - redresser le grief, apaiser le grief
* **(to) seek just satisfaction of her complaints** - demander qu'il soit fait droit à ses griefs

COMPLETE (adj.) - Exhaustif, entier
* **each complete month** - chaque mois entier
* **the response is complete** - le taux de réponse est de 100%

COMPLETE (to) - Terminer, achever, mener à bonne fin, remplir (questionnaire), totaliser
* **completed and approved** - clos et apurés (comptes)
* **(to) complete an offence** - consommer une infraction

COMPLETELY - Complètement
* **under a completely new angle** - sous un angle résolument nouveau

COMPLETION - Achèvement, parachèvement
* **completion guarantee** - garantie de bonne fin
* **date of completion** - date-limite à laquelle un contrat doit être conclu

COMPLIANCE - 1. Respect, (nécessité de) se conformer
* **compliance with a formality** - accomplissement d'une formalité
* **compliance with Art....** - respect de l'article...
* **non-compliance with an order** - non-respect d'une ordonnance, méconnaissance d'une ordonnance
* **non-compliance with rules** - inobservation des règles

- 2. Docilité, assentiment, adhésion, acceptation, acquiescement

COMPLY (to)
* **(to) comply with** - se conformer à, observer, obtempérer à
* **(to) comply with a direction** - déférer à une instruction
* **(to) refuse to comply an order** - refuser d'obtempérer à

COMPONENT - Elément constitutif, composante, composant, part, partie
* **components method (of projection)** - méthode des composantes (démogr.)

COMPOSITE - Composite, complexe
* **composite family** - famille statistique
* **composite household** - ménage complexe
* **composite index** - nombre composite, indice composite
* **composite judgment** - jugement d'ensemble
* **composite mills** - industrie verticale
* **composite targets** - éventail d'objectifs

COMPOSITION - 1. Composition

- 2. Règlement judiciaire, liquidation judiciaire
* **composition with creditors** - concordat
* **scheme of composition** - concordat amiable, concordat préventif

COMPOUND
* **compound annual increase** - accroissement annuel comparé
* **compound interest** - anatocisme

COMPREHENSIVE - Détaillé, vaste, étoffé, d'envergure, d'ensemble, global, général, exhaustif, complet, de synthèse, intégré (calcul)
* **comprehensive agreement** - accord général, accord total, accord universel
* **comprehensive ban** - interdiction complète, interdiction générale
* **comprehensive economic control** - réglementation économique d'ensemble
* **comprehensive insurance** - assurance tous risques
* **comprehensive programme** - programme récapitulatif, programme complet et détaillé
* **comprehensive report** - rapport de synthèse, rapport complet
* **comprehensive school** - école globale, école polyvalente, école à enseignement multiple, école unique
* **(to) make a comprehensive overhaul of the system** - remanier le système de fond en comble

COMPROMISE (subst.) - (qqfs) Amende transactionnelle
* **compromise clause** - clause compromissoire
* **compromise proposal** - proposition transactionnelle

COMPROMISE (to) - Transiger; concilier

COMPULSION - Contrainte
* **compulsion issue** - la question de la contrainte
* **every sort of compulsion** - toutes formes de contrainte
* **under compulsion or duress** - sous la contrainte ou la violence

COMPULSORILY - 1. Obligatoirement

- 2. D'office

COMPULSORY - Obligatoire, forcé, impératif, imposé
* **compulsory administration** - séquestre, mise sous séquestre
* **compulsory amalgamation** - fusion autoritaire
* **compulsory care** - placement d'office
* **compulsory closure of an undertaking** - fermeture d'office d'une entreprise
* **compulsory education** - obligation scolaire
* **compulsory fees** - redevances obligatoires
* **compulsory order** - expropriation, ordonnance d'expropriation
* **compulsory powers** - pouvoirs contraignants
* **compulsory prosecution** - poursuite d'office
* **compulsory purchase** - vente forcée, cession forcée, acquisition à titre forcé, droit d'emption, (qqfs) expropriation
* **compulsory retirement** - mise à la retraite d'office
* **compulsory saving** - épargne forcée
* **compulsory school age span** - scolarité obligatoire
* **compulsory service** - engagement de service, engagement de travail
* **(to) place a compulsory purchase order** - frapper d'expropriation

COMPUTERISED - Automatisé, informatisé

CONCATENATION - Concours de circonstances

CONCEAL (to) - 1. Déguiser, cacher, dissimuler, celer, voiler, masquer, dérober, tenir secret
* **concealed unemployment** - chômage déguisé

- 2. Receler (un objet, un enfant, un malfaiteur)

CONCEALMENT - Dissimulation, recel, enlèvement (de personne)
* **concealment of an inheritance** - recel successoral, suppression de part
* **concealment of assets (by a debtor or bankrupt)** - détournement d'actifs, dissimulation de biens
* **concealment of birth** - recel de naissance, recélé d'enfant, suppression d'enfant
* **concealment of pregnancy** - recèlement de grossesse

CONCEDE (to) - 1. Admettre, reconnaître
* **(to) concede defeat** - s'avouer vaincu

- 2. Faire des concessions

CONCENTRATE (to) - <u>Porter principalement sur, condenser, viser essentiellement, polariser les efforts sur, concentrer les efforts sur, concentrer l'attention sur, polariser l'attention sur, faire converger, se spécialiser dans, canaliser le débat sur, centrer le débat sur</u>
* **concentrated in the hands of** - accaparé par

CONCEPT - <u>Concept, doctrine, notion, formule, définition, (qqfs) conception, idée</u>
* **architectural concepts** - principes architecturaux
* **purely cerebral concept** - vue de l'esprit
* **the concept of the right of access** - la notion de droit d'accès

CONCEPTIONAL - Théorique

CONCEPTUAL - <u>Théorique</u>
* **conceptual design** - schéma théorique
* **conceptual framework** - système de référence

CONCERN (subst.) - 1. <u>Souci, inquiétude, préoccupation; appréhension, émotion; intérêt, importance; portée; sollicitude; ; prise de conscience</u>
* **factors that may be of concern** - facteurs qui peuvent entrer en jeu
* **main concerns** - préoccupations majeures, au centre des préoccupations, centre d'intérêt
* **matter of concern** - motif d'inquiétude
* **of international concern** - relevant du droit international, relevant d'une instance internationale
* **of purely local concern** - d'intérêt purement local
* **our primary concern is** - notre propos essentiel est
* **problem causing concern** - problème préoccupant
* **that should be of general social concern** - qui requiert l'attention du corps social, qui requiert l'attention de toute la société
* **there is growing concern over** - on s'inquiète chaque jour davantage de voir
* **this is not my concern** - cela ne m'intéresse pas
* **(to) express concern about** - s'alarmer de, se déclarer inquiet de, juger la situation inquiétante, s'émouvoir de la situation

- 2. Entreprise
* **successor concern** - entreprise successorale

CONCERNED - <u>Préoccupé, inquiet, ému</u>
* **as far as he is concerned** - pour sa part
* **he was concerned that** - il craignait que
* **I am not concerned with it** - je ne m'en soucie pas

CONCESSION - <u>Concession</u>
* **authority granting a concession** - concédant
* **forestry concession** - droit d'exploitation forestière
* **mining concession** - droit d'exploitation minière
* **tax concession** - allègement, avantage fiscal, dégrèvement

CONCESSIONAL
* **on concessional terms** - à un prix de faveur, à des conditions de faveur, à des conditions libérales

CONCLUDING
* **concluding document** - document de clôture

CONCLUSION - <u>Conclusion, fin; résultat, enseignement</u>
* **a foregone conclusion** - (tenir pour certain)
* **in conclusion** - pour terminer, enfin
* **several conclusions emerge from this study** - plusieurs enseignements se dégagent de cette étude
* **the conclusion can be drawn from... that...** - ... autorisent à conclure que ...
* **(to) draw any conclusions it thinks fit** - apprécier les conséquences

CONCLUSIVE - <u>Déterminant, décisif, probant, (qqfs) prometteur</u>
* **conclusive presumption of fault** - faute présumée de manière irréfragable
* **final and conclusive** - définitif et sans appel
* **this decision is conclusive for the parties** - cette décision s'impose aux parties
* **(to) be conclusive for** - être déterminant pour

CONCLUSIVENESS - Force probante

CONCUR (to) - <u>Donner son assentiment, s'associer à, être d'accord avec, souscrire à</u>
* **concurred in** - approuvé
* **(to) concur in a result** - concourir à un résultat
* **(to) concur to produce something** - contribuer à produire qqch

CONCURRENCE - 1. <u>Concours (de circonstances), co-opération (de personnes), simultanéité (d'événements)</u>
* **multiple concurrence** - concordances multiples
* **notional concurrence** - concours idéal

        - 2. <u>Accord, assentiment, consentement, appréhension</u>
* **it needs prior concurrence of the Committee** - il est nécessaire d'obtenir l'approbation préalable du Comité
* **(to) be in concurrence with** - être d'accord avec
* **(to) qualify one's concurrence** - approuver sous certaines réserves
* **with the concurrence of the Board** - sur avis conforme du Conseil

        - 3.
* **concurrence of rights** - conflit de droits, concurrence de droits

CONCURRENT - 1. <u>Concourant, simultané, parallèle</u>
* **concurrent application** - jeu cumulatif, cumuls
* **concurrent cause** - cause contribuante
* **concurrent effect** - jeu cumulatif, cumuls
* **two concurrent sentences** - confusion des deux peines

        - 2. <u>Unanime, concordant</u>
* **concurrent views** - opinions concordantes

        - 3. <u>Qui se heurtent, qui s'opposent</u>
* **concurrent rights** - droit qui s'opposent, droits "concurrents"

CONCUSSION - Commotion cérébrale

CONDEMNATION
* **condemnation proceedings** - procédure de confiscation, saisie

CONDITION - 1. <u>Condition; état; syndrome (méd.)</u>
* **condition of inalienability** - charge d'inaliénabilité
* **condition precedent** - condition suspensive
* **condition subsequent** - condition extinctive, condition résolutoire
* **conditions of payment** - modalités de paiement
* **contingent condition** - condition suspensive
* **essential condition** - condition de fond
* **express condition** - condition expresse
* **implied condition** - condition implicite
* **legacy subject to a condition** - legs avec charge
* **precedent condition** - condition suspensive
* **principal conditions of liability** - éléments constitutifs de la responsabilité
* **prior condition** - condition préalable

* **provisory condition** - promesse conditionnelle
* **qualifying condition** - assujettissement
* **residual condition** - état résiduel
* **standard terms and conditions** - conditions générales
* **subsequent condition** - condition extinctive, condition résolutoire (contrats)
* **when conditions are satisfied** - les conditions sont réunies

        - 2.
* **conditions** - situation, conjoncture, état, physionomie; conditions
* **clinical conditions** - affections cliniques
* **physical conditions** - caractéristiques physiques

CONDITIONAL
* **conditional discharge** - libération conditionnelle
* **conditional liberty** - liberté provisoire
* **conditional offer** - offre sans engagement
* **conditional release** - libération conditionnelle
* **conditional sentence** - condamnation avec sursis
* **(to) grant conditional release** - admettre au bénéfice de la libération conditionnelle

CONDITIONALLY
* **conditionally discharged** - libéré sous condition

CONDONATION - <u>Pardon, indulgence</u>
* **condonation accepted by the other party** - réconciliation des parties

CONDONE (to) - Trouver des excuses à, racheter (une défaillance), pardonner, tolérer (une situation); fermer les yeux, s'accommoder

CONDUCIVE
* **conducive to** - propre à assurer, favorable à, incitant à

CONDUCT (subst.) - 1. <u>Déroulement (des travaux, d'une procédure)</u>
* **conduct during the vote** - règles à observer pendant le vote
* **conduct of business** - conduite des débats
* **conduct of the Mandate** - administration du Mandat (ONU)
* **the actual conduct of the voting** - la manière dont s'effectue le scrutin
* **the proper conduct of the proceedings** - le déroulement normal de la procédure

- 2. <u>Conduite, comportement, agissements</u>
* **certificate of good conduct** - certificat de bonne vie et moeurs
* **code of conduct** - code de conduite (sociétés)
* **conduct of the applicant** - comportement du requérant
* **disorderly conduct** - délits contre l'ordre public
* **for the conduct of** - qui régit

CONDUCT (to) - <u>Mener, conduire, diriger, animer (une réunion)</u>
* **(to) conduct one's case in person** - plaider en personne

CONFER (to) - 1. <u>Attribuer (avantage), conférer (titre), décerner (récompense)</u>

- 2.
* **(to) confer with** - se concerter avec

CONFESSION - <u>Aveu, aveux</u>
* **forced confession** - aveux arrachés
* **full confession** - aveux complets
* **voluntary confession** - aveux spontanés

CONFIDENCE - <u>Confiance, conviction, assurance, optimisme</u>
* **confidence interval** - intervalle de confiance (stat.)
* **(to) have confidence in** - faire fond sur, ajouter foi à, faire confiance à

CONFIDENTIAL
* **confidential document** - document à ne pas divulguer, document à ne pas publier

CONFIDENTIALITY - Caractère confidentiel, confidentialité

CONFIDENTLY - 1. <u>Avec assurance</u>

- 2. <u>Avec confiance, en toute confiance</u>
* **self-confidently** - avec assurance, présomptueusement
* **(to) rely confidently on someone** - se reposer sur qqn

CONFINEMENT - 1. <u>Internement, réclusion, emprisonnement</u>
* **forcible confinement** - internement forcé (hôp. psych.)

- 2. <u>Isolement</u>
* **solitary confinement** - mise au secret, détention au secret, réclusion cellulaire, emprisonnement cellulaire, emprisonnement individuel, isolement cellulaire
* **solitary confinement block** - quartier d'isolement, quartier disciplinaire (dans la prison)
* **solitary confinement wing** - quartier d'isolement, quartier disciplinaire (dans la prison)
* **(to) place in solitary confinement** - mettre au secret

CONFIRM (to) - <u>Confirmer, affermir, consolider, homologuer, entériner</u>
* **decision confirming** - décision d'homologation
* **judgment confirming** - jugement d'homologation
* **(to) confirm somebody's hopes** - remplir les espérances de qqn, réaliser les espérances de qqn, répondre aux espérances de qqn
* **(to) confirm somebody in his opinion** - affermir qqn dans son opinion

CONFIRMATION - <u>Affermissement (de l'autorité), confirmation (d'un traité), corroboration (d'un témoignage)</u>
* **in confirmation of** - à l'appui de, pour confirmer
* **judicial confirmation** - homologation judiciaire, homologation de justice

CONFIRMATORY
* **confirmatory decision** - décision d'homologation, confirmation

CONFLICT - <u>Conflit, différend, discorde, mésintelligence, heurt, affrontement, discordance, dilemme, dissension, incompatibilité, antinomie (entre deux thèses), concurrence, point de friction</u>
* **conflict of designations** - conflit de qualifications
* **conflict of laws** - conflit de lois (droit international privé)
* **conflict of qualifications** - conflit de qualifications
* **conflict rules** - règles de conflit
* **fuelling the conflict** - alimenter le conflit
* **full-blown conflict** - conflit ouvert
* **(to) settle the conflict of jurisdiction** - poursuivre le règlement du conflit d'attribution, poursuivre le règlement du conflit de compétences

CONFLICTING
* **conflicting interests** - intérêts antagoniques
* **conflicting requests** - concours de requêtes
* **conflicting right** - droit contraire

CONFORMITY
* **conformity with the domestic law** - conformité au droit interne
* **in conformity with** - en conformité avec, conformément à
* **lack of conformity** - défaut de conformité
* **non conformity** - défaut de conformité
* **(to) act in conformity with orders** - agir en conformité des ordres reçus, agir en conformité avec les ordres reçus
* **(to) be in conformity with** - cadrer avec, s'accorder avec

CONFRONT (to) - 1. Etre en face, être en présence de; affronter, faire face à
* **society is confronted with many problems** - la société doit affronter bien des problèmes
* **(to) confront a threat** - faire face à la menace
* **(to) confront (them) with other arguments** - (leur) opposer d'autres arguments

- 2. Confronter, mettre en présence (des témoins); comparer (des documents)

CONFRONTATION - 1. Confrontation (de témoins)

- 2. Affrontement
* **bipolar ideological confrontation** - conflit idéologique bipolaire
* **confrontation session** - carrefour, réunion de confrontation, discussion d'intérêts opposés
* **policy of confrontation** - politique d'affrontement

CONFRONTED - Entraîné, précipité, jeté

CONFUSING - Déroutant, embarrassant, ambigu

CONGENIAL - 1. De même nature, de même espèce, en rapport avec, ayant des affinités avec, congénère (plantes, animaux)
* **congenial atmosphere** - atmosphère conviviale
* **congenial mate** - l'âme soeur
* **congenial spirit** - l'âme soeur
* **congenial working environment** - bien-être au travail
* **(to) have congenial tastes** - avoir des goûts qui s'accordent, avoir les mêmes goûts, avoir des goûts affinitaires

- 2. Sympathique
* **congenial employment** - travail agréable

- 3. Propre, qui convient à, au goût de

CONJUNCTION
* **in conjunction with** - en liaison avec, combiné avec, combiné à
* **read in conjunction with** - à rapprocher de, interprété compte tenu de, lu dans le contexte de
* **(to) draw a plan in conjunction with** - élaborer un plan en collaboration avec

CONNECT (to) - Relier, rattacher, mettre en rapport avec, mettre en communication avec, associer, lier
* **connecting factor** - point d'attache, élément de rattachement, critère de rattachement
* **factors connected with** - facteurs corrélés à
* **not connected to** - étranger à

CONNECTION - Rapport, liaison, connexité, connexion, corrélation
* **close connection** - connexité (de deux faits)
* **connection between different levels of education** - articulation de l'enseignement à différents niveaux
* **expenses incurred in connection with** - dépenses engagées à raison des produits
* **in connection with** - à l'occasion de; à ce propos, à cet égard, dans cet ordre d'idées
* **in this connection** - à cette occasion, à ce propos
* **(to) establish the clear connection** - établir la nette parenté

CONNIVE - Etre de connivence dans un délit, être complice
* **(to) connive at an abuse** - fermer les yeux sur un abus, tolérer un abus

CONNOTATIVE
* **connotative meaning** - signification associative

CONQUEST
* **total conquest** - debellatio

CONSANGUINITY - Consanguinité; parenté
* **consanguinity or relation by marriage** - parenté ou alliance

CONSCIENCE
* **conscience clause** - article sauvegardant la liberté de conscience
* **conscience money** - restitution (par remords de conscience) d'une somme due
* **in all conscience** - en toute sincérité; en vérité; Dieu sait si...
* **prisoner of conscience** - prisonnier d'opinion

CONSCIOUSNESS - Conscience
* **black consciousness** - conscience de la négritude
* **consciousness raising** - sensibilisation à
* **moral consciousness** - conscience morale
* **(to) act in full consciousness of the consequences** - agir en toute connaissance de cause

CONSECUTIVE - Consécutif, dans l'ordre séquentiel
* **on three consecutive days** - trois jours de suite, trois jours d'affilée

CONSENSUAL - Librement accepté

CONSENSUS - Consensus, entente, assentiment général, communauté de vues
* **consensus ad idem** - consentement mutuel (et total) (droit des obligations)
* **decision by consensus of opinion** - décision prise par assentiment général
* **on the basis of the consensus of opinion** - en se fondant sur l'accord général
* **the minimum popular consensus** - le minimum de soutien populaire
* **there should be consensus among us** - il faudrait que nous nous entendions (sur)

CONSENT - Consentement, accord, acceptation (de désistement d'instance), agrément, adhésion, approbation
* **by consent** - d'un commun accord
* **consent order** - jugment d'expédient, jugement convenu, jugement de donné acte

* **consent to be bound (by a treaty)** - convention à être lié (par un traité)
* **express consent** - accord exprès
* **general consent** - absence d'opposition, assentiment général
* **implied consent** - accord tacite
* **order by consent** - ordonnance rendue sur la base d'un accord
* **prior consent** - entente préalable
* **with the consent of** - avec l'agrément de, avec l'assentiment de

CONSEQUENCE - Conséquence, suite, effet
* **as a consequence of this** - de ce fait
* **detrimental consequences of** - les méfaits de

CONSEQUENTIAL - 1. Dû à, consécutif à
* **consequential amendment** - amendement dérivé (de)
* **consequential effects of an action** - répercussions d'une action

- 2. Accessoire, indirect
* **consequential damages** - dommages indirects

CONSERVATION - Conservation, protection, préservation, sauvegarde
* **conservation agreement** - clause de classement (monuments)
* **conservation area** - secteur à protéger, secteur à préserver
* **conservation farming** - agriculture douce, agriculture mésophile
* **conservation of cultural heritage** - préservation du patrimoine culturel
* **energy conservation** - économies d'énergie
* **soil conservation** - protection et défense des terres

CONSERVATIONISTS - Ecologistes, partisans de la protection de l'environnement

CONSERVATIVE - Réservé, prudent, modeste, modéré, étroit (point de vue)
* **conservative estimate** - estimation prudente, estimation en-deçà des probabilités; au bas mot,...

CONSIDER (to) - 1. Examiner, réfléchir (sur);
envisager, étudier (une possibilité)
* **considered opinion** - avis motivé, avis réfléchi, avis bien pesé
* **put forward for consider** - soumis à la réflexion (du lecteur)
* **this factor is to be considered a good indicator of** - il faut voir dans ce facteur un bon indicateur de
* **(to) consider a proposal** - étudier une question
* **(to) consider and advise on** - donner un avis motivé sur
* **(to) consider the facts** - interroger les faits
* **(to) consider whether** - vérifier si

- 2. Estimer
* **the Court considered therefore that** - la Cour estime dès lors
* **the Court will have to consider** - la Cour devra rechercher

CONSIDERABLE - Important, notable, net,
appréciable, sensible, prononcé
* **considerable differences** - différences marquées

CONSIDERATION - 1. Examen
* **consideration is also given to** - on se préoccupe également de
* **consideration of the merits** - examen au fond
* **essential consideration in the planning** - paramètre obligé de la planification
* **for consideration** - pour examen, pour étude
* **further consideration** - examen plus poussé, examen plus approfondi
* **(to) give adequate consideration** - examiner comme il se doit
* **(to) give favourable consideration to** - réserver un accueil favorable à

- 2. Exposé des motifs (dans un jugment), motivations
* **considerations set out in** - constatations rapportées dans
* **with the above considerations in mind** - ceci étant,...

- 3. Rémunération, compensation, contrepartie (dans un contrat), contre-prestation
* **agreed consideration** - prix convenu
* **contract involving consideration** - contrat à titre onéreux
* **contract without consideration** - contrat à titre gratuit
* **executed consideration** - prestation déjà fournie
* **executory consideration** - contrepartie dont l'exécution est promise
* **for consideration** - à titre onéreux
* **for good consideration** - à titre amical
* **for valuable consideration** - à titre onéreux
* **nominal consideration** - prestation symbolique

* **real consideration** - contrepartie in rem
* **rescision for inadequate consideration** - rescision pour lésion, rescision pour cause de lésion
* **(to) furnish a consideration** - s'exécuter, fournir une contrepartie
* **(to) provide consideration** - fournir une contrepartie
* **transaction without consideration** - libéralité
* **without consideration** - à titre gracieux, gratuitement
* **without further consideration** - de plano

CONSIGNEMENT - Expédition, envoi
* **consignement note** - lettre de voiture, avis d'expédition
* **consignement notice** - lettre de voiture, avis d'expédition
* **country of consignement** - pays de provenance; pays de destination

CONSISTENCY - Cohérence, compatibilité
* **accounting consistencies** - cohérence comptable
* **internal consistency checks** - recoupements internes, homogénéité intrinsèque, tests de cohérence
* **national consistency** - confiance nationale, assise nationale

CONSISTENT - Homogène, régulier, suivi,
systématique, persistant, persévérant,
logique, qui se tient (raisonnement),
constant, cohérent, (qqfs) uniforme
* **consistent with** - conforme à, compatible avec
* **this interpretation is consistent with** - cette interprétation se concilie avec
* **(to) be fully consistent with** - cadrer pleinement

CONSISTENTLY - Toujours; uniformément;
régulièrement
* **consistently established** - (règle) fermement établie
* **consistently with** - en conformité avec

CONSOLIDATE (to) - 1. Fondre, fusionner,
rassembler, unifier, colléger,
codifier, porter refonte et
unification, collationner,
condenser, regrouper
* **(to) consolidate the law** - refondre le droit

- 2. Joindre, unir, réunir
* **(to) consolidate a civil action** - joindre les instances

CONSOLIDATED - Récapitulatif, d'ensemble, de synthèse, synthétique (exposé), mieux coordonné
* **consolidated accounts** - comptes récapitulatifs, comptes centralisés
* **consolidated estimates of the costs** - prévisions des dépenses totales
* **consolidated instrument** - instrument portant refonte et unification de
* **consolidated report** - rapport d'ensemble, rapport de synthèse
* **consolidated statement** - état récapitulatif, récapitulation, synthèse
* **consolidated version of a document** - synthèse d'un document
* **consolidated version of an executive order** - texte mis à jour d'un décret

CONSOLIDATION - 1. Stabilisation
* **consolidation and containment policy** - politique de stabilisation et d'immobilisation budgétaire

- 2. Remembrement, regroupement
* **consolidation of shares** - regroupement d'actions
* **consolidation of small holdings** - remembrement agraire, remembrement parcellaire
* **land consolidation** - remembrement rural

- 3. Fusion, refonte, unification
* **consolidation Act** - loi de synthèse
* **consolidation of companies** - fusion de sociétés
* **consolidation of results** - synthèse des résultats
* **consolidation of several reports in a single volume** - présentation en un seul rapport de...
* **consolidation of tax conventions** - textes définitifs des conventions fiscales

- 4. Jonction (de plusieurs instances)

CONSOLS - Rente consolidée

CONSONANT - Qui cadre avec

CONSORT
* **unmarried consort** - concubin

CONSORTIUM - 1. Union conjugale
* **consortium and cohabitation** - communauté de vie
* **termination of consortium** - rupture de la vie commune

- 2. Consortium, groupement
* **consortium of sharing of interests** - communion d'existence, d'intérêts et de pensée
* **economic consortium** - groupement d'intérêt économique (G.I.E.)

CONSPECTUS - (rapport de) Synthèse

CONSPIRACY - Entente délictueuse, complicité, association de malfaiteurs, complot, conspiration
* **conspiracy and desertion** - désertion avec complot
* **criminal conspiracy** - association de malfaiteurs
* **criminal conspiracy to defraud** - entente frauduleuse
* **delictuous conspiracy** - entente délictueuse
* **treasonable conspiracy** - association subversive, complot contre la sûreté de l'Etat

CONSTABLE - Agent, agent de police, agent de la force publique
* **police constable** - gardien de la paix

CONSTABULARY
* **constabulary station** - commissariat de police

CONSTANT (adj.) - Constant, régulier, continu, stable, immuable, invariable
* **at constant price** - en prix constants
* **constant current** - courant continu
* **constant efforts** - efforts assidus
* **constant pressure** - pression invariable

CONSTANT (subst.) - Constante
* **gravitational constant** - constante de la gravitation

CONSTITUENCY - Circonscription électorale
* **division into constituencies** - sectionnement électoral, découpage électoral
* **fixing of constituency boundaries** - découpage des circonscriptions

CONSTITUENT (adj.)
* **constituent instrument** - instrument constitutif (d'une organisation internationale)

CONSTITUTIONAL - <u>Constitutionnel</u>
* **constitutional processes** - règles constitutionnelles
* **constitutional State** - l'Etat de droit
* **(quasi) constitutional** - (qqfs) organique

CONSTRAINT - <u>Contrainte, coercition</u>
* **(to) put somebody under constraint** - retenir qqn de force; interner (un aliéné)

CONSTRUCTION - 1. <u>Ouvrage, bâtiment et travaux publics (BTP), construction</u>
* **furniture construction** - fabrication de meubles

- 2. <u>Interprétation (d'une loi)</u>
* **a true construction of** - interprétation correcte de
* **agreed construction** - interprétation agréée, interprétation convenue
* **construction supported by the leading writers** - interprétation doctrinale

CONSTRUCTIVE
* **constructive dismissal** - licenciement implicite

CONSTRUE (to) - <u>Interpréter</u>
* **construed** - interprété
* **this Act shall be construed as one with the 1972 Acts** - cette loi sera interprétée comme faisant corps avec les lois de 1972

CONSULTANCY - <u>Conseils de gestion, activités consultatives</u>
* **consultancy firm** - cabinet d'experts-conseils
* **(to) be appointed to a consultancy** - être appelé en consultation, être désigné médecin-consultant

CONSULTATION - <u>Consultation avec, concertation</u>
* **after consultation with** - après avoir pris l'avis de, après échanges de vues avec, après entente avec
* **in close consultation** - en étroite liaison, après des échanges de vues fréquents
* **in consultation with** - en collaboration avec

CONSULTING
* **consulting actuary** - actuaire-conseil
* **consulting engineers firm** - bureau d'ingénieurs-conseils

CONSUMABLE
* **consumable articles** - biens consommables, biens de consommation
* **consumable goods** - biens consommables, biens de consommation

CONSUMER - <u>Consommateur</u>
* **consumer demand** - demande de consommation
* **consumer panel** - jury de consommateurs, panel de consommateurs
* **consumer price** - prix à la consommation
* **final consumer** - consommateur final

CONSUMERISM - "Consommatisme" (action de consommer; action des consommateurs pour se défendre); "consumérisme"(angl.)(protection des consommateurs par des associations)

CONSUMPTION - <u>Consommation</u>
* **consumption duty** - droit de consommation
* **home consumption** - autoconsommation
* **personal consumption** - consommation individuelle, consommation privée
* **private consumption** - consommation des particuliers
* **private consumption expenditure** - dépenses de consommation privée

CONTACT
* **contact man** - agent de liaison
* **contact visit** - visite en parloir libre (prisons)

CONTAIN (to) - Contenir, retenir, calmer, modérer, briser, maîtriser, tenir, endiguer

CONTAINMENT
* **containment policy** - politique d'endiguement, politique de retenue, politique de stabilisation

CONTEMPT - 1. <u>Outrage</u>
* **contempt of court** - outrage au tribunal, atteinte à l'autorité de la justice; outrage à magistrat; mépris de la Cour, "contempt of Court" (notion d'outrage à magistrat <u>plus</u> refus d'obéissance aux ordres d'un tribunal)
* **technical contempt** - quasi-contempt

./..

- 2. Entrave à la bonne marche de la justice
* **civil contempt** - refus de faire respecter la procédure judiciaire
* **contempt in the force of Court** - outrage à magistrat
* **contempt out of Court** - refus d'obéissance aux ordonnances d'un tribunal
* **criminal contempt** - refus d'obéissance aux ordonnances d'un tribunal
* **direct contempt of Court** - délit d'audience

CONTEMPTOR - Contempteur

CONTEND (to)
* **contending arguments** - thèses en présence
* **norm contended for** - norme invoquée, norme dont on soutient l'existence
* **(to) contend about something** - disputer qqch, discuter de qqch
* **(to) contend against** - combattre contre qqn, lutter (contre une difficulté)
* **(to) contend that** - prétendre que, soutenir que, affirmer que, maintenir que, considérer que, faire valoir que
* **(to) contend with** - combattre contre qqn, lutter (contre une difficulté)

CONTENT - Contenu, teneur, objet, (qqfs) titre (minéralogique)
* **content of imports in** - part des importations dans
* **content of job** - attributions
* **content of the proceedings** - déroulement de l'instance
* **contents of curriculum** - éléments du programme
* **essentiel content** - programme de base
* **more substantial content** - substance plus riche
* **nutrient content** - teneur en éléments nutritifs ou assimilables
* **of academic content** - de type classique
* **salt content** - salinité (des eaux)

CONTENTION - 1. Thèse, opinion, affirmation

- 2. Argument, assertion, argumentation, avis, moyen
* **my contention is that** - je maintiens que
* **substance of the contention** - bien-fondé du moyen
* **the applicant argues that his contention is corroborated by** - le requérant en veut pour preuve

CONTENTIOUS - Contradictoire, contentieux
* **contentious proceedings** - procédure contradictoire
* **non contentious procedure** - procédure gracieuse

CONTEST (to) - Contester, discuter
* **the point was not contested** - la question n'a pas prêté à controverse

CONTEXT - Contexte, espace
* **African context** - milieu africain, conditions particulières à l'Afrique
* **in that context** - dans ce contexte, dans ces circonstances, cela étant
* **in the present context** - en l'occurrence
* **in this context** - pour ce qui nous occupe ici
* **regional context** - espace régional
* **unless the context otherwise requires** - sauf incompatibilité avec le contexte

CONTINGENCY - Eventualité, cas
* **contingencies** - imprévus, faux-frais divers
* **contingencies allocation** - allocation pour imprévus
* **contingency authority** - pouvoirs discrétionnaires
* **contingency fee (USA)** - pacte de quota litis, pacte d'honoraires d'avocat
* **contingency fund** - réserve pour cas d'urgence, fonds pour cas d'urgence, fonds de prévoyance
* **contingency limit** - délai d'exigibilité
* **contingency plan** - disposition d'intervention
* **on a contingency basis** - provisoirement
* **provision for contingencies** - volant de sécurité

CONTINGENT - Eventuel, entaché d'incertitude, conditionnel
* **contingent commitment** - engagement conditionnel
* **contingent fees (USA)** - honoraires de l'avocat [proportionnel au montant des dommages obtenus pour son client (pratique interdite en France et au Royaume-Uni)]
* **contingent interest** - participation conditionnelle
* **contingent right** - droit éventuel

CONTINUANCE - 1. Prolongation, reconduction, maintien
* **continuance in force** - maintien en vigueur (d'une loi)
* **continuance of a contract** - reconduction d'un contrat
* **continuance of a dispute** - prolongation d'un différend

- 2. Ajournement (d'un procès)

CONTINUATION - Maintien, reconduction, prorogation, continuation

* **continuation of detention on remand** - maintien de la détention provisoire
* **continuation of the discussion** - suite de la discussion
* **continuation school** - école complémentaire
* **continuation stage** - stade de perfectionnement

CONTINUE (to) - Continuer, se poursuivre, (se) prolonger, persévérer (dans l'effort), maintenir, reconduire, soutenir (le rythme), s'installer, durer

* **the climb in production continued** - la production a poursuivi son essor
* **this trend is expected to continue for some time** - cette tendance durerait encore un certain temps

CONTINUED - Suivi, persistant, reconduit, soutenu, comme auparavant

* **continued failure of... to enforce sanctions** - persistance de... à ne pas appliquer les sanctions
* **continued importation of...** - poursuite des importations

CONTINUING - Continu, permanent, chronique, durable, prolongé, soutenu, de longue durée, de longue haleine

* **a continuing desequilibrium** - un déséquilibre installé
* **continuing appointment** - nomination de caractère continu
* **continuing contract** - contrat successif
* **continuing education** - éducation continue
* **continuing offence** - infraction continue, infraction successive
* **continuing post** - poste stable
* **continuing service** - service ininterrompu
* **continuing training** - formation suivie

CONTINUOUSLY - En permanence, en continu

CONTRACT (subst.) - 1. Contrat, obligation

* **action for avoidance of contract** - action en nullité du contrat
* **action for breach of contract** - action en résolution pour rupture de contrat, action en résolution pour défaut d'exécution de contrat
* **action for specific performance of contract** - action en exécution de contrat
* **action lies on the contract** - l'inexécution de l'obligation constitue matière à poursuites

* **agency contract** - contrat de mandat
* **arising out of a contract** - conventionnel
* **authenticated contract** - contrat solennel
* **based on a contract** - conventionnel
* **bilateral contract** - contrat synallagmatique
* **binding force of a contract** - contrat exécutoire
* **breach of contract** - rupture de contrat, violation de contrat
* **brokerage contract** - contrat de courtage
* **building contract** - contrat d'entreprise
* **business contract** - contrat d'entreprise
* **collateral contract** - contrat accessoire
* **commutative contract** - contrat commutatif
* **continuing contract** - contrat successif, contrat à exécution successive
* **contract and tort** - droit des obligations
* **contract created by novation** - contrat novatoire
* **contract for services** - contrat de louage d'ouvrage, contrat de services
* **contract imposed by law** - contrat imposé
* **contract involving consideration** - contrat à titre onéreux
* **contract note** - contrat de titres
* **contract of service** - contrat de travail
* **contract without consideration** - contrat à titre gratuit
* **controlled contract** - contrat dirigé
* **defeasance clause of a contract** - clause résolutoire d'un contrat
* **employment contract** - contrat de travail, contrat de louage de services, contrat de services
* **enforceable contract** - contrat exécutoire
* **executory contract** - contrat certain
* **express contract** - contrat en bonne et due forme
* **formal contract** - contrat en bonne et due forme
* **gaming contract** - contrat de jeu
* **hire-purchase contract** - contrat de location-vente, crédit-bail
* **hiring contract** - prêt à usage
* **immoral contract** - contrat contraire aux bonnes moeurs
* **implied contract** - contrat tacite, quasi-contrat
* **in contract** - suivant le droit des contrats, en matière contractuelle
* **inferred contract** - contrat tacite, quasi-contrat
* **informal contract** - contrat de gré à gré
* **innominate contract** - contrat innommé
* **labour contract** - convention collective
* **law of contracts** - droit des obligations
* **model contract** - contrat d'adhésion, contrat-type
* **nominate contract** - contrat nommé
* **non-performance of a contract** - inexécution d'une obligation
* **notarial contract** - contrat par devant notaire
* **oral contract** - contrat verbal
* **original contract** - contrat primitif
* **penalty for non-fulfilment of a contract** - clause pénale
* **period preceding contract** - période pré-contractuelle
* **pre-contract** - promesse de contrat, promesse de contracter
* **preliminary contract** - promesse de contrat, promesse de contracter

./..

* **private contract** - contrat sous seing privé
* **provisions of a contract** - stipulations contractuelles
* **purchasing and contract** - achats et marchés
* **reciprocal contract** - contrat synallagmatique
* **rescision of a contract** - annulation d'un contrat; résolution d'un contrat
* **self-induced frustration of a contract** - rendre volontairement impossible l'exécution d'une obligation en profitant d'un cas de force majeure
* **service contract** - contrat de louage de services, contrat de services
* **services contract** - contrat d'entreprise
* **severable contract** - contrat dont les conditions peuvent être modifiées selon les prestations variables des parties
* **simple contract** - contrat de fait, convention verbale
* **solemn form contract** - contrat solennel
* **specialty contract** - contrat sous seing privé
* **standard service contract** - contrat-type de travail
* **standard form of contract** - contrat d'adhésion, contrat-type
* **substantial performance of a contract** - exécution partielle d'une obligation
* **sufficient certainty of terms of contract** - précision suffisante du libellé du contrat
* **supplementary contract** - contrat additionnel
* **(to) affirm a contract** - confirmer un contrat malgré la défaillance de l'autre partie
* **(to) avoid a contract** - annuler un contrat pour motif de nullité
* **(to) conclude a contract** - signer un contrat
* **(to) defeat a contract** - annuler un contrat en raison de l'accomplissement de la clause résolutoire
* **(to) discharge a contract** - éteindre une obligation
* **(to) enforce a contract** - faire exécuter un contrat
* **(to) enter into a contract** - passer un contrat
* **(to) frustrate a contact** - rendre impossible l'exécution d'un contrat (cas de force majeure, fait du prince)
* **(to) incorporate a representation into a contract** - rendre exécutoire un engagement
* **(to) rescind a contract** - annuler un contrat par décision de justice
* **(to) support a contract** - donner sa validité à un contrat
* **(to) terminate a contract** - résilier un contrat
* **(to) uphold a contract** - confirmer un contrat par décision de justice
* **uberrimae fidei contract** - contrat qui impose la plus entière bonne foi aux parties sous peine de nullité
* **unilateral contract** - contrat unilatéral
* **unnamed contract** - contrat innommé
* **void contract** - contrat entaché de nullité, contrat nul et non avenu
* **wagering contract** - contrat de jeu

- 2. Marché, louage, obligation
* **contract by advertisement for tenders** - marché par appel d'offres
* **contract for services** - louage d'ouvrage
* **contract for the supply of goods** - marché de fournitures
* **contract for work and material** - louage d'ouvrage

* **contract law** - droit des obligations, code des obligations
* **labour contracts** - conventions collectives
* **law of contract** - droit des obligations, code des obligations
* **public works contracts** - marchés publics
* **purchasing and contracts** - achats et marchés

CONTRACT (to) - 1. Contracter une obligation
* **(to) contract in** - s'engager par contrat (à)
* **(to) contract out** - se libérer de l'obligation de
* **(to) contract with an agent** - se porter contrepartie
* **(to) contract with somebody for something** - passer un marché avec qqn pour (faire) qqch

- 2. Resserrer, rétrécir, comprimer, refouler
* **(to) contract home demand** - comprimer la demande intérieure
* **(to) contract profit margin** - rétrécir les marges bénéficiaires

CONTRACTING - 1. Contractant
* **"contracting-in" of continuity** - engagement à assurer la continuité
* **"contracting-out" of continuity** - renonciation à la continuité
* **contracting parties** - parties contractantes; les contractants
* **contracting party** - le contractant
* **the other contracting party** - le cocontractant

- 2. En diminution, en recul, en repli, en déclin, périclitant
* **contracting industries** - branches d'activités en perte de vitesse

- 3.
* **contracting out** - décrochage (radio)

CONTRACTIONARY - Restrictif
* **contractionary monetary policies** - politique restrictive en matière monétaire
* **contractionary policies** - politique restrictive, politique de restriction

CONTRACTOR - Entrepreneur
* **forestry contractor** - exploitant forestier
* **independent contractor** - entrepreneur individuel, entrepreneur autonome
* **prime contractor** - titulaire du contrat; entrepreneur principal
* **private contractor** - entrepreneur privé
* **programme contractors** - sociétés (concessionnaires)
* **sub-contractor** - sous-traitant

CONTRACTUAL - <u>Contractuel</u>
* **contractual liability** - responsabilité contractuelle
* **contractual right** - créance conventionnelle, droit conventionnel
* **contractual treaty** - traité-contrat
* **non contractual liability** - responsabilité aquilienne

CONTRADICTORY - <u>Contradictoire</u>
* **contradictory proposals** - propositions qui s'excluent mutuellement

CONTRARY - <u>Contraire, opposé à, à contre-sens, en opposition avec, incompatible avec</u>
* **contrary to Article 7** - interdit par l'article 7
* **it is not contrary to the Convention if...** - il n'y a pas méconnaissance de la Convention si..., il n'y a pas violation de la Convention si...
* **(to) be contrary to the Convention** - méconnaître la Convention

CONTRAST (subst.)
* **in contrast to** - contrairement à, (s'oppose à), en opposition avec

CONTRAST (to) - <u>Mettre en contraste, opposer</u>
* **contrasting example** - exemple a contrario

CONTRAVENE (to) - <u>Transgresser, enfreindre, aller à l'encontre de</u>
* **(to) contravene the Convention** - enfreindre la Convention

CONTRIBUTE (to) - <u>Contribuer à; cotiser à; apporter une contribution à; verser une contribution à</u>
* **another factor contributing to the lack of programmes** - l'absence de programmes tient aussi au fait que
* **contributing country** - pays donateur, pays contributaire
* **(to) contribute to a project** - concourir à (la réalisation d') un projet

CONTRIBUTION - 1. <u>Apport, contribution, cotisation</u>
* **back contributions** - rappel de contributions
* **capital contribution** - mise de fonds, cotisation
* **contribution in kind** - mise de fonds en nature
* **contribution in service** - prestation de services
* **contribution of a Member State** - contribution d'un Etat membre, quote-part d'un Etat membre
* **employee's contribution** - part ouvrière
* **employer's contribution** - part patronale
* **pledged contributions** - cotisations annoncées
* **(to) pay contributions** - cotiser

- 2. <u>Part prise, rôle joué, communication</u>
* **contributions** - communications (à une conférence)
* **performer's contribution** - prestation d'un artiste interprète ou exécutant
* **Secretariat's contribution to the Conference** - document préparé par le Secrétariat à titre de contribution à la Conférence

CONTRIBUTOR - 1. <u>Contribuant, contributaire (pays)</u>

- 2. <u>Auteur de communications (à une conférence)</u>

CONTRIBUTORY - <u>Contribuant, contributif</u>
* **contributory components** - éléments nécessaires
* **contributory negligence** - faute de la victime; imprudence concurrente, négligence concurrente
* **contributory pension** - pension constituée par cotisations
* **contributory period** - période d'affiliation (ass.)

CONTROL (subst.) - <u>Régulation, réglementation, stabilisation, lutte contre, maîtrise de, (qqfs)prévention, prophylaxie-action, autorité, puissance, droit de regard, emprise</u>
* **control group** - groupe témoin (chimie)
* **control measure** - mesure de police
* **control of law** - défense de l'ordre
* **control test** - test à blanc
* **credit control** - encadrement du crédit
* **crime control** - répression de la délinquance
* **disciplinary control** - pouvoir hiérarchique
* **money control** - encadrement du crédit
* **special control unit** - quartier de sécurité renforcée (prison)
* **(to bring something under control of the Courts** - judiciarisation de qqch
* **(to) retain control over** - conserver un droit de regard sur
* **working under close control** - travaillant en sous-ordre

CONTROL (to) - 1. Discipliner, endiguer, contenir, régulariser, maîtriser, lutter contre; gérer, régir, prendre en mains, commander, présider à, encadrer, juguler, enrayer, freiner
* **controlled contract** - contrat dirigé
* **controlled economy** - économie dirigée
* **controlled studies** - études dont les résultats sont contrôlés
* **controlling factor** - facteur déterminant

- 2. Coiffer, diriger, détenir le pouvoir, se rendre maître de
* **communist controlled group** - groupe d'obédience communiste
* **controlled driver** - conducteur maître de ses réflexes

CONTROVERSIAL - Controversé, litigieux, discuté, sujet à polémique; (esprit) enclin à la controverse

CONTROVERT (to) - Mettre en doute (la vérité de), discuter (un droit)
* **(to) controvert a conclusive presumption** - renverser une proposition irréfragrable

CONVENIENCE - Commodité
* **at your convenience** - dès que vous le pourrez
* **flag of convenience** - pavillon de complaisance
* **for convenience sake** - pour la commodité (de l'exposé)
* **for your convenience** - à toutes fins utiles

CONVENIENT - Commode, pratique, propice

CONVENTION - 1. Convention, accord, contrat
* **Convention of the Constitution** - usage constitutionnel
* **leonine convention** - contrat léonin
* **the scheme of the Convention** - l'économie de la Convention (DH)

- 2. Congrès, assemblée, convention (parti politique)
* **convention delegate** - congressiste

CONVENTIONAL - De convenance; de type classique, traditionnel, usuel, courant, ordinaire
* **conventional material** - matériel traditionnel
* **conventional wisdom** - sagesse populaire, sagesse des nations, idées reçues

CONVERSE - Contraire
* **converse reasoning** - raisonnement a contrario

CONVERSELY - Inversement, réciproquement, vice-versa

CONVERSION - 1. Transformation, transposition, conversion, mise en ...
* **conversion course** - cours de recyclage
* **conversion into a state-run service** - mise en régie
* **conversion into registered shares** - mise au nominatif (actions)
* **conversion to peaceful aims of resources** - affectation des ressources à des fins pacifiques
* **doctrine of conversion** - ameublissement (de biens immeubles) (dans un contrat de mariage)

- 2. Détournement (de fonds)
* **criminal conversion ("crim-con") (fam.)** - adultère (fam.)
* **fraudulent conversion (of funds)** - abus de confiance, malversation, soustraction frauduleuse

CONVERT (to) - Convertir; transposer
* **converted at par** - évalué à parité
* **converted to an annual basis** - ramené à l'année de base

CONVEY (to) - Diffuser (des informations)
* **it is conveying a false impression to say that** - on donne une fausse idée des choses en affirmant que

CONVEYANCE - Acte d'acquisition, disposition (de biens), transfert de propriété, mutation, translation, cession, dessaisine-saisine
* **conveyance duty** - droit de mutation
* **conveyance inter vivos** - disposition entre vifs
* **conveyance tax** - impôt sur les transmissions à titre onéreux
* **deed of conveyance** - acte translatif (d'un immeuble)
* **fraudulent conveyance** - transfert frauduleux

CONVEYANCING - 1. Rédaction des actes de cession de propriété

- 2. Transfert de propriété immobilière, procédure translative de propriété

CONVEYING
* conveying ownership - translatif de propriété

CONVICT - Forçat, repris de justice

CONVICTED - Reconnu coupable, déclaré coupable; convaincu de; condamné
* convicted for an offence - reconnu coupable d'une infraction
* convicted of theft - condamné pour vol
* convicted person - condamné
* (to) be criminally convicted - être condamné au pénal
* unconvicted - non reconnu coupable

CONVICTION - Condamnation, déclaration de culpabilité (verdict), établissement de culpabilité, jugement d'imputabilité, reconnaissance de culpabilité
* convention and sentence for an offence under the Act - condamnation pour infraction à la loi de
* conviction by a court of summary jurisdiction - condamnation correctionnelle
* conviction by a police court - condamnation de simple police
* personal conviction - en son for intérieur, intime conviction
* previous conviction - condamnation antérieure
* (to) support a conviction - étayer une condamnation

CO-OBLIGOR - Co-obligé

COOLING-OFF
* cooling-off period - période de réflexion (dans les ventes à domicile)

CO-OPERATION - Coopération, (qqfs) concertation
* co-operation assistant - coopérant

CO-OPERATIVE - Coopératif
* co-operative arrangement - accord de coopération
* co-operative movement - coopératisme
* co-operative project - entreprise collective
* co-operative society - coopérative
* marketing co-operative - coopérative de vente
* purchasing co-operative - coopérative d'achat

COORDINATE (adj.) - Coordonné, égal, de même rang, de même valeur

COORDINATE (to) - Coordonner, harmoniser, homogénéiser, normaliser, uniformiser
* coordinated movements - mouvements conjugués

CO-OWNER - Copropriétaire

CO-OWNERSHIP - Copropriété

COPY - 1. Copie
* authenticated copy - ampliation, copie authentique
* certified copy - ampliation, expédition authentique
* office copy - ampliation, copie authentique
* official copy - acte
* record copy - copie authentique
* second copy - duplicata

- 2. Expédition, extrait
* copy of a person's police record - extrait du casier judiciaire
* copy of a person's prison record - extrait matriculaire
* execution copy of a judgment - grosse (d'un jugement)
* plain copy - simple expédition
* second copy - deuxième expédition, duplicata
* top copy - première expédition

- 3. Exemplaire, texte
* a copy of the Resolution appears ... - le texte de la Résolution figure à...
* hard-copy - copie papier
* sales copies - exemplaires destinés à la vente

COPYHOLD - Tenure censitaire (agr.)
* copyhold tenure - tenure censuelle

COPYHOLDER - Censitaire

COPYING
* **copying fees** - frais d'écritures

COPYRIGHT - Droit d'auteur, dépôt légal, copyright
* **copyright action** - action en contrefaçon
* **copyright and neighbouring rights** - droit d'auteur et droits voisins
* **copyright in artistic works** - droit d'auteur sur des oeuvres artistiques
* **copyright library** - bibliothèque dépositaire, bibliothèque de copyright
* **copyright protection of literary works** - protection, par le droit d'auteur, des oeuvres littéraires
* **infringement of copyright** - atteinte au droit d'auteur, contrefaçon
* **literary and artistic copyright** - propriété littéraire et artistique

CORE - Noyau, élément essentiel, élément moteur, élément central
* **core curriculum** - tronc commun (éduc.)
* **core industries** - industries motrices
* **core subject** - matière essentielle et obligatoire (éduc.)
* **core time** - plage fixe (dans un horaire mobile)
* **hard core criminal** - délinquant irréductible
* **hard core of cases** - noyau résiduel (cas particulièrement difficiles)
* **the core of the study** - l'essentiel de l'étude

CO-RESPONDENT - Complice de la femme adultère (divorce), codéfendeur (adultère)

CORNER (to) - Procédé d'accaparement, trust d'accapareurs (bourse des valeurs ou de marchandises)
* **cornering on future markets** - tentative d'accaparement sur les marchés à terme

CORPORAL - Corporel
* **corporal defect** - défaut physique
* **right to inflict corporal punishment** - droit de correction, droit de punition corporelle

CORPORATE (adj.) - 1. Constitué en corps
* **corporate body** - personne morale
* **corporate entreprise** - entreprise constituée en société
* **corporate loyalty** - solidarité
* **corporate management** - gestion concertée
* **corporate tax** - impôt sur les sociétés

- 2. Général, applicable à tous

CORPORATION - 1. Société (anonyme, par actions), entreprise; chambre des métiers
* **development finance corporation** - société financière de développement
* **holding corporation** - société mère
* **international finance corporation** - société financière internationale
* **partly state-owned corporation** - société d'économie mixte
* **private corporation** - société à responsabilité limitée
* **public corporation** - collectivité publique, entreprise publique, société d'Etat
* **quasi-public corporation** - société d'économie mixte
* **tax corporation** - impôt sur les sociétés

- 2. Entité juridique; personne morale; établissement
* **independent corporation** - personne morale autonome
* **private law corporation** - personne morale de droit privé
* **public law corporation** - personne morale de droit public
* **public service corporation** - établissement d'intérêt public
* **self-governing corporation** - personne morale autonome
* **winding up of corporation** - liquidation des personnes morales (faillites)

CORPS
* **civil service corps** - la fonction publique

CORPUS - Recueil, corpus (de textes, de documents, d'inscriptions)

- 2.
* **corpus delicti** - corps de l'infraction, corps du délit, "corpus delicti"

CORRECT (adj.) - 1. Valable, indiqué, correct, exact conforme à la vérité

- 2. Bienséant, conforme à l'usage

CORRECT (to) - Corriger, rectifier, amender, redresser, rétablir, rajuster, neutraliser, compenser

CORRECTION - (souvent) Rectification (d'un texte)

CORRECTIONAL
* **correctional education** - éducation surveillée
* **correctional punishment** - mesure pénale
* **correctional sector** - secteur de l'exécution des peines
* **correctional services** - services d'exécution des mesures pénales
* **correctional treatment** - traitement des déliquants

CORRECTIVE
* **corrective institution** - établissement de rééducation, établissement correctionnel, établissement de redressement
* **corrective labour colony** - colonie de rééducation par le travail, colonie de redressement par le travail (URSS)

CORRELATED - Qui correspond à, en corrélation avec, corrélé, (qqfs) coordonné
* **factors loosely correlated** - facteurs faiblement corrélés

CORRELATION - Corrélation, correspondance, interdépendance, réciprocité
* **degree of correlation** - intensité de la corrélation

CORRESPOND (to) - Correspondre
* **(to) correspond exactly to** - coïncider avec

CORROBORATE (to) - Confirmer, corroborer
* **the applicant argues that his contention is corroborated** - le requérant en veut pour preuve
* **the facts corroborate his statement** - les faits viennent à l'appui de ses dires

COST (subst.) - 1. Coût, dépenses, frais, prix de revient
* **accommodation costs** - frais d'exploitation des locaux
* **all costs** - ensemble des dépenses
* **contingency costs** - dépenses imprévues
* **cost benefit analysis** - analyse des coûts et des rendements, analyse des coûts et des avantages (social), analyse de rentabilité
* **cost effective** - rentable
* **cost of living adjustment** - indemnité de cherté de vie
* **cost sharing** - participation aux frais
* **costs and prices** - prix de revient et de vente
* **costs estimates** - prévision de dépenses
* **costs incident to** - frais afférents à
* **factor cost** - coût des facteurs
* **high cost area** - région où le coût de la vie est élevé
* **higher costs** - enchérissement des coûts
* **shadow costs** - coûts occultes
* **social costs** - charges collectives

- 2. Frais, frais et dépens (justice)
* **arbitrary and unnecessary costs** - frais frustratoires
* **ascertained costs** - frais liquides
* **assessment of cost** - vérification des dépens, évaluation des dépens, calcul des dépens
* **award of cost** - jugement d'attribution des dépens
* **bill of costs** - état des dépens, état des frais, mémoire de frais
* **burden of costs** - charge pour frais
* **claim for costs** - créance pour frais
* **cost of assessing damage** - frais de règlement
* **cost of maintenance** - frais d'entretien
* **cost of obtaining a representative** - frais de représentation
* **cost of obtaining a substitute** - frais de remplacement
* **cost of preservation** - frais de conservation
* **costs and charges** - frais et dépens
* **costs and expenses** - frais et dépens
* **costs of attachment** - frais de saisie
* **costs of proceedings** - frais de l'instance
* **costs of the hearing** - frais de l'instance
* **costs should follow the event** - les frais suivent le principal
* **court costs** - frais de justice
* **disallowance of costs** - annulation des frais
* **execution costs** - frais de saisie
* **law costs** - frais de procédure
* **legal costs** - frais de justice, frais de procédure
* **legal costs insurance** - assurance défense et recours, assurance protection juridique
* **less costs** - frais en moins
* **order for costs** - condamnation aux dépens; allocation des dépens
* **order that each party shall bear its own costs** - compensation des dépens
* **order to pay cost** - exécutoire aux dépens
* **plus costs** - frais en plus
* **recoverable costs** - frais récupérables
* **scale of cost** - échelle des frais
* **solicitor's profit cost** - émoluments de l'avoué
* **taxation of costs** - liquidation des dépens

./..

* taxed costs - frais liquides
* (to) allow costs - accorder les dépens, adjuger les dépens
* (to) ask for costs - demander la condamnation de son adversaire aux dépens
* (to) award costs - accorder les dépens, adjuger les dépens
* (to) be awarded one's costs - rentrer dans ses débours
* (to) be dismissed with cost - être débouté et condamné aux "frais et dépens"
* (to) be ordered to pay cost - être condamné aux dépens
* (to) carry cost - condamner la partie perdante aux dépens
* (to) fix the costs - liquider les dépens
* (to) grant costs - accorder les dépens, adjuger les dépens
* (to) incur cost - entraîner les dépens
* (to) order each party to bear its own costs - compenser les dépens
* (to) order the costs to be paid - condamner aux dépens
* (to) pay cost incurred - acquitter les frais exposés
* (to) recover cost - recouvrer les dépens

COSTING
* analytic costing grid - grille analytique financière
* life-cycle costing (LCC) - coût de cycle de vie, coût global

COULD - (penser à) Loisible

COUNCIL - Conseil
* borough council - conseil municipal
* district council - corps municipal
* works council - comité d'entreprise

COUNCILLOR - Conseiller (municipal)
* county councillor - conseiller général
* elected local councillors - les élus locaux

COUNSEL - 1. Conseil, avocat, défenseur, conseil (en droit international)
* agents, counsels and advocates - agents, conseils et avocats
* counsel's fee - droit de représentation (audience)
* counsel's pleading - plaidoirie
* counsel's speech - plaidoirie
* defence counsel - avocat (du requérant)
* defending counsel - avocat de la défense
* junior counsel - avocat en second
* leading counsel - avocat principal, conseil principal

* legal counsel - avocat
* official counsel - défenseur d'office, avocat commis d'office
* officially appointed counsel - défenseur d'office, avocat commis d'office
* prosecuting counsel - avocat général

- 2.
* counsels - (souvent) opinions

COUNSELLING - 1. Orientation
* group counselling - orientation de groupes
* job counselling - orientation professionnelle

- 2. Consultation, conseils
* counselling service - permanence d'entraide sociale
* family counselling - (services de) conseils familiaux, consultations familiales
* genetic counselling - consultations de génétique
* marriage counselling - consultations matrimoniales
* telephone counselling - téléaccueil

COUNSELLOR - 1. Conseiller
* legal counsellor - jurisconsulte

- 2. Orienteur (psychologue)

COUNT (subst.) - Chef d'inculpation, chef d'accusation (in an indictment), branche (d'un moyen)
* count in an indictment - motif d'accusation, chef d'accusation
* the plea has not been substantiated on any of the three counts - le moyen n'est fondé dans aucune de ses trois branches

COUNT (to) - Compter, dénombrer
* complete counting - dénombrement exhaustif
* counting - dénombrement, dépouillement (voix)
* (to) count against - défalquer, déduire, porter au débit de
* (to) count votes - faire le recensement des voix, compter les voix, dépouiller les résultats du scrutin

COUNTER (to) - Déjouer, faire échouer, repousser, (qqfs) répliquer
* (to) counter the pleadings - riposter aux réquisitions

COUNTERACT (to) - Contrarier, contrecarrer, conjurer, neutraliser, compenser, réfréner, atténuer, lutter contre, combattre

COUNTERBALANCE (to) - Contrebalancer, compenser, équilibrer, rééquilibrer, faire contrepoids à, égaler (avantages-inconvénients), donner une contrepartie

COUNTERCLAIM (subst.) - Action reconventionnelle, demande reconventionnelle, reconvention, contre-demande

COUNTER-EVIDENCE - Preuve contraire

COUNTERFEIT (to)
* **counterfeiting coinage** - falsification de monnaie
* **(to) counterfait coinage** - (faux monnayage), fabriquer de la fausse monnaie

COUNTERFEITER - Faussaire

COUNTER-INSURGENCY (adj.) - Contre-révolutionnaire

COUNTERPART - 1. Réplique, contrepartie, contrevaleur, équivalent, analogue

- 2.
* **counterpart staff** - homologues

- 3. Double, duplicata (document)
* **talley counterpart** - souche d'un reçu

COUNTER-PRODUCTIVE - Qui va à l'encontre du but recherché, qui a des effets contraires (à ceux recherchés)
* **counter-productive action** - action dommageable, mesure dommageable
* **counter-productive measures** - mesures plus nuisibles qu'utiles

COUNTER-PURCHASE
* **counterpurchase agreement** - accord de commandes compensées

COUNTERSIGNATURE - Contreseing

COUNTER-SUBVERSION - Lutte contre la subversion, lutte anti-subversive

COUNTER-TRADE - Echanges compensés

COUNTERVAILING - Compensateur
* **countervailing duty** - droit compensateur

COUNTRY - 1. Pays
* **applicant country** - pays requérant
* **country receiving the application** - pays requis
* **country review papers** - rapports nationaux
* **host country** - pays d'accueil
* **requesting country** - pays requérant

- 2. Campagne
* **country markets** - marchés de campagne
* **in the country-side** - en dehors de la ville

COURRIER - Courrier, messager, accompagnateur (d'oeuvres d'art prêtes pour des expositions)
* **courrier work** - activité de messagerie

COURSE - 1. <u>Déroulement, direction, circuit, marche à suivre, ligne d'action, formule, ligne de conduite, politique, itinéraire, trajet, parcours</u>
* **course of action** - la conduite à tenir
* **course of action intended by** - initiative envisagée par
* **due course of justice** - la bonne marche de la justice
* **the best course** - le bon choix, le parti le plus sûr
* **(to) embark on a course** - s'engager dans une politique
* **(to) take a course of action** - prendre un parti
* **(to) take a drastic course** - employer les grands moyens
* **(to) take a middle course** - prendre un moyen terme

- 2. <u>Stage, cours, programme, cycle de formation, cursus</u>
* **ab initio course** - stage d'initiation
* **block course** - cours accélérés
* **end-on course** - cours de perfectionnement
* **induction course** - stage d'initiation
* **orientation course** - stage d'initiation
* **remedial course** - cours de rattrapage
* **sandwich course** - enseignement alterné, cours alternés

- 3.
* **as a matter of course** - d'office, automatiquement
* **by course of law** - d'après la loi

COURT - 1. <u>Tribunal, Cour</u>
* **admiralty court** - tribunal maritime
* **circuit courts** - tribunaux itinérants, audiences foraines
* **commercial court** - tribunal de commerce
* **contempt of court** - outrage au tribunal, outrage à la Cour
* **district court** - tribunal de police, tribunal de simple police, tribunal d'arrondissement
* **field court martial** - tribunal militaire, tribunal aux armées
* **field martial appeals court** - tribunal militaire de cassation
* **industrial court** - conseil de prudhommes
* **juvenile court** - tribunal pour enfants, tribunal pour mineurs
* **labour court of appeal** - Cour d'appel du travail
* **labour courts** - tribunaux du travail, les prud'hommes
* **law courts** - Cours et tribunaux de l'ordre judiciaire
* **magistrates court** - tribunal de première instance
* **ordinary court** - tribunal de droit commun
* **regional court** - tribunal de grande instance, tribunal d'instance
* **regional criminal court** - tribunal de police correctionnelle
* **retrial court** - tribunal de révision
* **small claims court** - tribunal d'arbitrage des petits procès
* **special court** - tribunal d'exception, tribunal extraordinaire
* **specialised court** - tribunal d'exception

* **Supreme Court of Judicature** - Cour suprême
* **(to) be read out in court** - être lu à l'audience
* **(to) go into court** - plaider devant un tribunal
* **(to) have a full right of access to every court** - jouir sans restriction du droit d'accès à tout tribunal, pouvoir comparaître devant tout tribunal
* **(to) refer to the court** - saisir le tribunal, déférer l'affaire au tribunal
* **trial court** - tribunal du fond; tribunal de première instance

- 2. <u>Juge</u>
* **commercial court** - juge de commerce, juge commercial
* **court appealed against** - juge a quo
* **court appointed for a specific case** - juge ad hoc
* **court below** - juge a quo
* **court of summary jurisdiction** - juge de simple police
* **criminal court** - juge pénal, juge répressif, juge correctionnel
* **district court (district judge)** - juge de paix, juge d'instance
* **ordinary court** - juge de droit commun
* **urgent applications court** - juge des référés

- 3. <u>Chambre (de justice), conseil</u>
* **arrangements for treating out of court** - déjudiciarisation
* **as a full court** - toutes chambres réunies
* **court delay** - retard de procédure
* **court fee** - droit de procédure
* **field court martial** - conseil de guerre en campagne
* **full court** - chambres réunies
* **prize court** - conseil des prises
* **(to) act as a court** - dire le droit
* **vacation court** - chambre de vacations

- 4. <u>Instance</u>
* **appeal court** - instance d'appel
* **appellate court** - instance d'appel
* **court of enquiry** - commission d'enquête
* **court room** - (qqfs) prétoire
* **criminal court** - instance pénale
* **higher court** - instance supérieure
* **highest court** - instance suprême
* **intermediate court** - instance intermédiaire

- 5. <u>Juridiction</u>
* **administrative court** - juridiction administrative, justice administrative
* **admiralty court** - juridiction maritime
* **appeal court** - juridiction d'appel
* **civil court** - juridiction civile
* **class of court** - ordre de juridiction (civil, pénal)
* **competent court** - juridiction compétente
* **consular court** - juridiction consulaire
* **court dealing with a case** - juridiction saisie
* **court lacking jurisdiction** - juridiction incompétente
* **court martial** - juridiction militaire, cour martiale
* **court of judicature** - juridictions de l'ordre judiciaire
* **court to which a case is referred** - juridiction de renvoi

./..

* **court without jurisdiction** - juridiction incompétente
* **criminal court** - juridiction correctionnelle, juridiction répressive, juridiction criminelle, juridiction pénale
* **disciplinary court** - juridiction disciplinaire, juridiction d'honneur
* **foreign court** - juridiction étrangère
* **incompetent court** - juridiction incompétente
* **inferior courts** - juridictions inférieures
* **international court** - juridiction internationale
* **labour court** - juridiction prud'homale, les prud'hommes, juridiction du travail
* **lower courts** - juridictions inférieures
* **martial court** - conseil de guerre
* **ordinary courts** - juridictions de droit commun; (qqfs) le pouvoir judiciaire; les Cours et tribunaux
* **relating to courts** - juridictionnel
* **special court** - juridiction d'exception, juridiction spéciale
* **state court** - juridiction étatique
* **superior courts** - juridictions supérieures
* **system of the civil courts** - ordre des juridictions civiles
* **the courts** - pouvoir de juridiction, pouvoir judiciaire
* **the lowest court** - le degré de juridiction le plus bas
* **(to) bring to court** - poursuivre, traduire en justice
* **trial court** - juridiction de jugement
* **type of court** - ordre de juridiction (civil, pénal)

- 6. Judiciaire, juge
* **bankruptcy court** - juge de la faillite
* **bringing a matter within the jurisdiction of the courts** - judiciarisation
* **civil court** - juge civil
* **commercial court** - juge commercial
* **court deciding on the facts** - juge du fait
* **court gazette** - feuille d'avis judiciaires
* **court process** - acte judiciaire
* **expert appointed by the court** - expert judiciaire
* **if the courts...** - si les autorités judiciaires...
* **juvenile court** - juge des enfants
* **of the courts** - judiciaire
* **organisation of the courts** - organisation judiciaire, système judiciaire
* **out of court** - extra-judiciaire
* **regional court** - juge de grande instance, juge de première instance
* **trial courts** - juges du fond

- 7. Prétoire
* **court room** - prétoire, salle d'audience, salle du tribunal
* **disciplinary court** - prétoire (d'une prison)
* **out of court** - hors prétoire, extra-judiciaire (arrangement)

- 8. Justice
* **administrative courts** - justice administrative
* **by the court** - par autorité de justice
* **civil courts** - justice civile
* **court decision** - décision de justice, décision judiciaire
* **criminal courts** - justice criminelle
* **leave of the court** - autorisation de justice
* **officials of the courts** - fonctionnaires de justice

* **payment into court** - dépôt en justice
* **the courts** - la justice
* **(to) be administered by court** - être placé sous main de justice

- 9. (qqfs) Jurisprudence
* **prevalent opinion of the courts** - la jurisprudence dominante
* **progressive interpretation by the courts** - la jurisprudence évolutive
* **the decisions of the administrative courts** - la jurisprudence administrative
* **the doctrine of international courts** - la jurisprudence internationale
* **the German courts** - la jurisprudence allemande

COURTROOM - Salle d'audience, prétoire

COVENANT (subst.) - Pacte, traité, convention, engagement
* **action on the covenant** - action en dommages-intérêts pour inexécution de contrats
* **ancillary covenant against competition** - clause accessoire de non-concurrence
* **covenants** - clauses, dispositions, arrangements
* **(to) enter into mutual covenant** - souscrire un acte qui engage mutuellement

COVENANT (to) - Promettre, s'engager, accorder par contrat

COVER (subst.) - 1. Couverture
* **cover letter** - lettre d'accompagnement
* **cover note** - note de couverture
* **forward exchange cover** - couverture du risque des changes
* **insurance cover** - couverture d'assurance, garantie d'assurance

- 2. Provision
* **insufficient cover** - insuffisance de la provision

COVER (to) - Porter sur, viser, s'appliquer à, répondre à, traiter, couvrir, prendre en compte, saisir (stat.), englober, comprendre, embrasser; s'étendre à; desservir; amortir, garantir, gager

* **as the applicant was covered by the agreement** - comme l'accord s'appliquait au requérant
* **covered by** - relevant de, qui fait l'objet de, qui tombe sous le coup de, visé par, dont s'occupe, auquel s'étend, entrant dans le cadre de, entrant dans le champ d'application de
* **covered by a report** - faisant l'objet d'un rapport
* **covering note** - apostille
* **its terms of reference dit not cover** - son mandat ne l'autorisait pas à
* **on a covered basis** - en se couvrant à terme
* **period covered** - période considérée
* **staff covered by that agreement** - personnel visé par cet accord
* **the reports are largely covered by the press** - la presse fait largement écho aux rapports
* **this covers only...** - ... ne sait que

COVERAGE - 1. Portée, taux de couverture, nature, champ d'application, domaine d'application, champ d'observation, champ couvert

* **control of coverage** - contrôle de complétude, contrôle d'exhaustivité
* **universal coverage** - dénombrement complet

- 2. Assurance, affiliation à un système d'assurance, protection, couverture; risques couverts
* **coverage of securities** - valeur des garanties

CRACK (to)
* **(to) crack down on** - prendre des sanctions contre, prendre des mesures énergiques contre

CRAWLING
* **crawling peg** - parité à crémaillère, taux à crémaillère

CREATIVE - Créateur, constructif
* **creative thinking** - imagination créatrice, production d'idées

CREDENCE
* **(to) find credence** - trouver crédit

CREDENTIALS - Pouvoirs, lettres de créance
* **credentials shall be issued by** - les pouvoirs doivent émaner de
* **examination of credentials** - vérification des pouvoirs
* **ratification of credentials** - validation des pouvoirs
* **submission of credentials** - remise des pouvoirs, présentation des pouvoirs

CREDIBLE - Crédible, digne de foi
(* **incredible**) - dénué de crédibilité

CREDIT (subst.) - 1. Crédit
* **clear credit** - crédit blanc
* **consumer credit** - crédit à la consommation
* **credit instrument** - titre de crédit
* **credit insurance** - assurance-crédit
* **credit unions (USA)** - mutuelles de crédit, sociétés de prêts
* **credit worthiness** - solvabilité, capacité de remboursement, confiance en la solvabilité
* **credit worthy purchaser** - acheteur ayant une surface suffisante
* **credits to the Treasury** - avances au Trésor
* **disparagement of credit** - atteinte au crédit
* **disparagement of public credit** - atteinte au crédit de l'Etat
* **export credit** - crédit à l'exportation
* **guaranteed credit** - crédit d'aval, crédit de caution, crédit de cautionnement
* **open credit** - crédit blanc
* **supplier's credit** - crédit fournisseur
* **swing credit** - marge de crédit réciproque
* **trade credit** - crédit fournisseur
* **unsecured credit** - crédit à découvert
* **working credit** - crédit de trésorerie

- 2.
* **credits** - générique (film), remerciements (livre)

CREDIT (to) - Porter au crédit, reconnaître le mérite de
* **(to) have previous serviced credited** - valider les services antérieurs

CREDITABLE - Validité (annuités d'assurance)

CREDITOR - Créancier, créditeur
* **calling of a creditors meeting** - appel de créanciers
* **contingent creditor** - créancier éventuel
* **creditor in bankruptcy** - créancier dans la masse
* **creditor limits** - limites créditrices (FMI)
* **creditor of the general body of creditors in bankruptcy** - créancier dans la masse
* **creditor of the state** - créancier héréditaire, créancier d'une succession
* **creditor under a composition** - créancier concordataire
* **creditor under a scheme of arrangement** - créancier concordataire
* **creditor's suit** - action en recouvrement de créances
* **creditors meetings** - assemblées des créanciers
* **dilatory creditor** - créancier retardataire
* **execution creditor** - créancier poursuivant, créancier saisissant
* **general body of creditors** - la masse des créanciers
* **joint and several creditor** - créancier solidaire
* **judgment creditor** - créancier poursuivant
* **ordinary creditors** - masse des créanciers (faillite)
* **partnership creditors** - créanciers sociaux
* **preferential creditor** - créancier privilégié
* **preferred creditor** - créancier privilégié
* **proving creditor** - créancier inscrit, créancier produisant
* **right of creditor** - droit de créance
* **secured creditor** - créancier disposant de garanties réelles (gage, nantissement), créancier nanti, créancier garanti, créancier privilégié
* **simple creditor** - créancier chirographaire
* **(to) buy out a creditor** - désintéresser un créancier
* **(to) defeat a creditor** - écarter un créancier
* **(to) defraud a creditor** - frauder un créancier
* **(to) delay a creditor** - retarder la présentation des créances
* **(to) pay off a creditor** - désintéresser un créancier
* **(to) satisfy a creditor** - désintéresser un créancier
* **unsecured creditor** - créancier chirographaire

CRIME - 1. Criminalité, délinquence
* **business crime** - criminalité des affaires
* **capital crime** - crime passible de la peine capitale
* **crime against the public interest** - délit contre la chose publique
* **crime detection** - dépistage de la criminalité
* **crime prevention** - prévention de la délinquance
* **economic crime** - criminalité des affaires
* **female crime** - criminalité féminine
* **organised crime** - criminalité organisée
* **proceeds of crime** - le produit du crime
* **property crime** - délit contre les biens
* **terrorist crime** - menées terroristes
* **white-collar crime** - criminalité des affaires

- 2. Infraction pénale, délit, forfait, crime
* **base crime** - crime crapuleux
* **crime under international law** - crime de droit international
* **economic crime** - délit économique, délinquance d'affaires
* **emotional crime** - crime passionnel
* **major crime** - crime
* **malignant crime** - crime crapuleux
* **poverty crime** - délit de besoin
* **(to) solve the crime** - déterminer les circonstances de l'infraction

CRIMINAL (adj.) - 1. Pénal
* **criminal activities** - agissements
* **criminal case** - affaire pénale
* **criminal law** - droit pénal
* **criminal offence** - infraction pénale
* **criminal offences** - la criminalité
* **criminal proceedings** - poursuites pénales
* **criminal proceedings become barred** - l'action publique se trouve éteinte
* **criminal responsibility** - responsabilité pénale
* **criminal sanctions** - peines pénales, sanctions pénales

- 2. Répressif
* **Central Criminal Court** - Cour d'assises de la City de Londres
* **criminal court** - juridiction répressive, tribunal correctionnel
* **criminal justice** - justice répressive
* **criminal sanctions** - sanctions répressives
* **in criminal matters** - en matière répressive

- 3. Judiciaire
* **criminal investigation department** - police judiciaire
* **criminal record** - casier judiciaire, antécédents judiciaires
* **criminal register** - sommier judiciaire
* **criminal status** - statut du délinquant

- 4. Criminel
* **code of criminal procedure** - code d'instruction criminelle, code de procédure pénale
* **criminal attack** - agression criminelle
* **criminal intent** - mauvaise foi
* **criminal investigation department** - police criminelle
* **criminal science** - criminalistique
* **(to) bring to trial on a criminal charge** - juger au criminel

CRIMINAL (subst.) - Malfaiteur
* **criminal association** - association de malfaiteurs, gang
* **habitual criminal** - malfaiteur d'habitude, déliquant d'habitude
* **harboring a criminal** - recel de malfaiteur
* **highly qualified criminal** - malfaiteur chevronné

CRIMINALISTICS - Statistiques criminelles

CRIMINALLY
 * **criminally insane** - délinquant aliéné

CRITICAL - Qui présente le plus de risques, sévère, dangereux, (qqfs) décisif, le plus lourd de conséquences, névralgique, sensible, ardu, épineux
 * **in a critical manner** - sous un angle critique
 * **highly critical** - (désapprouve, réprouve, regarde d'un oeil crique, ne cache pas son hostilité)

CRITICS - Détracteurs

CROSS
 * **cross action** - demande reconventionnelle, action reconventionnelle
 * **cross appeal** - appel incident
 * **cross checking** - vérification par recoupements
 * **cross classification** - classement à double entrée
 * **cross cultural comparisons** - comparaisons transculturelles
 * **cross entry** - contre-passation
 * **cross fertilisation** - enrichissement mutuel
 * **cross influence** - interférence
 * **cross petition** - demande reconventionnelle, action reconventionnelle, reconvention
 * **cross references** - système de renvois, table de corrélation
 * **cross sanctional studies** - enquêtes transversales
 * **cross section** - tranche représentative, section transversale, profil

CROSS-EXAMINATION - Interrogatoire contradictoire, contre-interrogatoire
 * **cross-examination of witnesses** - audition contradictoire des témoins

CROSS-EXAMINE (to) - Contre-interroger (les témoins)

CRUCIAL - Critique, névralgique, déterminant, impératif
 * **crucial test** - épreuve redoutable

CRUCIALLY
 * **it is crucially important to** - il est capital de

CRUELTY - Mauvais traitements, sévices

CSSR - Tchécoslovaquie

CUFF
 * **off the cuff** - à l'improviste, impromptu, sans préparation
 * **on the cuff** - à crédit

CULTURAL
 * **cultural anthropologist** - antropologue-ethnologue
 * **cultural instability** - instabilité des modes de vie

CULTURE - (qqfs) Modes de vie
 * **latin culture** - génie latin

CURATE (to) - Assurer la conservation

CURATOR - Gardien judiciaire

CURB - Compression

CURE (to) - 1. Guérir, remédier à, couvrir (jur.)
 * **(to) cure a defect** - couvrir un vice
 * **(to) cure a void transaction** - couvrir la nullité
 * **(to) cure the nullity** - couvrir la nullité

 - 2. (qqfs) Purger (jur.)
 * **confirmation cures the transaction of its defect** - la confirmation purge la transaction de son vice

CURRENCY - 1. Devise, cours légal
 * **currency securities** - devises-titres
 * **currency transaction** - opération sur devises
 * **foreign currency receipts** - rentrée de devises
 * **hard currency** - devise forte, devise appréciée
 * **multiple currency system** - taux de change multiples
 * **right to perceive payment in foreign currency** - créance en devises
./..

- 2. Etalon, monnaie, numéraire
* **counterfeiting currency** - faux monnayage
* **debasing currency** - altération de monnaie
* **forced currency** - cours forcé
* **forging currency** - faux monnayage
* **gold currency unit** - étalon-or
* **gold pegged currency** - monnaie alignée sur l'or
* **inconvertible currency** - monnaie fictive
* **key currencies** - monnaies-clés
* **metal currency** - étalon métallique
* **national currency** - monnaie du pays
* **reserve currencies** - monnaies de référence

- 3. Durée de validité (d'une mesure)

CURRENT - 1. Actuel, d'aujourd'hui, du moment, en cours, d'actualité
* **current affairs** - l'actualité
* **current events** - questions d'actualité
* **current indicators** - indicateurs à court terme

- 2. Courant, ordinaire
* **current asset** - actif disponible, actif réalisable

CURRENTLY - Actuellement, régulièrement

CUSTODIAL - 1. De gardiennage
* **custodial services** - services d'entretien, services de gardiennage, services de garde (titres)

- 2. Carcéral, pénitentiaire
* **custodial penalty** - peine privative de liberté, peine carcérale
* **custodial sanction** - peine privative de liberté
* **custodial setting** - système carcéral, contexte pénitentiaire, milieu pénitentiaire
* **non custodial penalty** - peine non privative de liberté
* **non custodial treatment** - traitement en liberté
* **semi-custodial penalty** - peine de semi-détention, peine semi-carcérale

- 3.
* **non custodial parent** - parent non chargé de la tutelle

CUSTODIAN - 1. Curateur, gardien

- 2. Détenteur, dépositaire, séquestre

* **alien property custodian** - administration-séquestre
* **custodian pendente lite** - séquestre
* **Public Custodian's Office** - Office des séquestres

CUSTODY - 1. Garde, détention préventive, détention provisoire
* **police custody** - garde à vue
* **prison custody** - garde à vue
* **taking into custody** - garde à vue
* **(to) keep under police custody** - garder à vue
* **(to) remand in custody** - placer en détention provisoire, placer sous mandat de dépôt
* **(to) take into custody** - arrêter

- 2. Dépôt, garde (de fonds)
* **funds in the custody of** - bien commis à la garde de
* **property which come into your custody** - biens qui vous sont remis en dépôt
* **safe custody of securities** - conservation des valeurs
* **(to) be in safe custody** - être sous bonne garde

- 3. Garde
* **parental custody** - autorité parentale, droit de garde des parents
* **physical custody of a child** - garde d'un enfant
* **restoration of custody** - rétablissement de la garde

CUSTOM - Coutume, droit coutumier
* **custom of war** - usage de la guerre
* **mercantile custom** - droit commercial coutumier
* **trade custom** - droit commercial coutumier

CUSTOMARY
* **customary gift** - donation d'usage
* **customary law** - droit coutumier

CUSTOMER - Client, usager, (qqfs) demandeur (d'un service)
* **customer's services** - accueil de la clientèle

CUSTOMS - Douane
* **customs agent** - commissionnaire en douane
* **customs arrangements** - régime douanier
* **customs clearance** - dédouanement
* **customs official** - préposé des douanes
* **customs receipt** - acquit de douane
* **customs seals** - fermeture douanière, plomb de douane
* **customs tariff item number** - position du tarif douanier
* **customs warehouse** - entrepôt de douane

CUT (to) - Couper, amputer (crédits)

* **(to) cut short a programme** - renoncer à un programme

CYNIC - Sarcastique, revenu de tout, sceptique, désabusé

CYNICAL - Sarcastique, revenu de tout, sceptique, désabusé

CZECK - Tchèque

DAMAGE (subst.) - 1. Dommage, endommagement, indemnité, dommages-intérêts

* **accident damage** - dommage résultant d'accident
* **action for damage** - action en dommages-intérêts
* **adjustment of damage** - règlement des dommages
* **assessment of damage** - constatation du dommage
* **cause of damage** - événement dommageable, fait dommageable
* **claim for damage** - demande en indemnisation, demande d'indemnisation
* **consequential damage** - dommage consécutif
* **criminal damages** - actes de vandalisme, dégradation de biens, destruction de biens
* **damage caused to third parties** - dommage aux tiers
* **damage to property** - dommage matériel
* **latent damage** - vice caché
* **malicious damage to monuments** - dégradation de monuments
* **material damage** - dommage aux biens, dommage matériel
* **non-pecuniary damage** - dommage moral
* **non-material damage** - dommage moral
* **notice of damage** - avis de dommage, déclaration de dommage
* **occurrence of damage** - survenance du dommage
* **riot damage** - dommage causé par des atroupements
* **statement of damage** - constatation du dommage, évaluation du dommage
* **(to) be the cause of the damage** - être l'auteur matériel du dommage

- 2. Avarie
* **damage in transit** - avaries de route
* **sea damage** - avaries de mer

- 3. Préjudice, tort
* **distress damage feasant** - dommage de la partie ayant subi un préjudice de conserver les objets ayant occasionné le préjudice
* **head of damage** - chef de préjudice
* **material damage** - préjudice matériel
* **minor damage** - préjudice léger
* **non-material damage** - préjudice moral, préjudice extra-patrimonial, préjudice non patrimonial
* **pecuniary damage** - préjudice patrimonial, préjudice pécuniaire
* **(to) suffer a damage** - subir un préjudice

- 4. Dédommagement, indemnisations, indemnités, réparations, dommages-intérêts
* **action for damage** - poursuite en responsabilité, action en responsabilité, action en dommages-intérêts
* **aggravated damage** - dommages-intérêts majorés
* **award of damage** - attribution de dommages-intérêts
* **civil damage** - réparations civiles
* **civil law damage** - réparations civiles
* **contemptuous damage** - dommages-intérêts de montant dérisoire qui marque la réprobation du tribunal à l'égard du plaignant
* **damage for breach of contract** - dommages-intérêts compensatoires, indemnité de rupture de contrat

* **damage for delay** - dommages-intérêts moratoires
* **damage for failure to perform** - dommages-intérêts compensatoires
* **damage for late performance** - dommages-intérêts compensatoires
* **damage for pain and suffering** - pretium doloris
* **damage granted** - indemnité allouée
* **damage in kind** - indemnité en nature
* **damage in lieu** - dommages en lieu et place
* **damage on his head** - dédommagement au titre de
* **exemplary damage** - dommages-intérêts à titre de sanction
* **liable to make good the damage in kind** - tenu à réparation en nature
* **liquidated damage** - dommages-intérêts d'un montant préalablement fixé par les parties
* **loss of bargain damage** - dommages-intérêts pour "lucrum cessans"
* **monetary damage** - indemnité pécuniaire
* **nominal damage** - dommages-intérêts symboliques (le "franc symbolique")
* **non-pecuniary damage** - réparation morale
* **party liable in damage** - partie civilement responsable
* **punitive damage** - dommages-intérêts à titre de sanction
* **reliance damage** - dommages-intérêts pour perte du fait de l'inexécution d'un contrat (damnum emergens)
* **retributory damage** - dommages-intérêts pour préjudice moral
* **right to damage** - droit à réparation, droit à indemnisation
* **substantial damage** - dommages-intérêts pour préjudice réel
* **(to) award damage** - accorder des dommages-intérêts
* **(to) grant damage** - allouer une indemnité
* **(to) pay damage** - dédommager, verser un dédommagement
* **(to) recover damage** - obtenir des dommages-intérêts
* **unliquidated damage** - dommages-intérêts dont le montant est laissé à la discrétion du tribunal

DAMAGE (to) - Endommager, faire subir des dégâts, léser
* **damaged property** - objet du dommage
* **damaging** - dégradation
* **damaging notices** - lacération d'affiches
* **damaging posters** - lacération d'affiches
* **thing damaged** - objet du dommage

DANGER
* **fraught with danger** - alarmant

DANGEROUS - Critique
* **it is dangerous to think that** - il faut se garder de penser que
* **potentially dangerous** - lourd de dangers

DARK - <u>Noir, ténébreux, secret</u>
* **dark figure of crime** - le chiffre noir de la criminalité

DATE - <u>Quantième, date</u>
* **due date** - jour d'échéance, jour de l'échéance, jour du terme
* **on the date of** - le jour de
* **out of date** - périmé, anachronique, démodé

DAY
* **appointed day** - jour de référence
* **clear day** - jour franc
* **day-in-court** - droit de se faire entendre en audience publique, audience publique, jour de l'audience publique
* **day late** - jour de retard
* **day training centre** - centre de traitement de jour (pour les probationnaires)
* **relevant day** - jour de référence
* **(to) be denied one's day in court** - se voir refuser le droit de se faire entendre en audience
* **working day** - jour ouvrable

DEAD - <u>Mort</u>
* **dead letter** - envoi tombé au rebut, lettre tombée au rebut, lettres de rebut
* **dead loan** - emprunt irrécouvrable
* **dead money** - argent qui dort
* **(to) become a dead letter** - tomber en désuétude, rester lettre morte

DEADEN (to) - Amortir (un don), assourdir, paralyser, scléroser, s'émousser

DEADLOCK - 1. <u>Résultat négatif, impasse, échec, échoué, stationnaire, aucun résultat</u>

    - 2. <u>Désaccord persistant</u>

DEAL (subst.) - <u>Donne, main; marché, opération, affaire, négociation, transaction, arrangement, accord, tractation</u>
* **a "new deal"** - une nouvelle politique, un "new deal", une redistribution des cartes
* **cash deal** - transaction au comptant
* **deal between parties** - tractation entre parties
* **deal on joint account** - opération en participation
* **deal on the Stock Exchange** - coup de bourse
* **even deal** - opération blanche
* **fair deal** - distribution équitable, marché équilibré
* **firm deal** - marché ferme

* **ministerial deal** - tractations ministérielles
* **option deal** - négociation à prime, opération à prime
* **package deal** - "tout ou rien", tout indissociable, marchandage; négociation d'ensemble, offre d'ensemble; solution globale, solution d'ensemble
* **swap credit deal** - facilités de crédit réciproques
* **sweetheart deal** - accord de complaisance
* **tax deal** - transaction fiscale
* **(to) call off a deal** - annuler un marché
* **(to) clinch the deal** - conclure l'affaire
* **(to) close the deal** - conclure l'affaire
* **(to) give somebody a fair deal** - donner son dû à qqn
* **(to) give somebody a square deal** - agir loyalement envers qqn
* **(to) wet the deal** - arroser le marché

DEAL (to) - 1. <u>Conduire, connaître de, examiner, statuer sur, répondre (à des observations), régler la question de, porter sur, avoir pour thème, débattre de, se prononcer sur</u>
* **has ceased to deal with the case** - dessaisi de l'affaire
* **in dealing with the question whether** - en ce qui concerne la question de savoir si
* **the jurisdiction to deal with a case** - pouvoir de cognition
* **the procedure in dealing with an offence** - la procédure de répression d'une infraction
* **(to) deal extensively with the interpretation of** - traiter abondamment de la question de l'interprétation de
* **(to) deal separately with the applicants' complaints under Art. 9** - examiner séparément les griefs formulés par les requérants au titre de l'article 9
* **(to) deal with a case** - connaître d'une affaire, aborder un sujet, s'occuper d'une affaire
* **(to) deal with a case as a final court of appeal** - statuer sur une affaire en dernier ressort
* **(to) stop dealing with the case** - se dessaisir de l'affaire (pour un tribunal)

    - 2. <u>Distribuer, dispenser</u>
* **(to) deal death** - porter la mort
* **(to) deal out alms** - dispenser la charité
* **(to) deal out gifts** - distribuer des dons, répartir des dons, partager des dons
* **(to) deal out justice** - rendre la justice
* **(to) deal out provisions** - distribuer, répartir, partager

    - 3. <u>Porter, donner, traiter, négocier</u>
* **article in the Treaty under which a case is dealt with** - article du Traité qui prévoit un cas
* **dealt with in** - mentionné dans, visé à, faisant l'objet de
* **resolution dealing with a matter** - résolution portant sur...
* **this text deals with** - ce texte porte sur, ce texte a trait à, ce texte est consacré à, ce texte a pour thème
* **(to) deal a blow** - asséner un coup
* **(to) deal with** - venir à bout de, terminer, donner suite à, se charger de, être chargé de, régler la question de
* **(to) deal with a danger** - parer à un danger

.../..

* (to) deal with people - manier les hommes
* (to) deal with the public - avoir des rapports avec le public

- 4. Combattre, remédier à, s'adapter à, faire face à

* can be dealt with by - sont justiciables de
* has failed to deal adequately with - n'a pas donné à... la suite qui aurait convenu
* let me deal with him - laissez-moi me charger de lui
* procedures established for dealing with - procédures instituées pour donner suite à
* the difficulties I have to deal with - les difficultés auxquelles je dois faire face
* (to) deal leniently with someone - traiter qqn avec indulgence
* (to) deal rudely with someone - agir rudement avec qqn
* (to) deal with a culprit - disposer d'un coupable, faire justice à un coupable
* (to) deal with any eventualities - à toutes fins utiles
* (to) deal with current business - expédier les affaires courantes
* (to) deal with someone - prendre des mesures à l'égard de qqn

- 5. Négocier, traiter

* securities dealt in on the Stock Exchange - titres négociés en Bourse
* (to) be dealt hardly with - être traité avec rigueur, être traité avec dureté, être traité avec sévérité, être traité avec peu de générosité
* (to) deal badly with someone - mal traiter qqn; en user mal avec qqn
* (to) deal in leather - faire le commerce du cuir
* (to) deal in options - faire le commerce des primes
* (to) deal in politics - se mêler de politique, s'occuper de politique
* (to) deal well with someone - bien traiter qqn; en user bien avec qqn
* (to) wheel and deal - agir à sa guise; agir de façon arbitraire, agir de façon dynamique, agir de façon impitoyable (pour les autres)
* wheat was being dealt in at 100 F a quintal - le blé se traitait à 100 F le quintal

DEALER - Distributeur, courtier, négociant, opérateur sur valeurs mobilières, marchand
* arbitrage dealer - arbitragiste
* authorized dealer - distributeur agréé, concessionnaire agréé
* commercial paper dealer - opérateur sur effets de commerce
* dealer jobber - courtier, agent de change, intermédiaire, opérateur
* dealer professional suitability - aptitude du détaillant professionnel
* dealer survey - enquête sur les commerçants
* dealer's brand - marque de distribution
* dealer's charges - charges du vendeur
* dealer's margin - marge du vendeur

* double dealer - fourbe, trompeur, homme à deux visages
* foreign exchanger dealer - cambiste
* licensed dealer - commerçant patenté
* plain dealer - homme franc, homme loyal, homme carré en affaires
* record dealer - disquaire
* retail dealer - détaillant
* second-hand dealer - revendeur, brocanteur
* traditional dealer - détaillant
* wheeler dealer - brasseur d'affaires peu scrupuleux (USA)
* wholesale dealer - grossiste

DEALING (subst.) - 1. Distribution
* dealing out - distribution (dons, cartes)
* exclusive dealing agreement - accord d'exclusivité, accord de concessionnaire
* wholesale dealing in small quantities - vente en demi-gros

- 2. Opération, transaction, négociation

* dealing for a fall - opération à la baisse
* dealing for a rise - opération à la hausse
* dealing for money - négociation au comptant
* dealing for settlement - opération de liquidation (en bourse)
* dealings for the account - négociations à terme
* dealings for the time - négociations à terme
* dealings in securities on the Stock Exchange - opérations sur titres négociées en bourse
* forward (Exchange) dealings - négociations à terme, opérations à terme, ordres à terme
* honest dealing in transactions - transactions de bonne foi
* market dealings - opérations en bourse, transactions en bourse
* option dealings - opérations à prime, opérations à option, négociations à prime, négociations à option
* very restricted dealings - transactions très restreintes
* when Stock Exchange dealings commence - lorsque la cotation commence

- 3. Relations, rapports

* exchange dealings between Member States - relations de change entre Etats membres
* (to) get out of further dealings with somebody - n'avoir plus rien à faire avec qqn
* (to) have dealing with someone - entretenir des relations avec qqn, être en relation d'affaires avec qqn, traiter d'affaires avec qqn

- 4. Tractations, tripotage, accointances

* dealings with the law - démêlés avec la justice
* (to) have dealings with the enemy - avoir des intelligences avec l'ennemi
* underhand dealings - menées sourdes, menées sournoises
* wheeling and dealings - tractations   ./..

- 5. <u>Conduite, procédé, manière d'agir</u>

* **dealing with somebody** - façon d'agir envers qqn, conduite envers qqn
* **double dealing** - dissimulation, duplicité, fourberie, fausseté
* **fair dealings** - loyauté, honnêteté en affaires, procédés honnêtes, bonne foi, probité
* **one's dealings with the world** - (avoir) le commerce du monde, (avoir) l'usage du monde
* **plain dealing** - procédés honnêtes, franchise, sincérité, loyauté
* **square dealings** - loyauté, honnêteté en affaires, procédés honnêtes, bonne foi, probité

DEATH - <u>Mort, décès</u>

* **causing death by negligence** - homicide par imprudence, homicide involontaire
* **cot death** - mort subite de nourrisson
* **death certificate** - acte de décès
* **death duty** - droits de mutation par décès
* **death squad** - escadron de la mort (Am. latine)
* **death warrant** - ordre d'exécution, arrêt de mort
* **finding of presumed death** - déclaration judiciaire de décès
* **proof of the death** - constatation du décès
* **until death** - pour la vie

DEBAR (to) - <u>Refuser</u>

* **(to) be debarred from** - être forclos à (+ inf.)
* **(to) debar someone a right** - être forclos de (+ subst.), refuser un droit à qqn

DEBATABLE - Plaidable

DEBATE - <u>Discussion, débat (sur une question donnée), débats (d'une session, par ex.)</u>

* **general debate** - discussion générale (et non "débat général")
* **has been subject to debate** - a été discuté
* **public debate** - débat public
* **the debate is still going** - la réflexion reste ouverte

DEBATE (to)

* **debating point** - sujet à controverse, matière à controverse
* **strenuously debated** - âprement contesté

DEBENTURE - <u>Obligation, reconnaissance de dette</u>

* **block of debentures** - tranche d'emprunt
* **convertible debenture** - obligation convertible
* **debenture bond** - titre d'obligation
* **debenture holder** - obligataire, porteur d'obligation
* **debenture issue** - émission d'obligation
* **debenture loan** - emprunt obligataire
* **debenture stock** - capital-obligations d'une société
* **irredeemable debenture** - obligation non amortissable, obligation non rachetable
* **mortgage debenture** - obligation hypothécaire
* **redeemable debenture** - obligation amortissable, obligation rachetable
* **(to) issue debenture** - émettre une obligation
* **unissued debenture** - obligation à la souche

DEBIT - <u>Débit, passif</u>

* **debit and credit** - doit et avoir

DEBT - <u>Dette, créance, passif</u>

* **attached debt** - créance saisie, saisie-arrêt
* **bad debt** - créance irrécouvrable, créance douteuse, créance irrécupérable
* **balance of the debt** - reliquat de la créance
* **blocked debt** - créance gelée
* **civil debt** - créance civile
* **debenture debt** - dette obligataire
* **debt charged by way of security** - créance donnée en gage
* **debt due** - créance exigible
* **debt guaranteed by collateral securities** - dette garantie par nantissement
* **debt management** - aménagement de la dette publique
* **debt of record** - dette reconnue
* **debt of the estate** - dette successorale
* **debt paid in full** - dette entièrement payée
* **debt payable at the debtor's place of business** - dette quérable
* **debt payable at the debtor's residence** - dette quérable
* **debt secured by a mortgage** - créance hypothécaire
* **debt secured on movables** - dette mobilière
* **debts ranking equally** - dettes qui viennent au même rang
* **deferred debt** - créance moratoriée
* **due debt** - créance échue, créance exigible
* **extinction of debt** - amortissement d'une créance
* **floating debt** - dette flottante
* **foreign currency debt** - dette en devises étrangères
* **foreign debt** - dette extérieure
* **free of debts** - exempt de dettes
* **funded debt** - dette d'emprunt
* **gambling debt** - dette de jeu
* **garnished debt** - créance saisie
* **irredeemable debt** - dette non amortissable

./..

* **judgment debt** - dette résultant d'une décision de justice
* **legally enforceable debt** - créance dont le tribunal peut ordonner le paiement
* **liability to pay a debt** - dette passive
* **mortgage debt** - créance hypothécaire
* **outstanding debt** - dette à recouvrer, l'encours de la dette
* **partnership debt** - dette sociale
* **preferential debt** - créance privilégiée
* **preferred debt** - créance privilégiée
* **proof of a debt** - production d'une créance, titre de créance
* **recoverable debt** - créance recouvrable
* **release of debt** - abandon de créance
* **remainder of the debt** - reliquat de la créance
* **secured debt** - créance garantie, créance gagée, dette gagée
* **simple contact debt** - créance simple
* **statute-barred debt** - dette caduque
* **terms for the payment of debts** - conditions d'apurement du passif
* **(to) be unable to meet one's debt** - ne pas pouvoir faire face à ses engagements
* **(to) compound a debt** - arriver à un compromis avec ses créanciers
* **(to) contract a debt** - contracter une dette
* **(to) discharge a debt** - acquitter une dette, payer une dette, solder une dette
* **(to) dispute a debt** - contester une dette
* **(to) honour one's debt** - faire face à ses engagements
* **(to) incur a debt** - contracter une dette
* **(to) prove for a debt** - produire une créance
* **(to) set off a debt** - compenser une dette
* **(to) summon for a debt** - assigner en paiement de créance
* **(to) suspend payment of debts** - être en état de cessation de paiement
* **(to) transfer a debt** - céder une créance
* **(to) write off a debt** - apurer une dette
* **transfer of a debt** - cession de créance
* **unfunded debt** - dette flottante
* **unsecured debt** - créance chirographaire
* **writing off a debt** - amortissement d'une créance

DEBTOR - Débiteur, sujet passif
* **debtor against whom proceedings are pending** - débiteur assigné
* **debtor of the estate** - débiteur de la succession
* **dilatory debtor** - débiteur négligent
* **honest but unfortunate debtor** - débiteur malheureux et de bonne foi
* **insolvent debtor** - débiteur défaillant

DECAY - 1. Décadence, déchéance, déclin, délabrement, dépérissement, affaiblissement, usure, désintégration, décroissance (nucl.)
* **activity decay** - décroissance de l'activité (nucl.)

- 2. Corruption, pourriture, décomposition, putréfaction

DECEASED
* **deceased de cujus** - le défunt
* **deceased estate** - succession

DECEIT - Escroquerie, tromperie, dol, manoeuvres dolosives, manoeuvres frauduleuses
* **deceit as to a matter not essential to the contract** - dol incident (par opposition à dol principal)
* **fraud and deceit** - escroquerie qualifiée
* **tort of deceit** - fraude, tromperie, dol

DECEITFUL
* **deceitful act** - manoeuvre

DECENTRALISE (to) - Décentraliser, déconcentrer

DECEPTION - Fraude, manoeuvre frauduleuses, manoeuvres dolosives

DECIDE (to) - 1. Statuer, trancher, apprécier, se prononcer sur
* **the Commission decides as follows** - la Commission rend la décision
* **(to) be decided finally by the trial court** - apprécié souverainement par les juges du fond
* **(to) call upon the Court to decide in favour of its claim** - demander à la Cour de lui adjuger ses conclusions
* **(to) decide on** - statuer sur, trancher
* **(to) reopen decided cases** - remettre en cause

- 2. Juger
* **factors decided on** - éléments retenus
* **refusal to decide a case** - déni de justice
* **(to) decide against someone** - donner tort à qqn
* **(to) decide ex aequo et bono on equitable principles** - juger en équité
* **(to) decide on the file (pleadings)** - juger sur pièces
* **(to) decide on the merits** - juger au fond
* **(to) decide upon** - s'arrêter à, se prononcer sur, statuer sur
* **(to) decide whether** - être juge de

DECISION - 1. Décision, jugement, arrêt
* **a decision is taken by the court** - le tribunal statue
* **arbitrary decision** - jugement arbitraire
* **case ready for decision** - affaire en état
* **civil decision** - jugement civil
* **commercial decision** - jugement commercial
* **decision conferring authority to enforce** - jugement d'exequatur
* **decision maker** - décideur, organe de décision, mécanisme de décision, organe d'autorité, décisionnaire
* **decision-oriented meeting** - réunion décisionnelle, réunion-décision
* **decision varying the judgment of the court below** - jugement réformatoire
* **final decision** - décision définitive
* **interim decision** - décision interlocutoire
* **interlocutory decision** - jugement préparatoire
* **preliminary decision** - décision interlocutoire
* **stood-over decision** - décision d'ajournement sine die (tribunal du travail)
* **(to) give a decision** - statuer sur
* **(to) make a preliminary decision** - préjuger
* **(to) make a provisional decision** - préjuger
* **(to) make an interlocutory decision** - préjuger
* **(to) take a decision on** - se prononcer sur

- 2. Acte, mesure, arrêté
* **administrative decision** - acte administratif
* **decision of general application** - acte général

DECISIONS - Jurisprudence
* **a long line of decisions** - une jurisprudence constante
* **collection of decisions** - recueil de jurisprudence
* **departure from previous decisions** - renversement de jurisprudence, revirement de jurisprudence
* **earlier decisions** - jurisprudence

DECISIVE - Déterminant, décisif, convaincant
* **decisive factor** - élément déterminant
* **decisive oath** - serment décisoire
* **decisive proof** - preuve concluante

DECLARATION - Déclaration, proclamation
* **action to obtain a declaration** - action déclaratoire
* **declaration of parternity** - reconnaissance de paternité
* **declaration of the poll** - proclamation du résultat du scrutin
* **dying declaration** - déclaration in articulo mortis
* **statutory declaration** - attestation

DECLARATORY - Déclaratoire, déclaratif
* **a decision in a declaratory form whereby** - une décision qui dit pour droit que
* **application for a declaratory judgment** - conclusions en constatation de droit
* **declaratory action** - action en constatation
* **declaratory judgment** - jugement déclaratoire, jugement déclaratif de droits
* **declaratory statute** - loi précisant la législation existante

DECLINATORY
* **declinatory plea** - déclinatoire

DECLINE (subst.) - Régression, contraction, repli, recul, effacement, fléchissement, diminution, ralentissement, baisse, perte, rétrécissement, amincissement

DECLINE (to) - 1. Refuser, décliner
* **the Court declines to exercise its jurisdiction** - la Cour refuse d'exercer sa compétence

- 2. Régresser, tomber de... à...; diminuer, décroître, descendre, faiblir, fléchir, se replier, marquer un recul, marquer une régression, s'amoindrir, s'amenuiser
* **a declining business** - une affaire qui périclite

DECONCENTRATION - Décongestionnement, déconcentration (industrielle), (qqfs) décentralisation

DECONTROL (subst.) - Déblocage

DECONTROL (to) - Débloquer

DECREE - 1. Décret, arrêté, arrêté-loi, décision administrative
* **ministerial decree** - arrêté ministériel
* **(to) issue a decree** - promulguer un décret
* **(to) pass a decree** - prendre un arrêté

- 2. Jugement, décision judiciaire
* **arbitral decree** - sentence arbitrale
* **consent decree** - jugment convenu, jugement expédient
* **decree nisi** - jugement soumis à confirmation, jugement provisoire
* **decree of divorce** - jugement de divorce
* **decree of divorce "a mensa et toro"** - décision de séparation de corps
* **final decree** - jugement définitif
* **(judicial) separation decree** - jugement de séparation de corps

DEDICATED - Dédié, consacré
* **dedicated highway** - voie privée rendue publique
* **decicated pater familias** - bon père de famille

DEDICATION - Consécration, affectation
* **dedication as a public right of way** - affectation à l'usage public

DEDUCE (to) - Déduire, inférer
* **it cannot be deduced from Art. 13 that** - on ne peut inférer de l'article 13 que
* **other evidence may be deduced from** - on peut tirer encore d'autres preuves de

DEDUCTION - 1. Déduction; défalcation; (qqfs) conclusion
* **deduction of debts** - défalcation des dettes
* **fallacious deduction** - conclusion erronée

- 2. Prélèvement
* **deduction at source P.A.Y.E.** - prélèvement à la source

DEED - 1. Titre
* **title deed** - titre de propriété

- 2. Acte, acte authentique, acte notarié
* **deed of arrangement** - accord, compromis
* **deed of assignment** - acte attributif, acte de transfert
* **deed of conveyance** - acte translatif d'un bien immobilier
* **deed of discharge** - acte de démission des "trustees"
* **deed of gift** - acte de donation entre vifs

* **deed of partnership** - contrat d'association, contrat de société, acte de société
* **deed poll** - acte unilatéral, contrat à titre gratuit
* **deed under seal** - acte notarié
* **execution of deed** - validation d'un acte
* **private deed** - acte sous seing privé
* **separation deed** - acte de séparation
* **trust deed** - acte fiduciaire, acte de fidéicommis
* **vesting deed** - acte de cession (par lequel le propriétaire ou le trustee cède le titre de propriété au bénéficiaire d'un acte de disposition)

DEEM (to) - Estimer, croire, considérer
* **answer deemed final** - réponse considérée comme définitive
* **it must be deemed that** - il y a lieu de considérer que
* **(to) be deemed** - être assimilé à, réputé être

DEFAMATION - Diffamation, atteinte à l'honneur; fait diffamatoire, injures
* **unintentional defamation** - diffamation involontaire

DEFAMATORY - Diffamatoire, offensant, infamant
* **defamatory utterances** - allégations offensantes, propos diffamatoires

DEFAULT (subst.) - Défaillance, défaut, manquement
* **default by failing to file submissions (pleadings)** - défaut faute de conclure
* **default notice** - mise en demeure
* **default of appearance** - non-comparution, défaut de comparution, faute de comparaître
* **default of heirs** - déshérence
* **default on international debts** - défaut de paiement des dettes internationales
* **default summons** - procédure sommaire en vue de recouvrer une dette liquidée en justice
* **judgment by default** - jugement par défaut (au pénal), jugement par contumace
* **person in default** - qui refuse d'obtempérer
* **(to) cure a default** - purger le défaut

DEFAULT (to) - Faire défaut, ne pas comparaître, manquer, faillir à, ne pas faire face à ses engagements, tomber en déconfiture
* **defaulting party** - partie défaillante, partie en défaut
* **(to) default someone** - condamner qqn par défaut, condamner qqn par contumace

DEFAULTER - 1. Débiteur défaillant

- 2. Contumax, contumace

- 3. Celui qui se dérobe à un traitement (hygiène sociale)

DEFEAT (subst.) - 1. Défaite, renversement, échec, insuccès

- 2. Annulation (jur.)

DEFEAT (to) - 1. Vaincre, triompher de, avoir raison de, venir à bout de, maîtriser, surmonter, conjurer, déjouer
* **measures to defeat inflation** - mesures pour vaincre l'inflation

- 2. Faire échec à, annuler, faire échouer, faire avorter
* **defeats its own purpose** - produit le contraire de l'effet escompté, compromet sa propre cause
* **(to) defeat a claim** - faire échec à une demande, empêcher d'obtenir que
* **(to) defeat a motion** - repousser une motion
* **(to) defeat (by superior right)** - évincer
* **(to) defeat the object of a Treaty** - empêcher la réalisation d'un traité

DEFECT - Défaut, vice, irrégularité, imperfection, carence, déficience
* **constitutes an essential procedural defect** - vicie la procédure sur un point essentiel
* **defect in possession** - vice de la possession
* **defects in consent** - vice de consentement
* **defects in title** - vices du titre
* **essential defect** - irrégularité de fond
* **formal defect** - vice de forme, vice de procédure
* **hidden defect** - défaut caché, vice caché
* **institutional or procedural defect** - défaut institutionnel ou procédural
* **latent defect** - défaut caché, vice caché
* **patent defect** - vice apparent
* **physical defects** - défectuosités matérielles

DEFECTIVE - 1. Défectueux, imparfait, anormal, insuffisant
* **mentally defective** - faible d'esprit, arriéré mental

- 2. Irrégulier, vicieux
* **contract void for defective consent** - contrat nul pour vice de consentement
* **defective performance of a contract** - création non conforme d'un contrat
* **defective title** - acte entaché d'un vice, titre entaché d'un vice

DEFECTOR - Transfuge, déserteur

DEFENCE - 1. Défense, inculpé, moyens de défense; conclusions pour la partie défenderesse
* **calls for a new or modified defence** - exige de modifier ou de renouveler les moyens de défense
* **counsel for the defence** - avocat de la défense, défenseur
* **defence counsel** - défenseur, avocat de la défense
* **defence of authorisation** - (plaider l'autorisation légale)
* **defence of innocent publication** - moyen de défense tiré de la bonne foi de l'auteur
* **defence of necessity** - état de nécessité, (plaider la force majeure)
* **defence of public benefit** - moyen de défense tiré du service de l'intérêt général
* **defence over the merits** - défense au fond
* **defence witness** - témoin à décharge
* **ground of defence** - prétention
* **it is a defence to show that** - se défendre, se justifier, invoquer pour justifier
* **official defence counsel** - défenseur (commis)
* **peremptory defence** - défense au fond
* **(pleadings) defence** - requête en défense
* **private defence** - (plaider la force majeure en cas d'atteinte à l'intégrité physique)
* **statement of defence** - conclusions de la défense
* **(to) plead in defence** - opposer
* **(to) raise the defence** - opposer
* **(to) rely on a defence** - invoquer un moyen de défense, user d'un moyen de défense

- 2. Exception
* **absolute defence** - exception péremptoire
* **as a defence** - par voie d'exception
* **defence of fraud** - exception de dol
* **defence of prior user** - exception d'antériorité
* **defence of res judicata** - exception de chose jugée
* **defence of set off** - exception de compensation
* **defence raised to gain time** - exception dilatoire
* **defence that related proceedings are pending in another court** - exception de connexité
* **insanity defence** - exception d'irresponsabilité mentale
* **(to) put forward a defence** - soulever une exception
* **(to) reject a defence** - rejeter une exception

- 3. Protection
* **social defence** - protection sociale
* **use of disproportionate force in self defence** - abus de la légitime défense

DEFENDANT - 1. Intimé (en appel)

- 2. Défendeur (au civil), justiciable
* **as defendant** - en défense
* **co-defendant** - litisconsort, partie jointe, partie assignée, partie citée, partie défenderesse
* **plea of the defendant** - réponse au fond

DEFER (to) - Surseoir, ajourner, différer
* **deferred availability items** - comptes non immédiatement exigibles
* **deferred pricing** - prix différés
* **deferred rebate system** - système de ristournes à paiement différé
* **deferred sentence** - suspension (de peine)
* **deferred shares** - actions différées
* **(to) defer a decision** - surseoir à statuer

DEFERMENT - Ajournement, remise (d'une affaire)
* **deferment of sentence** - sursis au prononcé de la peine, ajournement du prononcé de la peine

DEFERRAL
* **deferral rule** - règle du paiement différé

DEFIANCE - Défi
* **(to) act in defiance to the law** - agir au mépris de la loi

DEFICIENCY - Faiblesse, manque, pénurie, défaut, déficit, découvert, déficience, lacune, vice, tare
* **capital deficiencies** - pénurie de capitaux
* **deficiency disease** - maladie de carence
* **deficiency of assets** - insuffisance d'actifs
* **income deficiency** - insuffisance de recettes
* **mental deficiency** - déficience mentale

DEFICIENT - Insuffisant, déficitaire

DEFICIT - Déficit, solde débiteur, solde déficitaire, découvert
* **deficit financing** - déficit budgétaire systématique, technique de l'impasse
* **operating deficit** - déficit d'exploitation

DEFINITE - Défini, déterminé, bien arrêté, ferme, formel, probant, précis, rigide, péremptoire
* **not very definite** - assez imprécis

DEFLECT (to) - Détourner, dévier, réorienter, drainer, infléchir

DEFY (to) - Braver, mettre au défi, défier

DEGREE - 1. Degré, intensité
* **degree of relationship** - degré de parenté

- 2. Grade universitaire
* **degree course** - cours de niveau universitaire, cours d'études supérieures, enseignement sanctionné par un grade universitaire

DELAY (subst.) - Sursis, retard, lenteur, attente
* **damages for delay** - dommages-intérêts moratoires
* **danger in delay** - péril en la demeure
* **delay in the appearance of effects** - décalage de l'apparition des conséquences
* **submission of delay** - moyen de tardivité (à faire valoir)
* **unreasonable delay** - retard excessif, délai déraisonnable

DELAY (to)
* **delayed delivery arrangements** - accords de livraison différée
* **delaying tactics** - manoeuvres de retardement, manoeuvres dilatoires
* **justice delayd is justice denied** - un retard de justice est un déni de justice, lenteur de justice vaut déni de justice
* **(to) delay a decision** - différer une décision, remettre une décision

DELCREDERE - Ducroire (droit commercial)

DELEGATED - Délégué
* **delegated administrative law** - dispositions administratives prises par délégation
* **delegated legislation** - législation secondaire
* **delegated legislation of general application** - législation subsidiaire de caractère général

DELEGATION - Délégation de pouvoirs, subrogation (de droit)
* **delegation of legislative power** - principe de subsidiarité
* **delegation principle** - principe de subsidiarité

DELIBERATE (adj.) - Prémédité, intentionnel, voulu, volontaire, réfléchi, calculé

DELIBERATE (to)
* **(to) deliberate on** - délibérer sur, réfléchir sur
* **(to) deliberate over** - délibérer sur, réfléchir sur
* **(to) withdraw to deliberate** - mettre en délibéré

DELIBERATELY - Avec intention dolosive, de propos délibéré, intentionnellement

DELIBERATIONS - Délibéré, délibération, débats
* **the case is at the stage of deliberations** - l'affaire se trouve en délibéré
* **the deliberations of an assembly** - les débats d'une assemblée

DELIBERATIVE - Délibératif, délibérant
* **deliberative assembly** - assemblée délibérante
* **deliberative body** - corps délibérant
* **deliberative voice** - voix délibérative

DELIVER (to) - 1. Délivrer, livrer, rendre, restituer

- 2. Signifier un acte (jur.)
* **(to) deliver a judgment** - prononcer un jugement, rendre un jugement

DELIVERY - 1. Prononcé (jur.)

- 2. Délivrance, livraison, remise, mise à disposition
* **delayed delivery arrangements** - accords de livraison différée
* **delivery charge** - droit de factage, droit de remise à domicile
* **delivery of a writ** - signification d'un acte
* **delivery of one's credentials** - remise de lettres de créance
* **delivery of this judgment** - prononcé du présent arrêt
* **payment on delivery** - livraison contre remboursement
* **right to receive delivery** - droit à livraison

* **special delivery** - (livraison) par express
* **those responsible for the delivery of services** - prestataires de services

DELUDE (to) - Abuser, induire en erreur, tromper, duper
* **deluded state of mind** - état d'hallucination

DEMAND (subst.) - Aspiration, exigence, revendication, sommation, mise en demeure
* **cross demand** - demande reconventionnelle
* **demand backed by purchasing power** - demande solvable
* **demand note** - avertissement (du fisc), sommation, feuille de contribution

DEMONSTRABLY - Manifestement
* **statement demonstrably true** - affirmation dont la vérité s'impose

DEMONSTRATION - 1. Démonstration
* **demonstration factory** - exploitation industrielle modèle
* **demonstration farm** - exploitation agricole modèle
* **proved to demonstration** - prouvé sans contredit

- 2. Manifestation
* **street demonstration** - manifestation sur la voie publique

DEMOTION - Cassation de grade (mil.)

DEMURRAGE - 1. Indemnité d'attente, droits de magasinage

- 2. Contrestaries, surestaries
* **days of demurrage** - surestaries

DEMURRER - Exception péremptoire, fin de non-recevoir, contestation du bien-fondé de l'inculpation

DENIAL - 1. Dénégation
* **general denial** - dénégation absolue (d'un crime)
* **special denial** - dénégation sur un point de l'accusation

- 2. Refus, déni
* **denial of justice** - déni de justice
* **denial of the right to possess** - contradiction de la possession

DENOMINATION
* **religious denomination** - confession religieuse

DENOMINATIONAL - Confessionnel, qui a une coloration religieuse précise
* **denominational school** - école confessionnelle
* **non denominational** - laïque

DENY (to) - Contester, nier, priver, réfuter, repousser (une accusation), démentir, s'inscrire en faux contre, rejeter, opposer un déni à
* **justice delayed is justice denied** - lenteur de justice vaut déni de justice, un retard de justice est un déni de justice
* **the applicant denies that** - le requérant nie avoir
* **(to) be denied a right** - se voir refuser le droit de, se voir frustré d'un droit
* **(to) deny a right** - priver d'un droit
* **(to) deny any breach of** - rejeter toute violation de

DEPART (to) - Partir; écarter de, s'écarter de, déroger à
* **the departed** - le mort, le défunt
* **(to) depart from a custom** - déroger à un usage
* **(to) depart from a precedent** - s'écarter d'un précédent
* **(to) depart from a rule** - déroger à une règle

DEPARTMENT - Service, branche, direction
* **department trial** - poursuites disciplinaires
* **government departments** - services ministériels, ministères

DEPARTMENTATION - Articulation des services

DEPARTURE - Dérogation, exception à, revirement à l'égard de, qui rompt avec, contraire à l'habitude, dérive par rapport à
* **any departure from** - la moindre dérogation à

DEPEND (to) - Dépendre, être tributaire de
* **depending on whether** - selon que, suivant que
* **resources on which our economy crucially depends** - ressources vitales pour notre économie
* **(to) depend on** - être à la merci de, être (largement) tributaire de, être obligé de passer par

DEPENDENCE - Dépendance, sujétion, tutelle
* **dependence on** - nécessité de recourir à
* **drug dependence** - pharmacodépendance
* **physical dependence** - dépendance physique
* **psychic dependence** - dépendance psychique
* **state of dependence** - rapport de dépendance

DEPENDENT - 1. Dépendant de, sujet à, relevant de
* **dependant on** - assujetti à

- 2. Personne à charge
* **dependent spouse** - conjoint à charge
* **dependent's pension** - pension de réversion
* **dependents' allowances** - déductions familiales, déductions pour charges de famille
* **legally incapacitated subjects and other dependent persons** - les incapables et autres personnes protégées

- 3. Ayant-droit

DEPERSONNALISATION - Aliénation

DEPORTATION - Expulsion
* **deportation order** - arrêté d'expulsion, décision d'expulsion

DEPOSIT - 1. Dépôt, consignation
* **amounts held on deposit** - fonds de dépôt
* **demand deposits** - dépôts à vue
* **deposit account** - compte de dépôt
* **deposit at 7 days notice** - dépôt à 7 jours de préavis
* **deposit for use** - dépôt d'usage
* **deposit money** - monnaie scripturale
* **deposit of a pledge (in the hands of a third party)** - entiercement

./..

* **deposit receipt** - reconnaissance de dépôt, récépissé de dépôt, certificat de dépôt
* **fixed term deposit** - dépôt à terme fixe, dépôt à échéance fixe
* **general deposit** - dépôt irrégulier
* **individual deposit of securities in safe custody** - dépôt certain de titres
* **securities held on deposit** - titres en dépôt
* **special deposit** - dépôt régulier
* **statutory deposit** - dépôt légal
* **time deposit** - dépôt à terme

- 2. Arrhes (montant non restitué)

- 3. Caution, cautionnement
* **forfeiture of deposit** - perte du cautionnement

DEPOSITARY - 1. Consignataire, dépositaire, tiers convenu
* **official depositary** - (administrateur) séquestre, dépositaire de justice
* **statutory depositary** - (administrateur) séquestre, dépositaire de justice

- 2. Magasin, magasinage, dépôt
* **depositary fees** - droits de magasinage, taxe de magasinage
* **state depositary** - magasins généraux

DEPOSITION - 1. Témoignage

- 2. Déclaration sous serment

DEPOSITOR - Déposant
* **depositor's book** - livret nominatif

DEPRAVATION - Incitation à la débauche; débauche

DEPRECIATION - Dépréciation, amortissement
* **basis for depreciation** - taux d'amortissement
* **depreciation and amortisation** - amortissements (industriels et financiers)

DEPRIVATION - 1. Déchéance, perte (de droits)
* **deprivation of civil rights** - déchéance des droits civiques, dégradation civique, privation des droits civiques, interdiction légale, interdiction civile
* **deprivation of parental authority** - déchéance de l'autorité parentale

- 2. Privation
* **a measure involving deprivation of liberty** - mesure privative de liberté
* **area deprivation** - poche de pauvreté, poche de sous-développement
* **deprivation of immunity** - levée d'immunité
* **deprivation rule** - règle de privation, règle de dépossession (des biens)
* **sensory deprivation** - privation sensorielle
* **sleep deprivation** - privation de sommeil

- 3. Frustration, dénuement, privation, carences

DEPRIVE (to) - Priver de, démunir
* **deprived child** - enfant nécessiteux, enfant dont les besoins ne sont pas satisfaits, enfant délaissé
* **depriving of a right of inheritance** - exhérédation
* **emotionally deprived child** - enfant privé d'affection
* **socially deprived** - socialement défavorisé
* **the deprived** - les nécessiteux, les démunis, les déshérités
* **(to) deprive of a right** - évincer
* **(to) deprive oneself** - s'infliger des privations, s'infliger des mortifications

DEPUTY
* **Deputy Permanent Representative** - Représentant permanent adjoint
* **Deputy to the Permanent Representative** - Adjoint au Représentant permanent

DERIVE (to) - Tirer son origine de, puiser, découler
* **arguments derived from** - arguments tirés de, arguments découlant de

DEROGATE (to) - Déroger, apporter une exception, porter atteinte à, limiter la portée de, réduire
* **"No one can derogate from his own grant" principle** - principe de "la foi sacrée des contrats"

DESCENDED
* **property descended** - bien transmis par succession

DESCENT - 1. Filiation, descendance
* **action to establish descent from a parent** - action en réclamation d'état
* **descent from mother** - filiation maternelle
* **illegitimate descent** - filiation naturelle
* **lawful descent** - filiation légitime
* **legitimate descent** - descendance légitime
* **natural descent** - filiation naturelle
* **proof of relationship by descent** - établissement de la filiation

- 2. Transmission d'un bien par héritage

DESCRIPTION - Dénomination; signalement; état descriptif
* **coming within the description of Art. 1** - au sens de l'article 1
* **personal description** - désignation, dénomination
* **professional description** - désignation professionnelle, dénomination professionnelle

DESERT (to)
* **(to) desert one's family** - délaisser sa famille, abandonner sa famille
* **(to) desert one's wife** - délaisser son épouse, abandonner son épouse

DESERTION - Abandon de foyer, abandon de domicile conjugal
* **obstinate desertion** - abandon du domicile conjugal sans espoir de retour
* **wilful desertion** - abandon malicieux

DESIGN - 1. Conception, dessin, établissement du projet, "parti" architectural, stylisme, esthétique industrielle, motif, invention, étude technique, préparation, projet
* **building design** - plan et aménagement des bâtiments
* **design and construction** - forme et construction
* **design and technology** - étude et réalisation
* **step by step design** - établissement par étapes

- 2. Modèle
* **industrial design** - modèle industriel
* **registered design** - modèle d'utilité
* **registration of a design** - déclaration de modèle, dépôt de modèle

DESIGNATED - Nommé, désigné
* **re-designated** - reconduit dans ses fonctions

DESIGNED
* **designed to** - conçu pour, aménagé pour, visant à, ayant l'effet de, ayant pour effet de

DESIRE (subst.) - Souhait, aspiration, volonté
* **(to) reveal a desire to** - manifester un souci de, manifester un désir de

DESTITUTION - Grande pauvreté, dénuement, misère

DESTRUCTION
* **destruction of civil status** - suppression d'état-civil

DETAIL - Détail, particularité
* **detail item** - article distinct
* **detail work** - menus travaux
* **details** - modalités, précisions
* **(to) follow in detail** - suivre de près

DETAILED - Détaillé, circonstancié, approfondi
* **detailed argument** - argumentation développée
* **detailed chemical analysis** - chimie fine
* **detailed study** - étude fouillée

DETAIN (to) - Détenir, maintenir en détention provisoire
* **detaining authority** - instance qui a ordonné la détention

DETAINEE - Détenu, prisonnier

DETAINER - Détention d'un objet
* **unlawful detainer** - détention illégale d'un bien
* **writ of detainer** - ordre d'incarcération, mandat de dépôt

DETECTION
* **crime detection** - dépistage de la criminalité
* **(to) escape detection** - se dérober aux recherches

DETENTION - Détention, internement administratif, arrêt

* **awaiting trial detention** - détention préventive, détention provisoire
* **continued detention** - maintien en détention
* **detention barracks** - locaux disciplinaires
* **detention centre** - maison de correction
* **detention for observation** - mise en observation
* **detention in a mental hospital** - internement dans un hôpital psychiatrique
* **detention note** - bulletin d'internement
* **detention on remand** - détention provisoire, détention préventive
* **extra-judicial detention** - détention sans procès
* **house of detention** - maison d'arrêt
* **indefinite detention** - détention pour une période indéterminée
* **lawful detention** - détention régulière, détention légale
* **period of unconditional detention** - période de sûreté
* **preventive detention** - internement de sûreté
* **provisional detention** - détention provisoire, détention préventive
* **solitary detention** - isolement cellulaire

DETER (to) - Empêcher de, détourner de, faire renoncer à, dissuader, rebuter, décourager, faire hésiter (agresseur éventuel), empêcher l'action de

DETERIORATE (to) - Empirer, péricliter, se détériorer, s'avilir, se dégrader, altérer, perdre sa valeur, s'aggraver, s'appauvrir

DETERIORATION - Dégradation, altération, dérèglement, pourrissement, délabrement, avilissement

DETERMINATION - 1. Volonté, ferme propos

* **determination and drive** - volonté et énergie; éléments définitifs du programme

- 2. Décision judiciaire dans une affaire donnée, sentence
* **charges whose determination was the task of the Court** - accusations sur lesquelles il appartenait au tribunal de se prononcer
* **determination of the charge of negligence** - appréciation de l'accusation de négligence
* **in the determination of the charges against X** - lorsqu'il a été décidé du bien-fondé des accusations contre X; dans la décision sur le bien-fondé des accusations contre X

* **right of self-determination (of people)** - droit des peuples à disposer d'eux-mêmes
* **the decision does not relate to the determination** - la décision ne porte pas sur des droits de caractère civil
* **(to) allow for the determination of the issue** - permettre de décider du litige

- 3. Résolution, résiliation (d'un contrat)
* **notice of determination** - dénonciation (contrat)

- 4. Examen, (qqfs) vérification
* **issue wich requires determination** - question qui mérite examen
* **(to) make a determination** - examiner si, statuer sur

DETERMINE (to) - 1. Examiner, statuer sur, prendre une décision, faire des constatations, arrêter, fixer, désigner, vérifier, apprécier, se prononcer sur

* **competent to determine all the aspects of the matter** - jouissant de la plénitude de juridiction
* **determining criterion** - élément d'appréciation
* **determining factor** - élément d'appréciation
* **in practice it is left to the hospital authorities to determine** - la pratique laisse à la direction de l'hôpital le soin d'apprécier
* **the case may be determined** - l'affaire peut être tranchée
* **the Court may determine the case** - le tribunal peut statuer sur l'affaire
* **the first thing to be determined by the Commission** - la Commission doit d'abord examiner
* **the judgment determining the charge** - le jugement statuant sur le bien-fondé de l'accusation
* **(to) determine all issues of fact** - se prononcer sur tout point de fait
* **(to) determine the sentence** - appliquer la peine
* **(to) determine whether** - rechercher si, résoudre, dénoncer
* **(to) have the lawfulness of his action determined** - faire statuer sur la légalité de son action
* **(to) hear and determine cases** - dire le droit

- 2. Expirer, prendre fin (pour un bail, un contrat)

DETERRENCE - Prévention, dissuasion, intimidation

DETERRENT

* **deterrent effect** - effet dissuasif, effet préventif (d'une peine)
* **(to) act as a deterrent** - exercer un effet préventif

DETINUE - Détention illégale
* **action for detinue** - action en restitution
* **action in detinue** - action en revendication

DETRIMENT - Dommage, préjudice
* **(to) suffer a detriment** - subir un préjudice
* **without detriment to my rights** - sans préjudice de mes droits

DEVELOP (to) - 1. Concevoir, dégager, élaborer, établir, mettre au point, lancer, faire aboutir, faire progresser, créer

    - 2. Intensifier, accélérer, développer, renchérir sur

    - 3. Exploiter, cultiver, acquérir, contracter (une habitude)

    - 4. Prendre forme, prendre corps, évoluer, croître, essaimer, se produire, apparaître, se manifester, se développer, progresser, prospérer, se déclarer
* **constantly developing** - évolutif
* **developed land** - terrain bâti, terrain viabilisé
* **our discussion has developed into a big argument** - notre discussion a dégénéré
* **(to) develop further** - exploiter, prendre de l'extension
* **(to) develop out of** - être issu de, tirer son origine de
* **work develops favorably** - le travail est une bonne voie

DEVELOPER - Entrepreneur, promoteur, constructeur, lotisseur

DEVELOPMENT - 1. Développement, évolution, orientation, progrès, promotion, tendances, situation
* **development expenditure** - dépenses d'investissement
* **development finance** - capitaux en vue du développement
* **development of careers** - déroulement des carrières
* **development of knowledge** - progrès des connaissances
* **economic development of an area** - développement économique d'une région
* **economic development situation** - conjoncture économique, situation économique, tendances économiques
* **point development** - développement ponctuel
* **technical developments** - innovations techniques

    - 2. Travaux réalisés, réalisations, oeuvre accomplie, opérations, activités, ce qui s'est passé, phénomènes, faits, considérations, événements
* **further developments** - étapes ultérieures (d'un projet)
* **major development** - temps forts
* **R&D** - recherche-développement

    - 3. Mise en valeur, exploitation, aménagement
* **development of new resources** - mise en valeur de nouvelles ressources

    - 4. Réalisation, épanouissement (de la personnalité)
* **development of processes** - mise au point de procédés
* **development techniques** - techniques de fabrication

    - 5. Mise en place, mise en train, création, implantation

    - 6. Fait nouveau, apparition de
* **community development** - développement communautaire
* **developement tendencies** - tendances évolutives
* **development area** - zone à aménager
* **development axes** - "les magistrales"
* **development axis** - axe de développement
* **development of skills** - formation
* **housing development** - complexe résidentiel, grand ensemble, ensemble immobilier
* **land development** - mise en valeur foncière
* **re-development** - (qqfs) assainissement
* **regions with deficient development** - régions à structures déficientes
* **social development** - promotion sociale, action sociale, progrès social
* **(to) report on recent developments** - faire le point de la situation

DEVELOPMENTAL - Evolutif
* **developmental psychology** - psychologie génétique (genèse du développement psychologique)
* **developmental side of the State** - effort de développement de l'Etat
* **developmental testing of units** - essais de mise au point des unités

DEVIANT - Aberrant, déviant
* **deviant behaviour** - comportement anormal

DEVISE (subst.) - Disposition testamentaire de biens immobiliers
* **residuary devise** - disposition testamentaire de biens immobiliers à titre universel
* **specific devise** - disposition testamentaire concernant un bien immobilier précis

DEVISE (to) - 1. Disposer, ordonner, projeter, imaginer, inventer, concevoir, mettre au point (appareil, ...)
* **devised with a two-fold objective** - conçu dans une double perspective
* **speech devised to impress** - discours destiné à frapper les esprits

- 2. Machiner, intriguer, comploter, combiner, tramer (complot)
* **(to) devise some good plan** - s'aviser d'un bon expédient

- 3. Léguer, disposer par testament (de biens immobiliers)

DEVISEE - Légataire, héritier testamentaire, bénéficiaire d'un legs

DEVISER - Inventeur

DEVISOR - Testateur, légateur

DEVOLUTION - Décentralisation, déconcentration
* **devolution of authority** - déconcentration (des pouvoirs)
* **devolution of functions** - délégation de pouvoirs

DEVOLVE (to) - Se décharger, déléguer, incomber
* **responsibility that devolves on the tenant** - responsabilité qui incombe au locataire
* **the estate devolved upon him** - c'est lui qui a hérité
* **(to) devolve applicant's claims upon insurance corporation** - subroger les organismes d'assurance aux droits du requérant
* **(to) devolve one's claim upon somebody** - être subrogé aux droits de qqn

DEVOTION - 1. Dévouement

- 2. Attachement (à des principes)

DIALECTIC - Lieu de rencontre, lieu de dialogue

DICTUM - Dictum, déclaration très claire, affirmation tranchante (avis incidemment donné par une Cour suprême, mais ne pouvant être invoqué comme précédent), opinion indicente, affirmation incidente, énonciation incidente, prononcé incident, motif surabondant

DID
* **it did appear that** - il est certain que

DIFFER (to) - 1. Différer, avoir une opinion différente
* **the witness differ** - les témoins ne sont pas d'accord
* **(to) agree to differ** - garder chacun son opinion

- 2. Différer, ajourner (une décision)

DIFFERENCE - Différence, écart, différend, querelle
* **there is a difference of opinion amongst legal writers over the interpretation of this provision** - l'interprétation de cette clause prête à controverse dans la doctrine

DIFFERENT
* **(to) be markedly different from the rest** - se démarquer des autres

DIFFICULTY
* **difficulties** - mauvaise passe
* **the difficulty is that** - la difficulté vient de ce que
* **the difficulty is to** - le plus difficile est de
* **(to) have some difficulty** - avoir du mal à

DIGEST - 1. Analyses
* **... and prepares digests and summaries of articles and editorials** - ... et préparera des analyses et des résumés d'articles de fond

- 2. Synthèse

- 3. Abrégés

- 4. Recueil de lois et/ou de décisions jurisprudentielles, digeste

DILEMNA - Dilemme, paradoxe, embarras
* **moral dilemna** - cas de conscience

DILIGENCE - 1. Application, assiduité
* **diligence search** - recherches minutieuses
* **due diligence** - diligence de bon père de famille

- 2. Saisie-arrêt (droit écossais)

- 3. Citation de témoin (droit écossais)

DILIGENT - Assidu, appliqué, diligent
* **careful and diligent owner** - bon père de famille

DIMENSION - Dimension, étendue, cote
* **has a pronounced regional dimension** - se veut résolument régionale

DIPLOMATIC - 1. Diplomatique

- 2. Prudent, sage, souple
* **right to receive diplomatic missions** - droit de légation passif
* **right to send diplomatic missions** - droit de légation actif

DIRECT (adj.) - Direct, franc, catégorique
* **direct cause** - cause immédiate
* **direct evidence** - preuve directe
* **direct examination** - interrogatoire du témoin par la partie qui l'a cité
* **direct taxation** - imposition directe

DIRECT (to) - Adresser, gouverner, conduire, diriger, ordonner
* **the President directed that the oral hearings should open on** - le Président a fixé l'ouverture de la procédure orale au
* **(to) direct the compulsory admission to** - prescrire l'admission forcée dans
* **(to) direct the jury** - instruire le jury (sur un point de droit)
* **(to) direct verdict** - ordonner; imposer un verdict

DIRECTION - Orientation; directive
* **administrative direction** - injonction, directive, instruction
* **direction of trade** - courants commerciaux
* **for the direction of** - à l'usage de
* **mandatory direction** - instruction impérative
* **ministerial direction** - instruction ministérielle
* **(to) give a programme a greater sense of overall direction** - donner plus de cohérence à un programme
* **(to) issue a direction to detain** - ordonner un internement

DIRECTIONS - Instructions, directives
* **directions to the jury** - exposé de la loi fait par le juge au jury
* **hearing for directions by the Registrar** - audience de mise en état devant le juge-adjoint

DIRECTIVE - Instruction, directive
* **directives** - circulaires, répertoires
* **individual directives** - instructions particulières

DIRECTOR
* **Board of Directors** - Conseil d'administration
* **chairman and managing director** - président-directeur général
* **co-director** - associé-gérant
* **company director** - administrateur (société)
* **director's duty of care and skill** - obligation de prudence et de diligence dans la gestion
* **director's emoluments for attendance at Board meetings** - jetons de présence
* **director's fiduciary duties** - obligations fiduciaires
* **executive director** - directeur exécutif, administrateur, directeur général
* **managing director** - directeur général, PDG
* **(to) appoint a director** - nommer un directeur
* **(to) dismiss a director** - révoquer un directeur

DIRECTORY - Annuaire, répertoire

DISABILITY - 1. Incapacité (juridique ou physique), invalidité
* **minor disability** - incapacité légère
* **no disability should be attached to women** - la femme ne doit pas être frappée d'incapacité
* **permanent disability** - incapacité permanente
* **professional disabilities** - déchéances professionnelles
* **temporary disability** - incapacité temporaire

- 2.
* **disabilities** - (qqfs) incompatibilités

DISABLE (to)
* disabling statute - loi restreignant la portée d'une autre loi
* (to) disable someone from doing something - déclarer qqn incapable de faire qqch

DISABLEMENT - Incapacité (de travail), invalidité, infirmité

DISADVANTAGEOUS - Dommageable, dévaforable
* disadvantageous economically - économiquement dommageable

DISAGGREGATION - Désagrégation, ventilation
* a higher degree of disaggregation - une analyse plus fine

DISAGREEMENT - Différence, désaccord, conflit d'opinions, conflit d'idées
* there is little disagreement - on ne conteste guère

DISALLOW (to) - Refuser, ne pas admettre, rejeter
* (to) disallow a claim - dénier un droit (à qqn)

DISALLOWANCE - Refus, rejet
* disallowance of costs - rejet de frais
* disallowance of plea - rejet d'une défense

DISASTER - Désastre, calamité, sinistre
* natural disaster - catastrophe naturelle

DISAVOWAL - Désaveu, répudiation, reniement (foi), rétractation

DISBAR (to) - Rayer du barreau, radier

DISBARMENT - Radiation du barreau

DISBURSEMENTS - Débours, décaissement, dépenses, déboursement, frais déboursés

DISCHARGE (subst.) - 1. Levée d'écrou, élargissement, mise en liberté
* request for discharge - demande d'élargissement
* (to) grant the discharge - décider la mise en liberté

- 2. Dispense de peine, non-lieu, bénéfice du non-lieu, acquittement du prévenu, renvoi du prévenu, ordonnance de non-lieu
* absolute discharge - absolution judiciaire, dispense de peine inconditionnelle
* conditional discharge - dispense conditionnelle de peine
* discharge of an injunction - révocation d'une ordonnance

- 3. Décharge
* contractual discharge - décharge conventionnelle

- 4. Décision de quitus, quitus, quittance

- 5. Licenciement, renvoi d'emploi

- 6. Purge (d'hypothèque)

- 7. Libération (d'une obligation)
* would not constitute a discharge - ne serait pas libératoire

- 8. Mise hors (de) cause

- 9. Annulation, révocation
* the discharge of an order - la révocation d'une ordonnance

- 10. Réhabilitation (du failli)

DISCHARGE (to) - 1. Lever (une interdiction)
* obligation wich falls to be discharged - obligation qui doit être exécutée
* (to) discharge a contract - éteindre une obligation
* (to) discharge a surety - libérer un garant
* (to) discharge an accused - relaxer un accusé, ordonner le non-lieu
* (to) discharge an order of the court - réformer un arrêt
* (to) discharge the injunction - lever l'interdiction, rapporter l'ordonnance d'interdiction, rapporter l'ordonnance d'injonction
* (to) discharge the jury - congédier les jurés   ./..

- 2. Donner décharge, donner quitus
* **(to) discharge somebody in respect of his management** - donner à qqn décharge pour sa gestion, donner à qqn quitus pour sa gestion

DISCIPLINARY - Disciplinaire (sanction, punition)
* **application for disciplinary proceedings** - recours hiérarchique
* **disciplinary board** - conseil de discipline
* **disciplinary committee** - conseil de discipline
* **disciplinary offence** - faute de discipline, faute contre la discipline
* **disciplinary offences (Budget & Finance) Court** - Cour de discipline budgétaire et financière
* **on disciplinary grounds** - pour manquements à la discipline

DISCIPLINED - Discipliné, formé à l'école de
* **disciplined force** - forces armées, police, ...

DISCLAIM (to) - Renoncer à, rejeter, se désister de, refuser d'admettre, dénier (toute responsabilité), désavouer
* **action to disclaim paternity** - action en désaveu de paternité
* **(to) disclaim all intention to do something** - se défendre d'avoir l'intention de

DISCLAIMER - 1. Renonciation explicite à un droit, désistement
- 2. Refus d'une charge, déni de responsabilité
- 3. Clause limitative de responsabilité

DISCLOSE (to) - Révéler, divulguer
* **no breach was disclosed** - n'a révélé aucune violation

DISCLOSURE - Révélation, divulgation
* **non disclosure** - non-divulgation
* **oath of disclosure** - serment déclaratoire d'insolvabilité

DISCONTINUANCE - 1. Interruption
- 2. Désistement (d'une partie)

- 3. Non-lieu, abandon des poursuites, abandon de l'action pénale
* **discontinuance order** - décision de clôture (de l'action pénale)

DISCONTINUATION
* **discontinuation of the proceedings** - classement sans suite
* **discontinuation of the prosecution** - abandon des poursuites

DISCONTINUE (to)
* **assuming that the prosecution has not been discontinued** - en l'absence de non-lieu
* **decision to discontinue criminal proceedings** - décision de non-lieu
* **(to) discontinue a case** - classer une affaire
* **(to) discontinue permanently** - suspendre sine die
* **(to) discontinue the proceedings** - prononcer un non-lieu, clore les poursuites

DISCORDANT - Incompatible (opinion), discordant, dissonant, opposé (rythme)

DISCOVERY - 1. Découverte
- 2. Divulgation
* **discovery of documents** - divulgation de documents
* **(to) give discovery of documents** - donner communication des pièces
- 3. Communication
* **action in discovery** - action en production de documents
* **application for discovery of documents** - demande de communication de pièces
* **improper discovery of facts** - prise de connaissance hors de propos de faits
* **proceedings for discovery of documents** - le compulsoire (ancienne procédure)

DISCREPANCY - 1. Désaccord, opposition, écart, antinomie
* **fixed discrepancy** - dichotomie totale
- 2. Non-concordance (de certains cas)

DISCRETELY - Discrètement, pudiquement, avec réserve, avec discrétion, avec retenue

DISCRETION - 1. Compétence discrétionnaire, latitude, gré, liberté d'appréciation, liberté pour agir

- 2. Opportunité

- 3. Pouvoir discrétionnaire, appréciation, pouvoir d'appréciation, marge discrétionnaire
* **abuse of discretion** - abus de pouvoir
* **administrative discretion** - pouvoir réglementaire de l'administration
* **age of discretion** - âge de discernement
* **area of discretion** - marge discrétionnaire
* **complete discretion** - toute latitude
* **discretion of court** - pouvoir d'appréciation du tribunal
* **limited in the exercise of discretion (of a power)** - de compétence liée
* **margin of discretion** - marge d'appréciation
* **personal discretion** - pouvoir de décision propre
* **the court's discretion** - la liberté d'appréciation du tribunal
* **the unfettered discretion of judges** - les juges apprécient souverainement
* **(to) confer a discretion to the Home Secretary** - conférer un pouvoir discrétionnaire au Ministre de l'Intérieur
* **(to) leave to the discretion of someboby** - laisser qqn apprécier, laisser à l'appréciation de qqn
* **unfettered discretion** - appréciation discrétionnaire

DISCRETIONARY - Facultatif, discrétionnaire, arbitraire, librement choisi
* **discretionary power** - pouvoir d'appréciation

DISCRIMINATE (to)
* **discriminating ability of the item** - qualité discriminante de la question
* **the catholics regarded themselves as discriminated against...** - les catholiques s'estimaient en butte à ...
* **(to) discriminate against** - désavantager, pénaliser

DISCRIMINATING (adj.) - Averti, éclairé, avec discernement

DISCRIMINATION - 1. Discrimination, inégalité de traitement, mesures discriminatoires

- 2. Souplesse, flexibilité
* **discrimination flag** - privilège de pavillon

DISCUSSION (subst.) - Echange de vues, examen, étude, discussion
* **after discussion** - après avoir délibéré
* **discussion paper** - document de séance (C.E.), note d'information, note d'orientation
* **discussions** - les débats
* **under discussion** - à l'étude, en cours d'examen
* **wide-ranging discussion** - large dialogue, concertation

DISCUSSION (to) - Examiner, s'entretenir de

DISENTAIL (to) - Libérer un majorat, libérer une propriété substituée

DISENTITLEMENT - Déchéance

DISFRANCHISEMENT - Privation du droit de vote

DISGRACE - Déshonneur, honte
* **fear of disgrace** - peur du déshonneur

DISHONEST
* **dishonest conduct** - manoeuvre
* **dishonest management** - gestion déloyale

DISHONOURABLE - Infâme, honteux, indigne
* **dishonourable act** - acte contraire à l'honneur
* **dishonourable conduct** - actes infâmants, actes contraires à l'honneur

DISMAY
* **there is no cause to dismay** - il n'y a pas lieu de s'alarmer

DISMISS (to) - Licencier, destituer (qqn de ses fonctions)
* **right to dismiss** - droit de licenciement
* **(to) dismiss a case** - classer une affaire
* **(to) dismiss a charge** - ne pas retenir une accusation, prononcer le non-lieu, rendre une ordonnance de non-lieu
* **(to) dismiss a request** - écarter une demande
* **(to) dismiss an appeal** - rejeter un recours
* **(to) dismiss the appeal** - débouter de son appel
* **(to) dismiss the applicant's other claims** - débouter le requérant d'autres prétentions
* **(to) have the charges dismissed** - bénéficier d'un non-lieu

DISMISSAL - 1. Licenciement, congédiement, renvoi
* **dismissal from employment** - licenciement
* **dismissal notice** - avis de licenciement, préavis de licenciement, lettre de licenciement
* **fair dismissal** - licenciement non abusif
* **lawful dismissal** - licenciement légitime
* **termination of contract by dismissal** - résiliation d'un contrat (de travail) par une mesure de licenciement
* **threats of dismissal** - menaces de renvoi
* **unfair dismissal** - rupture abusive du contrat de travail, licenciement abusif, licenciement arbitraire
* **until he receives his dismissal notice** - jusqu'à ce que son licenciement lui soit notifié
* **wrongful dismissal** - rupture abusive du contrat de travail, licenciement abusif, licenciement arbitraire

- 2. Rejet, renvoi, fin de non-recevoir, classement
* **dismissal of an action** - classement d'une affaire
* **dismissal of an application by a court** - (débouté d'une requête)
* **dismissal on procedural grounds** - rejet pour raisons de forme
* **dismissal on the merits** - rejet au fond

DISOBEDIENCE - Désobéissance, insubordination
* **civil disobedience** - désobéissance civique

DISORDER - Trouble, désordre, confusion
* **mental disorder** - altération des facultés mentales, troubles mentaux
* **personality disorder** - trouble caractériel

DISPARITY - (qqfs) Antinomie

DISPATCH (subst.)
* **advice of dispatch** - déclaration de soumission d'enlèvement
* **dispatch note** - avis d'expédition, bulletin d'expédition, bordereau d'expédition
* **dispatch slip** - avis d'expédition, bulletin d'expédition, bordereau d'expédition

DISPATCH (to)
* **dispatching center** - poste de régulation, régie générale, centre de contrôle

DISPENSATION - Passe-droit, dispense

DISPLACE (to) - Evincer, déloger, supplanter, se substituer à
* **automation displaces workers from their jobs** - l'automatisation prive les travailleurs de leur emploi
* **displaced person** - déporté
* **displaced heir** - héritier évincé
* **displaced share** - action déclassée

DISPLACEMENT - Déplacement, déportation
* **displacement activities** - activités de dérivation
* **displacement behaviour** - comportement de dérivation

DISPOSABLE - 1. Disponible
* **disposable portion** - quotité disponible

- 2. Consommable, que l'on jette après usage, à usage unique

DISPOSAL - 1. Destruction, mise au rebus
* **records disposal** - classement des dossiers, destruction des dossiers
* **right of disposal** - droit de disposition

- 2. Cession (onéreuse), vente (de biens)

DISPOSE (to) - Vendre, écouler, céder, se défaire de
* **(to) dispose finally of the matter on the merits** - vider le contentieux au principal
* **(to) dispose of** - aliéner (un bien)
* **(to) dispose of an argument** - réfuter un argument
* **(to) dispose of land** - céder des terres

DISPOSITION - Disposition testamentaire
* **disposition by a court** - jugement (d'un tribunal), arrêt (d'une cour d'appel)

DISPOSITIONS - 1. Dispositif
* **final dispositions** - dispositif du jugement

- 2. Libéralités
* **dispositions by will** - libéralités à cause de mort
* **dispositions inter vivos** - libéralités entre vifs
* **voluntary dispositions** - libéralités

DISPOSITIVE
* **treaty of a dispositive character** - traité de disposition

DISPOSSESS (to) - Déposséder, exproprier, dessaisir
* **(to) dispossess by virtue of a superior right** - évincer

DISPOSSESSION - Eviction, expropriation, dépossession, dessaisissement

DISPUTE (subst.) - Conflit, différend, contestation, litige
* **administrative dispute** - contentieux administratif
* **dispute as to jurisdiction** - conflit de compétence
* **in dispute** - litigieux
* **industrial dispute** - conflit collectif, conflit du travail
* **industrial disputes** - conflits sociaux
* **labour dispute** - conflit collectif, conflit du travail
* **legal dispute** - différend justiciable
* **there is no dispute that the applicant...** - le requérant se trouve sans conteste ...
* **(to) decide a dispute** - trancher un conflit
* **(to) settle a dispute** - trancher un conflit

DISPUTE (to) - Controverser, débattre, contester
* **it is disputed that** - ce qui est contesté, c'est que
* **it is not disputed that** - il n'est pas contesté que
* **(to) dispute an argument** - combattre une thèse
* **(to) dispute the main issue** - débattre au principal
* **violations whose existence the government disputes** - violations dont le gouvernement se défend

DISPUTED - En litige, contesté, en contentieux, litigieux
* **disputed claim** - droit litigieux
* **disputed claims** - sommes prises en compte, contentieux
* **disputed items and bad debts** - contentieux et mise en non-valeur

DISQUALIFICATION - 1. Incapacité, inéligibilité, interdiction
* **professional disqualifications** - incompatibilité professionnelle

- 2. Interdiction, privation, récusation
* **disqualification from** - interdiction de
* **disqualification of a judge** - récusation d'un juge
* **disqualifications in Art. 42** - interdiction des droits de l'article 42

- 3. Déchéance (d'un droit)
* **civic disqualification** - privation des droits civiques
* **disqualification from driving** - retrait du permis de conduire
* **disqualification penalty** - clause de déchéance (contrat)
* **termination of a disqualification** - relèvement de déchéance

DISREGARD (subst.) - Méconnaissance

DISREGARD (to) - Méconnaître, faire abstraction de, ne pas prendre en considération
* **disregarding the effects** - sans considération des effets

DISSEMINATE (to) - Diffuser, propager, répandre (idées)
* **right to disseminate** - droit de diffusion

DISSENT - Désaccord
* **dissent over the judgment** - désaccord avec l'arrêt
* **he wishes his dissent to be recorded** - il demande que son vote négatif soit porté au procès-verbal, il demande que son opposition soit mentionnée au procès-verbal

DISSENTING
* **dissenting opinion** - opinion dissidente

DISSOLUTION - Suppression
* **dissolution of injunction** - levée de l'injonction

DISTINCTION
* **architect of distinction** - architecte de renom

DISTINCTIVE - Propre, particulier, original

DISTRAIN (to) - Saisir, opérer la saisie
* **(to) distrain upon a debtor** - exécuter un débiteur

DISTRAINT - Saisie-exécution
* **distraint of property** - discussion de biens, mainmise sur les biens
* **(to) levy a distraint** - opérer une saisie

DISTRESS - 1. Misère, dénuement

- 2. Saisie
* **distress warrant** - ordre de saisie, mandat de saisie
* **(to) levy a distress** - exécuter une saisie

DISTRIBUTION
* **channels of distribution** - points de vente
* **distribution costs** - frais de commercialisation
* **exclusive distribution licence** - exclusivité de distribution
* **for distribution** - pour ampliation
* **school distribution** - carte scolaire

DISTRICT - Ressort, circonscription
* **consular district** - circonscription consulaire
* **court district** - justice de paix, tribunal d'arrondissement, tribunal cantonal, tribunal de première instance
* **district of the regional Court** - juridiction de la Cour d'appel régionale
* **judicial district** - circonscription judiciaire, ressort territorial d'un tribunal

DISTURBANCE - Désagrément, perturbation
* **causing disturbance** - incommode
* **disturbance of possession** - trouble de jouissance

DIVERSION - Diversion, détournement, réorientation
* **diversion measures** - mesures de déjudiciarisation
* **diversion of profits** - transfert illicite de bénéfices
* **significant trade diversion** - importante réorientation des échanges

DIVEST (to)
* **(to) divest oneself of** - renoncer à

DIVIDE (to)
* **divided report** - exposé contradictoire
* **dividing factor** - cause déterminante de discorde
* **dividing trend** - tendances schismatiques, tendances scissionnistes
* **equally divided vote** - partage égal des voix
* **(to) divide a motion** - diviser une motion (pour permettre d'examiner chaque partie séparément et de voter sur chacune d'elles)
* **(to) divide a resolution** - diviser une résolution (pour permettre d'examiner chaque partie séparément et de voter sur chacune d'elles)
* **(to) divide up in 5 or 6 units** - articuler en 5 ou 6 éléments

DIVIDEND - Dividende
* **dividend accrued** - dividende accumulé
* **dividend freeze** - blocage des dividendes
* **dividend paid out of capital** - dividende prélevé sur le capital
* **dividend stop** - blocage des dividendes
* **interim dividend** - acompte sur dividendes
* **ordinary dividend** - dividende de actions ordinaires
* **preference dividend** - dividende prioritaire
* **(to) declare a dividend** - déclarer un dividende
* **(to) pay no dividend** - passer le dividende
* **(to) rank for dividend** - avoir droit à un dividende
* **unclaimed dividend** - dividende non perçu

DIVISIBLE - Divisible, partageable

DIVISION - 1. Section, chambre, découpage
* **criminal division** - chambre criminelle

- 2. Séparation, disjonction
* **division of prosecution** - disjonction des poursuites

DIVISIONAL
* **divisional pattern** - organigramme

DIVORCE - <u>Divorce</u>
* **decree of divorce** - jugement de divorce
* **divorce a mensa et thoro** - sépération de corps
* **divorce a vinculo matrimonii** - divorce
* **divorce for a matrimonial offence** - divorce-sanction
* **divorce for mutual fault** - divorce aux torts réciproques
* **divorce petition** - action en divorce, demande en divorce, instance en divorce
* **divorce proceedings** - action en divorce, demande en divorce, instance en divorce
* **ground of divorce** - motif de divorce, cause de divorce
* **(to) sue for divorce** - demander le divorce
* **(to) take divorce proceedings** - intenter une action en divorce
* **uncontested divorce** - demande en divorce non contestée par l'autre partie

DOCK - <u>Banc des accusés</u>
* **the prisoner in dock** - le prévenu

DOCKET (subst.) - Extrait, fiche, note, résumé de jugement, récépissé de douane

DOCKET (to)
* **(to) docket a judgment** - enregistrer un jugement

DOCTRINE - <u>Jurisprudence; théorie</u>
* **change in judicial doctrine** - revirement de jurisprudence

DOCUMENT (subst.) - 1. <u>Document, titre, acte, écritures</u>
* **concluding document** - document de clôture
* **genuineness of a document** - sincérité d'un titre
* **official document** - acte étatique
* **person making the document** - auteur de l'acte
* **preparatory documents** - travaux préparatoires
* **private document** - acte sous seing privé, écrit privé, écriture privée
* **public documents** - actes publics, écritures publiques
* **right incorporated in a document** - droit né du titre
* **travel document** - titre de voyage

- 2. <u>Pièce</u>
* **application for discovery of documents** - demande de communication des pièces
* **application for production of documents** - demande de communication des pièces
* **documents on the file** - pièces de la procédure
* **summons for discovery and production of documents** - sommation de communiquer les pièces

- 3. <u>Titre exécutoire</u>

DOCUMENT (to) - <u>Constater, relater, enregistrer, consigner par écrit, donner des précisions, documenter, appuyer des documents</u>
* **... are not yet fully documented** - on ne dispose pas encore de renseignements complets sur
* **documented** - prononcé, établi, démontré (par des documents)
* **documented account** - compte rendu circonstancié
* **solidly documented** - bien documenté
* **the existence of ... is well documented** - on possède une bonne documentation sur l'existence de...
* **the risks are well documented** - les risques sont bien connus
* **(to) document one's claim** - établir le bien-fondé de sa demande

DOCUMENTARY
* **documentary bill** - traite documentaire
* **documentary evidence** - document probatoire, preuves écrites, preuves par titres, preuves par documents, témoignages écrits, preuve littérale

DOMAIN - <u>Domaine, propriété, bien-fonds, possession en toute propriété</u>
* **the domain of the Commission** - les attributions de la Commission
* **(to) take land by the power of eminent domain** - exproprier

DOMESTIC - 1. <u>Interne, indigène</u>
* **domestic law** - droit interne, droit national
* **domestic sectors** - secteurs de l'économie nationale
* **non domestic** - extra-national
* **trespass on domestic premises** - violation de domicile
* **violation of domestic privacy** - violation de domicile

- 2. <u>Domestique, de la famille, relevant du droit de la famille</u>
* **domestic relations** - droit familial

DOMICILE - <u>Domicile</u>
* **breach of domicile** - violation de domicile, effraction
* **domicile of choice** - domicile d'élection

DONATION - 1. <u>Donation, disposition</u>
* **donation inter vivos** - disposition entre vifs
* **indirect donation** - donation à personne interposée
* **reciprocal donation** - donation mutuelle

- 2. <u>Don, libéralité</u>

DONE
* **there is still much to be done** - on est encore loin du but, on est encore loin du compte

DONEE - Donataire

DONOR - <u>Disposant, donateur</u>
* **donor tube** - tube de prélèvement

DOOM (to) - Sonner le glas, creuser la tombe de, rendre périmé, disqualifier, condamner

DORMANT - <u>Inopérant, non excercé (droit)</u>
* **dormant claim** - droit en expectative
* **dormant judgment** - jugement périmé
* **dormant law** - loi inappliquée, loi désuète

DOUBLE-CRIMINALITY - Double incrimination, double punissabilité

DOUBT - <u>Doute</u>
* **beyond the shadow of a doubt** - sans l'ombre d'un doute
* **considerable doubts about** - très sceptique au sujet de
* **facts beyond doubt** - faits indiscutablement établis
* **open to doubt** - sujet à caution
* **(to) be satisfied beyond reasonable doubt** - avoir l'intime conviction, avoir la quasi-certitude, constater qu'à l'évidence
* **(to) establish beyond reasonable doubt** - établir l'intime conviction
* **(to) express considerable doubts about** - se déclarer très sceptique quant à
* **(to) have some doubt as to the need** - ne pas être convaincu de la nécessité
* **(to) prove beyond all doubt** - établir avec certitude

DOUBTFUL
* **doubtful value** - médiocre
* **it is doubtful whether** - on peut contester que
* **(to) be doubtful about** - être sceptique à propos de
* **(to) classify as doubtful** - mettre en instance de non-valeur

DOVETAIL (to) - S'imbriquer

DOWER - Dot, douaire (de veuve), (qqfs) préciput, apport local

DOWN
* **down payment** - acompte (restitué)

DOWRY - Dot, douaire (de veuve), (qqfs) préciput, apport dotal

DRAFT - 1. <u>Projet</u>
* **draft project** - avant-projet
* **draft resolution** - projet de résolution
* **early draft of Art. 11** - premier projet de libellé de l'article 11
* **joint draft resolution** - projet de résolution commun
* **original draft** - premier projet, projet initial

- 2. <u>Traite, effet de commerce, lettre de change</u>
* **draft order for military service** - appel sous les drapeaux, conscription
* **draft rate of exchange** - cours des traites
* **sight draft** - traite à vue
* **(to) pay a draft** - payer une traite

DRAFTING - <u>Rédaction</u>
* **drafting history** - historique de la rédaction

DRAMA - Téléfilm

DRAMATIC - Sensationnel, saillant, spectaculaire, inquiétant, frappant

DRASTIC - Radical, draconien, énergique, rigoureux, colossal, incroyable

DRAW (to) - Tirer, toucher, encaisser
* **drawing identity documents** - établissement de pièces d'identité
* **(to) draw a bill** - créer un effet, tirer un effet
* **(to) draw a cheque** - émettre un chèque
* **(to) draw an analogy** - tracer un parallèle, établir un parallèle
* **(to) draw the conclusion** - déduire
* **(to) draw up** - rédiger, établir, élaborer
* **(to) draw (up) a public (authenticated) document** - instrumenter
* **(to) draw upon** - emprunter à, tirer de, s'inspirer de, tenir compte de

DRAWEE - Tiré

DRAWER - Tireur
* **drawer of a bill** - tireur d'un effet

DRIFT
* **there is a disturbing third-world drift in the Council** - on note au sein du Conseil une dérive tiers-mondiste inquiétante

DRIVING - Conduite automobile
* **dangerous driving** - conduite dangereuse
* **driving offence** - infraction au code de la route
* **drunken driving** - conduite en état d'ivresse
* **reckless driving** - conduite imprudente

DRUG - Substances psychotropes, substances psychédéliques
* **drug addict** - toxicomane
* **drug dependence** - toxicomanie, pharmacodépendance
* **drug treatment** - traitement chimiothérapique, chimiothérapie

DRUNK - Ivre
* **drunk and disorderly** - en état d'ivresse publique

DUAL - Double, mixte
* **dual capacity** - dédoublement fonctionnel
* **dual criminality** - double incrimination
* **dual economy** - économie mixte
* **dual purpose** - ambivalent

DUBIO
* **principle of in dubio reo** - principe "le doute profite à l'accusé"

DUE (adj.) - Exigible, requis, dû
* **due diligence** - diligence raisonnable
* **due process of law** - les garanties d'une procédure régulière, les garanties d'une procédure légale; les droits de la défense, le respect de la légalité; le respect des formes régulières, les garanties prévues par la loi
* **not due** - indû
* **procedural due process** - garanties de procédure
* **(to) prove by due legal process** - prouver par toutes voies de droit
* **without due process of law** - sans garanties légales suffisantes

DUE (subst.) - Droit à payer, redevance, frais à payer
* **average due date** - échéance moyenne
* **due date** - date d'échéance, échéance
* **dues payable to the State** - redevances dues à l'Etat
* **fixed due** - droit fixe
* **harbour dues** - droits de port
* **part dues** - frais de relâche

DUMMY - Fictif, homme de paille
* **dummy account** - compte écran

DUPLICATE (subst.) - Duplicata, double
* **duplicate document** - document ampliatif
* **in duplicate** - en double expédition

DUPLICATION
* **duplication of documents** - multigraphie
* **duplication of rights** - cumul de droits, multiplicité de demandes ou de moyens de défense dans un même acte de procédure
* **duplication of work** - doubles emplois, chevauchements, doublon, éléments comptés deux fois

DURATION - Durée, période

DURESS - Violence, contrainte, coercition
* **duress of imprisonment** - séquestration
* **person using duress** - auteur des violences, auteur de la violence
* **(to) act under duress** - agir à son corps défendant, céder à la force
* **under duress** - sous la contrainte, par la force

DUTY - 1. Devoir, obligation, mission
* **breach of official duty** - violation des devoirs de fonction, manquement aux devoirs de fonction, forfaiture (crime)
* **breach of professional duty** - violation des devoirs de fonction, manquement aux devoirs de fonction
* **duty of care** - devoir de diligence, devoir d'attention, devoir de vigilance
* **duty to abstain** - devoir d'omission
* **duty to have sexual relations with one's spouse** - devoir conjugal
* **his official duties** - les devoirs de sa charge
* **I have the duty** - mon devoir m'oblige
* **neglect of duty** - manquement au devoir
* **official duties** - fonctions publiques, charges publiques
* **research duty** - mission de recherche

- 2. Droit (à payer); impôts
* **agreed rate of duty** - droit conventionnel
* **customs duty** - droit de douane
* **death duty** - droits de succession
* **duty free goods** - articles en franchise
* **duty free shop** - boutique franche
* **import duty** - droit d'entrée, droit à l'importation
* **liable to duties** - passible de droits
* **probate duties** - droits d'homologation (succession)
* **registration duty** - droit d'enregistrement
* **specific duties** - droits spécifiques
* **stamp duty** - droit de sceau
* **taxes and duties** - droits fiscaux

- 3. Obligation
* **duty imposed by the statutes** - obligation statutaire
* **duty of care** - obligation de prudence et de diligence
* **legal duty** - obligation juridique

- 4. Impôt
* **estate duty** - impôt sur les successions
* **succession duty** - impôt sur les successions

- 5.
* **per diem duty** - indemnité de fonction (>< subsistence allowance = indemnité de séjour)

DWELLING - Local à usage d'habitation, logement, local d'habitation
* **conventional dwelling** - habitation classique
* **converted dwelling** - logement transformé
* **dilapidated dwelling** - logement vétuste
* **dwelling facilities** - aménagement des logements
* **emergency dwelling** - logement de fortune
* **size of dwelling** - nombre de pièces, taille du logement
* **vacant dwelling** - logement vide

EARLY - <u>Dans un délai assez rapproché; (penser à, ne pas tarder à, les tout débuts); précoce (agric.)</u>
* **at an early date** - rapidement
* **at an early stage (of the process)** - à un stade peu avancé, à ses débuts; en amont du projet
* **early maturing** - à maturité précoce
* **in the early 20's** - peu après 1920
* **the early conclusion of a treaty** - conclusion d'un traité à une date rapprochée
* **whichever is the earlier** - selon la solution qui interviendra le plus rapidement

EARMARK (to) - <u>Affecter, destiner, réserver, attribuer des fonds (à un projet)</u>
* **earmarked as security** - affecter à la garantie
* **earmarked transfers** - transferts affectés
* **gold under earmark** - or sous dossier (détenu pour le compte de correspondants étrangers)
* **more use of non-earmarked grants** - globaliser les dotations
* **non-earmarked transfers** - transferts non affectés, transferts globaux
* **(to) de-earmark** - désengager (retrait d'affectation)

EARNED
* **amounts earned** - montant des rémunérations
* **earned income** - revenus du travail, revenu salarial

EARNER - <u>Soutien, personne rémunérée (dém.)</u>
* **principal earner** - principal soutien économique
* **wage earners** - travailleurs salariés

EARNEST - <u>Sérieux, diligent, sincère; solennel, véhément, vif</u>

EARNINGS - <u>Gains, bénéfices</u>
* **earnings of the prisoner** - pécule du prisonnier
* **earnings related benefits** - prestations dont les taux sont liés aux gains
* **export earnings** - recettes d'exportation
* **retained earnings** - bénéfices non distribués

EASEMENT - <u>Servitude, droit de servitude, servitude réelle, droit foncier, droit d'usage, servitude immobilière</u>
* **easement (confering a right) to discharge rainwater (over the servient tenement)** - servitude d'écoulement des eaux de pluie, servitude d'écoulement
* **easement imposed for military security** - servitude militaire

* **easement in respect of air** - servitude d'espace
* **easement in respect of light** - servitude de vue
* **easement in respect of party wall and fences** - servitude de mitoyenneté
* **easement in respect of water** - servitude d'eau
* **easement of necessity** - servitude impérative
* **easement of support** - servitude d'appui
* **easement to discharge rainwater** - servitude d'égoût
* **easement to discharge water used for household** - servitude d'évier
* **equitable easement** - servitude relevant d'un droit en équité
* **legal easement** - servitude relevant d'un droit réel
* **negative easement** - servitude passive
* **positive easement** - servitude active
* **redemption of an easement** - rachat d'une servitude
* **statutory easement** - servitude légale
* **the easement must accomodate the land** - une servitude doit servir un fonds dominant

ECONOMIC
* **economic crime** - criminalité des affaires, délinquance d'affaires
* **law relating to economic crime** - droit économique
* **the economics of a project** - rentabilité d'un projet, les aspects financiers d'un projet

EDITING - Mise en forme rédactionnelle

EFFECT (subst.) - <u>Effet, incidence</u>
* **a presumption to the effect** - une présomption selon laquelle...
* **adverse effects** - séquelles néfastes, effets délétères
* **binding effect** - valeur obligatoire
* **difference of effects** - différence quant aux effets, différence sur le plan des effets
* **effects on** - retombées sur, répercussions sur
* **has an effect on the economy** - l'économie s'en ressent
* **in effect** - en réalité, en substance
* **... makes of no effect** - ... rend inopérant
* **... must be to the effect that** - ... doit faire ressortir
* **(to) acquire final binding effect** - être passé en force de chose jugée
* **(to) be put into effect** - recevoir exécution
* **(to) comme into effect** - déployer ses effets
* **(to) have an effect erga omnes** - être opposable aux tiers, être opposable erga omnes
* **(to) have effects** - déployer ses effets
* **to the effect that** - attestant que
* **with effect from** - avec effet du

EFFECT (to)
* effect for a wrongful purpose - poursuivre un but illicite

EFFECTIVE - 1. Efficace, effectif, utile, valide, opposable, valable
* ... are not likely to be effective - ... risquant d'être inopérants
* ... can work most effectively - ... peut donner les meilleurs résultats, peut permettre de tirer parti
* cost effective - rentable
* effective against (in relation to) - opposable à
* effective agreement - accord en bonne et due forme
* effective from - prenant effet à dater de
* effective immediately - à dater de ce jour
* effective remedy - recours effectif, recours utile
* if the resolution is to be effective - pour que la résolution ait une portée réelle
* ... is a particularly effective instrument - ... constitue un outil privilégié
* not effective against - inopposable
* (to) become effective - produire ses effets, sortir ses effets

- 2. Onéreux
* for effective consideration - à titre onéreux (cession)

EFFECTIVENESS - Degré d'efficacité, résultats, (qqfs) succès, effectivité, mise en vigueur
* cost-effectiveness methods - méthodes d'analyse du rapport coût-rendement
* principle of effectiveness - principe de l'effet utile
* the effectiveness of the Convention - l'effet utile de la Convention

EFFICIENCY - Efficience, efficacité, rendement, productivité (d'un projet), bonne marche (d'une entreprise), (qqfs) technicité, (donner) satisfaction

EFFORT - Effort, tâche, action, initiative, volonté
* concerted effort - concertation
* courageous efforts - initiatives hardies
* every effort is being made - actuellement, tout est mis en oeuvre pour
* every effort will be made - on ne ménagera aucun effort
* numerous efforts have been made - on a cherché par bien des moyens
* (to) bend one's effort towards - s'employer à
* (to) exert every effort - déployer tous ses efforts, travailler sans relâche à, ne rien négliger pour
* (to) increase the efforts - intensifier
* (to) resist the effort - contrecarrer
* unremitting efforts - efforts inlassables (redoubler...)

EITHER ...or... - Partie ... partie
* in either case - quelle que soit la solution adoptée

EJECT (to) - 1. Jeter, émettre, éjecter

- 2. Déloger, évincer, expulser, destituer

ELABORATE (adj.) - Précis, minutieux, complexe, approfondi

ELABORATE (to) - Développer (idée), s'étendre sur, entrer dans, approfondir

ELECTION - 1. Election
* bye election - élection partielle
* direct election - scrutin direct
* election agent - agent électoral
* election committee - comité électoral
* for immediate re-election - immédiatement rééligible
* local election - élection municipale
* right to stand for election - droit d'éligibilité
* (to) seek election - se présenter aux élections

- 2. Choix, option
* at the date of election - à la date de son choix

ELECTIVE - 1. Electif
* elective functions - fonctions électives
* elective posts - postes pourvus par voie d'élection

- 2. A option
* elective subject - matière à option (éduc.)

ELECTORATE - Le corps électoral, les électeurs

ELIGIBILITY - 1. Eligibilité

- 2. Conditions d'attribution, conditions d'ouverture du droit, conditions d'admission, admissibilité
* eligibility for benefit - droit aux prestations
* eligibility roster - liste des candidats qualifiés

ELIGIBLE - 1. Eligible (droit électoral)

     - 2. Qualifié, ayant qualité pour, recevable, autorisé, admis, concerné
* **categories of eligible teachers** - catégories d'enseignants bénéficiaires
* **eligible for entry** - a vocation pour entrer
* **eligible papers** - titres agréés
* **eligible to be** - répondant aux conditions requises pour
* **not to be eligible for reductions** - ne pas pouvoir prétendre à des réductions
* **(to) be eligible for** - avoir droit à, en droit de prétendre à

     - 3. Souhaitable, désirable
* **eligible investment** - placement avantageux

ELIMINATE (to) - Faire disparaître, permettre d'éviter, résorber (déficit), supprimer, éliminer

ELUCIDATION - Eclaircissement; mise en évidence (d'une maladie, d'un facteur) (méd.)

EMBEZZLEMENT - Abus de confiance, malversation, détournement (de fonds), grivèlerie
* **embezzlement of funds** - soustraction frauduleuse

EMBODY (to) - Incorporer, faire figurer, consigner dans
* **embodied** - incarné, énoncé, consacré
* **embodying the principles** - inspiré des principes

EMBRACERY - Subornation (de juré)

EMERGENCE - 1. Emergence, naissance, apparition
* **emergence of a new State** - naissance d'un Etat
* **emergence to independence** - accession à l'indépendance

     - 2. Manifestation (nouveau phénomène)

EMERGENCY - 1. Situation exceptionnelle, nécessité, imprévue, urgence, crise, danger
* **at the first sign of emergency** - au premier signe de crise
* **emergency area** - zone sinistrée
* **emergency assistance** - secours d'urgence
* **emergency measures** - mesures de crise, droit d'urgence
* **emergency medecine** - médecine de catastrophe
* **emergency provisions** - mesures de crise, droit d'urgence
* **in case of emergency** - si des circonstances imprévues l'exigent
* **public emergency** - danger public
* **state of emergency** - état de crise, état d'urgence

     - 2. Exception
* **emergency legislation** - législation d'exception
* **emergency provision** - mesure d'exception
* **emergency provisions Act** - loi d'exception

     - 3.
* **emergency decision** - décision en référé

EMERGING
* **emerging countries** - pays neufs

EMOTIONAL - Emotif, affectif, sensible, impressionnable, émotionnel

EMPHASIS - Idée-maîtresse (d'un projet), importance
* **change of emphasis** - changement d'éclairage
* **with sufficient emphasis** - avec suffisamment de force

EMPIRICAL - Empirique
* **empirical decision** - décision d'espèce, décision particulière, décision ponctuelle (jur.)

EMPLOYER - Employeur, entrepreneur
* **employer's association** - association patronale
* **employer's excise tax** - taxe fédérale de chômage (USA)
* **employer's liability** - responsabilité de l'entrepreneur, responsabilité de l'employeur

EMPLOYMENT - Emploi, fonction, travail, volume de l'emploi
* **acceptance of employment** - acceptation de l'emploi
* **blind alley employment** - profession sans avenir
* **certificate of employment** - certificat d'embauche
* **contracts of employment** - contrats de travail
* **employment Code** - Code du travail
* **employment contract** - (contrat d') engagement de service, contrat de travail
* **employment generation** - création d'emplois
* **employment status** - statut professionnel
* **gainful employment** - emploi lucratif
* **he commenced employment with ...** - embauché par ...
* **in the course of employment** - dans l'exercice de ses fonctions
* **opportunities of employment** - accès à l'emploi
* **overfull employment** - suremploi
* **paid employment** - emploi lucratif
* **regional employment teams** - équipes régionales de promotion de l'emploi
* **remunerated employment** - occupation lucrative, occupation rémunérée
* **the new condition for employment** - la nouvelle condition requise pour l'emploi

ENABLING - Habilitant
* **enabling Act** - loi habilitante, loi d'habilitation, loi d'application
* **enabling formalities** - formalités habilitantes

ENACT (to) - Adopter, promulguer, édicter (une loi)

ENACTMENT - Adoption (d'un texte de loi), promulgation (d'une loi)
* **existing enactments relating to ...** - la législation en vigueur sur ...
* **enactments** - dispositions légales, législatives ou réglementaires

ENCLOSE (to) - Enclore
* **enclosed property** - enclos

ENCLOSURE - 1. Clôture, enclos
* **right of enclosure** - droit de se clore

- 2.
* **enclosure (Enc.)** - pièce jointe, P.J. annexe (à un dossier)

ENCROACHMENT - Empiètement, ingérence, incursion, (qqfs) prélèvement
* **encroachment on the rights of defence** - empiéter sur les droits de la défense

ENCUMBER (to) - 1. Entraver, gêner, embarrasser, encombrer
* **(to) be encumbered with family** - être chargé de famille

- 2. Grever
* **encumbered estate** - propriété obérée
* **encumbered with mortgages** - grevé d'hypothèques

ENCUMBRANCE - Charges (foncières); servitude
* **free of encumbrance** - exempt de charges, libre de toute charge
* **list of encumbrance** - état des charges

ENCUMBRANCER - Créancier hypothécaire

END - Fin, terme ; esprit, utilisation
* **the end of the beginning** - le cap des premières années
* **(to) end in** - aboutir à
* **(to) this end** - dans cet esprit, dans ce dessein

ENDANGER (to) - Frapper de précarité, mettre en péril, porter atteinte à, menacer, compromettre (des intérêts), faire péricliter
* **endangering** - mise en péril

ENDORSE (to) - Endosser, avaliser, homologuer, souscrire à, appuyer, approuver, faire sien, reprendre (à son compte), donner son aval, entériner, retenir

ENDORSEMENT - Endossement, endos, cautionnement, approbation officielle (voir Indorsement)

ENDOW (to) - Doter, faire une dotation à

ENDOWMENT - <u>Dotation, resources, patrimoine</u>
* **endowment Fund** - Fonds de dotation
* **endowment resources (of a country)** - ressources naturelles (d'un pays)

ENDURE (to) - Perdurer

ENEMY - <u>Ennemi</u>
* **enemy action** - fait de guerre

ENFORCE (to) - 1. <u>Demander la réalisation contentieuse d'un droit, demander la sanction d'un droit par les tribunaux, faire valoir un droit en justice, réclamer l'exécution d'un droit en justice, faire respecter la réglementation</u>
* **action to enforce a guarantee** - demande en garantie
* **action to register and enforce a foreign judgment** - demande d'exequatur
* **right to enforce** - droit de contraindre
* **(to) enforce a right** - exercer un droit de coercition
* **which is a duty legally enforced by criminal sanctions** - ce qui est un devoir, sous peine de sanctions pénales

    - 2. <u>Exécuter, faire exécuter, faire respecter</u>
* **authority to enforce** - pouvoir d'exécution
* **(to) enforce a sentence** - faire exécuter une peine
* **(to) enforce prices** - imposer des prix

ENFORCEABILITY - 1. <u>Force exécutoire</u>

    - 2. <u>Justiciabilité</u>
* **rulings on the enforceability of judgments** - décisions en matière d'exequatur

ENFORCEABLE - <u>Exécutoire, ayant force exécutoire, exigible, assorti de sanctions véritables, assorti de garanties effectives, juridiquement protégé</u>
* **an enforceable right** - droit exécutoire
* **enforceable decision** - décision (immédiatement) exécutoire
* **enforceable in itself** - exécutoire de plein droit
* **enforceable order for repayment** - état de reversement
* **enforceable right** - droit exécutoire
* **enforceable system of international Human Rights law** - mécanisme international de contrôle du respect des droits de l'homme

* **(legally) enforceable** - valablement rendu
* **unenforceable** - inopérant
* **unenforceable against** - inopposable

ENFORCEMENT - 1. <u>Répression, coercition, recouvrement</u>
* **collective enforcement of resale prices** - action collective pour imposer des prix de revente
* **enforcement action** - action coercitive, mesure coercitive, coercition
* **enforcement agencies** - forces de l'ordre
* **enforcement judge** - juge de l'application des peines
* **enforcement of rights** - garantie des droits
* **enforcement of debts** - recouvrement forcé
* **law enforcement agencies** - services répressifs, représentants de la loi, force publique, forces de l'ordre
* **law enforcement authorities** - services répressifs, autorités de police
* **law enforcement officers** - représentants de la loi, forces de l'ordre
* **right of enforcement** - droit de coercition
* **system of enforcement** - système de garantie

    - 2. <u>Exécution, application, mise en oeuvre</u>
* **after an enforcement order** - après exequatur
* **application for the institution of enforcement proceedings** - demande d'exequatur
* **enforcement authorities** - autorités d'exécution
* **enforcement clause** - formule exécutoire
* **enforcement notice** - mise en demeure par l'administration
* **enforcement of the Convention** - contrôle du respect (de l'application) de la Convention
* **enforcement of the judgment** - exécution du jugement
* **enforcement procedure** - voie d'exécution, par voie d'exécution
* **form of enforcement** - acte d'exécution
* **law enforcement officials** - responsables de l'exécution des lois
* **measure of enforcement** - mesure d'exécution
* **the enforcement of the Act** - l'application de la loi

ENFRANCHISE (to) - <u>Céder</u>
* **enfranchised tenant** - locataire ayant exercé son droit de rachat
* **enfranchising tenant** - locataire exerçant un droit d'emption

ENFRANCHISEMENT
* **leasehold enfranchisement** - cession, rachat du droit de retour, rachat de droits par l'emphytéote

ENHANCE (to) - Accentuer, intensifier, augmenter, majorer, relever, (qqfs) valoriser
* **enhancing the CSCE process** - valorisation du processus de la CSCE

ENJOIN (to) - Interdire, frapper d'interdiction

ENJOYMENT - Jouissance
* **enjoyment of a right** - jouissance d'un droit
* **enjoyment of the profits of a property** - jouissance des revenus d'une propriété
* **loss of enjoyment** - perte de jouissance
* **right of enjoyment** - droit de jouissance

ENLARGE (to)
* **(to) enlarge upon (a question)** - s'étendre sur (une question)

ENLIGHTENED - Eclairé, intelligent, averti, sage, sensé

ENLIGHTENMENT - Eclaircissements
* **need of current enlightenment** - besoin d'ouverture sur l'actualité

ENLIST (to) - Enrôler, incorporer, s'engager (mil.)
* **(to) enlist public cooperation** - sensibiliser l'opinion publique

ENQUIRY - 1. Enquête, étude, examen
* **direction to open an enquiry** - ordre d'informer
* **factual enquiry** - examen des faits
* **(to) open a preliminary enquiry** - ouvrir une information

- 2. Instruction, enquête, recherche, investigation
* **court of enquiry** - commission d'enquête
* **judicial enquiry** - instruction judiciaire
* **preliminary enquiries** - enquête préliminaire (police)
* **preliminary enquiry** - instruction préalable, instruction préliminaire
* **supplementary enquiry** - complément d'instruction
* **(to) conduct enquiries** - instruire le dossier

- 3. Demande de renseignements
* **enquiries officer** - préposé aux renseignements
* **in response to the enquiry made under rule ...** - en réponse à l'invitation prévue à l'article ...

ENRICHMENT - Enrichissement
* **unjust enrichment** - enrichissement sans cause

ENSURE (to) - Assurer, rendre sûr, garantir, faire en sorte que, réaliser, veiller à ce que
* **(to) ensure the implementation of Convention** - obtenir la mise en oeuvre d'une Convention
* **(to) seek to ensure that national interests are not jeopardized** - éviter que ... ne porte atteinte aux intérêts nationaux

ENTAIL (subst.) - Majorat
* **barring of an entail** - libération d'un majorat
* **(to) bar an entail** - libérer un majorat

ENTAIL (to) - 1. Entraîner, amener, occasionner
* **charges entailed** - les charges qui pourraient en résulter

- 2. Substituer un bien (au projet de)
* **entailed estate** - bien indisponible, bien substitué, bien grevé
* **entailed interest** - jouissance de biens dont la dévolution est restreinte à une catégorie d'héritiers

- 3. Constituer un majorat

ENTER (to) - 1. Entrer
* **(to) enter premises** - pénétrer dans les lieux

- 2. Enregistrer, immatriculer, porter, faire figurer
* **(to) enter on an account** - inscrire au compte
* **(to) enter on criminal record** - inscrire au casier judiciaire

- 3. Conclure, contracter, engager (des dépenses, des consultations)
* **no marriage shall be legally entered into** - aucun mariage ne peut être valablement contracté
* **(to) enter an appearance** - constituer avoué
* **(to) enter into a contract** - conclure un contrat, passer un contrat
* **(to) enter into obligations** - contracter des obligations
* **treaty obligations entered into** - obligations contractuelles assumées

ENTERPRISING - Dynamique

ENTERTAIN (to)
* **(to) entertain a point** - retenir un argument
* **(to) entertain proceedings** - connaître de procédures
* **(to) entertain submissions** - connaître des moyens
* **(to) entertain the same proceedings** - connaître de la même demande
* **(to) have jurisdiction to entertain** - avoir compétence pour connaître de, examiner

ENTICE (to) - Attirer, séduire, inciter à (faire qqch)
* **(to) entice somebody from his duty** - détourner quelqu'un de son devoir
* **(to) entice to quit employment** - débaucher (d'un emploi)

ENTICEMENT
* **enticement of another's customers** - détournement de clientèle
* **enticement to quit employment** - débauchage

ENTITLED
* **entitled to** - pouvoir se prévaloir de, être en droit de, habilité à, fondé à, autorisé à, ayant la faculté de
* **entitled to inherit** - appelé à la succession, au degré successible
* **entitled to succeed** - successible
* **person entitled to a right** - titulaire d'un droit, qui de droit
* **person entitled to appeal** - titulaire du droit de recours
* **whether or not the applicant is entitled to involve** - s'il est loisible au requérant d'invoquer

ENTITLEMENT - Droit (à), ouverture des droits, faculté de; titre
* **claim entitlement** - droit à une indemnité
* **entitlements called in** - droits mis en recouvrements
* **entitlements outstanding** - droits à recouvrer
* **pension entitlement** - droit à une pension de retraite
* **this conclusion is not weakened by the entitlement given to** - cette conclusion n'est pas ébranlée par la faculté donnée à
* **(to) establish that an entitlement is due** - constater un droit à recouvrer

ENTITLING - Qui a droit, susceptible de bénéficier
* **entitling to tax relief** - dégrévable

ENTITY - 1. Entité
* **legal entity** - entité juridique, personne morale
* **social entity** - corps social

- 2. Sujet de droit

ENTRANCE - Entrée, admission
* **entrance charge** - droit d'entrée
* **entrance money** - droit d'admission
* **entrance on duty** - date d'entrée en fonctions

ENTRY - 1. Entrée, franchissement, pénétration
* **entry clearance** - titre d'admission (au Royaume-Uni)
* **entry into force** - entrée en vigueur
* **entry into operation** - entrée en vigueur
* **entry of goods free of customs** - entrée en franchise
* **illegal entry** - franchissement irrégulier de la frontière
* **no entry** - accès interdit
* **powers of entry and search** - mesures de perquisition
* **refusal of entry** - refoulement (à la frontière)
* **right of entry** - droit d'entrée; droit de prendre possession
* **(to) refuse entry** - refouler (à la frontière)
* **unauthorized entry** - pénétration irrégulière

- 2. Inscription, écriture, notice (Bibliog.)
* **alteration of an entry** - inscription modificatrice
* **corrected entry** - inscription rectifiée
* **credit entry** - inscription au crédit, écriture au crédit
* **entry in a register** - transcription au registre
* **entry in an account** - passation en écriture, inscription au compte
* **entry on a person's file** - inscription au dossier, mention au dossier
* **entry on a personal file** - inscription au dossier, mention au dossier
* **entry on the record** - inscription au registre
* **fictitious entry** - écriture fictive
* **marginal entry** - émargement
* **new entry** - inscription nouvelle
* **provisional entry** - transcription conditionnelle
* **rectifying entry** - écriture de redressement
* **transfer of entries** - jeu d'écritures

- 3. Article de compte (comptabilité)
* **contra entry** - contrepassation
* **cross entry** - contrepassation
* **(to) cancel an entry** - contrepasser
* **(to) reverse an entry** - contrepasser

- 4. Déclaration
* **entry of an agreement on the record of the Court** - jugement de "donner acte"
* **entry of an appeal** - déclaration d'un recours

ENTRYISM - Entrisme

EQUALISATION - <u>Péréquation (de ressources)</u>
* **equalisation charge** - prélèvement de péréquation
* **equalisation contribution** - prélèvement de péréquation
* **equalisation of burdens** - péréquation des charges
* **equalisation tax** - prélèvement de péréquation
* **financed equalisation Act** - loi de péréquation financière
* **interest equalisation** - stabilisation de l'intérêt

EQUALITY
* **if a vote results in equality** - s'il y a égalité des voix, s'il y a partage des voix

EQUALLY - <u>A égalité</u>
* **is equally important** - a le même prix

EQUIPPED
* **going equipped to a burglary** - acte préparatoire à un cambriolage

EQUITABLE - <u>Equitable; de l'équité</u>
* **equality is equitable** - l'équité c'est l'équité
* **equitable remedies are discretionary** - les moyens de l'équité sont à la discrétion du juge
* **(to) fix on an equitable base** - fixer en équité

EQUITY - 1. <u>Equité</u>
* **maxims of equity** - maximes de l'équité

- 2.
* **equity capital** - capital social, capital-actions
* **equity investment** - prise de participations
* **equity type features** - quasi-actions

EQUIVALENT - <u>Equivalent, contrevaleur</u>
* **can be regarded as equivalent to** - assimilable à
* **dose equivalent** - équivalent de dose (méd.)
* **full-time man equivalent** - équivalent de main-d'oeuvre à temps plein
* **right to an equivalent** - droit à contrevaleur

ERASURE - Rature

ERECTIONS
* **erections and crops** - édifices et superficies

ERGA OMNES - <u>Opposable à tous, aux tiers</u>
* **judgment effective erga omnes** - jugement constitutif

ERR (to) - <u>Avoir tort, faire fausse route</u>
* **the Court erred** - le tribunal a eu tort, le tribunal a versé dans l'erreur

ERRANT
* **errant spouse** - conjoint dévoyé

ERRATIC - Décousu, instable, fluctuant, capricieux

ERRONEOUS - <u>Entaché d'erreur, illégal, dénaturé</u>
* **erroneous but not negligent belief in** - (penser à : de bonne foi)
* **erroneous interpretation** - dénaturation

ERROR - <u>Faute, erreur</u>
* **administrative error** - faute administrative, faute de service
* **clerical error** - erreur purement matérielle
* **errors and omissions** - régularisation (stat.)
* **errors of law and facts** - erreurs de droit et de fait
* **gross error as to the value of ...** - erreur lésionnaire
* **margin of error** - marge d'erreur, tolérance
* **obvious error of judgment** - erreur manifeste d'appréciation
* **official error** - faute de service, faute de service public
* **trial and error** - procéder par tâtonnements

ESCAPE - <u>Evasion, fuite</u>
* **escape theory** - théorie de la dérobade

ESCHEAT (to) - Tomber en déshérence; succession vacante, en déshérence; dévolution d'un bien à l'Etat

ESSENTIAL - Essentiel, substantiel, constitutif
* **error relating to non-essential qualities** - erreur sur les qualités non-essentielles
* **essential consideration** - un paramètre obligé
* **essential element of the offence** - élément constitutif de l'infraction
* **essential formality** - formalité substantielle
* **essential quality** - qualité substantielle
* **essentials** - rudiments
* **essentials of the contract** - éléments essentiels du contrat
* **it is essential that ... should not be allowed** - il faut absolument éviter que

ESSENTIALLY
* **... is essentially** - ... est, pour l'essentiel, est foncièrement, a pour caractéristique essentielle

ESTABLISH (to) - 1. Prouver, établir, déterminer, caractériser, conclure, constater, démontrer, justifier
* **adequately established** - établi de façon suffisante
* **established by law** - prévu par la loi
* **establishing a ship's nationality** - enquête de pavillon
* **has failed to establish** - n'a pas démontré
* **instrument establishing** - acte constitutif
* **no breach has been established in these applications** - les requêtes ne révèlent pas de violations
* **the Commission has established that** - la Commission a conclu, la Commission a constaté que
* **the declaration adequately establishes** - la déclaration prouve à suffisance
* **the relationship established between** - les relations décelées entre, les relations constatées entre
* **(to) establish** - faire état de
* **(to) establish legitimate grounds** - justifier de motifs légitimes
* **(to) establish one's title** - faire la preuve de son droit
* **(to) establish the offence** - caractériser le délit
* **(to) establish whether ...** - rechercher si ...
* **(to) establish with evidence** - établir, preuves à l'appui

       - 2. Créer, établir; implanter, instituer
* **established posts** - effectifs permanents, emplois budgétaires
* **in accord to established practice** - selon l'usage
* **law establishing** - loi portant création de
* **long established** - de longue date
* **(to) establish new horizons** - ouvrir de nouveaux horizons

ESTABLISHED - Acquis, prouvé, (qqfs) constant
* **established facts** - données de fait, faits tenus pour acquis
* **established right** - droit acquis, droit prouvé
* **firmly established practice** - pratique constante
* **it is established case-law that** - il est de jurisprudence constante que
* **long established trends** - caractéristiques bien connues
* **the Commission finds established that** - la Commission tient pour établi que
* **there is an established case-law on this point** - la jurisprudence est constante sur ce point

ESTABLISHMENT - 1. Etablissement, création, institution
* **establishment of a government** - instauration d'un gouvernement
* **right of establishment** - droit d'établissement

       - 2. Constatation
* **establishment of identity** - constatation de l'identité

       - 3.
* **the anti-establishment** - l'ordre nouveau
* **the establishment** - la classe dirigeante, les gens en place, l'ordre établi, l'"establishment"

       - 4. Effectifs, emplois permanents, nombre d'emplois permanents, nombre de postes permanents, postes permanents, dotation en personnel
* **central establishment office** - bureau central de recrutement
* **establishment routine** - système d'administration du personnel
* **establishment table** - tableau des emplois
* **peace establishment** - effectifs en temps de paix
* **regular establishment** - effectifs permanents
* **vehicle establishment** - parc automobile

ESTATE - 1. Patrimoine, héritage, masse des biens, succession, droit de propriété
* **conditional estate** - droit conditionnel de propriété
* **debt of the estate** - dette successorale
* **determinable estate** - droit dont la naissance dépend d'un événement futur
* **estate duty** - impôt sur les successions
* **estate in abeyance** - succession vacante
* **estate of a living person** - succession non ouverte
* **executor of an estate** - exécuteur testamentaire
* **heir to the entire estate** - héritier universel
* **intestate estate** - succession ab intestat
* **leasehold estate** - tenure à bail, propriété sous bail
* **legal estate** - droit réel foncier
* **net assets of the estate** - succession nette

./..

* **passing of the estate to the heirs** - ouverture de la succession
* **reserved portion of an estate** - réserve héréditaire
* **residuary estate** - reliquat
* **right to succeed to an estate** - droit héréditaire, droit d'hérédité
* **share in the estate** - part successorale
* **succession to an estate** - dévolution héréditaire
* **(to) administer an estate** - gérer une succession, gérer une masse de biens, administrer une succession, administrer une masse de biens
* **unclaimed estate** - succession en déshérence, succession vacante, hérédité jacente
* **unencumbered estate** - succession acceptée sous bénéfice d'inventaire

- 2. Biens immobiliers, immeubles
* **absolute estate** - droit inconditionnel et perpétuel de propriété immobilière
* **estate agent** - agent immobilier
* **estate manager** - gérant d'immeubles, syndic d'immeubles
* **estate of a bankrupt** - masse de la faillite, masse de la banqueroute, biens du failli
* **freehold estate** - bien immobilier tenu en propriété perpétuelle et libre
* **interests in the estate** - créances appartenant à l'actif de la masse
* **real estate** - biens immobiliers
* **real estate Court** - tribunal foncier

- 3.
* **housing estate** - lotissement, cité ouvrière
* **industrial estates** - zones industrielles aménagées
* **people living on estates** - habitants des quartiers
* **sugar estate** - exploitation sucrière
* **the third estate** - le tertiaire, le secteur tertiaire

ESTEEM - Estime, considération, (qqfs) prestige

ESTIMATE (subst.) - 1. Crédit, crédit demandé, demande de crédit
* **supplementary estimate** - demande de crédit supplémentaire, budget additionnel

- 2. Prévisions
* **budget estimate** - projet de budget
* **estimate of future expenditure** - prévisions de dépenses, état des prévisions de dépenses
* **estimate of future revenue** - prévisions de recettes, état des prévisions de recettes
* **estimates** - état prévisionnel; projet de budget

- 3. Evaluation, estimation forfaitaire
* **eye estimate** - estimation à vue
* **lump-sum estimate** - évaluation forfaitaire, estimation forfaitaire
* **provisional estimate** - évaluation provisoire

ESTIMATED
* **estimated cost** - coût estimatif
* **estimated expenditure** - prévisions de dépenses
* **estimated price** - prix d'estimation, valeur d'estimation
* **sale at an estimated price** - vente sur évaluation

ESTOPPED - Forclos
* **estopped from constesting** - forclos à contester

ESTOPPEL (subst.) - Forclusion; fin de non-recevoir; chose jugée
* **promissory estoppel** - force obligatoire d'une promesse
* **(to) raise estoppel** - invoquer la forclusion

ESTOPPEL (to) - Forclore

ESTOVER
* **common of estovers** - droit d'affouage

ESTRANGED - Coupé de, ayant perdu tout contact avec
* **estranged spouses** - époux brouillés, époux séparés

ET al. - Et divers collaborateurs, et consorts (jur.)

ETHICAL
* **ethical drugs** - médicaments délivrés sur ordonnance

ETHICS - Ethique, problèmes d'ordre moral
* **professional ethics** - déontologie

ETIQUETTE
* **code of professional etiquette** - code déontologique

EVADE (to) - Frauder
* **evading rules of civil law** - fraude civile
* **evading the law** - fraude à la loi
* **(to) evade the law** - éluder (tourner) la loi

EVALUATE (to) - <u>Apprécier, évaluer, mesurer, faire le point</u>
* **(to) evaluate in both directions** - apprécier dans les deux sens

EVALUATION - <u>Jugement, appréciation</u>
* **free evaluation of evidence** - libre appréciation des preuves
* **psychological evaluation** - bilan psychologique
* **self-evaluation** - jugement personnel (éduc.)

EVASION - <u>Détournement (des règlements)</u>
* **evasion of excise duties** - fraude douanière
* **evasion of social costs** - élusion des prestations sociales
* **evasion of taxes** - fraude fiscale
* **potential evasion of the rules** - fraude potentielle aux règles

EVEN - <u>Même, voire, du moins</u>
* **even remotely** - à la rigueur
* **even though** - quitte à

EVENT - 1. <u>Evénement, manifestation</u>

- 2.
* **after the event** - après coup
* **at all events** - quoi qu'il en soit
* **costs follow the event** - les dépenses suivent le sort du principal, les frais suivent le principal (jur.)
* **in any event** - au reste, en tout état de cause, au demeurant
* **in this event** - dans cette hypothèse
* **news and events** - au fil des événements

EVENTUATE (to) - <u>Aboutir à, se terminer par</u>

EVICT (to) - 1. <u>Déposséder, récupérer légalement une propriété des mains d'autrui</u>

- 2. <u>Expulser</u>

EVICTION - 1. <u>Dépossession, éviction</u>

- 2. <u>Expulsion</u>
* **eviction order** - ordonnance d'expulsion, ordonnance d'évacuation (des lieux)

EVIDENCE - 1. <u>Enquête</u>
* **taking evidence of the facts alledged by the other party** - enquête respective
* **taking of evidence (before a simple judge)** - enquête ordinaire
* **taking of evidence (in the course of proceedings)** - enquête incidente
* **taking of evidence by the trial court itself (an exceptional procedure)** - enquête sommaire

- 2. <u>Témoignage, déposition, témoin</u>
* **according to expert evidence** - à dire d'experts
* **character evidence** - témoignages sur la moralité, témoins de moralité
* **corrobative evidence** - témoignages concordants
* **corroborated evidence** - témoignages concordants
* **defence's evidence** - témoin à décharge
* **evidence given as witness** - déposition d'un témoin
* **evidence given as of witness** - déposition d'un témoin
* **evidence given by witness** - déposition d'un témoin
* **false evidence** - faux témoignage, fausses dépositions, fausse déclaration
* **further evidence** - autres dépositions
* **he said in evidence** - dans sa déposition, il a déclaré
* **hearing of evidence** - audition de témoins
* **oral evidence** - déposition orale
* **possible evidence** - éventuelles dépositions
* **Queen's evidence** - témoin à charge
* **refusal to give evidence** - refus de déposer, refus de témoigner
* **State's evidence** - témoin à charge
* **statement given in** - déposition
* **the taking of evidence** - l'audition des témoins
* **(to) give evidence** - témoigner, déposer, porter témoignage (en justice)
* **(to) refuse to give evidence before the Court** - refuser de déposer au procès
* **(to) submit further evidence** - présenter des offres de preuve complémentaires
* **(to) take the evidence** - procéder à l'audition des témoins
* **uncorroborated evidence** - témoignage non confirmé par autrui

- 3. <u>Pièces, éléments, rapports, documents, exposé des faits, indices, éléments d'appréciation, présomption, indications (indices et témoignages: police) (pièces et témoignages: tribunal; moyens ou éléments de preuve: tribunal)</u>
* **available evidence** - au vu du dossier, au vu des éléments de la cause, au vu de toutes les pièces justificatives, au vu de tous les éléments obtenus
* **danger of suppressing evidence** - danger d'obscurcissement, danger de suppression d'indices, danger de suppression de preuves
* **documentary evidence** - preuves documentaires, pièce justificative, justificatif, pièces du dossier
* **evidence in favour of and against the accused** - faits à la charge et à la décharge de l'accusé

./..

* **incriminating evidence** - pièce à conviction
* **it would appear from the evidence submitted that** - d'après les pièces du dossier
* **medical evidence** - rapports médicaux, expertise médicale
* **real evidence** - pièces matérielles (civil), pièces à conviction (pénal)
* **(to) claim for evidence** - réclamer des justifications
* **(to) put in evidence** - verser (une pièce) au dossier
* **where there is inconclusive evidence** - faute d'éléments suffisants de conviction

- 4. Preuve, moyens (éléments) de preuve, éléments probants, indices
* **absolute evidence** - preuve incontestable
* **admissible evidence** - preuve recevable
* **all types of evidence** - preuve par tous les moyens
* **ample evidence** - preuves abondantes
* **any kind of evidence is admissible** - la preuve est possible par tous les moyens
* **any type of evidence** - tous les moyens (de preuve)
* **assessment of evidence** - appréciation des preuves
* **available evidence** - toutes les pièces justificatives
* **beyond all reasonable doubt evidence** - preuve incontestable
* **burden of evidence** - charge de la preuve
* **circumstantial evidence** - preuve par indices, preuve circonstantielle, preuve indirecte
* **classes of evidence** - moyens de preuves, catégories de preuves
* **competent evidence** - preuve recevable
* **conclusive evidence** - preuve concluante
* **conflicting evidence** - preuve contradictoire
* **corroborated evidence** - témoignage dont la véracité est confirmée par un deuxième témoignage
* **corruption of evidence** - altération des preuves
* **derivative evidence** - preuve qui tire sa force probante d'ailleurs
* **direct evidence** - preuve directe des faits allégués
* **documentary evidence** - preuve authentique, preuve par document, document probant, document probatoire, preuve littérale, preuve par titres
* **documents referred to as evidence** - documents utilisés comme pièces à conviction
* **evidence adduced by the parties** - preuves présentées par les parties, preuves produites par les parties
* **evidence by common repute** - preuve par commune renommée
* **evidence for the defence** - témoin à décharge
* **evidence for the prosecution** - témoin à charge
* **evidence given as witness** - preuve testimoniale
* **evidence of guilt** - preuve de culpabilité
* **evidence on oath** - témoignage sous serment
* **evidence tending to prove** - présomptions de l'homme
* **exclusion of certain classes of evidence** - interdiction de recourir à certains moyens de preuve
* **exonerating evidence** - preuve libératoire, preuve à décharge
* **extrinsic evidence** - preuve extrinsèque
* **false evidence** - faux témoignage, fausse déclaration

* **for lack of evidence** - faute de preuves
* **form of evidence** - mode de preuve
* **further evidence** - preuve complémentaire
* **has brought no evidence to the contrary** - n'a en rien démontré qu'il en allait autrement, faute d'indices en sens contraire
* **hearsay evidence** - preuve par ouï-dire, preuve par commune renommée, preuve indirecte
* **inadmissible evidence** - preuve irrecevable
* **incriminating evidence** - pièce à conviction, preuves à charge
* **indirect evidence** - preuve des circonstances, preuve indirecte
* **inferential evidence** - preuve par présomption
* **insufficient evidence** - défaut de preuve
* **law of evidence** - droit de la preuve
* **new request for evidence to be taken** - faire de nouvelles offres de preuve
* **offer to produce evidence** - offre de preuve
* **offer to submit evidence** - offre de preuve
* **on the basis of the preponderance of evidence** - sur la base des preuves les plus convaincantes
* **oral evidence** - déposition orale, preuve testimoniale
* **original evidence** - preuve ayant force probante propre
* **(piece of) evidence** - moyen de preuve, moyen probatoire
* **preservation of evidence** - conservation de la preuve, mise en sûreté de la preuve
* **presumptive evidence** - preuve par présomption
* **prima facie evidence** - commencement de preuve; présomption, sauf preuve contraire
* **proofs of evidence** - preuves
* **real evidence** - preuve matérielle
* **rebutting evidence** - contre-preuve
* **refuting (rebuttable) evidence** - preuve contraire, contre-preuve
* **rules of evidence** - règles de la preuve
* **standard of evidence required** - niveau de preuve exigé
* **statement of available evidence** - offre de preuve
* **strict rules of evidence** - preuve légale (et formelle)
* **substantial evidence** - indices sérieux, preuves suffisantes
* **supporting evidence** - présomptions de l'homme
* **taking of evidence** - procéder à l'administration des preuves
* **the consideration (legal basis) can be proved by any kind of evidence** - la preuve de la cause est libre
* **the laws of evidence** - la théorie des preuves
* **the obtention of evidence** - la recherche de la preuve
* **the prosecution offered no further evidence** - l'accusation n'ayant pas fait de nouvelles offres de preuve
* **the quality of evidence presented by the documents** - la force probante qui s'attache à ces documents
* **the taking of evidence** - l'administration des preuves
* **there is certain evidence that ...** - certains indices portent à croire ...
* **(to) adduce evidence** - citer des preuves, produire des preuves

./..

* **(to) bring evidence** - administrer la preuve
* **(to) call evidence** - proposer des moyens de preuve
* **(to) challenge evidence** - récuser
* **(to) file their offers of evidence** - proposer leur moyens de preuve
* **(to) give evidence** - témoigner
* **(to) impugn evidence** - témoigner contre ses complices; dénoncer ses complices contre promesse d'immunité, récuser des preuves, contester un témoignage, attaquer un témoignage
* **(to) lodge motion for evidence** - présenter des offres de preuve
* **(to) obtain evidence** - recueillir des preuves
* **(to) offer evidence** - présenter des preuves
* **(to) produce evidence** - démontrer l'existence de faits
* **(to) refuse to take this evidence** - refuser ces moyens de preuve
* **(to) reject request for evidence** - rejeter des offres de preuve
* **(to) submit evidence** - présenter des offres de preuve
* **(to) suppress evidence** - faire disparaître des preuves
* **(to) test something in evidence** - apprécier la force probante
* **(to) turn Queen's evidence** - témoigner contre ses complices; dénoncer ses complices contre promesse d'immunité
* **type of evidence** - mode de preuve
* **unchallengeable evidence** - preuve irrécusable
* **uncorroborated evidence** - témoignage non confirmé par autrui
* **weight as evidence** - force probante
* **weight of evidence** - valeur probante des éléments de preuve
* **when evidence is being obtained** - lors de la recherche des preuves
* **written evidence** - preuve littérale, preuve par titres, document probatoire
* **written piece of evidence** - preuve documentaire

- 5. Fait
* **evidence for the prosecution** - fait à charge
* **exonerating evidence** - fait à décharge
* **fresh evidence** - faits nouveaux
* **incriminating evidence** - fait à charge

- 6. Expertise, rapport
* **(to) tender evidence** - recueillir la déposition d'experts

- 7.
* **available evidence** - indications dont on dispose
* **... contains conclusive evidence** - ... révèle de façon probante
* **empirical evidence shows** - l'expérience montre
* **some evidence suggests that** - d'après certains indices; certains indices portent à croire
* **(to) give satisfactory evidence that** - établir que

EVIDENT - Visible, manifeste
* **it appears self-evident that** - il va de soi que; cela va sans dire
* **one must question, rather than accept as self-evident the value of ...** - il convient, au lieu de la considérer comme allant de soi, de s'interroger sur la valeur de ...

EVIDENTIAL - Force probante
* **evidential value** - valeur probante, valeur probatoire
* **for evidential purposes** - comme pièce à conviction

EVIDENTIARY
* **evidentiary item** - pièce à conviction

EVIL (adj.)
* **evil intention** - malveillance

EVIL (subst.) - Abus, activité pernicieuse
* **evils of colonialism** - les méfaits du colonialisme

EVOLVE (to) - Mettre au point, dégager, forger, élaborer, découler (de), sortir, dégager
* **evolving case-law** - la jurisprudence évolutive
* **system evolved during the 19th century** - un système élaboré au cours du XIXe siècle
* **the agreement evolved into** - l'accord s'est traduit par
* **the agreement that evolved from the discussion** - l'accord qui s'est dégagé de la discussion
* **these aims should be allowed to evolve naturally** - il faut laisser ces objectifs se dégager d'eux-mêmes

EX
* **ex aequo et bono** - (décider) en équité
* **ex ante** - ex ante (écon.)
* **ex nunc** - pro futuro, dorénavant
* **ex officio** - de plein droit, d'office
* **ex parte** - non contradictoire
* **ex parte application** - requête unilatérale
* **ex parte proceedings** - procédure sur requête
* **ex post facto** - a posteriori, rétroactif
* **ex rights** - droits épuisés, droits exercés, ex-droits

EX FACIE
* **illegal ex facie** - illégal dès le commencement

EX GRATIA - <u>A titre gracieux, à titre gratuit et sans obligation</u>
* **ex gratia compensation** - indemnisation discrétionnaire, bien vouloir, consentir à titre gracieux

EX OFFICIO - <u>Es qualités, de plein droit, (qqfs) d'office</u>
* **the Chamber included as ex officio members, Mr...** - la Chambre comprenait de plein droit M...

EX PARTE - <u>Unilatéral, subjectif, pro domo</u>
* **case X v. Y ex parte Z** - affaire X c. Y pour le compte de Z
* **ex parte application** - requête unilatérale
* **ex parte nature of the proceedings** - caractère non contradictoire de la procédure
* **on an ex parte basis** - d'une manière non contradictoire

EXAMINATION - 1. <u>Examen</u>
* **examination as to novelty** - examen de nouveauté (brevets)
* **mastercraftsman's examination** - examen de maîtrise

- 2. <u>Instruction (Jur.)</u>

- 3. <u>Interrogatoire, audition</u>
* **cross-examination** - examen contradictoire du témoin (par l'avocat de la partie adverse)
* **examination as to one's personal particulars** - interrogatoire d'identité
* **examination by the investigating judge** - interrogatoire par le juge d'instruction
* **examination in chief** - interrogatoire du témoin par la partie qui l'a fait citer
* **examination on the merits** - interrogatoire sur le fond
* **examination with representatives of the parties** - examen contradictoire
* **public examination** - interrogatoire public
* **reexamination** - nouvel interrogatoire de la partie par son avocat

EXAMINE (to) - <u>Etudier, examiner, interroger; commenter, analyser; traiter de, porter sur, agiter</u>
* **examining magistrate** - magistrat instructeur, juge d'instruction
* **(to) examine a witness** - interroger un témoin, recevoir une déposition
* **(to) examine admissibility** - vérifier la recevabilité
* **(to) examine whether (if) ...** - rechercher si ...

EXAMPLE - <u>Exemple, cas, indication, manifestation</u>
* **as an example** - à titre d'indication
* **for example** - c'est ainsi que
* **taking a concrete example, suppose ...** - pour fixer les idées, supposons ...

EXCEED (to) - <u>Dépasser, excéder, être supérieur à, l'emporter sur, outrepasser</u>
* **not exceeding** - jusqu'à concurrence de
* **(to) exceed one's authority** - outrepasser ses pouvoirs
* **(to) exceed one's powers** - outrepasser ses pouvoirs

EXCEPT - A ceci près que

EXCEPTION - 1. <u>Dérogation; prescription dérogatoire, réserve</u>
* **as an exception to** - par dérogation à
* **creation of an exception** - dérogation
* **exception clause** - clause exorbitante du droit commun
* **(to) take exception** - se formaliser, faire des réserves
* **(to) take exception to a witness** - reprocher un témoin, récuser un témoin

- 2. <u>Exception (soulever, invoquer une...)</u>
* **as an exception** - à titre exceptionnel
* **exception clause** - disposition d'exception
* **rule creating an exception** - droit d'exception
* **with one exception** - à ceci près que

EXCESS (adj.) - <u>Excédentaire, surabondant, en surplus, en surnombre</u>
* **excess foreign exchange reserves** - le trop-plein de devises

EXCESS (subst.) - <u>Excédent, trop-perçu, dépassement, surabondance, surplus, franchise (assur.)</u>
* **excess of births over deaths** - accroissement naturel
* **excess profit** - superbénéfice
* **in excess** - en surnombre

EXCESSIVE - <u>Excessif, pléthorique, outrancier, à l'excès</u>
* **excessive profits** - bénéfices extraordinaires

EXCHANGE (subst.) - 1. Change, devises
* **bill of exchange** - lettre de change
* **competitive exchange depreciation** - course à la dévaluation
* **current rate of exchange** - cours du jour
* **exchange control** - contrôle des changes, contingentement des devises, contrôle des devises
* **exchange control permission** - autorisation de change
* **exchange economy** - économie fondée sur l'échange
* **exchange loss** - perte au change, perte de change
* **exchange transactions** - opérations sur devises
* **first of exchange** - première de change
* **foreign exchange market** - bourse des changes, marché des changes, marché de devises
* **party to an exchange** - copermutant, co-échangiste
* **rate of exchange** - cours du change

- 2. Echange
* **exchange transfusion** - exsanguino transfusion
* **exchanges of experience** - mise en commun des expériences, confrontation des données de l'expérience, comparaison des données d'expérience
* **exchanges with local population** - rapports avec la population locale
* **in exchange** - moyennant
* **in exchange for** - en contrepartie

EXCHEQUER - (qqfs) Fisc

EXCISE
* **excise duty** - droit de consommation, taxe de consommation, droit d'accise, droit d'excise
* **excise tax** - droit de consomation, taxe de consommation, droit d'accise, droit d'excise

EXCLUDE (to) - 1. Tenir à l'écart, laisser en marge, omettre, radier, laisser de côté

- 2. Dessaisir
* **excluded from exercising his rights** - dessaisi de l'exercice de ses droits

- 3. Refuser
* **excluded from membership** - non admis comme membre
* **(to) exclude from trial** - refuser l'accès au tribunal

- 4. Forclore
* **(to) exclude the public** - prononcer le huis-clos

EXCLUSIVE - 1. Exclusif
* **clause conferring exclusive rights** - clause d'exclusivité
* **exclusive dealing agreement** - accord d'exclusivité
* **exclusive right** - droit d'exclusivité
* **exclusive rights** - exclusivité, monopole
* **exclusive rights contract** - convention d'exclusivité
* **exclusive territories** - marchés réservés

- 2. Privatif
* **exclusive right** - droit privatif
* **in exclusive ownership** - en jouissance privative

EXCUSE - Excuse, prétexte, expédient
* **(to) plead in excuse** - invoquer à sa décharge

EXCUSED
* **excused from duty** - exempt de service
* **(to) ask to be excused** - se récuser (pour un juge); demander l'indulgence de
* **(to) be excused from** - être dispensé de

EXECUTE (to)
* **executed by firing squad** - fusillé, passé par les armes, exécuté par fusillade
* **executing Agency** - Agent d'exécution (PNUD)
* **self-executing** - directement applicable (pour une loi), exécutoire
* **self-executing agreement** - accord en forme simplifiée
* **(to) execute a contract** - signer un contrat
* **(to) execute a terms of reference** - s'acquitter d'un mandat

EXECUTION - Application, exécution, mesure exécutoire, (qqfs) saisie-exécution
* **execution creditor** - créancier saisissant
* **execution judge** - juge d'exécution
* **execution of a contract** - signature d'un contrat
* **execution of an instrument** - passation d'un acte
* **exempt from execution** - insaisissable
* **not subject to execution** - insaisissable

EXECUTIONER - Bourreau
* **executioner man** - valet de bourreau

EXECUTIVE
* **executive board** - conseil d'administration, conseil exécutif, comité directeur
* **executive body** - organe exécutif (≠ délibérant)
* **executive chairman** - PDG
* **executive commentary** - commentaire directif
* **executive expenses** - dépenses d'exécution, (qqfs) dépenses de direction
* **executive heads** - directeurs généraux
* **executive meeting** - réunion des responsables privés (USA)
* **executive personnel** - personnel d'exécution, personnel de direction
* **executive post** - poste de direction
* **executive sale** - vente par exécution forcée
* **executive session** - séance à huis-clos (USA)
* **executive-order** - décret-loi, décret du Président des USA
* **senior executive** - agent de direction
* **the executive** - (qqfs) l'autorité publique

EXECUTOR - Exécuteur testamentaire

EXEMPLARY - Ayant valeur d'exemple, emblématique, (qqfs) représentatif

EXEMPLIFY (to) - Illustrer; (penser à) paradigme

EXEMPT (to) - Exonérer, dispenser
* **exempted from sitting** - dispensé de siéger
* **(to) exempt from punishment** - soustraire à la peine

EXEMPTION - Exonération (d'impôts), dérogation, privilège, dispense, franchise, dégrèvement, remise
* **acceptance of exemption ... would apply to those who ...** - les dispenses pour ... ne seraient accordées qu'à ceux qui ...
* **diplomatic exemption** - franchise diplomatique
* **exemption claim** - demande de dérogation; clause de non-responsabilité, clause limitative de responsabilité
* **exemption clauses** - clauses d'exonération
* **exemption from jurisdiction** - privilège de juridiction
* **exemption from liability** - exonération de franchise, exonération de responsabilité
* **exemption from marriage impediments** - dispense des empêchements de marriage
* **exemption from security for legal costs** - dispense de dépôt en garantie de frais de justice
* **exemption from stamp duty** - dispense d'affranchissement, franchise de timbres

* **exemption from tax** - dégrèvement total, exonération fiscale, exonération d'impôts, franchise de taxes
* **exemption from the requirement of giving security** - dispense de caution
* **exemption from the rule as to age** - dispense d'âge
* **ground for exemption** - clause d'exonération
* **provisional exemption** - remise provisoire
* **right to grant exemptions** - droit de dispense
* **temporary customs exemption** - admission temporaire en franchise
* **(to) claim exemption from** - demander à être dispensé de
* **(to) create an exemption from** - déroger à
* **(to) obtain exemption from this requirement** - se faire dispenser de cette obligation
* **total exemption** - franchise totale

EXERCISE (to) - Exercer (tous les sens); préoccuper, tracasser, tourmenter
* **questions exercising the public mind** - questions auxquelles le public porte un vif intérêt, questions qui préoccupent beaucoup le public, questions fort débattues par l'opinion
* **this question is exercising my mind** - cette question me tracasse, cette question me rend perplexe
* **(to) exercise a right** - exercer un droit, jouir d'un droit

EXHAUSTION - 1. Epuisement
* **exhaustion of the available remedies** - épuisement des voies de recours

- 2. Surmenage

EXHAUSTIVE - Exhaustif, approfondi, complet, sous tous les aspects
* **exhaustive list** - liste limitative

EXHIBIT - 1. Pièce jointe
* **documents lodged as exhibit** - pièce à conviction, justificative, pièces produites à l'appui des thèses des parties, pièces soumises (au tribunal ou à la Commission)

- 2. Exposition (stand), affichage, spécimen, objet d'exposition, présentoir

EXIGENCY
* **exigencies of the service** - raisons de service

EXISTENT
* **non existant** - non avenu

EXISTENCE
* came into existence in ... - existe depuis ...

EXISTING - Actuel, antérieur, que nous connaissons
* existing experience - expérience acquise
* existing laws - lois en vigueur, lois
* existing situation - état actuel des choses
* existing membres - fonctionnaires en poste

EXONERATE (to) - Mettre hors de cause

EXONERATING
* exonerating evidence - fait à décharge; preuve libératoire

EXPANDING - En expansion, en progression, en augmentation
* expanding impact - effet expansionniste
* this expanding population - cette population en constante progression

EXPANSION - Expansion, extension, essor, élargissement
* expansion of staff - accroissement du personnel

EXPATRIATE - Non-autochtone, étranger
* expatriate civil servants - fonctionnaires en poste à l'étranger
* expatriate employment - emploi d'étrangers

EXPECT (to)
* he is expected to - il sera probablement appelé à
* is expected to - doit, on prévoit que, il serait normal que
* it can be confidently expected - il y a tout lieu de penser que
* it can be expected - on peut espérer que
* might be expected - semblerait devoir

EXPECTANCY - Espérance (de vie)
* sale of an expectancy - vente de droits successifs

EXPECTATION - Attente, espérance, (qqfs) prévision
* business expectations - prévisions des milieux d'affaires
* expectations - anticipations, attentes, aspirations, perspectives
* expectations in - droit en espérance
* inflationnary expectations - comportement inflationniste,anticipations inflationnistes
* long term expectations - prévisions à long terme
* overall expectation - espérance mathématique

EXPECTED - Prévu, escompté
* as expected - comme on l'escomptait
* expected changes - changements attendus

EXPEDIENCY - Opportunité
* a matter of expediency - un expédient
* control of expediency - contrôle de l'opportunité
* political expediency - sagesse politique, nécessité politique
* reasons of expediency - raisons de circonstances

EXPEDIENT - Opportuniste (Pol.)

EXPEDITE (to) - Accélérer, diligenter (la procédure), activer, faciliter
* expedite initiation of - hâter la mise en route

EXPEDITOUSLY - Au mieux, dans les meilleurs délais

EXPENDABLE - Comsomptible, (qqfs) sacrifiable, jetable
* expendable equipment - petit matériel, matériel courant
* expendable property - biens fongibles
* expendable supplies - petit matériel, matériel courant
* expendables - dépenses de renouvellement
* not expendable items of equipment - fournitures non fongibles

EXPENDITURE - <u>Dépenses, frais</u>
* **actual expenditure** - dépenses effectives
* **authorized expenditure for 1988 ...** - autorisation de programmes pour 1988 ...
* **capital expenditure** - dépenses d'établissement, dépenses de fondation
* **committed expenditure** - dépenses engagées
* **expenditure account** - compte de dépenses
* **expenditure caused with malicious intent** - frais vexatoires
* **expenditure of a binding nature** - dépenses de caractère obligatoire
* **expenditure on luxuries** - impense voluptuaire
* **expenditure on property** - (qqfs) impense
* **head of expenditure** - chapître des dépenses, titre de dépense
* **item of expenditure** - article de dépense
* **mandatory expenditure** - dépenses de caractère obligatoire
* **official expenditure** - frais de fonctions
* **right to propose expenditure** - initiative des dépenses

EXPENSES - <u>Dépenses, frais, débours</u>
* **expert with expenses paid by the C.E.** - expert défrayé par le C.E.
* **foundation expenses** - dépenses d'établissement, dépenses de fondation
* **funeral expenses** - frais funéraires
* **incidental (necessary) expenses** - faux-frais
* **legal expenses insurance** - assurance défense et recours, assurance judiciaire, assurance pour frais judiciaires
* **management expenses** - frais de régie
* **medical expenses** - frais médicaux
* **miscellaneous expenses** - dépenses accessoires
* **operating expenses** - frais d'exploitation
* **overhead expenses** - frais généraux
* **payment of personal expenses** - charge des débours personnels
* **professional expenses** - frais professionnels
* **promotion expenses** - dépenses d'établissement, frais d'établissement, dépenses de fondation, frais de fondation
* **publication at the author's expenses** - édition à compte d'auteur
* **reconditioning expenses** - frais de mise en état
* **(to) proceed at one's own expenses** - agir à ses propres frais
* **travel and accommodation expenses** - frais de voyage et de séjour
* **travel and subsistence expenses** - frais de voyage et de séjour
* **travel expenses** - frais de déplacement
* **working expenses** - frais d'exploitation

EXPERIENCE (subst.) - <u>Résultats obtenus, précédents, antécédents, constatations</u>
* **exchange of experiences** - échange d'observations pratiques
* **on the basis of current experience** - d'après les données actuelles
* **on the basis of experience** - avec le recul
* **past experiences** - événements passés
* **sad experiences** - cas déplorables
* **the experience of the Convention** - ce qui a été fait dans le cadre de la Convention
* **their experience was** - ils ont constaté
* **(to) exchange experiences** - mettre en commun l'expérience acquise
* **(to) have previous experience** - être familiarisé
* **was an experience of value** - riche d'enseignements utiles

EXPERIENCED
* **experienced in that type of activity** - rompu à ce genre d'opérations
* **experienced observer** - observateur exercé

EXPERIMENT - 1. <u>Expérience, essai, épreuve</u>

- 2. <u>Echantillon, modèle</u>
* **period of trials and experiments** - période de tâtonnements

EXPERIMENTAL - <u>Expérimental, (qqfs) empirique</u>
* **experimental fiction** - romans d'avant-garde
* **on an experimental basis** - à titre d'essai

EXPERT - <u>Expert</u>
* **art expert** - connaisseur d'art, amateur d'art
* **chief expert opinion** - surexpertise
* **court expert** - expert près les tribunaux; expert judiciaire
* **expert advice and services** - informations et services spécialisés
* **expert opinion** - expertise; rapport d'expert
* **expert witness** - juré-expert
* **fee for an expert opinion** - droit d'expertise
* **further expert opinion** - surexpertise
* **handwriting expert** - expert en écritures
* **second expert opinion** - surexpertise; contre-expertise
* **sworn expert** - expert-juré

EXPERTISE - <u>Concours technique, connaissances spécialisées, compétence d'experts</u>
* **trade expertise** - corps de métier (construction)

EXPIRE (to) - Venir à échéance, expirer, (pour un brevet) tomber dans le domaine public
* **expiring of a time-limit** - péremption

EXPIRY - Echéance, arrivé à échéance, péremption
* **expiry of a term** - échéance du délai
* **expiry of a time-limit** - échéance du délai
* **expiry of term** - échéance du terme

EXPLAIN (to) - Expliquer, motiver, exposer, préciser
* **explained by legal reasons** - juridiquement motivé
* **fully explained** - explicité
* **this does not explain** - il reste à expliquer

EXPLANATORY
* **explanatory list of terms** - index
* **explanatory memorandum** - exposé des motifs
* **self-explanatory** - suffisamment explicite, parfaitement explicite

EXPLICIT
* **with the explicit aim** - avec l'objectif déclaré

EXPLICITLY - (qqfs) Formellement

EXPLORATORY - D'exploration, prospectif, d'investigation
* **exploratory document** - document préliminaire
* **exploratory mission** - mission de réflexion, mission préliminaire

EXPOSE (to) - Dévoiler, révéler, percer à jour
* **it had been fully exposed** - il avait été amplement prouvé

EXPOSURE
* **exposure of a child** - abandon d'enfant
* **indecent exposure** - outrage à la pudeur

EXPRESS (adj.) - Explicite, formel
* **express protection** - protection explicite

EXPRESSLY - Formellement, expressément, en termes exprès

EXPULSION - Expulsion
* **expulsion of illegal immigrants** - refoulement d'immigrants clandestins

EXPUNGE (to)
* **(to) expunge an entry** - rayer une inscription (sur un registre)

EXTEND (to)
* **(to) extend over** - persister pendant

EXTENSION - Extension, prorogation, prolongation, (qqfs) multiplication, prorogation du terme, prolongement
* **application for an extension of time** - requête en prorogation de délai
* **extension of a time-limit** - prolongation d'un délai
* **extension courses** - cours péri-universitaires
* **extension of a bill** - renouvellement d'un effet
* **extension of jurisdiction** - prorogation de compétence
* **extension of lease** - prorogation de bail
* **extension of public libraries** - multiplication du nombre de bibliothèques
* **extension of tenancy** - prorogation de bail
* **extension of time** - prolongation
* **extension of time for payment** - délai de grâce, sursis de paiement

EXTENSIVE - Détaillé, étoffé, étendu
* **extensive case-law** - jurisprudence abondante
* **extensive statements** - exposés détaillés
* **how extensive** - l'ampleur
* **(to) be co-extensive with** - coïncider avec, avoir le même domaine que

EXTENSIVELY - Largement, considérablement, sous les aspects les plus divers

EXTENUATE (to) - Diminuer, atténuer, minimiser (les effets de)
* **extenuating circumstances** - circonstances atténuantes

EXTINCT - Forclos

EXTINCTIVE
* extinctive time limit - (délai de) forclusion

EXTINGUISH (to) - Forclore

EXTORTION - 1. Chantage

- 2. Concussion (s'il s'agit d'un fonctionnaire)

EXTORTIONNER - Maître-chanteur

EXTRA - 1. Para
* extrabudgetary - parafiscal

- 2. Hors
* extramarital - hors mariage

- 3. Extra
* extrabudgetary account - compte extrabudgétaire
* extraterrestrial topographic features - détails topographiques extraterrestres
* extratribal - extracoutumier

EXTRACTION
* extraction of information - extorsion de renseignements

EXTRADITION - Procédure en vue de l'extradition; aux fins de l'extradition; à titre extraditoire
* under detention pending extradition - sous écrou extraditionnel

EXTRANEOUS - Hors du sujet, non pertinent, en dehors de la question

EXTRAVAGANCE - Prodigalité

EXTRAVAGANT
* extravagant habits - prodigalité

FABRICATE (to) - Monter de toutes pièces, inventer
* pure fabrication - pure invention

FACE (subst.)
* face value - valeur nominale; sur sa "bonne mine"
* on its face, art. 8... - à première vue, l'article 8
* on the face of it - d'après les apparences
* (to) save face - sauver les apparences, sauvegarder les apparences, ne pas perdre la face

FACE (to)
* problems facing our society - problèmes de société
* the task facing us - la tâche qui nous attend
* the truth must be faced - il faut regarder la vérité en face
* (to) be faced with crucial decisions how... - trancher dans le vif la question de savoir comment...
* (to) face a problem - affronter un problème
* (to) face up reality (hard facts) - opération-vérité

FACILITIES - Commodités, services, moyens, facilités, prestations, avantages, privilèges, possibilités, mesures, aide matérielle; installations, structures, infrastructure, équipement, locaux, (qqfs) services publics
* basic facilities - services essentiels à
* clinical facilities - ressources cliniques
* community facilities - services collectifs
* education facilities - services d'enseignement, éducatifs
* mortgage facilities - facilités accordées en matière d'hypothèque
* services and facilities to be provided - services à fournir et dispositions à prendre, services à assurer et dispositions à prendre
* socio-educational facilities - équipements socio-éducatifs
* study and training facilities - moyens d'étude et de formation
* technical assistance and related facilities - l'assistance technique et ses prolongements
* technical facilities - moyens techniques
* those who have the necessary facilities - ceux qui sont organisés à cet effet
* workshop facilities - installations artisanales

FACT - Fait, circonstances, donnée
* a serious deficiency is the fact that - une grave lacune tient à ce que
* admitted fact - fait admis, reconnu
* appraisal of facts - jugement de réalité (≠ de valeur)
* as a matter of fact - de fait, le fait est que (et non "en fait")
* as far as the specific fact are concerned - quant aux circonstances de la cause
* by virtue of the fact that - pouvant résulter
* closely connected fact - fait connexe
* consideration of the facts - examen des faits
* elaboration of the facts - précision sur les faits
* fact giving rise to a right - fait créateur de droit
* fact to be established - fait à prouver
* facts alleged - faits allégués
* facts and law - les faits et points de droit
* facts concerning the complaint - faits relatifs au grief
* facts found - faits constatés
* facts of her allegations, of the cause - faits à la base de ses allégations, faits à l'origine de l'affaire
* has not appreciated the fact that - a méconnu le fait que
* having regard to the facts before it - au vu des éléments dont elle dipose
* hindrance of fact - obstacle de fait
* ill-founded on the facts - mal fondé en fait
* in fact - en effet, effectivement, à vrai dire
* incriminating fact - fait à charge
* legally relevant - fait juridique
* on the facts - sur l'ensemble des faits de la cause, sur l'ensemble des circonstances de l'espèce
* outline of the facts - résumé des faits de la cause
* presentation of the facts - exposé des faits
* statement of facts - énoncé des faits, exposé des faits
* the fact that - le fait pour ... de ...
* the facts - en fait
* (to) ascertain the facts - constater les faits
* (to) establish the facts - constater les faits
* (to) overturn fact - casser un jugement par une interprétation différente des faits du litige (en appel)
* (to) respond to the facts - contester les faits
* (to) set the facts - exposer les faits
* undisputed fact - fait non contesté
* when the facts occured - au moment des faits

FACT-FINDING - Constatation de fait, enquête
* fact-finding mission - mission d'enquête; mission d'investigation
* fact-finding procedure - procédure d'enquête; mission d'investigation
* fact-finding survey - enquête technique
* methods of fact-finding - méthodes d'établissement des faits

FACTOR (subst.) - 1. Facteur, élément (d'appréciation)
* **factor analysis** - analyse factorielle
* **judicial factor** - liquidateur, syndic (Ecosse)

- 2. Prête-nom, tiers-saisi (USA), intendant (Ecosse), courtier

FACTOR (to) - Ventiler, trier

FACTORY
* **"bad-neighbour" factories** - usines de mauvais voisinage (produits polluants ou dangereux)

FACTUAL - Matériel, de fait, concret, événementiel, descriptif, objectif, factuel
* **factual accuracy** - exactitude des faits
* **factual and evidential effects of a judgment** - effets de fait et de titre d'un jugement
* **factual circumstances of their lives** - événements de leur existence
* **factual point** - point de fait
* **factual report** - rapport d'information, rapport circonstancié, rapport détaillé
* **of factual nature** - d'ordre matériel

FAIL - Faire défaut, omettre, négliger de, manquer à l'obligation de, faillir, échouer, avorter
* **but it fails to take account of two characteristics** - mais c'est oublier deux caractéristiques
* **by failing to** - en omettant de
* **fail safe** - auto-protection
* **failing this, he asked ...** - subsidiairement, il ...
* **person failing to report for duty** - insoumis
* **she failed to attend a court hearing** - elle ne s'est pas présentée à une audience
* **the application would be bound to fail** - le recours serait resté sans effet, aurait été voué à l'échec
* **the grounds fail** - les arguments sont défaillants
* **(to) fail a candidate** - recaler un candidat (examen)
* **(to) fail to ...** - ne pas réussir à, ne pas ...
* **(to) fail to indicate** - omettre d'indiquer
* **(to) fail to recognize his right to** - méconnaître son droit de

FAILURE - 1. Défaillance, défaut, carence, manque, lacune
* **by its failure to provide** - en négligeant de prévoir
* **continuing failure to** - négliger de façon persistante
* **failure to act** - carence
* **failure to perform** - défaut de prestation, non-exécution, inexécution (d'un contrat)
* **failure to perform obligation** - transgression d'une obligation
* **failure to provide such remedies** - absence de telles voies de recours
* **failure to rectify** - défaut de rectification
* **failure to report** - défaut de déclaration
* **failure to serve (to give) notice** - défaut de notification
* **failure to work (a patent)** - défaut d'exploitation (d'un brevet)
* **on failure to perform** - à défaut d'exécution
* **report of failure to attend** - procès-verbal de carence
* **serious failure of the law** - grave lacune du droit
* **the failure of the government to make it illegal** - le fait que le gouvernement ne l'ait pas interdit

- 2. Manquement, inobservation
* **failure to comply (with one's obligations)** - manquement à ses obligations, à son devoir
* **failure to maintain (family)** - abandon de famille
* **failure to observe the standard of care applied in one's own affairs** - faute subjective, faute in concreto
* **failure to observe the standard of reasonable care** - faute in abstracto, objective
* **failure to observe the time limit** - inobservation du délai
* **failure to observe, to comply with** - inobservation

- 3. Méconnaissance, non-respect
* **failure to comply with** - non-respect de, méconnaissance de
* **failure to decide a point (for a court)** - omission de statuer
* **failure to observe the time-limit** - non-respect du délai
* **failure to report for duty** - insoumission
* **failure to respect family life** - atteinte au respect de la vie familiale
* **negligent failure to report for duty** - insoumission par négligence

FAIR - Equitable, (qqfs) objectif, loyal, normal
* **fair and unfair dismissal** - licenciement justifié ou non
* **fair dealing** - usage loyal (copyright)
* **right to a fair trial** - droit d'être entendu, droit à l'équité du procès
* **should be regarded as fair** - ne doit pas être considéré comme abusif (licenciement)
* **(to) plead fair comment (in a libel case)** - exciper du droit de commenter loyalement un fait d'intérêt général

FAIRNESS - Équité, loyauté
* (duty of) fairness - devoir de loyauté
* fairness of proceedings - jugement équitable

FAITH
* acquisition in good faith - de bonne foi
* in bad faith - intention frauduleuse
* in good faith - consciencieusement

FALSE - Faux, mensonger, calomnieux
* bringing false accusations - dénonciation calomnieuse
* false allegation - allégations mensongères
* false evidence - faux témoignage
* false imprisonment - séquestration arbitraire, détention arbitraire, emprisonnement illégal
* false pretence - manoeuvres frauduleuses

FALSEHOOD - Fausseté, mensonge
* injurious falsehood - atteinte au crédit

FALSIFICATION
* falsification of documents - faux et usage de faux

FALSIFY (to) - Falsifier
* (to) falsify facts - dénaturer les faits

FALTERING - Défaillance

FAMILIAR
* (to) become familiar with - s'initier à

FAMINE - Famine, disette, soif
* an increasing famine of liquidity - une disette grandissante de moyens de paiement

FANCIFUL - Fantasque, capricieux, chimérique, imaginaire
* fanciful idea - vue de l'esprit

FANCY - De surchoix, de qualité supérieure, extra
* fancy goods - articles de fantaisie, nouveautés
* fancy idea - idée recherchée, idée élaborée

FAR-FETCHED - Inutilement compliqué, utopique, peu réaliste, exagéré, hasardeux (hypothèse)

FAR-REACHING - Très exigeant, d'envergure, d'une portée considérable, pousser très loin
* far-reaching divergences - divergences profondes, écart profond
* far-reaching interpretation - interprétation trop large
* far-reaching progress - progrès fondamental

FARM - Entreprise agricole, exploitation agricole
* experimental farm - station d'essai
* family farm - exploitation agricole à caractère familial
* farm labour - main-d'oeuvre agricole
* farm manager - régisseur

FARSIGHTEDNESS - Clairvoyance, prévoyance

FASCINATING
* fascinating - attachant (pers.), prenant (voix), captivant (roman), palpitant (aventure), passionnant (idée)

FASCINATION - Séduction, attrait

FASTIDIOUS - Pointilleux, méticuleux, difficile, exigeant, tâtillon, vétilleux

FATALITY - Accident mortel

FATTENING - Embouche (élevage)
* summer fattening - engraissement à l'herbage
* winter fattening - engraissement à l'auge

FAULT - 1. Faute légère, culpa levissima
* **absence of fault** - absence de faute
* **admission of a fault** - aveu d'une faute
* **definite (specific) fault** - faute caractérisée
* **no fault liability** - responsabilité sans faute
* **no fault scheme** - entente d'exonération mutuelle
* **personal fault** - faute partagée
* **without fault** - fortuitement, (par) cas fortuit, accidentellement

- 2. Manquement

- 3. Vice, tare

- 4. Tort
* **(on account of) the fault of both parties** - aux torts réciproques (divorce)

FAULTY
* **faulty organisation** - vice d'exploitation, vice d'organisation

FAVOUR (subst.) - Faveur, approbation
* **(to) decide in favour of** - opter pour
* **(to) speak in favour of** - se faire le porte-parole de

FAVOUR (to) - 1. Approuver, préférer, privilégier

- 2. Etre partisan de, préconiser

- 3. Obliger (qqn), favoriser

- 4. Avantager (qqn), montrer de la partialité envers

FAVOURABLE - Propice

FEASIBILITY - Possibilité d'application pratique, faisabilité
* **economic feasibility of investment** - rentabilité des investissements
* **feasibility study** - étude de faisabilité, étude de viabilité, étude de réalisation, étude préalable
* **pre-feasibility study** - étude préliminaire de réalisation
* **technical feasibility study** - étude de faisabilité technique

FEASIBLE - Réalisable, applicable, faisable, (qqfs) à la portée (de qqn), viable, praticable

FEATHERBEDDING - 1. Surdéploiement (de la main d'oeuvre) (réduction de la productivité)

- 2. Surprotection syndicale

FEATURE
* **a series of articles featuring...** - un reportage sur...
* **feature articles** - articles de fond (journaux)
* **feature writer** - auteur d'articles de fond
* **specific features of...** - les spécificités de ...
* **tectonic feature** - accident tectonique

FEE - 1. Droit (à payer)
* **admission fee** - droit d'admission
* **clearance fee** - droit de dédouanement
* **consular fee** - droit de chancellerie
* **double fee** - double droit
* **evidence fees** - frais de preuve
* **fees and dues** - droits et redevances
* **half fee** - demi-droit
* **licence fee** - droit de licence
* **office fee** - droit de chancellerie
* **passport fee** - droit de timbre sur les passeports
* **search fee** - droit de recherche

- 2. Frais, taxe
* **brokerage fee** - frais de courtage
* **copying fees** - frais d'écriture
* **court fees** - frais de justice, frais judiciaires
* **landing fee** - taxe d'atterrissage

- 3. Fief, bien immobilier, propriété héréditaire
* **fee simple, absolute in possession** - bien immobilier possédé en toute propriété
* **fee simple, absolute in remainder** - bien immobilier possédé en toute propriété, en rang successif
* **fee tail** - bien immobilier limité à certains héritiers

FEEDBACK - Rétroaction, rétroinformation, information en retour, "écho"
* **audience feedback** - information ascendante, rétroaction du groupe
* **group feedback** - information ascendante, rétroaction du groupe

FEEDING
* **emergency feeding** - alimentation d'urgence
* **forced feeding** - alimentation forcée
* **group feeding** - alimentation des collectivités

FEEL (to) - <u>Sonder, explorer le terrain</u>
* **I felt as if** - il me semble que
* **it feels like** - cela donne la sensation de
* **strongly felt** - fortement ressenti
* **(to) feel one's way** - avancer à tâtons, aller à tâtons
* **(to) feel out the possibility of a scheme** - tâter le terrain avant de lancer un projet
* **(to) feel somebody out** - tâter le terrain auprès de quelqu'un

FEELING
* **has no strong feeling** - n'a pas d'opinion bien arrêtée

FEES - <u>Honoraires, émoluments</u>
* **attendance fees** - jetons de présence
* **attorney fees** - honoraires d'avocat
* **brief fees** - honoraires d'avocat
* **claim for fees** - liquidation d'honoraires
* **fees owing** - créance d'honoraire
* **fixing fees** - liquidation d'honoraires
* **management fees** - rémunération des directeurs
* **professional fees** - honoraires d'avocat
* **refresher fees** - honoraires supplémentaires de l'avocat (si prolongation du procès)
* **retaining fees** - provision versée
* **solicitor's fees** - émoluments
* **(to) attach fees** - saisir les honoraires
* **(to) garnish fees** - saisir les honoraires

FELO DE SE - Coupable de tentative de suicide

FELONIOUS - <u>Delictueux</u>
* **loitering with felonious intent** - vagabondage délictueux

FELONY - <u>Crime, acte délictueux grave, infraction majeure</u>
* **felonies and misdemeanours** - crimes et délits
* **reduction of felony by statute to misdemeanours** - correctionnalisation légale
* **(to) reduce felonies to misdemeanours by statute** - correctionnaliser
* **treated as a felony** - qualifié (vol, etc.)
* **trial of a felony as a misdemeanour** - correctionnalisation judiciaire

FENCE SITTER - attentiste

FIAT - <u>Autorisation</u>
* **fiat money** - monnaie à cours forcé

FICTION
* **legal fiction** - fiction juridique, légale
* **statutory fiction** - fiction juridique, fiction légale

FIDUCIARY
* **fiduciary capacity** - capacité fiduciante
* **fiduciary costs** - frais de garde (titres)

FIELD
* **field studies** - études in situ

FIGURE
* **dark figure** - chiffre noir (cas d'infractions enregistrées sans identification de coupable)

FILE (subst.) - 1. <u>Fichier, dossier</u>
* **divorce file** - dossier de la procédure de divorce
* **inspection of the file** - examen du dossier
* **making the file available for inspection** - communication du dossier
* **(to) inspect the file** - consulter le dossier

- 2. <u>Pièces</u>
* **case file** - pièces de procédure
* **production of the file** - production de pièces
* **(to) decide a case on the file** - statuer sur pièces
* **(to) place on the file** - verser au dossier

FILE (to) - <u>Déposer</u>
* **filed at** - déposé à
* **(to) file a document** - verser un document au dossier
* **(to) file a pleading** - déposer ses conclusions
* **(to) file an application** - introduire une requête
* **(to) file one's balance-sheet** - déposer son bilan

FILING - 1. <u>Dépôt, (verser au) dossier, mise au dossier, classement, archivage</u>
* **filing clerk** - commis au classement

- 2. <u>(qqfs) Déclaration</u>
* **filing of an appeal** - déclaration d'un recours

FILL (to) - Remplir, combler, faire la soudure

FILLIP - Stimulant, encouragement, coup de fouet
* **road transports received a fillip as a result of a railway strike** - la grève des chemins de fer a mis les transports routiers en vedette

FINAL - 1. Final, (qqfs) jusqu'au bout, sans faille

　　　　- 2. Définitif, passé en force de chose jugée
* **final account** - résultat
* **final and conclusive** - définitif et sans appel
* **final balance** - résultat
* **final decision** - décision définitive, décision finale
* **final judgment** - jugement en dernier ressort, jugement de valeur absolue
* **final version** - texte définitif
* **(to) acquire final binding effect** - passer en force de chose jugée
* **(to) become final** - acquérir en foce de chose jugée, prendre en force de chose jugée, passer en force de chose jugée
* **(to) render final decisions** - statuer en dernier ressort

FINALE
* **grand finale** - apothéose, bouquet final, point d'orgue

FINALIZE (to) - Mettre la dernière main à, mettre la dernière touche à, parachever, peaufiner

FINANCE - Finances
* **new finance** - argent frais

FINANCIAL
* **financial product** - produit financier (vente des indices de bourse)
* **financial rules and regulations** - règles de gestion financière et règlement financier

FINANCING
* **possible scheme of supplementary financing** - mécanisme éventuel de financement supplémentaire; mesures financières supplémentaires
* **special facility for compensatory financing** - système spécial de financement compensatoire

FIND - 1. Constater, trouver (que), relever
* **has found ... useful** - a pu se convaincre de l'utilité de...

　　　　- 2. Déclarer, conclure, estimer, juger, retenir, statuer, dire
* **after having found that ...** - dès lors qu'il est constaté que...
* **does not find it necessary to examine whether** - réserve la question de savoir si...
* **find whether in law** - dire pour droit
* **the Commission finding no issue under Art. 8...** - la Commission, estimant qu'il n'y avait pas lieu de se référer à l'art. 8...
* **the Court found that** - la Cour a conclu que
* **(to) find against** - prendre jugement contre quelqu'un
* **(to) find appropriate to consider that** - estimer devoir considérer que
* **(to) find guilty** - déclarer coupable
* **(to) find in favour of the applicant** - donner raison au requérant
* **(to) have no ground to find that** - ne pas avoir de motif pour

FINDER
* **law relating to finder's rights** - droit de découverte

FINDING - Constatation, conclusion, constat, verdict, rapport, déclaration, manifestation (de la vérité), résultat (d'une enquête), constatation de fait (pour un tribunal), renseignements recueillis, éléments d'appréciation
* **based on the finding that** - fondé sur la constatation que, fondé sur la conclusion que
* **decisive finding** - décision définitive
* **does not make any finding as to ...** - ... ne formule aucune conclusion quant à ..., ne tranche pas la question de
* **finding of guilt** - constatation de l'infraction; déclaration de culpabilité, sentence de culpabilité
* **finding of lack of juridiction** - déclaration d'incompétence
* **finding on each charge** - conclusion sur chaque chef d'accusation
* **findings** - données, observations, résultats (de recherches), conclusions, constatations
* **findings of the Court** - conclusions du tribunal
* **necessity of separate finding of violation** - nécessité de conclure séparément à la violation
* **the main findings** - les données essentielles, les constatations essentielles
* **this issue has not been subject to any finding by the Court** - la Cour n'a jamais statué sur ce point
* **(to) contribute objectively to the finding of the law and the truth** - contribuer en toute objectivité à la manifestation de la vérité, en fait et en droit
* **(to) enter a finding of guilty** - déclarer coupable

./..

* **(to) make a finding on** - apprécier (pour le juge), constater
* **(to) make application for a finding to the effect that** - demander (à la Cour) de conclure que
* **(to) return a finding of guilty** - déclarer coupable

FINE (subst.) - <u>Amende</u>
* **amount of a fine** - quantum de la peine
* **breach of regulation fine** - contravention de simple police
* **coercive fine** - astreinte
* **conditional fine** - amende conditionnelle
* **daily fines** - astreintes (pénales)
* **day fine** - jour-amende
* **fine by way of composition** - amende de composition
* **fine for a summary (petty) offence** - amende de simple police
* **fine payable by instalments** - amende fractionnée
* **fixed fine** - amende forfaitaire
* **police fine** - amende transactionnelle
* **recovery of fines** - recouvrement des amendes
* **sum fine** - amende forfaitaire
* **suspended fine** - amende avec sursis

FINE (to) - Infliger une amende, pénaliser

FINGER
* **finger prints** - empreintes digitales

FINISH (to) - <u>Finir, clôturer, terminer</u>
* **finishing industries** - industries d'aval
* **the shares finished at** - les actions cotaient ... en fin de séance, les actions cotaient... à la clôture

FIREARM - Arme à feu

FIRM - <u>Entreprise</u>
* **firm name** - raison sociale
* **medium size firm** - entreprise moyenne
* **one man firm** - établissement en nom personnel
* **private firm** - établissement privé
* **small and medium firms** - PMI

FIRST
* **first cover** - enveloppe premier jour (phil.)
* **first day cancellation** - oblitération premier jour (phil.)
* **first hand experience** - expérience personnelle
* **first hand knowledge** - connaissance directe
* **first in and first out method (FIFO)** - méthode du premier entré, premier sorti (PEPS) (gestion de stocks)
* **first line reserve assets** - réserves de première ligne

FISCAL - <u>Fiscal, financier</u>
* **as fiscal agent to...** - assure le service de trésorerie pour...
* **fiscal authorities** - autorités financières
* **fiscal concessions** - allègements fiscaux
* **fiscal evasion** - fraude fiscale
* **fiscal policies** - politique financière et fiscale

FISHERY - 1. <u>Aire de pêche, lieu de pêche</u>

- 2. <u>Droit de pêche</u>
* **maritime fishery Courts** - Prud'hommes pêcheurs

FITNESS - 1. <u>Aptitude</u>
* **fitness for** - aptitude à

- 2. <u>Justesse, à propos, convenance; (dans un contrat) convenance à l'usage envisagé par les parties</u>

- 3.
* **physical fitness** - santé, bon état physique, bonne forme

FIX (to)
* **fixing a day for trial** - fixation d'audience
* **fixing cases for hearing** - renvoi à l'audience (rare: audiencement)
* **fixing of fees** - liquidation des honoraires
* **price fixing** - fixation des prix
* **(to) fix the costs** - liquider les dépens

FIXED - <u>Fixe, forfaitaire, (qqfs) réglementaire</u>
* **fixed abode** - domicile certain
* **fixed charge** - droit fixe, droit forfaitaire
* **fixed due** - droit fixe, droit forfaitaire
* **fixed duty** - droit fixe, droit forfaitaire
* **fixed interest bearing securities** - valeurs à revenu fixe
* **fixed rate** - taux forfaitaire
* **fixed scale** - base forfaitaire
* **fixed value loan** - emprunt à valeur stable
* **the rate interest has become fixed again** - le taux d'intérêt s'est cristallisé à un nouveau palier

FIXTURE - 1. <u>Accessoire</u>

- 2. <u>Immeuble par destination</u>
* **inventory of fixtures** - état des lieux

FLAG (subst.) - <u>Pavillon, drapeau</u>
* **flag of convenience** - pavillon de complaisance
* **flag of truce** - pavillon parlementaire
* **law of the flag** - droit de pavillon
* **misuse of flag** - abus du pavillon
* **State of the flag** - Etat du pavillon

FLAG (to) - Se relâcher, languir, mollir, faiblir, se ralentir

FLARING UP - Flambée, poussée

FLAT - 1. <u>Terne, stagnant, languissant</u>
* **flat market** - marché sans animation

- 2. <u>Forfaitaire, uniforme</u>
* **flat rate** - droit forfaitaire
* **flat rate bonus** - prime non hiérarchisée

FLATTEN (out) - <u>Se niveler, se stabiliser, cesser (de monter ou descendre), s'aplatir</u>

FLAW - <u>Endommager, défigurer</u>
* **(to) flaw a defence** - vicier un moyen de défense

FLEXIBILITY - <u>Souplesse, élasticité</u>
* **occupational flexibility of the workers** - polyvalence professionnelle des travailleurs

FLEXIBLE - <u>Souple, maniable, nuancé, adaptable</u>
* **flexible response** - riposte graduée, riposte à la mesure
* **technologically flexible industry** - industrie à technologie variable
* **(to) provide more flexible procedure** - assouplir les modalités

FLIGHT (subst.) - 1. <u>Vol (aérien), escadrille</u>
* **charter flight** - vol charter, vol à la demande (sur avion affrété)
* **long-distance flight** - vol long-courrier
* **transit flight** - survol en transit

- 2. <u>Escadrille (mil.)</u>

- 3. <u>Fuite, évasion</u>
* **flight capital** - capitaux vagabonds

FLOATING - 1. <u>Flottant, fluctuant, circulant</u>
* **floating capital** - capital circulant
* **floating rates of exchange** - changes fluctuants
* **the floating debt** - la dette flottante

- 2.
* **floating charges** - formule de garantie des obligations (droit des sociétés anonymes)

FLOOD - Marée, afflux, masse

FLOOR (adj.) - <u>Plancher</u>
* **floor area (space)** - "plancher", surface de plancher, surface habitable

FLOOR (subst.) - 1. <u>Limite inférieure, minimum, seuil, plancher</u>
* **floor space** - espace au sol, superficie habitable

- 2. <u>Etage</u>
* **ownership of a floor** - propriété d'étage

- 3.
* **proposed from the floor** - proposé en séance
* **the representative of ... has the floor** - la parole est au représentant de ...
* **(to) speak from the floor** - parler de sa place (sans monter à la tribune)
* **(to) take the floor** - prendre la parole

FLOURISH (to)
* **theater flourishes in large towns** - les grandes villes sont le terrain privilégié du théâtre, les grandes villes sont le terrain d'élection du théâtre

FLOW (subst.) - Courant, débit, écoulement, flux, volume, afflux, circuit
* **flow of information** - échange d'informations
* **flow process chart** - diagramme des opérations, progression du travail
* **international flow of private capital** - mouvements internationaux de capitaux privés
* **inward flow** - flux entrant
* **outward flow** - flux sortant
* **traffic flow** - écoulement de la circulation

FLUCTUATIONS - Fluctuations, variations, ondulations, oscillations, pulsations
* **cyclical fluctuations** - fluctuations cycliques
* **seasonal fluctuations** - variations saisonnières
* **sudden fluctuations** - soubresauts
* **violent fluctuations** - secousses

FLUID - Inconsistant, flou, évolutif, flottant, vague, mouvant
* **fluid situation** - situation mouvante
* **the question is in a fluid state** - la question reste pendante, la question n'est pas encore tranchée

FOCUS (subst.) - Point de convergence

FOLLOW (to) - Suivre, observer, donner suite à
* **follow-back survey** - enquête rétrospective
* **it follows** - il découle, en effet
* **this also follows from the right...** - c'est un corollaire du droit...
* **(to) follow set procedure** - observer des règles fixes de procédure
* **(to) follow suit** - emboîter le pas, imiter, suivre
* **(to) follow the majority** - se rallier à la majorité
* **(to) follow up** - donner suit à; assurer la relance, assurer le suivi, assurer le rappel, assurer les suites

FOND
* **fond of doing** - faisant volontiers

FOOLISH
* **it would be foolish to ignore** - mais, il ne faut pas se leurrer

FORBEARANCE - Abstention

FORBID (to)
* **person forbidden to reside in...** - interdit de séjour
* **rule forbidding** - interdiction

FORCE (subst.)
* **legal force** - force exécutoire, force de chose jugée (>< autorité de chose jugée)
* **menace of force** - menace de violence
* **(to) force one's attention on** - se polariser sur

FORCED
* **forced feeding** - alimentation forcée
* **forced labour** - travail forcé
* **wages are being forced up by trade unions** - les syndicats poussent à la hausse des salaires

FORECLOSE (to) - Saisir l'immeuble hypothéqué

FORECLOSURE - Saisie d'une hypothèque
* **foreclosure of mortgage** - réalisation d'une hypothèque (≠ forclusion)

FOREGONE
* **foregone conclusion** - conclusion dont l'issue n'est pas douteuse, conclusion dont l'issue était prévue

FOREGROUND
* **foreground knowledge** - information pionnière

FOREIGN
* **certificate of foreign law** - certificat de coutume
* **foreign account** - compte à l'étranger
* **foreign origin** - extranéité
* **(to) enter the foreign service** - embrasser la carrière diplomatique

FORENSIC
* **a procedural situation in the strictly forensic sense** - phase strictement judiciaire de l'instance
* **forensic doctor** - médecin légiste
* **forensic medecine** - médecine légale
* **forensic science** - science médico-légale
* **forensic science laboratory** - laboratoire scientifique de la police
* **forensic scientist** - expert légiste

FORFEITURE - 1. <u>Confiscation</u>
* **forfeiture of money deposit** - non-remboursement d'une somme versée à titre de dépôt

      - 2. <u>Déchéance (d'un droit) par jugement</u>
* **forfeiture clause** - clause de déchéance, clause de dédit (dans un contrat)
* **forfeiture of a right (claim)** - perte du droit
* **forfeiture of basic rights** - déchéance des droits fondamentaux

FORGE (to) - <u>Falsifier, faire un faux</u>
* **forged document** - faux document, faux titre, titre contrefait, titre falsifié
* **forged notes** - faux billets
* **(to) allege that a document is forged** - arguer de faux, s'inscrire en faux

FORGER - Fabricant de fausse monnaie, faussaire, contrefacteur

FORGERY - <u>Contrefaçon, fraude, faux, inscription de faux, falsification, altération d'écritures</u>
* **allegation of forgery** - dénonciation en faux
* **forgery Act offences** - fraude et falsification
* **forgery coins** - falsification de monnaies
* **forgery of civil status certificate** - falsification d'état civil
* **forgery of dies** - falsification de sceaux
* **forgery of documents** - falsifications de documents, faux en écritures, contrefaçon d'écritures, faux documentaire, faux principal
* **forgery of identity cards** - falsification (de papiers d'identité
* **forgery of passports** - falsification de passeports
* **forgery of seals** - falsification de sceaux
* **plea of forgery** - inscription en faux
* **(to) plead that a document is a forgery** - s'inscrire en faux

FORM (subst.) - 1. <u>Forme, modalité</u>
* **in form** - formellement
* **some form of union** - une union sous une forme à définir
* **the forms of the procedure** - les modalités de la procédure

      - 2.
* **finger print form** - fiche anthropométrique
* **physical identification form** - fiche anthropométrique

      - 3.
* **in the prescribed form** - en bonne et due forme
* **in the proper form** - en bonne et due forme

      - 4.
* **form required by the local law** - forme locale
* **legal form** - forme juridique
* **statutory form** - forme juridique

      - 5. <u>Formulaire, formule, imprimé, circulaire</u>
* **application form** - formule de demande
* **form of oath** - formule de serment
* **in the revised form** - dans sa nouvelle rédaction

      - 6.
* **not in the proper form** - irrégulier

FORM (to) - Créer, fonder, constituer (une filiale, etc.)

FORMAL - <u>Formel, solennel, théorique, selon les règles</u>
* **a formal meaning** - un sens précis
* **essential formal requirements** - formes substantielles
* **formal condition** - condition de forme
* **formal defect** - défaut de forme, irrégularité de forme, vice de forme
* **formal meeting** - réunion officielle, réunion solennelle
* **formal observation** - remarque de forme
* **formal promise** - promesse de dette
* **formal provision** - prescription de forme
* **formal rules** - règles de procédure
* **formal undertaking (to do)** - promesse d'exécution
* **in accordance with formal requirements** - dans les formes, dans les conditions de forme
* **in the formal sense** - en théorie
* **violation of formal requirements** - violation des formes

FORMALITY - 1. <u>Conditions de forme, formes</u>
* **without further formalities** - de plano

      - 2. Formalité
* **essential formality** - formalité substantielle
* **(procedural) formalities** - le formalisme de l'instance
* **the (necessary) formalities** - les formalités à accomplir

FORMALIZE (to) - Officialiser, adopter formellement, officiellement, régulariser, entériner officiellement, sanctionner, consacrer, donner à qqch un caractère officiel, donner à qqch un caractère définitif

FORMATION - Création
* **formation of a company** - constitution d'une société
* **formation of a partnership of company** - création d'une société
* **formation of law** - création du droit

FORMATIVE
* **in the formative stage** - encore en voie d'organisation

FORMULATE (to) - Déclarer

FORUM
* **forum shopping** - recherche du tribunal le mieux-disant, recherche du tribunal le plus offrant, course au "mieux-disant judiciaire"

FORWARDING - Envoi, expédition
* **forwarding agent** - commissionnaire expéditeur, commissionnaire de transport
* **forwarding expenses** - frais d'envoi

FOSSILISATION
* **fossilisation sets in** - les connaissances se figent

FOSTER (subst.)
* **foster care** - placement nourricier
* **foster home** - foyer d'adoption
* **foster parent** - parent nourricier
* **foster parents** - famille d'accueil
* **long-term fostering** - placement durable

FOSTER (to) - Favoriser, encourager, stimuler, pousser, appuyer, consolider

FOUNDED
* **ill founded** - non fondé, mal fondé
* **well founded** - fondé en droit

FRAME (to) - Monter une accusation contre quelqu'un, faire condamner quelqu'un grâce à des preuves fabriquées ou falsifiées
* **framed provisions** - prévisions normatives

FRAME-UP - Coup monté

FRANCHISE - 1. Droit, privilège, concession
* **franchise of wreck** - droit d'épave

- 2. Droit électoral, droit de vote; électorat
* **franchise for all** - suffrage universel
* **franchise qualification** - conditions d'inscription sur les listes électorales
* **universal franchise** - suffrage universel

FRANCHISING - Franchisage
* **a franchised dealer** - un concessionnaire

FRANKLY - Sans détours, sans ambages, sans arrière-pensée

FRAUD - Escroquerie, filouterie, dol, tromperie, fraude, abus de confiance
* **consumer fraud** - infraction contre les consommateurs
* **defence of fraud** - exception de dol
* **fire-insurance fraud** - escroquerie à l'assurance-incendie
* **insurance fraud** - escroquerie à l'assurance
* **lodging by fraud** - filouterie de logement
* **long-firm fraud** - carambouillage
* **obtaining a meal by fraud** - filouterie d'aliment, grivèlerie
* **petty fraud** - filouterie
* **repeated fraud** - escroquerie avec récidive
* **transport by fraud** - filouterie de transport
* **unintentional fault equivalent to fraud** - faute équipollente au dol

FRAUDULENT - Malhonnête, frauduleux
* **fraudulent bankruptcy** - banqueroute frauduleuse
* **fraudulent claim to a debt** - supposition de créances
* **fraudulent conduct** - comportement frauduleux
* **fraudulent conversation** - abus de confiance, détournement
* **fraudulent misuse of funds** - détournement de fonds
* **fraudulent removal of attached goods** - détournement d'objets saisis
* **fraudulent removal of property** - détournement d'objets saisis
* **fraudulent representations as to land** - stellionat
* **fraudulent representations as to title** - stellionat
* **fraudulent stock exchange manipulation** - manipulation abusive des marchés boursiers
* **fraudulent transaction** - transaction entachée de fraude

FREE (adj.) - 1. <u>Exempt, franc, gratuit, gracieux</u>
* **free for all developement** - développement anarchique
* **free from encumbrances** - exempt de charges
* **free of all charges** - franc de tous frais
* **free of all debts and obligations** - franc et quitte de toute dette
* **free of average** - franc d'avarie
* **free of charge** - gratuit
* **free of tax** - franc, net d'impôts
* **free on board** - franco de bord
* **tax free** - exempt d'impôts, exonéré d'impôts

- 2. <u>Libre, (liberté), être loisible</u>
* **free competition** - libre concurrence, liberté de la concurrence
* **free discretion** - liberté d'appréciation
* **free list** - liste des produits détaxés, liste des produits libérés
* **free of all charges** - libres de tous droits
* **free of all encumbrances** - libre de toutes charges
* **free of all rights** - libre de tous droits
* **free of mortgages** - libre d'hypothèques
* **free standing power of arrest** - pouvoir autonome d'arrestation
* **free zone** - zone franche
* **in free form** - sous une présentation libre
* **(to) be completely free in judging** - apprécier à sa guise
* **(to) set free** - libérer, dégager, débloquer, mettre dans le circuit, remettre dans le circuit

FREEDOM - 1. <u>Liberté</u>
* **freedom of assembly** - liberté de réunion
* **freedom of association** - liberté syndicale
* **freedom of contract** - liberté contractuelle, liberté des conventions, autonomie de la volonté
* **freedom of movement** - liberté de circulation, liberté de séjour
* **freedom of speech** - liberté de parole
* **freedom subject to supervision** - liberté surveillée
* **freedom to act** - liberté d'action
* **fundamental rights and freedoms** - libertés fondamentales, libertés publiques
* **individual freedoms** - libertés fondamentales, libertés publiques
* **infringement of freedom** - atteinte à la liberté
* **personal freedom** - liberté individuelle

- 2. <u>Immunité</u>
* **freedom from customs** - immunité douanière
* **freedom from instructions** - non-assujettissement aux instructions
* **freedom from taxation** - immunité fiscale

FREEHOLD - Nue-propriété, propriété, pleine propriété, biens en pleine propriété

FREEHOLDER - Nu-propriétaire, propriétaire foncier

FREEZE (subst.) - Blocage

FREEZE (to) - Geler, bloquer, immobiliser

FREIGHT - Colis, fret

FRESH - <u>Frais, neuf, nouveau</u>
* **fresh capital** - argent frais

FRICTION - <u>Friction, différend</u>
* **trade frictions between...** - contentieux commercial entre...

FRIENDLY
* **friendly societies** - mutuelles (ass.)

FRISK - Fouille corporelle, fouille à corps

FRIVOLOUS - <u>Futile, vain</u>
* **frivolous claims** - poursuites judiciaires abusives
* **frivolous or vexatious** - futile ou vexatoire
* **frivolous request** - requête téméraire
* **frivolous statement** - déclaration fantaisiste

FRONTAGER - <u>Riverain</u>
* **frontager's rights** - droits de riveraineté

FRONTIER - <u>Frontière, limite</u>
* **frontier commission** - commission de délimitation
* **frontier dispute** - différend de frontière, incident de frontière
* **frontier technology** - technologie de pointe
* **frontier zone** - rayon de douane
* **local frontier traffic** - régime de petite frontière
* **State frontier** - frontière nationale, limite d'Etat

FRUSTRATE (to) - Réduire à néant, déjouer, contrecarrer, priver, aller à l'encontre de
* **(to) frustrate a contract** - prononcer l'anéantissement d'un contrat

FRUSTRATION - 1. Amertume, rancoeur, contrariété, déception, défaite, sentiment d'impuissance
* **(theory of) frustration** - théorie de l'imprévision

- 2. Impossibilité d'exécution d'un contrat (droit commercial)

FULFIL (to) - Exécuter (une promesse), réaliser, atteindre
* **plans were fulfilled** - on a atteint les objectifs du plan

FULFILLING - Accomplissement (désir), exaucement (prière)

FULFILMENT
* **fulfilment of a claim** - règlement (d'une créance)
* **fulfilment of a condition** - avènement d'une condition, accomplissement d'une condition, survenance d'une condition
* **fulfilment of a contract** - exécution d'un contrat
* **fulfilment of a promise** - exécution d'une promesse

FULL - Plein, complet, intégral
* **at full capacity** - à la limite de la capacité
* **full Court** - chambres réunies
* **full fledged** - confirmé, "adulte", pourvu de tous ses grades
* **full member** - membre titulaire, membre de plein exercice
* **full publication** - (qqfs) publication en bonne et due forme
* **full right** - droit au plein sens du terme
* **the full amount of the tax** - l'intégralité de l'impôt

FULLY
* **(to) fully confirm** - confirmer dans son intégralité

FUNCTION - 1. Rôle, attributions, tâche, compétence
* **advisory functions** - attributions d'ordre consultatif
* **transfer of functions** - passation des pouvoirs

- 2. Réception (hôtel, restaurant)

FUNCTUS OFFICIO - Sans fonctions désormais, déchargé de ses fonctions
* **(to) render its functus officio** - se dessaisir (pour un tribunal)

FUNDER - Bailleur de fonds

FUNDING - 1. Financement

- 2. Capitalisation
* **funding system** - système de capitalisation

FUNDS - Fonds
* **clearing funds** - fonds de compensation
* **common funds** - fonds commun, masse
* **compensation funds** - fonds d'indemnisation
* **counterpart funds** - fonds de contrepartie
* **currency equalisation funds** - fonds d'égalisation des changes
* **equalisation funds** - fonds de compensation
* **funds placed on deposit** - fonds en dépôt
* **misappropriation of funds** - détournement de fonds
* **mutual funds** - fonds communs
* **partnership funds** - fonds social
* **pension funds** - fonds de retraite, caisse de retraite
* **purchase funds** - fonds de rachat
* **sinking funds** - fonds d'amortissement
* **social insurance funds** - caisse de prévoyance
* **special purpose funds** - patrimoine d'affectation
* **trust funds** - fonds fiduciaire, fonds d'affectation spéciale

FURTHER (adj.) - Additionnel, supplémentaire, autre; plus ample, plus détaillé, plus poussé
* **further action** - autres mesures, mesure à prendre ultérieurement
* **further breach of the Convention** - violation distincte de la Convention
* **further education** - éducation complémentaire
* **further inquiry** - supplément d'information
* **further pleadings** - mémoire ampliatif
* **the Convention does not go further that** - la Convention ne comporte pas d'autres obligations que celle de...
* **(to) make further renewals of the order** - renouveler derechef l'autorisation
* **(to) request further investigations** - réclamer un complément d'instruction

FURTHER (to) - Faire progresser, mener plus loin, favoriser, faciliter, hâter, affermir, consolider, contribuer au succès de
* **furthering the aims of C.E.** - répondre à la vocation du C.E.
* **(to) further an end** - servir une fin

GAIN (subst.) - Augmentation, accroissement; plus-value, profit, gain
* **capital gain** - plus-value boursière, bénéfice sur vente de titres
* **for gain** - par cupidité

GAIN (to) - Gagner
* **(to) gain contact** - établir le contact (mil.)
* **(to) gain momentum** - s'accélérer, se précipiter
* **(to) gain to a union** - adhérer à un syndicat

GAINFUL - Profitable, avantageux, lucratif
* **gainful employment** - activité rémunérée
* **gainful occupation** - travail salarié

GAME - Jeu
* **business game** - gestion simulée, jeu d'entreprise
* **electronic games** - ludotique
* **game of chance** - jeu de hasard
* **games players** - sportifs
* **management game** - gestion simulée, jeu d'entreprise
* **theory of games** - théorie des jeux de stratégie

GAMING - Jeu
* **gaming and wagering** - jeu-pari
* **gaming debt** - dette de jeu
* **(to) plead the Gaming Act** - invoquer l'exception du jeu

GAP - Ecart, différence, déficit, lacune, découvert, impasse, décalage, fossé, brèche, trou, soudure, disproportion, solution de continuité, carence, décalage
* **gap between demand and supply** - décalage entre la demande et l'offre
* **gap in the law** - hiatus juridique, vide juridique
* **trade gap** - découvert de la balance commerciale, déficit commercial

GARDEN - Jardin
* **garden centre** - "jardinerie"
* **garden city** - ville-jardin, cité-jardin
* **garden suburb** - banlieue verte

GARNISH (to) - 1. Garnir, orner, embellir

- 2. Saisir-arrêter; appeler qqn en justice

GARNISHEE - Tiers saisi, biens débiteurs, débiteur-saisi
* **garnishee order** - saisie-arrêt (sur salaire)
* **garnishee proceedings** - saisie-arrêt (dettes)
* **(to) obtain a garnishee order** - saisir-arrêter

GARNISHER - Créancier saisissant

GAS - Gaz
* **Liquified Natural Gas (LNG)** - Gaz naturel liquéfié (GNL)

GASOHOL - Carburol

GATE
* **gate-crasher** - resquilleur
* **gate keeping** - barrière à l'entrée, barrières à l'entrée (industries culturelles, disques, etc.)
* **gate meeting** - réunion sportive à entrée payante

GATHERING - Rassemblement, réunion, rencontre, manifestation (sportive, etc.); réception

GAZETTE - 1. Feuille d'avis
* **Court Gazette** - feuille d'avis judiciaires

- 2. Journal d'annonces légales
* **Official Gazette** - Journal officiel (J.O.)

GENERAL - Général
* **general mathematics** - notions (générales) de mathématiques
* **general mistake** - erreur commune
* **general reader** - profane, non initié
* **the general law** - le droit commun

GENERALIST - Généraliste, omnipraticien (méd.), non spécialiste

GENERALIZED - (qqfs) Universel

GENERALLY - D'ordinaire, normalement, en principe

GENERIC - 1. Fongible, chose fongible, chose de genre
* **generic article** - chose fongible

       - 2. Générique
* **generic advertising** - publicité collective
* **generic medicines** - médicaments génériques
* **generic name** - nom générique

GENTRIFICATION - Embourgeoisement

GEO-HYDROLOGICAL - Hydrogéologique

GEO-HYDROLOGIST - Hydrogéologue

GEO-SCIENCES - Sciences de la terre

GERRYMANDERING - Découpage artificiel des circonscriptions

GESTURE
* **gesture of recognition** - prise en considération (rapport)

GET (to)
* **get-together reception** - réception de prise de contact
* **getting-to-know-you session** - prise de contact
* **(to) get ahead** - dépasser, devancer, distancer
* **(to) let competition get ahead** - se laisser distancer par la concurrence

GIFT - 1. Don, donation
* **contract of gift** - contrat de donation
* **customary gift** - donation d'usage
* **deed of gift** - acte de donation
* **gift by will** - donation testamentaire
* **gift from hand to hand** - don manuel, donation manuelle
* **gift in consideration of past services** - donation rémunératrice
* **gift in mortis causa** - donation à cause de mort
* **gift inter vivos** - donation entre vifs
* **gift-room programme** - programme selon lequel les Etats membres prennent en charge la décoration des salles
* **gift subject to an obligation** - donation avec charges onéreuses

* **gift with a condition attached** - donation avec charges onéreuses
* **instrument of gift** - acte de donation
* **money gift** - don en argent
* **mutual gifts** - donation mutuelle
* **testamentary gift** - donation testamentaire

       - 2. Libéralité
* **gift in consideration of past services** - libéralité rémunératoire
* **gift subject to conditions** - libéralité avec charges
* **testamentary gift** - libéralité testamentaire

GIVE (to) - Donner
* **one dollar give or take** - à un dollar près
* **the given legislation** - la législation visée
* **(to) give away** - céder, abandonner, lâcher, perdre
* **(to) give oneself up** - se constituer prisonnier

GLOBAL - Global, mondial

GLOBALLY - (qqfs) A forfait

GLOSS (subst.) - Lustre, vernis, brillant
* **(to) place gloss upon** - apporter des réserves à
* **(to) put a gloss on the truth** - farder la vérité

GLOSS (to) - Lustrer, farder, marquer
* **(to) gloss over a point** - passer un point de vue sous silence

GLUT (subst.) - Encombrement, engorgement, pléthore, surabondance, excès, (qqfs) saturation

GLUT (to) - Engorger, encombrer, surcharger, saturer, inonder
* **(to) be glutted with** - regorger de

GOAL - But, objectif
* **goal formulation** - formulation d'objectifs
* **goal oriented** - normatif (considération, hypothèse)
* **goal research** - recherche des objectifs
* **goal research in economic activity** - prospective des fins en économie
* **goal seeking** - étude des objectifs, définition des objectifs
* **goal setting** - quantification des objectifs

GOD
* act of god - cas de force majeure, cas fortuit

GOLD - Or
* gold digger - aventurier
* gold exchange standard - étalon de change-or
* gold points - points d'or
* gold reserves - stock d'or
* gold tranche - "tranche or"

GOOD - 1. Bon, bien
* good against all the world - opposable erga omnes

- 2. Compétent, de valeur, bien conçu

- 3.
* (to) make something good - compenser, dédommager

GOODS - Biens, choses, marchandises, fournitures
* consumable goods - biens consomptibles
* consumers' durable goods - biens de consommation durables
* contract for supply of goods - marché de fournitures
* decorative goods - objets décoratifs
* generic goods - choses de genre
* hard goods - biens durables
* household durable goods - articles ménagers (durables)
* household goods - mobilier
* non specific goods - choses de genre
* obligation to deliver goods - dette sur marchandise
* obligation to transfer goods - dette sur marchandise
* right to receive goods - créance sur marchandise
* soft goods - biens semi-durables
* specific goods - biens déterminés (corps certains)
* tangible goods - biens corporels
* unascertained goods - choses de genre

GOODWILL - 1. Clientèle et achalandage, fonds de commerce avec la plus-value de la clientèle; valeur de la raison sociale, notoriété, prix de la réputation
* goodwill of a business - droit au fonds de commerce, pas de porte

- 2. Adhésion, de bonne volonté, de bon gré

GOVERN (to) - Régir
* governed by - relevant de, régi par
* principles governing the allocation - principes qui sont à la base de la répartition

GOVERNING
* governing body - organe directeur
* governing council - conseil d'administration

GOVERNMENT - 1. Gouvernement
* acceeding government - gouvernement accédant
* insurgent government - gouvernement insurgé, gouvernement insurrectionnel
* legitimate government - gouvernement légal
* national government - gouvernement d'union nationale
* puppet government - gouvernement fantoche
* requested government - gouvernement requis
* requesting government - gouvernement requérant
* self-government - autonomie; autonomie locale

- 2. Administration, administratif, pouvoirs
* judicial branch of government - secteur judiciaire du pouvoir
* level of government - échelon administratif
* local government - administration locale, pouvoirs locaux, autorités locales, collectivités locales
* local government code - code d'administration locale, code de l'administration communale

- 3. Régime
* the democratic government - le régime démocratique

- 4. D'Etat, public
* government bond - obligation d'Etat
* government entreprises - entreprises publiques
* government paper - effet public
* government purchasing and supply - marchés de l'Etat

- 5.
* the State became responsible for the government of the counties - l'Etat devint alors responsable des destinées des comtés

GRACE
* period of grace - délai de franchise (prêt), différé d'amortissement, délai de grâce

GRADE - 1. Echelon hiérarchique, classe (fonctionnaires)
* junior grades - échelons inférieurs, niveaux inférieurs

- 2. Classe (éduc.)
* intermediate grade - enseignement moyen, cours moyen

GRADED - (qqfs) Modulé

GRADING - Classement (d'un poste), notation (éduc.), (qqfs) progression
* **de-grading** - déclassement
* **grading standards** - normes de classement
* **up-grading** - reclassement

GRADUATE - Diplômé de l'université, gradué de l'université
* **post graduate** - post-universitaire, du troisième cycle, de spécialisation, de perfectionnement
* **research at graduate level** - recherche au niveau du doctorat, recherche de troisième cycle

GRADUATED - Gradué, modulé
* **graduated structure** - structure hiérarchisée
* **graduated tax** - droit proportionnel

GRADUATION - 1. Graduation
* **graduation of sentences** - échelle mobile des peines

- 2. Collation des diplômes

GRANT (subst.) - 1. Allocation, don, subvention, prime, donation, indemnité, bourse
* **block grant** - allocation globale, subvention globale
* **death grant** - allocation-décès, capital-décès
* **deserving grant** - subventionnable
* **grant holder** - boursier, titulaire d'une bourse
* **grant-in-aid** - subvention
* **grant-like contributions** - contributions équivalant à des dons
* **grant-type aid** - aide à fonds perdus
* **repatriation grant** - prime de rapatriement

- 2.
* **grant of an usufruct** - constitution d'usufruit
* **grant of life-tenancy** - constitution d'usufruit

- 3. Délivrance
* **grant of a patent** - délivrance d'un brevet
* **grant of authority to execute** - délivrance d'un exequatur

GRANT (to) - 1. Admettre, consentir, allouer, agréer, faire droit à, concéder, donner une suite favorable à
* **(to) grant a claim** - faire droit à un grief
* **(to) grant a lease** - consentir un bail
* **(to) grant a petition** - accueillir une demande
* **(to) grant compensation for damages** - allouer une indemnité

* **(to) grant costs** - allouer les dépens
* **(to) take it for granted** - considérer comme acquis, considérer comme un dû, considérer comme tout naturel, tenir pour acquis

- 2. Céder

GRANTEE - Concessionnaire

GRANTOR - Concédant

GRASS
* **grass ecology** - écologie militante
* **grass member** - militant de base
* **grass-root investment** - investissement d'infrastructure locale
* **grass-root level** - au ras du sol, à la base
* **grass widow** - veuve "de jour" (le mari travaillant en ville)

GRATEFUL - (être) Reconnaissant, (savoir) gré
* **(to) be very grateful to X's appreciation** - être très sensible aux paroles aimables de X

GRATIA
* **ex gratia** - à titre gracieux
* **ex gratia payment** - paiement à titre exceptionnel

GRATIFICATION - Satisfaction, plaisir, contentement

GRATIFIED
* **(to) be gratified** - être satisfait de, être flatté de

GRATIFYING - Agréable, satisfaisant, réconfortant, flatteur (perspective)

GRATUITOUS - Gratuit, bénévole, à titre gracieux
* **non gratuitous** - à titre onéreux

GRATUITY - 1. Gratification, pourboire

- 2. Prime (de retraite, par ex.)

GRIEVANCE - 1. <u>Revendication, grief, doléance, réclamation</u>

* **(to) constitute a grievance** - faire grief

- 2. <u>Rancoeur</u>
* **what's your grievance?** - De quoi vous plaignez-vous?

- 3.
* **grievance proneness** - quérulence

GRIND - <u>Labeur monotone, "corvée", "turbin"</u>
* **daily grind** - métro-boulot-dodo

GROSS - 1. <u>Brut</u>
* **gross domestic product (GDP)** - produit intérieur brut (PIB)
* **gross national product (GNP)** - produit national brut (PNB)

- 2. <u>Lourd, grave</u>
* **gross injustice** - injustice flagrante, injustice criante
* **gross negligence** - faute lourde, faute grave
* **gross robbery** - vol qualifié

GROUND (subst.) - 1. <u>Terrain, sol</u>
* **ground effect** - effet au sol, effet de sol
* **ground effect machine** - appareil à effet de sol
* **ground rent** - redevance de terrain, redevance foncière
* **ground station** - station au sol
* **ground survey** - levé de terrain

- 2. <u>Motif, cause, grief, chef, justification légale</u>
* **absolute ground of divorce** - cause péremptoire de divorce
* **alternative ground of responsibilities** - autre motif de responsabilité
* **as to the ground for nullity** - quant au motif de nullité
* **ground for arrest** - motif d'arrestation
* **ground of appeal** - motif d'appel, grief d'appel; arguments
* **ground of divorce** - motif de divorce
* **ground of inadmissibility based on** - fin de non-recevoir tirée de
* **grounds** - considérants, attendus (d'un jugement), chefs
* **grounds for refusal** - motifs du refus
* **grounds for revocation** - causes de nullité (et déchéance)
* **grounds of admissibility** - chefs de recevabilité
* **legal ground** - cause de droit, raison de droit
* **material grounds** - justification matérielle
* **notice and grounds of appeal** - conclusions d'appel
* **on good grounds** - à juste titre

* **on reasonnable grounds** - pour des motifs raisonnables
* **on the ground of** - au motif que, pour le motif que, en invoquant..., en raison du fait que, sous prétexte que, du chef de
* **on the ground that** - au motif que, pour le motif que, en invoquant ..., en raison du fait que, sous prétexte que, du chef de
* **the ground for which he must indicate** - ... qu'il est tenu de motiver
* **there is common ground** - il y a communauté de vues
* **there were grounds for convicting** - il était justifié de condamner

- 3. <u>Excuse</u>
* **ground for mitigating sentence** - excuse atténuante
* **ground for not imposing punishment** - excuse absolutoire

- 4. <u>Moyen</u>
* **as to the first ground of appeal** - quant au premier moyen d'appel
* **ground based on fact** - moyen de fait
* **ground based on law** - moyen de droit
* **ground for challenging** - moyen de récusation
* **ground inherent in the facts** - moyen se trouvant dans la cause
* **ground involving a question of public policy** - moyen d'ordre public
* **ground of appeal** - motifs d'appel; (développer, faire valoir) des moyens d'appel
* **ground of nullity** - moyen de nullité
* **ground raised by the Court ex officio** - moyen relevé d'office
* **ground raised by the Court of its own motion** - moyen relevé d'office
* **grounds of defence** - moyens de défense
* **implicitely legal ground** - moyen de pur droit
* **submission of new grounds** - présentation de moyens nouveaux
* **(to) plead a ground** - soulever un moyen, invoquer un moyen

- 5.
* **it is common ground between government and applicants that** - gouvernement et requérants s'accordent à penser que
* **on the ground of Art. 5** - sous l'angle de l'article 5, au titre de l'article 5
* **there exists a fairly broad measure of common ground** - il existe une assez grande concordance de vues entre, il existe un terrain d'entente

GROUND (to)
* **well-grounded** - bien argumenté

GROUNDING
* **grounding of a ship** - échouement, échouage (d'un navire)

GROUNDLESS - Forgé, gratuit

GROUP - Groupe, catégorie
* **commodity groups** - catégories de produits
* **formal group** - groupe formel, groupe organisé
* **group activities** - activités d'équipe, activités de groupe
* **group decision** - décision collégiale, décision collective
* **group sensitivity** - groupe de sensibilisation
* **informal group** - groupe informel, groupe spontané
* **interest groups** - groupes de pression, groupe d'"intérêts"

GROWING - Croissant, grandissant, en progrès, de plus en plus marqué
* **a growing awareness** - on prend davantage conscience

GROWTH (adj.)
* **growth stock** - valeur d'avenir

GROWTH (subst.) - Croissance, développement, extension, expansion, accroissement, progrès, essor, progression, augmentation
* **fiscal growth** - fiscalité évolutive
* **rapid growth of markets** - élargissement rapide des marchés
* **rate of industrial growth** - taux d'accroissement de la production industrielle
* **source of revenue of greater growth** - source de revenus plus dynamique

GUARANTEE (subst.) - 1. Garantie, promesse de garantie
* **action to enforce a guarantee** - action en garantie, assignation en garantie, demande en garantie, recours en garantie
* **bank guarantee** - garantie bancaire
* **collateral guarantee** - garantie collatérale
* **completion guarantee** - garantie de bonne fin
* **100% error-free guarantee** - garantie "zéro-défaut"
* **guarantee agreement** - accord de garantie
* **guarantee clause** - clause de garantie
* **guarantee of rights and liberties** - reconnaissance des droits et libertés
* **sum deposited as guarantee** - dépôt de garantie

- 2. Caution, cautionnement
* **banker's guarantee** - caution bancaire (dation d'une ...)
* **contract of guarantee** - cautionnement

GUARANTEE (to) - Garantir, protéger
* **right guaranteed by the Commission** - droit protégé par la Commission

GUARANTOR - 1. Garant, caution
* **(to) proceed against the guarantor** - appeler en garantie

- 2.
* **guarantor of a bill** - donneur d'aval

GUARDIAN - Tuteur, curateur
* **auxiliary supervising guardian** - subrogé tuteur (curateur)
* **co-guardian** - subrogé-tuteur
* **committee of guardians** - conseil de tutelle
* **judicial guardian** - conseil judiciaire
* **limited guardian** - curateur
* **statutory guardian** - tuteur légal
* **testamentary guardian** - tuteur testamentaire
* **unofficial guardian** - protuteur

GUARDIANSHIP - 1. Droits de garde (sur un enfant); tutelle; curatelle
* **guardianship conferred by the family council** - tutelle dative
* **guardianship council** - conseil de tutelle
* **guardianship judge** - juge des tutelles
* **joint guardianship** - cotutelle
* **limited guardianship** - curatelle
* **special guardianship** - tutelle officieuse
* **statutory guardianship** - tutelle légale
* **supervisory guardianship** - subrogée tutelle

- 2. Interdiction
* **application for a guardianship order** - demande en interdiction
* **guardianship order** - interdiction judiciaire
* **(person) under guardianship** - interdit
* **termination of a guardianship order** - main levée d'interdiction

- 3. Garde d'un enfant

GUERRILLA - 1. Guérilla

- 2. Combattant nationaliste, partisan, maquisard, guerillero

- 3. Troupe de partisans

GUESSWORK - Au jugé, à l'estime

GUIDANCE - Orientation, encadrement, indication, éclaircissements; guidage; tutelle
* **for guidance** - à titre indicatif, pour votre gouverne
* **general guidance** - normes de conduite
* **guidance on prevention** - recommandations concernant la prévention
* **guidance service** - service de consultations et d'orientation
* **pupil guidance** - orientation scolaire, orientation universitaire
* **(to) provide guidance** - imprimer une orientation
* **under government guidance** - sous l'impulsion du gouvernement

GUIDE (subst.)
* **(to) serve as a guide for teachers** - dont les enseignants pourront s'inspirer

GUIDE (to) - Orienter, influencer (l'action de), éclairer (le sens), informer
* **guided trail** - sentier fléché

GUIDELINES - Schéma, grandes lignes, (sur le modèle de...), directives (d'intention), fil conducteur, principes directeurs, idées-forces, lignes de force, cadre
* **draft preliminary guidelines** - avant-projet de directives
* **general guidelines** - normes de conduite, grandes orientations
* **Guidelines Committee** - Comité d'orientation
* **(to) give new guidelines for the policy** - réorienter la politique

GUIDING
* **guiding prices** - prix indicatifs
* **guiding principles** - principes généraux

GUILD - Corporation
* **law of guilds and professional associations** - droit corporatif
* **trade guild** - corporation artisanale

GUILT - Culpabilité
* **absence of guilt** - non-impartialité
* **collective guilt** - faute collective
* **degree of guilt** - degré de culpabilité
* **finding of guilt by a Court** - verdict de culpabilité prononcé par un tribunal

GUILTY - Coupable
* **guilty mind** - dol général (mens rea), intention délictueuse
* **(to) bring in a verdict of not guilty** - acquitter, rendre un verdict d'acquittement
* **(to) find guilty** - déclarer coupable
* **(to) make guilty of an offence whoever...** - réprimer celui qui...
* **(to) plead guilty to...** - plaider coupable sur les chefs d'accusation de...
* **verdict of guilty** - déclaration de culpabilité, sentence de culpabilité

GUISE - Apparence, masque
* **in the guise of** - sous le couvert de, sous couleur de

GUNBOAT - Canonnière
* **gunboat diplomacy** - diplomatie de la canonnière

GUNPOINT
* **at gunpoint** - sous la menace des armes

HABEAS CORPUS - Habeas corpus
* **action (for writ) of habeas corpus** - action en habeas corpus
* **habeas corpus proceedings** - procédure d'habeas corpus
* **writ of habeas corpus** - demande d'habeas corpus

HABIT - Habitude
* **habit-forming** - qui provoque l'accoutumance

HABITUAL - Habituel, d'habitude, endurci, invétéré, fieffé
* **habitual criminal** - malfaiteur d'habitude, délinquant d'habitude
* **habitual drinker** - buveur invétéré
* **habitual offender** - repris de justice

HACKER - Qui pénètre par effraction informatique, coupable de fraude informatique, "pirate" informatique

HALF
* **biological half-life** - période biologique (nucl.)
* **effective half-life** - période résultante, période effective (nucl.)
* **half-gross salary** - traitement semi-brut
* **half-life** - période radioactive (nucl.)
* **half-way house** - maison de repos, maison de convalescence

HALLMARK (subst.) - Poinçon, cachet, marque de contrôle, marque de fabrique, estampille, "label"

HAND
* **on the other hand** - en revanche

HANDCUFFS - Menottes

HANDICAPPED - Handicapé, diminué, déficient, infirme
* **(to) be handicapped by** - être pénalisé par

HANDLE (to) - Manipuler, manier, prendre en main; traiter un sujet; être à la hauteur d'une situation, faire face à une situation, s'occuper d'une affaire
* **exceptions should be handled according to...** - pour les exceptions, on se conformera à...
* **handled by** - étudié, traité par, dans les mains de

HANDLING - 1. Manutention, maniement, manoeuvre, acheminement
* **automatic handling** - manutention automatique
* **handling rate** - cadence de manutention
* **skill in handling** - dextérité

- 2. Traitement, gestion, orientation
* **handling of papers** - dépouillement des pièces
* **handling of the case** - conduite de l'affaire

- 3. Recel

HANDOUTS - Tout matériel documentaire "distribué" (handed out); documents, documentation, notes d'information, communiqués (de presse, etc.), bulletins, prospectus, circulaires; compte rendu

HANDWRITING - Ecriture
* **disguised handwriting** - écriture fictive
* **handwriting expert** - expert en écritures
* **proof of handwriting** - comparaison d'écritures; vérification d'écritures

HANG (to) - Pendre
* **hang-man** - le bourreau

HARASSING
* **harassing actions** - tracasseries, actions tracassières
* **harassing fire** - tir de harcèlement (mil.)

HARASSMENT - Vexations, tracasseries, brimades
* **sexual harassment** - harcèlement sexuel, assiduités abusives

HARD - Dur, rigide, tranché
* **hard and fast time-limits** - délais impératifs
* **hard facts** - faits incontestables
* **hard loan** - prêt aux conditions commerciales, prêt aux conditions du marché
* **hard selling techniques** - méthodes de vente choc, méthodes de vente agressives
* **(to) face hard facts** - "opération vérité"

HARDCORE - Tenace, incurable, réfractaire; irréductible (criminel, déliquant)
* **hardcore of refugees** - noyau résiduel de réfugiés

HARDSHIP - Epreuve, détresse, gêne, vicissitude, tourment, entraves, sujétion, privation, contrainte, iniquité, situation difficile, situation précaire
* **hardship clause** - clause de sauvegarde, clause de "hardship"
* **(to) prevent hardship to its citizens** - empêcher que ses ressortissants ne soient confrontés à une situation pénible
* **(to) put hardship on** - imposer de lourdes prestations à
* **unavoidable hardship** - épreuve inévitable

HARDWARE - Matériel (inf.)

HARM - Préjudice
* **actual bodily harm** - voies de fait
* **assaults causing bodily harm** - atteintes à l'intégrité physique
* **grievous bodily harm** - lésions corporelles graves, coups et blessures susceptibles d'entraîner la mort
* **intentional harm** - faute intentionnelle, faute dolosive, dol
* **negligence causing bodily harm** - violation de corps par imprudence
* **(to) cause grievous bodily harm** - porter des coups et blessures volontaires
* **wounding with intent to harm** - coups et blessures volontaires, coups et blessures avec préméditation

HARMFUL - Délétère; nocif, nuisible, préjuciable, dommageable; funeste
* **might be harmful** - risquerait de faire échouer, risquerait de compromettre, risquerait de porter préjudice

HARMLESS
* **harmless clause** - clause dite d'immunité
* **(to) hold harmless** - mettre hors de cause

HARMLESSNESS - Innocuité

HARNESS (to) - Aménager, mettre en valeur, exploit, domestiquer, utiliser, mobiliser, fai agir, (qqfs) récupérer (énergie), canaliser, orienter

HARSHNESS - Dureté, rudesse, âpreté; sévérité, rigueur
* **harshness of the law** - la rigueur de la loi
* **the harshness of a sentence** - le caractère afflictif d'une peine

HAVE-NOT
* **have-not nations** - nations "prolétaires"
* **have-nots** - pays "prolétaires", pays indigents

HAVES - Pays nantis

HAZARD - Point dangereux (sur la route), risque, danger

HAZARDOUS - Dangereux

HEAD, HEADING - Chef, titre, chapitre (budget), intitulé, chapeau (loi), (qqfs) rubrique, rangée des titres de colonnes, poste (budget)
* **head of damage** - chef du préjudice
* **subject heads** - vedettes-matières
* **the various heads of injury** - les différents préjudices
* **under the various heads** - à ces divers titres
* **under this head** - sous cette rubrique

HEADQUARTERS - <u>Siège principal, poste de commandement (PC), quartier général (QG)</u>
* **administrative headquarters** - siège administratif
* **battle headquarters** - PC tactique
* **headquarters countries** - pays-sièges (abritant une organisation internationale)
* **headquarters forward echelon** - PC avancé
* **headquarters rear echelon** - PC arrière

HEALTH - <u>Santé</u>
* **dental health** - hygiène dentaire, hygiène bucco-dentaire
* **emotional and physical health** - santé physique et affective
* **health education** - éducation sanitaire
* **health examinations** - examens de santé
* **health habits** - habitudes d'hygiène
* **health instruction** - enseignement sanitaire
* **health physics** - radio-protection
* **health worker** - agent sanitaire
* **occupational health** - médecine du travail
* **personal health** - hygiène et santé individuelles

HEAR (to) - <u>Prendre connaissance de</u>
* **after hearing the parties** - contradictoirement
* **right to be heard** - droit à l'examen de sa cause
* **(to) be heard in the proceedings** - faire valoir ses moyens
* **(to) hear a case** - connaître d'une affaire
* **(to) hear a witness** - entendre un témoin, procéder à l'audition d'un témoin
* **(to) hear and decide (a case)** - statuer sur
* **(to) hear and determine** - statuer sur
* **(to) hear and determine cases** - dire le droit
* **(to) hear separation cases** - régler les affaires de séparation
* **when hearing civil cases, the Court...** - en matière civile, le tribunal...

HEARING - 1. <u>Débats, audience, procès, (qqfs) dossier, procédure (orale)</u>
* **access to a court hearing** - accès aux tribunaux
* **appeal hearing** - débats en appel
* **counsel's hearing fee** - droit de plaidoirie
* **day of hearing** - jour d'audience
* **fair hearing** - procès équitable
* **hearing evidence in reply** - contre-enquête
* **hearing in camera** - audience à huis clos, audience en chambre du conseil, audience contradictoire, procédure orale
* **hearing in chambers** - audience à huis clos, audience in camera, audience contradictoire, procédure orale
* **hearing of an action** - instruction d'une affaire
* **hearing of the parties** - audience à huis clos, audience in camera, audience contradictoire, procédure orale

* **hearing the other party's evidence** - contre-enquête
* **oral hearing of the parties** - audience à huis clos, audience in camera, audience contradictoire, procédure orale
* **oral hearings** - audiences, débats, audience contradictoire
* **public hearing** - publicité des débats, publicité du procès; audience publique
* **ready for hearing** - (dossier) en état, (affaire) en état
* **record of the hearing** - registre d'audience
* **requirement of an oral hearing** - oralité des débats
* **right to a hearing (CEE)** - droit d'être entendu dans le cadre d'une procédure contradictoire
* **the hearing took place** - les débats se sont déroulés
* **the President directs the hearings** - le Président dirige les débats
* **(to) reopen the hearing of evidence** - rouvrir le dossiers des moyens de preuve
* **(to) request an oral hearing on** - demander à être entendu sur
* **unfair hearing** - procès non équitable, caractère inéquitable de l'audience
* **without a proper hearing of the case** - sans avoir entendu les faits de la cause

- 2. <u>Audition</u>
* **fair hearing of all interested parties** - examen équitable des divers intérêts en présence
* **hearing of the witnesses** - audition des témoins
* **judicial hearing** - audition judiciaire
* **the hearing of her charges** - l'audition de ses griefs, l'audition de ses accusations
* **(to) grant a request for hearing** - faire droit à une demande d'audition, accéder à une demande d'audition

HEARSAY
* **hearsay evidence** - preuve indirecte; preuve "par ouï-dire", preuve par commune renommée; preuve de seconde main

HEAT
* **district heat** - chauffage urbain

HEATER
* **electric immersion heater** - plongeur à spirale, thermoplongeur

HEATING
* **supplementary heating appliances** - appareils de chauffage d'appoint

HEAVY - Lourd, profond, massif, très fort; élevé, cher
* **functions making the administration top heavy** - fonctions risquant de provoquer l'hypertrophie de l'administration
* **heavy chemicals** - produits de la grosse industrie chimique
* **heavy commodities** - les pondéreux
* **heavy fall in prices** - forte baisse des cours
* **heavy firing** - tirs nourris (mil.)
* **heavy losses** - lourdes pertes
* **heavy machine gun** - mitrailleuse lourde

HEED - Attention
* **lack of heed** - légèreté

HEIR - Héritier, succession
* **collateral heir** - héritier collatéral
* **failure of heirs** - déshérence, succession vacante
* **heir looms** - souvenirs de famille
* **illegitimate heir** - héritier naturel
* **ostensible heir** - héritier apparent
* **passing the estate to the heirs** - ouverture de la succession
* **presumptive heir** - héritier universel
* **sole heir** - héritier universel
* **statutory heir** - héritier légal, héritier légitime, héritier ab intestat
* **testamentary heir** - héritier institué, héritier testamentaire

HELP (subst.) - Aide
* **family help** - aide ménagère
* **mother's help** - aide maternelle, auxiliaire familiale

HELP (to) - Aider, soutenir, seconder
* **(to) help in a small way** - apporter une petite pierre à l'édifice

HENCE - (penser à) Dès lors

HEREDITAMENT - Tout bien immeuble transmissible par héritage
* **corporal hereditament** - biens corporels
* **incorporal hereditament** - biens réels incorporels

HESITATE (to) - Hésiter
* **(to) hesitate to** - ne pas pouvoir se résoudre à

HIDE (to) - Se cacher, dissimuler
* **(to) hide from the police** - se soustraire aux recherches de la police

HIERARCHICAL - Hiérarchique
* **hierarchical head** - la présidence
* **there is no hierarchical relationship between...** - n'y a aucun rapport de dépendance entre...

HIGH - Elevé, haut, gros, beau, grand, fort, vif
* **high cost firms** - entreprises à prix de revient élevé entreprises mal placées
* **high court of justice** - tribunal de première instanc
* **high flown** - ronflant (discours), prétentieux
* **high handed** - arbitraire, tyrannique
* **high quality** - de qualité
* **high rise building** - bâtiment de grande hauteur, bâtiment tour
* **high spirited** - fougueux
* **(to) make high profits** - faire de beaux bénéfices

HIGHLIGHT (subst.) - Temps fort, épisode marquant, "clou" (de la fête point culminant

HIGHLIGHT (to)
* **our session is highlighted by** - notre session s'auréole de

HIJACKING - Vol armé de marchandises de contrebande, piraterie de la route
* **aerial hijacking** - piraterie aérienne, détournement d'avion
* **aircraft hijacking** - piraterie aérienne, détournemen d'avion
* **sky-hijacking** - piraterie aérienne, détournement d'avion

HINDRANCE - Entrave, obstacle, empêchement
* **hindrance in fact** - obstacle de fait

HINT (subst.) - Intimation, allusion indirecte, (parler à mots couverts, (qqfs) soupçon
* **a mere hint of a crisis** - un simple soupçon de crise
* **hint of improved relations** - amorce de rapprochement
* **(to) provide a hint about potential problems** - laisser entrevoir les problèmes latents

HIRE (subst.) - Louage, location
* **contract of hire** - contrat de louage
* **hire purchase** - achat à crédit, vente à crédit, achat à tempérament, vente à tempérament
* **hire purchase contract** - contrat de crédit-bail, contrat de leasing
* **hire sale** - location-vente

HIRE (to) - Louer
* **hiring contract** - prêt à usage, prêt d'usage

HISTORY - Genèse, antécédents

HIT (subst.) - 1. Coup direct
* **hit and run agriculture** - agriculture de rapine
* **hit and run offence** - délit de fuite
* **hit and run operations** - opérations "coup de poing"
* **hit and run working** - exploitation de rapine
* **hit or miss method** - méthode empirique, méthode par tâtonnements

       - 2. Succès (spectacle, chanson)
* **hit parade** - palmarès
* **hit song** - chanson à la mode, chanson à succès

HIT (to) - Atteindre, toucher, frapper, éprouver, ébranler
* **industry was hit no less than agriculture** - l'industrie n'a pas moins souffert que l'agriculture
* **(to) hit in the bull's eyes** - mettre (en plein) dans le mille

HOARDING - Thésaurisation, constitution de réserves, achats de précaution, accaparement, stockage (spéculatif)

HOLD (to) - 1. Estimer, constater, admettre, déclarer, considérer, soutenir, affirmer, dire (pour le tribunal)
* **has clearly held that** - a clairement indiqué que
* **it was held that** - ... a constaté que, a admis que
* **the Court has constantly held that** - la jurisprudence constante de la Cour
* **(to) hold more generally that** - considérer, de manière plus générale, que

      - 2. Décider, trancher, statuer, conclure (pour un tribunal)
* **the Commission held that** - la Commission a déclaré que
* **the Court held that the following facts were established** - la Cour estima établis les faits suivants

* **the judge held against the defendant** - le juge s'est prononcé contre le défendeur
* **(to) hold for the plaintiff** - donner gain de cause au plaignant

      - 3. Occuper, être investi de, posséder (bien)
* **each President shall hold office for one year** - chaque président restera en fonctions pendant un an
* **(to) hold over** - ne pas évacuer les lieux malgré la fin du bail
* **(to) hold public office** - être investi d'une fonction publique

      - 4. Détenir, retenir (pour un tribunal)
* **bill held over** - effet en souffrance

      - 5. Tenir, contenir, arrêter, maintenir, conserver, garder, (qqfs) être valable pour
* **this only holds for** - ceci est seulement valable pour
* **(to) be due to be held** - devoir se tenir, être prévu pour

      - 6.
* **(to) hold back** - être sur la réserve, se dérober, hésiter, s'abstenir, bouder, montrer peu d'empressement
* **(to) hold down** - empêcher de monter, tenir (les prix,..)
* **(to) hold off** - être sur la réserve, se dérober, hésiter, s'abstenir, bouder, montrer peu d'empressement
* **(to) hold up** - retarder, arrêter; tenir, résister, ne pas tomber

HOLDER - 1. Porteur
* **debenture holder** - porteur d'obligation
* **holder of a cheque** - porteur du chèque
* **holder of a power of attorney** - porteur de pouvoir
* **holder of bonds** - obligataire
* **policy holder** - porteur de police
* **share holder** - petit porteur

      - 2. Détenteur, titulaire, propriétaire
* **current holder** - détenteur actuel
* **holder of foreign exchange** - détenteur de devises

      - 3. Possesseur
* **bona fide holder** - possesseur en bonne foi
* **previous holder** - possesseur antérieur

HOLDING (adj.)
* **holding center** - maison d'arrêt
* **holding reply** - réponse d'attente

HOLDING (subst.) - 1. Exploitation, domaine, tenure, ferme
* **agricultural family holding** - exploitation agricole à caractère familial

- 2. Société
* **holding company** - société mère, société de holding
* **pure holding** - société de portefeuille

- 3. Avoir, encaisse
* **currency holding** - liquidités
* **holding limits** - limites de détention (FMI)
* **reserve holding** - quantité de réserve
* **the gold and dollar holdings** - avoirs en or et dollars

HOLDING BACK - Abstention, réserve, retenue, carence, défection, manque d'empressement
* **the holding back of buyers** - la réserve des acheteurs

HOLD-UP - 1. Arrêt, interruption, panne
* **periodical hold-ups of particular branches** - arrêts périodiques dans certains secteurs

- 2. Braquage

HOLE - Endentement (philatélie)

HOME - Foyer, domicile (privé), logement, cadre familial, résidence, contrée
* **broken home** - cadre familial rompu, foyer dissocié
* **desertion of matrimonial home** - abandon du domicile
* **home automation** - domotique
* **home help** - auxiliaire familial
* **home help and care** - aide et soins à domicile
* **home leave** - permission de sortie (détenus); congé dans les foyers (fonctionnaires)
* **home-made** - improvisé (mil.); fabrication maison
* **home port** - port d'immatriculation (navire)
* **home stead** - port d'attache (sens figuré)
* **home taping** - copie privée
* **integrated home automation** - les réseaux domotiques
* **matrimonial home** - domicile conjugal; logement familial, domicile familial, résidence de famille
* **old people home** - maison de retraite
* **residential homes and institutions** - établissements hospitaliers
* **the country where one "feels at home"** - pays d'élection
* **violation of the privacy of the home** - violation de domicile
* **violation of the sanctity of the home** - violation de domicile

HOMELESS - Les sans foyer; les apatrides

HOMING - Autoguidage (mil.)
* **homing device** - autodirecteur (mil.)

HOMICIDE - Homicide
* **aforethought homicide** - homicide prémédité
* **culpable homicide** - homicide volontaire
* **felonious homicide** - assassinat, meurtre prémédité
* **homicide by misadventure** - homicide par accident, homicide involontaire
* **homicide committed from base motives** - homicide crapuleux
* **homicide with malice** - homicide prémédité
* **intentional homicide** - homicide volontaire
* **involuntary homicide** - homicide involontaire
* **justifiable homicide** - homicide par légitime défense
* **premeditated homicide** - homicide prémédité
* **unintentional homicide by wounding** - homicide préintentionnel
* **voluntary homicide with premeditation** - assassinat
* **voluntary homicide without premeditation** - meurtre

HONOUR (subst.) - 1. Honneur
* **acceptance for honour** - acceptation par intervention (aval)
* **acceptor for honour** - intervenant, avaliste, avaliseur, donneur d'aval
* **(to) honour one's obligations** - faire honneur à ses engagements

- 2. Distinction honorifique

HONOURABLE
* **Honourable Court** - La Cour

HOODING - Emploi de cagoules, aveuglement au moyen d'une cagoule

HOOLIGANISM - Voyoutisme, (actes de) malfaisance, vandalisme, comportement antisocial

HOPEFUL - D'excellent augure, de bon augure, plein de promesses, dont on attend beaucoup

HORN
* the horn of Africa - le saillant est-africain, la pointe extrême du continent africain à l'est, la "corne" (orientale) de l'Afrique

HOSPITAL - <u>Hôpital</u>
* hospital care - hospitalisation
* hospital group - constellations hospitalières
* mental hospital - maison d'internement

HOSTAGE - <u>Otage</u>
* taking of hostages - prise d'otages

HOSTILE - <u>Réfractaire</u>
* association hostile to their convictions - association allant à l'opposé de leurs convictions, association allant à l'encontre de leurs convictions

HOT
* hot line telephone - permanence téléphonique, S.O.S.
* hot potato - sujet épineux
* (to) get into hot water - être dans l'embarras, être dans une situation critique, être dans une situation difficile
* (to) "hot-wire" - court-circuiter

HOTCHPOT - <u>Rapport successoral</u>
* subject to hotchpot - rapportable
* (to) bring into hotchpot - rapporter

HOUSE
* alms house - hospice, asile
* detached house - maison isolée
* house arrest - assignation à domicile
* house begging - mendicité à domicile
* house collection - quête à domicile
* House of Commons - Chambre des députés
* house of detention - maison d'arrêt
* House of Lords - Chambre des pairs
* Lower House - Chambre des députés
* multi-dwelling house - immeuble d'appartements
* multi-occupied house - maison à plusieurs locataires
* poor house - hospice, asile
* semi-detached houses - maisons jumelées
* terrace houses - rangées de maisons
* two-floor house - maison à étage
* Upper House - Chambre des pairs

HOUSEBREAKING - Vol avec effraction, cambriolage

HOUSEHOLD - <u>Ménage</u>
* composite household - ménage complexe
* family household - ménage ordinaire
* household budget - compte de ménage
* household method - méthode de l'autodénombrement
* household operation - entretien ménager
* household schedule - feuille de ménage
* household servants - domesticité
* household size - taille du ménage
* household structure - composition du ménage
* institutional household - collectivité
* multi-household living quarters - locaux destinés à être occupés par plus d'un ménage
* non-family household - ménage collectif, ménage non familial
* one-family household - ménage unifamilial
* private household - ménage privé
* right to take wood for household use - droit d'affouage

HOUSING - <u>Logement, habitation, construction d'habitations, habitat</u>
* housing area - îlot d'habitations
* housing block - îlot d'habitations
* housing corporation - société (de promotion) immobilière
* housing management - gestion des ensembles immobiliers
* housing problems - problèmes du logement
* housing stock - parc de logements, parc immobilier
* social housing - construction subventionnée, logement subventionné; HLM

HUMAN
* human methods - méthodes humanitaires
* human rights - droits de l'homme, droits individuels
* human settlement - établissement humain

HUMOUR (subst.) - <u>Humour</u>
* dark humour - humour noir
* wry humour - humour noir

HUMOUR (to)
* (to) humour somebody - ménager qqn, ne pas contrarier qqn

HYPOTHESIS - <u>Hypothèse</u>
* working hypothesis - simples conjectures, hypothèse de travail

IDEA - Idée, principe
* **fanciful idea** - vue de l'esprit
* **idea inventory** - remue-méninges, creuset, prospection d'idées, méthode d'imagination collective
* **idea with no basis in reality** - vue de l'esprit

IDEALLY - Théoriquement, (la formule idéale serait de...), dans l'absolu, en principe

IDENTIFICATION - Vérification de l'authenticité (de documents, de preuves)
* **criminal identification department** - service de l'identité judiciaire
* **identification parade** - présentation de suspects à témoins

IDENTIFY (to) - Distinguer, délimiter, circonscrire, observer, remarquer, déceler, repérer, cerner, définir, dégager, (qqfs) assimiler à; recenser, situer
* **methods of identifying zones** - méthodes de zonage
* **specially identified** - individualisé, personnalisé
* **(to) be identified with** - se matérialiser par
* **(to) identify facts** - saisir des données

IDENTITY - Identité
* **accounting identities** - équations comptables (compt.)
* **document of identity** - titre d'identité
* **forgery of documents of identity** - falsification d'identité
* **identity check** - contrôle d'identité, vérification d'identité
* **identity parade** - confrontation (pour établir l'identité)
* **mistaken identity** - erreur sur la personne
* **(to) prove one's identity** - justifier (de) son identité, établir son identité

IDLE - Inutilisé, sans emploi, vain, inactif, en pure perte, sans intérêt
* **idle exercise** - opération dénuée de tout intérêt
* **idle inclinations** - tendances au vagabondage
* **idle position** - à l'arrêt
* **idle time** - temps mort

IF
* **if any** - éventuel, éventuellement, s'il en existe, s'il y a lieu, à l'occasion, au besoin
* **if anything** - plutôt
* **if at all** - si tant est que
* **if it were to** - quand il en serait ainsi, même s'il en était ainsi, quand bien même il en serait ainsi
* **if not** - sinon, si ce n'est, dans la négative
* **if so** - si tel est le cas, dans ce cas, dans l'affirmative
* **if you hesitate at all** - pour peu que vous hésitiez

IFF (Identification/Friend/Foe) - Identification Ami/Ennemi

IGNORE (to) - Laisser de côté, vouloir ignorer, feindre d'ignorer, ne pas reconnaître, négliger, passer sous silence, oublier, se désintéresser de, ne pas tenir compte de, fermer les yeux sur, méconnaître, passer outre
* **factors which cannot be ignored** - facteurs incontournables
* **(to) be ignored** - être lettre morte, rester lettre morte
* **(to) ignore completely** - ne faire aucun cas de

ILC (International Law Commission) - Commission du droit international (CDI)

ILL - Malade
* **ill feeling** - animosité, mécontentement, rancune
* **ill treatment** - mauvais traitements, sévices
* **mentally ill** - malade mental

ILLEGAL - Illicite, illégal, arbitraire
* **illegal migrant labour** - main-d'oeuvre immigrée en situation irrégulière, travailleurs immigrés clandestins
* **(to) declare illegal certain organisations** - prohiber certaines organisations

ILLEGALITY - Illégalité
* **tainted with illegality** - entaché d'illégalité

ILLICIT - Illicite
* **illicit traffic** - trafic illicite

ILLUMINATING - Révélateur; moyen d'illustration; "éclairant" la question; éclairage

ILLUMINATIVE - Révélateur; moyen d'illustration; "éclairant" la question; éclairage

ILLUSTRATE (to) - Donner un aperçu de, faire ressortir, mettre en lumière, à titre d'exemple, témoigner de, attester de, démontrer, révéler

IMBALANCE - Déséquilibre, rupture d'équilibre, déficit
* **the external imbalance** - le déséquilibre de la balance des paiements; le déséquilibre extérieur

IMMATERIAL - 1. Inutile, sans pertinence

- 2. Sans importance
* **it is immaterial whether** - il est indifférent de

IMMATURITY - Immaturité; débilité congénitale

IMMEDIACY - 1. Imminence, urgence (d'un danger)

- 2. Tangibilité, palpabilité, réalisme, la substance même, l'élan

IMMEDIATE - Immédiat, instantané, pressant
* **immediate custodial sentence** - (peine de) prison ferme
* **immediate parent company** - société dont une filiale dépend immédiatement

IMMIGRANT - Immigrant (récent), immigré (plus ancien)
* **from immigrant origin** - issu de l'immigration

IMMIGRATION - Immigration
* **immigration appeal tribunal** - commission de recours en matière d'immigration
* **Immigration Department** - police des étrangers

IMMORAL - Contraire aux bonnes moeurs; immoral
* **immoral contract** - contrat contraire aux bonnes moeurs

IMMORALITY - Immoralité, inconduite, dérèglement de moeurs
* **incitement of minors to immorality** - débauche de mineurs
* **incitement to immorality** - incitation à la débauche
* **sexual immorality** - débauche (sexuelle)

IMMOVABLE - Immeuble, immobilier, foncier (= bien immobilier)

IMMUNE - Jouissant de l'immunité, à l'abri de
* **immune response** - réaction d'immunité (méd.)
* **immune subjects** - les immuns (méd.)
* **the immune system** - le système immunitaire
* **(to) make immune from criticism** - mettre à l'abri des critiques

IMMUNITY - 1. Immunité
* **European Tribunal in matters of State Immunity** - Tribunal européen en matière d'immunité des Etats
* **immunity by virtue of one's office** - immunité de fonctions
* **immunity from arrest** - immunité d'arrestation
* **immunity from legal process** - immunité de juridiction
* **immunity from prosecution** - immunité de poursuites
* **immunity from seizure** - insaisissabilité
* **waiver of immunity** - levée d'immunité

- 2. Droit d'immunité

IMPACT - Impact, contrecoup, incidences, effet, répercussions, conséquence, influence, écho, rôle, poids, autorité, dimension, rayonnement
* **impact fuse** - fusée percutante

IMPAIR (to) - Affaiblir, altérer, délabrer, détériorer, porter atteinte à, compromettre
* **her freedom to... has been impaired** - il a été porté atteinte à sa liberté de..., il a été attenté à sa liberté de..., sa liberté de... a été compromise
* **(to) be impaired by** - être amoindri par

IMPAIRING - Affaiblissement, altération, délabrement, ébranlement
* **impairing of a law** - dérogation à une loi
* **medical impairing** - troubles pathologiques

IMPAIRMENT - Affaiblissement, altération, délabrement, ébranlement
* **impairment of a law** - dérogation à une loi
* **medical impairment** - troubles pathologiques

IMPEACH (to) - Contester
* **(to) impeach the validity of a law** - contester la validité d'une loi

IMPEACHMENT - 1. Dénigrement, dépréciation, reproche, récusation (d'un témoin)

 - 2. Mise en accusation d'un magistrat ou d'un ministre

IMPEDE (to) - Empêcher, s'opposer à, mettre obstacle, entraver, gêner, retarder, contrarier

IMPEDIMENT - 1. Empêchement
* **absolute impediment** - empêchement dirimant
* **dispensation from impediments to marriage** - dispense des empêchements au mariage
* **exemption from marriage impediment** - dispense des empêchements au mariage
* **ground of impediment** - cause d'empêchement

 - 2. Entrave, obstacle
* **speech of impediment** - troubles d'élocution

IMPERSONATION - Usurpation d'identité

IMPETUS - Force, impulsion, élan, fougue, essor
* **(to) give a new impetus to something** - relancer qqch, redonner de l'élan à qqch

IMPLEMENT (to) - Exécuter, réaliser, appliquer, traduire en actes, matérialiser, mettre en oeuvre, mettre en application, donner suite à, rendre effectif
* **implementing decree** - décret d'application
* **implementing instrument** - décret d'application
* **implementing order** - décret d'application
* **implementing provisions** - dispositions d'application, dispositions d'exécution, mesures d'application, mesures d'exécution
* **implementing regulations** - règlement d'application, règlement d'exécution, détails d'application
* **implementing rules** - règlement d'application, règles d'application, dispositions d'application
* **regulations to implement** - règles d'application
* **(to) implement an obligation** - s'acquitter d'une obligation

IMPLEMENTATION - Mise en application, mise à exécution, mise en oeuvre
* **detailed manner of implementation** - modalités pratiques d'application
* **implementation of human rights** - mise en oeuvre des droits de l'homme
* **implementation procedure** - méthodes d'exécution
* **implementation report** - rapport d'activité

IMPLICATION - 1. Conséquence, effet, prolongements, répercussions, incidence, portée; (qqfs) (sous-entend)
* **by converse implication** - a contrario
* **by implication** - de façon tacite, tacitement
* **full of implications** - lourd de conséquences
* **the implications of this are that...** - aussi faut-il que...
* **there is an implication in her submissions** - son argument laisse supposer que

 - 2. Incidence
* **financial and administrative implications** - incidences financières et administratives

IMPLICIT - Implicite
* **implicit in** - inhérent
* **implicit index** - indice dérivé, indice implicite (stat.)

IMPLICITLY - En filigrane, tacitement (accepté)

IMPLIED - Tacite, déduit
* **can such right be implied from...?** - l'existence de ce droit peut-elle être déduite de...?
* **implied agreement** - convention tacite
* **implied conditions** - conditions réputées écrites
* **implied contract** - contrat tacite, quasi-contrat
* **implied technologies** - techniques en cause
* **implied terms** - quasi-contrat, clause implicite

IMPLY (to) - Laisser entendre que, donner à entendre que, postuler que, sous-entendre que, signifier que, entraîner, reposer sur l'hypothèse que, prévoir implicitement
* **... does not imply** - ... n'a pas pour corollaire

IMPORT (subst.) - Importation
* **compensatory import tax** - taxe forfaitaire à l'importation
* **import substitution** - substitution (de produits nationaux) aux importations
* **overseas import** - importations d'outre-mer
* **retained import** - importations non réexportées

IMPORTANCE - Importance
* **is of great importance** - attache un grand prix à
* **particular importance attaches to Art. 5** - l'article 5 est particulièrement significatif

IMPORTANT - Important
* **... is important** - ... compte pour beaucoup
* **the important study of X on ...** - la grande étude de X sur ...
* **the most important is...** - au premier rang vient ...

IMPOSE (to) - 1. Infliger, imposer
* **taxes imposed on imports** - taxes qui frappent les importations
* **the legal status which is imposed on him** - la situation juridique qui lui est faite
* **(to) impose a penalty** - infliger une peine
* **(to) impose a sentence** - infliger une peine

- 2. Prescrire, faire prévaloir
* **(to) impose upon somebody** - abuser de l'amabilité de qqn

IMPOSITION - 1. Imposition, impôt, contributions
* **imposition of higher taxes** - aggravation de la fiscalité

- 2. Abus de
* **this is an imposition on your kindness** - c'est abuser de votre bonté

IMPOUND (to) - 1. Retenir, capter, endiguer

- 2. Confisquer, saisir

IMPRESS (to) - Faire impression sur, en imposer à
* **he impressed me with his importance** - il m'a fait sentir son importance
* **(to) impress upon somebody** - agir sur qqn pour lui faire comprendre

IMPREST
* **imprest account** - compte d'avances temporaires, régie d'avances
* **imprest holder** - régisseur d'avances

IMPRISON (to) - Ecrouer

IMPRISONMENT - Incarcération, détention, peine privative de liberté, emprisonnement (correctionnel), écrou, prison, réclusion (criminelle)
* **a term of imprisonment** - une peine de prison
* **false imprisonment** - détention illégale, séquestration, séquestration arbitraire
* **heavy imprisonment** - emprisonnement correctionnel
* **illegal imprisonment** - détention abusive
* **immediate imprisonment** - prison ferme
* **imprisonment for a specified period** - emprisonnement à temps
* **imprisonment for debt** - contrainte par corps
* **imprisonment for felony** - emprisonnement criminel
* **imprisonment for misdemeanour** - emprisonnement correctionnel
* **imprisonment with hard labour** - travaux forcés
* **life imprisonment** - emprisonnement à perpétuité, prison à perpétuité, réclusion à vie
* **light imprisonment** - emprisonnement de simple police
* **long term of imprisonment** - réclusion
* **memorandum of imprisonment** - acte d'écrou
* **non-suspended imprisonment** - prison ferme
* **rigourous imprisonment** - réclusion (rigoureuse)
* **severe imprisonment** - réclusion (rigoureuse)
* **short term imprisonment** - courte peine d'emprisonnement

IMPROPER - Irrégulier, indu, contre-indiqué, déplacé, malavisé, malséant, abusif, indiscret, injustifié
  * **improper contract terms** - clauses de contrat abusives
  * **improper detention** - détention abusive
  * **improprer motives** - motifs contraires à l'esprit de la loi
  * **improper use** - emploi injustifié, emploi abusif
  * **it is improper** - il ne nous sied pas, il serait déplacé, il serait indu, il serait malséant

IMPROPERLY - Indûment

IMPROPRIETY - Inexactitude (propos), indécence (conduite), inconvenance, abus, incorrection

IMPROVE (to) - Améliorer, faire progresser, perfectionner, assainir, rénover, moderniser, rehausser, augmenter, s'améliorer, faire des progrès, aménager
  * **(to) improve by** - monter de
  * **(to) improve from ... to** - monter de

IMPROVED (adj.) - Meilleur
  * **a much improved supply** - des approvisionnements beaucoup plus larges, une offre beaucoup plus abondante

IMPROVEMENT - Progrès, amélioration, perfectionnement, augmentation, gain, hausse
  * **improvement and repair trade** - trafic de perfectionnement
  * **improvement rate** - impôt (local) d'aménagement
  * **slum improvement** - assainissement des taudis

IMPUGN (to) - Attaquer, contester, mettre en doute, mettre en question

IMPULSE (subst.) - Impulsion, choc (propulsif), mouvement (de premier élan), stimulation, "moteur"
  * **expansionary impulses** - forces d'expansion
  * **impulse buying** - achats stimulés
  * **impulse sales** - ventes de choc
  * **impulse sectors** - industries motrices
  * **vital impulse** - élan vital

IMPUTATION - Imputation (stat.), évaluation fictive

IN
  * **in basket exercises** - jeux de simulation, jeux d'entreprise
  * **in-built** - inhérent
  * **in-built majority** - la majorité dont on dispose par la force des choses
  * **in that** - en ce que
  * **in the reference system** - quand on utilise un système de référence

INABILITY - Impossibilité, incapacité
  * **inability personal to the promises** - impossibilité relative d'exécution (de l'engagement)
  * **inability to perform** - impossibilité d'exécution

INACTIVE - Inactif, passif
  * **(to) place an official on inactive status** - mettre un fonctionnaire en disponibilité

INADEQUACY - Imperfection, insuffisance

INADEQUATE - Trop faible, imparfait, déficient
  * **grossly inadequate** - aberrant, absurde, insensé

INADMISSIBILITY - Irrecevabilité, non-recevabilité
  * **ground of inadmissibility** - fin de non-recevoir; motif d'irrecevabilité (pour le tribunal)

INADMISSIBLE - (svt) Irrecevable (jur.)

INAPPROPRIATE - Impropre, contre-indiqué, défectueux, peu approprié, mal adapté à la situation, qui ne convient pas à, peu en situation, inconsidéré, déplacé, inopportun, mauvais, mal avisé, incorrect (conduite, action), mal à propos, incongru, inconvenant

INARTICULATE - Qui n'arrive pas à s'exprimer
  * **inarticulate opinion** - opinion qui ne peut se faire jour

INAUGURATION - 1. Inauguration; mise en vigueur (système)

- 2. Investiture, intronisation (d'un président)

INCAPACITATING - 1. Inhibiteur

- 2. Frappant d'incapacité légale

INCAPACITY - Incompétence notoire (juge)
* **legal incapacity** - incapacité légale
* **the incapacity of the staff** - l'insuffisance du personnel; l'incompétence du personnel

INCENTIVE (adj.) - Excitant, stimulant, provocant, tonique
* **incentive bonus scheme** - régime de primes de rendement
* **incentive budget** - budget tonique
* **incentive clause** - clause d'intéressement
* **incentive effect** - fonction incitative
* **incentive fare** - tarif promotionnel
* **(to) be paid on an incentive bonus** - être intéressé au rendement

INCENTIVE (subst.) - Incitation, stimulant, encouragement, levier, intéressement, avantage, moyen de dopage tonique, aiguillon, intérêt, mobile, attrait
* **export incentives** - moyens de stimuler les exportations
* **financial incentive** - incitant financier
* **incentive to establishment** - aide de déménagement
* **incentives** - incitations, aides (éduc.), efforts de promotion, primes au rendement, primes à la productivité, facilités, avantages, incitations

INCH-BY-INCH
* **inch-by-inch inspection (of a yard)** - passage au peigne fin

INCHOATE
* **inchoate right** - droit en cours d'acquisition

INCIDENCE - Fréquence, taux de fréquence, diffusion; échéance; fréquence (de réalisation); incidence (cas nouveaux de maladie)
* **incidence of taxes** - incidence des impôts

INCIDENTAL - Fortuit, accidentel; accessoire, subsidiaire, occasionnel
* **incidental decision** - décision accessoire
* **incidental expenses** - faux-frais, dépenses accessoires
* **incidental offences** - délits occasionnels
* **incidentals** - faux-frais

INCIDENTALLY - A titre accessoire

INCIPIENT (adj.) - Commençant, naissant
* **incipient inflation** - début d'inflation

INCIPIENT (subst.) - Amorce

INCITEMENT - 1. Incitation
* **incitement to commit an offence** - incitation au crime
* **incitement to immorality** - incitation à la débauche

- 2. Instigation

- 3. Provocation
* **incitement to abortion** - provocation à l'avortement
* **incitement to commit a felony** - provocation au crime

INCLUDE (to) - 1. Inclure, englober, comprendre
* **included** - compris, y compris
* **(to) include out** - exclure
* **(to) include the young into the training scheme** - étendre aux jeunes le bénéfice du programme de formation

- 2. Enfermer

INCLUSION - Inclusion, insertion
* **inclusion of an additional item in the agenda** - inscription d'un point supplémentaire à l'ordre du jour

INCLUSIVE - Qui comprend, qui renferme; (qqfs) à forfait
* **inclusive charge** - tarif forfaitaire

INCOME - Recettes, revenu, revenus
  * **at factor incomes** - au coût des facteurs
  * **factor income** - revenus des facteurs (envoi des gains par les travailleurs étrangers)
  * **income and expenditure account** - compte de profits et pertes
  * **income from investment** - revenu sur placements
  * **income from loans** - ressources d'usufruit
  * **income maintenance after retirement** - garantie des ressources après la retraite
  * **income tax on investments other than land** - impôt sur le revenu des capitaux mobiliers
  * **income terms of trade** - termes de l'échange des revenus
  * **national income** - rentrées budgétaires
  * **total income** - revenu global

INCOMMUNICADO - Au secret, gardé au secret, tenu au secret

INCOMPATIBLE - Incompatible
  * **incompatible judgments** - contrariété de jugements

INCOMPETENCE - Incompétence, impéritie, incurie

INCOMPETENT
  * **(to) be incompetent to adopt a position** - n'avoir aucun titre à prendre position

INCONCLUSIVE - Peu concluant, non concluant, peu décisif
  * **where the evidence is inconclusive** - faute d'éléments suffisants de conviction

INCONCLUSIVENESS - Caractère peu concluant de
  * **inconclusiveness of the only other witness's evidence** - manque de valeur probante des éléments fournis par le seul autre témoin

IN CONNEXION WITH - A propos de, au sujet de; en ce qui concerne, touchant (et non "en liaison avec")

INCONSIDERABLE - Négligeable, insignifiant, mince, maigre

INCONSISTENCY - Inadéquation à, incompatibilité avec, illogisme, déphasage, défaut de concordance
  * **inconsistencies** - disparités, divergences, anomalies, antinomies, contradictions, déclarations contradictoires

INCONSISTENT - 1. Incompatible, en contradiction avec, en désaccord avec, incohérent, décousu, peu logique, qui manque d'uniformité, qui n'est pas conforme, discordant (témoignages), contradictoire, illogique
  * **inconsistent data** - données incompatibles, données incohérentes

  - 2. Difforme (ayant un caractère différent)

INCONVENIENCE - Inconvénient, incommodité, embarras, dérangement, contretemps, gêne, gênant, mal commode, inopportun, mal choisi, mauvais, désavantageux, hors de saison, hors de propos, déplacé
  * **inconveniences in family life** - désagréments pour la vie familiale

INCORPORATE (to) - Incorporer dans, agréger à, joindre, tenir compte de, greffer sur; constituer en société, conférer la personnalité civile, conférer la personnalité morale, doter de la personnalité civile, doter de la personnalité morale
  * **incorporated communities** - collectivités constituées en entités administratives

INCORPORATION - Octroi de la personnalité morale à un groupe d'individus

INCORRECTNESS
  * **incorrectness (in law) of a Court decision** - illégalité d'une décision judiciaire

INCREASE (subst.) - Augmentation, accroissement, progression, progrès, mouvement ascendant, relèvement, ajustement, hausse, enchérissement, montée, majoration

INCREASE (to) - Augmenter, accroître, élever, agrandir, développer, élargir, amplifier, renforcer, grossir, étoffer, majorer, alourdir
* **ever increasing demands** - une pléthore de demandes
* **increased value of property** - plus-value foncière
* **(to) increase fears** - aviver les appréhensions
* **(to) increase from... to** - relever de..., porter à ...

INCREMENT (subst.) - 1. Augmentation, acrroissement, apport, enrichissement, plus-value; (qqfs) complément
* **unearned increment** - enrichissement sans cause, plus-value non gagnée

- 2. Echelon d'ancienneté, avancement d'échelon, augmentation périodique de traitement, augmentation barémique

INCRIMINATE (to) - Accuser qqn d'un crime; impliquer (un complice) dans une affaire
* **incriminating evidence** - preuve à charge, pièces à conviction (tendant à prouver la culpabilité de qqn)
* **(to) incriminate an offence** - criminaliser une infraction (en faire un délit ou un crime)

INCUR (to) - Courir, encourir, subir; contracter, engager
* **incurred expenses** - dépenses engagées
* **(to) incur a blame** - s'attirer un blâme
* **(to) incur a debt** - contracter une dette
* **(to) incur a penalty** - encourir une peine, subir une sanction
* **(to) incur expendituresa** - engager des dépenses
* **(to) incur funds** - engager des dépenses

INDEBTEDNESS - Endettement, dette
* **bonded indebtedness** - dette obligataire

INDECENCY - Indécence, inconvenance
* **gross indecency** - attentat aux bonnes moeurs, outrage à la pudeur
* **(public act of) indecency** - attentat aux bonnes moeurs, outrage à la pudeur

INDECENT
* **indecent assault** - attentat à la pudeur
* **indecent behaviour** - attentat à la pudeur
* **indecent exposure** - attentat à la pudeur

INDEED - Certes, incontestablement, pourtant, en effet, en vérité, vraiment, de fait, effectivement, assurément, d'ailleurs

INDEMNIFY (to) - 1. Garantir
* **(to) indemnify against** - garantir contre
* **(to) indemnify and hold harmless** - garantir et mettre hors de cause
* **(to) indemnify from** - garantir contre

- 2. Dédommager, compenser
* **(to) indemnify for a loss** - dédommager pour une perte
* **(to) indemnify for hardship** - compenser la privation subie

INDEMNITY
* **act of indemnity** - loi de garantie (pour éviter les conséquences d'une action irrégulière)
* **right to indemnity** - créance en recours

INDEPENDENCE - Indépendance
* **statistical independence** - indépendance statistique

INDEPENDENT - 1. Indépendant, autonome
* **independent body** - organe autonome
* **independent income** - revenus propres
* **independent selection** - tirages indépendants (stat.)
* **no independent resources** - sans ressources propres

- 2.
* **independent right** - droit principal (par opposition à "droit accessoire")

- 3. (qqfs) Isolé (parlementaire), "sans parti"

INDEPENDENTLY
* independently from - abstraction faite de, quel que soit..., (qqfs) en vase clos
* independently reviewed - ayant fait l'objet d'un examen impartial
* (to) act independently - agir en toute indépendance

INDETERMINATE - Indéterminé, vague, imprécis, indéterminable
* indeterminate problem - problème comportant plusieurs solutions
* indeterminate sentence - sanction de durée indéterminée, peine de durée indéterminée

INDEX - 1. Indice
* cross-weighted index - indice à pondération double
* index curve - courbe indiciaire
* index numbers - nombres-indices
* link index - indice-chaîne
* weighted index - indice pondéré

- 2. Repère, dispositif, indicateur
* index cases of inspections disease - cas déclarés de maladies transmissibles

- 3. Cadastre, répertoire
* copy of a section of the index map - relevé cadastral
* extract from the index map - relevé cadastral
* index map - cadastre
* index map showing plots - plan cadastral
* index property map - cadastre
* land registry index - fichier immobilier

INDICATE (to) - Faire état de, laisser supposer, donner à croire, donner à penser, signaler que

INDICATION
* external indications of wealth - signes extérieurs de richesse
* ... provides strong indications that - ... incite fortement à penser que
* there are strong indications that - tout porte à croire que

INDICATIVELY
* points agreed indicatively - problèmes tranchés par vote indicatif, problèmes ayant fait l'objet d'un accord à titre indicatif

INDICATOR - 1. Indicateur, signe
* external indicators of wealth - signes extérieurs de richesse
* these data provide indicators for the problems - ces données peuvent signaler des problèmes

- 2. (qqfs) Indices

INDICT (to)
* (to) indict for - inculper de, accuser de, traduire qqn en justice pour, poursuivre qqn en justice pour

INDICTABLE
* indictable offences - infractions graves, délits graves, délits justifiant inculpation, infractions majeures
* indictable person - personne attaquable en justice
* non indictable offences - infractions mineures

INDICTMENT - 1. Acte d'accusation, inculpation, mise en accusation, réquisitoire (pénal)
* conviction on indictment - [opposé à "summary conviction"]
* on indictment - sur inculpation, après acte d'accusation
* prosecuted on indictment - inculpé sur action publique
* prosecution on indictment - mise en oeuvre de l'action publique
* (to) draw up the indictment - rédiger l'acte d'accusation, dresser l'acte d'accusation
* (to) file an indictment - mettre en accusation
* (to) lay the indictment - déposer l'acte d'accusation
* (to) read the indictment - lire l'acte d'accusation
* (to) serve an indictment - dresser un acte d'accusation, notifier une inculpation

- 2. Acte d'accusation
* Indictment Court (UK) - Chambre des mises en accusation

INDIFFERENT - Impartial (juge); indifférent, sans importance; médiocre, passable, mauvais
* very indifferent quality - qualité quelconque, qualité médiocre

INDIRECT
* indirect consumer tax - impôt indirect sur la consommation

INDISCRIMINATE - Aveugle, au hasard, à tort et à travers, anarchique, non sélectif
* **indiscriminate sexual indulgence** - intempérance sexuelle
* **indiscriminate slaughter** - tuerie générale
* **indiscriminate weapons** - armes d'emploi aveugle

INDIVIDUAL (adj.) - Subjectif; pris isolément, individuel, particulier, privatif
* **individual decision** - décision d'espèce, décision de cas
* **individual right** - droit subjectif (par opposition à "the law" = droit objectif)
* **individual services** - services personnels

INDIVIDUAL (subst.) - Personne physique, individu, particulier

INDIVIDUALITY - Individualité, spécificité

INDORSEMENT - Endos, endossement; cautionnement; approbation officielle
* **full indorsement** - endossement à personne dénommée
* **indorsement by way of security** - endossement pignoratif, endossement à titre de garantie
* **indorsement in blank** - endossement au porteur
* **proxy indorsement** - endos de procuration, endossement de procuration

INDUCE (to) - 1. Persuader, pousser, inciter, amener, encourager

- 2. Induire
* **induced investment** - investissement induit
* **induced recharge (of aquifer)** - reconstitution artificielle (d'une nappe)

INDUCEMENT - Motif, intérêt, attrait, incitant, incitation, stimulant, aiguillon, encouragement, (qqfs) tentation
* **wage-earners have little inducement to increase productivity** - les salariés ne sont guère incités à accroître la productivité, les salariés n'ont guère intérêt à accroître la productivité

INDUCTION - 1. Initiation
* **induction of new staff** - accueil et mise au courant des nouveaux agents
* **induction programme** - programme d'initiation

- 2. Incorporation
* **induction centre** - centre d'incorporation (mil.)

INDUSTRIAL - Industriel; du travail
* **industrial accident** - accident de travail, accident du travail
* **industrial action** - action pour la défense des intérêts professionnels, action revendicative, mouvemens sociaux, action collective, (qqfs) "lock-out" pour employeurs
* **industrial civil servants** - travailleurs manuels agents de la fonction publique
* **industrial classification** - classement par activité économique
* **industrial court** - tribunal du travail, conseil des prud'hommes
* **industrial dispute** - conflit du travail, différend du travail
* **industrial extension** - vulgarisation industrielle
* **industrial harmony** - paix sociale
* **industrial heath** - hygiène industrielle, hygiène du travail
* **industrial non-civil servants** - agents de la fonction publique, à l'exception des travailleurs manuels
* **industrial organisations** - organisations professionnelles
* **industrial peace** - paix sociale
* **industrial relations** - relations du travail; relations professionnelles
* **industrial tribunal** - tribunal du travail
* **inter-industrial relationship** - relations interindustrielles (achat d'une branche industrielle aux autres)

INDUSTRIALIST - Entrepreneur, industriel

INDUSTRY - Industrie, branche d'activité (marchande), secteur privé, entreprise, entreprises
* **basic industry** - industrie lourde
* **brewing industry** - industrie brassicole
* **brick clay industry** - industrie de la céramique
* **brutto product industry** - produit industriel brut
* **coal industry** - industrie houillère, industrie charbonnière
* **coal mining industry** - industrie houillère, industrie charbonnière
* **cottage industry** - industrie familiale
* **cotton industry** - industrie cotonnière
* **crafts and light industry** - activités artisanales
* **dyestuff industry** - industrie des colorants

./..

* **electrical engineering industry** - industrie de l'équipement électrique
* **electrical industry** - industrie électro-technique
* **finishing industry** - industrie de conditionnement
* **foot-loose industries** - industries mobiles
* **fur and fur goods industry** - industries des pelleteries et fourrures
* **gas industry** - industrie gazière
* **heavy clay industry** - industrie de la céramique
* **iron ore mining industry** - industrie extractive du minerai de fer
* **labour industry systems** - relations capital-travail
* **light industry** - activités artisanales
* **metal ore industry** - industrie extractive des minerais métalliques
* **monoindustry** - monoindustrie
* **monoindustry area** - région de monoindustrie
* **motor car industry** - industrie automobile
* **motor vehicle industry** - industrie des véhicules à moteur
* **net value industry** - valeur nette industrielle
* **ore mining industry** - industrie extractive des minerais
* **pottery industry** - industrie de la céramique d'art
* **processing industry** - industrie de transformation
* **producing industry** - industrie de première transformation
* **refrigeration industry** - industrie du froid
* **sterile industry** - secteurs improductifs
* **structural metal products industry** - industrie de la construction métallique
* **sugar industry** - industrie sucrière
* **sunrise industry** - industrie montante, industrie en expansion
* **sunset industry** - industrie en déclin, industrie sur le déclin
* **understanding industry** - comprendre la vie active
* **underwear industry** - industrie de la lingerie
* **woodpulp industry** - industrie de la cellulose
* **wool industry** - industrie lainière

INEFFECTIVE - Inopérant, inefficace, sans effets

INEFFICIENCY - Incurie, impéritie

INERTIA
* **inertia selling** - vente par inertie

INESCAPABLE
* **inescapable social facts** - contraintes sociales

INEXPEDIENT - Inopportun, malavisé

INFAMOUS - Tristement célèbre

INFERENCE - Induction, hypothèse, présomption, indice

IN FINE - In fine

INFLATE (to) - Enfler, grossir, gonfler, faire monter artificiellement, recourir à l'inflation

INFLATION - Inflation, dépréciation monétaire
* **built-in inflation** - inflation inhérente à l'économie
* **cost inflation** - inflation des prix de revient
* **cost-push inflation** - inflation par la hausse des coûts
* **creeping inflation** - inflation larvée, inflation rampante
* **demand-pull inflation** - inflation par excès de demande
* **excess demand inflation** - inflation par excès de demande
* **non recurrent inflation** - inflation sans lendemain
* **open inflation** - inflation caractérisée
* **repressed inflation** - inflation contenue, inflation réprimée
* **stagnation plus inflation** - stagflation
* **the relative inflation of the Polish figures** - le gonflement relatif des chiffres polonais
* **unemployment plus inflation** - chôminflation

INFLEXIBILITY - Fixité, rigidité, inélasticité

INFLOW - Afflux, apport, entrée, importation
* **inflow and outflow of gold** - entrées et sorties d'or
* **inflow of capital** - entrée de capitaux
* **inflow of orders** - afflux de commandes

INFLUENCE (subst.) - 1. Autorité
* **parental influence** - crainte révérentielle (à l'égard des parents)
* **undue influence** - abus d'autorité

- 2. Influence, intérêt, emprise
* **sphere of influence** - sphère d'intérêt, sphère d'influence, (qqfs) mouvance, aire d'attraction
* **the influence of the Convention** - le rayonnement de la Convention

INFLUENTIAL
* **influential groups** - groupes dominants

INFLUX - Afflux, apport, entrée

INFORMAL - Informel, officieux, non officiel, non institutionnalisé; spontané, libre, (qqfs) parallèle (marché), détendu, peu cérémonieux, personnel (collaboration)
* **informal carers** - personnel soignant non titulaire, soignants ponctuels, personnel soignant à temps partiel
* **informal contract** - contrat de gré à gré
* **informal discussion** - discussion informelle, discussion libre, discussion spontanée
* **informal education** - éducation extrascolaire
* **informal meeting** - réunion informelle, réunion non officielle

INFORMALLY - Officieusement

INFORMATION - 1. Information, données, renseignements
* **information clerk** - réceptionniste
* **information gap** - écart technologique (de l'informatique)
* **information gathering session** - réunion d'enquête, réunion d'information ascendante
* **information processing industry** - informatique
* **information science** - informatique
* **information slip** - fiche individuelle
* **public information** - l'information
* **readily available information** - renseignements aisément accessibles
* **request for information** - demande de renseignements
* **routine information** - renseignements de caractère courant
* **(to) collect information** - se documenter
* **(to) seek information** - se renseigner

 - 2. Dépôt de plainte
* **laying of information** - dépôt d'une plainte
* **(to) lay an information** - déposer une plainte, porter plainte
* **(to) lodge an information** - déposer une plainte, porter plainte

 - 3. (qqfs) Délation

INFORMATIVE - Instructif, bien documenté

INFORMED - Eclairé; autorisé
* **informed decision** - décision prise en connaissance de cause, décision rendue en connaissance de cause
* **informed speaker** - locuteur averti
* **the Statute of the Council of Europe is informed with principles of unity** - le Statut du Conseil de l'Europe est imprégné de principes d'unité
* **this whole work is informed with a feeling of generosity** - toute cette oeuvre est imprégnée de générosité

INFORMER - 1. Indicateur

 - 2. Délateur, dénonciateur

 - 3. Auteur de la plainte

INFRASTRUCTURE - Infrastructure
* **(collective) infrastructure** - équipements collectifs
* **infrastructure development** - développement infrastructurel

INFRINGE (to) - Enfreindre (une loi), violer (un droit), porter atteinte à
* **(to) infringe a patent** - contrefaire un objet breveté
* **(to) infringe a person's rights** - léser les droits de qqn
* **(to) infringe an author's copyrights** - empiéter sur les droits d'un auteur

INFRINGEMENT - Infraction (à un règlement), contrefaçon, violation, atteinte (à un droit), empiétement
* **action for infringement** - poursuites en contrefaçon
* **infringement of a patent** - violation de brevet
* **infringement of copyrights** - contrefaçon littéraire
* **infringement of patents** - contrefaçon de brevets
* **infringement of registered designs** - contrefaçon de dessins
* **infringement of registered trademarks** - contrefaçon de marques de fabrique
* **infringement of rights** - lésion dans les droits, atteinte aux droits
* **infringement of the law** - infraction à la loi
* **infringement suit** - poursuites en contrefaçon

INGENUITY - Ingéniosité, habileté technique; esprit de ressource, initiative

INGRAINED
* **ingrained behaviour** - comportement invétéré
* **ingrained prejudices** - préjugés enracinés
* **ingrained Tory** - conservateur à outrance, conservateur intransigeant, conservateur "tous crins"

INHERENT - Inhérent; naturel, propre
* **inherent defect** - vice propre
* **inherent jurisdiction** - compétence implicite
* **inherent retrospective effect** - effet rétroactif inévitable (en cas d'"overruling")
* **inherent right of individual or collective self-defence** - droit naturel de la légitime défense individuelle ou collective

INHERENTLY - Par nature; intrinsèquement, par essence

INHERIT (to) - Hériter de, succéder à
* **entitled to inherit** - au degré successible
* **entitlement to inherit** - vocation héréditaire
* **right to inherit** - droit de successibilité, vocation successorale
* **right to inherit on an intestacy** - vocation successorale
* **(to) be inherited by** - transmettre à

INHERITABLE
* **inheritable royalty** - droit de suite
* **non inheritable** - intransmissible par voie d'héritage

INHERITANCE - Patrimoine, héritage, succession, hoirie
* **by inheritance** - à titre successoral
* **future inheritance** - avance d'hoirie
* **inheritance laws** - droit successoral, lois successorales
* **inheritance right** - droit de successibilité
* **inheritance rights** - droits successifs, droit successoral
* **inheritance rights on intestacy** - vocation successorale
* **sale of one's rights to an inheritance** - vente de droits successifs

INHIBIT (to) - Empêcher, interdire, défendre, inhiber; bloquer
* **inhibited** - retenu, refoulé
* **inhibited person** - personne inhibée
* **(to) inhibit somebody from** - empêcher qqn de, interdire à qqn de

INITIAL - Initial, premier, originel, du début
* **initial capital** - frais de premier établissement, dotation initiale
* **initial expenses** - frais de premier établissement, dotation initiale
* **initial form** - forme primitive

INITIALLED - Paraphé (traité); visé (acte)

INITIATE (to) - Inaugurer, amorcer, commencer, entamer, engager, entreprendre, passer à l'exécution, nouer, instaurer, prendre l'initiative de
* **right to initiate legislation** - droit d'initiative parlementaire; initiative législative; initiative des lois
* **(to) initiate a discussion** - ouvrir une discussion
* **(to) initiate a form** - mettre une formule en service
* **(to) initiate a procedure** - entamer une procédure
* **(to) initiate proceedings against** - instituer des poursuites, entamer une instance contre, introduire une instance contre
* **(to) initiate relationships** - nouer des relations
* **(to) initiate talks** - entamer des pourparlers

INITIATION - 1. Instauration, inauguration, début, mise en train, mise en route, mise en chantier, lancement, déclenchement

- 2. Initiation

INITIATIVE - Initiative
* **(to) do something on own's initiative** - faire qqch d'office, faire qqch proprio motu, faire qqch par soi-même

INJECT (to) - Injecter, fournir, apporter, mettre dans le circuit, lancer dans le circuit, mobiliser (capitaux)

INJECTION
* **injection of new money** - apport d'argent frais

INJUNCTION - 1. <u>Ordre, ordonnance, injonction, ordre formel</u>
* **discharge of the injunction** - révocation de l'ordonnance
* **injunction issued by** - ordonnance émanant de
* **injunction restraining the applicant to** - ordonnance empêchant le requérant de
* **injunction to do something** - ordonnance enjoignant de
* **injunction to restrain** - interdiction
* **interim injunction** - ordonnance de mesure provisoire, ordonnance interlocutoire
* **interlocutory injunction** - ordonnance de référé
* **mandatory injunction** - ordre d'agir, injonction de faire, ordonnance de faire
* **perpetual injunction** - injonction dépositive
* **prohibition injunction** - ordre de ne pas faire, injonction de ne pas faire
* **quia timet injunction** - injonction anticipative, injonction à titre préventif
* **the Court came with injunctions against the trade unions** - le tribunal a enjoint aux syndicats
* **(to) discharge the injunction** - lever l'interdiction, lever l'injonction
* **(to) grant an injunction** - prendre une ordonnance, prononcer une injonction

- 2. <u>Référé</u>
* **application for an injunction** - instance en référé
* **mandatory injunction** - mesure de référé
* **proceedings for an injunction** - procédure de référé

- 3. <u>Exécution</u>
* **in specie injunction** - exécution en nature

INJURED - <u>Lésé, offensé, outragé, à qui l'on a fait tort</u>
* **injured party** - victime du dommage, partie lésée; l'offensé
* **injured wife** - épouse trompée, épouse trahie
* **the injured** - les blessés (accident), les accidentés

INJURIOUS - <u>Nuisible, pernicieux, préjudiciable à, nocif (santé), dommageable, faisant grief</u>
* **that would prove injurious to his interests** - cela léserait ses intérêts

INJURY - <u>Coups et blessures, traumatisme, dommage (aux personnes, aux biens), lésion, fait dommageable, blessures, préjudice, tort</u>
* **bodily injury** - préjudice corporel, lésion corporelle
* **injury suffered** - dommage subi
* **legally redressible injury** - préjudice dont la réparation peut être ordonnée par le tribunal
* **moral injury** - préjudice moral
* **non-pecuniary injury** - préjudice moral, tort moral

* **personal injury** - dommage corporel, lésion corporelle, dommage personnel, préjudice corporel, blessures corporelles, blessures personnelles
* **physical injury** - dommage corporel, lésion corporelle, dommage personnel, préjudice corporel, blessures corporelles, blessures personnelles
* **(to) cause a grave injury** - infliger des lésions corporelles graves

INLAND - <u>Intérieur</u>
* **inland sea** - mer fermée
* **inland water areas** - zones aquatiques intérieures

IN LOCO
* **in loco inspection** - visite sur les lieux, descente sur les lieux

INMATE - Habitant, hôte (hospice), pensionnaire, détenu (prison)

INNER - <u>Intérieur, interne</u>
* **inner city redevelopment** - réaménagement intérieur des villes
* **inner London** - Londres intra-muros
* **inner prejudices** - préjugés intimes

INNOCENT - <u>Innocent, vierge; naïf, dépourvu de</u>
* **innocent passage (of ship)** - passage inoffensif
* **innocent tumour** - tumeur bénigne
* **windows innocent of glass** - fenêtres sans vitres

INORDINATE - <u>Démesuré, excessif, immodéré, déréglé</u>
* **inordinate hours** - heures indues

INPUT - 1. <u>Entrée, apport, composante de contribution (à un projet), intrants</u>
* **(to) provide input for the work programme** - apporter de la matière au programme de travail

- 2. <u>Consommation productive, entrée, intrant, dotation, facteur de production</u>
* **data input** - information de base, information de départ
* **input of materials** - consommations productives
* **input/output models** - système d'entrées et de sorties
* **input/output relationship** - coefficients techniques
* **input/output statistics** - statistiques matérielles
* **input targets** - dotations projetées

./..

* **inputs** - intrants, facteurs de production, éléments de production, moyens de production, matière première
* **labour inputs** - main-d'oeuvre employée
* **non factor inputs** - intrants non matériels
* **physical inputs** - intrants matériels

INQUIRE (to) - 1. S'informer de
* **(to) inquire of somebody what is happening** - s'informer auprès de qqn de ce qui se passe

- 2. S'enquérir, se renseigner, se faire renseigner sur

- 3. Faire une enquête
* **(to) inquire into a crime** - informer sur un délit, instruire
* **(to) inquire into somebody's position** - s'informer de la situation de qqn

INQUIRING - Investigateur, interrogateur
* **inquiring mind** - curiosité d'esprit

INQUIRY - 1. Enquête, recherche, investigation
* **free inquiry** - libre examen (religion)
* **inquiry office** - service des renseignements (adm.)
* **inquiry processes** - investigation
* **private inquiry agent** - détective privé
* **the inquiries** - service des renseignements (adm.)
* **(to) make inquiries into something** - faire des recherches sur

- 2. Information
* **(to) remand a case for further information** - renvoyer une affaire pour un supplément d'information

- 3. Enquête, instruction
* **administrative inquiry into nuisances arising from adjacent premises** - enquête de commodo et incommodo
* **commission of inquiry** - commission d'enquête
* **government inquiry** - enquête gouvernementale
* **enquiry as to the property to be compulsorily acquired** - enquête parcellaire
* **inquiry as to the property to be expropriated** - enquête parcellaire
* **(to) conduct an inquiry** - mener une enquête
* **(to) open a judicial inquiry** - ouvrir une enquête judiciaire

- 4. Instruction, enquête
* **inquiry into the facts** - instruction
* **preliminary inquiry** - procédure d'instruction, enquête préliminaire
* **pre-trial inquiry** - enquête préliminaire
* **writ of inquiry** - mandat ordonnant une enquête sur la mort de qqn

- 5. Interrogatoire; demande de renseignements; question

INQUISITORIAL
* **inquisitorial system** - procédure inquisitoire

INSANE - Aliéné
* **insane hospital** - hôpital psychiatrique

INSANITARY - Insalubre, malsain, anti-hygiénique, qui manque d'hygiène
* **insanitary conditions** - conditions sanitaires déplorables

INSANITY - Aliénation mentale, démence, folie
* **permanent insanity** - altération des facultés mentales

INSECURE - 1. Incertain, peu ferme, mal affermi

- 2. Exposé au danger
* **(to) be in an insecure position** - être dans une position critique

INSECURITY - Danger, insécurité
* **feeling of insecurity** - manque d'assurance
* **financial insecurity** - précarité financière, position financière précaire, situation financière précaire
* **(to) lead a life of insecurity** - mener une vie hasardeuse, mener une vie dangereuse, courir des risques

INSERT (subst.) - Insertion; scène-raccord (cin.)
* **insert sheet** - encart

INSERT (to) - Insérer, incorporer
* **Section 1 inserted by the Act of 1972** - l'article 1, incorporé par la loi de 1972

IN-SERVICE - En cours d'emploi
* **in-service education** - formation en cours d'emploi, perfectionnement professionnel, stage de perfectionnement
* **in-service insurance** - assurance en cours d'emploi
* **in-service training** - formation en cours d'emploi, perfectionnement professionnel, stage de perfectionnement

INSIDER (adj.)
* **insider dealing** - usage illicite d'informations privilégiées, délit d'initié, abus d'une position privilégiée
* **insider trading** - usage illicite d'informations privilégiées, délit d'initié, abus d'une position privilégiée

INSIDER (subst.) - 1. Initié (qui connaît les dessous des cartes)
- 2. Voyageur (à l'intérieur d'une voiture)
- 3. Propriétaire pour son propre compte (d'actions d'une société)

INSIGHT - Pénétration, prise de conscience, intuition, compréhension intuitive, aperçu
* **flashes of insight** - aperçus très fins
* **insight of character** - finesse psychologique, subtilité
* **insights** - indications, aperçus
* **mind of deep insight** - esprit pénétrant, esprit perspicace
* **new insights** - nouvel éclairage
* **thorough insight of** - connaissance intime de
* **(to) gain insight** - pénétrer
* **(to) give insight into** - aider à mieux comprendre, familiariser avec
* **(to) open insight on** - ouvrir une perspective sur

INSIST (to) - Insister
* **he insisted it was so** - il soutenait qu'il en était ainsi, il affirmait qu'il en était ainsi
* **(to) insist upon not making** - se refuser catégoriquement, ne vouloir absolument pas
* **(to) insist upon one's innocence** - protester hautement de son innocence
* **(to) insist upon one's rights** - revendiquer ses droits

INSOLVENCY - Insolvabilité, carence, faillite, cessation de paiements
* **judicial insolvency procedure** - règlement judiciaire, liquidation judiciaire, procédure de déclaration de cessation de paiements
* **state of insolvency** - déconfiture (équivalent de la faillite pour les non-commerçants)

INSOLVENT - Insolvable
* **(to) become insolvent** - faire faillite
* **(to) declare oneself insolvent** - déposer son bilan

INSPECT (to) - Inspecter, examiner, contrôler, vérifier
* **right to inspect** - droit de vue
* **(to) inspect the documents** - obtenir communication des documents
* **(to) inspect the file** - prendre connaissance du dossier
* **(to) inspect the frontier** - procéder à une reconnaissance de la frontière

INSPECTION - 1. Examen, consultation
* **inspection of the file** - examen du dossier, consultation du dossier
* **inspection of the goods** - examen de la marchandise
* **making the file available for inspection** - communication du dossier

- 2. (qqfs) Créanciers
* **Committee of Inspection (bankruptcy)** - Comité des créanciers, commission des créanciers

- 3. Visite
* **inspection of the site (by the Court)** - transport de justice, transport sur les lieux, descente sur les lieux

- 4. Contrôle
* **customs inspection** - contrôle de la douane
* **previous inspection** - contrôle a priori
* **right of inspection** - droit de contrôle, droit de regard
* **subsequent inspection** - contrôle a posteriori

INSPIRATION - Inspiration, enthousiasme, élan

INSPIRING - Exaltant, enrichissant, vivifiant, riche de substance, stimulant, hardi, admirable, noble, éloquent, exemplaire, enthousiasmant

INSTABILITY - Instabilité, fragilité

INSTALMENT - Tranche, versement, (qqfs) annuité
* **by instalments** - à tempérament (vente), échéances successives, par acomptes, par versements échelonnés
* **first instalment** - premier versement (= down payment)
* **instalment credit** - crédit à la consommation (USA)
* **instalment sale** - vente à tempérament
* **overdue instalment** - terme en retard
* **payment by instalments** - échelonnement des paiements

INSTANCE - 1. <u>Sollicitation pressante</u>
* **at the instance of** - sur l'instance de, à la demande de, à l'instigation de

- 2. <u>Exemple, cas</u>
* **as an instance of his qualities** - en témoignage de ses qualités
* **for instance** - ainsi
* **in the present instance** - dans le cas actuel, en l'espèce
* **isolated instance** - cas isolé

- 3. <u>Procès, poursuite, instance, degré de juridiction</u>
* **decision at first instance** - décision de première instance
* **first instance** - premier ressort
* **last instance** - dernier ressort

INSTIGATE (to) - Inciter, pousser, provoquer, susciter

INSTIGATION - <u>Instigation, incitation</u>
* **instigation to rebell** - incitation à la révolte

INSTITUTE (to) - 1. <u>Instituer, établir, fonder, constituer (une société)</u>

- 2. <u>Instituer une enquête, procéder à une enquête</u>
* **document instituting proceedings** - pièce introductive d'instance
* **(to) institute an action at law** - porter plainte en justice
* **(to) institute legal proceedings against** - intenter un procès à, entamer des poursuites contre, engager des poursuites contre, instituer des poursuites contre

INSTITUTION - 1. <u>Etablissement, institution, organisme, mécanisme, organe</u>
* **borstal institution** - établissement de redressement
* **charitable institution** - établissement d'utilité publique
* **corrective institution** - établissement de rééducation
* **maximum security institution** - établissement à sécurité maximale
* **penal institution** - établissement pénitentiaire
* **person committed to an institution** - personne placée par voie d'autorité
* **public institution** - établissement public
* **recognised institution** - établissement d'utilité publique
* **residential institution** - internat
* **treatment in penal institutions** - traitement pénitentiaire

- 2. <u>Ouverture</u>
* **institution of criminal proceedings** - ouverture de l'action au pénal

INSTITUTIONAL - 1. <u>Institutionnel</u>
* **institutional investors** - investisseurs institutionnels
* **institutional setting** - cadre institutionnel

- 2.
* **institutional care** - soins en institution, traitement en institution, soins en milieu hospitalier, traitement en milieu hospitalier

- 3.
* **institutional leader** - chef officiel
* **institutional ties** - liens officiels

- 4. <u>Organique</u>
* **institutional act** - loi organique
* **institutional arrangements** - dispositions organiques

- 5. <u>Carcéral</u>
* **institutional system** - régime carcéral

INSTRUCT (to) - 1. <u>Charger de, inviter à, donner pour instructions de, donner mandat</u>
* **I am instructed by my Government to** - d'ordre de mon gouvernement, je...
* **(to) instruct a lawyer** - constituer avocat
* **(to) instruct a representative** - donner des directives à son représentant (gouvernement)
* **(to) instruct a solicitor** - donner des instructions à un avoué, prendre un avoué, charger un avoué, constituer avoué

- 2. <u>Instruire qqn</u>
* **(to) be instructed that** - être informé que
* **(to) instruct somebody in Latin** - apprendre le latin à qqn

INSTRUCTION - 1. <u>Enseignement, études</u>
* **field work instruction** - formation pratique
* **freedom of instruction** - liberté d'enseignement
* **language of instruction** - langue véhiculaire
* **regimented instruction** - enseignement standardisé

- 2. <u>Instructions, consignes, instruction, injonction, ordre, directives</u>
* **acting upon special instructions from ...** - d'ordre exprès de...
* **administrative instructions** - instruction de service
* **individual instructions** - instructions particulières
* **mandatory instructions** - instruction impérative
* **teaching instructions** - directives pédagogiques

- 3. <u>Mode d'emploi</u>
* **(to) give instructions for** - indiquer la manière de

INSTRUCTIVE - (qqfs) Eloquent, édifiant

INSTRUMENT - 1. Instrument, agent
* **theatre as an instrument of cultural innovation** - le théâtre, agent d'innovation

- 2. Acte, instrument, textes statutaires, statuts
* **instrument of appointment** - décret de nomination
* **instrument of government** - constitution
* **legal instrument** - acte
* **officially recorded instrument** - acte authentique
* **trust instrument** - acte créateur d'un trust, acte créateur d'une fiducie

- 3. Titre, effet (commerce)
* **law of negotiable instruments** - droit cambiaire, droit du change

INSTRUMENTAL
* **instrumental subject** - connaissance-clef
* **(to) be instrumental in** - contribuer à

INSULATE (to) - Soustraire aux effets de, réaliser l'étanchéité de, désolidariser, affranchir
* **(to) insulate from** - soustraire aux effets de
* **(to) insulate from heat** - calorifuger

INSULT (subst.) - Insulte, affront, indignité, avanie, atteinte à l'honneur, agression verbale, injure, outrage, offense
* **it is an insult for her intelligence** - c'est un outrage à son intelligence
* **serious insults** - injures graves
* **(to) offer an insult to somebody** - faire injure à qqn, faire insulte à qqn

INSULT (to) - Insulter, faire affront à, faire insulte à, porter atteinte à, faire tort à
* **foods that insult the body** - aliments nocifs
* **insulting a constable** - outrage à agent

INSURANCE - Assurance
* **agreed self-insurance** - franchise conventionnelle
* **comprehensive insurance** - assurance tous risques, assurance multirisques
* **comprehensive liability insurance** - assurance générale de responsabilité civile
* **contractual self-insurance** - franchise conventionnelle

* **contributory insurance** - assurance contributive
* **credit insurance** - assurance-crédit
* **endowment insurance** - assurance mixte
* **export credit guarantee insurance** - système d'assurance-crédit pour l'exportation
* **general liability insurance** - assurance générale de responsabilité civile
* **group insurance** - assurance groupe
* **guarantee insurance** - assurance garantie
* **industrial life insurance** - assurance populaire
* **insurance against risk** - garantie d'un risque
* **insurance claim** - demande d'indemnité à l'assurance
* **insurance contributions** - primes d'assurance
* **insurance payment** - indemnité payée par l'assurance
* **investment insurance** - assurance investissements
* **liability insurance** - assurance-responsabilité
* **non-contribution insurance** - assurance sans cotisation
* **public liability insurance** - assurance-responsabilité
* **self-insurance** - franchise d'assurance
* **voluntary insurance** - assurance facultative
* **wet time insurance** - assurance-intempéries

INSURED
* **over-insured** - surassuré
* **under-insured** - insuffisamment assuré

INSURGENT - Insurgé, révolté, révolutionnaire, rebelle

INTANGIBLE - 1. Intangible, impalpable, imperceptible

- 2. Incorporel
* **intangible assets** - valeurs immatérielles, actif incorporel
* **intangible property** - biens incorporels
* **intangible treaty** - traité inviolable

- 3.
* **the intangibles** - les impondérables

INTEGRATE (to) - Intégrer dans, agréger, rattacher à, unifier, fusionner, imbriquer, réunir, combiner, coordonner

INTEGRATED - Concordant, cohérent, solidaire, unifié
* **integrated approach** - front commun (pour aborder...)
* **integrated development** - développement global
* **integrated document** - (qqfs) synthèse
* **integrated mission** - mission polyvalente

INTEGRATION - Intégration, synthèse, concentration, remembrement, coordination, cohérence, cohésion, symbiose
* **social integration** - insertion sociale

INTELLIGENCE - Information, renseignement
* **intelligence officer** - officier du renseignement
* **intelligence quotient (IQ)** - quotient intellectuel (QI)
* **shipping intelligence** - événements de mer
* **trade intelligence unit** - service d'information commerciale

INTELLIGENT
* **intelligent comparison** - comparaison judicieuse, comparaison valable

INTELLIGENTLY - A bon escient, judicieusement

INTEND (to) - Entendre (faire qqch), avoir l'intention de, former le projet de; (devoir)
* **is intended to be a European contribution** - se veut une contribution européenne
* **it is intended to hold the meeting in Paris** - il est prévu de tenir la réunion à Paris, la réunion doit se tenir à Paris
* **the meeting was intending to be a forum** - la réunion se veut un forum
* **unintended effects** - effets non recherchés

INTENDED
* **intended for** - destiné à, conçu pour, créé à l'intention de, s'adressant à, visant, promis à
* **intended to** - censé

INTENSIFICATION - Intensification, ampliation, renforcement
* **capital intensification** - amélioration du rapport capital-production

INTENSITY - Intensité, proportion de
* **capital intensity** - intensité (relative) du capital
* **capital intensity of production** - accélération du rendement du capital par la production
* **capital intensity of the productive process** - part prise par le capital dans le processus de production
* **labour intensity** - intensité (relative) du travail
* **science intensity** - intensité (relative) de la recherche

INTENSIVE - 1. Intensif
* **energy intensive** - gourmand en énergie, énergivore
* **intensive course** - cours accéléré
* **intensive study** - étude serrée, étude poussée (de)
* **intensive work** - travaux activement menés, travaux approfondis, travaux poussés, travaux accélérés

- 2.
* **capital intensive** - à forte densité de capital, à forte intensité de capital, à forte proportion de capital, à fort coefficient de capital, (exige une) forte concentration de capitaux
* **labour intensive** - à forte densité de travail, à forte intensité de travail, à forte proportion de travail, à fort coefficient de main-d'oeuvre, (exige une) forte concentration de main-d'oeuvre

INTENSIVELY - Activement

INTENT - Intention
* **charitable intent** - but philantropique
* **criminal intent** - intention délictueuse, but délictueux; mauvaise foi
* **declaration of intent (of an Act)** - objet déclaré de la loi, objectif déclaré de la loi
* **felonious intent** - intention criminelle
* **guilty intent** - intention coupable
* **intent of making a gift** - intention libérale
* **intent to commit an offence** - intention délictueuse
* **intent to damage** - intention de causer un dommage
* **intent to deceive** - intention frauduleuse
* **intent to injure** - intention de nuire
* **letter of intent** - lettre d'intention
* **mens rea intent** - intention coupable
* **mind intent to learning** - esprit acharné à l'étude
* **special intent** - dol spécial
* **to all intents and purposes** - virtuellement, moralement parlant, de fait, en fait, à tous égards
* **tortious intent** - intention dolosive, dol; mauvaise foi

INTENTION - Volonté
* **declaration of intention** - déclaration de volonté
* **express intention** - volonté expresse
* **intention of the parties** - volonté des parties
* **true intention** - volonté réelle

INTENTIONAL - 1. Intentionnel, prémédité, fait exprès, à dessein, délibéré
* **intentional killing** - homicide volontaire

- 2. Dolosif (rupture de contrat)

INTERACTION - Interaction (en), action mutuelle, action réciproque
* **(to) achieve interaction** - arriver à conjuguer

INTER ALIA - (souvent) Entre autres dispositions

INTERCHANGEABLE - Fongible

INTERCONNECTION - Corrélation, rapport, interconnexion

INTERCOURSE
* **sexual intercourse** - rapports sexuels, copulation

INTERDEPENDENT - Interdépendant, solidaire
* **these two factors are interdependent** - ces deux facteurs s'interpénètrent

INTERDICT - Défense, interdiction; arrêt de suspension, arrêt de sursis (avant faire droit)
* **interdict for recovery of possession** - action possessoire (pour des immeubles)

INTEREST (subst.) - 1. Intérêt, profit, avantage
* **accrued interest** - intérêt échu, intérêts courus
* **agreed interest** - intérêt contractuel, intérêt conventionnel, intérêt convenu, intérêt stipulé
* **arrear of interest** - arriéré des intérêts
* **cancellation of interest** - suppression des intérêts
* **compound interest** - intérêts composés, intérêts consolidés
* **concurrent interest** - intérêt en indivision
* **contingent interest** - intérêt éventuel
* **economic interest grouping** - groupement d'intérêt économique
* **equitable (beneficial) interest** - intérêt du bénéficiaire d'un trust
* **interest bearing investment** - placement à intérêt
* **interest clause** - stipulation des intérêts
* **interest for delay** - intérêt moratoire
* **interest free** - exempt d'intérêt
* **interest free loan** - avance sans intérêt
* **legally protected interest** - intérêt légitime
* **minority interests** - intérêts hors groupe
* **nominal interest** - (taux d') intérêt nominal
* **non-material interest** - intérêt moral
* **of general interest** - d'intérêt public
* **overriding interest** - intérêt majeur

* **professional interests** - intérêts corporatifs
* **provision for interest** - stipulation des intérêts
* **statutory interest** - intérêt légal, intérêt statutaire
* **(to) bear interest** - porter intérêts
* **(to) pay someone the interest on a sum** - tenir compte à qqn des intérêts
* **unconscionable (rate of) interest** - intérêt usuraire
* **undertaking to pay interest** - promesse d'intérêt
* **waiver of interests** - remise d'intérêts

- 2. Droit
* **future interests** - droits d'expectative
* **interest in the property** - droit sur un bien
* **legal interest** - droit de propriété
* **overriding interest** - droit réel inopposable
* **reversionary interest** - grevé d'un droit de retour
* **(to) have a legal interest in** - avoir un droit sur

- 3. Créance
* **(to) acquire an interest** - acquérir une créance

- 4. Participation, participations
* **(to) acquire interest in firms** - acquérir des participations dans des entreprises

- 5. Utilité
* **classified as being of public interest** - déclaré d'utilité publique
* **expropriation in the public interest** - expropriation pour cause d'utilité publique
* **for a private interest** - pour cause d'utilité privée
* **public interest** - utilité générale, utilité publique

- 6. Biens, propriété
* **legally protected interests** - biens juridiques
* **life interest** - propriété viagère; usufruit
* **life interest pour autre vie** - usufruit valable jusqu'à la mort du disposant
* **property not subject to life interest** - pleine propriété
* **the widow's interest in the estate** - la part successorale de la veuve

- 7. Apanage, fief, chasse gardée, gens en place, positions établies, coalitions d'intérêts, féodalités d'intérêts
* **interests** - milieux (d'affaires), parties prenantes
* **shipping interest** - les armateurs, le commerce maritime
* **the landed interests** - les propriétaires terriens

- 8. Intérêt intellectuel, goût, préoccupations intellectuelles, poursuites intellectuelles, sujet d'intérêt
* **current interests** - les préoccupations du moment
* **interests** - sphères d'intérêt, centres d'intérêt, domaines d'intérêt
* **questions of public interest** - questions qui agitent le grand public

./..

* **(to) arouse a world-wide interest** - avoir un retentissement mondial
* **(to) pursue one's interest** - veiller à ses intérêts, s'occuper de

- 9. (divers)

* **according to local interests** - en fonction des aspirations locales
* **everyone has an eye to his own interest** - chacun prêche pour son saint, chacun voit midi à sa porte
* **groups with widely different interests** - groupes à vocations très diverses
* **has revived interest in** - a remis la question à l'ordre du jour
* **in the interest of** - dans le souci de, par souci de, utile à, en considération de, pour contribuer à
* **interest group** - groupe affinitaire
* **single interest group** - groupe s'intéressant à la défense d'une seule cause
* **single interest movement** - mouvement s'intéressant à la défense d'une seule cause
* **special interest groups** - associations à buts particuliers
* **(to) develop broader interests** - élargir l'horizon intellectuel
* **(to) have interest with somebody** - avoir du crédit auprès de qqn
* **(to) loose interest** - décrocher
* **(to) use one's interest on one's behalf** - user de son influence en faveur de qqn, intervenir en faveur de qqn
* **vested interest** - rente de situation
* **without interest** - avec indifférence

INTERESTED

* **I should be interested to hear** - je serais curieux d'apprendre
* **interested auditors** - auditoire intéressé
* **interested in** - s'intéressant à, disposé à (et non "intéressé par")
* **interested party** - l'ayant-droit
* **interested person** - personne motivée
* **(to) act from interested motives** - agir par calcul

INTERESTING - Intéressant, attachant, instructif

INTERESTLY

* **interestly enough** - curieusement, fait intéressant

INTERFERE (to) - S'interposer, léser, s'immiscer, s'ingérer

* **the State must not interfere with** - l'Etat ne doit pas s'immiscer dans
* **they interfered with their freedom of thought** - (est) contraire à leur liberté de pensée, (a) porté atteinte à leur liberté de pensée

* **(to) interfere unreasonnably** - porter atteinte à
* **(to) interfere with a person's rights** - léser les droits de qqn
* **(to) interfere with private life** - porter atteinte à la vie privée
* **(to) interfere with the evidence** - détruire les éléments de preuve
* **(to) interfere with the sentence** - réformer la sentence

INTERFERENCE - 1. Entrave, contrainte

* **interference with a right** - entrave à l'exercice d'un droit
* **interference with an auction** - entrave à la liberté aux enchères
* **interference with freedom of employment** - entrave à la liberté du travail
* **interference with the administration of justice** - entrave au fonctionnement de la justice

- 2. Ingérence, intervention, intrusion, immixion, atteinte à, altération, perturbation

* **interferences with private life** - intrusions dans la vie privée, atteinte à la vie privée
* **wrongful interference with goods** - détention illicite de biens

- 3. Interférence (méd.)

INTERIM - Entre-temps, en attendant, par intérim, provisoirement, intérimaire, provisoire, intérimat

* **application for interim measures** - demande en référé
* **interim decision (Committee of Ministers)** - décision intérimaire
* **interim injunction** - ordonnance de mesure provisoire
* **interim measures** - mesures provisionnelles, mesures provisoires
* **interim order** - ordonnance provisionnelle, ordonnance avant faire-droit
* **order for interim measures** - ordonnance sur référé

INTERLOCK

* **interlock system** - appareil de synchronisation

INTERLOCKING - 1. Interpénétration, imbrication, entrelacement, entremêlement, liaison, solidarisation; mosaïque, emboîtement

* **interlocking activities** - activités combinées
* **interlocking directorates** - direction commune (visant à supprimer la concurrence)

- 2. Blocage, verrouillage

* **interlocking device** - système de blocage, dispositif de blocage

INTERLOCUTORY - Interlocutoire (arrêt), préjudiciel, incident
* **interlocutory application** - demande incidente
* **interlocutory decision** - jugement avant dire droit, jugement avant faire droit; jugement provisoire
* **interlocutory injunction** - ordonnance de référé
* **interlocutory judgment** - jugement avant dire droit
* **interlocutory measure** - mesure provisoire, mesure transitoire, mesure conservatoire
* **interlocutory order** - jugement avant dire droit, jugement avant faire droit; jugement provisoire
* **interlocutory procedure** - procédure de recours préjudiciel
* **interlocutory proceedings** - procédure incidente
* **interlocutory relief** - ordonnance de référé

INTERMEDIARY - Intermédiaire, personne interposée

INTERMEDIATE - 1. Intermédiaire
* **intermediate consumption** - consommation intermédiaire
* **intermediate goods** - biens intermédiaires
* **intermediate treatment** - régime intermédiaire (prison)
* **intermediate uses** - emplois intermédiaires

- 2. Moyen
* **intermediate grade** - cours moyen (de transition) (éduc.)
* **Intermediate Range Ballistic Missile (IRBM)** - missile balistique à portée intermédiaire

INTERMINGLE (to) - Se confondre, s'entremêler, s'emmêler
* **the parts played by X, Y and Z intermingle** - il est difficile de dissocier les rôles jouées par X, Y et Z
* **where diverse elements that intermingle** - où divers éléments se confondent

INTERMISSION - Interruption, relâche, trève, pause, entracte
* **days of intermission (fever)** - jours intercalaires (méd.)
* **(to) work without intermission** - travailler sans désemparer, travailler sans relâche

INTERNAL - 1. Intérieur, interne
* **internal audit** - vérification intérieure des comptes
* **internal charges** - droits intérieurs
* **internal law** - droit interne, législation nationale
* **internal politics** - politique intérieure
* **internal revenue** - recettes fiscales (du pays)
* **internal waters** - eaux intérieures

- 2. Intrinsèque (valeur, preuve), intime (secret)

INTER PARTES - Contradictoire; contradictoirement

INTERPLAY - Jeu conjugué
* **interplay of market factors** - mécanismes du marché

INTERPRETATION - 1. Interprétation
* **agreed interpretation** - interprétation agréée, interprétation convenue
* **authoritative interpretation** - interprétation autorisée, interprétation faisant foi
* **broad interpretation** - interprétation extensive
* **golden interpretation** - interprétation littérale dans la mesure où elle ne confère pas au texte un sens absurde
* **interpretation by analogy** - interprétation par voie d'analogie
* **interpretation supported by leading writers** - interprétation doctrinale
* **judicial interpretation** - interprétation jurisprudentielle
* **liberal interpretation** - interprétation extensive
* **literal interpretation** - interprétation littérale
* **mischief interpretation** - interprétation téléologique
* **narrow interpretation** - interprétation restrictive
* **on its proper interpretation** - bien interpréter, dûment interpréter, à le bien interpréter, correctement interprété
* **rules of interpretation (of a statute)** - règles régissant l'interprétation des lois
* **strict interpretation** - interprétation restrictive

- 2.
* **as a matter of interpretation** - point controversable, point discuté, point pouvant être diversement interprété

- 3.
* **interpretation centre** - écomusée en milieu non urbain

INTERPRETATIVE
* **interpretative clause to** - disposition destinée à servir à l'interprétation de
* **interpretative declaration** - déclaration interprétative
* **interpretative statement** - déclaration d'interprétation

INTERPRETER
* **sworn interpreter** - interprète-juré

INTERRELATED - En corrélation, en relation mutuelle, coordonnés, liés, interdépendants, (qqfs) solidaires
* **interrelated set of activities** - ensemble articulé d'activités
* **the interrelated group** - le groupe apparenté

INTERRELATIONS - Interrelations, interdépendance, corrélations, incidences réciproques, interaction, interférences, (qqfs) solidarité

INTERRELATIONSHIPS - Interrelations, interdépendance, corrélations, incidences réciproques, interaction, interférences, (qqfs) solidarité

INTERROGATION - 1. Interrogation

    - 2. Arrestation

    - 3. Interrogatoire
* **interrogation by the police** - interrogatoire par la police
* **interrogation centre** - centre d'interrogation des prisonniers (mil.)
* **interrogation in depth** - interrogatoire poussé

INTERROGATORIES - 1. Questions écrites échangées au procès par les parties

    - 2. Admissions sur serment déféré

INTERRUPTION
* **factual interruption of prescription** - interruption naturelle
* **interruption in continuity** - solution de continuité

INTERTRADE - Interprofessionnel
* **intertrade minimum wage** - salaire minimum interprofessionnel garanti (SMIG)

INTERVAL - Intervalle, entracte, mi-temps (match)
* **at irregular intervals** - de temps à autre
* **at regular intervals** - périodiquement
* **meal interval** - pause-déjeuner
* **reporting interval** - périodicité des rapports

INTERVENE (to) - 1. Intervenir, s'interposer
* **application to intervene** - requête à fin d'intervention
* **intervening party** - partie intervenante
* **right to intervene** - droit d'intervention
* **(to) intervene in an agreement** - intervenir dans un contrat

    - 2. Survenir, arriver (événement)

    - 3. Séparer
* **10 miles intervene between the two towns** - 10 miles séparent les deux villes
* **10 years intervened** - 10 ans s'écoulèrent

INTERVIEW (subst.) - Entrevue, entretien, interview
* **interview by the police** - interrogatoire
* **re-interview method of census evaluation** - évaluation du recensement par de nouvelles entrevues

INTER VIVOS - Entre vifs

INTESTACY - Fait de mourir intestat; patrimoine ab intestat, succession ab intestat
* **share on an intestacy** - part successorale
* **statutory order of succession on intestat** - succession légale
* **succession on intestat** - succession ab intestat

INTESTATE - Intestat
* **(to) succeed on an intestate estate** - hériter ab intestat

INTIMATE (to) - 1. Intimer, signifier un ordre

    - 2. Donner à entendre, laisser à entendre
* **(to) intimate something to somebody** - suggérer qqch à qqn, indiquer qqch à qqn

INTIMATION - 1. Avis (de décès, etc.)
* **first intimation** - premier avis

- 2. Notification (par exploit d'huissier)

- 3. Avis à mots couverts, suggestion, signes, indications

INTIMIDATION - Menaces, intimidation
* **intimidation of witnesses** - pression sur les témoins, subornation de témoins

INTOXICANT (adj.) - Enivrant, grisant

INTOXICANT (subst.) - Spiritueux

INTOXICATION - 1. Ebriété, état d'ivresse

- 2. Enivrement (plaisir)

- 3. Intoxication (poison)

INTRATRADE - Commerce réciproque, échanges
* **intratrade within Africa** - commerce intra-africain
* **intratrade withing EEC** - commerce intracommunautaire

IN-TRAY
* **in-tray exercise** - recherche de solutions à divers problèmes, jeu de simulation "in-tray" (formation), exercice de pratique de gestion quotidienne

INTRA VIRES
* **if this action is intra vires** - si cette action relève bien de la compétence de

INTRICACIES - Subtilités, complexité
* **the intricacies of the law** - les dédales de la loi

INTRICATE - Délicat, épineux

INTRODUCE (to) - Introduire, inclure, incorporer, lancer, instituer, entreprendre, mettre en train, mettre en service, entamer, apporter, présenter, faire adopter
* **introduced by** - présenté par, émanant de
* **right to introduce legislation** - droit d'initiative parlementaire
* **(to) be introduced to** - prendre connaissance (d'un texte)
* **(to) introduce a charge** - introduire une accusation
* **(to) introduce a resolution** - présenter une résolution
* **(to) introduce an application** - introduire une requête
* **(to) introduce legislation amending the law** - promouvoir une réforme législative du droit
* **(to) introduce proceedings** - diligenter l'affaire

INTRODUCTION - Introduction
* **introduction of a new product** - commercialisation d'un nouveau produit, mise en marché d'un nouveau produit
* **introduction of automation** - avènement de l'automatisation

INTRODUCTORY - Introductif, liminaire
* **introductory course** - cours d'initiation
* **introductory paper** - note d'introduction, note liminaire
* **introductory statement** - déclaration liminaire, présentation d'un sujet

INVALID - 1. Nul, invalidé, caduc, non valable
* **invalid vote** - suffrage nul

- 2. Invalide, impotent, malade

INVALIDATE (to) - Infirmer, invalider, vicier
* **(to) invalidate a judgment** - infirmer un jugement
* **(to) invalidate an act** - abroger une loi
* **(to) invalidate evidence** - contredire un élément de preuve
* **(to) invalidate the consent** - vicier le consentement

INVALIDATION - Annulation (contrat), invalidation (élection), infirmation, cassation (jugement)

INVALIDITY - Nullité (traité)

INVASIVE - Envahissant, agressif (plantes)

INVENTION - Invention
* **improvement of invention** - perfectionnement d'invention
* **invention rights** - droits d'invention

INVENTORY - Inventaire, stock
* **inventory of fixtures** - état des lieux
* **perpetual inventory** - inventaire constant

INVEST (to) - Placer de l'argent, investir

INVESTIGATE (to) - 1. Examiner, enquêter
* **investigating committee** - commission d'enquête
* **investigating department** - service d'enquête

- 2. Instruire
* **application to the investigating judge to open an investigation** - réquisitoire introductif d'instance
* **direction to the investigating judge to open an investigation** - réquisitoire introductif d'instance
* **investigating authority** - organe d'instruction
* **investigating judge** - juge d'instruction, magistrat instructeur

INVESTIGATION - 1. Enquête, mesures d'instruction
* **criminal investigation** - instruction, enquête judiciaire
* **criminal investigation police officer** - officier de police judiciaire
* **field investigation** - enquête sur le terrain
* **first investigations** - enquête préliminaire
* **investigation in loco** - enquête sur place, visite des lieux
* **investigation on the scene of crime** - enquête sur place, visite des lieux
* **investigation on the spot** - enquête sur place, visite des lieux
* **investigation principle** - procédure inquisitoriale
* **police investigation** - enquête de police
* **preliminary investigation** - enquête préliminaire, enquête préalable
* **supplementary investigation** - complément d'enquête
* **thorough investigation** - enquête approfondie

- 2. Instruction (d'une affaire criminelle)
* **disciplinary investigation** - instruction disciplinaire
* **expedited police investigation** - enquête de flagrant délit
* **further investigations** - complément d'instruction

* **investigation of a criminal offence** - instruction pénale
* **investigation of the cases for prosecution and defence** - instruction à charge et à décharge
* **judicial investigation** - instruction préparatoire (judiciaire)
* **measure of investigation** - acte d'instruction, mesure d'instruction
* **preliminary investigation** - instruction préalable, instruction préliminaire, instruction préparatoire
* **(to) conclude investigation** - clore l'instruction
* **(to) institute preliminary investigations** - ouvrir une instruction

- 3. Information
* **(to) commence investigations** - ouvrir une information
* **(to) conduct investigations** - informer
* **(to) start criminal investigation** - ouvrir une information pénale

- 4. (qqfs) Expertise

- 5. (qqfs) Observation
* **data obtained from investigations** - données d'observation

INVESTMENT - Investissement, placement
* **approved investment** - placements agréés
* **business investment** - investissements industriels et commerciaux
* **business-fixed investments** - investissements productifs privés (investissements dans les entreprises)
* **development investment** - investissements utiles au développement
* **financial investment** - investissements financiers
* **fixed investment** - investissements fixes
* **institutional investment** - placements des organismes spécialisés
* **investment dollars** - dollars d'investissement
* **Investments Committee** - Comité des placements
* **Investments Unit** - Service des investissements
* **portfolio investment** - investissements indirects, portefeuille-titre
* **private investment** - les porteurs, le capital, les capitaux, les investisseurs, les marchés financiers
* **registered investment** - placements déclarés
* **return on investment** - rentabilité des capitaux engagés; rendement des investissements, rapport des investissements; revenu du capital investi

INVESTOR - Bailleur de fonds, investisseur

INVIDIOUS - Odieux, haïssable, incitant à l'envie, incitant à la haine
* **invidious comparison** - comparaison désobligeante
* **invidious discrimination** - discrimination odieuse
* **invidious task** - tâche ingrate

INVIOLABILITY - <u>Intégrité, inviolabilité (d'un territoire)</u>
* **inviolability of the embassy** - franchise d'hôtel (dipl.)

INVITED
* **invited paper** - mémoire sollicité (>< volunteered paper = mémoire communiqué spontanément)

INVOICE (subst.) - <u>Facture, note de frais</u>
* **accepted invoice** - facture acceptée
* **as per invoice** - suivant la facture
* **invoice clerk** - facturier
* **invoice typist** - facturier
* **invoice work** - facturation
* **pro forma invoice** - facture fictive, facture simulée
* **receipted invoice** - facture acquittée, note payée
* **shipping invoice** - facture d'expédition

INVOICING - Facturation

INVOKE (to) - <u>Invoquer</u>
* **documents invoked in a suit** - documents invoqués dans un procès, documents cités dans un procès
* **the legal tradition may invoke in support of such a system** - ce système peut se réclamer de la tradition juridique
* **(to) invoke the priviledge of** - se prévaloir du privilège de

INVOLVE (to) - <u>Intéresser, toucher, engager, faire participer, comporter (des difficultés), s'occuper de, mettre en jeu, mettre en cause, appeler, enrôler, nécessiter, exiger; entraîner, impliquer, supposer, présupposer; être lié à, s'étendre à, soulever (des questions de); associer; concerner</u>
* **anyone who may be involved** - tous ceux qui peuvent être appelés à intervenir, tous ceux qui peuvent avoir partie liée avec
* **his honour is involved** - son honneur est engagé
* **I am not involved in... and therefore I am not concerned with** - je n'ai rien à voir ... et par conséquent je ne m'en soucie pas
* **involved** - en cause, en jeu, concerné, (qqfs) compromis
* **involved by** - soulevé par
* **involved group** - groupe actif
* **involved to a lesser extent** - moins compromis
* **involving a foreign element** - affecté d'un facteur d'extranéité
* **membership involves rights and obligations** - la qualité de membre crée des droits et des obligations

* **non-involved group** - groupe passif
* **principle involved** - principe qui s'y rattache
* **production involves trade** - qui dit production, dit commerce
* **question involved** - question à régler, questions qui se pose
* **this involves** - dans ce cas, il est nécessaire...
* **those involved in the kidnapping** - les auteurs de l'enlèvement
* **(to) attempt to involve other organs concerned** - chercher à s'attacher la collaboration des autres organes concernés
* **(to) be involved in a development** - être "impliqué" dans l'évolution
* **(to) be involved in an incident** - être partie à un accident
* **(to) be involved with the law** - avoir des démêlés avec la justice

INVOLVEMENT - <u>Participation, participation active, engagement, intérêt; mise à contribution; attachement à; (qqfs) intervention</u>
* **community involvement** - participation de la communauté, contribution de la communauté
* **his suspected involvement** - soupçonné d'avoir participé
* **involvement in national organisation** - participation aux activités de l'organisation nationale, contribution aux activités de l'organisation nationale
* **lack of public involvement** - désaffection du public

INWARD-LOOKING - Introverti (économie, industrialisation)

INWARDS - 1. <u>Intérieur, pour l'importation</u>
* **clearance inwards** - déclaration d'entrée, permis d'entrée

- 2. <u>Dans l'âme, intérieurement</u>

IPSO JURE - De plein droit

IRON OUT (to) - Aplanir (difficultés), faire disparaître, éliminer (variations saisonnières), trancher

IRREBUTABLE - <u>Irréfragable, irrécusable (témoignage)</u>
* **irrebutable presumption** - présomption absolue

IRRECOVERABLE - Irrecouvrable (créances), irrémédiable, irréparable (perte)

IRREDEEMABLE - 1. Irrémédiable (désastre)

- 2. A fonds perdu (contribution)

- 3. Perdu, incorrigible (délinquant)

- 4. Irrachetable (fonds, rentes)
* **irredeemable bonds** - obligations non amortissables
* **irredeemable loan** - emprunt perpétuel
* **irredeemable security** - valeur irrecouvrable

IRREFUTABLE - Irréfutable, irrécusable
* **irrefutable presumption** - présomption irréfragable, présomption juris et de jure

IRREGULAR - Irrégulier, contraire aux règles
* **irregular fighter** - franc-tireur
* **irregular household** - faux ménage

IRREGULARITY - Irrégularité, défaut
* **procedural irregularity** - vice de procédure

IRRELEVANCE - Inapplicabilité, inadaptation; à côté (de la question), manque d'à propos, inconséquence

IRRELEVANT - Hors de propos, non pertinent, sans rapport (avec le sujet), étranger à, incongru, sans intérêt, sans intérêt en l'occurrence, non applicable, indifférent, qui ne tire pas à conséquence, sans objet
* **irrelevant for the Court** - sans intérêt pour la Cour
* **irrelevant in practice** - sans incidence sur le plan pratique
* **irrelevant issues** - faux problèmes
* **irrelevant to the case** - étranger à l'affaire
* **these arguments are irrelevant** - ces arguments n'ont rien à voir ici
* **(to) be irrelevant** - être dénué de pertinence, être sans rapport avec, être indifférent pour
* **totally irrelevant circumstances** - circonstances tout à fait étrangères

IRREMOVABILITY - Inamovibilité

IRRESPECTIVE
* **irrespective of** - indépendamment de, sans tenir compte de

IRRESPONSIBLE - Irresponsable, fantaisiste, dénué de fondement, gratuit, irréfléchi, écervelé, inconscient, dénué de tout sens des responsabilités, manquant de conscience professionnelle, indû, injustifiable, (qqfs) démentiel

IRRETRIEVABLE - Irrémédiable, irréparable, irréversible

IRREVOCABLE - Irrévocable, irrétractable

ISSUE (subst.) - 1. Emission; sortie (numéro d'un journal, d'une publication), série (publication)
* **date of issue** - date d'émission
* **definitive issue** - série ordinaire (philat.)
* **direct issue** - expédition directe
* **issue of supplies** - livraison de fournitures
* **issue price** - cours d'émission
* **maturing issue** - émission venant à échéance
* **(to) take an issue** - souscrire à une émission

- 2. Question, question litigieuse, problème, litige, matière
* **as regards to the question at issue** - sur le fond
* **facts at issue** - les faits du litige; contradiction dans les faits
* **in issue** - en litige, litigieux, contesté, en discussion, en cause
* **issue is alive** - reste à trancher
* **issue is joined** - la cause est en état
* **issue joined to the merits** - questions jointes au fond
* **justiciable issue** - matière justiciable
* **matter in issue** - question à débattre
* **no issue could arise under Art. 13** - aucun problème ne se pose sous l'angle de l'article 13
* **no issue was taken by the applicants as to whether** - les requérants n'ont pas contesté que
* **points at issue** - points en litige, points litigieux
* **points in issue** - points en litige, points litigieux
* **practice at issue** - pratique litigieuse
* **the following issues arise under the Convention** - les questions suivantes au regard de la Convention
* **the issue under Art....** - la question se posant sous l'angle de l'article..., le problème relatif à l'article...

./..

* **the issue was litigated** - l'affaire a été portée devant le tribunal
* **(to) be at issue with** - être en conflit avec
* **(to) dispute the main issue** - débattre au principal
* **(to) put in issue** - contester
* **(to) take issue with someone** - apporter la contradiction, contester, s'inscrire en faux contre
* **(to) try the main issue** - statuer au principal

- 3. <u>Descendance</u>
* **failure of issue on intestacy** - déshérence

- 4. <u>Problème, sujet de polémique, objet de controverse; (qqfs) résultat</u>
* **at issue** - donnant lieu à controverse
* **major issues** - idées-forces
* **policy issues** - problèmes d'orientation générale
* **policy issues involved** - principaux problèmes qui se posent
* **the question at issue** - la question contestée
* **(to) make an issue of something** - monter qqch en épingle
* **topical issue** - question d'actualité; actualité
* **vital issue** - problème majeur

- 5. <u>Parution, publication (ouvrage), lancement (prospectus)</u>
* **in course of issue** - en cours de publication

ISSUE (to) - 1. <u>Provenir de, être prélevé sur, découler de</u>
* **income issuing from land** - revenu foncier
* **(to) issue in something** - aboutir, avoir pour résultat

- 2. <u>Publier; émettre, délivrer, décerner, mettre en vente (philat.), rendre</u>
* **issued** - ordonnancé (compt.)
* **issued part** - pièce sortie (gestion de stocks)
* **issuing an uncovered cheque** - émission d'un chèque sans provision
* **issuing bank** - banque d'émission
* **(to) issue a decree** - publier un décret, décréter
* **(to) issue a warrant of arrest** - décerner un mandat d'arrêt
* **(to) issue an injunction** - rendre une ordonnance
* **(to) issue directives** - adresser des directives

- 3. <u>(qqfs) Entamer, engager</u>
* **(to) issue proceedings** - engager une procédure

ITEM - 1. <u>Question; rubrique, item (énoncé définitif d'un questionnaire psychologique), point</u>
* **evidentiary item** - pièce à conviction
* **item of concern to** - objet d'intérêt de
* **item of proceedings** - acte de la procédure
* **proposed item** - question proposée
* **the next item on the agenda** - l'ordre du jour appelle la discussion de...

- 2. <u>Poste, position (écon., fin.), chef de dépense, rubrique (compt.), catégorie</u>
* **commodity items** - groupes de produits
* **controllable items** - articles contrôlables
* **expendable items** - articles consommables, articles non durables
* **sequence of items** - ordre des rubriques (dans une formule)
* **standard item** - poste normal (fin.)

IVORY
* **ivory hunter** - chercheur de talents, "chasseur de têtes", chercheur de cerveaux; agent recrutant des étudiants pour une entreprise

JACK (to) - <u>Mettre sur cric, mettre sur vérin</u>
* **(to) jack in** - céder, abandonner, renoncer à (une entreprise)
* **(to) jack up** - mettre à niveau, soulever (avec des vérins); faire grimper (les prix, les salaires)

JACK UP (subst.) - Plate-forme-vérin (prospection pétrolière)

JAIL - <u>Prison (de simple police), maison d'arrêt</u>
* **county jail** - maison centrale

JEOPARDIZE (to) - <u>Exposer (qqn, qqch) au danger, mettre en péril, compromettre, hasarder (sa vie, son honneur), porter atteinte</u>
* **(to) jeopardize one's business** - faire péricliter ses affaires, laisser péricliter ses affaires
* **(to) jeopardize one's finances** - se mettre dans des embarras financiers

JEOPARDY - <u>Danger, péril</u>
* **double jeopardy** - double incrimination
* **(to) be in jeopardy (business)** - péricliter
* **(to) be in jeopardy (of one's honour)** - être compromis
* **(to) put at jeopardy the right of** - porter atteinte au droit de

JET - <u>Jet, propulseur, réacteur</u>
* **jet aircraft** - avion à réaction
* **jet body** - corps du propulseur (esp.)
* **jet engine** - réacteur
* **jet fuel** - carburéacteur
* **jet lag** - décalage horaire
* **jet stream** - courant ascendant brusque
* **jumbo jet** - avion jumbo, gros porteur

JETTISON (subst.) - <u>Jet de marchandises à la mer, largage, délestage, jet à la mer</u>
* **jettison of cargo** - largage (jet volontaire de la cargaison)
* **jettison system** - vide-vite (du carburant)
* **jettison tank** - réservoir largable
* **jettison valve** - vide-vite (du carburant)

JETTISON (to) - <u>Larguer, délester</u>
* **non-jettisoning** - non largage
* **(to) jettison a bill** - "se délester" d'un projet de loi

JINGLE - Tintement, ritournelle radiophonique, virgule sonore, griffe musicale, écho, sonal (sonals), indicatif sonore, refrain publicitaire

JOB - <u>Emploi, travail, tâche</u>
* **first job seeker** - primo-demandeur d'emploi, demandeur d'un premier emploi
* **hand to mouth job** - travail précaire
* **job counselling** - orientation professionnelle
* **job description** - description des attributions, description de poste, description de l'emploi, description des tâches
* **job evaluation** - définition d'emploi
* **lack of job security** - précarité de l'emploi

JOBBER - 1. <u>Ouvrier, tâcheron</u>
* **odd jobber** - bricoleur

    - 2. <u>Courtier, intermédiaire, sous-traitant</u>

    - 3. <u>(péj.) Intrigant, exploiteur (d'une fonction)</u>

JOBLESS - Sans travail (les), chômeur

JOCOSE - Blagueur, facétieux, gouailleur, jovial

JOIN (to) - 1. <u>Adhérer à, devenir membre de, être admis à; s'affilier à (un syndicat), s'engager (dans l'armée); s'agréger à (un bloc); entrer (au Secrétariat), participer à</u>

    - 2. <u>Conjuguer, associer</u>
* **joined proceedings** - jonction des requêtes
* **(to) decide to join the two applications** - décider la jonction des deux requêtes, prononcer la jonction des deux requêtes
* **(to) join a party to the proceedings** - appeler en cause
* **(to) join a proposition** - se rallier à la position
* **(to) join in** - s'associer à, se joindre à, partager
* **(to) join in the concern** - partager la préoccupation
* **(to) join in the praise** - s'associer aux éloges
* **(to) join other representatives in urging that** - joindre ses instances à celles des représentants qui ont demandé que
* **(to) join the sponsors of a draft resolution** - se porter co-auteur d'un projet de résolution

JOINDER - <u>Jonction, réunion</u>
* **joinder (of a preliminary objection) to the merits** - jonction au fond (d'une exception préliminaire)
* **joinder of actions** - jonction de demandes, jonction de causes, jonction d'instances
* **joinder of cases** - jonction de causes, jonction de demandes, jonction d'instances
* **joinder of guarantor** - garantie incidente (dans les procédures pendantes)
* **joinder of issue** - mise en état de cause
* **joinder of proceedings** - jonction d'instances, jonction de causes, jonction de demandes
* **joinder of successive periods of possession** - jonction des possessions
* **joinder of the debtor** - mise en cause du débiteur

JOINER - Grégaire

JOINT - 1. <u>Associé, co-associé</u>
* **in joint ownership** - en commun, copropriété, mitoyenneté, indivision
* **joint decisions** - décisions collégiales
* **joint dissenting opinion** - opinion dissidente commune
* **joint guardian** - cotuteur
* **joint guardianship** - cotutelle
* **joint liability** - coresponsabilité
* **joint management** - cogestion
* **joint occupation** - cohabitation
* **joint possession** - copossession
* **joint principal** - co-auteur
* **joint seller** - covendeur
* **joint user** - co-utilisation

- 2. <u>Commun, solidaire, mixte, paritaire</u>
* **for the joint benefit of** - au profit indivis de
* **joint and several liability** - solidarité
* **joint commitments** - engagements réciproques
* **joint committee** - comité mixte; (qqfs) comité d'entente
* **joint consultation** - consultation paritaire
* **joint meeting** - réunion commune; séance commune
* **joint planning** - planification concertée
* **joint projects** - travaux collectifs
* **joint share** - action indivise
* **joint stock company** - société par actions, société de capitaux
* **joint working party** - groupe de travail mixte
* **restricted joint and several responsibility** - obligation in solidum
* **termination of joint solidarity** - remise de solidarité

- 3. <u>Contradictoire</u>
* **joint expert valuation** - évaluation contradictoire à dire d'experts

JOINTLY - 1. <u>De concert, de front, concurremment, conjointement, en commun</u>
* **jointly and severally liable** - solidaire, conjointement et solidairement responsable, tenu à la garantie solidaire
* **jointly liable** - co-obligé, coresponsable
* **person jointly and severally liable** - co-obligé solidaire
* **the cost is borne jointly** - à frais communs

- 2. <u>Mixte, commun, collectif</u>
* **jointly owned** - d'économie mixte (Etat + privé)
* **jointly responsible** - collectivement responsable

JOURNEY
* **(official) journeys** - missions

JUDGE (subst.) - <u>Juge, magistrat assis, magistrat du siège</u>
* **additional judge** - juge adjoint
* **appointed by law judge** - juge naturel
* **assistant judge** - juge auxiliaire
* **bankruptcy judge** - juge commissaire, juge de la faillite
* **bribing a judge** - corruption de magistrat
* **children's judge** - juge des enfants
* **civil judge** - juge civil
* **commercial judge** - juge de commerce, juge commercial
* **criminal judge** - juge pénal, juge répressif
* **district judge** - juge d'instance, juge de paix
* **examining judge** - juge d'instruction, juge instructeur
* **guardianship judge** - juge des tutelles
* **investigating judge** - juge d'instruction, juge instructeur
* **judge advocate** - magistrat militaire, juge militaire, juge au tribunal militaire
* **judge directing the preparation of the trial** - juge de la mise en état
* **judge exercising summary jurisdiction** - juge de simple police
* **judge for a specific case** - juge ad hoc
* **judge for urgent applications** - juge des référés
* **judge in chamber** - juge siégeant en chambre du conseil
* **judge in his own cause** - juge et partie
* **judge in matrimonial causes** - juge délégué aux affaires matrimoniales (JAM)
* **judge responsible for the execution of the sentences** - juge de l'application des peines
* **judge taking evidence on commission** - juge requis, juge commis
* **judge's chamber** - chambre du conseil
* **judge's room** - salle des délibérations
* **judge-made law** - droit prétorien
* **judges rules** - procédure criminelle avant le procès, phase préliminaire au procès
* **land-registry judge** - juge du livre foncier
* **lawful judge** - juge naturel

./..

* national judge - juge national
* non-presiding judge - juge assesseur
* normal judge - juge naturel
* ordinary judge - juge titulaire, magistrat titulaire
* presiding judge - président du tribunal
* professional judge - juge de carrière
* reporting judge - juge rapporteur
* retired judge - juge honoraire
* rightful judge - juge naturel
* single judge - juge unique
* statutory judge - juge naturel
* the judges - magistrature assise, magistrature du siège
* trial before a judge alone - procès devant un tribunal siégeant sans jury
* trial judge - juridiction de jugement
* unremunerated judge - juge honoraire

JUDGE (to) - 1. Estimer, considérer

- 2. Apprécier

JUDGESHIP - Fonction de juge, fonction de magistrat; magistrature

JUDGMENT - 1. Jugement
* civil judgment - jugement civil
* consent judgment - jugement d'accord, jugement d'expédient, jugement convenu
* copy of the judgment - expédition du jugement
* criminal judgment - jugement correctionnel, jugement répressif
* decision to give a considered judgment - mise en délibéré
* declaratory judgment - jugement déclaratif, jugement de constatations
* delivery of judgment - prononcé du jugement
* enforceable judgment - jugement exécutoire
* enforcement of the judgment - exécution du jugement
* erroneous judgment - jugement erroné, jugement mal rendu
* final judgment - jugement passé en force de chose jugée, jugement définitif, jugement final, jugement irrévocable, arrêt définitif
* foreign judgment - jugement rendu à l'étranger
* heading of the judgment - en-tête du jugement
* judgment affecting a number of persons - jugement collectif
* judgment after hearing both parties - jugement contradictoire
* judgment altering the rights of the parties - jugement constitutif de droit
* judgment annuling a contract - jugement de résolution de contrat
* judgment at last instance - jugement en dernier ressort

* judgment binding on a third party - jugement commun
* judgment confirming - jugement confirmatif
* judgment declaring void - jugement déclaratif de nullité
* judgment effective erga omnes - jugement constitutif
* judgment establishing date of birth - jugement déclaratif de naissance
* judgment establishing descent - jugement déclaratif de filiation
* judgment establishing nullity - jugement déclaratif de nullité
* judgment given on the files - jugement sur pièces
* judgment given on the pleadings - jugement sur pièces
* judgment in absentia - jugement par contumace (pénal), jugement par défaut (civil)
* judgment in rem - jugement constitutif
* judgment on contentious proceedings - jugement contentieux
* judgment on the merits - jugement au fond
* judgment setting aside a contract - jugement de résolution de contrat
* judgment upholding - jugement confirmatif
* jugdment appealed against - jugement attaqué
* notification of the judgment - signification du jugement
* operative part of a judgment - dispositif d'un jugement
* original judgment - minute du jugement
* pronouncement of judgment - prononcé du jugement
* reading of judgment - prononcé du jugement; audience de jugement
* reserved judgment - affaire mise en délibéré
* service of the judgment - signification du jugement
* striking out judgment - jugement de radiation
* (to) appeal against a judgment - en appeler d'un jugement, attaquer un jugement
* (to) arrest judgment - surseoir à statuer
* (to) deliver a judgment - rendre un jugement
* (to) give a judgment - rendre un jugement
* (to) give a judgment on the merits - statuer sur le fond
* (to) obtain the execution copy of the judgment - lever un jugment
* (to) pronounce a judgment - rendre un jugement
* (to) quash a judgment - casser un jugement
* (to) reserve a judgment - surseoir à statuer
* (to) reverse a judgment - réformer un jugement
* (to) set a judgment aside - annuler un jugement, infirmer un jugement
* (to) uphold a judgment - confirmer un jugement
* variation of a judgment - réformation d'un jugement

- 2. Arrêt (Cour d'appel, Cour d'assises, Cour de cassation)

./..

- 3. Décision
* **(to) appeal against a judgment** - entreprendre une décision
* **(to) attack a judgment** - entreprendre une décision
* **(to) furnish grounds for a judgment** - motiver une décision
* **(to) give reasons for a judgment** - motiver une décision
* **(to) overrule a judgment** - annuler une décision

- 4. Jugement, discernement, appréciation
* **lack of judgment** - manque de discernement
* **principle of judgment** - critère d'appréciation

- 5. (Divers)
* **consent judgment** - règlement à l'amiable, entériné par jugement
* **minority judgment** - opinion de minorité, opinion dissidente (C.E.)
* **suspended judgment** - condamnation avec sursis

JUDICATURE
* **Judicature Act** - Code judiciaire, Code d'administration de la justice, loi d'administration de la justice, loi sur l'organisation judiciaire
* **Supreme Council of Judicature** - Conseil supérieur de la magistrature

JUDICIAL - 1. Judiciaire
* **in Austrian judicial practice** - dans la pratique judiciaire autrichienne
* **judicial appeal procedure** - recours judiciaire
* **judicial authorities** - autorités judiciaires
* **judicial cooperation** - entraide judiciaire
* **judicial custody (on property)** - séquestre
* **judicial district** - arrondissement judiciaire
* **judicial letter** - exploit d'huissier
* **judicial notice** - fait patent, fait de notoriété publique
* **judicial office** - fonction judiciaire
* **judicial precedent** - précédent judiciaire
* **judicial review** - contrôle judiciaire, contrôle juridictionnel
* **judicial separation** - séparation de corps
* **judicial settlement** - règlement judiciaire
* **judicial supervision** - contrôle judiciaire, (sous) sauvegarde de justice
* **right to judicial proceedings** - droit d'être entendu
* **(to) take judicial notice** - reconnaître pour tel sans demander de preuves formelles (se dit du tribunal)

- 2. Juridictionnel
* **judicial body** - organe juridictionnel, organe judiciaire, instance juridictionnelle, instance judiciaire
* **judicial decisions** - décisions juridictionnelles
* **proceedings of a judicial nature** - procédure de nature juridictionnelle

* **quasi-judicial decision** - décision d'ordre juridictionnel (ex. Commission disciplinaire)
* **quasi-judicial organ** - organe juridictionnel

- 3. Jurisprudentiel
* **judicial doctrine** - jurisprudence
* **judicial opinion** - jurisprudence
* **the balance of judicial opinion supports...** - la jurisprudence dominante...
* **the line of judicial reasoning** - la tendance jurisprudentielle
* **the trend of judicial reasoning** - la tendance jurisprudentielle

- 4. Magistrature
* **Judicial Service Commission** - Conseil supérieur de la magistrature

- 5. (Divers)
* **judicial letter** - exploit d'huissier
* **judicial officer** - officier ministériel

JUDICIARY - 1. Magistrature
* **independence of the judiciary** - indépendance de la magistrature
* **senior member of the judiciary** - haut magistrat
* **the judiciary** - magistrature assise, magistrature du siège

- 2.
* **the judiciary** - le pouvoir judiciaire, l'ordre judiciaire

JUNCTURE - Jointure, point de jonction; conjoncture
* **at this juncture** - dès lors, à ce moment critique, sur ces entrefaites; en l'occurrence, dans ces circonstances

JUNIOR - Débutant, subalterne, second, stagiaire
* **junior counsel** - avocat en second
* **junior expert** - expert stagiaire
* **junior minister** - Secrétaire d'Etat

JUNK - Rebut; sans valeur, camelote
* **junk heap** - dépotoir, tas de ferraille, tas d'ordures
* **junk yard** - dépotoir, tas de ferraille, tas d'ordures

JUNKY - Camé

JURISCONSULT - Jurisconsulte, légiste, juriste (voir aussi "Jurist")

JURISDICTION - 1. <u>Compétence, ressort, domaine de compétence, attribution de compétence, (qqfs) pouvoir de décider de qqch</u>

* **administrative jurisdiction** - ressort administratif
* **advisory jurisdiction** - compétence consultative
* **appellate jurisdiction** - compétence d'appel
* **choice of jurisdiction** - élection de domicile, option de compétence
* **civil jurisdiction** - compétence en matière civile
* **equitable jurisdiction** - compétence en matière d'équité
* **excess of jurisdiction** - excès de pouvoir
* **financial limits of jurisdiction** - les taux de compétence, les taux du ressort
* **foreign jurisdiction** - ressort étranger
* **having jurisdiction** - compétent
* **inherent jurisdiction** - compétence implicite
* **it does not have jurisdiction to state** - elle n'a pas compétence pour dire
* **jurisdiction based on the domicile** - compétence de la personnalité active
* **jurisdiction based on the nationality** - compétence de la nationalité active
* **jurisdiction based on the subject matter** - compétence à raison de la matière, compétence absolue
* **jurisdiction clause** - clause d'attribution de compétence, élection de domicile
* **jurisdiction Court** - tribunal des conflits
* **jurisdiction in personam** - compétence in personam
* **jurisdiction in rem** - compétence in rem
* **jurisdiction of choice** - compétence d'élection
* **jurisdiction of the ordinary Courts** - compétence judiciaire
* **jurisdiction order** - arrêté de conflit (compétences)
* **jurisdiction ratione materiae** - compétence d'attribution, compétence absolue
* **jurisdiction subject to appeal** - compétence à charge d'appel
* **lack of jurisdiction** - incompétence
* **lack of jurisdiction ratione loci** - incompétence en raison du lieu
* **lack of jurisdiction ratione materiae** - incompétence en raison de la matière
* **normal transfer of jurisdiction** - effet dévolutif normal
* **objection to jurisdiction** - exception d'incompétence, déclinatoire de compétence
* **original jurisdiction** - compétence de première instance
* **outside the Commission's jurisdiction** - échapper à la compétence de la Commission
* **sole jurisdiction** - compétence exclusive
* **special jurisdiction** - compétence d'attribution
* **territorial jurisdiction** - compétence à raison du lieu, compétence ratione loci; ressort territorial
* **the exclusive jurisdiction of a Court** - l'appréciation souveraine des juges
* **this Court has full jurisdiction** - ce tribunal a une compétence de pleine juridiction, ce tribunal est doté de la plénitude de juridiction
* **(to) accept jurisdiction** - se déclarer compétent

* **(to) accept the jurisdiction of** - élire domicile
* **(to) be within jurisdiction of** - relever de la compétence de
* **(to) confer jurisdiction upon** - élire domicile
* **(to) decline jurisdiction** - se déclarer incompétent
* **(to) exercise jurisdiction** - avoir compétence
* **(to) fall under the jurisdiction** - relever de la compétence de, ressortir de la compétence de
* **(to) raise the question of jurisdiction** - élever le conflit, soulever la question du conflit
* **(to) refuse jurisdiction** - se déclarer incompétent
* **(to) refuse to exercise jurisdiction** - décliner compétence
* **(to) take upon jurisdiction** - assumer la compétence
* **transfer of jurisdiction** - dévolution de compétence

- 2. <u>Juridiction</u>

* **administrative jurisdiction** - juridiction administrative
* **civil jurisdiction** - juridiction civile
* **class of jurisdiction** - ordre de juridiction
* **compulsory jurisdiction** - juridiction obligatoire
* **compulsory jurisdiction of the Court** - (reconnaissance de la) juridiction obligatoire de la Cour
* **conflict of jurisdictions** - conflit de juridictions, conflit de compétence
* **conflicting decisions relating to jurisdiction** - conflit de juridiction
* **constitutional jurisdiction** - juridiction constitutionnelle
* **consular jurisdiction** - juridiction consulaire
* **contentious jurisdiction** - juridiction contentieuse
* **Court of summary jurisdiction** - tribunal de police, tribunal de simple police, tribunal correctionnel
* **extension of the jurisdiction** - prorogation de juridiction
* **exterritorial jurisdiction** - juridiction capitulaire
* **full jurisdiction** - plénitude de juridiction
* **international jurisdiction** - juridiction internationale
* **jurisdiction in tax matters** - juridiction fiscale
* **jurisdiction of professional associations** - juridictions ordinales
* **jurisdiction of professional tribunal** - juridiction corporative
* **jurisdiction over lesser indictable offences** - police correctionnelle
* **jurisdiction over misdemeanours** - police correctionnelle
* **jurisdiction to deal with all aspects of the case** - plénitude de compétence, plénitude de juridiction
* **level of jurisdiction** - instance
* **non-contentious jurisdiction** - juridiction gracieuse
* **original jurisdiction** - juridiction de première instance
* **subjected to the jurisdiction of the Courts** - justiciable
* **(to) be subject to jurisdiction** - relever d'une juridiction
* **(to) exercise jurisdiction** - avoir juridiction sur
* **(to) fall under jurisdiction** - relever d'une juridiction
* **(to) fall within jurisdiction** - relever d'une juridiction
* **(to) have jurisdiction** - avoir juridiction sur
* **type of jurisdiction** - ordre de juridiction
* **unlimited jurisdiction** - plénitude de compétence, plénitude de juridiction

JURISDICTIONAL - Juridictionnel
  * **jurisdictional Court** - tribunal des conflits

JURISPRUDENCE - Philosophie du droit; étude des principes généraux du droit, doctrine, science du droit (et non "jurisprudence")
  * **medical jurisprudence** - médecine légale

JURIST - Jurisconsulte, légiste-avocat, homme de loi, juriste

JURISTIC
  * **juristic person** - personne morale (= "legal person")

JUROR - Juré
  * **juror's Court** - tribunal d'échevins
  * **(to) stand by juror** - récuser un juré (de la part de l'accusation)

JURY - 1. Jury
  * **findings of the jury** - verdict des jurés
  * **foreman of the jury** - président des jurés
  * **hung jury** - jury dans l'impasse (ne pouvant arriver à un verdict majoritaire)
  * **jury box** - banc des jurés
  * **jury panel** - liste des jurés
  * **right of trial by jury** - droit d'être jugé par un jury
  * **(to) challenge a jury** - récuser un jury
  * **(to) discharge a jury** - congédier un jury, renvoyer un jury
  * **(to) empanel a jury** - constituer le jury, tirer au sort le jury
  * **(to) sit on a jury** - faire partie d'un jury
  * **(to) swear a jury** - prêter serment (comme juré)
  * **trial by jury** - renvoi devant les assises

  - 2. Chambre des mises en accusation (US)

JURYMAN - Juré
  * **substitute juryman** - juré suppléant

JUST
  * **there were just eight participants** - il y avait à peine huit participants
  * **(to) apply for just satisfaction** - demander une satisfaction équitable

JUSTICE - 1. Justice, judiciaire
  * **administration of justice** - organisation judiciaire
  * **denial of justice** - déni de justice
  * **justice delayed, justice denied** - lenteur de justice vaut déni de justice, qui dit lenteur de justice dit déni de justice
  * **"justice must not only be done, it must also seen to be done"** - "Il faut non seulement que justice soit rendue, mais encore qu'elle soit ainsi perçue"
  * **miscarriage of justice** - erreur judiciaire
  * **natural justice** - principes élémentaires de la justice
  * **perversion of justice** - déni de justice
  * **(to) obstruct the course of justice** - entraver la bonne marche de la justice
  * **travesty of justice** - parodie de justice

  - 2. Droit
  * **(to) do justice** - dire le droit

  - 3. Juge
  * **Chief Justice** - juge président, président de la Cour
  * **examining justice** - juge d'instruction
  * **Justice of the Peace** - juge de paix
  * **Justice X** - le juge X
  * **Lord Chief Justice** - Président de la section pénale de la Court of Appeal
  * **moveable justices** - juges sans affectation fixe

JUSTICIABLE - 1. "Criminel" justiciable (des tribunaux français)

  - 2. Susceptible d'un recours judiciaire

  - 3. A déterminer par voie de justice, déterminé par une procédure judiciaire
  * **justiciable issue** - affaire relevant de la compétence des tribunaux, affaire pouvant être jugée
  * **justiciable right** - droit pouvant être contesté en justice

JUSTIFIABLE - Justifiable, justifié, défendable, légitime (acte)
  * **justifiable refusal** - refus motivé
  * **justifiable with the Convention** - compatible avec la Convention

JUSTIFICATION - 1. Justification

  - 2. Exposé des motifs

  - 3. Pièce justificative, pièces justificatives

  - 4. Argument invoqué à l'appui de, arguments invoqués à l'appui de
  * **(to) plead justification** - établir la défense sur la vérité des faits allégués par le défendeur
  * **without justification** - sans motif valable

JUSTIFY (to) - Justifier, légitimer

* **he was justified in the event** - l'événement lui a donné raison
* **(to) justify a statement** - prouver le bien-fondé de son dire
* **(to) justify bail** - justifier de sa solvabilité (avant caution)

JUSTIFYING - Justificatif, justificateur

JUVENILE

* **juvenile court** - tribunal pour jeunes, tribunal pour enfants
* **juvenile delinquant** - délinquant mineur
* **juvenile offender** - délinquant mineur
* **juvenile offenders** - l'enfance délinquante, les jeunes délinquants
* **juveniles** - adolescents

KEEP (to) - 1. <u>Observer, obéir à (la loi), suivre, rester fidèle (à un voeu), tenir, respecter (sa parole, un traité), garder (qqch), maintenir (l'ordre)</u>
* **(to) keep under review** - suivre

    - 2. <u>Maintenir à l'étude, poursuivre l'étude de</u>

    - 3. <u>Tenir (un établissement)</u>

    - 4. <u>Subvenir aux besoins de</u>

    - 5. <u>Conserver (son emprise sur), retenir (l'attention de)</u>
* **out of keeping** - embarrassante (situation)

KEEPER - Gardien, détenteur, garde, conservateur (musée), patron (établissement)

KEEPING - 1. <u>Maintien</u>
* **keeping in detention** - maintien en détention
* **keeping in force** - maintien en vigueur
* **keeping in repair** - maintien en état
* **keeping the peace** - maintien de l'ordre public

    - 2. <u>Garde</u>
* **keeping charge for safe** - droit de garde
* **keeping expenses for safe** - frais de garde
* **safe keeping** - garde

KERB-CRAWLING - Accostage en voiture

KEY (adj.) - <u>Clef, décisif, crucial, déterminant, moteur, essentiel, capital, névralgique</u>
* **key elements** - éléments moteurs (qqfs)
* **key factor of social development** - instrument de promotion sociale
* **key money** - reprise, pas de porte
* **key person** - spécialiste, expert, "personne ressource"
* **key position** - poste de commande
* **key sort card** - fichier

KEY (subst.) - <u>Clef</u>
* **guide serving as keys to all literature** - guides facilitant l'accès à toute la documentation
* **lay-out key** - formule-cadre (CEE)
* **master key** - fausse clé; passe
* **skeleton key** - fausse clé; passe
* **turn key equipement** - installations clés en mains
* **turn key job** - contrat clés en mains

KEY (to)
* **(to) key information** - entrer des données (inform.)
* **(to) key one's publicity** - assurer le repérage de sa publicité

KEYNOTE - <u>Tonique, dominante, le "la", mot d'ordre (politique)</u>
* **keynote address** - discours introductif, discours liminaire, discours-programme
* **keynote speaker** - orateur-présentateur, conférencier d'honneur, orateur principal
* **keynote speech** - exposé introductif, exposé destiné à orienter les débats, exposé inaugural, exposé liminaire, discours-programme

KIDNAPPING - Enlèvement, rapt (d'enfant, etc.)

KILLING - <u>Tuerie, meurtre, assassinat, abattage (animaux), mise à mort (corrida), destruction, élimination (mil.)</u>
* **mercy killing** - euthanasie

KIN - <u>Race, souche, parent, apparenté</u>
* **collateral kin** - parents en ligne collatérale
* **linear kin** - parents en ligne directe
* **next of kin** - héritier légitime

KIND-OF-ACTIVITY
* **kind-of-activity unit** - unité fonctionnelle

KINDLY - <u>Favorablement, avec bonté, obligeamment, aimablement, avec sollicitude</u>
* **kindly agrees to...** - veut bien...

KING
* **king pin** - cheville ouvrière
* **king size** - géant, extra-long (cigarettes)

KINSHIP - Parenté

KIT - 1. Jeu (d'auxiliaires audio-visuels, etc.), trousse, collection, choix, assortiment
* **study kit** - choix de documentation, pochette de documentation, colis éducatif, (qqfs) bibliothèque portative

    - 2. Equipement
* **survival kit** - équipement de survie

KITE - Effet de cavalerie, effet fictif, traite de complaisance, (chèque falsifié)
* **(to) fly a kite** - émettre de la cavalerie
* **(to) send up a kite** - tâter le terrain, lancer un ballon d'essai

KNOCK (to) - Frapper, heurter, cogner
* **knock-for-knock agreement** - entente d'exonération mutuelle
* **knocked down** - en pièces détachées (commerce, transports)
* **knocking down at a lump-sum price** - adjudication à forfait
* **knocking down at an inclusive price** - adjudication à forfait
* **(to) knock down** - renverser, étendre, abattre
* **(to) knock off** - achever, expédier (un travail)
* **(to) knock off for a time** - faire une pause
* **(to) knock under** - se soumettre, se rendre

KNOW (to) - Connaître, reconnaître, savoir, maîtriser, posséder (un sujet, une langue)
* **activities "getting to know you"** - activités de prise de contact
* **everyone knows that** - nul n'ignore que
* **I knew he had talent** - je lui connaissais du talent
* **(to) know about something** - avoir entendu parler de qqch, être informé de qqch
* **(to) know best** - détenir la vérité
* **(to) know to fight** - savoir se battre

KNOW-HOW - Savoir-faire, connaissances techniques, procédés techniques, "recette", procédés de fabrication, "know-how"

KNOWLEDGE - Connaissances, acquis, notions, savoir
* **basic knowledge** - notions de base
* **body of knowledge** - ensemble de connaissances, corps de connaissances, corpus de connaissances
* **good general knowledge** - bonne culture générale
* **good working knowledge** - bonnes connaissances pratiques
* **knowledge and skills** - connaissances théoriques et pratiques
* **synthesis of knowledge** - ensemble de connaissances, corps de connaissances, corpus de connaissances
* **(to) be a matter of common knowledge** - être de notoriété publique
* **(to) have a full knowledge of** - être très au fait de, maîtriser
* **to the best of one's knowledge** - en toute conscience, en son âme et conscience

KNOWLEDGEABLE
* **knowledgeable person** - personne bien informée

LABELLING - Etiquetage
* **care labelling** - étiquetage d'entretien
* **descriptive labelling** - dénomination (du produit)

LABORATORY - Laboratoire
* **reference laboratory** - laboratoire de contrôle

LABOUR - Main-d'oeuvre, travail
* **labour court** - conseil des prud'hommes
* **labour day dividends** - versements en journées-travail
* **labour dispute** - conflit collectif
* **labour disputes** - conflits sociaux
* **labour intensive industries** - industries à main-d'oeuvre importante, industries à forte intensité de travail
* **labour intensive methods** - méthodes fondées sur l'utilisation de la main-d'oeuvre
* **labour intensive technologies** - procédés à facteur travail prédominant
* **labour law** - droit du travail
* **labour legislation** - droit du travail
* **labour productivity** - rendement par ouvrier, productivité du travail
* **labour relations** - relations sociales, relations du travail, relations entre partenaires sociaux
* **labour saving equipment** - équipement visant à réduire le nombre d'ouvriers
* **labour turnover** - déplacements du personnel (au cours du travail), rotation de la main-d'oeuvre
* **non productive labour** - activités économiques de caractère non matériel
* **organised labour** - syndicalisme, mouvement syndical
* **productive labour** - travail consacré au processus de la production proprement dite

LACHES
* **equitable doctrine of laches** - délai de prescription en matière d'Equity, laissé à la discrétion du tribunal

LACK - Absence, défaut
* **finding of lack of jurisdiction** - déclaration d'incompétence
* **lack of care** - défaut d'attention, négligence
* **lack of diligence** - défaut d'attention, négligence
* **lack of discretion** - défaut de discernement
* **lack of heed** - légèreté blâmable
* **lack of jurisdiction** - défaut de compétence

LADING
* **bill of lading** - connaissement
* **clean bill of lading** - connaissement net
* **river bill of lading** - connaissement fluvial

LAG - Paiement retardé
* **recruitment lag** - retard dans le rythme de recrutement

LAG (to)
* **(to) lag behind** - retarder sur, se laisser distancer par, tarder à suivre (le mouvement), prendre du retard sur

LAGGARD - 1. Retardataire, traînard

- 2. Câble qui traîne par terre dans un studio de télévision

LAND - 1. Domaine
* **common land** - domaine public
* **Crown land** - domaine de la Couronne, domaines
* **quality of being state land** - domanialité
* **state land** - domaines

- 2. Biens-fonds, terrain foncier, fonds (de terre)
* **agricultural land** - terres agricoles
* **another's land** - fonds d'autrui
* **arable land** - terres arables, terres labourables
* **land charge** - privilège
* **land charge as securities** - hypothèque offerte en garantie
* **land law** - droit foncier
* **land owner** - propriétaire foncier
* **land register** - registre foncier
* **land subject to a mortgage** - fonds hypothéqué
* **land tenure** - mode de faire-valoir
* **land tribunal** - tribunal foncier
* **land use** - utilisation des sols, occupation des sols, utilisation de l'espace
* **recovery of land** - action en réintégrande de biens fonciers
* **registered land** - propriété inscrite au registre foncier
* **(to) run with the land** - servitude foncière
* **undeveloped land** - terrain non bâti

LANDINGS - Prises, pêche
* **total landings** - pêche nominale, pêche théorique

LANDLORD - Propriétaire
* **Landlord and Tenant Act** - Loi sur les baux

LANGUAGE - Langue
* **language components** - éléments linguistiques, composantes linguistiques
* **legal language** - discours juridique

LAPSE - Déchéance, caducité, prescription, forclusion
* **cause to lapse** - entraîner la caducité
* **lapse of right by statutory prescription** - prescription d'un droit
* **lapse of time** - prescription
* **lapse owing to non-user** - tomber en déchéance

LAPSE (to) - S'éteindre, expirer (délai), devenir caduc

LAPSED - Forclos, caduc, expiré

LARCENY - Vol
* **simple larceny** - vol simple, vol correctionnel

LARGE
* **from the world at large** - du reste du monde
* **large or small** - de quelque importance qu'ils soient

LARGELY - Pour beaucoup

LASTING - Constant, persistant

LAUNCHING
* **launching authority** - autorité de lancement
* **launching base** - base de lancement, rampe de lancement
* **launching of a criminal prosecution** - déclenchement de poursuites pénales
* **launching pad** - base de lancement, rampe de lancement

LAVISH - Prodigue, dispendieux

LAW - 1. Droit, loi
* **actual law** - droit positif
* **area of law** - domaine du droit
* **as a matter of law** - de plein droit
* **banking law** - droit bancaire
* **basic law** - loi fondamentale
* **breach of the law** - infraction à la loi
* **by operation of law** - de plein droit
* **canon law** - droit canon, droit canonique
* **choice of laws** - conflit de lois

* **civil law** - régime, pays "code civil" ; pays de droit romain
* **common law** - pays du "common law", régime "common law" ; droit commun (civil, pénal, administratif)
* **company law** - droit des sociétés
* **conflict of laws** - conflit de lois
* **constitutional law** - loi organique, droit constitutionnel
* **contract of private law** - contrat de droit privé
* **contravention of the law** - infraction à la loi
* **creation of the law** - formation du droit
* **enforcement of right "at law"** - faire valoir un droit garanti par le "Common Law"
* **evasion of the law** - fraude à la loi
* **existing law** - droit en vigueur ; droit commun
* **facts and law** - les faits et les points de droit
* **family law** - droit de la famille
* **figure of law** - institution juridique
* **fundamental law** - loi fondamentale
* **gap in the law** - lacune du droit, hiatus juridique
* **general law** - droit commun
* **humanitarian law** - droit humanitaire (concerne, par ex., les victimes de conflits)
* **independent domestic law** - droit autonome interne
* **individual subject law** - droit subjectif
* **it's bad law to suppose** - c'est commettre une erreur de droit que de supposer
* **labour law** - droit du travail
* **law and order** - ordre public
* **Law Commission** - Commission de réforme du droit, Commission de réforme de la législation
* **law making treaty** - traité normatif, traité-loi
* **law of clubs and associations** - droit des associations
* **law of conflicts** - droit international privé
* **law of industrial relations** - droit du travail
* **law of nations** - droit des gens, droit international public
* **law of the forum** - loi du for
* **law of the land** - légalité
* **law of the press** - loi sur la presse
* **law of tort** - responsabilité délictuelle
* **law relating to contracts** - contrat de droit privé
* **law relating to spouses** - droit du mariage
* **martial law** - loi martiale ; état de siège
* **matrimonial law** - droit du mariage, droit des affaires matrimoniales
* **model law** - loi-type
* **natural law** - droit naturel
* **objective law** - droit judiciaire, droit procédural
* **omission in the law** - lacune du droit, hiatus juridique
* **ordinary law** - droit commun
* **outline law** - loi-cadre
* **person untrained in law** - personne ignorante du droit
* **positive law** - droit positif
* **procedural law** - droit procédural, loi de forme
* **(public) international law** - droit international public
* **public law appeal** - recours de droit public
* **public law bodies** - organismes à compétence de droit public

./..

* **questions of law** - questions de droit, points de droit
* **rule of law** - primauté du droit, suprématie du droit
* **rules of law** - principes du droit
* **shaping of the law** - formation du droit
* **social law** - droit social
* **statute law** - droit écrit
* **statutory law** - droit écrit
* **substantive law** - droit matériel, droit positif
* **supremacy of the law** - souveraineté de la loi
* **tax law** - droit fiscal
* **"the law"** - "en droit" ; droit objectif
* **the law** - règle de droit
* **the law merchant** - droit commercial coutumier
* **the rule of law** - règle de droit
* **(to) abide by the law** - respecter la loi
* **(to) administer the law** - dispenser la justice, appliquer la loi
* **(to) alter a law** - modifier une loi
* **(to) be bad law to suppose** - commettre une erreur de droit que de supposer
* **(to) break the law** - enfreindre, violer, transgresser la loi
* **(to) circumvent the law** - éluder la loi
* **(to) enforce the law** - faire respecter la loi
* **(to) evade the law** - tourner la loi
* **(to) get round law** - contourner la loi
* **(to) have the force of law** - avoir force de loi, être établi par la loi
* **(to) pass a law** - voter une loi
* **(to) pronounce the law** - dire le droit
* **(to) repeal a law** - abroger une loi
* **transport law** - droit des communications
* **uniform law** - loi uniforme
* **unwritten law** - droit non écrit
* **violation of the law** - infraction à la loi
* **within the law** - dans le cadre de la loi
* **written law** - droit écrit

- 2. Légalité, justice, (juridique)
* **action at law** - action en justice
* **based on law** - légal, prévu (prescrit) par la loi
* **case law** - jurisprudence
* **existing law** - lege lata
* **in accordance with law** - légal, prévu (prescrit) par la loi
* **law firm** - cabinet juridique
* **law of the law** - la légalité
* **law officer** - auxiliaire de la justice
* **law reports** - recueil de jurisprudence
* **prescribed by law** - légal, prévu (prescrit) par la loi
* **procedure prescribed by law** - voies légales
* **proliferation of laws** - inflation législative
* **rule of law** - principe de la légalité
* **rule of the law** - la légalité
* **strict conformity with law** - principe de la légalité
* **there is no obligation in law upon someone to** - il n'est pas légalement tenu de
* **(to) ensure compliance with the law** - veiller au respect de la légalité

* **(to) take the law into one's own hands** - se faire justice soi-même
* **which the law allows** - légalement admissible

- 3. Magistrature
* **Chief Law Officer** - Procureur général
* **law officer** - magistrat (debout)
* **the law officers** - la magistrature debout (= Attorney General et Solicitor General, c.à.d. le Procureur général et le Conseiller juridique de la Couronne)

- 4. Répressif (parfois)
* **law and order** - l'ordre public, le maintien de l'ordre, le respect de la loi et le maintien de l'ordre
* **law authorities** - police, autorités policières, services répressifs
* **law breaker** - malfaiteur
* **law enforcement** - maintien de l'ordre
* **law enforcement agencies** - autorités de police, représentants de la loi
* **law enforcement officer** - agent de la force publique
* **law enforcement process** - action répressive, processus d'application de la loi, appareil répressif
* **law enforcement services** - la force publique, les forces de l'ordre

- 5.
* **Law Lord** - Lord légiste (membre juriste de la Chambre des Lords)

- 6. Contentieux
* **Law Office (State)** - Contentieux de l'Etat

LAWFUL - 1. Licite, conforme à la loi, légitime
* **any lawful trade or calling** - toute activité professionnelle licite
* **without lawful cause** - sans motif légitime
* **without lawful intent** - sans motif légitime
* **without lawful reason** - sans motif légitime

- 2. Régulier, légal, juridique, judiciaire, compétent, de droit, naturel
* **lawful instrument** - acte légal, instrument légal
* **lawful judge** - juge compétent

LAWFULLY - Licitement, régulièrement

LAWFULNESS - Légalité, licéité, régularité
* **control of lawfulness throught Court** - contrôle de la légalité des recours juridictionnels
* **review by a Court of the question of lawfulness** - contrôle juridictionnel de la légalité

LAWYER - Juriste
* **defence lawyer** - défenseur
* **lawyer appointed for legal aid** - avocat (commis) d'office
* **practising lawyer** - juriste praticien, praticien du droit

LAX - Relâché, prodigue, laxiste, négligent

LAY - Profane, non professionnel
* **lay days** - délai de planche, staries (estaries) (droit maritime)
* **lay judge** - juge non juriste, échevin
* **lay magistrates** - assesseurs non juristes

LAY (to)
* **laying information** - dépôt d'une plainte
* **(to) lay before a magistrate** - déclencher des poursuites
* **(to) lay down a period of three months** - instituer un délai de trois mois
* **(to) lay off** - licencier temporairement, mettre en chômage technique
* **(to) lay off a risk** - effectuer une réassurance

LAYAWAY
* **layaway plan** - vente par anticipation, vente réservée, vente à terme

LAY-OFF - Chômage technique (perturbation en amont et arrêt en aval), période de licenciement temporaire

LAY-OFFS - Travailleurs en chômage technique

LAY-OUT - Distribution, implantation, agencement, cadre, plan, organisation, schéma, montage
* **general lay-out** - plan schématique (des bureaux)
* **lay-out of office** - organisation des bureaux
* **newspaper lay-out** - mise en page (journal)
* **planning office lay-out** - plan d'agencement des bureaux

LEACHING - Lessivage (terrain), lixivation, (sel)
* **Acid leaching** - lessive acide

LEAD - 1. Paiement anticipé

- 2. Canal d'amenée, canal de prise de dérivation

- 3. Câble, conducteur

- 4. Canal, chenal, passage, fissure

- 5. Filon (mine)
* **lead box** - boîte de branchement
* **lead screw** - vis-mère

- 6. Action de conduire, primauté, premier rôle
* **lead and lag method** - méthode des corrélations et décalages
* **lead country** - pays-pilote
* **lead story** - article de tête, éditorial
* **lead text** - texte qui fait autorité
* **lead time** - temps mort, battement, délai, (temps de) préparation, (temps de) démarrage, (temps de) mise en route, délai d'exécution
* **leads and lags** - avances et retards, termaillage
* **(to) give some lead** - mettre sur la voie, guider
* **(to) give the lead** - donner le ton
* **(to) have a lead over** - prendre le pas sur
* **(to) secure a lead** - s'assurer l'avantage
* **(to) take the lead** - prendre la tête, prendre l'initiative, prendre la direction
* **under the lead of** - sous l'impulsion de

LEAD (to) - Tenir la tête (dans un domaine), déboucher sur, préluder à, préfigurer
* **(to) lead to** - se solder par
* **(to) lead ultimately** - aboutir

LEADER - 1. Editorial
* **the Times' leader** - l'éditorial du Times

- 2. Chef de file, dirigeant, responsable, militant, cadre, notable, chef, meneur d'hommes
* **adult leader** - chef de groupe (d'adultes)
* **community leader** - animateur de collectivité, notable de la communauté, moniteur
* **institutional leader** - chef, responsable officiel
* **indigenous leader** - chef naturel, chef du groupe
* **opinion leader** - moteur d'opinion

LEADERSHIP - Hiérarchie, autorité, ascendant, direction, conduite ; primauté ; initiative
* **access to leadership** - accès aux sphères dirigeantes
* **collective leadership** - direction collégiale, prééminence
* **inspired leadership** - conduite éclairée
* **leadership qualities** - qualités de chef, qualités de meneur d'hommes
* **leadership team** - équipe d'animation

LEADING - De premier plan, de pointe, marquant, principal, (qqfs) représentatif, éminent
* **leading authority** - autorité reconnue
* **leading case** - décision de principe, arrêt de principe
* **leading cases** - grands arrêts de la jurisprudence, précédents jurisprudentiels
* **leading classes** - classes influentes
* **leading members** - personnalités
* **leading people** - l'élite, les élites
* **leading politician** - homme politique influent
* **leading text** - texte qui fait autorité

LEAF
* **(to) take a leaf out of somebody's book** - sur le modèle de, à l'instar de, suivant l'exemple de

LEARNED
* **learned judges (L.J.)** - conseillers près la cour d'appel
* **learned people** - les intellectuels

LEARNING - Apprentissage
* **learning models** - modèles d'apprentissage
* **learning packets** - modules didactiques, modules d'enseignement, mallette pédagogique, cahiers d'information
* **learning path** - itinéraire de formation

LEASE - Bail ; contrat d'amodiation (terres, mines)
* **building lease** - emphytéose de construction
* **farming lease** - bail rural
* **long building lease** - bail à construction
* **long lease** - contrat d'emphytéose, bail emphytéotique
* **premium lease** - emphytéose avec redevance initiale
* **tenant's right to a lease** - droit au bail

LEASEHOLD - 1. Emphytéose, bail emphytéotique
* **leasehold tenure** - emphytéose
* **term of a leasehold** - durée de l'emphytéose

- 2. Droits de l'emphytéote
* **leasehold enfranchisement** - rachat du droit de retour, rachat de droits par l'emphytéote

LEASEHOLDER - Emphytéote, locataire

LEASING - Crédit-bail, leasing (location avec faculté d'achat à l'expiration du contrat)

LEAST
* **and not least** - et, tout autant, ...
* **at least** - en tout cas
* **last but not least** - enfin et surtout, le dernier nommé mais non le moindre, tout particulièrement
* **(to) be, not least, function of** - être notamment fonction de

LEAVE - 1. Congé, permission
* **by leave of the Court** - par permission de la Cour
* **prison leave** - congé pénitentiaire, permission de sortie
* **(to) be on leave** - être en permission (mil.)

- 2. Autorisation
* **by leave of the Court** - avec l'autorisation du tribunal
* **leave to appeal** - autorisation de déposer un pourvoi
* **leave to appeal out of time** - réouverture des délais; relevé de la forclusion

LEAVE (to)
* **leaving aside rumours** - abstraction faite des rumeurs
* **(to) leave a question to the Courts** - laisser une question à l'appréciation des tribunaux

LEAVER
* **certified leavers** - diplômés
* **early school leavers** - élèves abandonnant prématurément
* **graduated leavers** - diplômés
* **school leavers** - sortants (diplômés ou non)

LECTURE - Cours
* **large lecture** - cours magistral

LECTURER - Chargé de cours

LEDGER - Livre de comptes, registre comptable

LEFT
* **left-wing extremist** - gauchiste

LEGACY - Legs
* **alternate legacy** - legs alternatif
* **conditional legacy** - legs avec charges
* **individual legacy** - legs (à titre) particulier
* **payment of a legacy** - délivrance d'un legs
* **residuary legacy** - legs (à titre) universel
* **(to) bequeath a legacy** - léguer
* **(to) devise a legacy** - léguer
* **(to) give a legacy** - léguer
* **universal legacy** - legs (à titre) universel

LEGAL - 1. Juridique
* **country with an advanced legal system** - pays de civilisation juridique
* **internal legal system** - système juridique interne, droit national
* **legal advice** - consultation juridique
* **legal adviser** - conseil juridique, conseiller juridique
* **legal basis** - cadre juridique, fonctionnement juridique
* **legal construction** - institution juridique
* **legal counsellor** - jurisconsulte
* **legal insecurity** - insécurité juridique
* **legal instrument** - instrument authentique, acte authentique
* **legal issues** - problèmes juridiques en cause
* **legal language** - discours juridique
* **legal manager of a company** - chef du contentieux d'une société
* **legal opinion** - avis juridique
* **legal recognition** - reconnaissance juridique
* **legal representation** - conseil juridique, représentation en justice
* **legal rights of the migrants** - protection juridique du migrant
* **legal rule** - institution juridique
* **legal status** - personnalité juridique
* **legal sub-committee** - sous-comité juridique
* **legal system** - ordre juridique, technique juridique
* **principle of legal certainty** - principe de sécurité juridique, principe de sécurité du droit
* **(to) confer legal approval** - consacrer juridiquement
* **(to) confer legal effects** - attribuer des effets juridiques
* **(to) lack legal merit** - ne pas être juridiquement fondé

- 2. Judiciaire
* **lawyer appointed for legal aid** - avocat d'office
* **legal aid** - assistance judiciaire, aide judiciaire
* **legal area** - espace judiciaire
* **legal authority** - autorité judiciaire
* **legal committee** - commission d'attribution de l'aide judiciaire, commission d'aide judiciaire
* **legal (expenses) insurance** - assurance judiciaire
* **legal intervention** - intervention judiciaire
* **legal office** - fonction judiciaire
* **legal procedure** - procédure judiciaire
* **legal remedy** - voie de recours judiciaire (interne)

- 3. En droit, de droit
* **legal arguments** - moyens de droit
* **legal entity** - sujet de droit, personne morale
* **legal interests** - intérêts légitimes
* **legal norm** - règle de droit
* **legal situation** - situation en droit

- 4. De justice, de loi, juridictionnel
* **legal cases** - cas de jurisprudence
* **legal costs** - frais de justice
* **legal costs accountants** - comptables de justice
* **legal executive** - clerc de "solicitor"
* **legal fees** - honoraires d'avocat, frais d'un procès
* **legal machine** - appareil juridictionnel
* **legal official** - auxiliaire de justice
* **legal professions** - gens de loi
* **legal right** - droit prévu par la loi, droit énoncé par la loi
* **legal service cadet** - auditeur de justice

- 5. Magistrature
* **legal aid counsel** - avocat commis d'office
* **legal service training College** - Ecole supérieure de la magistrature
* **(State) legal service** - magistrature

- 6. Doctrine
* **legal drafting** - légistique
* **legal opinions** - la doctrine
* **legal studies** - la doctrine
* **legal theory** - la doctrine
* **legal writers** - la doctrine
* **legal writings** - la doctrine

- 7. Légal
* **legal separation** - séparation légale

- 8.
* **legal personnality** - personnalité juridique

- 9.
* **legal proceedings** - instruction (d'une affaire)

- 10.
* **legal year** - année civile

- 11.
* **immune from legal process** - jouissant de l'immunité de juridiction pour

LEGALISATION - "Juridisation", encadrement juridique

LEGALITY - Légalité
* **formal and substantive legality** - légalité formelle et matérielle
* **principle of administrative legality** - principe de la légalité des actes administratifs

LEGALIZE (to) - Légaliser, authentifier

LEGALLY
* **legally binding** - ayant force de loi, qui lie juridiquement, juridiquement obligatoire
* **(to) become legally relevant** - avoir des incidences juridiques

LEGERDEMAIN - Tour de passe-passe

LEGISLATE (to) - Légiférer

LEGISLATION - Lois et règlements, législation, textes législatifs, règles statutaires, réglementation
* **criminal legislation** - législation pénale
* **delegated legislation** - législation déléguée (aux ministres ou autres autorités habilitées à arrêter les modalités administratives d'une loi)
* **domestic legislation** - législation interne
* **draft legislation** - projet de loi
* **emergency legislation** - législation d'exception, loi d'exception
* **excessive legislation** - inflation législative
* **internal legislation** - législation interne
* **legislation delegated** - décret-loi, délégation de pouvoirs législatifs
* **legislation welfare** - législation sociale
* **mandatory legislation** - loi d'ordre public
* **national legislation** - législation interne
* **non-mandatory legislation** - loi facultative
* **over-legislation** - inflation législative
* **parliamentary legislation** - législation du Parlement, législation parlementaire
* **penal legislation** - loi répressive
* **primary legislation** - loi votée au Parlement
* **right to introduce legislation** - initiative de lois
* **subordinate legislation** - législation déléguée (aux ministres ou autres autorités habilitées à arrêter les modalités administratives d'une loi)
* **tax legislation** - loi fiscale
* **territorial legislation** - loi territoriale
* **the legislation** - le législateur (qqfs)
* **transitional legislation** - loi de transition

LEGISLATIVE - Législatif
* **legislative action** - intervention du législateur
* **legislative body** - organe délibérant
* **legislative decree** - décret-loi, acte législatif
* **legislative order** - décret-loi
* **legislative policy** - lege ferenda
* **legislative situation** - situation en droit

* **legislative sphere** - domaine de la loi, domaine législatif
* **legislative supplement** - recueil des dispositions
* **legislative texts** - les textes

LEGISLATURE - Organe législatif, corps législatif, pouvoir législatif

LEGITIMACY
* **action to claim legitimacy** - réclamation d'état ; (qqfs) filiation légitime

LEGITIMATE
* **this training is accepted as a legitimate charge on the public purse** - il est admis que, en bonne logique, l'Etat doit prendre en charge cette formation

LEGITIMATELY - A bon droit, à juste titre, de façon légitime

LEITMOTIV - Idée-force

LEND
* **lend-lease arrangement** - accord de prêt-bail

LENDING - Prêt
* **lending agency** - organisme de prêt, organisme de crédit, organisme de financement
* **lending rate** - taux prêteur
* **net lending** - capacité de financement

LENGTH - 1. Durée

- 2. Quantum (de la peine)

LESS
* **less:** - Diminué de, après déduction de, déduction faite de, à déduire

LESSEE - Locataire, preneur du bail

LESSON - Leçon, enseignement
* **(to) carry lesson** - comporter des enseignements

LESSOR - Bailleur, propriétaire
* **sub-lessor** - locataire principal (qui sous-loue)

LET (to)
* **(to) let a contract** - conclure un contrat

LETTER
* **letter chute** - colonne postale
* **letter of appeal** - requête introduisant le recours
* **letter of award** - lettre d'agrément
* **letter of transmittal** - lettre d'envoi, lettre d'accompagnement
* **letters rogatory** - commission rogatoire

LEVEL - 1. Niveau, degré, échelon, palier, seuil
* **at a level of** - correspondant à
* **at all levels** - aux divers échelons
* **level graph** - courbe étale
* **level of industry agreed** - accord sur le degré d'industrialisation
* **level of intensity** - degré d'intensité
* **level of work** - niveau du travail, niveau des attributions
* **levels of authority** - échelons hiérarchiques

    - 2. Cours (qqfs) (économie)

    - 3. Instance (qqfs)
* **administrative level** - instance administrative

LEVERAGE - 1. Effet de levier, effet multiplicateur, poids, influence
* **leverage management buy-out (LMBO)** - rachat d'une entreprise par ses cadres, par ses salariés; rachat d'une société par effet de levier (avec des capitaux d'emprunt)

    - 2. Ratio d'endettement

LEVY - Prélèvement, contribution, taxes, perceptions
* **war levy** - contribution de guerre

LEX
* **lex actus** - loi du lieu de l'acte
* **lex fori** - loi du juge saisi, lex fori
* **lex lata** - lex lata (droit existant, règles établies)
* **lex loci contractus** - loi du lieu du contrat, lex loci contractus
* **lex specialis** - lex specialis

LIABILITIES - Elément du passif, passif, charges financières, dépenses engagées ; risques, points faibles
* **contingent liabilities** - passif conditionnel
* **current liabilities** - passif exigible
* **declared liabilities** - passif déclaré
* **deposit liabilities** - passif représenté par les dépôts
* **discharge of liabilities** - exécution des dépenses
* **outstanding liabilities** - passif non acquitté
* **sterling liabilities** - endettement en sterling

LIABILITY - 1. Engagement, responsabilité
* **absence from liability** - irresponsabilité
* **absolute liability** - responsabilité sans faute, responsabilité objective, responsabilité causale; responsabilité inconditionnelle
* **agreement excluding liability** - convention de non-responsabilité
* **avoidance of liability** - exonération de (la) responsabilité
* **contingent liability** - responsabilité éventuelle
* **criminal liability** - responsabilité pénale
* **demand liability** - engagement à vue
* **disclaim of liability clause** - clause d'exonération (de la responsabilité)
* **dual criminal liability** - double incrimination
* **exemption from liability** - exonération de (la) responsabilité
* **exemption from liability clause** - clause d'irresponsabilité
* **freedom from liability** - irresponsabilité
* **full liability** - responsabilité de plein droit
* **grounds for exemption from liability** - motifs (causes) d'exonération de la responsabilité
* **joint and several liability** - responsabilité conjointe et solidaire
* **joint liability** - coresponsabilité
* **liability for material damage** - responsabilité matérielle
* **liability for one's own acts** - responsabilité du fait personnel
* **liability for things under one's control** - responsabilité des choses dont on a la garde
* **liability in contract** - responsabilité contractuelle
* **liability in series** - responsabilité en cascade
* **liability in tort** - responsabilité aquilienne, responsabilité extra-contractuelle
* **liability not appearing in the balance-sheet** - engagement hors bilan

./..

* **liability to pay** - engagement de paiement
* **liability under a bill of exchange** - engagement cambiaire
* **liability without liability** - responsabilité sans faute, responsabilité objective, responsabilité causale
* **liability without negligence** - responsabilité sans faute
* **limited liability** - responsabilité limitée
* **no fault liability** - responsabilité sans faute, responsabilité objective, responsabilité causale
* **objective liability** - responsabilité absolue, responsabilité objective
* **official liability** - responsabilité administrative de la puissance publique
* **principal conditions of liability** - éléments constitutifs de la responsabilité
* **producers' liability** - responsabilité des producteurs
* **risk liability** - responsabilité sans faute, responsabilité objective, responsabilité causale
* **secured liability** - engagement cautionné
* **sight liability** - engagement à vue
* **solicitor's liability** - responsabilité notariale
* **strict liability** - responsabilité sans faute, responsabilité objective,responsabilité causale
* **(to) admit liability** - admettre sa responsabilité
* **(to) entail liability on the part of the authorities** - engager la responsabilité de la puissance publique
* **(to) incur liability** - engager sa responsabilité
* **(to) remit liability** - dégager la responsabilité
* **tortious liability** - responsabilité délictuelle
* **vicarious liability** - responsabilité du fait d'autrui, responsabilité du cautionnement, responsabilité du préposé
* **without limitations liability** - responsabilité sans limitations
* **without restrictions liability** - responsabilité sans restrictions

- 2. Obligation
* **contingent liability** - obligation éventuelle
* **joint and several liability** - obligation conjointe
* **liability for deliberate tort** - obligation délictuelle
* **liability for intentional tort** - obligation délictuelle
* **liability for negligence** - obligation quasi-délictuelle
* **liability for negligent tort** - obligation quasi-délictuelle
* **liability for the debts** - obligation des dettes
* **liability in contract** - obligation contractuelle
* **liability in damages** - obligation à dommages-intérêts
* **liability of the estate** - obligation successorale
* **liability of the parties** - obligation des parties

- 3. Dette
* **liability to pay a debt** - dette passive
* **liability to pay an annuity** - dette viagère
* **liability to pay maintenance** - dette alimentaire, dette d'aliments
* **person assuming liability to pay another's debts** - subrogé à la dette
* **tax liability** - assujettisement à l'impôt
* **(to) assume liability to pay another's debt** - reprendre une dette

- 4.
* **strict liability offence** - infraction purement matérielle

LIABLE - 1. Responsable (au pénal), tenu
* **jointly liable** - coresponsable
* **liable in full** - solidairement responsables
* **liable in solidum** - solidairement responsables
* **liable to make good the damages in kind** - tenu à réparation en nature
* **liable without limit** - tenu indéfiniment
* **not liable** - irresponsable
* **party liable in damages** - partie civilement responsable
* **person vicariously liable** - tiers responsable
* **(to) be liable to** - encourir

- 2. Débiteur
* **person liable** - débiteur
* **person liable on a bill** - débiteur cambiaire
* **person liable to pay maintenance** - débiteur d'aliments

- 3. Passible de
* **liable to duty** - passible de droits
* **liable to tax** - imposable; (imposabilité)
* **not liable to be declared void** - inattaquable
* **not liable to be set aside** - inattaquable
* **person liable to perform (an obligation)** - sujet passif

- 4. Susceptible, responsable de

- 5.
* **more liable to attack** - plus vulnérable

LIABLE (to be) - Encourir, s'exposer à (une peine)
* **(to) be liable in damages** - être responsable à peine de dommages-intérêts

LIBEL - 1. Atteinte à l'honneur

- 2. Diffamation écrite, écrit diffamatoire, injure
* **criminal libel** - diffamation

LIBELLOUS - Diffamatoire

LIBERAL - 1. Progressiste, socialisant

- 2.
* **liberal arts** - lettres et sciences humaines; enseignement de culture générale

LIBERALISATION
* **liberalisation trade policy** - politique de libération des échanges

LIBERTY
* **civil liberties** - libertés publiques
* **liberties of the subject** - libertés individuelles

LIBRARIANSHIP - Bibliothéconomie

LIBRARY
* **copyright library** - bibliothèque dépositaire

LICENCE - 1. <u>Licence</u>
* **assignment of a licence** - octroi de licence, cession de licence
* **contractual licence** - licence volontaire
* **exclusive licence** - licence exclusive
* **granting of a licence** - octroi de licence, cession de licence
* **licence fee (royalty)** - droit de licence d'exploitation (redevance)
* **licence to exercise a profession** - licence professionnelle
* **licence to exercise a trade** - licence professionnelle
* **licence to use a copyright** - licence d'exploitation
* **licence to use a patent** - licence d'exploitation
* **liquor licence** - licence de débit de boissons
* **non exclusive licence** - licence simple
* **on licence for wines and spirits** - grande licence, licence de plein exercice
* **ordinary licence** - licence simple
* **pedlar's licence** - licence de colportage
* **restricted licence** - licence restreinte
* **withdrawal of a licence** - retrait de la licence

- 2. <u>Permis, autorisation</u>
* **building licence** - permis de construire
* **distiller's licence** - privilège des bouilleurs de cru
* **driving licence** - permis de conduire
* **exclusive prospection licence** - permis exclusif de prospection
* **life licence** - libération conditionnelle d'un détenu condamné à perpétuité
* **mining licence** - permis d'exploitation
* **pilot's licence** - brevet de pilote
* **residence licence** - permis d'établissement
* **shooting licence** - permis de chasse
* **(to) be released on licence** - être admis au bénéfice de la libération conditionnelle
* **vehicle licence** - permis de circulation

- 3. <u>Patente</u>
* **trading licence tax** - contribution des patentes

LICENSEE - 1. <u>Concessionnaire d'une licence, titulaire de licence, "licencié"</u>

- 2. <u>Ayant droit</u>

LICENSING
* **licensing authority** - autorité concédante, organisme de délivrance (des permis)

LIE (to)
* **an action lies** - action recevable
* **an appeal lies** - (jugement) susceptible d'appel
* **risks lying ahead** - les risques qui (les) guettent

LIEN - <u>Hypothèque, (qqfs) droit de rétention, droit de gage, privilège, nantissement, droit de suite, créance privilégiée</u>
* **actions to enforce liens** - poursuites pour faire valoir une créance privilégiée
* **debts guaranteed by lien** - dettes garanties par un privilège
* **general lien** - privilège général
* **landlord's lien for rent** - droit de gage du bailleur
* **lien of retention** - droit de rétention
* **liens for taxes** - créances privilégiées du fisc
* **(to) have a lien on** - avoir un privilège sur les biens d'autrui

LIENEE - Créancier

LIENOR - Gagiste

LIEU
* **payment in lieu of payroll tax** - versement représentatif de la taxe sur les salaires

LIFE - 1. Vie, l'acquis, le vécu
* **closeness to life** - sens des réalités
* **for the first time in the life of the organisation** - pour la première fois dans l'histoire de l'organisation
* **life annuity** - rente viagère
* **life cycle** - cycle biologique
* **life duration** - longévité
* **life estate** - biens en viager
* **life science** - biologie
* **life span** - longévité
* **life support system** - cycle de perpétuation de la vie

- 2. Usufruit
* **conjugal life** - communauté de vie
* **life certificate** - certificat de vie
* **life interest** - usufruit
* **life interest of the surviving spouse** - usufruit successoral
* **life licence** - libération conditionnelle d'un détenu condamné à perpétuité
* **life tenancy** - usufruit
* **life tenant** - usufruitier

LIFT (to)
* **lifting measures of execution** - mainlevée des mesures d'exécution
* **lifting of the attachment** - mainlevée de la saisie

LIFTING
* **shop-lifting** - vol à l'étalage

LIGHT - 1.
* **in the light of** - compte tenu de, eu égard à, ceci posé, au regard de, après examen de, au vu de
* **in the light of the above considerations** - compte tenu de ce qui précède, cela étant
* **read in the light of** - rapproché de, interprété, compte tenu
* **(to) throw full light on the matter** - mener sur la question une opération vérité

- 2.
* **light machine gun** - fusil-mitrailleur

LIKE - A l'instar de
* **and the like** - et assimilés

LIKELIHOOD - Probabilité
* **degree of likelihood** - vraisemblance

LIKELY - Normalement, probablement, vraisemblablement
* **it is very likely that** - selon toute vraisemblance
* **(to) be likely to** - sembler devoir, avoir des chances de, être susceptible de, tendre à, risquer de, être de nature à

LIMINE
* **in limine litis** - au début du procès

LIMIT
* **below limit investments** - investissements mineurs
* **salary limits** - limites inférieures et supérieures des traitements
* **tax limit** - plafond d'imposition

LIMITATION - 1. Prescription (extinctive, libératoire)
* **completion of the limitation period** - expiration de la prescription
* **inapplicability of the statute of limitation** - imprescriptibilité
* **limitation period** - délai de prescription
* **non applicability to statutory limitation** - imprescriptibilité
* **offence not subject to limitation** - faits imprescriptibles
* **statutory limitation as applicable to** - applicabilité des règles de prescription aux .. (armes, par ex.)
* **subject to limitation** - prescriptible
* **term of limitation** - délai de prescription
* **the statutory limitation takes effect** - la prescription joue
* **(to) be barred by limitation** - être forclos, être éteint par la prescription, être prescrit

- 2. Restriction (à un droit), obstacle
* **exposed limitation** - restriction explicite
* **implied limitation** - restriction implicite
* **physical limitations** - obstacles matériels, obstacles d'ordre matériel
* **(to) be subject to limitations** - s'accompagner de restrictions

LIMITED
* **limited guidance** - aide médiocre
* **limited partnership** - société en commandite simple

LINE - 1. Orientation
* **along the lines recommended** - dans le sens des recommandations
* **in the line of duty** - dans l'exercice des fonctions, dans l'exercice de ses fonctions
* **in line with** - conforme à, dans le droit fil de, dans le même ordre d'idées, (cadrer avec)
* **in the lines of** - sur la base de, dans l'esprit de, selon la même conception que, sur le modèle de, calqué sur
* **in this line** - dans le même sens
* **on the lines of** - sur la base de, dans l'esprit de, selon la même conception que, sur le modèle de, calqué sur
* **organised along religious lines** - qui a un caractère confessionnel
* **(to) bring into line with** - concilier, mettre en accord, aligner sur, harmoniser avec
* **(to) develop along new lines** - s'engager dans des voies nouvelles
* **(to) develop new lines of production** - diversifier la production

- 2. Limite
* **line of low water** - limite des basses eaux

- 3. Ligne (téléphone)
* **party line** - ligne partagée

- 4. Gamme
* **lines of goods** - gammes de produits

- 5. Hiérarchie
* **currencies out of line** - absence de rapports fixes entre les monnaies
* **line chart** - organigramme linéaire
* **line of authority** - rapports hiérarchiques, liaisons hiérarchiques
* **line officers** - fonctionnaires de l'ordre hiérarchique
* **line work** - travail d'exécution (opérations spécialisées qui s'effectuent quotidiennement)
* **lines** - échelons de la hiérarchie, autorité hiérarchique
* **off-line work of students** - travail autonome des étudiants (université)
* **straight line flow of work** - circuit administratif en droite ligne
* **work flow lines** - lignes de circuit

- 6.
* **line of argument** - argumentation
* **new line of decisions** - revirement de la jurisprudence

LINEAR - Linéaire
* **linear responsibility charting** - organigramme linéaire des responsabilités

LINGO - Jargon, argot de métier

LINGUISTIC - Linguistique
* **linguistic balance** - équilibre linguistique

LINK (to) - Associer, faire la corrélation avec
* **linked data** - données corrélatives
* **linked studies** - études corrélatives

LINKAGE, LINKS - Relations, liaisons,(qqfs) interdépendance
* **backward and forward linkage effects** - effets de liaison amont et aval, relations interindustrielles verticales
* **correlation linkage** - articulation
* **forward linkage effects** - effets d'entraînement en aval
* **linkage relationship** - articulation

LIP-READING - Lecture labiale

LIP-SERVICE
* **(to) pay lip-service** - rendre un hommage purement verbal, approuver du bout des lèvres, approuver à contre-coeur, sacrifier verbalement au rite de rigueur

LIQUIDATED
* **liquidated damages** - indemnité forfaitaire (ou pré-évaluation du préjudice)

LIQUIDATION - Liquidation
* **compulsory liquidation** - liquidation forcée
* **judicial liquidation** - liquidation
* **proceeds of the liquidation** - produit de la liquidation
* **(to) be put into liquidation** - être mis en liquidation
* **(to) go into liquidation** - se mettre en liquidation
* **voluntary liquidation** - liquidation volontaire

LIQUIDATOR - Liquidateur, syndic

LIQUIDITY - Liquidité
* **conditional liquidity** - liquidité conditionnelle

LIST - 1. Liste, catalogue
* **classified list** - index méthodique
* **explanatory list of terms** - index
* **in a list round** - au moment de l'établissement d'une liste
* **list of names** - état nominatif
* **list operation** - établissement d'une liste
* **list price** - prix marqué, prix du catalogue
* **mailing list** - liste d'envoi
* **packing list** - manifeste (transport maritime)
* **referral list** - liste des avocats disposés à s'occuper de clients bénéficiant de l'aide judiciaire
* **routing list** - récapitulation des expéditions (chemins de fer)
* **short list** - liste sélective

    - 2. Rôle
* **general list** - rôle général
* **list of cases** - rôle (d'audience)
* **tax list** - rôle des contributions
* **(to) strike off the list** - rayer du rôle

LIST (to) - Enumérer, dénombrer, recenser
* **black listing** - mise à l'index, mise en interdit
* **listed shares** - actions cotées

LISTING - 1. Cotation (en bourse)

    - 2. Listage (informatique)

LITERACY - Instruction élémentaire, alphabétisme
* **level of literacy** - niveau d'instruction
* **literacy campaign** - campagne d'alphabétisation
* **political literacy** - initiation politique
* **tele-literacy** - télé-éducation

LITERATURE - Littérature, publications, documents, sources, produits, ouvrages, bibliographie
* **grey literature** - littérature grise, littérature souterraine
* **literature documentation** - documentation indirecte
* **literature search** - recherche documentaire
* **non-conventional literature** - littérature non conventionnelle (hors circuit commercial)
* **primary literature** - littérature primaire (informations inédites)
* **secondary literature** - littérature secondaire (documents composés et diffusés à partir de documents primaires)
* **tertiary literature** - littérature tertiaire (informations de synthèse)

LITIGANT - 1. Justiciable, partie au différend, partie au litige, partie au procès
* **litigants** - parties en présence

    - 2. Plaideur, requérant

LITIGATE (to)
* **(to) litigate in person** - plaider personnellement; comparaître en personne

LITIGATION - Contentieux, affaire, litige, action en justice, recours aux tribunaux
* **branch of litigation** - contentieux
* **commercial litigation** - contentieux économique, contentieux commercial
* **costs of litigation** - dépens
* **litigation actively in suit** - procès en marche, instance en déroulement
* **litigation department** - service du contentieux
* **Litigation Division of the Conseil d'Etat** - Section du Contentieux du Conseil d'Etat
* **litigation support** - assistance informatisée au traitement des affaires
* **pending litigation** - litige en instance

LITTLE
* **little or no (difference)** - (différence) négligeable ou nulle
* **little or no likelihood** - peu probable, sinon tout à fait improbable

LIVELIHOOD
* **(means of) livelihood** - moyens de subsistance, moyens d'existence, gagne-pain; besoins; intérêts

LIVESTOCK - Cheptel (vif), bétail, troupeau
* **livestock numbers** - cheptel
* **livestock products** - productions animales
* **livestock units** - unités de bétail

LIVING
* **living apart** - rupture de la vie commune, séparation de fait
* **living on a hand-to-mouth basis** - vivre au jour le jour
* **living on the bread-line** - existence précaire, précarité
* **living together** - vivant sous le même toit

LOAD
* **maximum load** - limite de charge
* **(pay) load** - charge utile (marchande)

LOADED
* **a loaded question** - une question explosive

LOAN - 1. Prêt
* **bank loans** - prêts bancaires
* **bottomry loan** - prêt à la grosse (maritime)
* **contractual loan** - prêt conventionnel
* **hard loan** - prêt à des conditions onéreuses, prêt à des conditions commerciales
* **interest rebate loan** - prêt bonifié
* **irredeemable loan** - prêt à fonds perdu
* **loan at an unconscionable rate of interest** - prêt usuraire
* **loan disbursments** - décaissements au titre de prêts
* **loan paper** - effets du portefeuille prêts
* **loan secured by a pledge** - prêt sur gage
* **loans against disposal of crops** - prêt sur cession de récolte
* **mortgage loan** - prêt hypothécaire
* **personal loans** - prêts bancaires à des particuliers
* **public building loans** - prêts sociaux à la construction
* **soft loan** - prêt bonifié, prêt à des conditions libérales, prêt à faible intérêt
* **tied loan** - prêt à clauses restrictives, prêt lié (assujetti) à certaines contraintes

- 2. Emprunt
* **calling in a loan** - dénonciation d'emprunt
* **debenture loan** - emprunt obligataire
* **fixed value loan** - emprunt à valeur stable
* **foreign currency loan** - prêt libellé en monnaie étrangère, prêt libellé en devises
* **funding loan** - emprunt de consolidation
* **guaranteed loan** - emprunt cautionné
* **irredeemable loan** - emprunt perpétuel
* **loan agreement** - convention d'emprunt
* **loan capital** - capital d'emprunt
* **loan company** - société de crédit
* **loan service** - service des emprunts
* **lottery loan** - emprunt à lots
* **mortgage loan** - emprunt hypothécaire
* **premium loan** - emprunt à prime
* **redemption loan** - emprunt de revalidation
* **secured loan** - emprunt de consolidation
* **(to) pay off a loan** - amortir un emprunt

LOBBY - 1. Groupe de pression, lobby, intérêts particuliers

- 2. Salle des pas perdus, hall, foyer (théâtre)

LOBBY (to) - Faire pression, soutenir activement
* **(to) lobby the Committee on...** - Faire pression sur le Comité pour...

LOCK-UP
* **provisional lock-up** - chambre de sûreté

LOCUS STANDI - Locus standi (qualité pour ester en justice, qualité pour agir), droit d'intervention

LODGE (to) - Déposer, produire (créance)
* **(to) lodge a charge** - déposer une plainte (au pénal)
* **(to) lodge a claim** - présenter un recours, présenter une réclamation
* **(to) lodge a complaint** - porter plainte, déposer une plainte (au pénal)
* **(to) lodge a request** - introduire une requête
* **(to) lodge an appeal** - interjeter appel, exercer un recours
* **(to) lodge an application** - introduire une requête, saisir d'une requête
* **(to) lodge an information** - déposer une plainte (au pénal)
* **(to) lodge with the Registry** - déposer au greffe

LODGING
* **lodging of a information (of a complaint) with the prosecuting authorities** - dépôt de plainte
* **lodging of one's claims** - production de créances

LOG (subst.)
* **log book** - carnet de notes (édition)
* **log-log chart** - diagramme d'échelle
* **well log** - livre de sondage, carnet de sondage (techn.)

LOG (to) - Enregistrer (mil.)

LOGIC
* **the logic of the system of the Convention** - l'économie du système de la Convention

LOGROLLING - Echange de bons procédés

LOITERING - Vagabondage

LONG
* **long efforts** - efforts opiniâtres, efforts persévérants
* **long-established methods** - "bonnes vieilles" méthodes
* **long-range aid** - aide à long terme
* **long-term tasks** - tâches de longue haleine
* **not for a long time** - (pas) de sitôt

LOOK (to)
* **(to) look back** - faire le point
* **(to) look forward** - compter bien que, espérer bien que, se réjouir à la perspective de, se féliciter de, souhaiter, désirer, espérer pouvoir compter, attendre avec plaisir, attendre avec intérêt, avoir hâte de, ne pas douter que

LOOPHOLE - Echappatoire

LORD
* **Lord Chancellor** - Présidnt de la Court of Appeal
* **Lord Chief of Justice** - Président de la section pénale de la Court of Appeal

LOOSE - Amovible, rapporté, détachable

LOOSELY - Assez librement, approximativement, (qqfs) improprement

LOOTING - Pillage, mise à sac

LOSS - 1. Privation
* **compensation for loss of enjoyment** - indemnité pour privation de jouissance
* **loos of enjoyment** - privation de jouissance

- 2. Déchéance (d'un droit), dégradation, diminution
* **loss of a right** - déchéance de droit
* **loss of earning capacity** - diminution de la capacité de travail
* **loss of nationality** - déchéance de la nationalité
* **loss of office** - déchéance des fonctions
* **loss of parental authority** - déchéance de la puissance paternelle
* **loss of pension rights** - déchéance du droit à pension
* **loss of political rights** - dégradation civique

- 3. Perte, déficit
* **loss leader** - article en réclame, article en promotion, article vendu à perte
* **loss of earnings** - manque à gagner
* **loss of output** - manque à produire
* **loss of profit** - manque à gagner
* **loss of value** - moins-value
* **losses and write-offs** - (articles passés par) pertes et profits
* **(to) be operated at a loss** - être déficitaire
* **trading loss** - déficit d'exploitation

- 4. Dommage, préjudice
* **economic loss** - préjudice pécuniaire
* **pecuniary loss** - dommage patrimonial, dommage pécuniaire
* **total loss** - dommage intégral

LOT - 1. Parcelle

- 2. Lot, paquet
* **lot of shares** - paquet d'obligations

- 3.
* **by lot** - tirage au sort
* **(to) draw by lot the names of** - désigner par tirage au sort

LOTTERY - Loterie
* **lottery bonds** - obligations à lots
* **lottery loans** - emprunts à lots

LOW - Bas, faible, modique, restreint, précaire
* **low-point** - plancher, étiage
* **ludiciously low** - dérisoire
* **the low rate of** - la lenteur de

LOYALTY - Fidélité, loyauté
* **corporate loyalty** - solidarité

LUCID - Lucide
* **lucid report** - rapport lumineux, rapport clair

LUMP (adj.) - <u>Forfaitaire</u>
   * **for a lump sum** - forfaitairement
   * **lump sum** - forfait
   * **lump payment** - somme globale, somme unique
   * **on a lump sum basis** - à forfait
   * **single payement** - somme globale, somme unique
   * **(to) be commuted into a lump sum** - être converti en
      capital

LUMP (to)
   * **(to) lump togheter** - pratiquer l'amalgame de

LYRICAL - Dithyrambique

MACHINERY - Dispositif, mécanisme, système, appareil, procédé, rouages, structures, organisme, services
 * **machinery for** - moyens employés

MAGISTRATE - Juge de première instance (non juriste et non rémunéré)
 * **stipendiary magistrate** - juge de première instance (juriste professionnel et rémunéré)

MAIMINGS - Mutilations

MAIN - Principal
 * **in the main submission, the government maintained...** - le gouvernement soutient, en ordre principal

MAINTAIN (to) - 1. Entretenir, maintenir, subventionner, financer, tenir à jour, appliquer, poursuivre
 * **duty to maintain** - obligation d'entretien
 * **failure to maintain** - abandon de foyer
 * **refusal to maintain** - refus d'entretien
 * **(to) be maintained by** - dépendre financièrement de, être à la charge de, tirer ses ressources de
 * **(to) maintain a Fund** - alimenter un Fonds
 * **(to) maintain in a state of** - perpétuer l'état de

 - 2. Soutenir, défendre, maintenir, estimer, faire valoir que, arguer de ce que, plaider
 * **to maintain one's rights** - défendre ses droits

MAINTENANCE - 1. Subsides, aliments, provision alimentaire
 * **action for maintenance** - action à fins de subsides, procédure pour abandon de famille
 * **maintenance agreement** - accord de subsides
 * **maintenance liability** - créances alimentaires
 * **person entitled to maintenance** - créancier d'aliments, créancier alimentaire
 * **right to claim maintenance against the estate** - créance d'aliments contre la succession

 - 2. Maintenance, entretien, maintien en état
 * **maintenance expenses (by lessee)** - impenses (du locataire)
 * **maintenance file** - tenue à jour d'un fichier (inf.)
 * **maintenance man** - préposé à l'entretien
 * **maintenance staff** - personnel d'entretien, techniciens
 * **maintenance supplies (mil.)** - maintenances

 * **maintenance unit (mil.)** - unité de maintenance
 * **refusal to pay maintenance** - refus d'entretien (d'une propriété)

 - 3. Maintien
 * **powers for the maintenance of order** - pouvoirs disciplinaires (pour le maintien de l'ordre)

MAJOR - Marquant, important, principal
 * **a major problem is ...** - il n'est pas facile de ...

MAKE UP (to) - Compenser

MAKESHIFT - (penser à "palliatif")
 * **on a makeshift basis** - avec des moyens de fortune

MAKING AWAY - Détournement

MAKING UP
 * **making up classes** - cours de rattrapage
 * **making up prices** - prix de compensation
 * **making up water** - eau d'appoint

MALFEASANCE - Méfait, agissement coupable (de l'Etat)

MALICE - Intention criminelle, intention délictueuse, intention de nuire, mauvaise foi, malveillance
 * **with malice aforethought** - avec préméditation
 * **without malice aforethought** - sans préméditation

MALICIOUS - Malveillant, intentionnel, avec intention (délictueuse)
 * **malicious accusation** - dénonciation calomnieuse
 * **malicious complaint** - plainte malintentionnée
 * **malicious damage to monuments** - dégradation de monuments, dommage volontaire, (qqfs) vandalisme
 * **malicious injury** - atteinte à l'intégrité physique, atteinte à l'intégrité corporelle
 * **malicious injury to property** - sabotage, vandalisme
 * **malicious intent** - intention délictueuse
 * **malicious prosecution** - dénonciation calomnieuse
 * **malicious prosecutions** - poursuites injustifiées, poursuites abusives

MALPRACTICE - 1. Méfait

- 2. Négligence, incurie

- 3. Malversation(s), détournements

- 4. Malfaçons, faute professionnelle

MALTREATMENT - Sévices, mauvais traitements
* **marks of maltreatment** - traces de sévices

MAN - Homme
* **man day (m/d)** - jour-homme (j/h)
* **man hour (m/h)** -heure-homme (h/h)
* **man month (m/m)** - mois-homme (m/h)
* **man of straw** - homme de paille, intermédiaire, personne interposée, prête-nom
* **man's environment** - cadre de vie

MAN (to) - Prendre l'écoute téléphonique (à bord)

MAN-MADE - Artificiel, causé (produit) par l'homme
* **man-made disaster** - catastrophe causée par l'homme
* **man-made environment** - milieu humain, cadre de vie, environnement créé, environnement anthropisé

MANAGE (to) - Gérer, diriger, conduire, maîtriser, régir, aménager, faciliter l'exécution de
* **centrally managed** - relevant du pouvoir central, relevant de l'Etat
* **independently managed** - autogéré
* **managed rates** - taux dirigés, taux contrôlés

MANAGEABLE - Docile, maniable, maîtrisable, praticable
* **deficit of manageable proportions** - déficit nullement irréductible
* **(to) bring a problem to manageable proportions** - ramener un problème à une dimension plus facilement maîtrisable, obtenir une situation plus facile à redresser
* **(to) bring to manageable proportions** - faciliter l'exécution (d'une tâche)

MANAGEMENT - 1. Administration, direction, gestion, encadrement (art de diriger ou mise en oeuvre des moyens humains et matériels), organisation
* **budgetary management account** - compte (budgétaire) de gestion
* **credit management** - encadrement du crédit
* **management analyst** - conseil en organisation
* **management consultant** - expert-conseil en organisation, ingénieur-conseil en organisation (en gestion)
* **management development** - amélioration des méthodes de gestion
* **management of business** - gestion d'affaires, gestion d'entreprise
* **management reports** - rapports de gestion
* **money management** - encadrement du crédit
* **public management** - régie
* **records management** - gestion des documents
* **right of joint management** - droit de cogestion
* **role of management** - fonction de direction
* **selective management** - administration sélective
* **sound management** - bonne gestion
* **supply management** - gestion des fournitures
* **(to) discharge for management** - donner quitus pour la gestion, donner décharge pour la gestion
* **Treasurer's management account** - gestion de la trésorerie

- 2. Cadres, dirigeants, direction, (qqfs) patrons, agents de maîtrise
* **management and labour** - partenaires sociaux
* **management development** - perfectionnement des cadres
* **management of a company** - direction d'une société, directoire d'une société
* **middle grade management** - cadres moyens
* **middle management** - cadres moyens
* **senior management** - cadres supérieurs
* **top management** - cadres supérieurs

MANAGER - 1. Directeur, gestionnaire, gérant, cadre (de gestion), chef d'exploitation, armateur (mar.), manageur
* **business manager** - directeur commercial
* **engineering manager** - directeur technique
* **general manager** - directeur général
* **manager of a company** - directeur de société
* **project manager** - directeur de projet
* **sales manager** - directeur commercial

- 2. Aménageur, aménagiste
* **forest manager** - aménagiste forestier

MANAGERIAL - Directorial, de commande
* **managerial help** - encadrement
* **managerial position** - poste de commande
* **managerial staff** - cadres

MANAGING
* **managing agent** - syndic (d'immeubles)
* **managing board** - comité directeur, conseil de direction d'une société
* **managing director** - administrateur délégué, gérant, directeur général, PDG, administrateur-gérant, directeur-gérant, directeur général (presse)
* **managing owner** - propriétaire-armateur (mar.)

MANDAMUS
* **by way of mandamus** - par voie d'injonction
* **order of mandamus** - ordonnance de mandamus

MANDATE - Mandat
* **electoral mandate** - mandat de député
* **mandate instrument** - acte de mandat
* **mandates system** - système des mandats

MANDATORY (adj.) - Obligatoire, automatique, contraignant, impératif, péremptoire
* **mandatory expenditure** - dépenses de caractère obligatoire
* **mandatory increase of wages** - augmentation automatique des salaires
* **mandatory instructions** - mandat impératif
* **mandatory international law** - règles impératives de droit international
* **mandatory law** - droit impératif
* **mandatory planning** - planification impérative
* **mandatory provisions** - droit impératif
* **mandatory right** - droit strict
* **mandatory sentence** - peine statutaire
* **non mandatory** - supplétif, supplétoire
* **non mandatory rules of law** - droit supplétif
* **(to) make mandatory for the courts** - faire obligation aux tribunaux

MANDATORY (subst.) - Mandataire

MANIFESTATION - 1. Manifestation
* **mass manifestation** - manifestation collective

- 2. Symptôme (maladie), phénomène (urbain, par ex.)

MANIPULATE (to) - Actionner, manipuler, provoquer
* **(to) manipulate accounts** - "arranger" des comptes
* **(to) manipulate the law** - solliciter le texte de la loi
* **(to) manipulate the market** - provoquer des mouvements à la bourse

MANNERS - Moeurs

MANNING - 1. Dotation d'effectifs (en personnel)

- 2. Effectifs
* **consolidated manning table** - tableau d'effectifs global
* **manning table** - tableau d'effectifs

MANPOWER - Main-d'oeuvre, effectifs, personnel, ressources humaines
* **health manpower** - personnel de santé, personnel sanitaire
* **manpower requirements** - besoins en personnel, marché du travail
* **manpower rigidity** - viscosité de la main-d'oeuvre
* **manpower survey** - étude des effectifs

MANSLAUGHTER - Homicide involontaire, homicide par imprudence, homicide sans préméditation
* **involuntary manslaughter** - homicide involontaire sans préméditation
* **voluntary manslaughter** - meurtre, homicide volontaire sans provocation

MANUFACTURER - Fabricant industriel, constructeur (d'automobiles, etc.), entrepreneur
* **manufacturer's liability** - responsabilité de l'entrepreneur

MANUFACTURING
* **advance manufacturing technology** - productique
* **automated manufacturing system** - productique
* **manufacturing industries** - industries de transformation, industries manufacturières
* **semi-manufacturing industries** - industries de semi-transformation

MARGINAL - (qqfs) Excentrique

MARITAL - Conjugal, matrimonial
* **end of matrimonial relationship** - dissolution du lien conjugal
* **matrimonial conditions** - état matrimonial, situation matrimoniale, situation de famille, statut conjugal
* **matrimonial domicile** - domicile conjugal
* **matrimonial home** - domicile conjugal
* **matrimonial status** - état matrimonial, situation matrimoniale, situation de famille, statut conjugal
* **non matrimonial union** - union libre

MARK - 1. But, cible
* **beside the mark** - hors de propos, à côté de la question
* **off the mark** - qui s'écarte de la réalité
* **(to) be off the mark** - être loin du compte
* **(to) hit the mark** - frapper juste
* **(to) miss the mark** - se tromper

- 2. Marque, signe, empreinte, repère, jalon, trace, point, note, cote (d'appréciation ou d'une valeur)
* **as a mark of respect** - en signe de respect
* **certification mark** - marque de garantie
* **hall mark** - poinçon
* **lay mark** - point de repère
* **reference mark** - point de repère
* **(to) make one's mark** - se faire un nom, se faire une réputation

MARRIAGE - Mariage
* **annulment of marriage** - annulation du mariage
* **breakdown of marriage** - dissolution du mariage
* **common law marriage** - mariage de facto
* **consent to marriage** - consentement au mariage
* **first marriage** - premier mariage
* **full dissolution of marriage** - dissolution complète du mariage
* **impediment to marriage** - empêchement au mariage
* **marriage breakdown** - rupture conjugale, rupture du lien conjugal
* **marriage broken** - rupture d'union, couple dissocié, ménage dissocié
* **marriage bureau** - agence matrimoniale
* **marriage certificate** - certificat de mariage, extrait d'acte de mariage
* **marriage contract** - contrat de mariage
* **marriage counselling** - service de consultations matrimoniales, service de consultations conjugales
* **marriage counsellor** - conseiller matrimonial, conseiller conjugal
* **marriage guidance** - service de consultations matrimoniales, service de consultations conjugales
* **marriage in the Registry Office** - mariage devant l'officier d'état-civil
* **marriage settlement** - contrat de mariage

* **marriage settlement of the wife** - constitution de dot, apport dotal
* **marriage tribunals (Church)** - tribunaux matrimoniaux
* **notice of marriage** - publication des bans
* **nullity of marriage** - nullité du mariage
* **parties to a marriage** - époux, conjoints
* **proxy marriage** - mariage sans comparution personnelle, mariage par procuration
* **relatives by marriage** - alliés par mariage
* **solemnisation of marriage** - célébration du mariage
* **termination of marriage** - rupture d'union
* **(to) dissolve a marriage** - prononcer un divorce
* **valid marriage** - mariage valable
* **validity of marriage** - validité du mariage

MARRIAGEABLE - Nubile, mariable
* **girl of marriageable age** - fille nubile, fille pubère, fille d'âge à se marier
* **marriageable age** - puberté légale, âge nubile
* **marriageable population** - population mariable

MARRIED - Marié
* **ever-married persons** - non-célibataires
* **married couple** - couple marié, couple, (qqfs) ménage
* **married persons** - personnes mariées, mariés, conjoints

MARRY (to) - Se marier
* **capacity to marry** - aptitude au mariage
* **intent to marry** - publication des bans
* **right to marry** - droit de contracter mariage

MARSHAL (to) - Placer, mettre en ordre, mettre en rang, disposer
* **(to) marshal arguments** - réunir des arguments, rassembler des arguments
* **(to) marshal facts** - réunir des faits, rassembler des faits
* **(to) marshal the assets** - établir l'ordre entre les éléments d'actif (d'une succession)

MARTIAL - Martial
* **martial law** - loi martiale, état de siège

MASSIVE
* **massive unemployment** - chômage généralisé

MASTER (subst.) - <u>Maître, chef, patron, capitaine (d'un navire marchand, d'un paquebot)</u>
* **Master in Chancery** - Conseiller à la Cour de la Chancellerie
* **master of ceremonies (M.C.)** - animateur d'une soirée
* **Master of Role (M.R.)** - Premier Président de la Cour d'appel
* **Master of the Rolls** - Vice-Président de la Court of Appeal, Président de la section civile de la Court of Appeal
* **master's degree** - maîtrise (éduc.)

MASTER (adj.) - <u>Principal, directeur</u>
* **master contracts** - contrats-cadres
* **master data** - données permanentes (inf.)
* **master file** - fichier permanent, fichier de base (inf.)
* **master outline** - schéma directeur
* **master plan** - plan directeur

MATERIAL (subst.) - <u>Matériel, documents, documentation, support matériel, éléments, données, (qqfs) dossier</u>
* **basic materials** - matières de première nécessité, matériaux de première nécessité
* **construction in durable materials** - construction en dur
* **education material** - matériels d'enseignement, matériels didactiques
* **factual material** - données concrètes
* **film material** - documentation filmée
* **information material** - matériel d'information
* **key materials** - matières de première nécessité, matériaux de première nécessité
* **material testing laboratory** - laboratoire d'essais des matériaux
* **raw materials** - matières premières, matières brutes
* **(to) take into account all the material made available** - tenir compte de tous les éléments connus
* **visual materials library** - cinémathèque

MATERIAL (adj.) - 1. <u>Concret, substantiel, positif, tangible, important, pertinent, sensible</u>
* **at the material time** - à l'époque des faits, à l'époque de la requête
* **investigation of material truth** - (établir) la matérialité des faits, (établir) la vérité concrète
* **it is not material** - peu importe
* **material breach of the Convention** - violation substantielle de la Convention
* **material date** - date précise
* **material evidence** - témoignages pertinents
* **material interest** - intérêt concret
* **material justification** - établissement du bien-fondé

* **material law** - droit substantiel
* **material part of the contract** - élément essentiel du contrat, élément substantiel du contrat
* **material rules** - règles de fond
* **material scope** - champ d'application matériel
* **material situation** - situation concrète
* **material witnesses** - témoins essentiels
* **statement which is material to the proceedings** - déclaration pertinente en l'espèce
* **the material part of the discovered documents** - la substance des documents divulgués
* **the material time** - la période à considérer

- 2. <u>Corporel, matériel (bien, objet)</u>
* **material damages** - dommages matériels
* **material product system (MPS)** - comptabilité du produit matériel (CPM)
* **non material damage** - dommage moral, dommage extra-patrimonial

MATERIALLY - Sensiblement, d'une certaine importance

MATRIMONIAL - <u>Matrimonial, conjugal</u>
* **law of matrimonial property** - droit des biens matrimoniaux
* **matrimonial home** - domicile conjugal

MATTER - 1. <u>Affaire, cas, fait, point, sujet</u>
* **... are a matter for** - ... relèvent de
* **as a matter of right** - de jure
* **business matters** - affaires
* **for that matter** - sur ce point, à ce compte-là, d'ailleurs, à ce sujet
* **in the matter of the Companies Act,...** - vu la loi sur les sociétés, ...
* **matter of concern** - motif de préoccupation, motif d'inquiétude
* **matters of concern to the Department** - objets d'intérêt pour le Département

- 2. <u>Matière, domaine</u>
* **contentious matter** - matière contentieuse
* **matter at issue** - matière litigieuse
* **matter subject to tax** - matière imposable
* **non contentious matter** - matière gracieuse

MATURING - Qui vient à échéance

MATURITY - Echéance, durée
* **date of maturity** - jour d'échéance
* **payable at maturity** - payable à échéance

MEAN - Milieu, moyenne, moyen terme
* **deviations from the mean** - écarts à la moyenne
* **geometrical mean** - moyenne géométrique, moyenne proportionnelle
* **mean average** - moyenne arithmétique
* **the happy mean** - le juste milieu
* **weighted mean** - moyenne pondérée

MEANING - Sens, signification, acception, (qqfs) portée, caractère
* **different meanings** - différentes acceptions (d'un terme)
* **independent meaning** - objet propre
* **the clear meaning of this Article** - il ressort clairement de cet article
* **(to) widen the meaning of** - élargir la portée de

MEANINGFUL - Significatif, symptomatique, caractéristique, concret, positif, déterminant, effectif, valable, utile, important, révélateur, (qqfs) rationnel, sûr, authentique, appréciable, clair, utilisable, signifiant, constructif
* **less meaningful** - qui perd de son intérêt, qui perd de son efficacité
* **meaningful tests** - tests révélateurs
* **(to) be meaningful** - avoir tout son sens

MEANINGLESS
* **that would make this Article meaningless** - cela viderait cet article de tout son sens

MEANS - Moyen, moyens, voie, voies, ressources, recours, modes
* **as a means of** - au service de
* **by no means** - tant s'en faut
* **legal means** - moyens légaux
* **means of coercition** - procédé coercitif
* **means of distribution** - modes de diffusion
* **means of pressure** - moyens de contrainte
* **means of support** - moyens d'existence, ressources
* **means test** - critère de ressources, condition de ressources
* **subject to means test** - assujetti à une condition de ressources
* **subsistence means** - moyens d'existence, ressources
* **without means test** - sans condition de ressources

MEASURE - 1. Acte, mesure
* **administrative measure** - acte administratif
* **measure of investigation** - acte d'instruction, mesure d'instruction

- 2. Indicateur, critère, étalon
* **(to) be a measure of agreement** - souscrire, en gros, à

MEASURES - Mesures, modalités, moyens, voies, thérapeutique
* **clinical measures** - explorations cliniques
* **enforcement measures** - mesures coercitives, mesures contraignantes, mesures d'exécution
* **forcible measures** - mesures coercitives, mesures contraignantes, mesures d'exécution
* **legal measures** - mesures légales
* **preventive measures** - mesures prophylactiques (santé)
* **protective measures** - mesures conservatoires
* **remedial measures** - mesures de redressement, mesures correctives
* **safety measures** - mesures de sécurité
* **severe measures** - mesures strictes, mesures radicales, mesures rigoureuses, mesures énergiques, mesures draconiennes

MECHANISM - Moyens, rouages, dispositif, appareil

MEDIA
* **media sponsored expeditions** - médiaventure

MEDIATOR - Médiateur, intermédiaire

MEDICAL - Médical
* **court medical officer** - médecin légiste
* **Medical Association** - Ordre des médecins
* **medical ethics** - déontologie (médicale)
* **medical examination** - visite médicale; examen médical
* **medical officer** - médecin; médecin du travail
* **medical profession** - le corps médical, les professions de santé, la médecine
* **medical social work** - action socio-éducative
* **senior medical officer** - médecin principal
* **supervising medical consultant** - médecin-conseil

MEET (to) - _Répondre à, satisfaire, tenir compte de, faire droit à_
* **(to) meet a complaint** - faire justice d'un grief, apaiser un grief
* **(to) meet the requirements** - couvrir les besoins

MEETING - _Réunion, séance, rencontre_
* **open meeting** - séance publique
* **the meeting is adjourned** - la séance est interrompue
* **the meeting is closed** - la séance est levée

MEMBER - _Membre_
* **members of the public** - les citoyens
* **retiring member** - membre sortant
* **(to) be a member of** - être intégré à
* **(to) become a member of** - s'intégrer à
* **union member** - syndiqué, membre d'un syndicat

MEMBERSHIP - 1. _Appartenance, affiliation, qualité de membre, admission, participation à_
* **candidates for membership of the Committee** - candidatures au Comité
* **criterion for membership** - critère d'admission
* **membership drive** - campagne de recrutement
* **qualifications for membership** - conditions d'éligibilité, conditions d'adhésion
* **(to) accept membership on a commission** - accepter de faire partie d'une commission

- 2. _(Nombre de) membres, (nombre d') adhérents, effectif, composition_
* **bodies of limited membership** - organes à composition restreinte
* **membership and attendance** - composition (d'un comité) et participation
* **paid-up membership** - membres cotisants
* **(to) increase membership** - élargir la composition, augmenter le nombre des membres, augmenter le nombre des adhérents

MEMORANDUM - _Mémoire, note, mémorandum, circulaire (qqfs) aide-mémoire_
* **explanatory memorandum** - mémoire explicatif, exposé des motifs
* **further memorandum** - mémoire ampliatif
* **memorandum account** - livret d'ordre (finances)
* **memorandum and articles of association** - statuts (d'une société)
* **memorandum of association** - charte (constitutive) d'une société
* **memorandum of imprisonment** - acte d'écrou
* **memorandum of understanding** - mémorandum d'accord
* **memorandum record** - livret d'ordre (finances)

MEMORIAL - 1. _Commémoratif_
* **as a memorial of** - en mémoire de, en commémoration de
* **Memorial Day (USA)** - Jour (commémoratif) des morts (à la guerre)
* **War Memorial** - Monument aux morts

- 2. _Mémoire_
* **counter-memory** - contre-mémoire
* **further memory** - mémoire ampliatif
* **memory in reply** - mémoire en réponse
* **opening memory** - mémoire introductif d'instance
* **supplementary memory** - mémoire ampliatif, mémoire complémentaire

MEMORY - _Mémoire_
* **corporate memory** - mémoire collective
* **institutional memory** - mémoire collective

MENS
* **mens rea** - mauvaise foi, intention délictueuse, dol général

MENTAL - 1. _Mental_
* **mental capacities** - facultés intellectuelles, facultés mentales, capacités intellectuelles, capacités mentales
* **mental deficiency** - déficience mentale, débilité mentale, faiblesse d'esprit
* **mental health** - santé mentale
* **mental health tribunal** - commission de contrôle psychiatrique
* **mental hospital** - hôpital psychiatrique, maison d'internement
* **mental illness** - maladie mentale, troubles psychiques
* **mental retardation** - arriération mentale, débilité mentale, retard mental, retard intellectuel
* **mental specialist** - médecin aliéniste, psychiatre

- 2. _De l'esprit, moral_
* **mental conception** - vue de l'esprit

MERCY - _Grâce_
* **mercy killing** - euthanasie
* **petition for mercy** - recours en grâce
* **prerogative of mercy** - droit de grâce, pouvoir de grâcier
* **with recommandation for mercy** - demander (au Chef de l'Etat) d'user de son droit de grâce

MERGE (to) - _Fusionner, fondre, amalgamer_
* **(to) be merged** - se confondre

MERGER - Fusion, remembrement, conglomérat, consolidation
* **conglomerate mergers** - fusion englobant plusieurs secteurs industriels
* **merger agreement** - accord de fusion
* **merger of lands** - remembrement des terres
* **merger of rights in one person** - confusion de droits en une personne
* **merger of usufruct** - consolidation d'usufruit

MERITS - 1. Fond, faits de la cause, principal
* **adjudication on the merits** - décision quant au fond
* **consideration of the merits** - examen au fond
* **decision on the merits** - décision au fond
* **decision without prejudice to the merits** - décision ne portant pas préjudice au principal
* **defence on the merits** - défense au fond
* **dismissal on the merits** - rejet au fond
* **examination of the merits** - examen au fond
* **examining the merits** - examen au fond
* **preliminary decision on the merits** - jugement préalable
* **relating to the merits** - de fond
* **the individual merits** - les circonstances de l'affaire
* **the merits of the case** - la valeur intrinsèque, le pour et le contre, les faits de la cause
* **(to) dispose finally of the matter on the merits** - statuer au principal, vider le contentieux au principal
* **(to) plead on the merits** - conclure au fond
* **(to) prejudge the merits** - préjuger le fond de l'affaire
* **(to) reject on the merits** - rejeter après examen au fond
* **trial on the merits** - jugement au fond
* **without in any way prejudging the merits of the case** - tous moyens de fond étant réservés
* **without prejudice to the merits** - tous moyens de fond étant réservés

- 2. Bien-fondé, substance, valeur, argument
* **merits of the argument** - bien-fondé de l'argument
* **the facts and merits** - les faits et arguments
* **(to) decide on the merits of his allegations** - se prononcer sur le bien-fondé de ses allégations
* **whatever the merits** - justifié ou non

MIDDLEMAN - Intermédiaire, (qqfs) revendeur

MILEAGE - Distance (en miles), kilométrage
* **mileage allowance** - indemnité (kilométrique) de déplacement
* **mileage fee** - indemnité (kilométrique) de déplacement

MILITARY - Militaire
* **military engineering** - génie militaire
* **military law** - code de justice militaire
* **Military Police (M.P.)** - prévôté (unités françaises), police militaire (pays anglo-saxons)
* **person refusing to perform military service** - insoumis
* **refusal to perform military service** - insoumission

MIND - Esprit, humeur
* **(to) change one's mind** - se raviser

MINDFUL - Conscient

MINIMISE (to)
* **(to) be minimised** - s'atténuer

MINIMUM - Minimum
* **the absolute minimum** - le noyau irréductible

MINING - Industries extractives, extraction minière, exploitation minière
* **alluvial mining** - extraction par dragage
* **deep mining** - extraction en galerie, exploitation souterraine
* **mining activities** - industries extractives
* **mining concession** - droit d'exploitation minière
* **mining industries** - industries extractives
* **mining licence** - permis d'exploitation, permis d'extraction
* **mining rights** - droits d'exploitation, droits d'extraction
* **strip mining** - extraction en carrière

MINISTER - Ministre
* **ad hoc Minister** - Ministre délégué
* **assistant Minister** - Ministre délégué
* **auxiliary Minister** - Ministre délégué

MINOR (subst.) - <u>Mineur</u>
* **abduction of a minor** - détournement de mineur
* **minor declared of full age and capacity** - mineur émancipé

MINOR (adj.) - <u>Mineur, secondaire, léger, modeste, banal, insignifiant, sans gravité</u>
* **minor injury** - lésion légère, traumatisme léger
* **minor surgery** - petite chirurgie

MINORITY - 1. <u>Minorité</u>
* **relegation to a state of minority** - interdiction judiciaire
* **sufficient minority for acquittal** - minorité de faveur

      - 2. <u>Minoritaire</u>
* **minority shareholding** - participation minoritaire

MISAPPROPRIATE (to) - Détourner, distraire, dilapider (des fonds)

MISAPPROPRIATION - <u>Malversation, soustraction, détournement (de fonds, de biens), abus de confiance, détention illégale, soustraction frauduleuse</u>
* **misappropriation of objects found** - détention illégale d'objets trouvés
* **misappropriation of power** - détournement de pouvoir
* **misappropriation of public funds** - détournement des deniers de l'Etat, concussion

MISBEHAVIOUR - <u>Inconduite, écarts de conduite, mauvaise conduite, faute grave</u>
* **wilful misbehaviour** - faute intentionnelle, inconduite intentionnelle

MISCARRIAGE - 1. <u>Fausse couche</u>

      - 2. <u>Perte (d'un objet), échec, avortement (d'un projet), insuccès</u>
* **miscarriage of justice** - erreur judiciaire, déni de justice

MISCHIEF - <u>Mal, tort, malice, dommage, dégâts, discorde</u>
* **out of mischief** - par pure malice, par pure méchanceté
* **(to) make mischief** - semer la discorde
* **(to) mean mischief** - avoir des intentions malveillantes

MISCONCEPTION - Image déformée

MISCONDUCT - 1. <u>Adultère</u>

      - 2. <u>Faute, inconduite, indélicatesse</u>
* **professional misconduct** - faute professionnelle
* **serious misconduct** - faute grave
* **wilful misconduct** - faute intentionnelle

MISDEMEANOUR - <u>Délit correctionnel, délit de police correctionnelle, délit pénal</u>
* **misdemeanours** - délits graves
* **petty offences and misdemeanours** - délits et contraventions

MISFEASANCE - Abus de pouvoir, abus d'autorité

MISFIT - <u>Inadapté</u>
* **social misfit** - inadapté social, handicapé social, marginal

MISGIVINGS - Appréhensions, réticences

MISINTERPRET (to) - Mal interpréter, mal traduire, dénaturer (le sens, les propos)

MISINTERPRETATION - <u>Interprétation erronée</u>
* **deliberate misinterpretation** - procès d'intention

MISLEAD (to) - Induire en erreur, tromper, duper, abuser

MISLEADING - <u>Trompeur, fallacieux, générateur de confusion</u>
* **it is misleading that** - c'est à tort que
* **misleading advertisement** - publicité trompeuse
* **misleading statement on goods** - présentation mensongère de marchandises

MISMANAGEMENT - Faute de gestion

MISREPRESENT (to) - Travestir la vérité, déformer les faits, dénaturer

MISREPRESENTATION - <u>Déformation, présentation erronée des faits; fausse déclaration</u>
* **wilful misrepresentation** - dol, fraude civile

MISSING - <u>Absent, manquant, disparu</u>
* **missing in action** - disparu au combat

MISSTATEMENT - <u>Exposé inexact, rapport inexact, compte rendu erroné</u>
* **full of misstatements** - rempli d'erreurs de fait
* **it is a misstatement (of fact) to...** - c'est déformer la réalité que de...
* **negligent misstatement** - fausse déclaration par négligence, fausse déclaration par imprudence

MISTAKE - <u>Erreur, méprise (non intentionnelle)</u>
* **clerical mistake** - erreur matérielle
* **factual mistake** - erreur matérielle
* **mistake as to the motive** - erreur de mobile
* **mistake as to the person** - erreur sur la personne
* **mistake as to the quality** - erreur sur la qualité
* **mistake as to the substance** - erreur sur la substance
* **mistake as to the value of the matter** - erreur d'évaluation
* **mistake common to both parties** - erreur commune
* **mistake going to the basis of the contract** - erreur convenue
* **mistake of fact** - erreur sur les faits
* **mistake of law** - erreur de droit; ignorance de la loi
* **mistake relating to the essential nature** - erreur substantielle
* **mistake rendering the transaction voidable** - erreur dirimante
* **mutual mistake** - erreur réciproque
* **operative mistake** - erreur suffisante pour invalider un contrat
* **unilateral mistake** - erreur de la part de l'une des parties, erreur qui profite à l'autre partie

MISTRIAL - Erreur judiciaire; jugement vicié, jugement entaché d'un vice de procédure

MISUNDERSTAND (to) - Se méprendre sur
* **(to) misunderstand the significance** - ne pas saisir la portée de

MISUNDERSTANDING
* **(to) avoid misunderstanding** - sous peine de malentendu

MISUSE - <u>Abus, emploi abusif</u>
* **misuse of drugs** - abus de médicaments
* **misuse of economic power** - abus de puissance
* **misuse of powers** - abus d'autorité, abus de pouvoirs
* **misuse of procedure** - chicane

MITIGATE (to) - <u>Tempérer, atténuer l'effet de, édulcorer, pallier, apaiser, modérer</u>
* **duty to mitigate loss** - devoir de minimiser les pertes
* **(to) mitigate a sentence** - atténuer la sévérité d'une peine

MITIGATING
* **mitigating circumstances** - circonstances atténuantes

MITIGATION - <u>Adoucissement, amoindrissement, allègement, modération, atténuation</u>
* **mitigation tax** - allègement fiscal
* **plea in mitigation of damages** - demande en réduction des dommages-intérêts
* **(to) put forward a plea for mitigation** - invoquer les circonstances atténuantes

MOCK - Faux, d'imitation, contrefait, simulacre de

MOCKERY - Leurre, dérision, fantaisie, burlesque

MODERATOR - Modérateur (dans un débat)

MODULATE (to) - Nuancer

MOMENTUM
* **(to) regain momentum** - reprendre de l'élan

MONEY - 1. Monnaie, argent, monétaire, fiduciaire
* **deposit money** - monnaie scripturale
* **easy money** - argent bon marché, argent abondant
* **hot money** - capitaux brûlants, capitaux fébriles
* **money flow** - flux monétaire
* **money in stock** - stock monétaire
* **money supply** - masse monétaire
* **money token** - monnaie-matière
* **money wage** - salaire nominal
* **paper money** - monnaie papier
* **policy of dear money** - politique de l'argent cher
* **ready money** - argent liquide
* **seed money** - capital d'amorçage, capital de lancement
* **volume of money** - volume de la circulation fiduciaire

- 2. Indemnité, allocation
* **danger money** - prime de risques
* **insurance money** - indemnité d'assurances, indemnité de sinistre
* **key money** - reprise (location), pas-de-porte
* **money grant** - allocation en argent
* **salvage money** - indemnité d'assistance

MONITORING - Surveillance, contrôle, écoute, suivi
* **monitoring group** - groupe de suivi

MONOPOLY - Monopole, exclusivité, (qqfs) régie
* **feudal monopoly** - droit banal
* **monopoly control** - contrôle monopolistique
* **monopoly of coastal trade** - droit de cabotage
* **State monopoly** - monopole d'Etat

MOOT - Sujet à controverse, discutable, indécis
* **moot point** - point de litige, point de droit

MORALITY - Sens moral, moralité, principes moraux, bonnes moeurs
* **commercial morality** - probité commerciale

MORALS - La moralité, les moeurs

MORES - Moeurs
* **contra bonas mores** - (acte) immoral

MORTGAGE - Hypothèque, hypothécaire
* **blanket mortgage** - hypothèque générale
* **contractual mortgage** - hypothèque conventionnelle
* **discharge of mortgage** - purge d'une hypothèque, extinction d'une hypothèque, épuration d'une hypothèque
* **foreclosure of mortgage** - saisie d'hypothèque
* **foreign currency mortgage** - hypothèque libellée en devises étrangères
* **free of mortgage** - franc d'hypothèque, libre d'hypothèque
* **guarantee mortgage** - hypothèque de garantie
* **legal mortgage** - hypothèque légale
* **mortgage charge** - privilège d'hypothèque, hypothèque privilégiée
* **mortgage debts** - endettement immobilier
* **mortgage deed** - acte (constitutif) d'hypothèque
* **mortgage loan** - emprunt hypothécaire, prêt sur hypothèque
* **mortgage on a ship** - hypothèque maritime
* **mortgage Registrar** - conservateur des hypothèques
* **mortgage registry** - bureau des hypothèques, registre des hypothèques
* **non-maritime mortgage** - hypothèque terrestre
* **non-registered mortgage** - hypothèque occulte
* **redemption of a mortgage** - purge d'une hypothèque, extinction d'une hypothèque, épuration d'une hypothèque
* **registered mortgage** - hypothèque transcrite, hypothèque inscrite
* **release of mortgage** - main-levée d'hypothèque
* **repayable mortgage** - hypothèque amortissable
* **second mortgage** - hypothèque de second rang
* **subject to mortgages** - grevé d'hypothèques
* **(to) borrow on mortgage** - emprunter sur hypothèque
* **(to) grant a mortgage on** - consentir une hypothèque sur
* **(to) pay-off a mortgage** - lever une hypothèque, purger une hypothèque
* **(to) raise a mortgage** - prendre une hypothèque
* **(to) redeem a mortgage** - éteindre une hypothèque, purger une hypothèque
* **(to) secure a debt by mortgage** - garantir une créance par hypothèque

MORTGAGEE - Créancier hypothécaire
* **mortgagee in possession** - créancier antichrésiste
* **mortgagee's right of sale** - droit de suite du créancier

MORTGAGOR - Débiteur hypothécaire, donneur de gages

MOTION - 1. <u>Mouvement, impulsion</u>
* **of its own motion** - d'office, automatiquement
* **of one's own motion** - de sa propre initiative, de son propre chef
* **on motion** - d'office, proprio motu
* **on whose motion?** - sous l'impulsion de qui?
* **(to) put in motion** - mettre en train, mettre en application

- 2. <u>Proposition, motion</u>
* **motion challenging** - déclinatoire
* **motion challenging the jurisdiction** - déclinatoire de compétence
* **motion of censure** - motion de censure
* **motion of no-confidence** - poser la question de confiance
* **motion to amend** - proposition d'amendement
* **principal motions** - motions principales
* **substitute motion** - contre-proposition
* **(to) raise of its own motion** - soulever d'office
* **(to) table a motion** - déposer une motion

MOTIVATION - <u>Motifs, motivation, mobile</u>
* **motivation studies** - études des motivations, (qqfs) la psychodynamique

MOTIVE - <u>Mobile, motif, intention, (qqfs) considération</u>
* **error affecting the motive** - erreur sur le mobile
* **from a religious motive** - poussé par un sentiment religieux
* **improper motive** - motif illicite, motif répréhensible
* **ulterior motive** - motif inavoué, arrière-pensée

MOVABLES - <u>Effets mobiliers, biens meubles</u>
* **corporeal movables** - meubles corporels
* **incorporeal movables** - meubles incorporels
* **tangible movables** - meubles corporels
* **valuer and auctioner of movables** - commissaire-priseur

MOVE (to) - Proposer, demander, présenter (un amendement, etc.)

MOVER
* **original mover of a resolution** - auteur d'une résolution

MOVERS
* **prime movers** - (qqfs) meneurs

MULTI-FACETED - Multidimensionnel, pluridimensionnel

MULTIPLIERS - Multiplicateurs, relais

MUNICIPAL - <u>Municipal, communal, interne, (qqfs) national</u>
* **municipal by-law** - arrêté municipal
* **municipal court** - tribunal interne, tribunal national
* **municipal dues and taxes** - taxes et impôts locaux
* **municipal law** - droit interne, législation nationale
* **municipal transit system** - transports urbains en commun

MURDER - <u>Meurtre (intentionnel), homicide prémédité, homicide volontaire, assassinat</u>
* **attempted murder** - tentative de meurtre
* **capital murder** - meurtre puni de la peine de mort
* **judicial murder** - meurtre judiciaire
* **murder in the first degree** - assassinat (USA)
* **murder in the second degree** - meurtre (USA)
* **murder squad** - commando de tueurs, escadron de la mort
* **premeditated murder** - assassinat

MUTATIS MUTANDIS - Mutatis mutandis, par analogie

MUTUAL - <u>Mutuel</u>
* **mutual aid bodies** - mutuelles (séc. sociale)
* **mutual assistance in administrative matters** - entraide administrative
* **mutual assistance in judicial matters** - entraide judiciaire
* **mutual assistance in legal matters** - entraide juridique
* **mutual effects** - (effets de) réciprocité
* **mutual fund** - (qqfs) caisse de compensation
* **mutual funds** - (qqfs) fonds communs de placement
* **mutual help** - solidarité
* **the parties' mutual position** - la situation de chacune des parties

MYTH - Mythe, aberration, légende, fiction

NAME - Nom, patronyme, dénomination
* **assumed name** - nom d'emprunt
* **business name** - dénomination commerciale, nom commercial
* **family name** - nom de famille, nom patronymique
* **firm name** - dénomination sociale, dénomination commerciale
* **name block** - plaque signalétique (des participants), dièdre
* **name index** - index alphabétique
* **names** - toponymie
* **names authority** - autorité toponymique
* **right to one's name** - droit au nom
* **trade name** - dénomination sociale, dénomination commerciale

NARCOTICS - Stupéfiants
* **narcotics offence** - infraction à la législation des stupéfiants

NARROWLY
* **(to) be narrowly interpreted** - être interprété de façon restrictive

NATIONAL (subst.) - Ressortissant

NATURAL - Naturel
* **denial of natural justice** - méconnaissance des droits de la défense
* **natural child** - enfant illégitime, enfant naturel, enfant adultérin
* **natural disaster** - catastrophe naturelle
* **natural justice** - principes élémentaires de la justice
* **natural person** - personne physique
* **natural resource endowment** - patrimoine naturel
* **rules of natural justice** - droits de la défense

NECESSARIES - Le nécessaire
* **household necessaries** - besoins courants du ménage

NECESSITIES
* **the bare necessities** - le strict nécessaire

NECESSITY - Nécessité, obligation, contrainte, force majeure, besoin, état de nécessité
* **doctrine of necessity** - déterminisme
* **law of necessity** - principe de force majeure
* **out of necessity** - par la force des choses
* **(to) be in necessity** - être dans l'indigence

NEGLECT - Abandon, négligence
* **moral neglect** - abandon moral
* **neglect of one's duties** - oubli de ses devoirs, manquement à ses devoirs
* **out of neglect** - par négligence
* **physical neglect** - abandon matériel
* **wilful neglect to maintain** - abandon de famille

NEGLECTED - Abandonné, délaissé, négligé
* **neglected child** - enfant délaissé, enfant abandonné

NEGLIGENCE - Faute, incurie, omission, faute simple, faute quasi-délictuelle, quasi-délit, faute légère; (qqfs) bavure
* **contributory negligence** - part de responsabilité de la victime (dans un accident), négligence concurrente
* **gross negligence** - faute lourde, faute inexcusable
* **negligence of another** - faute d'autrui
* **slight degree of negligence** - culpa levissima, faute très légère
* **slight negligence** - faute légère
* **tort of negligence** - délit d'imprudence

NEGLIGENT - Fautif, négligent, imprudent
* **negligent homicide** - homicide par imprudence
* **negligent injury** - blessures par imprudence
* **negligent tort** - délit d'imprudence

NEGOTIABLE - Négociable, cessible, transmissible
* **law of negotiable instruments** - droit cambiaire, droit du change
* **negotiable document** - titre endossable
* **negotiable instrument** - effet de commerce
* **negotiable securities** - titres négociables
* **negotiable title** - titre endossable
* **person liable on a negotiable security** - débiteur obligataire

NEIGHBOURING - Voisin, proche
* **copyright and neighbouring rights** - droits d'auteur et droits voisins
* **neighbouring State** - Etat limitrophe

NEWS - Actualité, information, informations, nouvelle, nouvelles
* **news and events** - au fil des événements
* **news value** - l'actualité, le sensationnel
* **news worthy event** - événement médiatique
* **not to be news** - être sans intérêt pour le public
* **(to) make news** - faire sensation

NEXUS - Connexion, lien, liaison
* **causal nexus** - lien de causalité
* **legal nexus** - lien juridique

NIC (Newly Industrialised Countries) - PNI
(Pays Nouvellement Industrialisés)

NICHE
* **(to) find a niche** - trouver un créneau

NOMINAL - Symbolique, fictif, de pure forme, négligeable, nominal
* **nominal cost** - prix symbolique
* **nominal industry** - branche d'activité fictive
* **nominal rent** - loyer insignifiant
* **nominal tariffs** - droits nominaux
* **nominal value** - valeur nominale

NOMINATION - Nomination, désignation, présentation de candidature, investiture (pol.)
* **right of nomination** - droit de désignation
* **the race for the Republication nomination** - la course à l'investiture républicaine

NOMINEE - 1. Personne nommée, candidat désigné

- 2. Commissionnaire, prête-nom

NON EST FACTUM - Transaction viciée et annulée par confusion totale quant à l'objet de la transaction

NON-FEASANCE - Délit par omission, délit par abstention

NON SEQUITUR - Raisonnement dépourvu de logique, raisonnement qui ne se suit pas

NON SENSICAL - Illogique, absurde, inepte

NOTARIAL - Notarial, (par) devant notaire
* **notarial act** - acte authentique
* **notarial contract** - contrat par-devant notaire
* **notarial instrument** - acte public, acte notarié

NOTE - Note, billet, aide-mémoire
* **covering note** - note de couverture
* **delivery note** - bordereau d'envoi
* **dispatch note** - bordereau d'expédition
* **judge's notes** - notes prises par le juge à l'audience
* **note issue** - émission fiduciaire
* **notes** - observations
* **notes of the proceedings** - notes prises par le juge à l'audience
* **promissory note** - billet à ordre
* **protest note** - note de protestation, protêt
* **(to) take note** - donner acte de

NOTE (to) - Observer, relever, noter, constater, prendre connaissance de
* **the Commission first notes** - la Commission relève tout d'abord
* **(to) note a mistake** - relever une erreur

NOTEWORTHY - A noter, remarquable
* **it is noteworthy that** - il échet de noter que

NOTICE - 1. Acte, avis, déclaration, exploit
* **formal written notice** - acte de dénonciation
* **notice of appeal** - acte d'appel, déclaration d'appel, déclaration de pourvoi
* **notice of assignment** - déclaration de cession
* **notice of attachment** - acte de dénonciation, exploit de saisie-arrêt
* **notice of cross appeal** - acte d'appel incident
* **notice of derogation** - avis de dérogation
* **notice of objection** - exploit d'opposition

- 2. Action, instance, demande
* **third party notice** - mise en cause; action en déclaration de jugement commun; action récursoire; demande en intervention forcée; appel en garantie

- 3. Avis, notification, mise en demeure, sommation, commandement, interpellation, communication
* **ex-works delivery notice** - avis de mise à disposition
* **final notice to pay** - commandement itératif de payer (avant saisie)
* **formal notice to pay** - commandement de payer
* **notice of lack of conformity** - dénonciation de défaut de conformité
* **notice of motion** - assignation en référé

./..

* **notice of non-payment** - avis de défaut de paiement
* **notice to comply** - mise en demeure
* **notice to pay** - sommation de payer, mise en demeure
* **notice to perform** - sommation, mise en demeure
* **notice to proceed** - mise en demeure
* **notice to remedy** - mise en demeure
* **provisional notice to quit** - avis d'échéance provisoire d'occupation
* **(to) give notice to all authorities** - enjoindre à toutes les autorités
* **(to) give notice to perform** - constituer en demeure

- 4. Arrêté
* **danger notice** - arrêté de péril

- 5. (qqfs) Conclusions
* **notice and grounds of appeal** - conclusions d'appel, conclusions prises en appel

- 6. Connaissance
* **doctrine of notice** - principe de publicité
* **notice of motion for an injunction** - délivrance d'une ordonnance de faire ou de ne pas faire
* **(to) bring to judicial notice** - porter à la connaissance du tribunal
* **(to) give notice to the government** - porter à la connaissance du gouvernement

- 7. Préavis, congé
* **compensation in lieu of notice** - indemnité de préavis
* **deposit at 7 days notice** - dépôt à 7 jours de préavis
* **notice of termination** - préavis de licenciement
* **notice to quit** - congé de bail, avis de congé
* **notice to terminate** - congé de bail, avis de congé
* **proper notice** - préavis
* **(to) give notice** - donner un préavis

NOTIFICATION - Notification
* **notification lodged at the Court registry** - notification effectuée par dépôt au Greffe du tribunal
* **notification of impending prosecution** - inculpation

NOTIFY (to) - Signaler, notifier, donner notification (de qqch), faire connaître
* **(to) notify someone of a decision** - signifier un arrêt à quelqu'un, signifier un jugement à quelqu'un, signifier une décision à quelqu'un
* **(to) notify the authorities of a fact** - saisir l'administration d'un fait
* **(to) notify the Governement of the application** - porter la requête à la connaissance du Gouvernement

NOTIONAL - Fictif, idéal, spéculatif, abstrait, théorique, indicatif, conventionnel
* **notional equality of the parties** - prétendue égalité entre les parties
* **notional occurrence** - concours idéal
* **notional plurality of offences** - concours idéal d'infractions
* **notional share** - quote-part idéale, quote-part abstraite
* **notional transaction** - transaction fictive
* **taxation based on notional assessment** - forfait d'impôt

NOTIONALLY
* **space notionally enclosed** - espace idéalement clos

NOTWITHSTANDING - Nonobstant, alors pourtant que

NOVATION - Novation, contrat novatoire

NOVEL - 1. Nouveau

- 2. Inédit, singulier, original
* **a novel interpretation of the law by the courts** - une interprétation inédite de la loi par les tribunaux

NOXIOUS - Incommode, à nuisance, nocif, nuisible
* **noxious industries** - industries nuisantes, industries à nuisance

NUISANCE - 1. Nuisance, ennui, incommodité, désagrément, gêne
* **noise nuisances** - nuisances sonores

- 2. Abus de droit, troubles de possession, troubles de voisinage, excès des obligations ordinaires de voisinage, dommages aux droits du public, dommages aux droits des voisins
* **private nuisance** - atteinte aux droits privés, troubles de jouissance
* **public nuisance** - atteinte aux droits du public
* **(to) abate a nuisance** - supprimer un abus

NULLIFY (to) - Rendre nul, rendre sans objet, invalider

NULLITY - <u>Nullité, invalidité</u>
* **civil nullity (marriage)** - nullité (du mariage civil)
* **curable nullity** - nullité relative
* **decree of nullity (marriage)** - jugement déclaratif de nullité
* **defence based on nullity** - exception de nullité
* **ground of nullity** - cause de nullité, motif de nullité, moyen de nullité
* **nullity suit (marriage)** - demande en nullité d'un mariage
* **(to) cure the nullity** - couvrir la nullité

NUMBER - <u>Nombre, effectifs</u>
* **law of large numbers** - la loi des grands nombres, loi (empirique) du hasard
* **the increasing number** - le déferlement de

OATH - Serment
* **Commissioner for oaths** - officier ministériel habilité à recevoir les déclarations sous serment
* **false oath** - parjure
* **form of oath** - formule du serment, teneur du serment
* **legal oath** - serment judiciaire
* **oath of disclosure** - serment déclaratoire d'insolvabilité
* **on oath** - sous la foi du serment
* **(to) administer the oath** - faire prêter serment
* **(to) put someone on oath** - faire prêter serment à quelqu'un
* **(to) put to one's oath** - déférer le serment
* **(to) require a person to make an oath** - déférer le serment
* **(to) swear on oath** - affirmer sous serment
* **(to) take an oath** - prêter serment
* **under oath** - sous serment

OBITER (dictum) - Opinion incidente, énonciation incidente, affirmation incidente, prononcé incident, motif surabondant [avis incidemment exprimé par le juge et n'ayant pas force de précédent]

OBJECT - 1. Objet
* **object in space** - objet spatial
* **object of expenditure** - objet de dépense, chef de dépense

- 2. Corps
* **solid objects** - corps durs

- 3.
* **fundamental principles and objects of the Convention** - l'économie de la Convention

OBJECT (to) - Objecter, s'opposer, se refuser à, élever une objection, dénoncer
* **objecting State** - Etat auteur de l'objection
* **right to object** - droit d'opposition
* **(to) genuinely object on grounds of...** - se refuser de bonne foi, pour des raisons de..., à
* **(to) object to a proposal** - combattre une proposition

OBJECTION - 1. Contestation, opposition, objection, grief
* **objection to a reservation** - objection à une réserve (traité)
* **time for raising an objection** - délai d'opposition
* **(to) enter an objection** - faire opposition, former opposition
* **(to) file an objection** - faire opposition, former opposition

* **(to) have genuine objections to** - se refuser de bonne foi à, se refuser sincèrement à
* **(to) have no objection to** - ne pas voir d'inconvénient à ce que
* **(to) lodge an objection** - faire opposition, former opposition

- 2. Déclinatoire
* **objection of lis alibi pendens** - déclinatoire de compétence
* **objection to jurisdiction** - déclinatoire de compétence

- 3. Exception, fin de non-recevoir
* **objection overruled** - opposition rejetée, opposition irrecevable, opposition repoussée
* **objection sustained** - opposition reçue, opposition recevable, opposition admise
* **objection to admissibility** - exception d'irrecevabilité
* **objection to jurisdiction** - exception d'incompétence
* **preliminary objection** - exception préliminaire
* **(to) dismiss an objection** - rejeter une exception
* **(to) raise an objection** - invoquer une objection, soulever une objection

- 4. Récusation (témoin, juge)
* **objection to a judge** - requête en récusation
* **objection to a witness** - récusation d'un témoin

OBJECTIONABLE - Inacceptable, répréhensible, inadmissible, blâmable, critiquable
* **most objectionable conduct** - conduite inqualifiable, conduite inacceptable
* **objectionable articles** - articles jugés répréhensibles

OBLIGATED
* **obligated funds** - fonds engagés

OBLIGATION - 1. Dette, droit de créance
* **alternative obligation** - dette alternative
* **financial obligation** - dette financière
* **obligation to deliver specific goods** - dette d'espèce
* **obligation to sell specific goods** - dette d'espèce
* **obligation to transfer genuine goods** - dette de genre
* **obligation to transfer specific goods** - dette de corps certain
* **person assuming the liability to perform the obligation of another** - subrogé à la dette

- 2. Engagement
* **obligation to pay** - engagement de paiement
* **obligation to serve** - engagement de service, engagement de travail
* **outstanding obligation** - engagement non réglé

./..

* tenant's obligation - engagement locatif
* (to) incur an obligation - s'engager
* (to) release from an obligation - libérer d'un engagement
* unliquidated obligation - engagement non réglé

- 3. Obligation, devoir
* collateral obligation - obligation accessoire
* contingent obligation - obligation éventuelle
* contractual obligation - obligation contractuelle, obligation conventionnelle
* joint and several obligation - obligation solidaire
* law of the obligations - droit des obligations
* legal obligation - obligation juridique
* maintenance obligation - obligation alimentaire
* natural obligation - obligation naturelle
* obligation not to compete - obligation de non-concurrence
* obligation of a non-pecuniary nature - obligation extra-patrimoniale
* obligation secured in rem - obligation réelle
* obligation to like each other - devoir de cohabitation
* obligation to produce a specific result - obligation de résultat
* obligation to refrain from - obligation de s'abstenir, obligation de ne pas faire
* obligation to use one's best endeavours - obligation de moyens
* secured obligation - obligation réelle
* statutory obligation to contract - obligation de contracter
* (to) impose on somebody an obligation to - faire obligation à quelqu'un de
* Treaty obligation - obligation conventionnelle, obligation née d'un Traité

OBLIGEE - Obligataire, sujet actif (d'un droit, d'une obligation)

OBLIGOR - Obligé, débiteur, sujet passif

OBSCENE - Obscène
* obscene publication - publication contraire aux bonnes moeurs

OBSERVANCE - 1. Observation, respect
* observance of the cease-fire - observation du cessez-le-feu
* observance of treaties - respect des traités

- 2. Célébration
* observance of the anniversary of - célébration de l'anniversaire de

- 3. Pratiques, rites
* religious observances - pratiques religieuses
* (to) maintain the customary observances - conserver les rites habituels

OBSERVATIONS - Observations, mémoire
* applicant's observations - mémoire du requérant
* further observations - observations complémentaires
* observation in reply of the applicant - (mémoire en) réponse du requérant
* oral observations - observations orales
* (to) submit written observations - soumettre par écrit des observations
* written observations - observations écrites

OBSERVE (to) - 1. Observer, respecter
* Art. 5 is observed if ... - l'article 5 est respecté si ...

- 2. Relever, faire observer, noter, constater, faire remarquer, (qqfs) commenter
* (to) observe on a fact - commenter un fait

OBSOLESCENCE - Désuétude, vieillissement, caducité
* built-in obsolescence - usure incorporée

OBSOLESCENT - Devenu périmé

OBSOLETE - Désuet, périmé, caduc, hors d'usage, démodé, suranné
* becoming rapidly obsolete - de durée de vie très courte
* (to) become obsolete through non-use - tomber en désuétude

OBSTACLE - Obstacle, entrave, empêchement, impossibilité
* legal obstacle - impossibilité juridique
* obstacle to navigation - entrave à la navigation

OBSTRUCT (to) - Gêner, entraver
* obstructing the highway - blocage de la voie publique, embarras de la voie publique
* obstructing the police - résistance à l'action de la police
* (to) obstruct a bill - faire de l'obstruction parlementaire (à propos d'un projet de loi)

OBSTRUCTIVE
* **obstructive tactics** - procédure frustratoire, tactique obstructionniste

OBTAIN (to) - 1. Obtenir, se procurer
* **obtained from** - procuré par
* **(to) obtain by blackmail, by threats** - extorquer

- 2. Parvenir à, atteindre, aboutir à
* **so as to obtain efficiency** - par souci d'efficacité

- 3. Prévaloir, être valable, être en vigueur, être pratiqué
* **practice that obtains** - pratique établie, pratique courante
* **system now obtaining** - système actuellement en vigueur

OCCUPATION - 1. Métier, profession, activité
* **gainful occupation** - activité rémunérée, activité salariée, activité lucrative
* **occupation groups** - catégories professionnelles
* **occupation tax** - patente, taxe professionnelle
* **unhealthy occupation** - emploi insalubre, métier insalubre

- 2. Occupation, prise de possession (à titre de premier occupant)
* **degree of occupation** - densité d'habitation
* **joint occupation** - cohabitation
* **occupation road** - chemin privé, chemin de passage
* **right of occupation** - droit d'usage
* **right to remain in occupation** - maintien dans les lieux

OCCURRENCE - 1. Evénement, fait, incident
* **a frequent occurrence** - c'est monnaie courante, est pratique courante
* **accidental occurrence** - cas fortuit
* **at the time of these occurrences** - au moment des faits
* **mutually exclusive occurrences** - événements exclusifs l'un de l'autre, événements qui s'excluent mutuellement
* **occurrence of a condition** - satisfaction d'une condition, avènement d'une condition, survenance d'une condition
* **occurrence of damage** - survenance d'un dommage
* **occurrence of the event** - réalisation du risque (assur.)

- 2. Gisement
* **conditions of occurrence** - conditions du gisement, situation du gisement

OFF
* **off position** - à l'arrêt

OFFENCE - 1. Atteinte, attentat
* **matrimonial offence** - atteinte au lien conjugal
* **offences against the person** - atteinte aux personnes
* **sexual offence** - atteinte aux moeurs, attentat aux moeurs

- 2. Fait répréhensible, fait punissable, faute
* **creation of an offence** - incrimination
* **definition of an offence** - incrimination
* **disciplinary offence** - faute disciplinaire
* **offence charged** - fait incriminé
* **offence of violence** - acte de violence
* **(to) make as a specific offence** - incriminer

- 3. Infraction (contravention, délit ou crime), acte délictueux
* **administrative offence** - infraction au règlement
* **capital offence** - crime passible de la peine de mort, délit passible de la peine de mort
* **coincidence of several offences** - concours d'infractions
* **completed offence** - délit consommé
* **connexion between offences** - connexité d'infractions
* **continuing offence** - infraction continue, infraction prolongée
* **creation of an offence** - criminalisation
* **criminal offence** - infraction pénale, délit pénal
* **danger of committing further offences** - danger de répétition des infractions
* **disciplinary offence** - infraction disciplinaire, manquement à la discipline, infraction à la discipline
* **dishonourable offence** - délit infâmant
* **divorce for a matrimonial offence** - divorce-sanction
* **drug offence** - infraction à la législation sur les stupéfiants
* **economic offence** - infraction économique
* **emotional offence** - crime passionnel
* **extraditable offence** - délit extraditionnel
* **finding of an offence** - constatation d'une infraction
* **hit and run offence** - délit de fuite
* **hybrid offences** - infraction relevant à la fois de la contravention et du délit
* **immediate offence** - infraction instantanée
* **indictable offences** - crimes et délits, infractions majeures
* **lesser indictable offences** - délits
* **motoring offence** - infraction au code de la route
* **non continuous offence** - délit instantané
* **non indictable offences** - infractions mineures, contraventions
* **non political offence** - délit de droit commun
* **non recurrent offence** - délit instantané
* **offence against the legislation on the press** - délit de presse
* **offence committed by an act** - délit de commission

./..

* **offence detected in the act** - infraction flagrante, flagrant délit
* **offence of a straightforward nature** - délit nettement caractérisé
* **offence of disturbing judicial proceedings** - délit d'audience
* **offence punishable by** - délit passible de
* **offence to morality** - outrage aux bonnes moeurs, outrage à la moralité publique
* **ordinary offence** - délit de droit commun, infraction de droit commun
* **perpetrated offence** - délit consommé
* **petty offence** - infraction mineure, contravention
* **predicate offence** - infraction principale
* **red-handed offence** - flagrant délit
* **second offence** - récidive
* **summary offence** - infraction de simple police, infraction mineure, contravention
* **technical offence** - quasi-délit
* **(to) give public offence** - causer un scandale public
* **(to) make it an offence (for somebody to do something)** - ériger en infraction
* **(to) note an offence** - dresser une contravention
* **traffic offences** - infractions routières
* **unnatural offences** - crime contre nature

OFFEND (to)
* **(to) offend against** - choquer, enfreindre, se heurter à, méconnaître

OFFENDER - Délinquant, agent de l'infraction, auteur de l'infraction, contrevenant, "infracteur"
* **casual offender** - délinquant accidentel
* **first offender** - délinquant primaire
* **hard-core offender** - délinquant difficile, "cheval de retour"
* **joint offender** - complice
* **major offender** - délinquant principal
* **mentally defective offender** - délinquant atteint de déficience mentale
* **motoring offender** - auteur d'une infraction au code de la route
* **offender caught red-handed** - délinquant pris en flagrant délit
* **partially responsible offender** - délinquant à responsabilité atténuée
* **persistent offender** - multirécidiviste
* **potential offender** - pré-délinquant
* **previous offender** - récidiviste
* **principal offender** - agent principal de l'infraction
* **second offender** - récidiviste
* **young offender** - jeune délinquant

OFFENDING
* **offending act** - acte fautif, fait infractionnel (Belg.), acte constitutif de l'infraction

OFFER (subst.) - Offre
* **counter offer** - contre-offre, contre-proposition
* **offer in settlement** - proposition de règlement amiable
* **on offer** - en vente
* **public offer** - offre au public
* **(to) close with an offer** - accepter une offre
* **unsolicited offer** - démarchage

OFFICE - 1. Etablissement, siège
* **head office** - siège principal (peut être le siège social)
* **operating office** - siège d'exploitation
* **principal office** - établissement principal
* **registered office** - siège social (d'une entreprise)

- 2. Charge, fonctions, emploi, mandat
* **badge of office** - insigne de fonctions
* **fixed term of office** - mandat de durée déterminée
* **holder of public office** - titulaire d'une fonction publique
* **in office** - en fonction
* **judicial office** - fonctions judiciaires, judicature
* **legal office** - fonctions judiciaires
* **length of office** - durée des fonctions
* **loss of office** - déchéance de fonctions
* **office of profit under the Crown** - charge rétribuée par la Couronne
* **period of office** - durée des fonctions
* **president in office** - président en exercice
* **public office** - fonction publique
* **removal from office** - relèvement de fonctions, retrait d'emploi, révocation
* **suspension from office** - suspension de fonctions
* **term of office** - durée des fonctions ; mandat (électif)
* **(to) hold high judicial office** - occuper de hautes charges judiciaires
* **unauthorised exercise of office** - usurpation de fonctions

- 3. Bureau, service, administration
* **general office** - bureau administratif
* **office automation** - bureautique, bureautisation
* **office block** - immeuble de bureaux
* **office buildings** - immeuble de bureaux
* **office circular** - note de service
* **office copy** - expédition authentique
* **office equipment** - matériel de bureau
* **office fee** - droit de chancellerie
* **office management** - gestion administrative, direction administrative
* **office of the Secretary General** - cabinet du Secrétaire Général
* **office procedures** - (qqfs) méthodes de secrétariat
* **office space** - locaux à usage de bureaux
* **police office** - commissariat

- 4.
* **Head of Private Office** - Chef de cabinet du Président de l'Assemblée
* **Head of Table Office** - Chef du Service de la Séance
* **Table Office** - Service de la Séance

OFFICER - 1. <u>Agent</u>
* **customs officer** - agent des douanes, douanier
* **police officer** - agent de la force publique, gardien de la paix
* **prison officer** - gardien de prison
* **probation officer** - agent de probation, délégué à la probation

      - 2. <u>Fonctionnaire, administrateur, cadre</u>
* **assistant officer** - administrateur adjoint
* **associate officer** - administrateur adjoint
* **coordinating officer** - coordonnateur
* **deciding officer** - fonctionnaire responsable
* **executive officer** - chef du service administratif
* **higher administrative officer** - supérieur hiérarchique
* **legal officer** - juriste
* **local government officer** - fonctionnaire communal, fonctionnaire municipal
* **specially appointed officer** - fonctionnaire hors cadre

      - 3. <u>Officier</u>
* **commanding officer** - chef d'unité, officier commandant
* **criminal investigation police officer** - officier de police judiciaire
* **Law Officer of the Crown** - officier judiciaire de la Couronne
* **officer of the Court** - officier ministériel, auxiliaire de justice
* **petty officer** - sous-officier
* **registration officer** - officier d'état-civil
* **staff officer** - officier d'état-major
* **warrant officer** - sous-officier

OFFICIAL (adj.) - <u>Officiel, de service, professionnel, administratif</u>
* **breach of official duty** - violation des devoirs de fonction
* **his official duties** - les devoirs de sa charge
* **his official functions** - les devoirs de sa charge
* **official acts of the Conference** - actes de la Conférence
* **official aid** - aide publique
* **official document** - document de service
* **official duty** - devoir professionnel
* **official error** - faute de service
* **official journey** - déplacement de service, voyage autorisé
* **official lawyer** - avocat en titre
* **official market prices** - valeurs mercuriales
* **official oath** - serment de fonctionnaire
* **official price lists** - mercuriales (cours officiels, cours authentiques)
* **official record of a meeting** - compte rendu officiel d'une séance
* **official status file** - dossier administratif (d'un fonctionnaire)
* **official superior** - chef hiérarchique
* **official travel** - déplacement de service, voyage autorisé
* **travel on official business** - frais de voyage du personnel en mission

OFFICIAL (subst.) - <u>Fonctionnaire, agent, dirigeant, cadre (d'une société)</u>
* **bribery of an official** - corruption de fonctionnaire
* **Government officials** - milieux dirigeants, hauts fonctionnaires, personnalités du gouvernement
* **insulting an official** - outrage à fonctionnaire
* **junior officials** - cadres subalternes
* **official superior** - supérieur hiérarchique
* **officials** - services, autorités, milieux officiels, (qqfs) pouvoirs publics
* **official with a power to decide** - fonctionnaire d'autorité
* **senior official** - haut fonctionnaire
* **tax official** - fonctionnaire des contributions

OFFICIO (ex) - <u>De droit, de plein droit, ès qualité</u>
* **ex officio member of ...** - membre de droit de ..., (qqfs) membre d'office (examen)

OMBUDSMAN - Ombudsman, conciliateur, médiateur, intercesseur

OMISSION - 1. <u>Omission, oubli</u>
* **omission in the law** - hiatus juridique

      - 2. <u>Manquement, négligence</u>

ONE-OFF
* **one-off allowance** - indemnité forfaitaire
* **one-off job** - opération ponctuelle

ONUS - <u>Responsabilité, obligation</u>
* **onus of the proof** - charge de la preuve
* **onus probandi** - charge de la preuve
* **the onus lies on the Government to** - il incombe au Gouvernement de

OPEN - 1. <u>Ouvert</u>
* **open air university** - université des ondes, télé-université
* **open-end financial obligations** - obligations financières non limitées
* **open-end question** - question à réponse construite
* **open-end series** - série extensible
* **open-ended process** - processus extensible, processus évolutif
* **open-endedness** - évolutivité
* **open government** - administration transparente
* **open individual licence** - licence individuelle à vue

./..

* **open mind** - esprit ouvert, sans parti pris
* **open space** - espace libre, espace vert
* **open stock company** - société à capital variable
* **open to challenge** - susceptible de recours
* **open to doubt** - sujet à caution
* **open Treaty** - Convention ouverte à des Etats tiers
* **(to) be open to** - être loisible à, avoir la faculté de
* **(to) leave a question open** - laisser une question en suspens, ne pas trancher

- 2. <u>Public</u>
* **in open court** - en audience publique
* **open unemployment** - chômage déclaré
* **(to) bring the matter out in the open** - mener une opération-vérité sur

OPENNESS - Transparence (de l'administration)

OPERATE (to) - <u>Exploiter, utiliser, gérer, animer, manoeuvrer, administrer, actionner, (faire) fonctionner, commander, conduire</u>
* **capable of operating against** - opposable à
* **hydraulically operated** - à commande hydraulique
* **if a member is operating under Art....** - si un membre continue de se prévaloir des dispositions de l'art. ...
* **operating subsidiary** - filiale exploitante
* **(to) operate provisions** - faire jouer des dispositions

OPERATING
* **operating costs** - frais de fonctionnement, frais de gestion, charges, dépenses d'exécution
* **operating deficit** - déficit d'exercice
* **operating functions** - exploitation pratique
* **operating latitude** - liberté d'action
* **operating programme** - programme d'action
* **operating research** - recherche opérationnelle
* **operating right** - droit d'exploitation
* **operating system** - système d'exploitation, régime d'exploitation

OPERATION - <u>Fonctionnement, jeu, marche, opération, activité, validité, exploitation, mise en oeuvre</u>
* **by operation of law** - de plein droit
* **coming into operation** - entrée en vigueur
* **entry into operation** - entrée en vigueur
* **insufficient operation** - défaut d'exploitation
* **normal operation** - régime de croisière, vitesse de croisière
* **operation expenses** - dépenses d'exploitation
* **operation licence** - licence d'exploitation, permis d'exploitation

* **operation of a Treaty** - application d'un traité, exécution d'un traité
* **operation regime** - régime de marche (ind.)
* **operation surplus** - excédent d'exploitation
* **operation technique** - technique de production
* **operations book** - guide de pratique opérationnelle
* **operations room** - salle de direction
* **public sector operations** - activité du secteur public
* **(to) (be) put into operation** - mettre en service, entrer en activité, ouvrir à l'exploitation
* **(to) come fully into operation** - atteindre son rythme de croisière
* **(to) come into operation on** - prendre effet le

OPERATIONAL - <u>Opérationnel, concret, pratique, en état de marche</u>
* **operational and executive staff** - personnel d'exécution et de direction
* **operational expenditure** - dépenses de fonctionnement
* **operational margin** - marge de manoeuvre
* **operational methods** - méthodes d'exploitation
* **operational procedures** - modalités opératoires
* **operational requirements** - principes d'action, principes d'application, conditions d'exécution
* **operational technology** - technique d'exploitation
* **operational unit** - unité opérationnelle

OPERATIVE (adj.) - <u>Exécutoire</u>
* **operative in this case** - acquis en l'espèce, acquis en l'occurrence
* **operative objectives** - objectifs concrets
* **operative obligation** - obligation exécutoire
* **operative part of a resolution** - dispositif d'une résolution
* **operative phase** - phase des réalisations
* **operative provisions** - dispositif (d'un jugement)
* **operative workers** - personnel d'exécution
* **(to) become operative** - prendre effet, entrer en vigueur

OPERATIVE (subst.) - Ouvrier (spécialisé); militant; agent (police ou renseignements)

OPERATOR - 1. <u>Opérateur, exécutant, conducteur, mécanicien, standardiste</u>
* **operator's handbook** - manuel de l'utilisateur
* **train operator** - conducteur de train

- 2. <u>Exploitant, armateur, entrepreneur</u>
* **operator of an aircraft** - exploitant d'un aéronef
* **tour operator** - voyagiste

OPINION - 1. Opinion, avis, appréciation, idées
* **advisory opinion** - avis consultatif
* **as a matter of opinion** - question d'appréciation
* **collective dissenting opinion** - opinion dissidente collective
* **collective separate opinion** - opinion séparée commune
* **Commission's opinion** - avis de la Commission
* **concurring opinion** - avis de la majorité, opinion concordante
* **dissenting opinion** - avis de la minorité, opinion dissidente
* **individual opinion, partly dissenting** - opinion individuelle, en partie dissidente
* **(joint) separate opinion** - opinion séparée (comune à plusieurs juges)
* **leaders of opinion** - faiseurs d'opinion
* **opinion joined by** - opinion partagée par
* **opinions of** - points développés par
* **separate concurring opinion** - opinion individuelle concordante
* **separate opinion** - opinion séparée, opinion individuelle
* **slip opinion** - résumé de l'arrêt
* **(to) agree to an opinion** - souscrire à un avis, se ranger à l'avis de
* **(to) be unanimously of the opinion that** - estimer à l'unanimité que
* **(to) follow the opinion of** - entériner l'avis de
* **(to) share the opinion of** - souscrire à un avis, se ranger à l'avis de

- 2. Expertise
* **according to expert opinion** - à dire d'experts, au dire de l'expert
* **chief expert opinion** - surexpertise
* **expert opinion** - expertise
* **periodical medical opinion** - expertise médicale périodique
* **second expert opinion** - contre-expertise
* **superior expert opinion** - surexpertise

- 3. Théorie, doctrine
* **better accepted opinion** - doctrine prédominante
* **legal opinion** - doctrine
* **prevailing opinion** - doctrine prédominante

OPINIONATED - Difficile à convaincre, opiniâtre

OPPORTUNISTIC - Opportuniste, non sélectif

OPPORTUNITY - Possibilité, faculté, occasion
* **after giving him an opportunity to reply, the Court decided...** - statuant contradictoirement, la Cour décide...
* **the parties have an opportunity to be heard in the proceedings** - la procédure a un caractère contradictoire

OPPOSE (to) - Soulever des objections, se prononcer contre, réprouver, être hostile à, s'élever contre

OPPOSING - Contraire, opposé, adverse, dissident
* **opposing party** - partie adverse
* **opposing right** - droit contraire

OPPOSITION - (qqfs) Objection

OPPRESSIVE - Abusif, opprimant
* **oppressive agreement** - contrat léonin
* **oppressive provision** - clause abusive

OPT (to) - Opter pour, choisir
* **(to) opt in** - se lier (par un traité)
* **(to) opt out** - se délier, renoncer à
* **(to) opt out an association** - quitter une association

OPTION - 1. Option, choix, droit d'option
* **at the option of the Bank** - au gré de la banque
* **option agreement** - précontrat
* **option right to purchase in preference** - droit de préemption
* **option right to repurchase** - (droit de) réméré
* **option to repurchase** - faculté de racheter
* **(to) exercise an option** - lever une option

- 2. Marché à prime
* **option deal** - opération à prime

OPTIONAL - Facultatif, volontaire
* **optional insurance** - assurance volontaire
* **optional Protocol** - Protocole facultatif
* **optional provision** - disposition facultative, disposition protestative
* **this is purely optional** - il s'agit d'une simple faculté

ORAL - <u>Verbal, oral</u>
* **oral agreement** - convention verbale
* **oral hearing** - audience contradictoire (en présence des parties)
* **oral presentation** - oralité des débats

ORDER (subst.) - 1. <u>Décision, ordonnance, arrêté, décret, mesure, autorisation</u>
* **administration order** - ordonnance d'administration judiciaire
* **after an enforcement order** - après exequatur
* **banishment order** - arrêté de mise en résidence forcée
* **banning order** - arrêté d'interdiction
* **barring order** - ordonnance d'interdiction (de faire qqch)
* **by order** - par voie d'ordonnance
* **care order** - ordonnance d'assistance, ordonnance de placement d'un enfant
* **charging order on land** - ordonnance de saisie-exécution immobilière
* **charging order on securities** - ordonnance de saisie-exécution de biens
* **compulsory residence order** - assignation à résidence
* **confiscation order** - ordonnance de confiscation, déclaration de confiscation
* **Court order** - décision judiciaire
* **criminal bankruptcy order** - ordonnance de mise en liquidation des biens d'un condamné
* **deportation order** - arrêté d'expulsion, décision d'expulsion, ordre d'expulsion
* **detention order** - décision d'internement; mandat d'arrêt; mesure de sûreté
* **executive order** - décret-loi; décret du Président (USA)
* **garnishee order nisi** - ordonnance de saisie-arrêt
* **hospital order** - décision d'internement
* **judge's order** - ordonnance de justice
* **lawful order** - ordonnance rendue conformément à la loi
* **order against** - ordonnance à l'encontre de
* **order fixing the costs** - ordonnance de taxe
* **order for discovery** - procédure en production de documents
* **order for enforcement** - formule exécutoire
* **order for possession** - ordre d'expulsion des lieux, ordonnance d'expulsion des lieux
* **order in council** - ordre en Conseil; décret d'application, arrêté ministériel
* **order of attachment of earnings** - saisie-arrêt du salaire
* **order of committal** - mandat de dépôt
* **order of naturalisation** - décret de naturalisation
* **order to collect a debt** - ordre d'encaissement, ordre de recouvrement
* **order to pay a fine** - condamnation à une amende
* **order transferring a case to another judge** - ordonnance de désaisissement
* **orders** - ordonnances
* **payment order** - ordre de paiement, ordonnance de paiement
* **power of making orders** - pouvoir d'ordonner

* **provisional order** - ordonnance de référé
* **requisition order** - arrêté de réquisition
* **restraining order** - ordonnance imposant certaines restrictions
* **sentence order** - décret pénal, ordonnance pénale
* **social protection order** - mesure de sûreté
* **summary sentence order** - ordonnance pénale
* **that an order be made** - que, par voie d'ordonnance,...
* **(to) enforce an order** - assurer l'exécution d'une ordonnance
* **(to) extend an order** - proroger une ordonnance, prolonger une ordonnance
* **(to) issue an order** - rendre une ordonnance, prendre un arrêté
* **(to) make an order** - prendre une ordonnance; délivrer une autorisation, décerner une autorisation; statuer par ordonnance
* **(to) notify orders** - donner notification des décisions
* **(to) renew an order** - proroger une ordonnance, prolonger une ordonnance
* **witness order** - ordre de convocation d'un témoin

- 2. <u>Sommation, injonction</u>
* **order of the Court** - injonction du tribunal
* **order to disperse** - sommation d'avoir à se disperser
* **order to pay** - injonction de payer
* **(to) rescind the orders made by** - annuler les injonctions prises par

- 3. <u>Jugement, arrêt (en appel)</u>
* **approving order** - jugement d'homologation
* **confirming order** - jugement d'homologation
* **Court order transferring property** - jugement translatif de propriété
* **expropriation order** - jugement d'expropriation
* **formal order** - dispositif du jugment
* **interlocutory order** - jugment interlocutoire, jugment sur incident, jugment préparatoire
* **order depriving a person of his legal capacity** - jugement d'interdiction
* **order excluding claims not lodged within the time-limit** - jugement d'exclusion, jugement de forclusion
* **order for the joinder of the proceedings** - jugement de jonction
* **order imposing a penalty for non compliance with its term** - jugement comminatoire
* **order transferring the proceedings** - jugement de renvoi
* **tracing order** - jugement d'absence

- 4. <u>Ordre</u>
* **domestic legal lorder** - ordre juridique interne
* **international legal order** - ordre juridique international
* **order bill of lading** - connaissement à ordre
* **order cheque** - chèque à ordre
* **order clause** - clause à ordre
* **order in Council** - ordre en conseil; arrêté ministériel
* **order security** - titre à ordre
* **public order** - ordre public (par ex.: [de nature à porter atteinte à] l'ordre public)

./..

* **religious order** - ordre religieux; congrégation
* **responsibility for keeping order** - maintien de l'ordre

        - 5. <u>Règlement, instructions, directives, circulaires</u>
* **administrative orders** - directives administratives
* **by administrative order** - par voie d'autorité
* **departmental order** - circulaire ministérielle
* **general orders** - directives administratives
* **sessional order** - règlement valable pour une session
* **standing orders** - instructions de service; instructions permanentes; règlement intérieur permanent (Assemblée)

        - 6. <u>Virement, délégation (de sommes)</u>
* **assignment order** - délégation de sommes
* **order to pay** - délégation de paiement
* **order to pay somebody's salary to dependants** - délégation de solde (aux personnes à charge)
* **transfer order** - mandat de virement

        - 7.
* **in order** - régulier, admissible, en bonne et due forme, recevable, correct, de mise, pertinent
* **in that order** - successivement
* **out of order** - irrecevable, contraire au règlement, irrégulier, hors du sujet, incorrect
* **order of business** - calendrier (d'une réunion), programme de travaux

ORDER (to) - <u>Commander, diligenter, prescrire, ordonner, prononcer</u>
* **report ordered by** - rapport réalisé à la demande de
* **(to) be ordered to pay damages** - être condamné à verser un dédommagement

ORDERLY - Méthodique, bien agencé, réglementaire

ORDINARY - 1. <u>De droit commun</u>
* **ordinary court** - tribunal de droit commun
* **ordinary criminal cases** - délits de droit commun, crimes de droit commun
* **ordinary judge** - magistrat titulaire, juge titulaire
* **ordinary jurisdiction** - juridiction de droit commun
* **ordinary law** - droit commun

        - 2. <u>Ordinaire, courant, normal, simple</u>
* **ordinary detention for vagrancy** - simple internement pour vagabondage

ORGANISATIONAL - <u>Organisationnel, de structure; administratif, organique</u>
* **organisational chart** - organigramme
* **organisational meeting** - réunion statutaire
* **organisational unit** - service (administratif)

ORGANISE (to) - <u>Organiser, syndiquer</u>
* **organised approach** - esprit de méthode
* **organised labour** - travailleurs organisés, travailleurs syndiqués; organisations ouvrières
* **organising teacher** - conseiller scolaire
* **right to organise** - droit syndical, liberté syndicale

ORIGIN
* **of immigrant origin** - issu de l'immigration

ORIGINAL - <u>Initial, premier, primitif, originaire</u>
* **original document** - document primitif; (acte) en minute
* **original judgment** - minute du jugement, (la grosse)
* **original jurisdiction** - juridiction de première instance, juridiction en première instance
* **original member** - membre fondateur
* **original mover of a resolution** - auteur d'une résolution
* **original text** - texte initial

ORPHAN - Orphelin, pupille de la nation

OSTENSIBLE - <u>Prétendu, feint, apparent</u>
* **doctrine of ostensible authority** - théorie de l'apparence
* **ostensible heir** - héritier apparent
* **ostensible ownership** - propriété apparente
* **the ostensible object of...** - le but avoué de...

OTHER - <u>Autre, divers</u>
* **other and unspecified** - autres..., non spécifiés
* **other than...** - non compris...
* **(to) reject the applicant's other complaints** - rejeter les griefs du requérant pour le surplus
* **(to) take other sources into consideration** - diversifier ses sources

OTHERWISE - <u>Sinon, dans le cas contraire, s'il en était autrement, à un autre titre, pour le surplus</u>
* **even when the present law would otherwise apply** - même lorsque la présente loi serait normalement applicable
* **... or otherwise** - ... ou autrement
* **unless otherwise provided** - sauf dispositions contraires, sauf dispositions d'espèce
* **unless otherwise specified** - sauf indication contraire

OUST (to) - Déposséder, évincer

OUTLAY - Débours, mise de fonds

OUTLINE - <u>Cadre, aperçu, schéma, ébauche, esquisse, plan général, canevas</u>
* **general outline plan** - plan-cadre
* **outline Convention** - Convention-cadre
* **outline law** - loi-cadre
* **outline map** - croquis
* **outline of conditions** - aperçu de la situation
* **outline report** - rapport sommaire
* **(to) give an outline** - donner certaines indications

OUTLOOK - <u>Prise de position; horizon, perspectives, possibilités, avenir</u>
* **breadth of outlook** - largeur de vues
* **the outlook is bleak** - les chances de succès sont maigres, les perspectives sont peu encourageantes

OUTRAGE (to) - Choquer (par ex., l'opinion publique)

OUTREACH
* **outreach activities** - activités de dépistage

OUTSIDERS - Marginaux; "profanes"

OUTSTANDING - 1. <u>Exceptionnel, éminent, saillant, remarquable, insigne, retentissant</u>
* **outstanding achievements in the field of Human Rights** - services éminents rendus à la cause des Droits de l'Homme
* **outstanding developments** - points saillants

- 2. <u>Non réglé, non amorti, en suspens, en souffrance, arriéré, qui reste à (trancher)</u>
* **amounts drawn and outstanding** - montants tirés et non remboursés
* **oustanding debt** - dette en cours, dette active
* **oustanding interest** - intérêt échu
* **outstanding balance of a claim** - reliquat d'une créance
* **outstanding bonds** - obligations en circulation
* **outstanding committments** - dépenses engagées mais non réglées
* **outstanding contracts** - contrats non exécutés
* **outstanding coupons** - coupons en souffrance

OVERALL - Forfaitaire, global

OVERCUTTING - Surexploitation (sylviculture)

OVERDRAFT - Découvert, solde débiteur

OVERDUE - <u>Echu, en souffrance, arriéré</u>
* **interest on overdue payments** - intérêts moratoires
* **overdue bill** - effet en souffrance
* **overdue contributions** - arriéré des contributions

OVERFLIGHT - <u>Survol</u>
* **blanket overflight clearance** - autorisation générale de survol
* **overflight interdiction** - interdiction de survol

OVERFULFILMENT - <u>Dépassement</u>
* **overfulfilment of output plans** - dépassement des plans de production

OVERGROWING - Surdéveloppement, surchauffe

OVERHEAD - <u>Faux-frais, charges, frais (de régie), frais généraux</u>
* **overhead employment** - emplois de bureau
* **overhead facilities** - éléments d'infrastructure
* **overhead price** - prix forfaitaire
* **overheads** - frais généraux, dépenses d'infrastructure
* **social overhead (facilities)** - (qqfs) infrastructure sociale
* **social overhead capital (SOC)** - infrastructure économique et sociale (IES)

OVERLAPPING - <u>Superposition, chevauchement, double emploi, frange commune, doublon; (qqfs) simultanéité</u>

OVERRIDING - <u>Principal, premier, prioritaire,</u>
<u>impératif, impérieux, prépondérant,</u>
<u>imprescriptible, inaliénable, qu'on ne</u>
<u>saurait écarter, auquel on ne saurait</u>
<u>déroger, primordial</u>
* **decision overriding the former (decision)** - décision annulant la décision antérieure
* **overriding clause** - clause dérogatoire
* **overriding principle** - principe premier

OVERRULE (to) - <u>Annuler, infirmer, rapporter, ignorer</u>
* **prospective overruling** - renversement de la jurisprudence pour l'avenir, revirement de la jurisprudence pour l'avenir
* **(to) overrule a decision** - annuler une décision
* **(to) overrule a statutory instrument** - infirmer un instrument législatif, infirmer un instrument réglementaire
* **(to) overrule an objection** - ignorer une objection, écarter une objection

OVERSIGHT - 1. <u>Oubli, inadvertance, négligence,</u>
<u>omission</u>
* **by oversight** - par mégarde
* **on oversight** - par mégarde
* **through oversight** - par mégarde

- 2. <u>Suveillance, tutelle</u>
* **rights of oversight** - droits de tutelle

OVERSIMPLIFY (to) - Schématiser (à l'extrême)

OVERSTATE (to)
* **(to) overstate on'es case** - vouloir trop prouver

OVERSTAYER - Visiteur dont le permis de séjour est échu

OVERTIME - <u>Heures supplémentaires</u>
* **overtime pay** - paiement des heures supplémentaires, rémunération des heures supplémentaires

OVERTONES - <u>Résonance, ambiance, connotations,</u>
<u>ramifications, coloration, harmoniques,</u>
<u>consonnance</u>
* **the political overtones of a move** - les ramifications politiques d'une mesure

OVERWHELMINGLY
* **(to) approve overwhelmingly** - plébisciter

OWN (adj.) - <u>En propre, à soi, spécifique</u>
* **on his own account** - (qqfs) par ses propres moyens
* **own account** - pour compte propre
* **own account worker** - travailleur indépendant
* **own insurance** - assurance propre
* **own use** - autoconsommation
* **they have their own system** - ils ont un régime spécifique

OWN (to) - <u>Posséder, détenir</u>
* **Government owned** - sous contrôle de l'Etat
* **jointly owned** - d'économie mixte
* **privately owned** - détenu par des particuliers
* **(to) own a mistake** - reconnaître une erreur
* **(to) own up** - faire des aveux
* **(to) own up to a crime** - se reconnaître coupable d'un délit

OWNER - <u>Propriétaire, détenteur, maître de l'ouvrage</u>
* **bare owner** - nu propriétaire
* **beneficial owner** - nu propriétaire et propriétaire en equity
* **careful owner** - ... en bon père de famille
* **co-owner** - co-indivisaire
* **diligent owner** - ... en bon père de famille
* **dominant owner** - propriétaire du fonds dominant
* **equitable owner** - usufruitier
* **joint owner** - propriétaire indivis; co-propriétaire
* **legal owner** - propriétaire légitime; fiduciaire (trust)
* **owner cultivation** - faire-valoir direct
* **owner cultivator** - propriétaire-exploitant
* **owner occupier** - propriétaire résident
* **owner of debt** - détenteur de titres de la dette
* **owner of subsoil** - propriétaire tréfoncier
* **owner of unincorporated business** - entrepreneur individuel
* **resource owner** - capitaliste
* **riparian owner** - propriétaire riverain
* **statutory owner** - propriétaire désigné par la loi

OWNERLESS
* **ownerless unclaimed goods** - biens sans maître

OWNERSHIP - <u>Propriété, droit de propriété</u>
* **change of ownership** - mutation de propriété
* **co-ownership** - propriété indivise
* **co-ownership of an estate** - indivision héréditaire, indivision successorale
* **document proving ownership** - titre de propriété
* **equitable ownership** - propriété en equity
* **joint ownership** - propriété indivise
* **legal ownership** - propriété en droit strict
* **obligatory co-ownership** - indivision forcée
* **ostensible ownership** - propriété apparente
* **ownership in common** - propriété en indivision
* **permanent co-ownership** - indivision perpétuelle
* **principal ownership** - part importante de la propriété
* **reputed ownership** - propriété présumée
* **right of ownership** - droit de propriété
* **right to ownership** - droit de propriété
* **transfer of ownership** - mutation de propriété

PACKAGE - Ensemble, combinaison, bloc, collection
  * **budgetary package** - enveloppe budgétaire
  * **investment package** - bloc d'investissements
  * **package deal** - accord global, règlement global, marché global; solution d'ensemble, négociation en bloc
  * **package holiday** - voyage à forfait, vacances à forfait
  * **reform package** - train de réformes
  * **software package** - progiciel

PAIN - Douleur, souffrance
  * **pain and suffering** - pretium doloris
  * **pains and penalties** - châtiments et peines

PAMPHLET - Tract; plaquette, brochure d'information

PANEL
  * **panel of judges** - collège de juges

PAPER - 1. Papier
  * **stamped paper** - papier timbré

      - 2. Document
  * **background paper** - note d'information, note d'orientation
  * **concept paper** - cadre conceptuel, cadre d'analyse
  * **consultation paper** - document d'information
  * **consultative paper** - document d'information
  * **discussion paper** - document pour examen, document de synthèse, document de séance, note d'information, note d'orientation
  * **Green paper** - Livre vert
  * **issue paper** - questions à examiner
  * **issues paper** - questions à examiner
  * **keynote paper** - exposé d'orientation, exposé inaugural, exposé d'ouverture, exposé introductif, exposé liminaire
  * **non paper** - document interne, document confidentiel
  * **occasional papers** - documents hors série, notes spéciales, publications épisodiques, publications occasionnelles
  * **overview paper** - document général, tour d'horizon
  * **policy paper** - note d'orientation, document directif
  * **position paper** - document d'information, note d'information, déclaration
  * **reaction paper** - exposé des réactions
  * **scientific papers** - mémoires (scientifiques)
  * **ship papers** - documents de bord
  * **support paper** - document d'appui
  * **White paper** - Livre blanc

      - 3.
  * **paper work** - écritures, travail de bureau

PARADE
  * **identification parade** - présentation de suspects à témoins

PARAGRAPH - 1. Articles (d'un décret, d'un mandat, d'une ordonnance)

      - 2. Paragraphe, alinéa

PARDON (subst.) - 1. Grâce
  * **application for pardon** - recours en grâce
  * **conditional pardon** - grâce conditionnelle
  * **general pardon** - amnistie
  * **individual pardon** - grâce individuelle
  * **request for pardon** - recours en grâce
  * **(to) petition for pardon** - déposer un recours en grâce

      - 2. Remise de peine

PARDON (to) - Grâcier, amnistier

PARI PASSU - (Marcher) de pair avec, proportionnellement
  * **(to) be pari passu with** - être fonction de

PARLIAMENT - Parlement
  * **life of a Parliament** - législature
  * **(to) adjourn Parliament** - ajourner le Parlement
  * **(to) dissolve Parliament** - dissoudre le Parlement
  * **(to) summon Parliament** - convoquer le Parlement

PARLIAMENTARY - Parlementaire
  * **parliamentary bill** - proposition de loi
  * **parliamentary candidate** - candidat à la députation
  * **parliamentary question** - interpellation
  * **parliamentary sphere** - domaine de la loi
  * **person asking a parliamentary question** - interpellant, interpellateur

PAROL - Verbal
  * **parol agreement** - convention verbale
  * **parol contract** - contrat verbal
  * **parol evidence** - témoignage verbal

PAROLE - Libération conditionnelle
* **application for parole** - demande de libération conditionnelle
* **eligible for parole** - habilité à bénéficier d'une libération conditionnelle
* **parole Board** - Comité des libérations conditionnelles
* **(to) be released on parole** - être placé en libération conditionnelle, être placé sous le régime de la libération conditionnelle

PART - 1. Partie, fraction
* **part compensation** - fraction d'indemnité
* **part of the world** - (qqfs) région (du monde)
* **(to) be part and parcels of** - faire partie de, s'inscrire dans
* **(to) put a proposal to the vote in parts** - mettre une proposition aux voix par division

- 2. Titre (Budget, Constitution)

PARTICULAR
* **particular interests and differences** - particularismes et différenciations

PARTICULARS - Détails, renseignements détaillés, qualités, renseignements personnels, précisions, (qqfs) liste, modalités, caractéristiques
* **full particulars** - tous renseignements utiles, relevé complet
* **personal particulars** - signalement

PARTITION - Partage, cloisonnement, (qqfs) démembrement

PARTNER - 1. Associé, sociétaire, co-échangiste, co-contractant
* **active partner** - commandité
* **dormant partner** - associé passif, commanditaire, bailleur de fonds
* **general partner** - associé ordinaire
* **limited partner** - associé-commanditaire
* **managing partner** - associé-gérant
* **occult partner** - croupier
* **partnership with a sleeping partner** - société en participation
* **resignation of a partner** - départ d'un associé
* **senior partner** - associé principal
* **silent partner** - associé passif, commanditaire, bailleur de fonds
* **sleeping partner** - associé passif, commanditaire, bailleur de fonds

- 2. Partenaire
* **social partners** - partenaires sociaux, interlocuteurs sociaux
* **(to) diversify trading partners** - multilatéraliser les échanges
* **trading partners** - partenaires commerciaux

PARTNERSHIP - 1. Association, partenariat, entreprise commune, travail d'équipe, collaboration, solidarité, groupement
* **farming partnership** - groupement agricole d'exploitation
* **land partnership** - groupement agricole d'exploitation

- 2. Société, société de personnes
* **articles of partnership** - pacte social, acte de société, contrat de société
* **civil law partnership** - société civile, société de droit civil
* **commercial partnership** - société commerciale en nom collectif
* **contribution to the partnership assets** - apport en société
* **deed of partnership** - pacte social, acte de société, contrat de société
* **dissolution of partnership by decree of a Court** - dissolution judiciaire de société
* **dissolution of partnership by operation of law** - dissolution judiciaire de société
* **founding of a partnership** - constitution d'une société, création d'une société
* **general partnership** - société en nom collectif
* **limited liability partnership** - société à responsabilité limitée
* **limited partnership** - commandite simple
* **limited partnership with shares** - commandite par actions
* **non commercial partnership** - société civile, société de droit civil
* **partnership agreement** - contrat d'association
* **partnership assets** - patrimoine social
* **partnership at will** - association sans contrat officiel de société
* **partnership creditors** - créanciers sociaux
* **partnership debt** - dette sociale
* **partnership law** - droit des sociétés
* **partnership name** - raison sociale
* **partnership share** - part d'association
* **profit-making partnership** - société à but lucratif
* **sleeping partnership** - société en commandite simple
* **special partnership** - association en participation
* **(to) enter into a partnership** - s'associer
* **trading partnership** - association en participation
* **winding up of a partnership** - dissolution d'une société

PARTY - 1. <u>Mitoyenneté</u>
* **assignment of party rights** - cession de mitoyenneté
* **party ditch** - fossé mitoyen
* **party rights** - droits de mitoyenneté
* **party wall** - mur mitoyen

       - 2. <u>Fraction, groupe, parti</u>
* **demolition party** - groupe de destruction
* **fatigue party** - corvée
* **inter-party group (MPs)** - intergroupe
* **party whip** - discipline de groupe parlementaire
* **political party** - groupe politique
* **relief party** - relève
* **work party** - groupe de travail, équipe de travail

       - 3. <u>Partie (à un procès, à un contrat)</u>
* **after hearing both parties** - contradictoirement
* **aggrieved party** - partie plaignante
* **as between the parties** - dans les rapports des parties
* **associated party** - partie jointe
* **auxiliary party** - intervenant (dans une procédure)
* **binding effect of the the judgment as between the party** - autorité relative de la chose jugée
* **capacity to be a party in legal proceedings** - capacité d'ester en justice
* **contracting party** - partie contractante
* **defaulting party** - partie défaillante
* **in the presence of both parties** - ... contradictoire
* **injured party** - partie lésée
* **innocent party** - partie de bonne foi
* **interested party** - l'ayant-droit
* **intervening party** - partie intervenante
* **legally aided party** - partie admise à l'assistance judiciaire
* **losing party** - partie déboutée, partie perdante, partie succombante
* **objecting party** - partie opposante
* **opposite party** - partie adverse
* **parties to a case** - parties en cause, parties en litige
* **party before the Court** - partie comparante, partie présente
* **party failing to appear** - partie défaillante
* **party to an exchange** - copermutant
* **poor party** - partie indigente
* **principle of party presentation** - principe de la liberté des parties
* **successful party** - partie gagnante
* **the other party** - partie adverse
* **third party** - (le) tiers
* **(to) be considered as a proper party** - être considéré comme ayant qualité pour être partie
* **unsuccessful party** - partie déboutée, partie perdante, partie succombante

       - 4. <u>Partenaire</u>
* **the other party to a contract** - partenaire à un contrat
* **(to) be party to a deed** - signer un acte

PASS (subst.) - <u>Carte de service, carte d'accès, autorisation écrite, laissez-passer</u>
* **exemption pass** - sauf-conduit
* **official pass** - coupe-file
* **pass book** - laissez-passer
* **pass law** - loi relative aux laissez-passer, réglementation relative aux laissez-passer

PASSING - 1. <u>Vote, adoption, promulgation (d'une loi)</u>
* **passing an act** - adoption d'une loi, promulgation d'une loi
* **passing of conviction** - prononcé de la condamnation
* **passing of a sentence** - prononcé du jugement

       - 2. <u>Dévolution, transfert</u>
* **passing by inheritance** - transfert de succession, transfert successoral
* **passing of a child** - substitution d'enfant
* **passing of the risk** - transfert de risques

       - 3.
* **passing-off** - plagiat, concurrence déloyale

PASSPORT - <u>Passeport</u>
* **passport fee** - droit de timbre sur les passeports

PATENT - <u>Brevet (d'invention)</u>
* **infringement of a patent** - violation de brevet
* **patent agent** - agent de brevet
* **patent application** - demande de brevet
* **patent bank** - banque de brevets
* **patent cross-licensing** - concession croisée de brevets
* **patent law** - droit des brevets
* **patent of addition** - brevet d'addition
* **Patent Office** - Office des brevets
* **patent pending** - brevet en instance
* **patent pool** - communauté de brevets
* **patent rights** - droits conférés par un brevet
* **patent royalties** - redevances d'exploitation d'un brevet
* **product patent** - brevet de produit
* **revocation of a patent** - annulation d'un brevet
* **territoriality of patents** - territorialité des brevets
* **(to) grant a patent** - délivrer un brevet
* **(to) work a patent** - exploiter un brevet

PATENTABILITY - Brevetabilité

PATENTABLE - <u>Brevetable</u>
* **patentable invention** - **invention brevetable**

PATENTED - Breveté
* **patented invention** - invention brevetée

PATENTEE - Breveté (d'invention), titulaire d'un titre de propriété industrielle

PATRIAL - (Pas de traduction); il s'agit de personnes ayant le droit de résider dans un pays, même si elles n'y résident pas

PATRONAGE - 1. Protection, encouragement (des arts), mécénat, sponsorisation
* **patronage of TV programmes** - émissions patronnées, émissions sponsorisées

- 2. Clientèle (d'un hôtel, d'un magasin)

PATTERN - 1. Structure, composition
* **pattern of trade** - composition des échanges

- 2. Conception
* **the whole pattern itself is objectionable** - l'ensemble de la conception même prête à objection

- 3. Schéma, modèle
* **letters all in conformity with one pattern** - lettres toutes conformes à un même modèle
* **many elements of Pattern B are obsolete** - beaucoup d'éléments du schéma B sont périmés
* **therapeutic patterns** - schémas thérapeutiques

- 4. Plan
* **the UN Pattern of conferences is decided upon by the General Assembly** - le plan des conférences de l'ONU est arrêté par l'Assemblée générale

- 5. Caractéristiques, physionomie, configuration
* **the traffic pattern is now difficult to ascertain** - il est maintenant difficile de déterminer les caractéristiques de la circulation

- 6. Profil
* **career pattern** - profil de carrières

- 7. Mode
* **food patterns** - modes d'alimentation

- 8. Scénario
* **growth pattern** - scénario de croissance

- 9. Comportement; cheminement
* **pattern of official reserve movements** - comportement des réserves officielles

- 10. Typologie
* **pattern of political systems** - typologie des régimes politiques

- 11. (qqfs) Systématique
* **study of situations which reveal a consistent pattern of gross violations of human rights** - étude des situations qui révèlent des violations flagrantes, constantes et systématiques des droits de l'homme
* **(to) become a pattern** - devenir systématique

PAWN - Nantissement
* **pawn broking establishment** - maison de prêts sur gage, maison de nantissement
* **pawn ticket** - reconnaissance de mont-de-piété, reconnaissance de nantissement, reconnaissance de gage

PAWNING - Engagement

PAY (subst.)
* **pay slip** - feuille de rémunération, bulletin de paie

PAY (to) - Payer
* **fully paid-up** - entièrement libéré
* **instruction to pay** - délégation de paiement
* **order to pay** - commandement de payer
* **pay as you go scheme (pensions)** - système de répartition (des pensions)
* **paying off a loan** - amortissement d'un emprunt
* **(to) pay off** - désintéresser (un créancier)
* **(to) pay off a mortgage** - purger une hypothèque

PAYABLE - Exigible, payable
* **payable account** - somme à payer
* **payable on demand** - payable à vue, payable sur présentation
* **payable on a fixed day** - payable à jour fixe

PAYEE - Bénéficiaire (d'un chèque, etc.)
* **fictitious payee** - bénéficiaire inexistant

PAYING - Rentable
* **paying agent** - domiciliataire
* **paying concern** - entreprise rentable
* **(to) make it a paying concern** - rentabiliser une entreprise

PAYMASTER - Trésorier-payeur
* **Paymaster General** - Trésorier-payeur général

PAYMENT - 1. Paiement, versement
* **advance payment** - versement anticipé
* **capital payment** - indemnité forfaitaire
* **deficiency payment** -paiement à titre compensatoire
* **equalisation payment** - paiement compensatoire
* **ex-gratia payment** - gratification; paiement à titre gracieux
* **extension of time for payment** - sursis de paiement
* **for payment** - à titre onéreux
* **maintenance payment** - pension alimentaire
* **notional payment** - paiement fictif
* **on a payment basis** - à titre onéreux
* **on-the-spot payment** - perception immédiate (d'amendes)
* **over-payment** - trop-perçu
* **overdue payment** - paiement en souffrance
* **part payment** - paiement partiel
* **partial payment** - paiement partiel
* **payment due** - paiement échu
* **payment by instalments** - versements échelonnés, paiement à tempérament
* **payment in cash** - paiement en numéraire, paiement en espèces
* **payment of an advance** - paiement provisionnel, versement d'une provision
* **(summary) payment order** - injonction de payer
* **total service payment** - service total de la dette

- 2. Consignation
* **direct payment system** - (système du) tiers-payant
* **extension of the time for payment** - délai de grâce
* **payment demand note** - ordre de recouvrement
* **payment into Court** - consignation en justice, consignation judiciaire
* **payment of a legacy** - délivrance d'un legs

PEACE - 1. Paix
* **keeping the peace** - garantissant la paix
* **peace loving States** - Etats pacifiques
* **(to) further the peace** - affermir la paix, consolider la paix

- 2. Ordre public
* **threat to the peace** - menace pour l'ordre public

PEACEFUL
* **peaceful enjoyment of possessions** - respect des biens
* **(right of) peaceful assembly** - (droit de) réunion pacifique

PECUNIARY - Patrimonial; pécuniaire
* **non pecuniary** - extrapatrimonial, moral
* **non pecuniary rights of the author** - droit moral de l'auteur
* **pecuniary loss** - perte pécuniaire, préjudice pécuniaire
* **pecuniary rights** - droits patrimoniaux

PENAL - 1. Pénitentiaire, pénal
* **penal measures** - sanctions pénales
* **penal servitude** - travaux forcés, réclusion
* **penal system** - système pénitentiaire

- 2. Désavantageux (écon.)
* **penal rate** - taux très désavantageux

PENALISE (to) - Sanctionner (pénalement)
* **(to) be penalised for** - souffrir de, subir le contrecoup de
* **(to) penalise someone** - prendre des sanctions contre quelqu'un
* **(to) penalise someone for something** - faire subir à quelqu'un les conséquences de quelque chose

PENALTY - 1. Peine, pénalité, sanction, astreinte
* **accessory penalty** - peine complémentaire, peine secondaire
* **aggravation of the penalty** - aggravation de la peine
* **alternative penalty** - peine de remplacement
* **contractual penalty** - pénalité conventionnelle
* **custodial penalty** - peine de détention, peine privative de liberté, peine d'emprisonnement
* **death penalty** - peine de mort
* **fixed penalties** - certitude de la peine
* **lapsed penalty** - peine prescrite
* **mandatory penalty** - peine obligatoire
* **mitigation of penalty** - adoucissement de la peine, atténuation de la peine
* **non-custodial penalty** - peine carcérale de substitution
* **pecuniary penalty** - peine pécuniaire, peine patrimoniale
* **penalties imposed for serious common law crimes** - peines afflictives et infâmantes
* **penalty assessment** - établissement de la peine
* **penalty clause** - clause pénale, avis comminatoire
* **penalty for a felony** - peine criminelle
* **penalty for a lesser indictable offence** - peine correctionnelle
* **penalty for a misdemeanour** - peine correctionnelle
* **penalty for a serious indictable offence** - peine criminelle
* **penalty for delay** - pénalité de délai
* **penalty for late performance** - pénalité de délai
* **penalty structure** - échelle des peines
* **periodic penalty payment** - astreinte
* **statutory penalty** - peine de droit

./..

* **substitute penalty** - peine de remplacement
* **(to) be liable to a penalty** - encourir une peine
* **(to) be subject to a penalty** - encourir une peine
* **(to) incur a penalty** - encourir une peine
* **under penalty of** - sous peine de

　　　　- 2. Dédit

PENDING - En instance
* **pending appeal** - dans l'attente d'un jugement en appel
* **pending cases** - causes en instance, causes pendantes
* **pending question** - question discutée, question en cours de discussion, question en suspens

PENSION - Retraite, pension
* **calculation of the pension** - liquidation de la pension
* **deferred pension** - pension à jouissance différée
* **dependant's pension** - pension de réversion
* **full pension** - pension à 100%
* **loss of pension rights** - déchéance de la pension
* **pension entitlement** - droits à pension
* **pension scheme** - régime des pensions
* **pension unit** - annuité
* **service pension** - pension d'ancienneté
* **survivor's pension** - pension de réversion

PER - Dans une note concernant une décision judiciaire, "per" devant le nom d'un juge annonce une opinion séparée formulée par ce juge
* **per curiam** - observation du tribunal

PER SE - A priori, automatique, en soi, ipso facto
* **per se basis of the case** - fondement a priori de la thèse
* **per se breach** - violation a priori
* **per se contention** - argument de la violation a priori, thèse de la violation a priori
* **per se problem** - problème du fondement (de la violation) a priori
* **per se question** - question du fondement (de la violation) a priori

PERADVENTURE - Par aventure, d'aventure, par hasard
* **beyond peradventure** - sans aucun doute, à n'en pas douter
* **without peradventure** - sans faute

PEREMPTORY - Impératif
* **peremptory norm** - norme impérative

PERFORM (to) - Exécuter
* **inability to perform** - impossibilité d'exécution
* **performing right** - droit de représentation
* **refusal to perform** - refus d'exécution
* **(to) perform a service** - prestation d'un service

PERFORMANCE - 1. Accomplissement, exécution, prestation, rendement, performance
* **act of performance** - exécution partielle (d'un contrat)
* **correct performance** - exécution loyale
* **day-to-day performance** - expédition des affaires courantes
* **decree for specific performance** - action en exécution forcée
* **defective performance** - exécution non conforme
* **demand of performance** - mise en demeure
* **export performance** - résultats à l'exportation
* **full performance** - exécution loyale
* **industrial performance** - efficacité industrielle
* **late performance** - retard dans l'exécution
* **non performance of an act** - abstention
* **out of time performance** - retard dans l'exécution
* **part performance** - exécution partielle (d'un contrat)
* **performance bond** - cautionnement de bonne exécution, garantie de bonne exécution
* **performance guarantee** - cautionnement de bonne exécution, garantie de bonne exécution; garantie de fonctionnement
* **performance in instalments** - prestations successives
* **performance of public activities at this administrative level** - affectation des activités publiques à cet échelon administratif
* **positive performance** - prestation positive
* **punctual performance** - exécution loyale
* **substandard performance** - contre-performance
* **time for performance** - délai d'exécution, délai de prestation
* **voluntary performance** - exécution volontaire

　　　　- 2. Spectacle, représentation (d'une pièce), exécution (d'un morceau de musique)
* **live performance** - spectacle en direct, émission en direct, représentation en direct

PERIOD - Période, délai
* **limitation period** - délai de prescription
* **period of grace** - délai de grâce, période de franchise (prêt)
* **period of limitation** - délai de prescription
* **prescriptive period** - délai de prescription

PERIPHERY
* **at the periphery of** - dans la mouvance de

PERJURY - Parjure, faux témoignage, faux serment
* **perjury (by a party)** - faux serment
* **perjury by a witness** - faux témoignage
* **(to) commit perjury** - se parjurer

PERMANENT - Permanent, chronique, durable, définitif
* **permanent civil servant** - fonctionnaire permanent
* **permanent officer** - officier de carrière

PERMISSIVE - Laxiste, permissif, souple, facultatif

PERMIT (subst.) - Autorisation, titre, permis
* **entry permit** - visa d'entrée
* **exit permit** - visa de sortie
* **export permit** - document d'exportation
* **labour permit** - autorisation de travail
* **residence permit** - autorisation de séjour, permis de séjour, titre de séjour

PERMIT (to) - Admettre, tolérer, permettre

PERMITTED - Licite

PERPETRATOR - Auteur (d'un crime, d'une infraction), coupable

PERSON - 1. Personne, entité, personne physique
* **assisted person** - personne bénéficiant de l'aide judiciaire
* **displaced person** - personne déplacée
* **injured person** - personne lésée
* **involving consideration of the person** - intuitu personae
* **juridical person** - entité juridique, personne morale
* **legal person** - personne morale
* **missing person** - personne disparue
* **natural person** - personne physique
* **offences against the person (including homicide)** - - atteintes à la vie et à l'intégrité de la personne
* **person liable in damages** - personne civilement responsable
* **person not yet in existence** - personne future
* **untraceable person** - personne disparue

- 2. Sujet, titulaire, sujet de droit
* **person entitled to a right** - titulaire d'un droit
* **person recognised by international law** - sujet de droit international
* **person with two nationalities** - sujet mixte, double national

PERSONAL - Personnel, de la personne, à la personne
* **in one's personal capacity** - (servant) à titre individuel
* **non pecuniary personal rights** - droits de la personnalité
* **personal consumption** - autoconsommation, consommation privée, consommation personnelle
* **personal difficulties** - ennuis personnels, difficultés dans la vie privée
* **personal factor** - facteur psychologique
* **personal history** - curriculum vitae
* **personal history form** - notice personnelle
* **personal injury** - dommage corporel, dommage personnel, dommage aux personnes
* **personal insurance** - assurance individuelle
* **personal interview** - interrogatoire direct (démogr.)
* **personal right** - droit subjectif
* **personal right of an author in his work** - droit moral de l'auteur
* **personal status** - état des personnes
* **strictly personal action** - action attachée exclusivement à la personne
* **strictly personal rights** - droits attachés à la personne
* **this paper is written in a personal capacity** - l'auteur s'exprime à titre personnel

PERSONALITY - Personnalité; capacité juridique, capacité de jouissance; (qqfs) dirigeants
* **legal personality** - personnalité civile, personnalité morale, personnalité juridique
* **personality rights** - droits de la personne (réputation, vie privée)

PERSONALLY
* **damage caused personally** - dommages causés matériellement
* **personally delivered** - délivré à la personne

PERSONALTY - Biens mobiliers, biens meubles successibles, biens personnels

PERSONAM (in)
* **action to enforce in personam right in** - action personnelle
* **right in personam** - droit de créance, droit personnel

PERVERSE - Pervers, opiniâtre dans l'erreur
* **perverse verdict** - verdict arbitraire, verdict rendu de mauvaise foi

PETITION - 1. Demande, requête, supplique, action, recours
* **admissibility of petitions** - recevabilité des recours
* **bankruptcy petition** - requête en faillite
* **cross petition** - demande reconventionnelle (divorce)
* **election petition** - demande d'invalidation (d'élections)
* **habeas corpus petition** - demande de comparution selon la procédure de l'habeas corpus
* **petition for clemency** - recours en grâce
* **petition for divorce** - demande de divorce
* **petition of clemency** - recours en grâce
* **respondent's petition** - demande reconventionnelle
* **right of individual petition** - droit de recours individuel
* **(to) file a petition** - déposer ses conclusions

- 2. Assignation (en divorce)

PETITIONER - 1. Requérant

- 2. Epoux demandeur (divorce)

PETTY - Mineur, futile
* **petty offence** - contravention de simple police, infraction mineure
* **petty officer** - officier marinier (Mar.)
* **(to) reduce to a petty offence** - contraventionnaliser

PHOTOFIT
* **photofit picture** - photo-robot

PHRASE - Phrase, locution, expression, (qqfs) formule
* **phrase stock** - expression consacrée

PHYSICAL - Matériel, physique, concret, direct, quantitatif, corporel
* **in physical terms** - en unités (de mesure) quantitatives
* **physical act** - acte matériel
* **physical assets** - biens corporels, avoirs corporels
* **physical contract** - contrat matériel
* **physical controls** - réglementation quantitative
* **physical injuries** - lésions, dommages corporels
* **physical injury** - préjudice matériel
* **physical limitations** - obstacles d'ordre matériel
* **physical need** - besoin matériel
* **physical target** - objectif concret, objectif quantitatif

PICKPOCKET - Voleur à la tire

PIECE WORK
* **piece work remuneration** - salaire à la tâche, rémunération à la tâche

PILFERING - Menus larcins, petits vols, chapardage

PLACE - Lieu, établissement
* **place of business** - établissement
* **place names** - noms de lieux, toponymie
* **place of performance (of a contract)** - lieu d'exécution
* **place of trial** - lieu de la poursuite
* **place where the offence was committed** - lieu de l'infraction
* **place of registration** - lieu d'immatriculation
* **principal place of business** - établissement principal
* **woman's place in society** - condition de la femme

PLAINTIFF - Requérant, plaignant, justiciable, demandeur (demanderesse), partie civile, partie poursuivante
* **co-plaintiff** - litisconsort

PLAN - Plan
* **central plan church** - église à plan centré
* **development plan** - plan d'urbanisme
* **official plan** - plan cadastral
* **registered plan** - plan cadastral
* **road plan** - plan d'alignement
* **urban plan** - plan d'urbanisme

PLANNED - Prévu, systématique
* **centrally planned** - de conception centraliste
* **planned reform** - réforme envisagée, réforme en instance

PLANNING - 1. Aménagement, planification
* **agrarian planning association** - société d'aménagement foncier et d'établissement rural
* **family planning** - planification de la famille
* **network planning techniques** - techniques de la planification en réseau
* **physical planning** - aménagement du territoire
* **planning estimates** - estimations prévisionnelles
* **planning management** - gestion prévisionnelle
* **regional planning** - aménagement du territoire, planification régionale
* **social planning** - planification sociale
* **special planning area** - zone d'aménagement concerté
* **strategic planning** - aménagement du territoire, planification régionale
* **town and country planning** - aménagement du territoire, aménagement urbain et rural
* **(urban) planning standards** - normes d'urbanisme
* **(urban) planning survey** - enquête d'urbanisme

- 2. (Qqfs) Conception, orientation
* **agricultural planning** - orientation agricole
* **land planning** - orientation foncière

PLANT - 1. Etablissement (industriel), usine, installation, entreprise, centrale
* **plant and material** - installations et matériel
* **plant training** - formation en entreprise

- 2. Equipement, parc

- 3. Groupe (électrogène, à vapeur)

PLEA - Moyen de défense, demande, recours, pourvoi, défense, exception, thèse
* **plea bargaining** - marchandage judiciaire
* **plea derived by... from** - fin de non-recevoir tirée par... de
* **plea for mercy** - appel à la clémence
* **plea in abatement** - demande en nullité
* **plea of guilty** - aveu de culpabilité
* **plea of incompetence (of jurisdiction)** - exception d'incompétence
* **plea of insanity** - exception d'irresponsabilité
* **plea of necessity** - force majeure
* **plea of nullity** - pourvoi en nullité, recours en annulation, pourvoi en cassation
* **sham plea** - moyens dilatoires
* **special plea in bar** - exception péremptoire
* **(to) make a plea in mitigation** - faire valoir des circonstances atténuantes
* **(to) raise a plea** - soulever une exception, exciper de

PLEAD (to) - 1. Faire valoir, alléguer, invoquer, plaider
* **this cannot be pleaded by the Government** - le Gouvernement ne peut tirer argument de ce que
* **(to) plead "not guilty" to the charges** - plaider non coupable et nier avoir ...
* **(to) plead duress** - alléguer la contrainte
* **(to) plead guilty to a charge** - plaider coupable sur le chef de
* **(to) plead in the alternative** - plaider subsidiairement
* **(to) plead one's good faith** - exciper de sa bonne foi
* **(to) plead statutory limitations** - exciper de la prescription (défendeur)
* **(to) plead the set off** - invoquer la compensation
* **(to) plead to a charge** - dire au juge si l'on est ou non coupable de l'infraction reprochée
* **(to) refuse to plead** - refuser de dire si l'on est ou non coupable

- 2. Conclure
* **to plead on the merits** - conclure au fond

PLEADINGS - 1. Plaidoiries, mémoire, argumentation, acte de procédure, exposé, conclusions écrites
* **defense pleadings** - conclusions du défendeur
* **pleadings raising a preliminary objection** - conclusions exceptionnelles
* **supplementary pleadings** - conclusions ampliatives
* **(to) draft pleadings** - rédiger les exposés écrits des faits du litige
* **(to) file written pleadings** - déposer ses conclusions, conclure
* **(to) make final pleadings** - prononcer le réquisitoire, prononcer la plaidoirie

- 2. Observations, argumentation
* **full text of the pleadings of the parties** - texte intégral de l'argumentation écrite des parties
* **oral pleadings** - observations orales

- 3. Pièces de (la) procédure écrite, pièces écrites, écritures, mémoire
* **filing of the last pleadings** - dépôt des dernières pièces
* **further pleadings** - mémoire ampliatif

PLEDGE - 1. Gage, nantissement, sûreté passive (dans contrat de dépôt, de prêt)
* **loan on a pledge** - avance sur gage
* **pledge certificate** - lettre de gage
* **pledge of goods** - nantissement sur marchandises
* **pledge of securities** - nantissement sur titres
* **pledge without dispossession** - constitution de gage sans dépossession
* **sale of the pledge** - réalisation du gage
* **(to) give a pledge** - constituer un gage

./..

* **(to) make a pledge** - constituer un gage
* **(to) redeem a pledge** - retirer un gage
* **value in pledge** - valeur en gage

- 2. Annonce de contribution, contribution, promesse, engagement

* **pledge Conference** - Conférence d'annonces de contributions
* **unpaid pledge** - contribution annoncée et non versée

PLEDGEE - Détenteur du gage, créancier gagiste
* **pledgee's right** - droit de gage

PLEDGOR - Donneur en gage, bailleur, constituant de gage, débiteur gagiste

PLOT - Parcelle, lopin
* **open plot** - parcelle non bâtie
* **plot block** - immeuble (collectif) ponctuel
* **plot on a registered plan** - parcelle cadastrale
* **plot plan** - plan parcellaire
* **plot ratio** - coefficient d'occupation des sols (COS)
* **plot without buildings** - terrain à bâtir
* **test plot** - parcelle expérimentale

PLUNDERING - Pillage, mise à sac
* **plundering nations** - nations prédatrices

PLURALITY
* **plurality of functions** - dédoublement fonctionnel
* **plurality of votes** - (qqfs) majorité relative

POCKET
* **out of pocket money** - faux-frais
* **pocket of infection** - foyer d'infection
* **pocket picking** - vol à la tire

POINT
* **appeal on a point of law** - pourvoi en cassation
* **in point of fact** - en fait
* **key point** - point vulnérable
* **point of law** - point de droit, question de droit
* **strong point** - point d'appui
* **(to) raise a point of order** - présenter une motion d'ordre, soulever une question d'ordre, soulever une question de procédure, faire appel au règlement

POLICE - Police, sûreté, forces de l'ordre
* **Chief Police Officer** - préfet de police
* **criminal police** - police judiciaire
* **police constable** - agent de police, gardien de la paix
* **police court** - tribunal de simple police
* **police custody** - garde à vue
* **police disciplinary hearing** - procédure disciplinaire
* **police patrol car** - voiture de patrouille
* **police powers** - pouvoirs réglementaires
* **police raid** - rafle
* **police ranks** - grades
* **police record** - casier judiciaire
* **police records** - fichiers de police
* **police science** - criminalistique
* **police station** - commissariat de police
* **police street** - patrouille, ronde de police
* **police superintendent** - commissaire de police
* **police surgeon** - médecin légiste
* **police swoop** - descente de police, coup de filet
* **police task force** - brigade mobile
* **police trap** - souricière
* **security police** - sûreté nationale
* **(to) have a police record** - être fiché par la police
* **under police supervision** - en résidence surveillée

POLICING - 1. Police (de la route), maintien de l'ordre

- 2. Régulation (du comportement social)

POLICY - Doctrine, principes directeurs, directives générales, objectifs à atteindre, options, polique, orientation
* **administrative policies** - politique administrative
* **coordinated policy** - politique concertée, ligne d'action concertée
* **established policy** - principes arrêtés
* **focus policy** - politique dirigée, politique ciblée, politique focalisée
* **in charge of policy making** - chargé de définir la politique, chargé de décider de la politique à suivre
* **outward-looking policy** - politique d'ouverture sur l'extérieur
* **policies and procedures** - principes et modalités
* **policy background** - contexte doctrinal
* **policy decision** - décision de principe
* **policy documents** - documents directifs
* **policy guidelines** - principes d'action, principes directeurs
* **policy instruments** - moyens d'action
* **policy issues** - questions de fond
* **policy maker** - dirigeant
* **policy making decision** - organe directeur, organe de direction
* **policy measures** - mesures des pouvoirs publics, mesures concrètes, mesures gouvernementales
* **policy objectives** - (qqfs) orientations

./..

* policy of the Convention - économie de la Convention
* policy paper - document directif
* policy subjects - sujets impliquant des décisions politiques
* public policy - ordre public, intérêt général, intérêt public
* responsible for policy - chargé d'orienter les activités
* rule of public policy - règle d'ordre public

POLL - Scrutin, vote, sondage d'opinion
* heavy poll - forte participation électorale
* mail poll - vote par correspondance
* national polls - élections législatives
* second poll - deuxième tour de scrutin
* small poll - faible participation électorale
* the polls - les élections

POLLING
* polling booth - isoloir
* polling station - bureau de vote
* total polling - total des suffrages exprimés

POOR
* poor all together - la grisaille pour tous

POPULAR - Du peuple, populaire
* in a popular way - sous une forme accessible à tous
* popular juries - les jurés
* the most popular courses - les stages les plus demandés

PORTION - Part, quotité, tranche
* disposable portion - quotité disponible
* portion of loans - tranches de prêt
* reserved portion - droits réservataires, réserve héréditaire
* right to a reserved portion - droit à part réservataire

POSITION - 1. Situation, état, (qqfs) statut
* financial position - situation de fortune
* legal position - situation juridique, statut juridique
* position paper - rapport introductif, note d'information
* (to) define one's position in relation to - se situer par rapport à
* (to) take up a position - arrêter une position

- 2. Poste
* civil service position - poste de l'administration
* position description - description de poste

POSITIVE - 1. Positif, concret, constructif
* in positive achievement of - à inscrire à l'actif de
* positive attitude - attitude constructive, attitude non équivoque
* positive comments - commentaires favorables
* positive fact - fait patent
* positive law - droit positif
* positive obstacles - obstacles concrets; obstacles répressifs (à la croissance démographique)

- 2. Positif (Médecine)
* positive checks - résultats positifs, cas positifs, réactions positives

POSSESSION - Possession
* action for denial of possession - complainte possessoire, action possessoire
* action for interference with possession - complainte possessoire, action possessoire
* action for possession - action en expulsion
* action for restoration of possession - réintégrande
* adverse possession - possession de fait, usucapion
* change of possession - changement de mains
* covenant for peaceful possession - garantie contre l'éviction, garantie contre les troubles
* defect in possession - vice de la possession
* effective possession - possession utile
* entry into possession - entrée en jouissance, entrée en possession
* factual possession - possession d'état
* interference with possession - troubles de la possession
* joint possession - jouissance commune
* lawful possession - jouissance paisible, possession paisible, respect des biens
* loss of possession - perte de jouissance
* order for possession - action en expulsion, demande d'expulsion
* peaceful possession - jouissance paisible, possession paisible, respect des biens
* taking possession - entrée en jouissance, entrée en possession; emprise
* undisputed possession - possession non équivoque
* vacant possession - libre possession
* valid possession - possession utile

POSSESSOR - Possesseur, propriétaire
* adverse possessor - occupant sans titre (réel de propriété)

POST MORTEM - Autopsie

POSTING - 1. Mutation (de service)
* **disciplinary posting** - mutation d'office

   - 2. Passation (comptabilité)
* **posting in an account** - passation en écritures, comptabilisation
* **posting of account** - passation en écritures, comptabilisation

   - 3. Affichage des prix (pétrole)

POSTPONE (to) - Différer, surseoir à, reporter, ajourner
* **(to) postpone indefinitely** - reporter sine die

POSTPONEMENT - Renvoi
* **postponement of a case** - remise d'une affaire
* **postponement of a meeting** - renvoi d'une réunion
* **postponement of conscription** - sursis d'incorporation
* **postponement of imprisonment** - sursis à l'emprisonnement
* **postponement of marriage** - prolongation du célibat
* **postponement of the court hearing** - renvoi de l'audience

POTENTIAL
* **potential of conflicts** - potentialités de conflits

POWER - 1. Energie, puissance
* **economic power** - puissance économique
* **locomotive adapting to four power sources** - locomotive quadripolaire
* **power development** - développement de l'équipement énergétique
* **power generation** - production d'énergie (électrique)
* **power grid** - réseau électrique
* **power module** - bloc de puissance
* **power unit** - bloc de puissance
* **power water scheme** - installation mixte électricité/eau

   - 2. Fonction, pouvoir
* **beyond powers** - (qui) a outrepassé ses pouvoirs
* **executive power** - fonction gouvernementale
* **full powers** - pleins pouvoirs
* **judicial power** - fonction juridictionnelle
* **legislative power** - fonction législative
* **power of government** - fonction gouvernementale
* **power to appoint an agent** - pouvoir de substitution
* **power to assess (evidence)** - pouvoir d'appréciation
* **power to make regulations** - pouvoir réglementaire
* **special powers law** - loi sur les pouvoirs d'exception

   - 3. Attributions, compétence
* **delegation of powers** - principe de subsidiarité (délégation de pouvoirs)
* **established powers** - compétence de principe
* **general powers** - compétence générale, compétences générales

   - 4. Souveraineté, puissance, droit
* **all public power comes from the people** - toute souveraineté émane du peuple
* **guaranteeing power** - puissance garante
* **mandatory power** - puissance mandataire
* **misuse of power** - abus de pouvoir
* **power of decision** - droit de décision
* **(State) ... as a holder of public power** - attributions de la puissance publique (d'un Etat)

   - 5. Procuration
* **general power of attorney** - procuration générale
* **power of attorney** - (acte de) procuration
* **officially recorded power of attorney** - procuration notariée
* **revocation of power of attorney** - révocation d'une procuration
* **special power of attorney** - procuration spéciale

   - 6. (Qqfs) Faculté
* **(to) give the Court the power to decide** - laisser au juge la faculté de décider

POWERLESS - Condamné à l'inertie, réduit à l'impuissance

PRACTICE - Pratique, exercice, usage, action concrète, application, règles
* **Code of practices** - recueil de directives pratiques, recueil de prescriptions techniques, recueil de prescriptions d'usage, recueil d'instructions
* **court practices** - usages judiciaires
* **fraudulent practices** - manoeuvres frauduleuses, manoeuvres dolosives
* **good practices** - (les) bons usages
* **health practices** - habitudes d'hygiène, règles d'hygiène
* **illegal practices** - actes prohibés
* **practice and teaching** - enseignement pratique et théorique
* **practice rules** - (qqfs) règles de procédure
* **right to practice** - droit d'exercer (une profession)
* **State practice** - la pratique des Etats
* **subsequent practice** - pratique ultérieure
* **(to) suspend from practice** - frapper d'une interdiction d'exercer (ses fonctions, une profession)

PRAXIS - Pratique, (qqfs) jurisprudence

PRAYER - (Qqfs) Demande
* **ancillary prayer** - demande subsidiaire, demande accessoire

PRE-ARRANGEMENT - Concertation

PRECEDENCE - Priorité, antériorité, préséance
* **right of precedence** - droit de préséance
* **(to) accord precedence to a motion** - accorder la priorité à ...
* **(to) be granted precedence** - bénéficier d'un tour de priorité
* **(to) take precedence over** - avoir le pas sur

PRECEDENT (adj.) -
* **precedent condition** - condition préalable

PRECEDENT (subst.) - 1. Jurisprudence
* **book of precedents** - formulaire
* **international precedents** - jurisprudence internationale
* **precedent book** - formulaire
* **precedents of a case** - jurisprudence d'un cas de droit
* **reversal of precedent** - renversement de la jurisprudence, revirement de la jurisprudence
* **(to) establish precedent** - faire jurisprudence
* **(to) set precedent** - faire jurisprudence

- 2. Précédent; décision judiciaire faisant jurisprudence

* **according to precedent** - suivant la coutume, suivant la tradition
* **authoritative precedent** - précédent faisant autorité
* **binding precedent** - précédent qui lie
* **doctrine of precedent** - [doctrine selon laquelle les décisions des juridictions supérieures sont impératives]
* **persuasive precedent** - précédent qui ne lie pas mais dont il est souhaitable de tenir compte
* **there is no precedent** - il n'y en a point d'exemple
* **(to) approve a precedent** - confirmer un précédent
* **(to) distinguish precedent** - écarter un précédent
* **(to) follow a precedent** - confirmer un précédent
* **(to) overrule precedent** - écarter un précédent

PRECISION
* **precision error** - erreur de fidélité

PRECLUDE (to) - Forclore
* **precluding time limit** - (délai de) forclusion
* **this, however, does not preclude** - néanmoins, il ne sera pas inutile de ...

PRECLUSIVE
* **preclusive time-limits** - délais de forclusion

PRECOGNITION - Interrogatoire préliminaire des témoins

PRE-CONTRACT - Compromis (de vente), avant-acte, avant contrat

PREDICATE
* **predicate offence** - infraction principale

PRE-EMPT (to) - Devancer, prendre les devants, préjuger (la décision)
* **(to) pre-empt the provisions of the domestic law** - devancer la législation interne

PRE-EMPTION - Préemption
* **vendor's right of pre-emption** - faculté de rachat, droit de rachat

PREFERENCE - Préférence, privilège
* **general binding of preferences** - consolidation générale des préférences
* **liquidity preference** - préférence de liquidité
* **order of preference (bankruptcy)** - état de collocation des créanciers
* **preference stock** - action privilégiée
* **reverse preferences** - préférences inverses
* **special preference** - droit de privilège spécial
* **time preference** - préférence temporelle

PREFERENTIAL - Préférentiel, privilégié
* **preferential claims** - créances privilégiées
* **preferential creditor** - créancier privilégié
* **preferential payment in bankruptcy** - privilège en cas de faillite
* **preferential tariff treatment** - (application d'un) tarif préférentiel

PREJUDGE (to) - Préjuger (d'une question)
* **without prejudging the merits of the case** - tout moyen de fond étant réservé

PREJUDICE (subst.) - 1. Préjudice, tort, dommage, partialité
* **treatment with prejudice** - traitement partial, traitement de partialité
* **without prejudice** - sous toutes réserves
* **without prejudice to my rights** - sans préjudice de mes droits, réserve faite de mes droits
* **without prejudice to the merits of the case** - tout moyen de fond étant réservé, la décision ne portant pas préjudice au principal

- 2. Préjugé, prévention
* **racial prejudice** - racisme

PREJUDICE (to) - 1. Nuire, porter préjudice à, gêner, compromettre, faire tort à, porter atteinte à
* **(to) prejudice the action** - gêner l'instance

- 2. Prévenir, prédisposer (quelqu'un contre, en faveur de), mettre en garde contre, influencer en faveur de
* **prejudiced allegations** - procès d'intention
* **prejudiced assumptions** - procès d'intention
* **(to) be prejudiced** - avoir des préjugés

PREJUDICIAL - 1. Préjudiciable, nuisible
* **prejudicial matter** - informations tendancieuses, informations orientées

- 2. Préjudiciel

- 3. Tendant à exercer des pressions, tendant à influencer

PRELIMINARY - Préliminaire; préjudiciel
* **dismissal at a preliminary stage of legal proceedings** - rejet d'entrée de cause d'une action en justice
* **preliminary hearing** - audience préliminaire (de mise en accusation)
* **preliminary point of law** - question préjudicielle
* **preliminary remarks** - avant-propos
* **preliminary ruling** - décision préjudicielle
* **reference to a preliminary ruling** - recours préjudiciel
* **(to) make a preliminary decision** - statuer à titre préjudiciel

PREMATURE - Prématuré, précoce, anticipé

PREMISES - 1. Local, habitation, lieu
* **business premises** - local (à usage) professionnel
* **demised premises** - lieux loués
* **furnished premises** - habitation meublée, meublé
* **residential premises** - local (à usage) d'habitation
* **sale on temporary premises** - vente au déballage
* **(to) quit the premises** - vider les lieux
* **trespass on domestic premises** - violation de domicile
* **unfurnished premises** - local nu

- 2. Prémisse, préalable
* **basic premises** - les préalables obligés de

- 3. Etablissement, siège
* **classified premises** - établissement classé
* **dangerous premises** - établissement dangereux, établissement incommode
* **industrial premises** - établissement industriel
* **offensive premises** - établissement dangereux, établissement incommode
* **unhealthy premises** - établissement insalubre

- 4. Intitulé d'un document
* **in the premises** - dans ce document, dans cette affaire

PREMIUM - Avantageux; prime
* **dollars at a substantial premium in relation to sterling** - dollars cédés avec un fort agio en échange de livres sterling
* **issue at a premium** - émission avec prime
* **premium price** - prix avantageux
* **return of the premium** - bonification de la prime
* **space is at a premium** - l'espace est de plus en plus convoité
* **(to) place a premium on rice growing** - rendre la culture du riz financièrement avantageuse; avantager ceux qui cultivent le riz
* **(to) run at a premium** - être coté en prime, se maintenir en prime

PREPARATORY
* **at the time of preparatory enquiries** - au moment de la mise en l'état

PREREQUESITE (subst.) - Préalable, condition préalable, obligation de passer par

PREREQUISITE (adj.) - Préalablement, indispensable, nécessaire

PRE-REVOLUTIONARY
* **pre-revolutionary law** - ancien droit

PREROGATIVE
* **prerogative of mercy** - droit de grâce
* **prerogative writ** - ordonnance régalienne

PRESCRIBED
* **prescribed date** - date de référence
* **prescribed details** - détails réglementaires
* **prescribed information** - indications réglementaires

PRESCRIPTION - <u>Prescription (acquisitive), usucapion</u>
* **acquiring ownership by prescription** - usucapion
* **completion of the prescription** - expiration de la prescription
* **in prescription form** - sous forme normative
* **prescription period** - délai de prescription
* **subject to prescription** - prescriptible
* **(to) acquire by prescription** - usucaper

PRESERVATION - <u>Maintien, sauvegarde, préservation</u>
* **preservation of rights** - conservation des droits

PRESERVE (subst.) - <u>Chasse gardée, fief, réserve</u>

PRESERVE (to) - <u>Préserver, garantir, conserver, garder</u>
* **measures to preserve** - mesures conservatoires
* **steps to preserve** - mesures conservatoires

PRESSURE - <u>Pression, poussée, tension, crise, difficultés, poids, force, facteur (de)</u>
* **inflationary pressure** - menace d'inflation, facteur d'inflation
* **overall pressure on resources** - excès de la demande globale par rapport aux ressources
* **population pressure** - pression démographique
* **pressure group** - groupe de pression, groupe de propagande, groupe de défense d'intérêts communs, groupement agissant, bloc d'intérêts
* **pressure of taxation** - le poids des impôts
* **pressure of work** - surcroît de travail
* **pressure on the money market** - difficultés de crédit
* **pressure spot** - point chaud, point névralgique
* **pressures of...** - déferlement de...
* **(to) act under pressure** - agir sous la contrainte
* **underlying pressure on prices** - poussée inflationniste, tension générale sur les prix

PRESUME (to)
* **right to be presumed innocent** - droit à la présomption d'innocence

PRESUMPTION - <u>Présomption</u>
* **irrebuttable presumption** - présomption absolue
* **irrefutable presumption** - présomption irréfragable, présomption juris de jure, présomption légale
* **judicial presumption** - présomption de l'homme, présomption simple
* **juris de jure presumption** - présomption irréfragable, présomption juris de jure, présomption légale
* **juris tantum presumption** - présomption de l'homme, présomption simple
* **of law presumption** - présomption irréfragable, présomption juris de jure, présomption légale
* **rebuttable presumption** - présomption irréfragable, présomption juris de jure, présomption légale
* **refutable presumption** - présomption de l'homme, présomption simple
* **statutory presumption** - présomption irréfragable, présomption juris de jure, présomption légale

PRESUMPTIVE - <u>Forfaitaire</u>
* **presumptive assessment** - évaluation forfaitaire
* **presumptive taxation** - imposition forfaitaire

PRETENCE - <u>Semblant, simulation, prétexte</u>
* **false pretences** - faux-semblant, présentation mensongère
* **(to) make a pretence of solidarity** - montrer une solidarité de façade
* **(to) obtain something by false pretences** - obtenir quelque chose par fraude, obtenir quelque chose par des moyens frauduleux

PREVAIL (to) - <u>Prévaloir, dominer, l'emporter sur, régner, sévir</u>
* **nothing shall prevail against the legitimate rights of...** - rien ne prévaudra contre les intérêts légitimes de...
* **the interests of the majority ought to prevail** - les intérêts de la majorité doivent l'emporter
* **...will prevail upon** - triomphera de

PREVAILING - <u>Courant, le plus répandu, dominant, généralement adopté, pratiqué</u>
* **conditions prevailing in...** - les conditions qui règnent dans...
* **prevailing attitude** - attitude généralement adoptée
* **prevailing opinion** - doctrine dominante
* **prevailing prices** - prix habituellement pratiqués

PREVENTION - <u>Prévention</u>
* **prevention of crimes** - prévention du crime
* **prevention of diseases** - prévention des maladies, prophylaxie

PREVENTIVE - Préventif, de sûreté
* **preventive control of recidivists** - tutelle pénale des récidivistes
* **preventive detention** - internement de sûreté, internement administratif
* **preventive maintenance** - entretien préventif
* **preventive measure** - détention préventive; mesure de sûreté
* **preventive medecine and social welfare** - hygiène sociale

PREVIOUS - Préalable
* **(to) move the previous question** - poser la question préalable

PRICE - Prix, cours, tarifs
* **actual price** - prix réel
* **agreed price** - prix fait, prix convenu
* **asked price** - cours offert
* **delivered prices** - prix à la livraison
* **delivering prices** - prix à la livraison
* **ex-plant price** - prix départ usine
* **ex-works price** - prix départ usine
* **fancy price** - prix d'amateur
* **forward price** - cours à terme
* **inclusive price** - prix forfaitaire
* **issue price** - cours d'émission
* **maintenance resale prices (MRP)** - prix (de vente) imposés
* **making-up price** - cours compensatoire
* **opening price** - mise à prix
* **price demand elasticity** - élasticité-prix de la demande
* **price cutting competitors** - concurrents qui pratiquent le rabais
* **price fixing** - entente (illégale) sur les prix
* **price guarantee** - garantie des cours
* **price lists** - publication des tarifs
* **price recording** - relevé des prix
* **reserve price** - mise à prix
* **settlement price** - cours à terme
* **shadow price** - prix fictif, prix imputé, prix comptable, prix virtuel
* **target price** - prix indicatif, prix d'objectif
* **(to) break maintenance resale prices** - enfreindre les prix imposés

PRIMA FACIE - A première vue, de prime abord, à premier examen, (qqfs) jusqu'à preuve du contraire
* **prima facie case** - cause probable d'action; affaire qui, à première vue, paraît fondée, apparence d'un grief justifié
* **prima facie case of damage** - présomption de dommages
* **prima facie case of defamation** - apparence d'un acte diffamatoire

* **prima facie case of mental illness** - présomption d'un trouble mental
* **prima facie evidence** - commencement de preuve, indices sérieux, indices convaincaints
* **prima facie offence** - présomption d'infraction
* **prima facie presumption** - présomption simple
* **prima facie violation** - apparence de violation
* **(to) be prima facie evidence** - avoir force probante
* **(to) establish a prima facie case** - fournir un commencement de preuve

PRINCIPAL (subst.) - Commettant (responsabilité), mandant, représenté, donneur d'ordre (pratique bancaire)
* **co-principal** - co-auteur
* **joint principal** - co-auteur

PRINCIPLE - Principe
* **agreement in principle** - accord de principe
* **principle of the flag** - principe du pavillon
* **set forth in principle** - dont le principe est consacré
* **the principles of energy conservation** - les principes inhérents aux économies d'énergie

PRINT
* **palm prints** - empreintes palmaires

PRIOR - Préalable, antérieur, précédent
* **prior right of employment** - priorité de l'emploi
* **(to) be prior in date** - être le premier en date

PRIORITY - 1. Priorité, rang, antériorité
* **first priority** - priorité absolue
* **high priority** - priorité spéciale
* **priority building area** - zone à urbaniser par priorité (ZUP)
* **priority of items** - ordre de priorité des questions
* **the principle of priority** - le principe d'antériorité

- 2. Ordre de préférence, rang de préférence, droit de préférence, privilège (comm.)

PRISON - Prison, détention; carcéral, pénitentiaire
* **high security prison** - prison à sécurité renforcée; quartier de haute sécurité (QHS)
* **investigation prison** - maison d'arrêt (URSS)
* **maximum security prison** - prison de haute surveillance
* **non suspended prison sentence** - prison ferme
* **order of commital to prison** - ordre d'écrou

./..

* **prison administration** - administration pénitentiaire
* **prison camp** - colonie pénitentiaire
* **prison conditions** - conditions carcérales
* **prison custody** - détention préventive
* **prison for long sentence servers** - centrale
* **prison for short sentence servers** - maison d'arrêt
* **prison industries** - ateliers pénitentiaires
* **prison inmate** - détenu
* **prison labour** - travail pénitentiaire
* **prison law** - droit pénitentiaire
* **prison register** - registre d'écrou
* **prison van** - voiture cellulaire, fourgon cellulaire
* **psychiatric prison clinic** - annexe psychiatrique d'un hôpital carcéral
* **remand prison** - maison de détention provisoire; centre d'éducation surveillée
* **(to) commit to prison** - écrouer
* **(to) release from prison** - libérer, prononcer la levée d'écrou
* **(to) sentence to prison** - condamner à une peine d'emprisonnement, condamner à une peine de prison, condamner à une peine privative de liberté, condamner à une peine carcérale

PRISONER - Détenu, prisonnier
* **escaped prisoner** - fugitif
* **ordinary prisoner** - prisonnier de droit commun
* **political prisoner** - prisonnier politique
* **prisoner at large** - détenu en fuite
* **prisoner of conscience** - prisonnier d'opinion
* **prisoner's earnings** - pécule
* **(to) discharge a prisoner** - élargir un détenu, libérer un détenu

PRIVACY - Vie privée, intimité, protection de la vie privée, respect de la vie privée
* **lack of privacy** - promiscuité, impossibilité de s'isoler
* **violation of domestice privacy** - violation de domicile
* **violation of the privacy of the home** - violation de domicile

PRIVATE - Privé, de particulier, entre particuliers
* **in private** - en chambre du conseil (droits de l'homme), à huis clos
* **private act** - mesure législative à portée individuelle
* **private company** - société à responsabilité limitée
* **private document** - acte sous seing privé
* **private education** - enseignement privé, enseignement libre
* **private household** - ménage ordinaire
* **private individual** - (un) particulier
* **private law** - droit privé
* **private members' bill** - proposition de loi
* **private parties** - les particuliers
* **private State property** - domaine privé de l'Etat
* **private treaty** - convention de gré à gré

PRIVILEGE - 1. Privilège, prérogative, immunité
* **absolute privilege** - immunité absolue
* **executive privilege** - immunité gouvernementale
* **judicial privilege** - immunité judiciaire
* **qualified privilege** - immunité relative
* **(to) waive privilege** - lever l'immunité

- 2. Secret
* **privilege for witnesses** - possibilité pour certains témoins de se retrancher derrière le secret d'Etat
* **privilege of documents** - secret d'Etat pour certains documents
* **professional privilege** - secret professionnel

PRIVILEGED - Réservé, protégé, ayant priorité
* **non privileged confidential file** - dossier confidentiel non réservé
* **privileged communication** - communication protégée
* **privileged confidential file** - dossier confidentiel/réservé
* **privileged motion** - motion préjudicielle, motion ayant priorité
* **privileged witness** - personne pouvant refuser de témoigner; personne entendue à titre de simple renseignement
* **these witnesses are only privileged to their obligation of giving evidence** - ces témoins ne sont dégagés que de leur obligation de déposer

PRIVITY - Lien (du sang), rapport contractuel (employeur/employé), obligation, lien de droit
* **doctrine of privity** - théorie de la relativité des contrats
* **privity in deed** - obligation contractuelle
* **privity of contract** - effet relatif des conventions, principe de la relativité des contrats

PRIZE - 1. Prix (remporté)

- 2. Prise, capture
* **a prize vessel** - une prise
* **prize law** - droit des prises (droit de la mer)
* **ship seized in prize** - navire de bonne prise

PROBATE - Homologation (de testaments)
* **contentious probate** - succession litigieuse
* **probate courts** - tribunaux successoraux; tribunaux de liquidation de faillite (Scandinavie)
* **probate matters** - affaires successorales

PROBATION - Probation, mise à l'épreuve; sursis probatoire, condamnation avec sursis
* **offenders on probation** - probationnaires
* **period of probation** - délai de sursis (pénal)
* **probation hostel** - centre d'hébergement pour probationnaires
* **probation officer** - agent de probation, délégué à la probation
* **putting on probation** - mise à l'épreuve

PROBATIONARY - Probatoire
* **probationary officer** - agent stagiaire (non jur.)
* **probationary period** - période de mise à l'épreuve, période d'épreuve
* **probationary period** - période de stage probatoire (avant la nomination) (non jur.)

PROBATIONER - Probationnaire, condamné avec sursis et mise à l'épreuve

PROBATIVE - Probant
* **probative value of evidence** - force probante d'un élément de preuve

PROBLEM
* **drink problem** - dipsomanie (d'évasion)
* **drinking problem** - dipsomanie (d'évasion)
* **no problem** - faux problème
* **problem area** - secteur critique, secteur névralgique, secteur sensible
* **problem children** - enfants caractériels
* **problem oriented approach** - approche orientée vers la solution de problèmes concrets
* **problem solving approach** - analyse de problèmes concrets

PROCEDURAL - 1. Formel, de forme
* **dismissal on procedural grounds** - rejet pour raisons de forme
* **procedural condition** - condition de forme
* **procedural formalities** - le formalisme de l'instance
* **procedural provision** - prescription de forme
* **procedural questions** - régularité formelle
* **procedural rules** - règles de forme
* **taking procedural steps on behalf of a client** - postulation
* **the procedural steps** - les formalités à accomplir

- 2. De procédure, procédural, processuel
* **procedural device** - artifice de procédure
* **procedural document** - acte de procédure
* **procedural error** - vice de procédure

* **procedural law of evidence** - droit processuel de la preuve
* **procedural provision** - délai de procédure
* **procedural rules** - règles de procédure, règles processuelles
* **procedural situation** - lien (juridique) d'instance
* **procedural step** - acte de procédure

PROCEDURE - 1. Procédure
* **affirmative resolution procedure** - procédure parlementaire de ratification d'un décret-loi
* **consideration of the state of procedure** - examen de l'état de l'affaire
* **inquisitorial procedure** - procédure inquisitoire
* **leap-frogging procedure** - procédure d'appel permettant de se pourvoir directement auprès de la Chambre des Lords sans passer par la Cour d'appel
* **negative resolution procedure** - procédure parlementaire mettant fin à un décret-loi
* **rules of procedure** - règlement
* **shortened (form of) procedure** - procédure accélérée
* **summary procedure** - procédure sommaire
* **(to) bring procedure** - engager une procédure, entamer une procédure, introduire une procédure
* **(to) start procedure** - engager une procédure, entamer une procédure, introduire une procédure

- 2. Droit, droit processuel
* **civil procedure** - droit judiciaire privé

- 3. Modalités, méthodes, voies, cheminement, marche à suivre, ligne de conduite, règles
* **implementation procedures** - méthodes d'exécution
* **in pursuance of a procedure prescribed by law** - selon les voies légales
* **operational procedures** - méthodes de travail
* **purchasing procedures** - méthodes d'achat, filières

PROCEEDINGS - 1. Travaux, débats, délibérations
* **adversary proceedings** - débat contradictoire
* **proceedings of the Conference** - actes de la Conférence, recueil des textes de la Conférence
* **record of the proceedings** - procès-verbal des débats
* **(to) adjourn the proceedings** - ajourner les délibérations

- 2. Procès
* **control of the proceedings** - direction d'un procès
* **course of the proceedings** - marche d'un procès
* **in full proceedings** - au cours du procès proprement dit
* **proceedings brought by** - procès engagé par
* **(to) conduct proceedings** - mener un procès
* **trial proceedings** - le procès

./..

- 3. (Qqfs) Jugement
* **civil proceedings** - jugement civil
* **proceedings affecting a number of persons** - jugement collectif
* **proceedings in which both parties are heard** - jugement contradictoire

- 4. Procédure, action, poursuites, recours, voie, affaire
* **administrative proceedings** - poursuites administratives
* **application for disciplinary proceedings** - recours hiérarchique
* **by bringing legal proceedings** - par voie d'action judiciaire
* **conciliation proceedings** - préliminaire de conciliation
* **conduct of the proceedings** - déroulement de la procédure
* **consideration of the state of the proceedings** - examen de l'état de l'affaire
* **contentious proceedings** - procédure contentieuse
* **course of the proceedings** - déroulement de la procédure
* **court proceedings** - procédure judiciaire
* **criminal proceedings** - poursuites pénales
* **criminal proceedings open against** - procédure pénale engagée contre, action pénale engagée contre
* **default proceedings** - procédure par défaut (civil)
* **divorce proceedings** - action en divorce
* **domestic proceedings** - procédure interne
* **ex-parte proceedings** - procédure sur requête unilatérale, procédure sans citation de la partie adverse
* **for the present proceedings** - pour la présente procédure
* **free proceedings** - gratuité de la procédure
* **incidental proceedings** - incident de procédure
* **interlocutory proceedings** - incident de procédure
* **invalid proceedings** - procédure entachée d'un vice
* **judicial proceedings** - procédure judiciaire
* **legal proceedings** - voie de droit
* **means of retarding the proceedings** - moyens dilatoires
* **non contentious proceedings** - procédure gracieuse
* **opening of the oral proceedings** - ouverture de la procédure orale
* **pending proceedings** - procédure en instance, procès en instance
* **proceedings of confinement** - procédure d'internement
* **quasi-judicial proceedings** - procédure juridictionnelle
* **reopening of the proceedings** - réouverture de la procédure, réouverture du procès
* **resumption of the proceedings** - réouverture de la procédure, réouverture du procès
* **routine proceedings** - procédure simple
* **stage in the proceedings** - phase de la procédure
* **stay in the proceedings** - suspension de la procédure, suspension des poursuites
* **step in the proceedings** - acte de poursuites, acte de procédure
* **summary proceedings** - procédure en référé

* **termination of the proceedings** - classement (sans suite) de l'affaire; extinction des poursuites
* **the court proceedings themselves** - la procédure judiciaire proprement dite
* **(to) bring proceedings** - intenter une action, engager une action, engager une procédure, intenter un procès, engager des poursuites
* **(to) discontinue proceedings** - classer l'affaire
* **(to) institute proceedings** - poursuivre, exercer un recours, introduire un recours
* **(to) set aside the proceedings** - annuler la procédure
* **(to) start fresh proceedings** - engager une nouvelle procédure
* **(to) take proceedings** - poursuivre, exercer un recours, introduire un recours
* **(to) terminate proceedings** - classer l'affaire
* **vexatious proceedings** - action querelleuse

- 5. Instance
* **appeal proceedings** - instance en recours, instance de recours
* **application instituting proceedings** - requête introductive d'instance, demande introductive d'instance
* **at every stage in the proceedings** - devant toutes les instances
* **civil proceedings** - instance civile
* **commercial proceedings** - instance commerciale
* **conduct of the proceedings** - marche de l'instance
* **continuation of the proceedings** - poursuite de l'instance
* **court proceedings** - instance en justice
* **divorce proceedings** - instance en divorce
* **during the proceedings** - en cours d'instance, au cours de l'instance
* **joinder of proceedings** - jonction d'instances
* **principal proceedings** - instance principale
* **proceedings are brought...** - introduction de l'instance
* **...required in any proceedings** - ...dans une instance quelconque
* **retrial proceedings** - instance en révision
* **(to) commence proceedings** - introduire l'instance, lier l'instance
* **(to) have proceedings taken against** - mettre en état d'accusation

- 6. Justice, autorités judiciaires
* **access to civil proceedings** - accès à la justice civile
* **capacity to take proceedings** - capacité d'ester en justice
* **institution of criminal proceedings** - mise en marche des autorités pénales
* **legal proceedings** - action en justice
* **right to bring proceedings** - droit d'ester en justice
* **right to defend proceedings** - droit d'ester en justice
* **right to take proceedings** - droit d'ester en justice
* **to bring (legal) proceedings** - actionner en justice, aller en justice, agir en justice, former une action
* **(to) bring proceedings against** - assigner en justice, attaquer en justice
* **(to) have proceedings brought...** - être mise en cause
* **(to) take part in court proceedings** - ester en justice
* **(to) take proceedings against** - citer en justice   ./..

* **administrative proceedings** - contentieux administratif
* **court proceedings** - litige judiciaire
* **inheritance proceedings** - litige successoral
* **matrimonial proceedings** - litige matrimonial
* **party to the proceedings** - partie au litige
* **state side proceedings** - procédure contre l'Etat
* **subject (matter) of the proceedings** - objet du litige

* **application to be joined to the proceedings** - mémoire d'intervention
* **committal proceedings** - instruction
* **interlocutory stages of the proceedings** - instruction
* **investigation proceedings** - instruction préparatoire
* **judicial investigation proceedings** - instruction judiciaire
* **legal proceedings** - instruction
* **police proceedings** - enquête de police
* **preparatory stages of the proceedings** - instruction

PROCEEDS - Produit
* **proceeds of crime** - produit du crime, produits du crime (récupéré(s) après confiscation et saisie)
* **proceeds of the loan** - produit de l'emprunt
* **proceeds on winding up** - produit de la liquidation
* **right to the proceeds** - droit à contre-valeur
* **(to) reinvest the proceeds of sale** - réinvestir le prix de la vente, faire emploi du prix de la vente, faire réemploi du prix de la vente

PROCES-VERBAL
* **(to) have a proces-verbal drawn up by notary** - faire acter par un notaire

PROCESS (subst.) - 1. Acte, action, procédure, voie, ensemble des moyens de contrainte dont disposent les tribunaux
* **abuse of process** - abus de procédures judiciaires
* **court process** - acte judiciaire, action judiciaire
* **due process of law** - garanties d'une procédure régulière; droits de la défense; respect de la légalité; garanties prévues par la loi; bonne administration de la justice
* **extrajudicial process** - acte extrajudiciaire
* **process served by bailiff** - exploit d'huissier
* **process server** - huissier de justice
* **service of judicial process** - signification des actes de procédure
* **(to) issue process** - entamer des poursuites
* **without due process of law** - sans user des voies de droit, sans respecter la légalité, sans les garanties prévues par la loi

- 2. Procédé, mécanisme, installation
* **group process** - mécanisme de groupe, méthode de groupe, vie des groupes (soc.)
* **in the process** - dans la foulée, ce faisant
* **industrial process** - procédé industriel
* **iterative process** - par itérations successives, par approximations successives
* **process (control) computer** - ordinateur industriel
* **process control** - automatisme industriel
* **process heating** - chauffage industriel
* **process patent** - brevet de procédé
* **process water** - eau de traitement
* **qualifying process** - procédé (de fabrication) conférant l'origine

PROCESS (to) - 1. Ester en justice, intenter une action, poursuivre

- 2. Instruire (une demande), étudier un dossier

- 3. Faire traduire, reproduire (documents); développer (photos)

PROCESSING - 1. Transformation, traitement (ind.)
* **food processing** - industries alimentaires
* **metal processing** - métallurgie

- 2. Instruction, étude d'un dossier
* **process case** - la procédure

- 3. Traitement (informatique)

- 4. Dépouillement, exploitation de données, compilation (stat.)

PROCUREMENT - Obtention, acquisition, achat, approvisionnement, (services de) fournitures
* **country procurement** - pays fournisseur
* **government procurement schemes** - marchés de l'Etat, marchés publics
* **procurement prices** - prix d'acquisition
* **procurement request** - demande d'achats
* **procurement rules** - règles des achats de fournitures et de services, règles des prestations de fournitures et de services

PROCURER - Proxénète

PROCURING
* **procuring and prostitution** - proxénétisme et prostitution

PRODUCE (to) - Produire
* **(to) produce documents** - produire des pièces
* **to) produce in evidence** - produire en justice

PRODUCER - Producteur; secteur de la production
* **producer goods** - biens de production
* **producers** - producteurs, unités de production (compt. nat.)
* **producer's liability** - responsabilité de l'entrepreneur

PROFESSION - Profession libérale
* **legal professions** - carrières judiciaires

PROFESSIONAL - Professionnel, de carrière, spécialisé
* **jurisdictional organs of professional associations** - juridictions ordinales
* **professional courses** - cours de qualification professionnelle
* **professional ethics** - déontologie
* **professional judge** - juge de carrière (magistrat)
* **professional practice** - pratique d'une profession, technique d'une profession
* **professional services** - services spécialisés
* **professional staff** - cadres, personnel de niveau supérieur, personnel spécialisé
* **professional training** - formation professionnelle, formation de cadres
* **professionals** - spécialistes, techniciens qualifiés

PROFICIENCY - Aptitude, compétence, niveau
* **proficiency examination** - examen d'aptitude
* **proficiency profile** - profil d'aptitude
* **proficiency test** - test d'aptitude

PROFIT - Profit, bénéfice, gain, plus-value; (qqfs) servitude
* **clear profit** - bénéfice brut
* **distributed profits** - bénéfices distribués
* **excess profit** - superbénéfice
* **gross profit** - bénéfice brut
* **non-profit making firms** - entreprises intermédiaires (dispensant une expérience à de jeunes chômeurs)
* **profit in gross** - servitude personnelle
* **profit-making** - à but lucratif
* **profit margin** - marge bénéficiaire
* **profit maximisation** - maximisation du profit
* **profit of pacage** - servitude de pacage, servitude de pâture
* **profit sharing** - participation aux bénéfices
* **profit sharing scheme** - intéressement

* **profit tax** - impôt sur les bénéfices
* **retained profits** - bénéfices non distribués
* **windfall profits** - profits d'occasion

PROFIT-A-PRENDRE - Servitude

PROFITABILITY - Rentabilité
* **internal rate of profitability** - taux de rentabilité interne

PROFITABLE - Avantageux, fructueux, rentable, rémunérateur, lucratif
* **(to) make something profitable** - rentabiliser quelque chose

PROGNOSTIC - Prévision, prédiction, pronostic
* **prognostic chart** - carte prévisionnelle
* **prognostic studies** - études prévisionnelles
* **prognostice test** - test d'aptitude

PROHIBIT (to) - Interdire, proscrire
* **prohibited area** - zone d'interdiction (de séjour, de résidence)
* **right to prohibit** - droit d'interdiction
* **(to) prohibit constraints upon the right of...** - interdire les restrictions au droit de..., proscrire les restrictions au droit de...

PROHIBITION - 1. Interdiction; (qqfs) prohibition
* **order of prohibition** - défense de statuer
* **prohibition of communication** - mise au secret
* **prohibition of selling** - mise hors commerce
* **prohibition to reside** - interdiction de séjour, interdiction de résidence
* **reason for prohibition** - motif d'interdiction
* **right of prohibition** - droit d'interdiction

- 2. Disposition prohibitive

PROHIBITORY - 1. Prohibitif (qui interdit légalement)
* **prohibitory action** - (qqfs) action répressive
* **restricting and prohibitory laws** - lois restrictives et prohibitives

- 2. Prohibitif (excessif)
* **prohibitory duties** - tarifs prohibitifs (douane)
* **prohibitory prices** - prix prohibitifs

PROMISE - Promesse, engagement
* **formal promise** - promesse de dette
* **implied promise** - engagement implicite
* **(to) embody a promise** - comporter un engagement
* **(to) resile from a promise** - résilier un contrat
* **written promise** - promesse sous seing privé

PROMISEE - Bénéficiaire (prestation), détenteur (promesse), créancier, sujet actif (d'une obligation)

PROMISING - D'avenir, de bon augure, prometteur, riche de promesses, encourageant, favorable
* **promising industry** - industrie d'avenir

PROMISOR - Débiteur (prestation), sujet passif (obligation), celui qui promet, l'engagé

PROMISSORY
* **maker of a promissory note** - souscripteur d'un billet à ordre
* **payee of a promissory note** - bénéficiaire d'un billet à ordre
* **promissory note** - billet à ordre

PROMOTE (to) - Favoriser, encourager, appuyer, stimuler, activer, accentuer, accélérer, hâter, intensifier, préconiser, faire progresser, faire prévaloir, lancer, renforcer, relever, augmenter, accroître, animer, promouvoir
* **(to) promote a bill** - prendre l'initiative d'un projet de loi
* **(to) promote greater unity of...** - oeuvrer au rapprochement de...

PROMOTER - Instigateur, auteur, promoteur, fondateur
* **promoter's share** - part de fondateur

PROMOTION - 1. Promotion, avancement

- 2. Promotion, développement, stimulation
* **sales promotion** - promotion commerciale
* **(to) make a strong employment promotion** - faire un vigoureux effort en faveur de l'emploi

- 3. Fondation, établissement, lancement
* **promotion expenses** - frais de fondation, coût de fondation, frais d'établissement

PROMOTIONAL - Stimulateur, incitateur, stimulant

PROMOTIVE - Stimulateur, incitateur, stimulant
* **(to) be promotive of something** - encourager quelque chose, favoriser quelque chose

PROOF - Preuve, éléments de preuve, moyens de preuve
* **absence of proof** - manque de preuve
* **affirmative proof** - preuve positive
* **burden of proof** - fardeau de la preuve, charge de la preuve
* **convincing proof** - preuve évidente
* **(for) lack of proof** - faute de preuve, défaut de preuve
* **full proof** - preuve complète
* **in the absence of proof to the contrary** - jusqu'à preuve du contraire
* **mode of proof** - mode de preuve
* **preliminary proof** - commencement de preuve
* **proof based on the document itself** - preuve intrinsèque
* **proof beyond all reasonable doubt** - preuve de l'intime conviction
* **proof by affidavit (declaration)** - preuve par acte notarié
* **proof by balance of probabilities** - critère de la plus forte probabilité
* **proof by documents created for the purpose** - preuve reconstituée
* **proof of a debt** - production d'une créance (faillites)
* **proof of the contrary** - preuve contraire
* **proof on the face of the document** - preuve intrinsèque
* **proofs that...** - preuves établissant que
* **reversal of the burden of the proof** - réciprocité de la preuve
* **standard of proof required** - qualité de la preuve exigée, niveau de la preuve exigée
* **statutory proof** - preuve légale
* **(to) shift the burden of proof** - renverser la charge de la preuve

PROOFING - 1. Révision (d'épreuves)

- 2.
* **inflation proofing** - indexage des prix (contre l'inflation)
* **proofing against** - résistance à, (mettre) à l'abri de

PROPENSITY - Propension, inclination à
* **propensity to consume** - propension à consommer
* **propensity to invest** - inclination à l'investissement
* **proprensity to save** - inclination à l'épargne
* **propensity to work** - propension à travailler

PROPER - Correct, juste, orthodoxe, équilibré, judicieux, rationnel, convenable
* **in the plant proper** - dans l'usine proprement dite
* **proprer procedure followed** - régularité formelle
* **(to) think proper to** - juger à propos de, juger bon de
* **with a proper motive** - pour un juste motif

PROPERLY - Légitimement, à bon droit, correctement, convenablement

PROPERTY - 1. Propriété
* **industrial property** - propriété industrielle
* **intellectual property** - propriété intellectuelle, oeuvres de l'esprit
* **intellectual property right** - droit intellectuel
* **interference with private property** - atteinte à la propriété
* **property manager** - syndic
* **property not subject to usufruct** - pleine propriété
* **property right to use and enjoy** - droit de jouissance
* **property sharing** - multi-propriété
* **time-shared property** - multi-propriété
* **time-sharing property** - multi-propriété

    - 2. Réel
* **personal and property rights** - droits personnels et réels (droits patrimoniaux)
* **property levy** - impôt réel (sur le capital)
* **property tax** - impôt réel (sur le capital)

    - 3. Biens, patrimoine, fortune, chose, avoirs
* **assignable property** - biens cessibles
* **hiring of property** - louage de chose
* **husband's settled property** - dot du mari
* **intangible property** - biens incorporels
* **landed property** - fortune immobilière
* **law of property** - droit des biens
* **law of real property** - droit immobilier
* **loss of property** - perte d'ordre patrimoniale
* **lost property** - épave
* **movable property** - biens meubles, mobilier
* **personal property** - biens meubles
* **property and benefits** - fortune et revenus
* **property developper** - promoteur
* **property held in common** - biens indivis
* **property index** - cadastre, plan cadastral
* **property left matters** - questions de succession, questions successorales
* **property levy** - impôt sur le capital

* **property map** - cadastre, plan cadastral
* **property of a third party** - chose d'autrui
* **property rights** - droits patrimoniaux, droits de propriété
* **property speculation** - spéculation immobilière
* **property transfer** - transfert d'avoirs
* **real property** - biens immobiliers, biens immeubles
* **reserved family property** - biens de famille
* **separate property of a spouse** - biens propres
* **specific property** - biens déterminés
* **strictly personal property** - patrimoine moral
* **tangible property** - biens meubles, biens corporels
* **traceable property** - biens identifiables
* **trust property** - biens grevés d'un trust, biens grevés d'une fiducie

    - 4. Fonds, domaine
* **adjacent property** - fonds voisin
* **distribution of property** - les partages
* **landed property** - bien-fonds, domaine
* **private property of the State** - domaine privé
* **private State property** - domaine privé
* **public property of the State** - domaine public
* **public State property** - domaine public
* **(to) become public property** - tomber dans le domaine public

    - 5. Matériel, matières
* **property records** - comptabilité matières

PROPOSAL - Proposition, projet
* **calling for proposals** - appel d'offres
* **proposal for an appropriation** - projet de crédit
* **proposal for settlement** - proposition de règlement
* **proposal to** - proposition tendant à, proposition de

PROPOSE (to) - Proposer
* **proposed programme budget** - projet de budget-programme
* **right to propose constitutional amendments** - droit d'initiative constitutionnelle
* **(to) propose to do something** - se proposer de, avoir l'intention de, envisager de faire

PROPOSITION - 1. Proposition

    - 2. Offre, affaire
* **a paying proposition** - une affaire rentable

    - 3. Point de vue, thèse, argument
* **axiomatic proposition** - axiome, postulat
* **in support of his proposition** - à l'appui de sa thèse
* **the fallacy behind the proposition** - la faille de cet argument, la faille de cette thèse

PROPRIETARY - Patrimonial
* **non proprietary names** - dénominations communes (pharm.)
* **proprietary character** - caractère patrimonial (d'un droit)
* **proprietary drugs** - médicaments délivrés sur ordonnance
* **proprietary or not** - être la propriété exclusive de, être dans le domaine public
* **proprietary rights** - droits exclusifs
* **proprietary technology** - techniques de marque

PROPRIO MOTU - D'office

PROSCRIBE (to) - Bannir, interdire, défendre, proscrire, mettre hors la loi
* **reconstitution of a proscribed organisation** - reconstitution d'une ligue dissoute

PROSECUTE (to) - Poursuivre, engager des poursuites
* **(decision) not to prosecute** - abandon de poursuites
* **(to) decide not to prosecute** - décider de classer l'affaire

PROSECUTED - Poursuivi, inculpé
* **prosecuted on complaint** - poursuivi sur action civile
* **prosecuted on indictment** - poursuivi sur action publique

PROSECUTING
* **prosecuting agency** - autorité de poursuite, organe de poursuite
* **prosecuting authority** - ministère public, autorités d'instruction, parquet, magistrat instructeur
* **prosecuting authorities** - ministère public, autorités d'instruction, parquet, magistrat instructeur
* **(to) report to the prosecuting authorities** - dénoncer en justice

PROSECUTION - 1. Poursuites, action publique
* **compulsory prosecution** - principe de la légalité des poursuites
* **criminal prosecution** - poursuites pénales, action pénale
* **Director of public prosecution** - Procureur général de l'Etat
* **discretionary prosecution** - opportunité des poursuites
* **expediency of prosecution** - opportunité des poursuites

* **for the purpose of prosecution** - pour l'exercice de l'action pénale
* **for want of prosecution** - manquement de diligence
* **if prosecution has not been discontinued** - en l'absence de non-lieu
* **immunity from prosecution** - immunité de poursuites
* **legal basis for prosecution** - légalité des poursuites
* **limitation of prosecution** - prescription des poursuites
* **malicious prosecution** - poursuites injustifiées
* **mandatory prosecution** - principe de la légalité des poursuites
* **non prosecution system** - système d'abandon des poursuites
* **obligatory prosecution** - principe de la légalité des poursuites
* **private prosecution** - poursuites à la diligence de la victime
* **public prosecution** - poursuites à la diligence du ministère public
* **requirement of prosecution** - légalité des poursuites
* **(to) bring a prosecution** - poursuivre
* **(to) conduct prosecution** - exercer l'action publique

- 2. Accusation
* **application for prosecution** - réquisitoire
* **case for prosecution** - réquisitoire
* **prosecution case** - réquisitions (du procureur)
* **prosecution witness** - témoin à charge
* **the prosecution** - l'accusation, la partie publique
* **(to) be the subject of a prosecution** - être en état d'accusation

PROSECUTOR - Procureur, parquet, ministère public, magistrat debout
* **at the instance of public prosecutor** - par les soins du ministère public
* **deputy public prosecutor** - substitut (au procureur); substitut du Procureur général
* **private prosecutor** - auteur des poursuites, plaignant (pousuites engagées à la diligence de la partie lésée)
* **prosecutor's action** - action publique
* **Public Prosecutor** - Procureur général
* **Public Prosecutor Office** - le parquet, le ministère public
* **senior deputy public prosecutor** - premier substitut
* **State Prosecutor** - Procureur public (de l'Etat)

PROSPECTS - Perspectives, situation probable, chances, horizon
* **future prospects** - ce que l'avenir réserve
* **good prospects exist for** - il semble parfaitement possible de

PROSTITUTE - Prostituée
* **common prostitute** - fille publique
* **supervised prostitute** - fille en carte, fille soumise (anc.)

PROTECT (to) - Protéger, sauvegarder, défendre, empêcher
* **(to) protect a citizen from being compelled** - empêcher un citoyen d'être contraint de
* **(to) protect occupational interests** - défendre les intérêts professionnels

PROTECTED - Protégé, abrité
* **not protected by social security** - exclu de la sécurité sociale
* **protected spring** - source couverte
* **protected well** - puits couvert

PROTECTIVE - Protecteur
* **protective covenant** - clause de garantie
* **protective duties** - droits protecteurs
* **protective food** - aliment protecteur
* **protective measures** - mesures conservatoires, mesures prophylactiques (santé)

PROTEST (subst.) - 1. Protêt
* **drawing up of a protest** - confection d'un protêt
* **notice of protest** - dénonciation de protêt
* **"Noting" for protest** - attestation de refus de paiement (pour dresser un protêt)
* **payment supra protest** - intervention à protêt
* **protest for non acceptance** - protêt faute d'acceptation
* **protest for non-payment** - protêt faute de paiement
* **(to) draw up a protest** - dresser un protêt

- 2. Contestation (étudiante, etc.)

PROTEST (to) - 1. Protester
* **(to)protest a bill** - protester un effet
* **(to) protest one's innocence** - protester de son innocence

- 2. Réclamer, s'élever contre
* **(to) protest against a measure** - s'élever contre une mesure

PROTRACT (to) - Prolonger, allonger, faire durer
* **protracted war** - guerre d'usure
* **with a view to protracting the proceedings** - dans un but dilatoire

PROVE (to) - Prouver, faire la preuve de, avoir à faire la preuve de
* **matter to be proved** - objet de la preuve
* **(to) prove a debt** - produire une créance
* **(to) prove in court** - établir en justice
* **(to) prove in the bankruptcy** - produire à la faillite
* **(to) prove one's case** - se défendre
* **(to) prove oneself to be...** - s'imposer (en tant que)
* **(to) prove that one has suffered a disadvantage** - (avoir à) faire la preuve d'un grief
* **until the contrary has been proved** - jusqu'à preuve du contraire

PROVEN - Avéré, sûr, prouvé, fiable, certain
* **not proven facts** - faits dont la vérité n'est pas établie

PROVIDE (to) - 1. Prévoir, disposer, arrêter, stipuler, porter (que)
* **Art. 2 provides that...** - l'article 2 stipule que, l'article 2 dispose que
* **except as provided in...** - sous réserve des dispositions de..
* **provided that** - étant entendu que
* **unless otherwise provided (by law)** - sauf disposition contraire, sauf dérogation légale

- 2. Fournir, doter, dispenser, nantir, verser, parer à, faire office de, prendre à sa charge

- 3. Détacher, envoyer, adjoindre, attacher

- 4.
* **(to) provide for** - régler, fixer, assurer (qqch), faire face à, comporter, subvenir aux besoins de

- 5.
* **(to) provide from** - imputer sur, prélever sur

PROVIDENT
* **provident fund** - caisse de prévoyance, (qqfs) caisse de compensation

PROVISION - 1. Disposition, instruction, clause, prescription
* **amending provision** - modificatif
* **implementing provision** - disposition d'application, disposition d'exécution
* **introductory provision** - disposition préliminaire
* **mandatory provision** - disposition impérative, prescription impérative
* **non mandatory provision** - disposition facultative, disposition potestative

./..

* **optional provision** - disposition facultative, disposition potestative, disposition purement supplétive
* **protective provision** - disposition de sauvegarde
* **statutory provision** - disposition légale, disposition législative
* **testamentary provision** - disposition posthume

- 2. Mesure
* **emergency provision** - mesure d'exception
* **(to) make provisions** - prendre des mesures en vue de

- 3. Fourniture, octroi, mise en place, prestation, financement
* **financial provision** - allocation financière
* **provision of education** - mise en place du système éducatif, organisation de l'enseignement
* **provision of facilities** - création d'équipements, financement d'équipements
* **provision of services** - prestations
* **provision of staff** - dotation en personnel
* **provision of supplies** - livraison de fournitures

- 4. Provision, moyen financier, crédit (demande de)
* **budget provision** - moyen budgétaire
* **cash provision** - provision de trésorerie
* **lump-sum provision on divorce** - maintenance
* **no provision was made for....** - aucun crédit n'a été demandé pour...
* **provision made under section I (budget)** - le crédit ouvert au chapitre I (du budget)
* **(to) make a provision for** - présenter une demande de crédit pour

- 5. Système, régime, dispositif
* **community provisions** - aménagemens collectifs, équipements collectifs
* **provisions** - régime, réglementation
* **social provision** - système d'action sociale, système de protection sociale, services sociaux
* **transitional provisions** - réglementation provisoire

- 6. (Qqfs) Loi
* **non-mandatory provision** - loi purement supplétive
* **procedural provision** - loi de procédure

- 7.
* **provisions and fuels** - vivres et carburants (mil.)

PROVISIONAL - 1. Provisoire, intérimaire, conditionnel, provisionnel, conservatoire
* **provisional order** - mesure de référé

- 2. Précaire

- 3. Interlocutoire
* **provisional measures** - mesures interlocutoires

PROVISO - Réserve; clause restrictive, restriction, condition

PROXY - 1. Procuration, délégation d'un droit de vote, mandat
* **proxy series** - séries de remplacement
* **vote given by proxy** - vote par procuration

- 2. Mandataire d'un droit de vote, suppléant

PUBLIC (adj.) - Public
* **at the public expense** - aux frais du contribuable
* **by public lending** - par adjudication
* **offence against public morals** - outrage aux moeurs
* **public Act** - loi d'application générale, loi d'intérêt public
* **public address equipment** - installation de sonorisation
* **public address system** - installation de sonorisation
* **public affairs** - relations publiques
* **public affairs officer** - chargé de relations publiques
* **public agency** - agence gouvernementale, société gouvernementale
* **public aid** - aide publique, aide du secteur public, aide sur fonds publics
* **public charity** - service d'aide sociale, organisme public de bienfaisance
* **public confidence** - confiance du public, confiance du pays
* **public debate** - controverse agitant l'opinion, débat public
* **public document** - acte authentique
* **public domain** - domaine de l'Etat, domaine national
* **public health** - santé publique
* **public health engineering** - génie sanitaire
* **public hearing** - audition publique, audience publique; publicité des débats; (qqfs) consultation des usagers
* **public holiday** - fête légale
* **public housing** - logements sociaux, logemens financés par les pouvoirs publics, logements financés par l'Etat
* **public indecency** - outrage public à la pudeur
* **public information** - information; information générale
* **public knowledge** - notoriété publique
* **public law** - droit public
* **public life** - vie publique
* **public man** - homme public, homme très en vue
* **public official** - fonctionnaire
* **public opinion** - opinion (publique)
* **public policy** - ordre public, intérêt général, intérêt de la collectivité
* **public prosecution** - parquet, ministère public, magistrature debout
* **public prosecutor** - procureur général
* **public records** - archives nationales
* **public relations officer** - attaché aux relations publiques
* **public revenue** - recettes publiques, recettes de l'Etat

./..

* **public room** - salle de réunions
* **public servant** - employé de l'Etat, employé d'un service public, fonctionnaire
* **public service** - fonction publique
* **public spirit** - civisme, patriotisme, dévouement à la cause publique
* **public utilities** - entreprises d'intérêt public, services d'utilité publique
* **public welfare** - le salut public
* **public works** - travaux publics
* **semi-public institution** - institution parastatale, institution para-étatique
* **(to) arouse public opinion** - créer un mouvement d'opinion
* **(to) make a public appearance** - paraître en public
* **(to) make a public protest** - protester publiquement
* **(to) make public** - rendre public, publier

PUBLIC (subst.) - L'opinion, le public
* **in public** - en public, publiquement
* **the public at large** - le grand public, la collectivité

PUBLICATION
* **publication of (convictions)** - publicité des condamnations

PUBLICI JURIS - Entrant dans le domaine public

PUBLICISE (to) - Faire connaître, divulguer, porter à la connaissance du public
* **right to publicise** - droit de diffusion

PUBLICLY - Publiquement, en public, au grand jour, ouvertement, au vu de tous, cartes sur table
* **publicly financed investment** - investissement financé au moyen de ressources publiques
* **publicly owned** - appartenant à l'Etat, appartenant aux collectivités
* **publicly owned bonds** - obligations émises en souscription publique

PUBLISHER - Editeur; directeur de publication

PUBLISHING - Edition
* **desk-top publishing** - publication assistée par ordinateur (PAO), édition électronique
* **law of publishing** - droit d'édition
* **publishing law** - droit d'édition
* **publishing contract** - contrat d'édition

PUNISH (to)
* **(to) punish offences** - réprimer (des infractions)

PUNISHABLE - 1. Délictueux, répréhensible
- 2. Passible de, qui tombe sous le coup de la loi, punissable

PUNISHMENT - Peine, pénalité, sanction, application d'une peine; (qqfs) répression
* **alternative forms of punishment** - peines de substitution
* **capital punishment** - peine capitale
* **imposition of punishment** - pénalité
* **level of punishment** - degré de la peine, gravité de la peine
* **maximum punishment** - peine maximale
* **mitigation of punishment** - atténuation de la peine
* **punishment cell** - cellule disciplinaire
* **punishment wing** - secteur disciplinaire, quartier disciplinaire
* **(to) exempt from punishment** - soustraire (quelqu'un) à une peine

PUPILLAGE - Période de formation pratique d'un avocat stagiaire

PURCHASE - Achat
* **compulsory purchase** - vente forcée; (qqfs) expropriation, droit de préemption
* **counter-purchase practices** - pratiques du contre-achat (sorte de troc)
* **land purchase tax** - taxe de mutation
* **net purchases of assets** - achats nets d'actifs
* **(to) place a compulsory purchase order** - frapper d'expropriation

PURCHASER - Acquéreur
* **purchaser's value** - valeur d'acquisition

PURPORT (subst.) - Sens, signification, valeur, force, portée (d'une thèse), but, objectif

PURPORT (to) - Prétendre; être donné comme étant, être présenté comme étant, être censé, tendre à démontrer
* **... purports to be applicable** - se veut applicable
* **... purports to be based on** - être censé reposer sur
* **(to) purport to establish a fact** - prétendre établir un fait

PURPOSE - Intention, objet, fin, objectif
* **all-purposes institutions** - institutions à vocation générale
* **all-purposes vehicles** - véhicules tous terrains
* **by purposes** - par objets, par attributions
* **common purpose** - intention commune
* **for the purposes of the application of the Rules** - aux fins du présent Règlement
* **for the purposes of the Convention** - sous l'angle de la Convention
* **joint purpose** - intention commune
* **multi-purpose bodies** - organes à vocation multiple
* **social purpose** - idéal social
* **the purpose of the Article** - l'objet de l'article

PURPOSIVE - 1. Qui répond à un but, qui remplit une fonction, téléologique
* **purposive action** - fait de propos délibéré, fait intentionnellement

- 2. Résolu, qui a des intentions bien arrêtées
* **(to) have a purposive approach** - interpréter l'intention (du législateur)

PURSUANT
* **pursuant to Art. 5** - en application de l'article 5

PURSUE (to) - Poursuivre, continuer à, continuer de
* **not to pursue these grounds in the final submissions** - ne pas maintenir ce moyen dans les conclusions finales
* **question not pursued** - question non tranchée, question non résolue
* **(to) pursue a charge** - poursuivre sur un chef d'accusation
* **(to) pursue a claim** - poursuivre une action
* **(to) pursue a point** - poursuivre l'examen d'une question, approfondir une question
* **(to) pursue a right** - faire valoir un droit, défendre un droit, défendre une cause
* **(to) pursue further criminal charges against** - entamer de nouvelles poursuites contre
* **worth pursuing** - (vaut la peine) d'être retenu

PURSUIT
* **pursuit of beauty** - culte de la beauté
* **right of pursuit** - droit de poursuite

PUSHFULL - Actif, entreprenant, combatif

PUT (to)
* **(to) put forward** - faire valoir
* **(to) put off** - surseoir à
* **(to) put out of action** - mettre hors combat, anéantir

PUZZLING - Troublant, embarrassant, qui intrigue, qui surprend, qui laisse perplexe

QUALIFICATION - 1. <u>Correctif, mise au point, limite, nuance, restriction</u>
* **the same qualification applies to** - la même réserve s'impose

- 2. <u>Qualification (jur.)</u>
* **conflict of qualifications** - conflit de qualifications
* **legal qualification** - qualification (juridique) (d'un acte, d'un délit)
* **franchise qualification** - condition(s) requise(s), condition(s) à remplir, condition d'inscription sur les listes électorales
* **qualifications** - titres, capacités, compétence, qualifications

QUALIFIED - 1. <u>Diplômé</u>

- 2. <u>Restreint, limité, avec réserve(s), mitigé, conditionnel</u>
* **(to) give one's qualified acceptance** - donner son accord sous réserve, donner un accord de principe

- 3. <u>Qui remplit les conditions requises</u>

QUALIFY (to) - 1. <u>Limiter, restreindre, atténuer, tempérer, mitiger, pondérer, nuancer, préciser</u>
* **(to) qualify a decision** - nuancer une décision
* **(to) qualify one's statement** - tempérer ses propos
* **(to) qualify the report of the police as...** - présenter le rapport de la police comme...

- 2. <u>Remplir les conditions requises, avoir les qualités nécessaires pour, posséder des titres (une expérience,..) suffisants</u>

QUALIFYING - 1. <u>Condition (de qualification)</u>
* **non-qualifying condition** - condition insuffisante
* **period of qualifying service** - période de service ouvrant droit à
* **qualifying condition** - condition d'assujettissement; condition suffisante
* **qualifying connection** - lien manifeste (naturalisation)
* **qualifying for tax relief** - dégrevable
* **qualifying period** - période de stage, période probatoire, période minimum d'affiliation (sécurité sociale)
* **qualifying process** - procédé (de fabrication) conférant l'origine
* **qualifying share** - action de cautionnement
* **self-qualifying criteria** - critères de qualification immédiate

- 2. <u>Restrictif</u>
* **qualifying clause** - clause restrictive, clause commissoire
* **qualifying word** - précision

QUALITY - <u>Qualité, (qualitatif)</u>
* **quality improvement groups** - cercles de qualité
* **quality stamp** - label de qualité
* **study of population quality** - démographie qualitative

QUANTUM
* **merits and quantum question** - question de la responsabilité éventuelle du dommage
* **quantum index** - indice du quantum

QUARTERS - <u>Milieux</u> (parfois)
* **in labour quarters** - dans les milieux professionnels
* **in many quarters** - un peu partout

QUASH (to) - <u>Infirmer, annuler (une condamnation), casser (un jugement, une décision)</u>
* **(to) quash an indictment** - prononcer un non-lieu

QUASI - <u>Quasi, para...</u>
* **quasi corporate enterprises** - quasi sociétés
* **quasi corporations** - quasi sociétés
* **quasi governmental** - para-étatique
* **quasi judicial** - parajudiciaire
* **quasi money** - dépôts à terme
* **quasi public corporation** - société d'économie mixte
* **quasi rent** - quasi-rente
* **quasi statutory** - paralégal

QUERY (to)
* **(to) query evidence** - mettre les preuves en doute, constester les preuves

QUESTION
* **there can be no question of** - on ne saurait prétendre que

QUESTION (to) - 1. <u>Contester, mettre en doute</u>
* **(to) question the validity of a sentence** - contester le bien-fondé d'une décision
* **(to) question whether** - se demander si, douter que (de), s'interroger sur

- 2. <u>Interroger, entendre (un témoin)</u>

QUESTIONABLE - <u>Douteux, contestable, peu avouable</u>

QUESTIONING - <u>Interrogatoire</u>
* **counter-questioning** - contre-interrogatoire

QUID PRO QUO - Contrepartie, compensation,
équivalent, monnaie d'échange

QUIET - <u>Discret, calme, sans incidents</u>
* **quiet diplomacy** - diplomatie discrète

QUIT (to) - <u>Déguerpir, déloger, évacuer</u>
* **notice to quit** - sommation de déguerpir, avis (ordre)
d'évacuation (d'expulsion), avis de congé
* **quitting** - délogement
* **summons to quit** - sommation de déguerpir, avis
(ordre) d'évacuation (d'expulsion), avis de congé
* **time to quit** - délai d'expulsion, délai d'évacuation
* **(to) receive notice of intention to quit** - recevoir
congé

QUOTA - 1. <u>Contingent, quota</u>
* **exports in excess of quota** - exportations hors
contingent
* **immigration quota** - contingent d'immigration
* **quota policy** - politique contingentaire
* **quota restrictions** - contingentement
* **quota sampling** - sondage par quotas
* **(to) operate quotas** - faire jouer les quotas
* **(to) set up quotas** - contingenter

- 2. <u>Quote-part</u>

QUOTATION - <u>Cotation, cours</u>
* **closing quotation** - cours de clôture
* **mid-point quotation** - cours à mi-séance
* **opening quotation** - cours d'ouverture
* **quotation on the Stock Exchange** - cotation (cote) en
Bourse
* **rent quotations** - montant des loyers

QUOTED - 1. <u>Cité, mentionné</u>

- 2. <u>Admis à la cote, coté en Bourse</u>
* **not officially quoted** - hors cote

RACIALISM - Racisme, préjugés raciaux

RADICAL - 1. Foncier, fondamental, premier, absolu, radical
* **radical error** - erreur radicale
* **radical principle** - principe premier

       - 2. Aux idées avancées, progressiste, non modéré, révolutionnaire, extrémiste
* **radical position** - la ligne dure
* **the radical party** - la gauche, les gauches

RADIO
* **radio and TV** - l'audiovisuel
* **radio journalism** - journalisme parlé, presse parlée, presse orale
* **radio telemetry** - radiopistage
* **radio tracking** - radiopistage

RAID - Raid, coup de main, incursion
* **bank raid** - cambriolage de banque
* **police raid** - descente de police

RAISE (to) - Elever, relever (productivité), réunir, recueillir (fonds), soulever, mentionner (question, possibilité), formuler (objection); (qqfs) étendre, extrapoler
* **raising factor** - facteur d'extension, facteur d'extrapolation, facteur d'inflation
* **(to) raise the defence of limitation** - exciper de la prescription

RANDOM - Au hasard, aléatoire, non sélectif
* **random discussion** - discussion à bâtons rompus
* **random sampling** - sondage probabiliste
* **random start** - point de départ aléatoire

RANDOMISE (to) - Tirer au sort, choisir au hasard, choisir arbitrairement, "randomiser"

RANGE (subst.) - 1. Gamme, éventail, jeu, batterie, panoplie (de moyens), assortiment, variété, registre, barème, ordre de grandeur, fourchette
* **long-range** - de longue haleine, à longue portée
* **range of duties** - éventail des attributions
* **(to) take action in a wide range of areas** - agir sur un large front

      - 2. Etendue, champ, domaine, échôle, registre, rangée, ligne, chaîne, direction
* **in range with** - à l'alignement de
* **temperature range admissible** - écarts de température admissibles
* **(to) give a free range to** - donner libre essor à, donner le champ libre à

RANGE (to) - S'étaler, s'étager de...à, osciller entre

RANKING
* **priority ranking** - inscription de rang (hypothèques)

RAPE - Viol

RAPID - Accéléré; expéditif; rapide
* **rapid training courses** - stages de formation intensive, stages de formation accélérée
* **rapid transit** - transports urbains rapides

RAPT - Enlèvement

RAT
* **rat race** - Compétition acharnée, bousculade fiévreuse, panier de crabes, chercher à se faire une place à tout prix, "métro-boulot-dodo"

RATE - 1. Taux, rythme, (qqfs) indice, degré, débit
* **accident rate** - degré de sinistralité
* **aggregate rate** - taux global
* **clear-up rate of cases** - pourcentage d'affaires élucidées
* **exchange rate** - taux de change
* **exposure rate** - degré d'exposition, débit d'exposition
* **fixed rate** - taux forfaitaire
* **flat rate** - taux forfaitaire
* **prime rate** - taux préférentiels (aux meilleurs clients)
* **rate of fire** - cadence de tir
* **rates of pension** - taux de pension
* **(to) control the claim rate to keep the premium down** - (il faut) maîtriser la sinistralité si l'on veut maîtriser les primes

      - 2. Impôts, droits, tarifs
* **improvement of the rates** - aménagement de l'impôt
* **rate making** - tarification

                                         ./..

* **town rates** - impôts locaux, taxe municipale
* **water rates** - tarifs de distribution d'eau

- 3. Cours
* **buying rate** - cours demandé
* **official rate** - cours authentique
* **selling rate** - cours offert

RATEABLE
* **rateable valuation** - valeur locative

RATIFY (to) - Ratifier, sanctionner, valider, homologuer, entériner
* **(to) ratify a contract** - approuver un contrat
* **(to) ratify a record** - homologuer un record

RATING - Cote, indice, appréciation
* **pace rating** - étude des rythmes de travail

RATIO - 1. Rapport, coefficient, proportion, taux
* **average capital/output ratio** - coefficient moyen de capital
* **capital/labour ratio** - coefficient d'intensité de capital
* **death ratio** - proportion des décès par cause
* **masculinity ratio** - rapport de masculinité
* **ratio of wage costs to productivity** - rapport des coûts salariaux à la productivité
* **savings ratio** - taux de l'épargne
* **(school) attendance ratio** - fréquentation (scolaire)

- 2. Argument invoqué par le plaideur
* **ratio decidendi** - teneur du jugement (motifs nécessaires et suffisants pour fonder le dispositif)

RATIONALE - Principes de base, base (logique), raison (profonde), mobile, mécanisme, justification, explication rationnelle, raison d'être, raisonnement, démarche, justificatif
* **the rationale of the Commission's conclusions** - les raisons profondes qui ont conduit la Commssion à ces conclusions
* **the rationale of this provision** - cette disposition a pour objet

REACH (subst.) - Portée, atteinte, étendue
* **beyond the reach of suspicion** - à l'abri de tout soupçon
* **extraterritorial reach** - application extraterritoriale
* **(to) put oneself beyond (out of) reach of justice** - se soustraire à la justice

READ (to) - Lire, prendre connaissance de
* **Art. 7 read in conjunction with Art. 1** - l'article 7, lorsqu'on le lit dans le contexte de l'article 1; l'article 7, si on le rapproche de l'article 1; l'article 7, compte tenu de l'article 1; l'article 7, combiné à l'article 1
* **reads as follows** - est ainsi libellé, est ainsi conçu, se lit ainsi
* **this Art. must be read in the light of** - cet article doit être interprété à la lumière de
* **(to) read into the Convention something which is not there** - faire dire à la Convention ce qu'elle ne dit pas
* **(to) read out** - donner lecture

READILY - Sans difficulté, sans hésitation, volontiers
* **readily available** - directement disponible, aisément accessible
* **readily usable** - courant, commode

READINESS - Empressement, consentement

READING - 1. Lecture
* **reading in open court** - lecture en audience publique
* **reading in public** - lecture en audience publique

- 2. Interprétation, lecture d'un texte

- 3. Lecture, prononcé
* **loud reading** - lecture à voix haute
* **reading of the judgment** - prononcé du jugement
* **silent reading** - lecture mentale

READY
* **the case is ready for hearing** - l'affaire se trouve en état, l'affaire est en état

REAFFIRM (to) - Réaffirmer, proclamer à nouveau

REAL - 1. Réel
* **in real terms** - en termes réels, en quantités
* **real income value of the salaries** - valeur des traitements en revenu réel, valeur des traitements en pouvoir d'achat
* **real life documents** - documents authentiques

- 2. Foncier, immobilier
* **real estate** - propriété immobilière, biens immobiliers
* **real estate agent** - agent immobilier
* **real estate court** - tribunal foncier
* **real property tax** - impôt à base immobilière

REALIA - Documents authentiques

REALISATION - 1. Prise de conscience, conscience de
* **faced with this stark realisation** - mis brutalement en face de cette possibilité

- 2. Jouissance, mise en oeuvre
* **realisation of economic and social rights** - mise en oeuvre des droits économiques et sociaux
* **realisation of human rights** - jouissance des droits de l'homme

- 3. Aliénation (d'un bien)

REALISE (to) - Se rendre compte, s'apercevoir de, mesurer, constater, prendre conscience de
* **it is realised that** - certes, ...
* **it must be realised that** - il faut bien se dire que, il faut savoir que

REALTOR - Agent immobilier

REALTY - Biens immobiliers, immeubles

REASON (subst.) - Motifs, considérants; raison
* **brief statement of reasons** - brève motivation
* **inadequate reasons** - défaut de motifs
* **inconsistent reasons** - contrariété des motifs
* **judgment giving reasons** - jugement motivé
* **reasons for a judgment** - motifs d'un jugement
* **reasons given by the Court** - motifs retenus par la Cour
* **statement of objects and reasons** - exposé des motifs

REASON (to)
* **(to) reason a sentence** - motiver un jugement

REASONABLE - 1. Raisonnable, normal, équitable, (jugé) suffisant, valable, plausible, justifié, légitime
* **not reasonable** - indû
* **reasonable and alternative means** - moyens de remplacement raisonnablement accessibles
* **reasonable certainty** - intime conviction
* **reasonable conviction** - intime conviction
* **reasonable suspicions** - soupçons plausibles
* **(to) have reasonable suspicion** - avoir des raisons plausibles de soupçonner, pouvoir légitimement soupçonner

- 2. Sérieux, avisé, prudent, diligent
* **reasonable case** - diligence raisonnable
* **reasonable risk** - risque sérieux, risque appréciable

REASONABLENESS - 1. Equité

- 2. Caractère raisonnable
* **test of reasonableness** - critère du caractère raisonnable

- 3. (Devoir de) prudence et diligence

REASONING - Raisonnement, motifs (d'une décision judiciaire), les considérants, l'argumentation
* **its supporting reasoning** - ses attendus (arrêt)
* **the converse reasoning** - raisonnement a contrario

REASSESSMENT
* **reassessment tax** - réévaluation

REASSIGNMENT - 1. Réaffectation, mutation
* **internal reassignment** - réaffectation d'un service à un autre
* **reassignment of existing staff** - mutation du personnel déjà en fonction

- 2. Rétrocession

REBOUND - Choc en retour, effet de boomerang

REBUT (to) - Détruire, écarter, réfuter (une présomption), renverser, faire tomber (un argument)
* **rebuting evidence** - contre-preuve

REBUTTABLE
* **rebuttable presumption** - présomption relative, présomption simple, présomption réfragable, présomption juris tantum

REBUTTAL - Objection
* **evidence in rebuttal** - preuve à décharge
* **rebuttal procedure** - procédure d'objection

RECALL (subst.)
* **(letters of) Ambassador's recall** - lettre de récréance
* **recall lapse** - erreur de rétrospection
* **recall of a mentally disturbed prisoner** - réintégration d'un délinquant aliéné (dans un hôpital psychiatrique)
* **recall period** - période de réminiscence

RECALL (to)** - Rappeler
* **(to) recall a decision** - annuler un jugement
* **(to) recall a decree** - révoquer un décret
* **(to) recall a product** - retirer (du marché) un produit (défectueux)
* **(to) recall somebody to his duty** - ramener quelqu'un à son devoir

RECANT (to)** - Désavouer (une doctrine), revenir sur (une opinion), reconnaître (une erreur), se rétracter

RECEIPT** - 1. Reçu, récépissé, quittance, acquit, accusé de réception
* **acknowledgment of receipt** - accusé de réception
* **bearer deposit receipt** - warrant au porteur
* **customs receipt** - acquit de douane
* **deposit receipt negotiable by endorsement** - warrant à ordre
* **non-transferable deposit receipt** - warrant intransmissible
* **(to) be in receipt of a benefit** - percevoir une allocation

- 2.
* **receipts** - recettes

RECEIVABLE** - A recevoir
* **receivable account** - somme à recevoir
* **receivables and payables** - sommes à recevoir et sommes à payer

RECEIVER
* **interim receiver** - séquestre-dépositaire, syndic provisoire
* **official receiver (UK)** - administrateur judiciaire, syndic de faillites
* **receiver of stolen goods** - recéleur

RECEIVING** - Destinaire, bénéficiaire
* **receiving country** - pays bénéficiaire, pays destinataire, pays importateur, pays d'accueil
* **receiving order** - ordre de mise en règlement judiciaire
* **receiving State** - Etat accréditaire (diplomates), Etat de résidence (consuls)
* **stolen goods receiving** - recel de marchandises

RECESS** - 1. Intersession, vacances parlementaires

- 2. Suspension d'audience, suspension de séance, intervalle entre deux séances; arrêt temporaire des travaux

RECIDIVISM** - Récidive

RECIPIENT** - Bénéficiaire, partie prenante, destinataire, receveur (méd.)

RECIPROCAL
* **on a reciprocal basis** - par mesure de rétorsion, par voie de réciprocité, sur la base de réciprocité
* **reciprocal agreement** - convention synallagmatique, contrat synallagmatique
* **reciprocal insurance** - contre-assurance
* **the reciprocal of** - l'inverse de

RECITATION** - Exposé oral, interrogatoire oral

RECITE (to)** - Enumérer (détails); citer (faits), exposer, définir

RECKLESSNESS** - Insouciance, imprudence, témérité
* **gross recklessness** - grave étourderie

RECOGNITION** - 1. Reconnaissance
* **de jure recognition** - reconnaissance de droit
* **out of recognition** - méconnaissable
* **recognition of an illegitimate child** - reconnaissance d'enfant naturel
* **recognition procedure** - procédure d'exequatur

./..

- 2. Constatation; consécration; attestation; témoignage d'estime; considération, prestige; acceptation
* **in recognition of** - à cause de, en retour de, en reconnaissance de
* **problem recognition** - poser le problème
* **recognition radar** - radar de repérage
* **recognition vocabular** - vocabulaire passif
* **that idea finds growing recognition** - cette idée gagne du terrain
* **(to) encourage recognition of responsability** - encourager le sentiment de responsabilité
* **(to) win recognition** - s'imposer

RECOGNIZANCE - 1. Cautionnement, caution personnelle, aval
* **joint recognizance** - cautionnement solidaire
* **(to) enter into recognizances** - donner caution, s'engager à comparaître (en justice)

- 2. Amende avec sursis
* **enforcement of a recognizance** - application de l'amende pour non-comparution

RECOGNIZE (to) - Reconnaître, discerner, admettre, concéder, comprendre, être sensible à, constater, sanctionner, homologuer, apprécier
* **officially recognized** - accrédité, agréé, attitré
* **recognized authorities** - personnalités autorisées
* **recognized refugees** - réfugiés statutaires
* **they recognized that they play a decisive role** - ils savent qu'ils jouent un rôle décisif
* **(to) recognize no mitigating circumstances** - n'accorder aucune circonstance atténuante

RECONCILE (to) - 1. Concilier, faire concorder (deux points de vue)
* **(to) reconcile oneself to** - se résigner à

- 2. Assurer la concordance des comptes, vérifier la concordance des comptes, faire concorder les comptes, apurer les comptes

RECONCILIATION - 1. Rapprochement, conciliation
* **attempted reconciliation** - tentative de conciliation

- 2. Apurement des comptes, concordance des comptes
* **budget reconciliation** - apurement du budget

RECONSIDERED
* **Europe reconsidered** - un nouveau regard sur l'Europe...

RECONVEYANCE - Rétrocession

RECONVICTION - Récidive
* **reconviction rate** - taux de récidive

RECORD (subst.) - 1. Antécédents, dossier, fichier, documentation (de l'affaire), bilan, statistiques, inventaire
* **appearing in the record** - versé au dossier
* **case record** - dossier de cas d'espèce
* **criminal record** - casier judiciaire
* **Criminal Records Office** - Service du casier judiciaire
* **factual records** - éléments de fait
* **medical record** - feuille de maladie
* **police record** - casier judiciaire
* **pregnancy record** - fiches gynécologiques
* **previous record** - antécédents judiciaires
* **record book** - inventaire
* **record of service** - états de service
* **records** - archives, états, relevés, livres, écritures (comptables)
* **(to) have a bad record** - avoir de mauvais antécédents
* **(to) put records straight** - rétablir les faits
* **(to) wish to put on record** - tenir à marquer

- 2. Document, acte, actes, compte rendu, procès-verbal
* **court record** - note d'audience, procès-verbal d'audience
* **off-record** - par parenthèse, simple parenthèse
* **official (trial) record** - minute, minutes (du procès)
* **official records** - documents officiels, actes (d'une conférence)
* **record of testimony** - procès-verbal de témoignage
* **record of the hearing** - procès-verbal d'audition
* **record of the questionning** - procès-verbal de l'interrogatoire
* **record of understanding** - procès-verbal d'interprétation
* **record of witnesses' evidence** - procès-verbal d'audition de témoins
* **record that something has not been done** - procès-verbal de carence
* **summary record** - compte rendu analytique
* **(to) be on record** - tenir à souligner
* **(to) go on record** - tenir à souligner
* **(to) put it on record as saying** - tenir à souligner
* **trial record** - minute, minutes (du procès)
* **verbatim record** - compte rendu in extenso de séance

./..

- 3. Documentation, articles
(bibliographie)
* **record (index)** - répertoire
* **record control** - contrôle de la documentation
* **record management** - gestion des dossiers
* **records retirement centre** - centre de classement des archives

RECORD (to) - Consigner, faire consigner, enregistrer, donner acte, constater légalement, faire l'inventaire de, recenser
* **(to) record a vote** - enregistrer un vote
* **(to) record facts** - répertorier des faits
* **(to) record expenditures** - comptabiliser les dépenses

RECORDED - Consigné, enregistré, relevé, noté
* **fully recorded** - intégralement consigné
* **officially recorded act** - acte notarié
* **recorded copy** - copie authentique
* **the proceedings are recorded** - il en est dressé procès-verbal

RECORDER - 1. Magnétoscope

- 2. Juge professionnel siégeant à mi-temps à la "Crown Court"

RECORDING - 1. Enregistrement, inventaire
* **recording error** - erreur d'enregistrement
* **recording system** - système de notation
* **statistical recording** - fichier statistique

- 2. Constatation

RECOUP (to) - Recouvrer, compenser

RECOUPMENT - Récupération des investissements
* **recoupment period** - période de recouvrement (d'investissement)

RECOURSE - Recours
* **recourse action** - action récursoire
* **recourse provisions** - action récursoire
* **right to recourse** - créance en recours

RECOVERIES - Recettes compensatoires (budget C.E.)

RECOVERY - 1. Récupération, reprise, relèvement, redressement, régénération

- 2. Recouvrement, répétition
* **action for recovery of possession** - action en restitution
* **recovery of fines** - recouvrement des amendes
* **recovery of payment made by mistake** - répétition de l'indû
* **right of recovery** - droit de recouvrement
* **(third party) action for recovery of ownership** - action en répétition (intentée par un tiers), action en revendication (intentée par un tiers), action en réintégrande

RECRUITMENT - 1. Recrutement
* **delayed recruitment factor** - coefficient de recrutement différé

- 2. Révision
* **Recruitment Board** - Conseil de révision

RECTIFICATION
* **right of rectification** - droit de réponse, droit de réplique

RECURRENT - Renouvelable, intermittent, chronique, cyclique
* **non recurrent expenditures** - dépenses extraordinaires
* **recurrent expenditures** - dépenses ordinaires, dépenses de fonctionnement

REDEEM (to) - Purger, amortir, racheter, dégager
* **right to redeem** - droit de retrait

REDEEMABLE - Amortissable, rachetable
* **redeemable loan** - emprunt amortissable

REDEMPTION - Dégagement (gage), purge (hypothèque), amortissement, rachat
* **redemption prior to maturity** - remboursement par anticipation

REDRESS (subst.) - Réparation, recours
* **injury beyond redress** - tort irréparable
* **injury without redress** - tort irréparable
* **legal redress** - droit à réparation
* **redress for damages to tangible property** - réparation d'un préjudice matériel

./..

* **redress for personal injury** - réparation d'un préjudice corporel
* **time-limit for redress** - délai de recours
* **(to) provide redress for a complaint** - redresser un grief
* **(to) seek redress** - demander réparation

REDRESS (to) - Corriger un abus, redresser un tort, rétablir l'équilibre
* **(to) redress a wrong** - parer au préjudice

REDUCTION
* **reduction (fixed)** - abattement

REDUNDANCY
* **redundancy payments** - indemnités de licenciement

REDUNDANT - Superflu, en surnombre, excédentaire
* **redundant labour** - main-d'oeuvre excédentaire
* **the innocently redundant** - les chômeurs involontaires

RE-ENACTED - Reconduit

REFER (to) - 1. Renvoyer, soumettre, saisir, porter devant, déférer à, déférer devant
* **the applicant cannot be referred to domestic remedies** - le requérant ne peut être renvoyé aux recours internes
* **this request refers to articles...** - cette demande renvoie aux articles...
* **(to) refer to the Commission** - saisir la Commission
* **(to) refer to the Court's opinion** - s'en remettre à l'avis de la Cour

- 2. Mentionner, évoquer, rappeler, faire état de, signaler, se référer à, viser, porter sur, se rapporter à
* **he also referred to art. 11** - il rappelle aussi l'article 11
* **hereinafter referred as** - ci-après dénommé
* **the introduction refers to** - l'introduction évoque...
* **the States referred to in this article** - les Etats visés par cet article
* **this question is referred to in** - cette question est reprise à
* **this term refers to** - ce terme désigne
* **(to) refer to a document as proof of** - invoquer un document à l'appui de

REFEREE - Syndic de faillite

REFERENCE - 1. Référence, cote, auteur, source, ouvrage, notice (bibliographique), mention, rappel
* **cross references** - renvois (doubles)
* **reference system** - système référentiel, système de références
* **specific time reference period** - période de référence déterminée
* **the reference to the resolution** - le rappel de la résolution
* **there will be some reference to that question** - cette question sera évoquée
* **(to) give a reference to this publication** - faire état de cette publication
* **with further references** - ... et les références citées
* **with particular reference to** - particulièrement sous l'angle de
* **with reference to** - eu égard à

- 2. Renvoi, saisine
* **referrence to a Committee** - renvoi en Commission
* **reference of a preliminary point to another Court** - renvoi préjudiciel
* **reference to another court** - (décision de) renvoi à un autre tribunal
* **reference to the Court of Human Rights** - saisine de la Cour des Droits de l'Homme

REFERENDUM - 1. Référendum

- 2. Initiative populaire

REFERRAL
* **referral services** - aiguillage (médical, par ex.)

REFINANCING - Consolidation
* **refinancing of a credit** - octroi d'un nouveau crédit
* **refinancing of a debt** - consolidation d'une dette

REFLECT (to) - Dénoter, traduire, refléter, concrétiser, faire ressortir, témoigner de
* **as reflected by** - d'après
* **progress was reflected in** - les progrès se sont cristallisés autour de
* **reflecting** - en raison de, consécutif à
* **this does not reflect on you** - ceci ne s'applique pas à vous
* **this was reflected by** - (ce souci) s'est exprimé par
* **(to) be reflected** - trouver un écho, se manifester
* **(to) reflect in the report** - inscrire dans le rapport, rendre compte dans le rapport
* **wich reflects** - ce qui montre bien

REFORMATION
* **reformation of offenders** - redressement des délinquants, amendement des délinquants

REFORMATORY - Maison de redressement, maison de correction, maison d'éducation corrective, maison d'éducation surveillée

REFRAIN (to) - S'abstenir
* **(to) refrain from stopping a person doing ...** - s'abstenir d'empêcher quelqu'un de faire ...

REFUSAL - Refus, fin de non-recevoir

REGARD (subst.)
* **having regard to article 5** - vu l'article 5
* **in this regard** - sur ce point
* **(to) have regard to** - prendre en considération

REGARD (to) - Regarder, considérer
* **(to) be regarded as** - être réputé pour
* **(to) regard as legitimate** - tenir pour légitime

REGARDLESS
* **regardless of** - abstraction faite de
* **regardless of whether** - indépendamment de la question de savoir si

REGIME - Régime
* **operating regime** - régime de marche (machine)
* **ordinary regime** - régime ordinaire (prison)
* **special regime** - régime renforcé (prison)
* **strict regime** - régime renforcé (prison)

REGIONAL - Régional
* **regional court** - tribunal d'arrondissement

REGISTER (subst.) - Registre, répertoire, rôle, liste
* **court register** - rôle
* **criminal register** - sommier judiciaire
* **entering in the court register** - mise au rôle
* **land charges register** - registre des hypothèques
* **land register** - cadastre, registre foncier

* **population register** - état civil
* **public register** - Livre public
* **rectification of the land register** - mise à jour du cadastre
* **register of companies** - registre du commerce
* **register of properties** - cadastre
* **register of systems of marital property** - registre matrimonial
* **register of voters** - liste électorale
* **ships register** - registre des soumissions de francisation
* **trades register** - répertoire des métiers

REGISTER (to) - 1. Consigner, prendre acte de, porter en compte, cataloguer

- 2. Enregistrer, immatriculer, inscrire; se faire inscrire sur une liste d'incorporation (mil.)
* **(to) register claims** - produire les créances

REGISTERED - Reconnu, agréé, déclaré (comme)
* **conversion into registered shares, etc.** - mise au nominatif d'actions, etc.
* **registered address** - domicile de police
* **registered annuity** - inscription de rente
* **registered interest** - droit transcrit
* **registered mortgage** - inscription hypothécaire, inscription d'hypothèque
* **Registered Office** - siège social, siège statutaire
* **registered right** - droit transcrit
* **registered scrip** - titre nominatif (action)
* **registered seaman** - inscrit maritime
* **registered stock** - action nominative
* **(to) be registered in practice** - exercer légalement (une profession)

REGISTERING - Déclaration
* **registering a death** - déclaration de décès

REGISTRAR - 1. Greffier (du tribunal)

- 2. Officier de l'état civil, officier d'état civil
* **deputy registrar** - agent de l'état civil

- 3. Archiviste (université)

- 4. Référendaire (Cour des Comptes)

- 5. Registre, archives
* **Registrar General Office** - archives de l'état civil

REGISTRATION - 1. <u>Enregistrement, déclaration, transcription, inscription, publicité foncière</u>
* **land registration** - transcription immobilière
* **registration duty** - droit d'enregistrement
* **registration fee** - droit d'inscription, taxe de déclaration
* **registration in the commercial registry** - inscription au registre du commerce
* **registration number** - numéro d'enregistrement
* **registration of a case-file with the fees payable later** - enregistrement et débet
* **registration of a foreign judgment** - délivrance d'un exequatur
* **registration of a mortgage** - transcription hypothécaire, inscription d'une hypothèque
* **registration officer** - fonctionnaire chargé des listes électorales
* **registration statistics** - statistiques de l'état civil

- 2. <u>Immatriculation</u>
* **registration document (vehicle)** - carte grise
* **registration of a company** - immatriculation d'une société
* **registration of conveyance in real property** - inscription translative de droit réel

REGISTRY - 1. <u>Greffe (d'un tribunal)</u>
* **regional court registry** - greffe d'instance
* **registry fees** - droits de greffe
* **registry of the criminal court** - greffe correctionnel
* **registry services** - services du greffe

- 2. <u>Enregistrement, registre</u>
* **commercial registry** - registre du commerce
* **land registry** - livre foncier
* **registry and filing clerk** - commis à l'enregistrement et au classement
* **registry officer** - fonctionnaire de l'enregistrement

REGULATION - 1. <u>Réglage, régulation</u>
* **(to) bring under regulation** - réglementer

- 2. <u>Article d'un règlement</u>

REGULATIONS - 1. <u>Règles, règlement, réglementation, dispositions, textes réglementaires, arrêté, décret</u>
* **administrative regulations** - règlement de police
* **consolidating regulations** - texte unique, règlement unique
* **emergency regulations** - décret d'exception
* **financial regulations** - règlement financier
* **implementing regulations** - décret d'application, ordonnance d'application, texte d'application, règlement d'application, texte d'exécution, règlement d'exécution

* **technical regulations on evidence** - règles techniques de la preuve
* **(to) be fixed by regulations** - (être déterminé) par voie réglementaire
* **works regulations** - règlement d'atelier

- 2. <u>(Qqfs) Statut</u>
* **Civil Service Act and Regulations** - Statut de la fonction publique
* **Staff Regulations** - Statut du personnel

- 3. <u>(Qqfs) Consignes</u>
* **safety regulations** - consignes de sécurité

REHABILITATION - 1. <u>Réadaptation, reclassement, rééducation, réintégration</u>
* **industrial rehabilitation** - réadaptation professionnelle
* **rehabilitation after release** - réinsertion (dans la société) après l'élargissement

- 2. <u>Réhabilitation (d'un quartier), relèvement, réaménagement (d'une zone), assainissement judiciaire, redressement judiciaire</u>
* **housing rehabilitation** - modernisation du logement
* **land rehabilitation** - régénération des sols
* **slum housing** - assainissement des taudis

REINSTATE (to) - <u>Rétablir, réintégrer</u>
* **(to) reinstate a sentence** - rétablir une peine qui avait été levée

REINSTATEMENT - <u>Réintégration; remise en état, restitutio in integrum</u>
* **reinstatement in its prior position** - demande de relèvement de forclusion
* **reinstatement in one's rights** - réintégration dans ses droits

RE-INSURANCE - Contre-assurance

RE-INVESTMENT - <u>Réemploi, remploi</u>
* **re-investment in land** - remploi immobilier
* **re-investment in real estate** - remploi immobilier

REJECT (to) - <u>Rejeter, refuser, débouter, récuser</u>
* **(to) reject an appeal** - rejeter un recours, débouter (le requérant) en appel
* **(to) reject that** - contester que

REJECTION - Rejet, débouté; exclusion
* **rejection of an objection** - débouté d'une opposition

REJOINDER - Duplique
* **sur-rejoinder** - triplique

RELATE (to) - 1. (Se) rapporter, avoir rapport à, rattacher à, apparenter à
* **(to) report pupils to others** - situer des élèves par rapport à d'autres
* **(to) report to** - s'appliquer à
* **(to) report to a team** - bien s'intégrer dans une équipe
* **(to) report to somebody** - bien s'entendre avec quelqu'un, établir de bonnes relations avec quelqu'un

- 2. Raconter, rapporter, relater

RELATED - Lié à, connexe
* **the related budgetary appropriations** - les crédits à (lui) consacrer

RELATING - Concernant, relatif à, touchant, qui a trait à, qui se rapporte à

RELATION - Relation, rapport
* **industrial relations** - relations sociales
* **labour relations** - relations sociales
* **legal relations** - rapport de droit, rapport juridique
* **mathematical relation** - relation mathématique
* **period of relation back** - période suspecte (faillite)
* **relation back doctrine** - théorie de la rétroactivité

RELATIONSHIP - 1. Rapport
* **causal relationship** - rapport de causalité
* **contractual relationship** - rapport contractuel
* **fiduciary relationship** - rapport de confiance
* **legal relationship** - rapport de droit, rapport juridique

- 2. Lien
* **marital relationship** - lien conjugal

- 3. Liaison
* **formal relationships** - liaisons officielles

- 4. Relations, cadre de relations
* **client relationship** - relation (établie) avec le client, relation d'aide
* **group relationship** - relations de groupe
* **healing relationship** - relations à valeur curative, relations à valeur thérapeutique

RELAXATION - 1. Détention, répit, assouplissement
* **relaxation zone (GATT)** - zone bénéficiaire d'assouplissement

- 2. Dérogation, allègement, libéralisation

RELEASE (subst.) - 1. Libération, élargissement, levée d'écrou, mainlevée, mise en liberté
* **conditional release** - libération conditionnelle
* **early release** - libération anticipée
* **pending trial release** - mise en liberté provisoire, libération provisoire
* **provisional release** - mise en liberté provisoire, libération provisoire
* **release from guardianship** - mainlevée de l'interdiction
* **release of property (from judicial custody)** - mainlevée (du séquestre)
* **release on bail** - mise en liberté sous caution
* **release on licence** - libération conditionnelle
* **release on remand** - libération conditionnelle
* **... resulting in release** - ... libératoire
* **(to) grant conditional release** - admettre au bénéfice de la libération conditionnelle
* **work release** - placement (d'un délinquant) à l'extérieur

- 2. Décharge, quitus

- 3.
* **press release** - communiqué de presse

- 4. Emission, décharge
* **release of gas** - émission de gaz
* **release of service** - décharge de service
* **release of toxic substances** - rejet de substances toxiques
* **slow release strips** - bandes à libération retardée
* **waste release** - décharge, évacuation des déchets

- 5.
* **day release education** - cours données pendant les heures de travail, jours de congé-études
* **part-time day release** - congé d'études à temps partiel

RELEASE (to) - 1. Libérer, relaxer, élargir, remettre en liberté, relâcher
* **released on bail** - mis en liberté sous caution
* **conditionnally released** - détenus conditionnels, libérés conditionnels

- 2. Débloquer, décharger, livrer, mettre sur le marché, écouler, commercialiser, déverser
* **(to) release a film** - distribuer un film
* **(to) release from an oath** - relever d'un serment
* **(to) release oneself from the guarantee** - s'exonérer de la garantie

RELEVANCE - Applicabilité, utilité, pertinence,
RELEVANCY adéquation de...à; (qqfs) prise sur le réel, adaptation (aux besoins), "actualité"
* **better relevance of the curriculum to working life** - meilleure adéquation du programme à la vie active
* **... of any relevance or use** - pertinent ou utile
* **relevance of evidence** - pertinence des preuves
* **(to) have no relevance to the application** - être sans rapport avec la requête, ne pas s'appliquer à la requête

RELEVANT - Applicable, pertinent, correspondant, significatif, topique, utile, voulu, adapté à, y afférent, connexe, applicable à, qui tire à conséquence
* **criminally relevant** - pertinent au plan pénal
* **... is very relevant** - vient au premier plan
* **it is relevant that** - à ce sujet, il convient de noter que
* **relevant details** - détails utiles, détails nécessaires
* **relevant question** - question en jeu
* **relevant to the present case** - pertinent en l'espèce
* **the only evidence relevant for conviction** - le seul élément de preuve sur lequel reposait la condamnation
* **the relevant texts** - les textes pertinents, les textes applicables
* **(to) be no longer relevant** - n'être plus de mise
* **what is relevant for the purposes of Art. 5** - ce qui importe aux fins de l'article 5
* **what is relevant, is...** - ce qui compte, c'est ...

RELIABILITY - Fiabilité, qualité, valeur, fidélité (d'un rapport), exactitude, crédibilité, sécurité, sûreté (de fonctionnement)
* **reliability engineering** - techniques de fiabilité
* **reliability of the statistics** - valeur des statistiques, qualité des statistiques
* **the reliability of witnesses** - la crédibilité des témoins

RELIABLE - Valable, solide, sûr, présentant toutes garanties, probant, fiable, "scientifique", sérieux, digne de confiance
* **not reliable** - sujet à caution

RELIEF - Allègement, soulagement, secours, assistance, réparation (d'un tort)
* **ancillary legal reliefs** - possibilités juridiques annexes
* **interim relief** - mesure conservatoire
* **matrimonial relief** - réparation matrimoniale
* **on relief** - secouru, assisté
* **petition for extraordinary relief** - demande en réparation exceptionnelle
* **relief goods** - secours en nature
* **relief patrol** - patrouille de relève (mil.)
* **relief work** - travaux financés sur fonds publics

* **social relief and welfare** - prévoyance et aide sociale
* **tax relief** - dégrèvement fiscal
* **(to) apply for relief** - demander une aide sociale; demander réparation (d'un tort)
* **(to) get relief** - obtenir justice
* **(to) grant relief** - réparer un préjudice

RELIEVE (to) - Alléger, aider, soulager, remédier à
* **(to) relieve overcrowding** - décongestionner
* **(to) relieve the pressure** - alléger la tâche
* **(to) relieve the shortage** - pallier la pénurie

RELIGIOUS - (Penser à) cultuel (édifice), confessionnel (école)

RELINQUISH (to) - Abandonner, renoncer (à un projet), se dessaisir, délaisser (un droit)
* **(to) relinquish jurisdiction** - se dessaisir de l'affaire (pour un tribunal)
* **(to) relinquish jurisdiction forthwith** - se dessaisir de l'affaire (pour un tribunal) avec effet immédiat
* **(to) relinquish to the State** - se dessaisir en faveur de l'Etat

RELOCATION - Reclassement (main-d'oeuvre), relocalisation (industries)

RELY (to) - Tabler sur, avoir recours à, faire fond sur, se fonder sur, attacher de la valeur à, s'appuyer sur, invoquer, se prévaloir de, faire état de
* **factors relied on** - facteurs pris en considération
* **not to wholly rely on** - ne pas fonder uniquement (son argumentation) sur
* **the argument relied on** - l'argument invoqué
* **(to) rely on a right** - invoquer un droit, exciper de son droit

REM (in) - Réel
* **action to establish a right in rem** - action pétitoire
* **judgment in rem** - jugement constitutif
* **obligation to transfer a right in rem** - obligation de donner
* **right in rem** - droit réel

REMAINDER - 1. <u>Reste, reliquat, restant</u>
* **(to) reject the remainder of the application** - rejeter la requête pour le surplus

            - 2. <u>Substitution d'héritiers, réversion;</u> <u>nue-propriété</u>
* **contingent remainder** - réversion sous condition suspensive
* **estate is left to A with remainder to B** - la succession passe à A avec réversion à B
* **remainder man** - nu-propriétaire, héritier appelé, bénéficiaire de la réversion

REMAINING - <u>(Qqfs) Résiduel</u>
* **remaining fraction** - fraction résiduelle

REMAND (subst.) - <u>Détention préventive, détention</u> <u>provisoire</u>
* **detention under remand** - détention préventive, détention provisoire
* **held on remand** - remis en détention (pour supplément d'instruction)
* **remand home** - centre d'accueil (enfance délinquante), maison de détention préventive pour mineurs
* **remand prison** - maison d'arrêt
* **remand prisoner** - détenu en prévention, prévenu
* **weekly remand appearance** - comparution hebdomadaire du prévenu (en détention provisoire)

REMAND (to) - 1. <u>Mettre en détention provisoire,</u> <u>maintenir en détention provisoire</u>
* **warrant to remand in custody** - mandat de dépôt

            - 2. <u>Renvoyer, remettre à plus tard</u>
* **he was remanded for a week** - sa cause a été remise à huitaine
* **(to) remand a case for further inquiry** - renvoyer une affaire à plus ample informé
* **(to) remand a prisoner** - renvoyer la comparution de l'inculpé
* **(to) remand on bail** - mettre en liberté sous caution

REMEDIAL - <u>Curatif, correctif, réparateur, réadaptateur,</u> <u>de rattrapage</u>
* **remedial action** - mesures de traitement, mesures correctives
* **remedial assistance** - assistance curative
* **remedial class** - classe de rattrapage, classe d'adaptation
* **remedial measures** - mesures qui s'imposent
* **remedial program** - programme de rééducation
* **remedial statute** - loi-remède, loi fournissant le moyen légal d'obtenir compensation d'un dommage

REMEDY (subst.) - 1. <u>Solution, possibilité, moyen,</u> <u>formule juridique, recours, voie</u> <u>de recours, voie de droit</u>
* **additional remedy** - recours supplémentaire
* **alternative remedy** - solution de rechange, autre possibilité offerte par le droit
* **availability of the remedy** - accès au recours, accès à cette procédure
* **exhaustion of the available domestic remedies** - épuisement des recours internes
* **in obtaining a remedy, ...** - en matière de recours, ...
* **judicial remedies** - recours juridictionnels, moyens judiciaires
* **(legal) remedy** - voie de droit, voie de recours
* **other available remedy** - recours parallèles
* **remedy claimed** - recours invoqué
* **remedy of the nullity** - couverture de nullité
* **right to an effective remedy** - droit à un recours effectif (devant, contre)
* **she could not pursue this remedy** - ce moyen lui était inaccessible
* **the only acceptable remedy** - la seule procédure adéquate
* **the remedy for her problem ...** - la solution de son problème ...
* **this remedy was not available to her** - elle ne pouvait se prévaloir de cette possibilité
* **(to) avail oneself of a remedy** - faire usage d'un recours, se prévaloir d'un recours
* **(to) be denied a remedy** - être privé de la possibilité d'un recours
* **(to) get access to the remedy** - mettre le recours en oeuvre
* **in order to obtain the necessary remedy** - pour obtenir la solution qui s'impose
* **(to) provide a remedy** - offrir un recours
* **(to) use a remedy** - exercer un recours

            - 2. <u>Remède, réparation; sanction</u>
* **remedy for lack of conformity** - sanction du défaut de conformité
* **remedy for non-payment** - sanction du défaut de paiement

REMEDY (to) - <u>Remédier à, porter remède à</u>
* **(to) remedy the situation** - redresser la situation

REMINDER - <u>Mémento, rappel, avertissement (d'avoir</u> <u>à payer)</u>
* **as a reminder that** - pour rappeler que
* **mentioned as a reminder** - mentionné pour mémoire
* **reminder of due date** - rappel d'échéance

REMISSION - 1. Remise, suspension
* **application for remission** - pétition de remise de peine
* **conditional remission of sentence** - suspension conditionnelle de la peine
* **loss of remission of sentence** - retrait de remise de peine
* **remission of a debt** - remise de dette
* **remission of sentence** - remise (gracieuse) de peine

- 2. Exonération
* **remission of tax** - exonération fiscale

REMIT (subst.) - Mandat (d'un comité, d'une commission)
* **the problem is well within our remit** - ce problème est bien de notre compétence

REMIT (to) - 1. Pardonner, remettre (une peine,...)
* **right to remit sentences** - droit de réduire les peines
* **(to) remit a debt** - remettre une dette

- 2. Relâcher (son zèle, ses efforts)

- 3. Remettre, soumettre une question à, différer, surseoir, renvoyer (à un autre tribunal)
* **(to) remit a sentence** - surseoir à une peine

- 4. Envoyer, remettre (une somme)
* **they remitted the awarded sum against them** - ils ont versé la somme à laquelle ils avaient été condamnés

REMITTANCE - Remise, envoi, transfert
* **cash remittances** - envois de fonds, rapatriement de salaires

REMNANT - Epave, reste
* **material remnant of wars** - restes matériels des guerres

REMOTE
* **remote-sensing** - télédétection

REMOTENESS - Eloignement, faible probabilité, absence de lien causal (droit angl.)
* **rules of remoteness** - critères déterminant l'étendue du préjudice, critères déterminant le montant de la réparation

REMOVAL
* **removal from association** - mise à l'écart de la collectivité pénitentiaire, mise à l'écart des codétenus
* **removal from office** - désinvestiture
* **removal from the list** - radiation du rôle
* **removal from the national territory** - refoulement à la frontière (d'immigrés clandestins)
* **removal of a case from court** - déssaisissement
* **removal of a child** - déplacement d'un enfant
* **removal of legal capacity** - interdiction
* **removal of seals** - levé des scellés
* **undue removal of a child in a foreign country** - déplacement illicite d'un enfant hors des frontières nationales

REMOVE (to)
* **(to) remove a case from court** - dessaisir un tribunal (d'une affaire)
* **(to) remove members** - révoquer des membres

REMUNERATION - Traitement, salaire, rémunération
* **hourly remuneration** - gain horaire

RENDERING
* **rendering of accounts** - reddition des comptes

RENEWAL - 1. Rénovation, réhabilitation (logement), rajeunissement, reconstitution
* **town renewal** - renaissance de la cité

- 2. Reconduction
* **periodic renewal (law)** - (loi) périodiquement reconduite
* **renewal clause** - clause de reconduction
* **tacit renewal** - tacite reconduction

RENOUNCE (to) - Renoncer à
* **(to) renounce a treaty** - dénoncer un traité
* **(to) renounce one's country** - abjurer sa patrie
* **(to) renounce one's wife** - répudier sa femme
* **(to) renounce previous reports** - revenir sur les précédents rapports
* **(to) renounce somebody** - désavouer quelqu'un

RENT - 1. Rente
* **absolute rent** - rente absolue
* **differential rent** - rente différentielle
* **economic rent** - rente économique

./..

- 2. Loyer, bail
* **advance payment on rent** - acompte sur loyer
* **receipt for rent** - quittance de loyer
* **rent allowance** - allocation de logement, indemnité de logement
* **rent collector** - gérant d'immeubles
* **rent controlled premises** - HLM
* **rent payable to the superior landlord** - loyer principal
* **rent tax** - impôt sur revenu locatif
* **right to receive rent** - créance de loyers

- 3. Redevance, bail
* **agricultural rent tribunal** - tribunal paritaire de baux ruraux
* **rent charge** - redevance foncière
* **surface rent paid by a mine-owner to the surface owner** - redevance tréfoncière

RENTED
* **rented house** - immeuble de rapport

RENUNCIATION - 1. Abandon, délaissement, renoncement
* **renunciation of a right** - abandon d'un droit
* **renunciation of a succession** - renonciation à une succession

- 2. Désaveu, reniement, dédit

REOFFENDER - Récidiviste

REOPEN (to)
* **(to) reopen civil proceedings** - former un recours en révision (au civil)

REPAIR - Réparation, dépannage, entretien
* **current repairs** - réparations d'entretien
* **environmental repair** - régénération de l'environnement
* **major repairs** - grosses réparations
* **obligation to keep in repair** - obligation d'entretien
* **repair kit** - trousse de réparation
* **repair shop** - atelier de dépannage
* **tenant's repairs** - réparations locatives
* **(to) keep in repair** - maintenir en état

REPAYABLE - Remboursable, amortissable, reversable

REPAYMENT - Remboursement, reversement
* **repayment guarantee** - garantie de remboursement
* **repayment of amounts due** - reversement des sommes dues
* **repayment order** - arrêt de débet (pour déficit comptable)

REPEAL (subst.) - Abrogation (loi), révocation (décret), annulation (ordre), dérogation
* **partial repeal** - dérogation

REPEAL (to) - Abroger (loi), rappeler, révoquer (décret), annuler (ordre), rapporter

REPEATER - Récidiviste (jur.)

REPLACEMENT - 1. Remplacement
* **replacement rate** - taux de reproduction (dém.)

- 2. Subrogation

REPLENISHMENT - Réapprovisionnement
* **replenishment of resources** - reconstitution des ressources

REPLY (subst.) - 1. Réponse
* **right of reply** - droit de réponse
* **speaking in exercice of his right of reply** - exerçant son droit de réponse

- 2. Réplique (jur.)

REPLY (to) - Répliquer, répondre
* **(to) reply to the writ** - constituer avoué

REPORT (subst.) - 1. Rapport, constat, compte-rendu, déclaration, relevé, état
* **annual report** - compte-rendu annuel
* **bailiff's report** - constat d'huissier
* **business report** - rapport de gestion
* **captain's report** - rapport de mer
* **detailed report** - rapport circonstancié
* **interim report** - rapport intérimaire
* **Law's report** - jurisprudence, recueil de jurisprudence
* **monitoring report** - rapport d'activité

./..

* **police report** - constat de police
* **printed report** - état (imprimé) mécanographique
* **progress report** - rapport d'activité, rapport périodique
* **report establishing adultery** - constat d'adultère
* **report on an inquiry** - rapport d'enquête
* **reports of torture** - des cas de torture ont été signalés
* **The reports** - recueil de jurisprudence
* **(to) make a report** - verbaliser, dresser un procès-verbal
* **verbatim report** - rapport in extenso

        - 2. Bruit, rumeur, information nouvelle
* **according to unverified reports** - selon des informations non vérifiées
* **reports indicate** - selon les informations reçues
* **there arose a report that** - le bruit se répandit que

        - 3. Exposé, récit

        - 4. Bulletin, déclaration
* **examiners' report** - note des examinateurs
* **report book** - livret scolaire
* **report form (accident)** - feuille de déclaration d'accident
* **(to) refer for report (to a Committee)** - renvoyer pour le fond (à un Comité)

        - 5. Réputation, renommée
* **a man of good report** - un homme de bonne réputation

REPORT (to) - 1. Déclarer, signaler, relever
* **as reported in document** - comme le relève le document
* **reported turnover** - chiffre d'affaires déclaré
* **reporting error** - erreur de déclaration
* **(to) report a death** - déclarer un décès
* **(to) report a fact** - dénoncer un fait
* **(to) report an accident** - signaler un accident
* **(to) report an offence** - dénoncer un délit
* **(to) report an offence to the prosecuting authorities** - signaler un délit, porter plainte, déposer une plainte

        - 2. Faire rapport, rendre compte, relater, soumettre, présenter, envoyer des rapports
* **reported cases** - jurisprudence
* **reporting obligation** - obligation de rendre compte
* **(to) report a trial** - rendre compte d'un procès
* **(to) report progress** - exposer l'état de l'affaire, faire le point de, tenir au courant de la marche de l'affaire
* **when it was reported that** - à la nouvelle de

        - 3. Faire des reportages

        - 4. Se présenter
* **(to) report to duty** - rallier son poste, prendre ses fonctions

        - 5. Rapporter (un projet de loi)

REPORTED - Communiqué, déclaré, déféré, dénoncé, diffusé, indiqué, signalé, notifié
* **reported period** - période considérée

REPORTEDLY - A ce que l'on dit
* **reportedly arrested** - ... aurait été arrêté

REPORTER
* **court reporter** - chroniqueur judiciaire

REPORTING - 1. Notation (fonctionnaire)
* **reporting officer** - notateur

        - 2. Signalement, déclaration
* **error reporting** - indication des erreurs
* **performance reporting** - marche de la production
* **reporting channels** - circuits hiérarchiques
* **reporting results** - communication des résultats
* **reporting to authorities** - déclaration aux autorités, signalement aux autorités

        - 3. Notification (de maladies)

        - 4
* **(to) be reporting to somebody** - relever de quelqu'un, être comptable devant (envers) quelqu'un

        - 5. Reportage, compte rendu
* **reporting staff** - service des informations

        - 6. Répondant, déclarant, informateur
* **reporting company** - compagnie déclarante
* **reporting establishments** - établissements informateurs

REPOSITORY - 1. Dépositaire

        - 2. Réfectoire

        - 3. Dépôt

        - 4. Source de renseignements

REPRESENT (to) - 1. Représenter
* **by representing himself** - en comparaissant lui-même (devant le tribunal)

        - 2. Faire fonction de

REPRESENTATION - <u>Représentation</u>
* **independent representation** - défenseur de son choix
* **legal representation** - représentation en justice, représentation par conseil; [se faire assister d'un défenseur]

REPRESENTATIONS - <u>Les dires</u>
* **false representations** - simulation, fausse déclaration, dénaturation des faits
* **representations from both sides** - argumentation des deux parties

REPRESENTATIVE - 1. <u>Représentant</u>
* **statutory representative (of a minor)** - administrateur légal (d'un mineur)

- 2. <u>Mandataire</u>
* **authorized representative** - fondé de pouvoirs
* **legal representative** - mandataire en justice
* **personal representative (for a will)** - exécuteur testamentaire
* **representative holding power of attorney** - fondé de pouvoir
* **(to) appoint as representative** - mandater

REPRIEVE - 1. <u>Sursis à l'exécution d'une peine capitale</u>

- 2. <u>Commutation de peine capitale (en France, sur grâce présidentielle)</u>

REPRIMAND - Admonestation

REPRODUCTION - <u>Reproduction</u>
* **reproduction of results** - reproduction des résultats
* **reprographic reproduction** - reprographie

REPUDIATION
* **repudiation of a treaty** - rejet d'un traité

REPURCHASE - <u>Rachat</u>
* **option (right) to repurchase** - droit de rachat, droit de réméré
* **repurchase obligation** - obligation de rachat
* **right of repurchase** - faculté de rachat

REPUTABLE
* **reputable body** - organe dont la valeur est connue
* **reputable person** - personne dont la valeur est connue

REPUTATION
* **prejudice to reputation** - atteinte à l'honneur

REPUTE
* **common repute** - commune renommée

REQUEST (to) - <u>Demander, requérir</u>
* **I have been required by Mr... to** - Au nom de Mr..., j'ai l'honneur
* **requested State** - Etat requis
* **requesting party** - partie requérante
* **requesting State** - Etat requérant

REQUIRE (to) - <u>Entraîner, nécessiter, commander, demander, exiger, appeler, requérir (qqch de qqn)</u>
* **Art. 13 does not require a remedy** - l'article 13 ne requiert pas l'existence d'un recours
* **as required** - en nombre suffisant, selon les besoins
* **issues requiring to be determined on the merits** - questions appelant un examen au fond
* **required** - de règle
* **the Commission is not required to decide whether** - la Commission n'est pas appelée à se prononcer sur, la Commission n'est pas tenue de se prononcer sur
* **the Court required his appearance** - la Cour a exigé qu'il comparaisse
* **(to) be required to** - être tenu de
* **(to) do all that is required by law** - satisfaire à toutes les exigences de la loi
* **would require** - imposerait

REQUIREMENT - 1. <u>Condition requise, exigence, contrainte, impératif</u>
* **does not satisfy the requirements of Art. 6** - ne répond pas aux critères de l'article 6
* **requirements of Art. 5** - conditions posées par l'article 5
* **requirements stemming from this obligation** - exigences découlant de cette obligation
* **the requirement to exhaust the remedies** - la condition relative à l'épuisement des recours
* **(to) fulfill the requirements** - remplir les conditions (voulues)
* **(to) fully comply with the requirements** - satisfaire pleinement aux exigences de
* **town-planning requirements** - contraintes d'urbanisme   ./..

- 2. Demandes, besoins,
prescriptions, exigences, règles,
normes, critères, dispositions
(applicables)

* **additionnal staff requirements** - dotations
supplémentaires en personnel nécessaire
* **administration of requirements** - application des
dispositions
* **employment requirements** - les besoins de l'emploi
* **fair hearing requirement in Art. 6** - les règles du
procès équitable posées par l'article 6
* **formal requirements** - prescriptions de forme
* **future requirements** - besoins prospectifs
* **not in accordance with the requirements** - irrégulier
* **not satisfying the requirements** - en situation
irrégulière
* **procedural requirements** - prescriptions de forme
* **these requirements** - cette nécessité
* **(to) fulfill the requirements** - être conforme aux
normes (prévues)
* **(to) meet the requirements specified in Art. 6** - être
conforme aux exigences de l'article 6

- 3. Obligations, attributions

- 4. Crédit demandé, crédit
nécessaire

* **the requirements** - les dépenses prévues, les dépenses
à prévoir
* **the requirements of (for)** - la demande pour

REQUISITION - Mise sous séquestre

RES - Présomption de fait, présomption fondée sur une
déduction directe
* **res ipsa loquitur** - preuve d'une obligation de résultats
* **res judicata** - effet de chose jugée, force de chose jugée,
autorité relative à la chose jugée
* **(to) become res judicata** - passer en force de chose
jugée

RESALE
* **resale right** - droit de suite

RESCIND (to) - Rescinder, résoudre, annuler
* **defect entitling the purchase to rescind the sale** -
vice rédhibitoire
* **effect of rescinding** - effet résolutif
* **liable to be rescinded** - rescindable
* **right to rescind** - droit de résolution
* **(to) reject an application for rescinding the order** -
refuser la levée de l'injonction
* **(to) rescind a contract** - annuler un contrat par
décision de justice

RESCISSION - Annulation, résolution
* **rescission clause** - pacte commissoire, clause
commissoire
* **rescission of a contract for inadequate
consideration** - rescision d'un contrat pour cause de
lésion, résolution d'un contrat pour cause de lésion
* **rescission of a sale on account of a defect in the
thing sold** - rédhibition

RESEARCH
* **action research** - recherche-intervention, recherche-
action, recherche opération, recherche opérationnelle
* **Research and Development (R&D)** - travaux de
recherche et de développement, travaux de R & D
* **research and study Unit** - Service de recherches et
d'études

RESENT (to) - Prendre en mauvaise part, prendre
ombrage, trouver vexant, s'offenser, se
formaliser

RESENTFUL - Rancunier

RESERVATION - Réserve, clause de réserve
* **reservation of title clause** - clause de réserve de
propriété

RESERVE (subst.) - Réserve, provision
* **Collective Reserve Units (CRU)** - Unités de réserve
collectives
* **depreciation reserve** - réserve pour provision
d'amortissement
* **land reserve** - réserve foncière
* **reserve for contingencies** - réserve de prévoyance,
réserve pour imprévus
* **reserve unit** - unité de réserve (FMI)
* **statutory reserve** - réserve légale
* **transfer to reserve** - dotation provisionnelle

RESERVE (to) - Réserve
* **all rights reserved** - tous droits réservés
* **judgment reserved** - affaire mise en délibéré, jugement
mis en délibéré
* **reserved portion** - droit réservataire
* **reserved portion of an estate** - réserve héréditaire
* **right to a reserved portion** - droit à part réservataire
* **(to) be in a reserved occupation** - avoir une
affectation spéciale
* **(to) reserve a judgment** - mettre en délibéré
* **(to) reserve oneself the right to** - se réserver le droit
de

RESERVING
* reserving State - Etat auteur de la réserve

RESETTLEMENT - 1. Reclassement, réemploi

- 2. Réinstallation (réfugiés)

- 3. Réétablissement (transfert)

- 4. Repeuplement
* rural resettlement - repeuplement des campagnes

RESIDENCE - Etablissement, domicile, séjour, résidence
* change of residence - transfert de domicile
* compulsory residence order - assignation à résidence
* habitual residence - domicile
* judge's private residence - hôtel du juge
* more than one residence - domicile multiple
* notional residence - domicile fictif
* occasional residence - habitation
* official place of residence - domicile
* ordinary residence - domicile
* permanent residence - domicile permanent
* place of residence - lieu de résidence, lieu d'établissement
* principal residence - domicile
* residence for tax purposes - domicile fiscal
* residence for the purpose of determination of jurisdiction - domicile attributif de juridiction
* residence permit - permis d'établissement, permis de résidence ; autorisation de séjour, titre de séjour
* residence prohibition - interdiction de résidence, interdiction de séjour
* right to take up residence - droit d'établissement
* special residence permit - admission à domicile
* State of (ordinary) residence - Etat du domicile
* subject to compulsory residence order - assigné à résidence
* (to) take up residence - s'établir

RESIDENTIAL - En établissement
* non residential - sans placement en établissement

RESIDUAL - Résiduel, supplétif, rémanent
* residual rule - règle supplétive
* residual settlement - versement résiduel (pensions)
* residual spraying (agr.) - pulvérisation à effet rémanent

RESIDUARY
* residuary rule - règle supplétive

RESIDUE - Reliquat, résidu, actif net (après paiement des charges)

RESIGNATION - Démission
* resignation of a partner - départ d'un associé

RESOLUTION - 1. Résolution
* statutory resolution - résolution statutaire
* (to) carry a resolution - adopter une résolution
* (to) pass a resolution - adopter une résolution

- 2.
* negative resolution procedure - procédure d'approbation tacite

- 3. Annulation, déchéance
* resolution of parental rights - déchéance de la puissance parentale

RESOLVE (to)
* (to) resolve into (a body) - se constituer en
* (to) resolve the difference of opinion - vider la controverse

RESOURCE
* financial resources - moyens financiers; moyens de production (qqfs)
* real resources - biens et services
* Resource Management - Régie des moyens techniques (C.E.)
* resource owner - capitaliste
* resource personnel - expert (à titre consultatif)

RESPECT
* election of a member of the Commission in respect of France - élection d'un membre de la Commission au titre de la France
* in respect of - du chef de, au titre de

RESP. (respectively - acception allemande) - c.a.d., plus précisément, ou plutôt, et/ou, notamment

RESPOND (to) - Répondre (à une demande), satisfaire (un besoin)

RESPONDENT - <u>Défendeur, mis en cause, intimé, partie intimée (en appel), partie adverse, partie défenderesse, partie mise en cause, époux défendeur (divorce)</u>
* **as respondent** - en défense
* **respondent government** - gouvernement défendeur

RESPONSE - 1. <u>Réaction, écho</u>
* **in response to** - sous l'influence de
* **lack of response** - manque d'intérêt

     - 2. <u>Riposte</u>

     - 3. <u>Réponse</u>
* **speed of response** - vitesse de réponse (à un test)

RESPONSIBILITY - 1. <u>Responsabilité</u>
* **absence of criminal responsibility** - irresponsabilité pénale
* **absolute responsibility** - responsabilité objective
* **attribution of responsibility** - partage de la responsabilité
* **diminished responsibility** - responsabilité atténuée
* **legal (ir)responsibility** - (ir)responsabilité pénale
* **mutual responsibility** - partage des responsabilités
* **provisions governing responsibility** - règlements de compétence
* **responsibility for injuries** - responsabilité à raison de dommages
* **shared responsibility** - partage des responsabilités
* **the act that creates a responsibility** - acte constitutif de responsabilité
* **this is not the responsibility of the government** - le gouvernement ne saurait être tenu pour responsable du fait que
* **(to) apportion responsibility** - partager la responsabilité
* **(to) take full responsibility** - assumer l'entière responsabilité

     - 2. <u>Compétences, pouvoirs, domaines de compétence</u>
* **the responsibilities of... rests on** - il incombe à ... de
* **with regional responsibilities** - à vocation régionale

RESPONSIBLE - <u>Responsable (tous les sens), conscient de sa responsabilité</u>
* **a responsible person** - personne qualifiée, personne autonome, personne consciencieuse
* **a responsible task** - tâche importante, tâche lourde de responsabilités
* **responsible for** - ayant la charge de, compétent (qqfs)
* **responsible measure** - mesure judicieuse, mesure bien pensée, mesure réfléchie, mesure sérieuse
* **responsible ministry** - ministère de tutelle

* **those responsible for the report** - les auteurs du rapport
* **(to) be responsible for** - être l'auteur, être l'instigateur de, être la cause de
* **(to) be responsible for hearing civil cases** - être compétent pour connaître des affaires civiles
* **(to) be responsible for sb's actions** - être solidaire des actes de qqn
* **(to) be responsible of** - être chargé de
* **(to) be responsible to sb for sth** - être responsable envers qqn de qqch; être comptable à qqn de qqch
* **(to) hear from responsible sources** - apprendre de sources autorisées

RESPONSIVENESS - <u>Réceptivité, ouverture d'esprit</u>
* **responsiveness to an administration** - maniabilité d'une administration, adaptabilité d'une administration, facilité d'adaptation d'une administration

REST (subst.) - 1. <u>Reste</u>
* **for the rest** - pour le surplus

     - 2.
* **rest position** - à l'arrêt

REST (to)
* **(to) rest one's case** - fonder sa thèse sur, mettre fin à son argumentation, clore son argumentation

RESTITUTIO
* **restitutio in integrum** - se faire relever de la forclusion; réparation en nature (et non en dommages-intérêts), réparation intégrale; rescision d'un contrat

RESTITUTION - <u>Restitution, réparation, dommages-intérêts</u>
* **application for restitution** - demande de restitution
* **pro claim restitution** - répéter des dommages-intérêts, redemander des dommages-intérêts
* **restitution in kind** - restitution en nature
* **restitution of conjugal rights** - réintégration du domicile conjugal
* **restitution order** - arrêt de débet
* **(to) make restitution of sth** - restituer qqch

RESTORATION - Réintégration
* **action for restoration of possession** - (action en) réintégrande
* **restoration of one's former nationality** - réintégration dans la nationalité
* **restoration of one's former rights** - réintégration dans ses droits, restitution de droits
* **restoration of the former position** - rétablissement (des choses) en l'état

RESTORE (to) - Revivifier, régénérer, réhabiliter, restaurer, revitaliser, remettre en état
* **(to) restore a summons** - faire réinscrire une affaire au rôle
* **(to) restore an action** - faire réinscrire une affaire au rôle

RESTRAINT - 1. Retenue, modération, réserve, circonspection

- 2. Incitation négative, coup de frein, compression, encadrement (crédit), austérité
* **agreement in restraint of competition** - clause de non-concurrence
* **contract in restraint of trade** - clause de non-concurrence
* **general restraint of trade** - interdiction totale de concurrence
* **unlawful restraint of persons** - séquestration arbitraire de personnes

RESTRICTED - Réglementé, réservé, restreint
* **restricted areas** - zones d'accès réservé
* **restricted articles** - articles réglementés
* **restricted document** - document qui ne doit être connu que des responsables, document à diffusion restreinte
* **restricted funds** - contributions conditionnelles
* **restricted patients** - malades soumis à des restrictions
* **restricted session** - session à huis clos renforcé

RESTRICTION - 1. Restriction, limitation, réduction
* **removal of trade restrictions** - libération des échanges
* **restriction order** - ordonnance (dite) restrictive
* **restrictions on his receipt of information** - restrictions apportées à son droit de recevoir des informations
* **restrictions on town planning** - servitudes d'urbanisme

- 2. Atteinte (à un droit)

- 3. Assignation à résidence; interdiction de séjour

RESULT (subst.) - Réalisation (qqfs), conclusions
* **and the result is that** - et, par voie de conséquence,
* **as a result of** - à la suite de
* **rest of research** - acquis de la recherche
* **results of a survey** - observations d'une enquête, résultats d'une enquête

RESULT (to)
* **(to) result from** - résulter, provenir, découler, s'ensuivre
* **(to) result in** - aboutir à, avoir pour résultat, amener, mener à
* **quarrel resulted in physical violence** - querelle qui dégénéra en violence physique

RESULTING
* **resulting from** - consécutif à; et, par voie de conséquence

RETAIN (to) - 1. Conserver, retenir, maintenir, garder
* **right to retain control over the data** - droit de suite à l'égard des données
* **(to) retain all the powers** - conserver toutes les compétences

- 2. Employer les services de, rémunérer, engager

- 3. Garder en mémoire

RETAINER - 1. Dispositif de retenue, dispositif d'arrêt (tech.)

- 2. Provision d'avances sur honoraires

- 3. Droit de rétention (de qqch)

- 4. Mandat donné à un avocat

RETALIATORY
* **retaliatory action** - mesure de rétorsion

RETARDING
* **retarding effect** - effet dilatoire

RETENTION - 1. <u>Conservation d'un usage, maintien d'une autorité</u>

- 2. <u>Retenue</u>
* **retention of employees in public service** - conditions propres à retenir les fonctionnaires

- 3. <u>Réserve</u>
* **retention clause** - clause de réserve

- 4. <u>Mémorisation, mémoire (psych.)</u>

RETIRED
* **retired coins** - pièces démonétisées

RETIRING - <u>Sortant</u>
* **retiring member** - membre sortant

RE-TOOLING - Renouvellement (de l'équipement), réorganisation (d'une usine)

RETRAINING - Rééducation, recyclage, reconversion

RETRIAL - <u>Révision, nouveau procès</u>
* **application for retrial** - pourvoi en révision (procédure pénale)
* **retrial in civil proceedings** - requête en révision, pourvoi en révision (civil); requête civile

RETRIEVAL - Restitution, extraction, recherche documentaire (rétrospective)

RETROSPECTIVE - <u>A posteriori</u>
* **retrospective effect** - effet rétroactif
* **retrospective questions** - questions rétrospectives
* **retrospective survey** - enquête rétrospective
* **retrospective wisdom** - esprit de l'escalier (= hindsight)

RETURN (subst.) - 1. <u>Résultats (élections, examen)</u>

- 2. <u>Bénéfice, gain</u>
* **return to land** - rente foncière

- 3. <u>Contrepartie (contrat)</u>

- 4. <u>Déclaration, état</u>
* **nil return** - état néant
* **numerical return** - état numérique
* **return of assets** - déclaration de fortune
* **return of capital** - déclaration de fortune
* **return of dues** - détaxe
* **return of fees** - détaxe
* **return of tax** - détaxe
* **tax return** - déclaration d'impôt

- 5. <u>Remboursement, restitution</u>
* **return of a capital sum** - remboursement d'un capital
* **(to) claim return** - réclamer (des dommages), réclamer la restitution de
* **(to) sue for return of money** - action en répétition de l'indû

RETURN (to)
* **(to) return a refugee** - refouler un réfugié

RETURNING
* **returning officer** - président d'un bureau de vote

REUNIFICATION
* **reunification of families** - regroupement familial

REVALUATION
* **revaluation of currencies** - revalorisation des monnaies

REVEAL (to) - <u>Mettre en évidence</u>
* **(to) reveal offences** - dépister les infractions

REVENUE - <u>Recettes, compte de recettes</u>
* **Bureau of Internal Revenue** - fisc, recettes publiques
* **public revenue** - recettes publiques; le Trésor
* **revenue budget** - budget des recettes
* **revenue laws** - lois fiscales
* **revenue receipts** - perceptions fiscales
* **revenue-producing activities** - activités productrices de recettes

REVERSAL - 1. <u>Renversement, revirement</u>
* **reversal of precedent** - renversement de la jurisprudence, revirement de la jurisprudence, tournant de la jurisprudence

- 2. <u>Contre-passation</u>

./..

- 3. Rétractation

REVERSE (adj.) - Inverse
* **reverse entry** - extourne
* **reserve survival estimates** - estimations tirées de la méthode de l'inverse des quotients de survie (taux de naissance - taux de mortalité) (dém.)

REVERSE (to) - Infirmer, annuler
* **(to) reverse a decision** - annuler une décision
* **(to) reverse a judgment** - infirmer un jugement
* **(to) reverse an entry** - contrepasser

REVERSION - Retour
* **contractual reversion** - retour conventionnel (du bien au donateur)
* **estate in reversion** - bien réversible
* **right of reversion** - droit de retour
* **statutory reversion of property** - retour légal du bien

REVERT (to) - Retomber, retourner, se former de nouveau en
* **sum reverted to** - somme reversée à
* **the House will revert to committee of supply** - la Chambre se formera de nouveau en comité des subsides

REVERTABLE
* **revertable right** - droit réversible

REVIEW (subst.) - 1. Etude, bilan
* **periodic review** - examen périodique, révision périodique
* **review of a subject** - point d'une question, bilan d'une question
* **review report** - rapport de synthèse
* **reviews** - références bibliographiques
* **state-of-the-art review** - état de la question, exposé de mise au point
* **(to) be actively under review** - faire l'objet d'un examen suivi, faire l'objet d'une révision approfondie
* **(to) keep under review** - suivre (une question)
* **under review** - à l'étude

- 2. Contrôle (par un tribunal de la régularité d'un acte administratif); réexamen
* **application for review** - recours en révision (procédure civile)
* **decision subject to ministerial review** - décision susceptible d'appel devant le ministre

* **formal review judge** - juge de la légalité
* **full review of the merits of a decision** - recours de pleine juridiction
* **judicial review (of a decision)** - réexamen judiciaire, contrôle juridictionnel
* **pre-trial review** - audition préalable des témoins (county court)
* **review of lawfulness** - contrôle de la légalité
* **substantive review judge** - juge de l'opportunité

- 3.
* **book review** - critique littéraire
* **film review** - critique de cinéma

- 4.
* **policy review committee** - comité exécutif
* **programme review committee** - comité des programmes

REVIEW (to) - 1. Revoir, examiner, passer en revue, faire la critique de
* **reviewed by** - analysé par, décrit par
* **(to) review a subject** - faire le point d'une question, faire le bilan d'une question
* **(to) review the assessment of** - vérifier l'appréciation de

- 2. Exercer son contrôle sur

REVISE (to) - Remanier, mettre à jour, réviser, refondre
* **revised edition** - édition revue et corrigée

REVISER - Réviseur, correcteur

REVISION - 1. Révision; version révisée, version remaniée

- 2.
* **revision remedy** - recours, pourvoi en cassation

REVIVAL - 1. Relance, revitalisation, reprise, renouveau, regain, réanimation, réveil, renaissance, résurgence, réapparition, remise en activité, réactivation (d'un projet)

- 2. Reprise, redressement, relèvement, nouvel essor (écon.)

REVOCABLE
* **revocable right** - droit précaire

REVOCATION - 1. Rétractation
* **revocation of consent** - rétractation de consentement

        - 2. Révocation
* **decision of revocation** - arrêté de révocation
* **revocation of the licence (release)** - révocation de la libération conditionnelle

REVOKE (to) - Abroger (règlement), rapporter, révoquer
* **(to) revoke a release on licence** - révoquer une libération conditionnelle
* **(to) revoke a will** - révoquer un testament

REVOTE (subst.) - Report de crédits (qqfs)

REWARD - 1. Récompense
* **(system of) criminal law based on rewards (instead of punishments)** - droit pénal prémial

        - 2. Rémunération (écon.)

REWARDED
* **(to) be rewarded** - être redéfini

REWRITE (to) - Remanier, mettre en forme (texte); "rerailleter" (édition)

RHAPSODIC - Dithyrambique

RIDER - 1. Clause additionnelle (législatif)

        - 2. Avenant, annexe (police d'assurance), papillon, correctif (à une formule)

RIGHT (adj.)
* **I think it is right...** - sauf erreur
* **not right** - contre-indiqué

RIGHT (subst.) - Droit, prérogative, faculté de
* **(a topic) in its own right** - (un thème) à part entière
* **abuse of right** - abus de droit
* **accessory rights** - droits annexes
* **ancillary rights** - droits annexes
* **Art. 6 embodies the right for a court to** - l'article 6 consacre le droit pour un tribunal de ...
* **as a matter of right** - de droit
* **as of right** - de droit
* **assignment of rights** - cession de droits
* **breach of a right** - violation d'un droit
* **breach of copy right** - atteinte aux droits d'auteur
* **by what right?** - à quel titre?
* **civic rights** - droits civils et politiques, droits civiques
* **common law rights** - droits (de...) en "common law"
* **contractual right** - droit conventionnel
* **converse right** - droit inverse
* **copyright** - droit d'auteur, copyright, droit d'exploitation par l'auteur
* **cum rights** - droits attachés
* **debtor's rights and assets** - patrimoine d'un débiteur
* **derivative rights** - droits dérivés
* **determination of his rights** - détermination de ses droits
* **entrenched rights** - droits garantis
* **established right** - droit acquis
* **exclusively personal rights** - droits attachés à la personne
* **granting of a right** - ouverture d'un droit
* **in his own right** - en (son) nom propre (qqfs)
* **individual right** - droit subjectif (par opposition à "the law", droit objectif)
* **interference with a person's rights** - atteinte aux droits de la personne
* **legal rights of the migrant worker** - protection juridique du travailleur migrant
* **neighbouring rights** - droits voisins (du droit d'auteur)
* **not holding in the right of another** - exempt de précarité
* **owner's rights** - prérogatives du propriétaire, prérogatives du droit de propriété
* **parental rights** - puissance parentale
* **particular right** - prérogative ; droit spécial
* **private right** - droit subjectif (par opposition à "the law", droit objectif)
* **property right** - droit de propriété
* **right of accession** - droit d'accession, droit d'adhérer
* **right of accretion** - droit d'accession, droit d'accroissement
* **right of angary** - droit d'angarie
* **right of nations** - droits collectifs, droits des peuples
* **right of peoples** - droits collectifs, droits des peuples
* **right of priority** - droit d'antériorité
* **right of support** - droit d'appui
* **right owner** - titulaire de droit ; sujet de droit
* **right prior user** - droit d'antériorité
* **right to arrest** - droit d'arrestation
* **right to denounce (a treaty)** - faculté de dénonciation
* **right to dismiss** - droit de révocation

./..

* **right to hear** - avoir compétence pour connaître de
* **right to organise** - liberté syndicale
* **right to renounce** - faculté de renonciation
* **right to repurchase** - faculté de rachat
* **right to revoke** - droit de révocation
* **right to sue** - droit d'agir en justice
* **rights and duties** - statut
* **sole right** - droit d'exclusivité
* **spin-off rights** - droits dérivés
* **statutory rights** - droits énoncés, droits prévus par la loi
* **strictly personal rights** - patrimoine moral
* **subject to the right of the other party** - chacune des parties se réservant le droit de
* **the court had no right to** - le tribunal n'était pas en droit de
* **the right of access to the courts cannot be considered as a general right** - on ne saurait voir dans le droit d'accès à la justice un droit général
* **the right of access would be negated** - le droit d'accès serait vidé de sa substance
* **the right relies on** - le droit invoqué
* **the rights and wrongs** - le pour et le contre
* **(to) avail oneself of a right** - user d'un droit
* **(to) confer a right** - ouvrir un droit
* **(to) grant a right** - ouvrir un droit
* **(to) have a civil right** - être titulaire d'un droit civil
* **(to) have right to** - avoir qualité pour
* **(to) have the right to decide** - avoir la faculté de décider
* **(to) hold sth in one's own right** - ... non précarité
* **(to) preclude a right** - exclure un droit
* **(to) protect a right** - sauvegarder un droit
* **(to) pursue one's rights to** - faire valoir en justice son droit de
* **(to) waive one's right to question** - renoncer à son droit de poser des questions
* **transferable right** - droit cessible
* **unnumerated rights** - droits non écrits
* **vested right** - droit acquis

RIGHTLY - A bon escient, légitimement, avec raison, judicieusement

RIGMAROLE - Histoire compliquée, discours décousu, discours incohérent, galimatias

RINGLEADER - Meneur

RIOT - Attroupement séditieux, émeute

RIOTER - Factieux

RIOTOUS
* **riotous behaviour** - comportement séditieux

RIPARIAN
* **riparian owner** - riverain
* **riparian rights** - droits de riveraineté

RISE
* **(to) give rise to** - s'accompagner de

RISING
* **rising trend** - tendance ascendante

RISK - Risque
* **apportionment of the risk** - partage des risques
* **at risk group** - groupe spécialement exposé
* **coverage of a risk** - protection contre un risque
* **high risk child** - enfant à haut risque, enfant à risque élevé
* **risk capital** - capitaux de risque, capitaux à risque, capitaux spéculatifs
* **risk free** - inoffensif; non menacé, (en sécurité)
* **there is a risk that** - on s'expose à ce que

RISKY - 1. Indécent, licencieux, scabreux, osé

      - 2. Chanceux, hasardeux, aléatoire

ROAD - Route
* **all-weather road** - route permanente, route praticable en tous temps
* **dry-weather road** - route de saison sèche
* **road side screening device (RSD)** - alcootest
* **road works** - travaux routiers

ROBBERY - Vol qualifié
* **aggravated robbery resulting in the death of a person** - brigandage qualifié ayant entraîné mort d'homme
* **armed robbery** - vol à main armée
* **attempted robbery** - tentative de vol
* **compound robbery** - vol qualifié
* **robbery with violence** - vol à main armée

ROGATORY - <u>Rogatoire</u>
* **rogatory letters** - commission rogatoire
* **(to) execute letters rogatory** - exécuter une commission rogatoire

ROLE
* **role-playing techniques** - techniques de simulation, socio-drame

ROLL - 1. <u>Liste (électorale), vote (qqfs), état</u>
* **Law Society Roll** - liste des membres de l'ordre des avoués
* **nominal roll** - état nominatif, contrôle nominatif
* **(to) strike off the roll** - radier de la liste (du barreau)

- 2. <u>Appel ; contrôle</u>
* **roll call** - vote (et parfois scrutin) par appel nominal
* **roll call of witnesses** - appel des témoins
* **vote by roll call** - vote par appel nominal

ROLLING
* **rolling inventory (personnel)** - inventaire périodique et cumulatif
* **rolling plan** - plan mobile à période fixe, "plan chenille"
* **rolling programming** - programmation continue
* **rolling stock** - matériel roulant, parc (SNCF)

ROMANESQUE - Roman (art)

ROMANISATION - Latinisation

RONEO-TYPED - Polycopié, ronéoté, ronéotypé

ROOM
* **no room for dispute** - aucun sujet de contestation
* **no room for fear** - aucun sujet de crainte
* **(to) leave no room for** - ne pas laisser subsister

ROTA - 1. <u>Liste de roulement, tableau de service</u>
* **(to) preside according to rota** - (les membres) présidant à tour de rôle

- 2. <u>Permanences</u>

ROTATING
* **rotating shift** - équipes, postes alternants
* **rotating worker** - travailleur alternant

ROTATION
* **in rotation** - à tour de rôle, par roulement

ROUGH - 1. <u>Mal dégrossi, présentant des aspérités</u>

- 2. <u>Esquissé, sommaire, très sommaire, approximatif, schématique, approché, approchant, (qqfs) indicatif</u>
* **a rough description** - une esquisse

ROUND
* **in a listing round** - au moment de l'établissement de la liste
* **round of campaign** - cycle de campagne (vaccination)
* **round table conference** - table ronde
* **rounds (statistics)** - périodes
* **the Kennedy Round** - la négociation Kennedy
* **there came a round of new salary increases** - ... un nouveau train ...
* **(to) go round the circle** - faire un tour de table
* **(to) make a round** - faire un passage

ROUND-UP - 1. <u>Rafle</u>

- 2. <u>Résumé, répertoire</u>
* **round-up of a conference** - résumé d'une conférence, aperçu d'une conférence
* **round-up of resolutions** - répertoire des résolutions

ROUT - Attroupement illégal sur la voie publique

ROUTE - <u>Itinéraire, voie d'acheminement</u>
* **route chart** - charte de radionavigation
* **route of communication** - voie de communication

ROUTINE - 1. <u>De caractère courant, courant, automatique, systématique, coutumier, traditionnel, habituel</u>
* **routine decisions** - décisions de routine, décisions à prendre fréquemment
* **routine matters** - affaires courantes
* **routine tests for syphilis** - tests systématiques de la syphilis

- 2. <u>Programme, sous-programme (inf.)</u>

ROUTING - Routage, acheminement, mode de
transmission

ROVING
* **roving ambassador** - ambassadeur itinérant
* **roving commission** - commission à compétence
générale

ROYALTIES - 1. Redevances, revenus des actifs
incorporels
* **oil royalties** - redevances pétrolières
* **patent royalties** - redevances d'exploitation d'un brevet
* **royalties payable to the State** - redevances dues à
l'Etat

- 2. Droits d'auteur

RUBBER (subst.)
* **rubber cheque** - chèque en bois
* **rubber stamp effect** - consécration officielle

RUBBER (to)
* **(to) rubber stamp** - sanctionner, consacrer
officiellement

RULE (subst.) - Norme, principe, règle, article (d'un
règlement), disposition, régime,
règlement, principes, droit, texte
* **basic rule** - norme fondamentale
* **(by) rule of thumb** - (par la) méthode empirique
* **deferral rule** - règle du paiement différé
* **financial rules** - règlement financier
* **formal rule** - règle de forme
* **general rule** - principe
* **legal rule** - norme juridique
* **mandatory rule** - règle impérative
* **mandatory rule of law** - règle d'ordre public
* **other principes based on the rule of law (EEC)** -
autres principes caractérisant un Etat de droit
* **prison rules** - règlement pénitentiaire
* **procedural rule** - règle de procédure
* **proportionality rule** - principe de la proportionnalité
* **related rules and regulations** - textes
pararéglementaires
* **rule against perpetuity** - règle (de la common law)
interdisant les dispositions à perpétuité
* **rule of international law** - norme internationale,
principe de droit international
* **rule of law** - prééminence du droit, primauté du droit;
droit, principe de la légalité; régime du droit; légalité;
Etat de droit; principes du droit
* **rules as to nullity** - régime des nullités

* **rules governing** - régime, régime juridique, statut
* **rules governing quarries** - régime des carrières
* **rules of interpretation (of a statute)** - règles régissant
l'interprétation des lois
* **rules of law** - textes de loi; droit objectif
* **rules of objective law** - règles de procédure
* **rules of procedure** - règlement intérieur
* **six months' rule (DH)** - la règle des six mois
* **staff rules** - règlement du personnel
* **substantive rule** - règle de fond
* **substantive rules** - droit positif
* **working rules** - règles pratiques

RULE (to) - Décider
* **(to) rule in** - statuer
* **(to) rule in abstracto on the conformity** - statuer in
abstracto sur la conformité
* **(to) rule on** - se prononcer sur
* **(to) rule out** - écarter

RULING - Décision (sur un point de droit) (en cours de
procédure), décision incidente
* **preliminary rulings** - décisions à titre préjudiciel
* **the Court made its rulings by summary process** -
le tribunal a statué sommairement
* **the president's ruling shall stand** - la décision du
président est maintenue
* **(to) appeal against the ruling of the president** - en
appeler de la décision du président
* **(to) give a general ruling on** - se prononcer d'une
manière générale
* **(to) give a ruling in favour of** - se prononcer en
faveur de

RUMOUR
* **spreading false rumours** - propagation de faux bruits

RUN (subst.)
* **hit and run offence** - délit de fuite
* **press run** - tirage (presse)
* **run of the mill** - tout-venant, médiocre, le plus courant
(équipement)
* **run on a currency** - mouvement spéculatif sur une
monnaie

RUN (to) - 1. Gérer, administrer, tenir, animer
* **(to) run a conference** - assurer le service d'une
conférence

./..

- 2. <u>Courir (délai)</u>
* **time does not run for an incapable** - suspension du délai au profit d'un incapable
* **(to) start a period running** - faire courir un délai

- 3. <u>Se présenter à des élections</u>

- 4.
* **(to) run together with sb** - s'amalgamer à qqn, se souder à qqn

RUN-OFF - 1. <u>Ruissellement</u>

- 2.
* **run-off election** - deuxième tour (élection présidentielle)

RUNNERS
* **fore-runners** - précurseurs
* **side-runners** - marginaux

RUNNING
* **running expenses** - dépenses de fonctionnement, frais d'exploitation
* **running period** - période de rodage
* **running speed** - cadence de défilement

RUSH
* **desperate rush** - fuite en avant

RYTHMS - Rythmes, variations, modulations

SABBATICAL - Sabbatique
* **sabbatical leave** - année de congé payé accordée tous les sept ans aux professeurs pour se perfectionner; année sabbatique

SAD - Navrant, affligeant

SAFE - Sûr, en sécurité, salubre, hygiénique, sans danger, inoffensif
* **fail safe** - à sécurité intégrée; (dispositif d') autoprotection (en cas de défaillance de la machine)
* **intrinsically safe** - sécurité intrinsèque
* **it is safe to assume** - il est permis de supposer; on peut affirmer
* **night safe** - dépôt de nuit
* **safe conduct** - sauf-conduit
* **safe custody of securities** - conservation des valeurs
* **safe-house** - lieu de détention clandestin
* **safe standards** - normes de sécurité
* **safe water** - eau salubre
* **the component shall fail safely** - la défaillance de ce composant ne doit pas entraîner celle de l'ensemble
* **(to) play safe** - jouer la sécurité

SAFEGUARD - Garants, garanties
* **legal safeguards** - protection juridique
* **safeguards of the Constitution** - garants de la Constitution

SAFEGUARDING
* **for safeguarding the law** - dans l'intérêt de la loi
* **safeguarding measures** - mesures conservatoires

SAFETY - Sécurité, sauvegarde, prévention, salubrité
* **duty of care for the safety of others** - obligation de sécurité
* **fail safety** - à sécurité intégrée; (dispositif d') autoprotection (en cas de défaillance de la machine)
* **industrial health and safety** - prévention des accidents du travail et des maladies professionnelles
* **public safety** - sécurité publique, sûreté publique
* **safety of drugs** - inocuité des médicaments
* **safety at work** - sécurité au travail
* **safety measure** - mesure de sécurité
* **safety regulation** - règle de sécurité

SALE - Vente, transaction
* **commission on sales** - guelte
* **door-to-door sale** - vente à domicile
* **export sails** - ventes à l'étranger

* **forward sale** - vente à terme
* **prohibition of dealing in sale** - mise hors commerce
* **real property sails** - transactions immobilières
* **sale by auction** - vente à l'encan, vente aux enchères
* **sale by private treaty** - marché de gré à gré, marché par entente directe, vente amiable
* **sale by the court** - vente judiciaire, vente forcée
* **sale for a rent charge** - vente à fonds perdus
* **sale from temporary premises** - vente au déballage
* **sale of an inheritance** - vente de droits successifs, vente d'hérédité, vente successorale
* **sale on approval, on trial and return** - vente à l'essai
* **sale on execution** - vente forcée, vente sur poursuite
* **sale on the open market** - aliénation de gré à gré, cession de gré à gré
* **sale to a willing purchaser** - aliénation de gré à gré, cessation de gré à gré
* **sales promotion** - promotion des ventes
* **sales services** - services qui accompagnent la vente
* **simulated sale** - vente simulée
* **unsolicited postal sale** - vente par envoi forcé
* **whole sale** - vente en gros
* **whose sale is prohibited by law** - hors commerce

SALEABLE - Cessible

SALESMAN - Vendeur
* **assistant salesman** - aide-vendeur
* **senior salesman** - chef de rayon

SALT
* **salt production** - production salicole
* **with a punch of salt** - sujet à caution, ne doit pas être pris à la lettre, en prendre et en laisser

SALTERN - Saunage, extraction du sel

SALTY - Salin

SALVAGE - 1. Assistance maritime, sauvetage
* **salvage charges** - frais de sauvetage

- 2. Renflouement (entreprise), récupération

SAMPLE - Echantillon, spécimen, témoin (adj.)
* **balanced sample** - échantillon contrôlé
* **built-in sample** - échantillon interne
* **census sample** - échantillon provenant du recensement
* **grouping of the sample** - concentrer l'échantillon, grouper l'échantillon
* **house samples** - échantillon d'habitations
* **master sample** - échantillon maître
* **matched samples** - échantillons "équivalents"
* **optimum sample size** - effectif optimal des unités à tirer
* **proportionate sample** - échantillon proportionnel
* **quota sample** - échantillon par quota
* **sale by sample** - vente sur échantillon
* **sample allocation between the 1st and 2nd stage** - répartition de l'échantillon entre le 1er et le 2e degré (stat.)
* **sample individuals** - individus-échantillon
* **sample members** - individus-échantillon
* **sample of registration areas** - échantillon des zones d'enregistrement
* **sample PSU (Primary Sampling Unit)** - échantillon UP (unité primaire)
* **self-weighting sample** - échantillon auto-pondéré
* **(to) spread out the sample** - disperser l'échantillon, répartir l'échantillon
* **total sample size** - effectif de l'échantillon total

SAMPLE (to) - Tirer, sélectionner, sonder

SAMPLING - Sondage, tirage
* **area sampling unit** - unité aréolaire de sondage
* **double sampling** - sondage en deux temps
* **exhaustive sampling** - sondage exhaustif
* **first-stage sampling unit** - unité du premier degré
* **fixed sampling probabilities** - sondage à probabilités fixes, sondage à probabilités égales
* **multi-stage sampling** - sondage à plusieurs degrés
* **non random sampling** - sondage non aléatoire, sondage à dessein, sondage par choix raisonné
* **overall sampling fraction** - fraction sondée globale
* **overall sampling probabilities** - probabilité globale du sondage
* **parallel sampling** - sondage parallèle
* **primary sampling unit (PSU)** - unité primaire (UP)
* **probability sampling** - sondage probabiliste
* **purposive sampling** - sondage par choix raisonné, sondage par choix, sondage à dessein, sondage dirigé, sondage systématique
* **quota sampling** - sondage par la méthode des quotas
* **sampling efficiency** - efficacité du sondage
* **sampling error function** - fonction "erreur de sondage"
* **sampling fraction** - fraction, taux de sondage, fraction sondée
* **sampling frame** - base du sondage
* **sampling houses** - tirage des maisons
* **sampling in time** - sondage dans le temps

* **sampling on two occasions** - sondage en deux temps
* **sampling sampling** - vérification par sondage (échantillonnage)
* **sampling unit** - unité de sondage
* **sampling variability** - erreur de sondage
* **sampling variance** - variance du sondage
* **secondary sampling unit** - unité secondaire
* **sequential samplings** - sondages progressifs
* **simple random sampling** - sondage élémentaire
* **systematic sampling** - sondage systématique
* **variable sampling probabilities** - sondage à probabilités variables
* **work sampling** - échantillonnage du travail

SANCTION - Peine, (qqfs) sanction
* **amount of the sanction** - taux de la peine
* **pecuniary sanction** - sanction pécuniaire
* **sanctions for political offences** - peines infâmantes

SANCTION (to) - Homologuer, autoriser

SANCTITY - 1. Sainteté

- 2. Caractère sacré, inviolabilité (d'un accord, par ex.)
* **sanctity of the home** - inviolabilité du domicile
* **violation of the sanctity of the home** - violation de domicile

SANITATION - Assainissement; hygiène; salubrité; (qqfs) voirie

SATELLITE
* **applications of satellite technology** - applications de la technique des satellites
* **earth synchronous satellite** - satellites géosynchrones

SATISFACTION - Satisfaction; indemnisation
* **expressed great satisfaction with** - se déclare très satisfait de
* **just satisfaction to the injured party** - satisfaction équitable (accordée) à la partie lésée
* **right to obtain** - droit à réparation; droit de se payer
* **satisfaction of a condition** - accomplissement d'une condition

SATISFY (to) - 1. Liquider (dette), s'acquitter de

- 2. Etre convaincu de, être satisfait de, être content de
* **if satisfied** - si telle est sa conviction
* **one of the conditions is not satisfied** - l'une des conditions fait défaut
* **satisfied beyond reasonable doubt** - l'intime conviction
* **the Commission is only concerned to satisfy itself that** - la Commission se borne à vérifier si, la Commission se borne à s'assurer que
* **(to) be satisfied with** - se louer de qqch, se féliciter de qqch
* **(to) satisfy itself that** - vérifier si, s'assurer que
* **(to) satisfy oneself of something** - s'assurer de qqch, s'assurer que, forger sa conviction
* **(to) satisfy the court** - emporter la conviction du juge; (parvenir à) convaincre le tribunal que
* **(to) satisfy the criteria** - cadrer avec les critères
* **X is satisfied that** - pour X, il ne fait aucun doute que; X croit sincèrement que, X est convaincu que

- 3. Désintéresser (un créancier), faire droit à une réclamation, apaiser

SAVE (to) - Epargner, économiser
* **(to) save up on** - lésiner

SAVING
* **corporate saving** - épargne des sociétés
* **saving clause** - clause de sauvegarde
* **saving pass book** - livret d'épargne, carnet d'épargne
* **saving release** - pécule de libération, pécule de sortie, masse de sortie (du détenu)

SCALAR
* **scalar principle** - principe hiérarchique

SCALE - Barème, échelle, tarif, ampleur
* **absolute scale** - échelle numérique absolue
* **at the other end of the scale** - au pôle opposé
* **class interval scale** - échelle par tranches
* **comparable in scale to** - comparable par son ampleur à...
* **diminishing returns to scale** - rendements d'échelle décroissants (éco)
* **economies of scale** - économies d'échelle (écon.), gains d'échelle
* **full scale** - grandeur réelle
* **on a large scale** - en grand
* **salary scales** - barème des salaires, hiérarchie des salaires

* **scale of assessments** - barème des quotes-parts (Etats-membres)
* **scale of attitudes** - échelle d'attitudes (psych.)
* **scale of criminal costs** - tarif criminel
* **scale of rates** - barème des primes
* **scale of solicitors' costs** - tarif des notaires
* **sliding scale** - échelle mobile
* **statutory scale for counsel's fees** - barème des honoraires d'avocats, tarif légal des honoraires d'avocats

SCANDALISING
* **scandalising the court** - porter atteinte à la dignité du tribunal

SCANNING - 1. Dépouillement, examen minutieux de documents

- 2. Balayage (radar), exploration
* **gamma scanning** - balayage aux rayons gamma

SCARE - Panique
* **scare buying by consumers** - achats massifs de consommateurs affolés

SCHEDULE - 1. Plan, relevé, nomenclature
* **a schedule with particulars of the quantified items** - relevé détaillé des dépenses chiffrées
* **scheduling** - plan d'exécution, (qqfs) plan de travail

- 2. Bulletin, liste, tableau, table
* **census schedule** - bulletin de recensement
* **collective (remunerator's) schedule** - liste nominative
* **fertility schedule** - table de fécondité
* **individual schedule** - bulletin individuel
* **post enumeration field checks schedules** - bulletins de contrôle local de dénombrement
* **schedules to the accounts** - tableaux relatifs aux comptes

- 3. Annexe
* **schedule of a law** - annexe d'une loi
* **schedule of section (Act, regulation)** - section (ajoutée) à un article (de loi, un règlement, etc.)
* **schedule to a law** - annexe d'une loi

- 4. Barème, tarif
* **schedule of advertising rates** - tarif des annonces
* **schedule of benefits** - barème des prestations
* **single salary schedule** - cadre unique
* **taxation schedule** - tarif de l'impôt

- 5. Calendrier, échéancier, programme
* **time schedule** - calendrier des opérations

- 6. Horaire
* **on schedule** - ponctuellement, à l'heure (à la date) fixée
* **work schedules** - horaires de travail

SCHEDULE (to) - 1. <u>Inscrire un article sur une liste</u>
* **scheduled offences** - infractions définies par la loi

- 2. <u>Classer, tarifer, (quelquefois)</u>
<u>notifier</u>
* **scheduled disease** - maladie devant obligatoirement être déclarée aux autorités
* **scheduled prices** - prix tarifés selon le barème
* **scheduled taxes** - impôts cédulaires
* **(to) schedule an ancient monument** - classer (comme) monument historique

- 3. <u>Ajouter (un article) en annexe à</u>
<u>une loi</u>

- 4. <u>Définir, fixer, arrêter un</u>
<u>programme</u>
* **his scheduled visits** - son programme de visites
* **scheduled services** - services réguliers

SCHEME - 1. <u>Plan, schéma, projet, système, formule,</u>
<u>procédé, agencement, régime, programme,</u>
<u>initiative, (qqfs) bases</u>
* **basic development scheme** - schéma directeur
* **health insurance scheme** - système d'assurance maladie
* **legal aid scheme** - régime d'aide judiciaire, système d'assistance judiciaire
* **national social security** - régime national de sécurité sociale
* **promotion scheme** - système de promotion
* **self-help scheme** - programme d'auto-assistance
* **the scheme of the convention** - l'économie de la convention
* **under the National Health Scheme, the medical profession** - même conventionnée, la profession de médecin...

- 2. <u>Manigance, intrigue</u>
* **schemer** - intrigant

SCHOLAR - <u>Boursier, professeur, chercheur, érudit,</u>
<u>homme d'études, homme de science, lettré,</u>
<u>spécialiste; auteur, penseur</u>
* **of a scholarly character** - doctrinal
* **visiting scholar** - universitaire invité, expert invité

SCHOLARSHIP - 1. <u>Savoir, savoir structuré,</u>
<u>savoir organisé, connaissances,</u>
<u>culture, corps de connaissances</u>
<u>(dans un domaine), érudition,</u>
<u>science</u>

- 2. <u>Bourse d'études ou de</u>
<u>perfectionnement</u>
* **full scholarship** - boursier complet

SCHOLASTIC - 1. <u>Scolaire</u>
* **scholastic aptitudes** - aptitudes scolaires
* **scholastic travels** - voyages scolaires

- 2. <u>Pédant</u>

SCHOOL
* **approved school** - établissement de redressement
* **reformatory school** - établissement de redressement

SCIENTIST - 1. <u>Savant (recherche pure)</u>
- 2. <u>Homme de science, spécialiste de ...,</u>
<u>scientifique, chercheur</u>

SCOOP - Reportage à sensation, "scoop"

SCOPE - <u>Cadre, contours, paramètres, envergure,</u>
<u>compétence, importance, étendue, champ</u>
<u>d'action, champ d'application, ampleur, portée,</u>
<u>degré de couverture, domaine d'application,</u>
<u>latitude, contenu, capacité, ressort, objet</u>
* **scope for** - marge de
* **scope of an Act** - domaine d'application d'une loi
* **substantive scope** - champ d'application matérielle
* **the scope of this study** - le champ de cette étude
* **(to) be within the scope of** - être du ressort de, relever de, ressortir à
* **(to) fall outside the scope of Art. 5** - se situer en dehors du champ d'application de l'art. 5
* **(to) fall outside the scope of his control** - échapper à son contrôle
* **(to) fall within the scope of this provision** - relever de la matière couverte par cette disposition, se situer dans le champ d'application de cette disposition
* **(to) give full scope to** - donner libre champ à
* **wide scope for** - larges possiblités de...

SCOPE (to) - Délimiter

SCORE
* **score board** - carton (tir), carte de parcours (golf)
* **score card** - fiche de marque, carte de marque
* **score sheet** - tableau des temps, feuille de marque, feuille de route

SCREENED
* **screened room** - parloir hygiaphone (prison)

SCREENING - 1. Dépistage (santé), examen
radioscopique
* **screening test** - épreuve de dépistage

- 2. Filtration, présélection, premier tri,
triage, filtrage
* **mass screening** - dépistage (santé)

- 3. Effet d'écran (physique)

- 4. Criblage, tamisage (énergie)

- 5. Contrôle
* **screening inspection** - contrôle (statistique)
* **100% screening** - contrôle à 100%

- 6. Interrogatoire, vérification des
antécédents

- 7. Passage, visionnement, projection,
présentation (film)
* **screening time** - durée de projection
* **screening writer** - dialoguiste

SCRUTINY - 1. Examen minutieux, examen rigoureux,
examen attentif
* **under scrutiny** - à l'étude, qui fait l'objet d'une enquête

- 2. Vérification (bulletins de vote, question
naires)
* **(to) demand a scrutiny** - contester la validité d'une
élection

SEA
* **enclosed sea** - mer fermée
* **high sea** - haute mer
* **open sea** - mer libre
* **sea worthiness** - navigabilité

SEAL - Sceau, scellés
* **contracts under seal** - contrats formels
* **seals affixed** - scellés apposés
* **(to) place seals on** - apposer les sceaux
* **(to) place, to put up official seals** - apposer les
scellés
* **unlawful removal of official seals** - bris de scellés

SEAMY
* **seamy side** - l'envers du décor, le revers de la médaille

SEAPLANE - Hydravion
* **seaplane base** - hydrobase

SEAPORT
* **seaport operation** - exploitation des ports maritimes

SEARCH - Fouille, perquisition
* **body search** - fouille corporelle, fouille au corps
* **close body search** - fouille corporelle rapprochée
* **house search** - visite domiciliaire, perquisition à
domicile
* **intimate body search** - fouille corporelle rapprochée
* **legal search** - avis de recherche international
* **personal search** - fouille corporelle, fouille au corps
* **right of search** - droit de perquisition, droit de visite
* **search and seizure** - perquisition et saisie
* **search fee** - droit de recherche
* **search of a person's residence** - perquisition
domiciliaire
* **search warrant** - mandat de perquisition

SEARCH (to) - Perquisitionner
* **power to search homes** - pouvoir de perquisition
domiciliaire
* **right to stop and search** - droit de visite
* **(to) search information** - compulser des informations

SEARCHING - 1. Minutieux (enquête)

- 2. Attentif (étude)

- 3. Pénétrant (regard)

- 4. Approfondi (examen)

SEASON - Saison; campagne
* **close season** - temps prohibé

SEASONAL
* **seasonally adjusted** - corrigé des variations
saisonnières
* **seasonal products** - produits saisonniers, produits de
saisonnalité

SEASONED - Expérimenté, rodé, aguerri, endurci,
acclimaté (soldat, voyageur)

SECOND
* **second best** - faute de mieux
* **second last** - avant-dernier

SECOND (to) - 1. Apprécier, appuyer, soutenir
* **(to) second a motion** - appuyer une motion, soutenir une motion
* **(to) second guess** - apprécier l'action, donner une appréciation sur

- 2. Détacher
* **(to) second a ...** - détacher (un fonctionnaire)

SECONDARY - Accessoire, subsidiaire, secondaire
* **secondary dependent** - personne non directement à charge
* **secondary metals** - métaux de récupération
* **secondary motion** - motion préjudicielle
* **secondary nature** - caractère accessoire, caractère subsidiaire
* **secondary products** - produits secondaires
* **secondary source of information** - source accessoire de renseignements
* **secondary sterility** - stérilité partielle

SECONDMENT - Détachement (d'un fonctionnaire)

SECRET
* **official secret** - secret de fonctions
* **trade secret** - secret d'affaires

SECRETARY
* **permanent Secretary** - Secrétaire Général (dans un ministère); Sous-Ministre (Canada)

SECTARIAN - Sectaire, fanatique
* **sectarian disturbances** - troubles inspirés par le fanatisme

SECTION - 1. Article (d'une loi)

- 2. Titre (dans la Convention D.H.)

- 3. Chambre (d'un tribunal), sous-section (Conseil d'Etat)
* **assize section** - chambre criminelle
* **combined sections** - sous-sections réunies (du Conseil d'Etat)
* **commercial section** - chambre économique
* **criminal section** - chambre correctionnelle

SECTOR - Secteur, industrie (sidérurgie, textiles, etc.)
* **the services sector** - le secteur des services
* **socialist sector** - secteur socialisé

SECULAR - 1. Laïque, séculier

- 2. Evolution dans le temps, séculaire
* **secular trend of prices** - mouvement séculaire des prix, mouvement périodique des prix

SECURE (to)
* **high secure hospital** - hôpital à surveillance renforcée
* **high secure prison** - prison de haute sécurité
* **high secure prisoner** - détenu sous haute surveillance
* **mental secure hospital** - hôpital psychiatrique de sécurité
* **specially secured custody** - surveillance renforcée (des détenus)
* **(to) secure an aim** - atteindre un objectif
* **(to) secure the rights** - garantir les droits, respecter les droits

SECURED
* **secured liability** - engagement cautionné
* **secured loan** - emprunt cautionné, emprunt gagé

SECURITIES - Titres, fonds, valeurs
* **bearer securities** - titres au porteur
* **contractual securities** - sûretés conventionnelles
* **fixed-interest securities** - valeurs à revenu fixe
* **gilt-edged securities** - valeurs de père de famille
* **government securities** - fonds d'Etat, titres d'Etat, effets publics, bons du Trésor
* **lost securities** - titres adirés, titres perdus, titres égarés
* **non-negotiable securities** - titres non transmissibles
* **order securities** - titres à ordre
* **public securities** - fonds d'Etat, titres d'Etat, effets publics, bons du Trésor
* **registered securities** - titres nominatifs
* **securities held on deposit** - titres en dépôt
* **securities on movables** - sûretés mobilières
* **Sterling securities** - valeurs en Sterling
* **(to) redeem securities** - amortir des valeurs
* **transferable securities** - valeurs mobilières
* **unlisted securities market** - marché second

SECURITY - 1. Garantie, gage, droit de gage, sûreté, caution, cautionnement
* **bill deposited as a security** - effet en nantissement
* **collateral security** - garantie collatérale
* **deposit as a security** - remise en garantie
* **landed security** - gage hypothécaire
* **mortgage security** - garantie hypothécaire
* **pecuniary security** - garantie pécuniaire, garantie mobilière
* **personal security** - garantie personnelle, garantie mobilière
* **real security** - droit de gage immobilier
* **realisation of a security** - réalisation du gage
* **right to attach property as a security for payment** - droit de saisie du gage
* **security based on movables** - garantie mobilière
* **security for a debt** - garantie d'une créance
* **security for cost and judgment** - caution judicatum solvi (présentation de garantie pénale pour le paiement des frais judiciaires)
* **security of one's creditors** - gage des créanciers
* **security other than personal** - garantie réelle
* **security rights** - sûretés réelles
* **security without possession** - garantie abstraite
* **(to) give a bill of sale by way of security** - warranter
* **(to) give as a security** - mettre en gage
* **(to) lodge stock as security** - déposer des titres en nantissement
* **(to) reclaim a security** - retirer un gage
* **(to) redeem a security** - lever un nantissement
* **(to) stand security for s.o.** - avaliser une signature
* **(to) surrender a security** - libérer un gage, renoncer à un gage

-2. Sécurité, sûreté, stabilité
* **absolute security of office** - inamovibilité
* **assignment by way of security** - cession à titre de sûreté
* **high security prison** - prison de sécurité maximale
* **internal security** - sécurité intérieure
* **maximum security block** - quartier de haute surveillance (QHS)
* **maximum security prison** - prison de haute surveillance
* **national security** - sécurité de l'Etat, sûreté nationale
* **personal security** - sûreté personnelle
* **public security** - sûreté publique
* **security certification** - certificat de sécurité
* **security clearance** - habilitation de sécurité
* **security interest** - sûreté (réelle), droit réel
* **security measure** - mesure de sûreté
* **security of legal transactions** - sécurité du droit, sécurité du commerce juridique
* **security police** - police
* **(to) create a security interest in favour of** - constituer une sûreté en faveur de
* **(to) give security** - constituer une sûreté
* **(to) give security for good behaviour** - verser un cautionnement comme garantie de bonne conduite

SEED - Semence
* **poisonous seed-dressings** - semences traitées avec des substances chimiques
* **seed capital** - capital de départ, capital de lancement, capital d'amorçage; préinvestissement

SEEK (to) - Chercher, rechercher, demander
* **(to) seek a sentence (of imprisonment)** - requérir une peine d'emprisonnement

SEGMENT - Secteur
* **area segment** - secteur aréolaire

SEIZURE - 1. Appréhension au corps (de qqn)

- 2. Saisie

- 3. Séquestre (par un tribunal)

SELECT - Choisi, d'élite, spécial, très fermé
* **select committee** - comité restreint; comité d'enquête; comité spécial; comité ad hoc

SELECT (to) - Sélectionner, trier, choisir, tirer (Stat.)
* **factors selected for consideration** - facteurs retenus pour examen ultérieur

SELECTION - Sélection; tirage (Stat.)
* **independent selection** - tirages indépendants, tirages bernouilliens
* **selection at fixed intervals in the list** - sélection à intervalles fixes sur la liste
* **selection probability** - chance de sortie d'une unité; probabilité de sortie
* **selection with replacement** - tirages avec remise dans l'urne
* **selection without replacement** - tirages exhaustifs, tirages sans remise dans l'urne)

SELECTIVE - Sélectif
* **selective strikes** - grèves ponctuelles
* **selective tax system** - régime fiscal sélectif

SELF

* **collective self-reliance** - volonté d'autonomie collective
* **economic self-sufficiency** - autarcie
* **mutual self-help** - entraide
* **mutual self-help groups** - groupes d'entraide, groupes de solidarité
* **overwhelming self-confidence** - triomphalisme
* **self-congratulation** - auto-satisfaction
* **self-contained unit** - unité autonome (sociétés)
* **self-correcting** - auto-correction, (s'auto-corriger)
* **self-criticism** - examen de conscience, auto-critique
* **self-defeating** - qui va à l'encontre du but recherché
* **self-defence** - légitime défense
* **self-delusory** - auto-mystifiant
* **self-direction** - autonomie personnelle, se prendre en charge, fermeté de l'esprit, fermeté du jugement
* **self-employed** - travailleurs indépendants à leur compte
* **self-enforcing** - d'application automatique
* **self-esteem** - amour-propre
* **self-executing** - directement applicable
* **self-executing agreement** - accord directement applicable (ne nécessitant pas l'intégration dans le droit interne)
* **self-fulfillment** - sentiment de plénitude, sentiment de réussite, épanouissement
* **self-help** - auto-assistance, faisant appel à l'initiative individuelle, effort personnel
* **self-help groups** - groupes d'entraide, groupes de solidarité
* **self-help housing** - auto-construction
* **self-help projects** - projets avec participation des intéressés, projets d'entraide
* **self-image** - image de soi, spécificité, corps propre (ex.: comment le sujet situe son corps)
* **self-indulgent** - complaisant (vis à vis de soi-même)
* **self-instruction** - auto-instruction
* **self-liquidating** - auto-amortissable
* **self-liquidating purchases and activities** - opérations et achats qui s'amortissent d'eux-mêmes
* **self-realization** - accomplissement de soi
* **self-reliance** - indépendance; confiance en soi; esprit d'auto-responsabilité; auto-suffisance; autonomie; auto-développement
* **self-reliant** - indépendant; qui a confiance en soi; qui ne compte que sur soi, qui ne compte que sur soi-même, autonome
* **self-study** - autodidacte
* **self-sufficiency** - autarcie
* **self-suntained growth** - croissance autonome (qqfs); phase de croisière, régime de croisière
* **self-supporting** - non-dépendant
* **self-sustaining economic development** - développement économique autonome
* **spontanenous self-help** - esprit d'initiative
* **(to) become self-reliant** - s'affranchir

SELL (to) - Aliéner (un bien), vendre

* **(to) sell off** - privatiser
* **(to) sell off "family silver"** - brader le patrimoine national
* **(to) sell off state assets** - brader le patrimoine national

SELLER - Vendeur

* **joint seller** - covendeur
* **seller's market** - marché fort

SELLING

* **doorstep selling** - démarchage
* **door to door selling** - démarchage

SEMBLANCE - Simulacre, apparence, semblant

SEND (to) - Envoyer, déléguer, communiquer

* **sending bodies** - organismes expéditeurs
* **(to) send an observer** - déléguer un observateur
* **(to) send enough copies** - acheminer (un document) en nombre suffisant
* **(to) send the decision to the parties** - communiquer la décision aux parties

SENIOR

* **senior adviser** - conseiller principal
* **senior debt** - dette privilégiée
* **senior directing staff** - cadres supérieurs, personnel de direction, personnel d'encadrement
* **senior member** - doyen d'âge
* **senior Minister** - Ministre d'Etat; Ministre titulaire d'un grand ministère
* **senior officers** - hauts fonctionnaires
* **senior officials** - hauts fonctionnaires
* **senior posts** - postes de responsabilité
* **senior president** - premier président (du tribunal)
* **senior public administration adviser** - conseiller principal en administration publique

SENIORITY - Ancienneté, échelon d'ancienneté, rang

* **by seniority** - hiérarchiquement
* **grant of additional seniority** - rappel d'ancienneté

SENSE

* **(to) take the sense of the Assembly** - consulter l'Assemblée

SENSIBLE - Raisonnable, judicieux, sensé; assez considérable, appréciable; perçu par les sens
* **sensible horizon** - horizon visible, horizon apparent

SENSITIVE - Epineux, délicat, névralgique, critique
* **in a sensitive manner** - avec finesse
* **politically sensitive change** - transformation sensible dans l'ordre politique

SENSITIVITY - Souci de l'individu

SENTENCE - Mesure, (fixation de la) peine, verdict, sanction, condamnation, dispositif du jugement, prononcé du jugement, prononcé de la peine
* **combined sentence** - peine globale, peine d'ensemble
* **consolidated sentence** - confusion des peines
* **cumulative sentence** - cumul de peines
* **custodial sentence** - peine carcérale
* **deferred sentence** - peine dont l'exécution est suspendue
* **execution of a sentence** - exécution de la peine, exécution pénitentiaire
* **fixed sentences** - certitude de la peine
* **length of the sentence** - quantum de la peine
* **lenient sentence** - peine légère
* **life sentence** - condamnation à vie, peine perpétuelle
* **mandatory sentence** - peine statutaire
* **ordinary sentence** - peine de droit commun
* **prison sentence** - condamnation à incarcération
* **reduced sentence** - réduction de peine
* **remission of sentence** - remise de peine
* **sentence of exile** - peine d'exil
* **sentence of unspecified duration** - peine à durée indéterminée
* **size of the sentence** - quantum de la peine
* **stay of sentence** - sursis à statuer sur l'application de la peine
* **stiff sentence** - peine lourde, peine sévère
* **suspended sentence** - condamnation conditionnelle, sursis, peine avec sursis
* **the sentence is consistent with the degree of guilt** - la peine correspond au degré de culpabilité
* **(to) combine sentences** - confondre les peines
* **(to) commute a sentence** - commuter une peine, prononcer une remise de peine
* **(to) defer sentence** - surseoir à l'exécution de la peine, sursis
* **(to) hand down a sentence** - prononcer une peine
* **(to) impose a sentence** - infliger une peine
* **(to) pass a sentence** - statuer, infliger une peine
* **(to) remit a sentence** - remettre une peine
* **(to) serve a sentence** - servir une peine, purger une peine
* **(to) set aside the sentence** - casser le jugement
* **unconditional sentence** - condamnation ferme
* **under sentence** - condamné

SENTENCE (to) - Condamner, prononcer une condamnation contre
* **(to) sentence in absentia** - condamner par contumace

SENTENCED - Condamné
* **unsentenced** - non encore condamné

SENTENCING - Détermination, choix des peines, choix de la sanction; élaboration de la sentence pénale
* **sentencing powers** - pouvoirs de sanction

SEPARABILITY
* **separability of treaty provisions** - divisibilité des dispositions d'un traité

SEPARATE - Séparé, distinct, individuel, particulier, divis
* **judicially separated** - séparé de corps
* **request for a separate trial** - demande de disjonction
* **separate account** - compte distinct
* **separate opinion** - opinion individuelle
* **separate property** - séparation de biens

SEPARATE (to) - Disjoindre (l'instance, la procédure)

SEPARATENESS - 1. Isolement

- 2. Individualité
* **their sense of national separateness** - la conscience de leur individualité nationale, la conscience de leur identité nationale

- 3. Autonomie

SEPARATION - 1. Disjonction, rupture, séparation
* **de facto separation** - rupture de vie commune
* **decree of judicial separation** - jugement de séparation de corps
* **factual separation** - rupture du lien conjugal
* **judicial separation** - séparation de corps, séparation judiciaire
* **separation of proceedings** - disjonction de la procédure, disjonction de l'instance
* **separation of property** - séparation de biens

./..

- 2. Cessation
* **separation from service** - cessation de service
* **separation payments** - indemnités lors de la cessation de service

SERIAL - Qui appartient à la série
* **serial bonds** - obligations remboursables par série
* **serial number** - numéro de série, numéro d'ordre, matricule
* **serial story** - (roman) feuilleton
* **serials** - périodiques

SERIES - Série, suite, gamme, collection
* **a series of** - tout un ensemble
* **connection in series** - montage en série

SERVANT - Domestique, employé, préposé

SERVE (to) - 1. Servir
* **in which one serves** - où s'exerce notre activité
* **it serves no useful purpose to** - il n'y a aucun intérêt à
* **(to) serve as** - faire office de, remplir les fonctions de, servir
* **(to) serve in Strasbourg** - être en poste à Strasbourg
* **(to) serve upon (on) a committee** - siéger à un comité

- 2. Subir
* **(to) serve one's sentence** - subir sa peine, purger sa peine, exécuter une peine

- 3. Signifier, notifier
* **failure to serve** - défaut de notification
* **(to) serve a judgment on somebody** - signifier un jugement à qqn
* **(to) serve an order** - notifier une ordonnance
* **(to) serve notice** - notifier

SERVER
* **process server** - huissier de justice

SERVICE - 1. Service, emploi, fonctions
* **armed services** - forces armées
* **central office of general service** - office central des services généraux
* **civil service** - fonction publique, administration
* **common services** - charges communes
* **contract for services** - contrat d'entreprise
* **grant of additionnal years of service** - rappel d'ancienneté
* **length of service** - durée des services, ancienneté

* **period of service** - ancienneté
* **public service** - administration, fonction publique
* **service centre** - atelier de dépannage
* **service contract** - contrat de louage de services
* **service deposit** - dépôt de garantie
* **service road** - chemin d'exploitation
* **services contract** - contrat d'entreprise
* **services** - prestations personnelles
* **staff in service** - effectifs réels du personnel

- 2. Service (religieux)
* **right to hold services** - droit de culte privé
* **services** - service du culte

- 3. Notification, signification
* **minute of service** - exploit de signification
* **personal service** - notification en mains propres; signification à la personne
* **proof of service of writs** - preuve de la remise des actes de procédure
* **record of service** - acte de signification
* **service at a person's residence** - notification à domicile
* **service club** - association à buts philantropiques
* **service of documents** - signification d'actes
* **service of process** - signification d'actes de procédure
* **service of the writ** - notification de l'action
* **substituted service** - notification subsidiaire
* **the document for service** - l'acte à signifier

- 4. Services
* **service trade** - secteur tertiaire

SERVICE (to) - Assurer le secrétariat
* **(to) service a loan** - servir des intérêts

SERVICING - 1. Notification, signification
* **servicing post** - poste auxiliaire

- 2. Service après-vente

SERVING - Exécution
* **serving staff** - (personne) en activité
* **the serving of a sentence** - l'exécution d'une peine
* **time serving** - ancienneté

SERVITUDE - Servitude
* **penal servitude** - réclusion criminelle, travaux forcés
* **public servitude** - servitude administrative, servitude d'utilité publique

SESSION - Session, séance (dans l' incertitude, traduire par "réunion")
* **between sessions** - entre les sessions
* **emergency session** - session extraordinaire
* **extraordinary session** - session extraordinaire
* **not in session** - lorsqu'il ne siège pas, en dehors des sessions
* **quarter sessions** - assises trimestrielles (tribunal)
* **regular session** - session ordinaire
* **special session** - session extraordinaire

SESSIONAL
* **sessional committee** - comité de session

SET - Jeu, ensemble, série
* **set of principles** - catalogue de pricipes, arsenal de principes
* **set of procedures** - série de procédures

SET (to) - 1. Situer; régler (une machine)

- 2.
* **action set aside** - action en révocation, action en nullité
* **application to set aside (a decision)** - acte d'opposition à une décision, voie de rétractation
* **assets set aside for a special purpose** - patrimoine d'affectation (soumis à affectation spéciale)
* **right to set aside a judgment** - droit de réformation
* **set down for trial** - mettre en état (une affaire)
* **setting aside** - main-levée
* **setting aside a judgment** - réformer un jugement, infirmer un jugement
* **(to) apply to set aside** - contester
* **(to) set a judgment by default** - rabattre
* **(to) set aside** - résilier, casser (un jugement),rapporter (une mesure), rendre nul, annuler, abroger, infirmer, rendre inopérant; affecter, se pourvoir contre
* **(to) set aside a sale for defects in the thing sold** - action rédhibitoire
* **(to) set aside part of a decision, leaving the rest to stand** - casser par voie de retranchement

- 3.
* **set backs** - courants contraires

- 4. Enoncer
* **rights as set forth in** - droits reconnus par
* **set forth in** - énoncé, énuméré dans, prévu, reconnu

- 5. Elargir, libérer
* **set free** - élargir, libérer

- 6. Compenser
* **(to) be set off against** - venir en déduction de, imputer
* **set off** - compenser
* **(to) set off a claim** - opposer un droit de créance en compensation
* **(to) set off against later sentences** - imputer (une période) sur des peines ultérieures

- 7. Exposer
* **as set out above** - tel qu'il a été exposé plus haut
* **set out** - exposer, définir, énoncer, chercher à, situer

- 8. Créer
* **set up** - créer, mettre sur pied
* **(to) set up commissions** - instituer des commissions, constituer des commissions, créer des commissions

- 8. S'implanter
* **(to) set in** - prendre pied, s'implanter
* **(to) set in motion** - déclencher, amorcer, faire jouer

SET-OFF - Compensation; exception de compensation; demande reconventionnelle
* **right to set-off** - droit de compensation

SETTING - Contexte, milieu, cadre, situation, climat
* **setting off** - imputation (des délais)
* **the setting of the curriculum** - la définition du programme scolaire

SETTLE (to) - 1. S'établir
* **authority to settle** - permis d'établissement, autorisation d'établissement
* **freedom to settle** - liberté d'établissement
* **permission to settle** - permis d'établissement, autorisation d'établissement
* **right to settle** - droit d'établissement

- 2. Transiger, régler (un litige)
* **(to) settle a dispute** - vider un différend, régler un litige, trancher un litige
* **(to) settle an estate on somebody** - disposer d'un bien en faveur de quelqu'un
* **(to) settle with somebody** - désintéresser quelqu'un

SETTLED - Etabli; sédentaire; permanent
* **settled legal opinion** - opinio communis

SETTLEMENT - 1. <u>Accord, contrat, transaction, compromis, acte de donation, règlement</u>
* **amicable settlement** - accord, transaction, règlement amiable
* **fine by way of settlement** - amende transactionnelle
* **friendly settlement** - accord amiable, transaction amiable, règlement amiable
* **global settlement** - règlement forfaitaire
* **judicial settlement** - contrat judiciaire, compromis judiciaire, transaction judiciaire
* **marriage settlement** - apport dotal, contrat de mariage, convention matrimoniale, constitution de dot
* **modification of a marriage settlement** - contre-lettre
* **peaceful settlement of disputes** - règlement pacifique des conflits
* **settlement by arbitration** - règlement arbitral
* **settlement in court** - contrat judiciaire
* **settlement of an action** - règlement d'un litige
* **settlement of future assets** - donation de biens à venir
* **settlement out of contract** - compromis extra-judiciaire
* **voluntary settlement** - (contrat de) donation

- 2. <u>Liquidation, apurement</u>
* **date for settlement** - terme de liquidation
* **documents for settlement** - pièces de liquidation
* **final settlement of accounts** - apurement des comptes
* **in full and final settlement of the case** - pour solde de tout compte
* **preparation for settlement** - liquidation des dépenses

- 3. <u>Constitution d'usufruit</u>

- 4. <u>Fondation</u>

- 5. <u>Etablissement, lieu habité, agglomération, zone de peuplement, habitat (groupé ou dispersé)</u>
* **human settlement** - zone d'habitation
* **marginal settlement** - peuplements marginaux
* **settlement house** - foyer social
* **settlement of nomades** - fixation des nomades
* **settlement systems** - modes d'implantation
* **uncontrolled settlement** - implantation sauvage
* **uncontrolled urban settlement** - colonie urbaine spontanée
* **unsuitable for human settlement** - hostile à l'établissement humain

SETTLOR (Trust) - Le constituant; le donateur; le disposant; le fondateur (d'un fidéicommis)

SEVERABILITY - Divisibilité, séparabilité

SEVERAL
* **joint and several liability** - solidarité
* **restricted joint and several liability** - obligation in solidum
* **several liability** - responsabilité conjointe, obligation conjointe

SEVERALLY
* **jointly and severally liable** - solidaire

SEVERANCE
* **severance of urban areas** - coupure de l'espace urbain

SEVERITY
* **severity of the sentence** - taux de la peine, rigueur de la peine

SEXIST - <u>Sexiste</u>
* **non sexist language** - désexualisation du langage

SEXUAL
* **indecent sexual assault** - outrage aux moeurs
* **sexual abuse** - atteinte à l'intégrité sexuelle, violences sexuelles
* **sexual assault** - attentat à la pudeur accompagné de violence
* **sexual immorality** - actes sexuels contraires aux moeurs
* **sexual offence** - infractions contre les moeurs, attentat aux moeurs, outrage aux moeurs
* **sexual perversion** - moeurs contre nature
* **(to) enforce sexual intercourse with a woman** - abuser d'une femme

SHADOW
* **shadow Cabinet** - gouvernement-fantôme

SHADY - <u>Louche, douteux, équivoque, de probité douteuse, interlope</u>
* **shady business** - affaire véreuse
* **shady side of politics** - les dessous de la politique

SHAKE (subst.)
* **shake down** - exaction, extorsion
* **shake out (manpower....)** - dégraissage
* **shake up** - réorganisation, remaniement

SHAKE (TO)
* **(to) shake their credibility** - mettre leur crédibilité en doute

SHAM - Faux, truqué, factice, simulé, feint
* **sham bid** - folle enchère
* **sham bidder** - fol enchérisseur
* **sham plea** - moyens dilatoires
* **sham title** - titre d'emprunt
* **sham transactions** - opérations fictives

SHAPE
* **(to) give shape to a plan** - faire prendre corps à un projet
* **(to) put into shape** - mettre au point
* **(to) take a new shape (problem)** - se poser en termes nouveaux (problème)
* **(to) take shape** - prendre forme, prendre consistance, se concrétiser, se matérialiser, se réaliser

SHAPE (to) - Orienter, formuler, élaborer (une politique)

SHARE - Quote-part, part, part sociale, action
* **allotment of shares** - répartition des actions
* **assignment of shares** - transmission des actions
* **bearer share** - action au porteur
* **bonus share** - action gratuite
* **class of shares** - catégorie d'actions
* **company share** - part sociale
* **dividend share** - action de jouissance
* **equal share** - part virile
* **equity share** - action ordinaire
* **founder's shapes** - parts de fondateur
* **joint share** - action indivise
* **listed share** - action cotée en bourse
* **non-negociable share** - part d'intérêt
* **notional share** - quote-part abstraite
* **paid-up share** - action entièrement libérée
* **partially paid-up share** - action non entièrement libérée
* **participating preference** - action privilégiée à dividende supplémentaire, action de participation
* **preference share** - action de priorité, action privilégiée, action à dividende
* **promoter's share** - part de fondateur
* **qualification share** - action statutaire de garantie
* **qualifying share** - action de cautionnement
* **registered share** - action nominative
* **script issue of share** - émission d'actions gratuites
* **separate share** - part virile
* **share allottee** - souscripteur
* **share broker** - courtier en valeurs mobilières

* **share capital** - capital-actions
* **share certificate** - titre d'action
* **share dividend** - dividende d'actions
* **share holder** - actionnaire
* **share in a estate** - part successorale
* **share in a partnership** - part d'associé, part d'intérêt
* **share index** - indice des cours
* **share issue rights** - droits d'émission
* **share paid in money** - action de numéraire
* **share premium** - prime d'émission
* **share registrer** - registre des actions
* **share transfer form** - formule de transfert
* **share warrant** - action au porteur, titre au porteur
* **shares at a discount** - actions en dessous du pair
* **shares at a premium** - actions au-dessus du pair
* **shares at par** - actions au pair
* **(to) float shares** - émettre des actions
* **(to) underwrite an issue of shares** - garantir une émission d'actions
* **transferable share** - action au porteur, action cessible librement
* **undivided share** - part indivise
* **unlisted share** - action non cotée

SHARE (to)
* **(to) share the view of Mr X** - estimer, comme X, que...

SHAREHOLDER - Actionnaire
* **shareholder's meeting** - assemblée d'actionnaires
* **shareholder's statutory meeting** - assemblée constitutive

SHARP - Accentué, marqué, brusque, brutal

SHEARING
* **shearing effect** - effet de cisaille, effet de cisaillement (géol., pétr., mécanique)

SHEDDING
* **shedding labour** - dégraissage

SHEET
* **balance sheet** - état de l'actif et du passif
* **balance sheet book** - livre d'inventaires
* **data sheet** - feuilles de travail, fiches de renseignements
* **sheet metal** - tôle
* **sheet metal working** - tôlerie
* **sheet reference** - légende; référence de la feuille (cart.)
* **tally sheet** - feuille de pointage, feuille de dépouillement
* **work sheet** - bordereau (questionnaire)

SHELF - Plateau; rayon
* **continental shelf** - plateau continental
* **off-the-shelf product** - produit standard immédiatement disponible
* **shelf-locked countries** - pays à plateau enclavé

SHERPAS - Sherpas (hauts fonctionnaires préparant les réunions au sommet)

SHIFT - 1. Equipe
* **phase shift** - déphasage
* **regular shifts** - équipes fixes
* **rotating shifts** - équipes alternantes
* **shift work** - travail posté, travail en équipes, travail continu
* **split shifts** - travail en semi-continu
* **successive shifts** - équipes successives

     - 2. Poste, poste de travail
* **a system of successive shifts** - un système de postes successifs
* **regular night shift** - postes permanents de nuit

     - 3. Déplacement, reconversion, mouvement, redistribution, changement de cap, glissement

SHIFTING
* **shifting agriculture** - agriculture itinérante

SHIP
* **factory ship** - navire-usine
* **ship papers** - documents de bord
* **ship's log** - journal de bord
* **training ship** - navire-école

SHIPPING
* **shipping agent** - agent maritime
* **shipping document** - document d'embarquement, document d'expédition
* **shipping legislation** - réglementation des transports maritimes
* **shipping line** - compagnie maritime

SHOOTING
* **law of shooting rights** - droit de location de chasse
* **shooting incident** - fusillade, échauffourée

SHOP - Magasin; atelier; bureau
* **closed-shop clause** - clause d'embauche préférentielle
* **closed-union shop** - monopole syndical d'embauche, monopole syndical d'emploi
* **court shopping** - course au mieux-disant judiciaire; recherche du tribunal le plus offrant, recherche du tribunal le mieux-disant
* **shop lifting** - vol à l'étalage
* **shop steward** - responsable d'entreprise, délégué syndical

SHORE - Rivage, littoral, côte, rive
* **lake shores** - berges lacustres
* **(to) be on shore duty** - être de service à terre

SHORT CUT - Simplification, (qqfs) contraction
* **(to) take a short cut** - prendre un raccourci

SHORTCOMINGS - Aléas, insuccès, échecs, non-réalisation, lacunes, insuffisances, inadaptation, points faibles, imperfections, inconvénients, déficiences, inadéquation

SHORTFALL - Insuffisance, déficit, manque à recevoir
* **income shortfall** - insuffisance de recettes

SHOW - 1. Emission (TV)
* **live show** - émission en direct
* **pre-recorded (taped) show** - émission en différé

     - 2. Spectacle; salon
* **auto show** - salon de l'auto
* **business show** - industrie du spectacle (show biz)
* **show piece** - modèle du genre, "vitrine"
* **technical show** - salon spécialisé
* **vote by show of hands** - vote à main levée

SHOW (to) - Prouver, démontrer, établir
* **it must be shown that** - il faut que soit établi
* **no violation of the Convention has been shown** - aucune preuve de la violation de la Convention n'a été apportée
* **(to) make a show of solidarity** - une solidarité de façade
* **(to) show cause** - exposer ses raisons, expliquer pourquoi
* **(to) show down** - étaler son jeu, mettre cartes sur table

SHRINKAGE
* **stock shrinkage** - trou d'inventaire

SICKNESS
* **sickness note** - certificat médical

SIDE - Côté, partie, camp, bord, interlocuteur
* **both sides of industry** - les partenaires sociaux
* **on both sides** - de part et d'autre
* **on one side ... on the other** - pour les uns ... pour les autres
* **side benefit** - retombée (économique, sociale, etc.)
* **side effect** - effet marginal, effet secondaire

SIGN
* **first signs of** - les prodromes de
* **sign posting** - balisage (d'une route, etc.)

SIGN (to)
* **(to) sign into law** - donner force de loi (par sa signature)

SIGNATURE
* **firm's signature** - signature "sociale"
* **full signature at a treaty** - signature définitive d'un Traité
* **marginal signature** - émargement
* **signatured referendum** - émargement

SIGNED
* **signed writing** - acte sous seing privé

SIGNIFICANT - Révélateur, significatif, sensible, notable, net, marqué, pertinent, important, substantiel, caractéristique, symptomatique
* **work is a significant but not the only element** - le travail, malgré son importance, n'est pas le seul élément

SILK
* **(to) be a silk** - être "Queen's Counsel"

SIMILARITIES - (qqfs) Rapprochements

SIMPLE - Rudimentaire, sommaire, peu évolué, peu élaboré
* **simple science teaching** - enseignement élémentaire des sciences

SIMPLIFICATION - Schématisation

SIMULATED
* **simulated transaction** - donation déguisée

SIMULATION
* **simulation games** - jeux de simulation
* **simulation techniques** - techniques de la simulation

SIMULTANEITY
* **international simultaneity** - synchronisation sur le plan international

SIMULTANEOUS - De front, concurremment

SINGLE - Unique, seul
* **single crop economy** - économie de monoculture
* **single family dwelling** - logement unifamilial
* **single member system** - scrutin uninominal
* **single purpose worker** - agent univalent
* **the biggest single holder** - le plus gros porteur indépendant

SINGLE OUT (to) - Choisir, sélectionner
* **the candidates singled out after the examination** - les candidats retenus après examen

SINKING
* **sinking fund** - fonds d'amortissement

SIT (to) - Siéger
* **(to) sit in sections** - siéger en chambres

SIT-IN - Occupation (de locaux, etc.)

SITE - 1. Implantation, situation, site, lieu, emplacement
* **site plan** - plan d'implantation
* **site preparation** - préparation du terrain

    - 2. Assiette
* **site of the right of way** - assiette du passage

SITING - Implantation, localisation (d'entreprises, d'industries, etc.)

SITTING - Audience (d'un tribunal)
* **plenary sitting** - séance plénière
* **public sitting** - audience publique
* **sitting of the full court** - séance plénière
* **the court sitting as a chamber** - la Cour constituée en chambre

SITUATION - Situation, milieu
* **education situations** - entreprises pédagogiques
* **situation report (sitrep)** - rapport situation
* **(to) improve the situation** - améliorer les choses

SITUATIVE
* **"situative methods"** - méthodes de "mise en situation"

SIZE - Envergure, taille, dimension, volume, niveau, format, étendue, échelle, stature, importance numérique
* **effective size (pub.)** - dimensions utiles, formats
* **expected size of units** - taille prévue des unités
* **full size reproduction (typo.)** - un sur un, pleine page (typo.)
* **size classes** - tranches de taille, catégorie de dimension
* **size of the family** - dimension de la famille
* **size of the sample** - effectif de l'échantillon

SKEWNESS - Asymétrie, dissymétrie, hétérogénéité
* **skewness of the population** - inégalité de la répartition de la population

SKID
* **non skid** - anti-dérapant

SKILL - 1. Savoir-faire, compétence, aptitude, capacité, qualification
* **communication skills** - art des relations humaines, aptitudes à la communication
* **skills** - méthodes
* **social skills** - aptitude à vivre en société; art des relations humaines; sociabilité; sociotechniques
* **with skill** - avec un métier très sûr

    - 2. Habileté, ingéniosité, talent, art

    - 3. Spécialité, technique, technicité
* **action skill** - méthode d'action
* **life skills** - la technique du quotidien, les techniques du quotidien, la maîtrise du quotidien
* **remedial skill** - technique de traitement
* **sector of advanced skills** - secteur de haute qualification, secteur de pointe
* **skills development** - formation professionnelle

SKILLED
* **methods of skilled trades** - méthodes artisanales
* **semi-skilled workers** - ouvriers semi-qualifiés
* **skilled workers** - ouvriers qualifiés (OS)

SKY-ROCKET (to) - Monter en flèche (prix)

SLANDER - Diffamation verbale, atteinte à l'honneur, calomnie
* **slander of title** - atteinte au crédit; mise en doute de la validité d'un titre de propriété
* **slander to goods** - dépréciation malveillante et fausse de la qualité des marchandises

SLANDEROUS - Calomnieux, diffamatoire

SLIGHTING - (qqfs) Dévalorisant

SLIMMING
* **slimming down (workforce)** - dégraissage

SLIP
* **slip opinion** - résumé de l'arrêt, abrégé de l'arrêt

SLOPE - 1. <u>Déclivité (forte, faible)</u>

      - 2. <u>Versant (de montagne)</u>

SLOT - <u>Créneau</u>
* **(to) give a slot** - fournir une occasion, faire une place, réserver une place, accorder (un temps de parole)

SLOWDOWN - Grève perlée; ralentissement

SLUMP - <u>Marasme, crise économique</u>
* **in modern slumps** - au cours des crises modernes

SLUR - <u>Insulte, affront, flétrissure</u>
* **(to) cast a slur** - jeter l'opprobe

SMALL - <u>Faible, modique, peu élevé, peu abondant, maigre, exigu, secondaire</u>
* **small committee** - comité restreint

SMART
* **smart bomb** - bombe autoguidée, bombe "intelligente"

SMOOTHED
* **smoothed age distribution** - répartitions par âge, répartitions ajustées

SMOOTHING - Lissage (stat. démo.)

SMUGGLER - <u>Contrebandier</u>
* **people smuggler** - passeur

SNATCH
* **snatch theft** - vol à l'arraché

SOBER - Réservé, raisonnable, réfléchi, modéré

SOCIAL
* **social centre** - lieu de rencontre, foyer
* **social event** - réception; programme
* **social housing** - logements sociaux, H.L.M.
* **social programme** - programme socio-récréatif, réceptions
* **social sense** - sens de la solidarité sociale
* **social status** - statut socio-professionnel, situation socio-professionnelle, catégorie socio-professionnelle
* **social worker** - agent des services sociaux, travailleur social, assistant social

SOCIALISTIC
* **socialistic bodies** - groupes d'obédience socialiste

SOCIETAL - <u>Sociétal, capacité sociétale, système social; de société</u>
* **societal processes** - processus de la société

SOCIETY
* **affluent society** - société d'abondance
* **elite society** - société des notables
* **friendly society** - société de prévoyance
* **societies** - (qqfs) structures sociales

SOFT - Doux, modéré (technologie, législation, médecine)

SOLATIUM (Scottish law) - Pretium doloris (droit anglais = "compensation for pain and suffering")

SOLE
* **sole-charge school** - école à un seul maître
* **sole rights** - droits d'exclusivité

SOLEMN - <u>Solennel, grave, sérieux</u>
* **solemn ceremony** - solennité
* **solemn duty** - devoir sacré
* **solemn procedure** - procédure d'assises (avec jury)
* **transaction in solemn form** - acte devant officier ministériel

SOLICITING
* **soliciting by prostitutes** - racolage sur la voie publique

SOLICITOR - 1. Agent judiciaire
* **Treasury Solicitor's Department** - Service juridique du Ministère des Finances

- 2.
* **Solicitor general** - Avocat général (du gouvernement), procureur général adjoint

- 3.
* **the applicant's solicitor** - les représentants du requérant, les conseils du requérant

- 4. Avoué, notaire
* **practising solicitor** - avoué en exercice
* **solicitor in private office** - notaire installé à son compte, avoué installé à son compte
* **solicitor's clerk** - clerc de notaire
* **solicitor's office** - étude de notaire, notariat
* **solicitor's practice** - étude de notaire, notariat
* **solicitors liability** - responsabilité notariale

- 5. Auxiliaire de la justice

SOLID - Solide, ferme, compact, plein, réel, épais, massif, dur, d'un seul bloc
* **solid defence** - défense valable
* **solid objects** - corps durs
* **solid state circuits** - circuits à éléments solides
* **solid vote** - vote unanime

SOLITARY - Solitaire, seul, isolé; (lieu) retiré, isolé
* **in solitary confinement** - (mis) au secret
* **solitary confinement** - détention au secret; mise au quartier disciplinaire; réclusion, isolement cellulaire, régime cellulaire; mise à l'isolement
* **solitary confinement block** - quartier d'isolement, quartier disciplinaire (prison)
* **solitary confinement wing** - quartier d'isolement, quartier disciplinaire (prison)

SOLVENCY - Solvabilité

SOLVENT - Solvable

SOON - Prochainement; ne pas tarder à...

SOPHISTICATED - Recherché, subtil, très poussé, raffiné, fin, affiné, délicat, complexe, évolué, perfectionné, ingénieux, (péj.) pédant, maniéré, affecté, forcé

SOPHISTICATION - 1. Maniérisme, sophistication

- 2. Fallacieux, captieux (arguments)

SORE - Névralgique, délicat, critique

SOUGHT
* **the State in which the recognition is sought** - l'Etat où la reconnaissance est invoquée

SOUND - 1. Bien compris, bien conçu, valide, rationnel, sage, judicieux, solide, sain, raisonnable
* **sounder** - préférable

- 2.
* **double sound head projector** - double bande et son optique
* **sound feed from the Assembly Chamber** - relais-son à partir de l'hémicycle
* **sound head** - tête sonore, lecteur de son
* **sound head projector** - double bande et son optique

SOUNDING - Démarches, sondages, consultations (oracles, par correspondance), pressentir qqn
* **sounding board** - porte-voix, moyen d'expression
* **sounding rocket** - fusée-sonde

SOUNDNESS - (qqfs) Bonne marche; solvabilité

SOURCE (adj.) - 1. De base
* **source information** - informations de base
* **source material** - documentation de base

- 2. (qqfs) Brut
* **source materials** - matières brutes

- 3. De liaison
* **source document** - document de liaison

SOURCE (subst.) - Source, provenance
* **according to Afghan exile sources** - selon des renseignements émanant de réfugiés afghans
* **source of funds** - financement
* **sources say...** - d'après les informations recueillies
* **with an independent source of finance** - dotés de moyens financiers indépendants

SPACE
* **floor space** - surface, plancher
* **living space** - surface habitable
* **office space** - locaux à usage de bureaux
* **outer space** - expace extra-atmosphérique
* **space occupancy** - répartition des services dans les bureaux
* **space phenomena** - phénomènes spatiaux (cart.)

SPARSE - Clairsemé, fragmentaire (données)
* **sparse populated local authorities** - communes très peu peuplées

SPATIAL - Spatial, géographique
* **spatial distribution of income** - répartition géographique des revenus
* **spatial problems** - problèmes d'encombrement, problèmes d'espace

SPEAK (to) - Parler, se prononcer
* **(to) speak against a bill** - parler contre un projet de loi
* **(to) speak against the closure** - se prononcer contre la clôture
* **(to) speak to a bill** - parler en faveur d'un projet de loi, soutenir un projet de loi
* **(to) speak to a statement** - présenter une déclaration et répondre aux questions soulevées par elle

SPEAKER - 1. Porte-parole

- 2. Orateur
* **the list of speakers for the meeting is exhausted** - il ne reste plus d'orateurs inscrits pour la séance
* **the time-limit for the inscription of speakers to take part in the general debate shall be 6 p.m.** - la liste des orateurs inscrits dans la discussion générale sera close à 18 heures

- 3. (CSCE) "Speaker" (Président de la Chambre des Communes, Président de la Chambre des Représentants)
* **native French speaker** - locuteur français

SPECIAL - 1.
* **special order (USA)** - question à l'ordre du jour de la séance en cours, reportée avec priorité à l'ordre du jour d'une séance ultérieure, ou question à l'ordre du jour de la séance antérieure inscrite avec priorité à l'ordre du jour de la séance en cours

- 2.
* **special court** - juridiction d'exception, tribunal d'exception

- 3.
* **special powers** - pouvoirs spéciaux, pouvoirs d'exception
* **special rules of contracts** - régimes particuliers à certains contracts

- 4.
* **special majority** - majorité qualifiée
* **special session** - session extraordinaire

SPECIALITY - Qualité particulière, caractéristique
* **speciality rule** - principe de la spécialité, règle de la spécialité

SPECIALLY
* **specially secure custody** - surveillance renforcée (des détenus)

SPECIE - Espèces monnayées, numéraire
* **in specie** - en espèces
* **loss of specie** - perte totale des marchandises

SPECIFIC - Spécifique, déterminé, particulier, exprès
* **non specific** - fongible
* **specific agreement** - accord explicite
* **specific cases** - cas concrets
* **specific duty** - droit spécifique
* **specific performance** - exécution en nature
* **specific taxes** - impôts analytiques

SPECIFICALLY - Expressément

SPECIFICATION - 1. Spécifications, caractéristiques techniques, fiche technique

- 2. Cahier des charges (propriété)

- 3. Prescriptions techniques (matériel)

SPECIFICITIES - Particularités, singularités, spécificités

SPECIFIER
* **specifier agency** - agence de normalisation (ex. AFNOR)
* **specifier body** - agence de normalisation (ex. AFNOR)

SPECIFY (to) - Préciser, indiquer, désigner, déterminer
* **... will be further specified in ...** - d'autres précisions suivront dans ...

SPEECH - Discours, allocution, déclaration, intervention
* **counsel's speech** - plaidoirie
* **maiden speech** - premier discours
* **speech for the defence** - plaidoyer

SPEED - Célérité

SPEEDILY - A bref délai

SPENT - Epuisé, mort, éteint, vide
* **probably spent** - probablement périmé

SPHERE
* **in the political sphere** - sur le plan politique
* **legislative sphere** - domaine de la loi, domaine du législateur
* **limited sphere** - cadre restreint
* **parliamentary sphere** - domaine de la loi, domaine du législateur
* **sphere of activity** - sphère d'action, sphère d'influence, sphère d'intérêts

SPIN - Mouvement rotatoire, rotation
* **spin off** - retombées
* **spin-off rights** - droits dérivés
* **technological spin off** - retombées technologiques

SPIRALS
* **inflationary spirals, in which wages chased after prices and prices chased after wages** - spirales inflationnistes, les salaires courant derrière les prix et les prix derrière les salaires

SPIRIT - 1. Tournure d'esprit
- 2. Dynamisme, vitalité

SPIRITED - Animé, chaleureux, vigoureux, plein d'entrain, énergique, vivant, dynamique

SPLICING (indices) - Raccordement

SPLINTER
* **splinter parties** - poussière de partis (morcellement)

SPOILS SYSTEM - Système des dépouilles (changement d'administration lors de l'avènement au pouvoir d'un autre parti)

SPONGING - Délit de grivèlerie

SPONSOR - 1. Garant, répondant (Jur.), caution
- 2.
* **a co-sponsor** - l'un des auteurs
* **building sponsor** - maître d'ouvrage
* **sponsors of a resolution** - auteurs d'une résolution
- 3.(qqfs) Promoteur, propagandiste (annonceur, dans la presse à but non lucratif), sponsor, bailleur de fonds, commanditaire, publi-financeur

SPONSOR (to) - 1. Proposer (une résolution), prendre l'initiative de, patronner (une campagne, une enquête, une manifestation,...)
* **sponsored by** - sous le patronage de, sous les auspices de, proposé par (résolution), dû à l'initiative de, dont X est l'instigateur, à l'instigation de, dont X est le promoteur
* **sponsoring ministry** - ministère de tutelle
* **(to) sponsor a draft resolution** - être l'auteur d'un projet de résolution
* **(to) sponsor measures** - prendre l'initiative de mesures
- 2. Commanditer, sponsoriser (un programme, une émission)

./..

- 3. Répondre pour, parrainer, se porter caution pour
* **sponsor ministry** - ministère de tutelle
* **sponsor powers** - puissances invitantes

- 4. Subventionner

SPONSORING - Parrainage

SPONSORSHIP - 1. Financement, appui (soutien)

- 2. Financier (privé), publi-financement

- 3. Parrainage
* **business sponsorship** - mécénat publicitaire, mécénat d'entreprise, mécénat d'affaires

SPOT
* **on the spot payement** - perception immédiate (amendes)

SPOUSE
* **deserted spouse** - époux abandonné, épouse abandonnée
* **former spouse** - ex-conjoint

SPREAD - 1. Dispersion, éparpillement, atomisation, diffusion, dissémination, prolifération, essaimage
* **prices spreads commission** - commission sur les écarts de prix

- 2. Etalement, échelonnement, espacement

SPURIOUS - Faux, falsifié, controuvé
* **for reasons that may be spurious** - sans raisons toujours valables
* **spurious writings** - écrits apocryphes
* **(to) add to a spurious verisimitude** - pour parfaire l'illusion

SQUAD - Brigade
* **drug squad** - brigade pour stupéfiants
* **flying squad** - brigade mobile
* **fraud squad** - brigade de la répression des fraudes
* **police squad car** - voiture de patrouille
* **river police squad** - police fluviale
* **special branch squad** - brigade anti-gang
* **vice squad** - brigade des moeurs

SQUANDERING
* **squandering of assets** - dilapidation de l'actif

SQUARE - 1. Place (≠ square)

- 2.
* **method of least squares** - méthode des moindres carrés

SQUARELY - Spécifiquement (ex. : se prononcer spécifiquement sur); carrément, honnêtement, franchement

SQUATTER - Occupant sans titre; squatter

SQUEEZE - Compression; exaction
* **credit squeeze** - politique de resserrement du crédit
* **(to) put the squeeze on somebody** - forcer la main à qqn

STABILITY
* **legal stability** - sécurité juridique

STABLE - Stable, ferme, fixe, solide, soutenu, régulier, constant
* **stable growth** - expansion régulière
* **(to) be perfectly stable** - être parfaitement sain d'esprit

STAFF - Agents, personnel
* **a staff education program** - programme à l'intention du personnel en fonction
* **bank staff study** - mémoire des services de la banque
* **established staff** - agents du cadre
* **executing staff** - agents d'exécution
* **executive staff** - personnel supérieur, cadres, direction, personnel d'encadrement
* **grade staff** - personnel supérieur, cadres, direction, personnel d'encadrement
* **managerial staff** - personnel supérieur, cadres, direction, personnel d'encadrement
* **senior staff** - personnel supérieur, cadres
* **staff "aide"** - fonctionnaire d'état-major
* **staff agreement** - convention d'entreprise
* **staff council** - conseil du personnel
* **staff duty** - attributions de direction

./..

* **staff in post** - agents en activité
* **staff officer** - fonctionnaire d'état-major
* **staff personnel** - personnel d'état-major (militaire), personnel des services
* **staff regulations** - statut des agents, règlement d'entreprise
* **staff work (command and advises)** - travail d'état-major
* **"staffer"** - collaborateur (de)

STAFFING - Affectation aux postes à pourvoir, dotation en personnel
* **senior staffing** - bras droit de
* **staffing plan** - plan de recrutement, plan des effectifs

STAGE - Etape, stade, palier, échelon, phase
* **at any stage of the proceedings** - en tout état de la cause
* **in two stage** - en deux temps
* **stage of development** - degré de développement
* **the stage is set for** - les conditions sont réunies pour..., tout est prêt pour, tout est paré pour

STAGE (to) - Monter (une opération, un coup)

STAGGERED - Echelonné, décalé, disposé en quinconce; différé
* **staggered vacations** - l'étalement des vacances
* **staggered working hours** - décalement des horaires de travail

STAGNANT
* **stagnant economy** - économie stagnante

STAGNATE (to) - Stagner, piétiner, camper sur ses positions, plafonner, marquer le pas

STAGNATION - 1. Stagnation, état stationnaire
* **stagnation plus inflation** - stagflation (stagnation de la production plus inflation des prix)

- 2. Apathie, affaiblissement, fléchissement, inertie, léthargie, malaise, temps mort, palier, immobilisme, sommeil, lourdeur, langueur

STAMP - Timbre
* **inspection stamp** - poinçon
* **quality stamp** - label de qualité
* **regular stamp** - timbre de la série ordinaire
* **stamp duty** - droits d'enregistrement

STAMP (to) - Tamponner, enregistrer, marquer, poinçonner, timbrer (un reçu), viser (un passeport), affranchir (une lettre)
* **(to) stamp out a riot** - écraser une émeute

STAMPEDE - Débâcle, panique, fuite éperdue

STAND - 1. Peuplement (arboriculture)

- 2.Position
* **(to) take a stand on** - se prononcer sur, prendre position sur

STAND (to) - 1. Se présenter au procès, comparaître

- 2.
* **this resolution as it now stands** - cette résolution dans sa forme présente

- 3.
* **the question was closed and the resolution stood** - la question est close et la résolution est maintenue

- 4.
* **right to stand for election** - droit d'éligibilité

- 5.
* **(to) stand for** - être le symbole de

STAND FOR (to)
* **(to) stand for an election** - se porter candidat

STAND TO (to)
* **(to) stand to an election** - se porter candidat

STAND UP (to)
* **his defence did not stand up to examination** - sa défense ne résistait pas à l'examen

STAND-BY - 1. En veilleuse, en réserve, de secours, en sommeil
- 2.
* **stand-by arrangement, commitment** - arrangement "stand-by", ligne de crédit "stand-by", ouverture de crédit "stand-by", accord de garantie "stand-by", accord de crédits "stand-by" (assurance de tirage sans qu'il soit nécessaire de revoir la position du membre au moment du tirage)

STANDARD - Habituel, norme, critère, règle, condition générale, type, niveau, conditions; (qqfs) témoin; classique, qui a fait ses preuves
* **according to professional standards** - selon les règles de l'art
* **agreed standards** - normes prescrites, normes définies, normes admises
* **establishment of standards** - action normative
* **gold standard** - étalon-or
* **international (education) standards** - standards internationaux
* **nationally recognised standards of competence** - normes de compétence nationales
* **standard contract** - contrat d'adhésion, contrat-type
* **standard business terms** - conditions générales de vente
* **standard calculations** - calculs courants
* **standard charge** - droit global, droit unique
* **standard exercices** - exercices normalisés
* **standard form** - formulaire; contrat d'adhésion, contrat-type
* **standard of living criteria** - train de vie
* **standard of proof required** - niveau de preuve exigée
* **standard practices** - pratiques courantes
* **standard procedures** - règles de fonctionnement courantes
* **standard service contract** - contrat-type de travail
* **standard setting activities** - activités normatives
* **standard setting bodies** - organismes normatifs
* **standard setting office** - centre d'élaboration des normes de travail
* **standard suspension test** - test de la suspension-témoin
* **standard terms and conditions** - conditions générales
* **standard works** - les meilleurs auteurs
* **standard works and documents** - documentation de base
* **substandard culture** - sous-culture
* **(to) apply a double standard** - faire deux poids, deux mesures

STANDING (adj.) - En vigueur, permanent
* **standing agreement** - accord permanent
* **standing clause** - clause de style
* **standing committee** - commission permanente
* **standing order** - consigne permanente
* **standing orders** - règlement intérieur
* **standing regulations** - règlements en vigueur

STANDING (subst.) - 1. Statut, qualité (devant la justice), locus standi, autorité, compétence, audience, réputation, personnalité, intégrité, honorabilité
* **a person of 5 years standing** - personne ayant 5 ans d'ancienneté
* **lack of standing before the court** - incapacité d'ester en justice
* **of international standing** - de réputation internationale
* **of long standing** - de longue date, déjà ancien
* **the E.C. would suffer a loss of international standing** - la C.E. serait frappée de "capacitis diminutio"
* **(to) have no standing before the Court** - ne pas avoir qualité aux yeux de la Cour pour, ne pas avoir autorité aux yeux de la Cour pour...
* **(to) undermine the standing of somebody** - jeter le discrédit sur quelqu'un

- 2. Solvabilité
* **financial standing** - surface financière

- 3.
* **vote by standing** - vote par assis et levé

STANDSTILL - Arrêt, temps d'arrêt, halte, pause, point mort, immobilisation
* **(to) be at a standstill** - marquer le pas , être arrêté, ne plus progresser, s'immobiliser
* **wage standstill** - pause salariale

STAPLE
* **non staple food** - aliments non essentiels
* **staple food** - aliments de base, aliments essentiels

STARE
* **doctrine of stare decision** - principe du respect des décisions rendues

START - Début, départ, commencement
* **from the start** - d'emblée, d'entrée de jeu
* **the fall in housing starts** - la diminution des mises en chantier
* **the start of output from new coalfields** - mise en production de nouvelles mines

START (to) - Partir, prendre le départ, commencer, débuter, se déclencher, se déclarer, démarrer, surgir, s'amorcer
* **starting up again** - remise en marche, redémarrage
* **(to) argue from the starting point that** - postuler que

STATE - 1. Etat
* **act of state** - acte de souveraineté, acte de puissance publique, acte de gouvernement
* **constitutional State** - Etat de droit
* **Minister of State for Foreign and Commonwealth office** - Ministre adjoint des Affaires étrangères et du Commonwealth
* **Secretary of State** - Ministre d'Etat
* **Secretary of State for Foreign and Commonwealth office** - Ministre des Affaires étrangères et du Commonwealth
* **so long as they remain public state property** - tant qu'ils n'ont pas été désaffectés
* **state depository** - magasins généraux
* **state financed personal incomes** - revenus particuliers provenant de l'Etat
* **state planning** - dirigisme étatique
* **state-run** - en régie
* **State security** - sûreté de l'Etat
* **State structure** - appareil étatique
* **(to) place under direct state control** - étatiser

- 2. Situation, état
* **inadmissible in the present state of the file** - irrecevable en l'état
* **state of dependance** - rapport de dépendance
* **state of emergency** - état d'exception, état d'urgence
* **state of repair** - état d'entretien

STATE (to) - Estimer, être d'avis que, déclarer, exposer, disposer que (texte réglementaire), indiquer, énoncer, décider, préciser, faire remarquer que
* **as stated in Art.** - comme le relève l'article, comme l'indique l'article
* **state the need for compliance with the procedure** - consacrer la nécessité de suivre la procédure
* **stated assumptions** - hypothèses admises
* **stated national aims** - objectifs mis en avant au niveau national
* **stated objective** - but avoué
* **(to) state a complaint "in substance"** - articuler un grief "en substance"
* **(to) state explicitly** - spécifier
* **(to) state one's position** - faire connaître sa position

STATELESS - Apatride
* **stalelessness** - statut d'apatride, apatridie

STATEMENT - 1. Etat, situation financière, relevé, décompte, bilan, récapitulation
* **settlement statement** - état liquidatif
* **statement of accounts** - état comptable, relevé de compte
* **statement of affairs** - état de situation, bilan de liquidation

* **statement of amounts due** - état liquidatif
* **statement of claim** - décompte du dommage, demande d'indemnisation
* **statement of costs** - état des frais
* **statement of debts** - état des dettes
* **statement of expenditure** - état des dépenses
* **statement of mortgages** - état hypothécaire

- 2. Communication, déclaration, exposé, conclusions, mention, notification, mémoire, constatation, constat
* **explanatory statement** - déclaration explicative
* **his statement could not be believed** - on ne pouvait ajouter foi à sa thèse
* **investment policy statement** - déclaration de principes relative aux investissements
* **oral statement** - plaidoirie, exposé oral
* **points of statement by** - observations de
* **statement by the Chairman** - déclaration du président
* **statement of appeal** - mémoire
* **statement of claim** - requête, demande initiale, demande introductive d'instance
* **statement of damage** - constatation du dommage
* **statement of grounds** - mémoire
* **statement of intention** - déclaration d'intention, déclaration de volonté
* **statement of reasons, of the facts** - description des motifs, des faits, exposé des motifs, exposé des faits
* **statement on population growth** - manifeste sur l'accroissement de la population, déclaration sur l'accroissement de la population
* **statement should be included in the sentence** - mention en sera faite dans le dispositif du jugement
* **statements before the police** - déclarations devant la police
* **statements made in court** - déclarations à l'audience
* **supplementary statement of claim** - demande additionnelle
* **the accused is served with a statement of the charge** - l'accusé se voit notifier son inculpation
* **(to) file a statement of claim** - déposer ses conclusions
* **(to) make a statement as witness** - déposer en tant que témoin
* **(to) make one statement of law** - exposer la situation telle qu'elle se présente en droit en fait
* **(to) recall one's statement** - rappeler ce qu'on a déclaré
* **written statement** - exposé écrit

STATESMANSHIP - 1. Sagesse, sens politique, acuité politique

* **high statesmanhip** - maîtrise, tour de force politique

- 2. Qualités d'homme d'Etat

STATIC - Figé (techniques), stationnaire, étale
* **this year the output was static** - cette année, la production est restée égale

STATISTICAL
* **statistical clerk** - commis aux statistiques
* **statistical material** - sujet à étudier
* **statistical units** - unités statistiques

STATISTICS
* **price statistics** - séries de prix

STATUS - 1. <u>Qualité, régime, statut, condition, état, rang, prestige, considération</u>
* **civil, personal status** - état des personnes, état-civil
* **civil status authorities** - l'état-civil
* **deriving their status from connexion with** - dont la qualité découle des liens qui les unissent avec...
* **domestic status** - statut des habitants
* **equal status** - même statut
* **family status** - statut familial, situation de famille
* **forgery of civil status certificates** - falsification d'état-civil
* **legal status** - condition, situation, statut juridique
* **marital status** - état-civil, situation matrimoniale
* **married status** - la qualité de conjoints
* **matter relating to personal civil status** - question d'état-civil
* **matter relating to personal family status** - question d'état-civil
* **rights attached to the status of French citizens** - droits attachés à la qualité de citoyens français
* **status action** - action d'état (action en justice portant sur l'état d'une personne)
* **status as a party** - qualité de partie (à un traité)
* **status ascribed to** - importance accordée à
* **status of agreements** - valeur des accords
* **status of aliens** - condition des étrangers
* **status of guidance** - valeur juridique des indications
* **status of implementation** - application
* **status of persons** - état des personnes
* **status of publications** - régime des publications
* **status of women** - condition féminine
* **the status of the individual** - la condition de l'individu
* **(to) have the status of applicant** - avoir la qualité de requérant

- 2. <u>Utilisation (de crédits)</u>

- 3. <u>Etat d'avancement (d'un projet)</u>

STATUTE - <u>Loi, ordonnance, acte du parlement, droit écrit</u>

STATUTES - <u>Règles statutaires, statut, statuts, règlements, charte, code</u>
* **amending statute** - loi portant amendement
* **by operation of statute** - par application de la loi
* **consolidating statute** - loi récapitulative, loi consolidatrice
* **disabling statute** - loi restrictive
* **enabling statute** - loi habilitante
* **evasion of a statute** - fraude à la loi
* **provided by the statutes** - statutaire
* **purview of a statute** - le dispositif d'une loi
* **regulation of employment conditions by statute law** - faire appel à la loi pour réglementer les conditions d'emploi
* **repealing statute** - loi portant abrogation
* **statute barred** - tombé sous le coup de la prescription, prescrit, forclos
* **statute barred debt** - dette caduque
* **statute book** - recueil de lois, code
* **statute fair** - foire légale
* **statute labour** - main d'oeuvre prestataire
* **statute law** - la législation
* **statute law country** - pays de droit écrit
* **statute law legislation** - droit écrit
* **statute measures** - mesures légales
* **statute of limitations** - prescription
* **statutes and regulations** - législation et réglementation, mesures législatives, dispositions législatives
* **(to) consolidate statutes** - fondre des lois, refondre des lois
* **(to) construe a statute** - interpréter une loi
* **(to) enact a statute** - promulguer une loi, adopter une loi
* **(to) promulgate a statute** - voter une loi
* **(to) repeal a statute** - abroger une loi

STATUTORY - <u>Réglementaire, légal, prévu par la loi, agréé, officiel, établi, fixe, protégé par la loi, statutaire, reconnu</u>
* **extra-statutory** - officieux
* **having statutory force** - ayant force de loi
* **non-applicability of statutory limitations** - imprescriptibilité
* **non-statutory** - officieux, qui n'est pas régi par des textes législatifs ou réglementaires
* **statutory agency** - représentation légale
* **statutory authorisation** - habilitation législative
* **statutory basis** - lois fondamentales (régissant...)
* **statutory boards** - offices publics
* **statutory body** - organe officiel
* **statutory charge** - hypothèque légale
* **statutory coefficients** - coefficents légaux
* **statutory declaration** - affidavit (mais sans serment)
* **statutory definition** - concept légal
* **statutory deposit** - dépôt légal
* **statutory force** - force de loi
* **statutory framework** - cadre défini par la législation

./..

* **statutory heir** - héritier ab intestat, héritier légitime
* **statutory holiday** - fête légale
* **statutory immovable** - immeuble par destination
* **statutory income** - revenu statutaire
* **statutory instrument** - ordonnance (adm.), décret, texte législatif délégué
* **statutory instruments** - instruments de la loi (décrets, ordonnances, arrêtés, règlements)
* **statutory laws** - dispositions législatives et réglementaires
* **statutory limitation** - prescription
* **statutory mortgage** - hypothèque légale
* **statutory obligations** - obligations statutaires
* **statutory presumption** - présomption légale (irréfragable)
* **statutory procedure** - procédure contractuelle
* **statutory provisions** - dispositions légales
* **statutory provisions governing** - statut légal
* **statutory regulations** - mesures d'application (de la loi)
* **statutory representation** - représentation légale
* **statutory representative of a minor** - représentant légal d'un mineur
* **statutory requirements** - prescriptions légales
* **statutory Rules and Orders** - décrets et règlements
* **statutory schedule** - tableau statutaire
* **statutory texts** - textes législatifs
* **statutory time-limit** - délai légal
* **(to) be under a statutory obligation** - être légalement tenu de
* **(to) give statutory form** - légaliser

STAY - Sursis
* **stay of collection** - sursis de paiement
* **stay of execution** - sursis à l'exécution
* **stay of proceedings** - sursis à statuer, suspension de la procédure, suspension des poursuites
* **stay of sentence** - condamnation avec sursis

STAY (to) - Surseoir, suspendre
* **(to) stay execution** - surseoir à l'exécution (d'un jugement)
* **(to) stay the proceedings** - surseoir à statuer, suspendre la procédure

STEAL (to) - 1. Voler
* **stealing by finding** - vol commis par l'appropriation d'un objet trouvé

- 2.
* **stealing a march on** - opérer une fuite en avant

STEAM
* **steam roller** - rouleau compresseur (fig.)

STEERING - Pilotage
* **steering committe** - comité directeur, comité de direction (désigne parfois le Bureau)
* **steering group** - groupe d'orientation

STEM (to)
* **(to) stem from the fact that** - découler de, tenir au fait que

STEP - Etape, phase, stade, palier, échelon, jalon, point, opération, manoeuvre, initiative, acte, préalable, démarches, pas, mesure
* **as a first step towards** - en tant que préalable de
* **major step forward** - un progrès décisif en termes de
* **practical step** - initiative
* **step in judicial proceedings** - acte de procédure
* **steps** - cheminement, évolution, préliminaires
* **the first step should be** - on devrait tout d'abord
* **the logical step would be** - la logique serait de
* **(to) be in step** - être au pas
* **(to) take a secure step forward** - progresser en terrain sûr
* **(to) take steps** - prendre des mesures, prendre des dispositions, prendre des initiatives, faire le nécessaire pour, faire les démarches voulues pour
* **(to) take steps to** - veiller à, entreprendre de
* **(to) take steps to collect debts** - mettre en recouvrement
* **(to) take steps to repair** - mettre en état, remettre en état
* **(to) vary step wise** - varier par étapes
* **would be a serious, if not final, step towards** - s'engagerait gravement, sinon totalement, dans la voie

STEP (to)
* **(to) step up** - activer, accélérer

STEPCHILD - Enfant d'un autre lit

STEREOTYPES - Clichés

STERLING
* **sterling commodities** - marchandises payables en sterling

STEWARD
* **shop stewards** - délégués syndicaux

STICK

* **policy of the big stick** - politique de la férule

STILL

* **still birth rate** - taux de mortinatalité
* **would still be examining** - en sera encore à examiner

STIMULATING - (qqfs) Propice (à)

STIPEND - Indemnité de subsistance, complément de traitement, allocation

STIPENDIARY

* **stipendiary magistrate** - juge unique ayant une formation de juriste

STIPULATION - 1. <u>Accord</u>

- 2. <u>Disposition; obligation (qqfs) convention</u>

STOCK - 1. <u>Action, valeur, stock; parc; patrimoine, titre</u>

* **capital stock** - actions, équipement fixe
* **fully paid-up stock** - titre libéré
* **government stock** - fonds d'Etat, titres d'Etat
* **housing stock** - parc immobilier, patrimoine immobilier
* **joint stock corporation** - société par actions
* **rate of stock building** - taux d'accumulation des stocks
* **remaining stock** - ce qui reste en stock
* **rolling stock** - matériel roulant
* **so long as the scope for expanding the stock per man was limited** - tant que la marge d'accroissement du capital investi par travailleur était limitée
* **stock bank** - valeurs de banque
* **stock broker (jobber)** - agent de change (bourse), courtier en valeurs mobilières
* **stock capital** - capital social, capital investi, équipement
* **stock clerk** - magasinier
* **stock dividend** - action gratuite
* **stock Exchange** - Bourse des valeurs
* **stock in-trade** - arsenal (de mesures, etc.)
* **stock issue** - émission d'actions
* **stock market** - marché des valeurs
* **stock of housing accomodation** - offre d'habitations, patrimoine immobilier
* **stock of physical capital** - stock d'outillage
* **stock of vehicles** - parc automobile
* **stock option** - option de convertibilité (en actions)
* **stock shrinkage** - trou d'inventaire

* **stock taking** - inventaire, bilan, tour d'horizon
* **stock taking meeting** - réunion d'évaluation destinée à faire le point
* **stocks and shares** - valeurs mobilières, valeurs en Bourse
* **(to) take stock of** - évaluer, faire le bilan de
* **trade stocks** - stocks de commerce

- 2. <u>Bétail, troupeau, cheptel vif</u>
* **stock raising** - élevage

- 3. <u>Souche, groupe</u>
* **foundation stock** - souche d'origine

STOOD-OVER

* **stood-over decision** - ajournement sine die

STOP

* **security subject to a stop** - titre frappé d'opposition
* **stop-gap measures** - moyens de fortune, parer au plus pressé
* **"stop-go" development** - développement en dents de scie, développement par coups de frein et d'accélérateur
* **(to) put a stop to** - faire opposition à

STOP (to) - <u>S'arrêter, cesser, être en panne, stopper, faire barrage à, supprimer, suspendre</u>

* **(to) be stopped by the police** - être appréhendé par la police
* **(to) stop a car** - intercepter une voiture
* **(to) stop a cheque** - faire opposition sur un chèque
* **(to) stop prices from rising** - arrêter l'inflation, casser l'inflation

STORAGE - <u>Entrepôt, garde, conservation, dépôt, entreposage, stockage, classement</u>

* **charge for storage** - droit de garde
* **collective storage** - entrepôt collectif
* **expenses for storage** - frais de garde
* **storage medium** - support d'information, support informatique
* **storage tank** - réservoir

STORE

* **central store** - magasin central de stockage
* **chain stores** - chaînes de détaillants
* **convenience store** - magasin de proximité, magasin de dépannage
* **department stores** - grands magasins
* **discount store** - magasin de vente au rabais

./..

* **mail-order store** - organisme de vente par correspondance
* **multiple stores** - succursalistes
* **store depot** - magasin
* **stores** - magasins, magasins de l'Etat

STOREY - Niveau, étage
* **ownership of a storey** - propriété d'étage

STRADDLE (to) - Ne pas se compromettre, ne pas se prononcer (pour ou contre) (ex. sur une question)

STRAIGHTFORWARD - Net, direct
* **offence of a straightforward nature** - délit nettement caractérisé

STRAIN - Contrainte, astreinte, tension, difficulté, gêne
* **strain with supplies** - difficultés d'approvisionnement
* **the currency might not bear the strain** - la monnaie pourrait ne pas résister
* **(to) lessen balance-of-payments strain** - atténuer le déficit de la balance des paiements
* **(to) put under a heavy strain** - imposer une lourde charge à, mettre à rude épreuve
* **would not place undue strain upon resources** - constituerait une moindre charge pour

STRAINED - Tendu, difficile

STRAIT
* **strait jacket** - camisole de force

STRAND
* **strands of a project** - éléments d'un projet

STREAM - Flot, flux, courant, train, défilé, mouvement, vague
* **a stream of fresh wages demands** - une nouvelle vague de revendications salariales
* **expenditure streams** - courants de dépenses, flux de dépenses
* **in the main stream of** - dans le droit fil de
* **job stream** - suite de travaux, succession de travaux
* **refinery stream** - produit en circulation (raffinerie)
* **stream flow** - écoulement des eaux
* **stream of pupils** - groupement par cours ou sections

STREAMLINE (to) - 1. Réduire (les frais) au minimum

- 2. Harmoniser, simplifier, arrondir les angles, alléger, élaguer

STREAMLINING - Remaniement, réorganisation, révision structurelle, rationalisation, uniformisation, centralisation
* **streamlining manpower** - dégraissage

STRESS (subst.) - Traumatisme, pression, stress, tension, contrainte
* **under stress** - en difficulté

STRESS (to) - Insister sur, mettre l'accent, mettre en relief, faire ressortir, donner de l'importance à
* **he would stress that** - il tient à souligner que

STRICT - Rigoureux, (qqfs) restrictif
* **strict arrest** - arrêts de rigueur (milit.)
* **strict liability** - responsabilité objective, responsabilité sans faute, responsabilité rigoureuse, responsabilité de plein droit

STRICTLY - Formellement

STRICTURES - Critique

STRIFE - Conflit
* **civil strife** - conflit civil

STRIKE - Grève
* **go-slow strike** - grève perlée
* **indefinite strike** - grève illimitée
* **lightning strike** - grève surprise
* **revolutionary strike** - grève insurrectionnelle
* **selective strike** - grève tournante
* **sit down strike** - grève les bras croisés, grève sur le tas
* **sit-in strike** - grève avec occupation des locaux
* **staggered strike** - grève tournante

./..

* **strikes clause** - clause de risques de grève
* **sympathy strike** - grève de solidarité
* **token strike** - grève d'avertissement
* **wild-cat strike** - grève sauvage
* **work-to-rule strike** - grève du zèle

STRIKE (to)
* **(to) strike down** - casser un jugement, casser une décision (Cour de Cassation); annuler un jugement, annuler une décision (Conseil d'Etat)
* **(to) strike off the list** - rayer (la requête) du rôle
* **(to) strike out a pleading** - refuser de tenir compte d'une argumentation, rejeter une argumentation

STRING
* **free of strings** - sans arrière-pensées
* **no strings attached** - sans condition, sans obligation en retour

STRONG - Fort, vif, vigoureux, solide, sévère, critique, énergique, véhément
* **a strong market** - un marché bien orienté
* **in a strong tone** - avec rudesse, sans ménagements
* **strong box** - cellule de force (avec ou sans contention)
* **strong feeling** - vive émotion, profonde émotion
* **strong supporter** - partisan convaincu
* **strong wording** - termes sévères (critique)
* **world demand remains strong** - la demande mondiale reste active

STRUCTURAL - Structurel; relatif à la construction
* **structural characteristics** - caractéristiques de construction
* **structural type (of living quarters)** - type de locaux (à usage d'habitation)
* **structural unemployement** - chômage structurel (≠ conjoncturel)

STRUCTURE - 1. Construction, édifice, bâtiment, structure, ouvrage
* **permanent structure** - ouvrage d'art
* **structure plan** - schéma de structures, plan directeur

- 2. Composition, ventilation, répartition, structure, agencement, conformation, schéma, contexture, appareil
* **structure of a convention** - économie d'une convention
* **the structure of Art. 6** - l'économie de l'article 6

STUB - Colonne des titres, colonne de rangées

STUDY
* **distant study** - télé-enseignement
* **domain of study** - domaine d'étude
* **field study** - enquête sur le terrain, étude sur le terrain, enquête sur place; étude locale
* **intensive studies of literature** - dépouillement intensif 1de la littérature spécialisée

SUB-CLASSIFY (to) - Ventiler
* **sub-classified** - classé dans la rubrique...

SUB-HEAD - Article (budget)

SUB-HEADING - Sous-rubrique, alinéa, sous-titre, sub-division, sous-position

SUB-JUDICE - Non encore jugé, en cours d'instance, entre les mains de la justice
* **a sub-judice lawfulness** - légalité contestée

SUB-STANDARD - Inférieur à la normale, insuffisant, déficient (services)
* **sub-standard grade (éd.)** - cours préparatoire
* **sub-standard housing** - logement ne répondant pas aux normes d'habitabilité minimale, logement de mauvaise qualité
* **sub-standard product** - produit non conforme à la norme
* **sub-standard risk (ass.)** - risque aggravé

SUBJECT - Objet, ressortissant, sujet, citoyen; matière, discipline, question, thème
* **core subject** - matière essentielle et obligatoire
* **jurisdiction based on the subject** - compétence ratione materiae, compétence absolue
* **subject analysis** - analyse documentaire
* **subject course** - cours théorique
* **subject insured** - objet assuré
* **subject matter** - objet, matière
* **subject of international law** - sujet de droit international
* **subject of the appeal** - objet du recours
* **subject of the obligation** - objet de l'obligation
* **subject of the proceedings** - matière du procès, objet de litige

./..

* **subjects of social demands** - objets de revendication sociale
* **the draft text should be the subject of a Convention** - le projet devrait servir de base à une Convention
* **thematic subject** - thèmes de réflexion, centre d'intérêt
* **(to) broach the subject of** - ouvrir le dossier de
* **tool subjects** - matières-clefs, disciplines fondamentales

SUBJECT (to) - Sujet à, sous réserve de, subordonné à, régi par, justiciable de, exposé à, passible de, redevable de, susceptible de, compte tenu de, étant entendu que, sauf à, sous condition de, sans préjudice de
* **not subject to** - à l'abri de
* **not subject to appeal** - inattaquable
* **not subject to limitation** - imprescriptible
* **not subject to suspicion** - hors de cause
* **subject to a condition** - affecté à une condition
* **subject to appeal** - susceptible de recours
* **subject to changes** - exposé aux changements
* **subject to deportation** - frappé d'expulsion
* **subject to legal proceedings** - passible de poursuites judiciaires
* **subject to tax** - imposable
* **subject to the provisions of** - sous réserve des dispositions de
* **(to) interpret national legislation subject to these rights** - interpréter le droit national dans le sens de ces droits
* **(to) subject to** - grever de

SUBJECTED - Assujetti
* **is still subjected to** - reste subordonné à, reste assujetti à, s'accompagne encore de

SUBJECTIVE - (qqfs) In concreto

SUBLEASE - Cession-bail (et non sous-location)

SUBMISSION - Déclaration, considérations; exposé, allégations (de faits); thèse, avis, point de vue, argumentation (raisonnement juridique); conclusions, observations, moyen de défense, argumentation
* **a further submission by the applicant is that** - le requérant souligne encore que
* **alternative submissions** - conclusions subsidiaires
* **final submissions at the Court** - conclusions présentées à la Cour, argumentation finale
* **in his submissions** - il fit valoir

* **in our submission** - selon nous, à nos yeux
* **oral submission at the hearing** - argumentation développée lors de l'audience, plaidoiries
* **oral submissions** - plaidoirie, exposé oral
* **prosecution submissions** - réquisitions du procureur
* **submission by the Prosecutor** - réquisitoire (pénal)
* **submission of delay** - moyen de tardiveté
* **submission of evidence** - introduction des preuves
* **submission that** - argument selon lequel, thèse selon laquelle
* **submissions** - offre de preuves
* **submissions of the parties** - argumentation des parties, arguments des parties
* **submissions on the merits** - conclusions au fond
* **submissions on the substance of the case** - observations sur le bien-fondé de l'affaire
* **the submision that ... is absurd** - il est absurde de soutenir que
* **(to) make a submission** - invoquer un moyen
* **written submissions** - observations écrites, mémoire, conclusions

SUBMIT (to) - Proposer, présenter, déposer, prétendre, exposer (des faits, etc.), soutenir (si c'est un raisonnement juridique), faire valoir (si l'on en tire argument), émettre l'opinion, présenter, déposer, remettre, soumettre, déclarer, faire remarquer, avancer, alléguer, expliquer, invoquer, prétendre (en cas d'incertitude), maintenir (après examen du contre-argument), estimer, exprimer l'avis que, défendre la thèse que, (qqfs) objecter que
* **the issues submitted to the Committee** - les questions dont la Commission est saisie
* **the only information submitted to the Court** - le seul élément d'appréciation de la Cour
* **(to) submit a case** - présenter une affaire
* **(to) submit a claim** - faire valoir un droit, invoquer un droit
* **(to) submit a right** - faire valoir un droit, invoquer un droit
* **(to) submit a proposal** - présenter une proposition, déposer une proposition, faire une proposition
* **(to) submit a report** - présenter un rapport, déposer un rapport, soumettre un rapport à
* **(to) submit that** - expliquer que, émettre l'opinion que
* **(to) submit to** - renvoyer (quand il s'agit d'un égal ou d'un inférieur)
* **(to) submit to a body** - saisir un organe de ...
* **we submit that it is the right of every member to** - nous estimons que tout membre a le droit de
* **which, the applicant submitted, ...** - qui, selon le requérant, ...
* **would submit that** - serait d'avis que

SUBORDINATE - Subalterne, secondaire, dérivé, subsidiaire
* **subordinate committee** - comité subordonné (C.E.)
* **subordinate debentures** - obligations de second rang
* **subordinate legislation** - "les règlements" (France), droit dérivé, droit secondaire, pouvoir législatif délégué (≠ primary legislation)
* **subordinate organs** - organes subsidiaires

SUBORNATION - Subornation (de témoins)
* **subornation of perjury** - incitation au faux témoignage

SUBPOENA - Assignation de témoin, citation à comparaître (sous peine d'amende), réquisition par voie judiciaire, mandat de comparution
* **subpoena ad testificandum** - ordre de comparaître afin de témoigner (sous peine d'amende)
* **subpoena duces tecum** - ordonnance de soit-communiqué

SUBPOENA (to)
* **(to) subpoena a witness** - citer un témoin, assigner un témoin; ordonner, à peine de sanction, la comparution d'un témoin

SUBSCRIPTION
* **irrevocable subscription** - souscription à titre irréductible
* **over subscrition** - souscription surpassée
* **public subscription** - souscription publique

SUBSEQUENT
* **subsequent resolution** - condition résolutoire

SUBSIDE (to) - S'atténuer, diminuer, faiblir, fléchir, s'apaiser, céder, lâcher

SUBSIDIARITY
* **subsidiarity principle** - principe de subsidiarité

SUBSIDIARY - 1. Filiale, succursale, agence
* **subsidiary company** - filiale

- 2. Annexe
* **as a subsidiary consideration** - par surabondance de droit
* **subsidiary activity** - activité d'appoint, activité à temps partiel
* **subsidiary agreement** - avenant
* **subsidiary budget** - budget annexe
* **subsidiary legislation** - ordonnances

SUBSIDIZATION
* **total subsidization** - prise en charge totale

SUBSIDY - Subvention; bonification
* **interest (rate) subsidy** - bonification d'intérêts
* **price subsidy** - subvention aux consommateurs
* **rental subsidy** - allocation-logement

SUBSISTENCE
* **subsistence level** - minimum vital

SUBSOIL - Tréfonds
* **owner of the subsoil** - tréfoncier
* **subsoil owner's royalty** - redevance tréfoncière

SUBSTANCE - 1. Fond, essence, teneur, substance
* **before turning to the substance of the issue** - avant d'aborder le fond du problème
* **decision on the substance of the case** - décision (de la Cour) statuant au principal
* **discussion on the substance of an item** - discussion d'une question au fond
* **I accept, in substance, the reasonning** - je souscris, pour l'essentiel, au raisonnement
* **in substance** - en substance
* **substance amendment** - amendement de fond, modification de fond
* **substance of a right** - substance d'un droit
* **substance of an item** - fond d'une question
* **substance of law** - le fond du droit
* **substance of the application** - substance de la requête, description sommaire de l'objet de la requête, exposé succinct de la requête
* **substance of the issue** - l'essence du problème
* **substance of the matter** - fond de la question
* **substance of the resolution** - fond de la résolution
* **(to) discuss the substance** - aborder le fond
* **(to) give substance to** - concrétiser

- 2. Bien-fondé
* **substance of a complaint** - bien-fondé d'un grief
* **substance of the contention** - bien-fondé du moyen

SUBSTANTIAL (adj.) - Large, sérieux, substantiel, consistant, prononcé, solide, copieux, étoffé, fourni
* **a substantial part** - une large part
* **substantial and well founded reasons** - de bonnes et sérieuses raisons
* **substantial evidence** - preuves suffisantes
* **substantial grounds** - motifs sérieux et avérés
* **substantial reasons** - raisons sérieuses
* **(to) accumulate substantial exchange reserves** - accumuler de copieuses réserves de change

SUBSTANTIAL (subst.) - Preuves matérielles
* **(to) close the taking of substantial** - clore la phase du recueil des preuves

SUBSTANTIALLY - Pour l'essentiel, sensiblement, réellement, véritablement, nettement, en substance

SUBSTANTIATED - Justifié, étayé, étoffé, fondé, coordonné
* **unsubstantiated statement** - affirmation gratuite

SUBSTANTIVE - Matériel, positif, de fond; organique, fonctionnel
* **substantive appeal** - contester au fond, contester le bien-fondé de
* **substantive articles** - articles de fond
* **substantive Articles of the Convention** - clauses normatives de la Convention
* **substantive complaint** - moyen de fond
* **substantive concepts may also differ** - le sens de certains concepts peut aussi différer
* **substantive criminal law** - droit pénal positif
* **substantive effect** - effet matériel
* **substantive equality** - égalité réelle
* **substantive grounds** - raisons matérielles
* **substantive items** - question de fond
* **substantive justification** - justification matérielle
* **substantive law** - droit positif, droit matériel, droit substantiel
* **substantive lawfulness** - bien-fondé
* **substantive merits of a decision** - l'opportunité d'une décision, le bien-fondé d'une décision
* **substantive motion** - proposition de fond
* **substantive negociations** - négociations de fond
* **substantive obligations** - obligations de fond
* **substantive offence** - infraction proprement dite (après une autre, infraction "préalable"), infraction autonome
* **substantive officer** - spécialiste, expert, technicien
* **substantive principle** - principe matériel
* **substantive problems** - question de fond
* **substantive right** - droit substantiel

* **substantive rule** - droit positif, droit matériel, droit substantiel
* **substantive rules** - règles de fond
* **substantive scope** - champ d'application matérielle
* **substantive sense** - sens matériel
* **substantive sentence** - peine ferme
* **substantive services** - services fonctionnels, services organiques, services techniques
* **substantive support** - appui technique
* **the substantive scope of** - la nature de ...
* **would introduce a substantive change** - introduirait un changement dans le fond

SUBSTITUTE - 1. Suppléant, remplaçant
* **any substitute for it** - tout autre terme analogue
* **substitute delegate** - délégué suppléant
* **substitute motion** - contre-proposition

- 2. Produit de remplacement, produit substituable

SUBSTITUTE (to) - Suppléer (qqch), remplacer (qqn)
* **could be substituted therefore** - pourrait en tenir lieu
* **(to) substitute x for y** - remplacer y par x

SUBSTITUTION - Subrogation

SUBSUME (to) - Imputer, affecter à, inclure, introduire, englober dans

SUBTLE - Nuancé, délicat, complexe, discret, occulte, indirect, difficilement perceptible; insidieux

SUBVERSION - Subversion, menées

SUCCEED (to) - 1. Réussir, aboutir (projet)

- 2.
* **right to succeed** - droit de successibilité

SUCCESS
* **(to) look for new ways to success** - recherche de la performance
* **with more or less success** - avec des bonheurs divers

SUCCESSFUL - Efficace, performant, brillant, concluant, fructueux, fécond, prospère, ingénieux (dispositif), promis au succès, satisfaisant
* **are likely to be more successful** - sont promis à un plus grand succès
* **in case of a successful petition by the wife** - si l'épouse obtient gain de cause
* **successful bidder** - adjudicataire
* **successful diplomat** - diplomate avisé, diplomate habile
* **successful litigant** - partie gagnante
* **successful newspaper** - quotidien prospère
* **successful services** - formules ingénieuses
* **successful struggle** - bataille victorieuse (triompher)
* **successful tenderer** - adjudicataire
* **(to) be successful** - aboutir, avoir gain de cause, être couronné de succès

SUCCESSFULLY
* **having successfully contributed** - ayant brillamment contribué

SUCCESSION - Héritage, succession, hérédité
* **exceptional types of succession** - succession anormale
* **intestate succession** - succession ab intestat
* **order of succession** - ordre des héritiers, ordre successoral
* **state succession** - succession des Etats
* **(statutory) order of succession** - succession légale
* **succession duty** - droit de mutation par décès
* **succession in title** - succession juridique
* **succession of the collateral line** - succession collatérale
* **succession proceedings** - actions de succession, actions successorales
* **succession to** - transmission à titre universel
* **succession to an estate** - dévolution héréditaire
* **succession to movables** - succession mobilière
* **succession under a will** - succession testamentaire
* **testate succession** - succession testamentaire
* **vacant succession** - hérédité jacente

SUCCESSOR - Ayant-cause
* **successor in title** - ayant-droit
* **universal successor** - ayant-cause à titre universel

SUE (to) - Actionner, ester en justice, assigner, attaquer en justice, intenter une action en justice, intenter un procès, poursuivre en dommages-intérêts
* **capacity to sue** - capacité d'ester en justice
* **right to sue (and defend)** - droit d'agir en justice, droit d'ester en justice
* **sued in a civil action** - assigné au civil

* **the company sued him for the agreed sum** - la compagnie l'assigna en recouvrement de la somme convenue
* **(to) sue civil injury in a criminal case** - se porter partie civile dans un procès pénal
* **(to) sue for damages** - poursuivre en dommages-intérêts, se constituer partie civile
* **(to) sue for libel** - attaquer en diffamation
* **(to) sue for specific performance of a contract** - assigner en exécution intégrale
* **(to) sue for the price** - agir en paiement de prix
* **(to) sue in a civil action** - ester en justice
* **(to) sue on contract** - poursuivre en dommages-intérêts pour inexécution de contrat

SUFFER (to) - Etre victime de
* **emotional suffering** - préjudice moral

SUGGEST (to) - Suggérer, proposer, indiquer, avancer, penser, estimer, être d'avis que, émettre l'avis que, incliner à croire
* **he has suggested that** - il a indiqué que
* **it is not suggested that** - on ne laisse pas entendre
* **it is suggested that** - ... pourrait (être)
* **suggested settlement** - projet de règlement
* **this suggests that** - ceci fait penser, ceci semble indiquer

SUGGESTION - Suggestion, (qqfs) indication
* **suggestion committee** - comité des suggestions
* **suggestion scheme** - utilisation des suggestions, système des suggestions
* **there is no basis for the suggestion that** - rien ne permet de dire que

SUIT - Action, assignation en justice, procès, litige
* **declaratory suit** - action déclaratoire
* **law suits** - poursuites judiciaires
* **litigation actively in...** - procès en marche
* **(to) institute the...** - être demandeur à l'action

SUITABILITY
* **suitability for the job** - aptitude à l'emploi
* **suitability of topics** - choix de sujets appropriés

SUITABLE - Approprié, indiqué, convenable, opportun, recevable, propice, satisfaisant; qualifié, apte à, susceptible de
* **suitable candidates** - candidats qualifiés, candidats remplissant les conditions voulues
* **suitable for** - se prêtant à, adapté, correspondant à, tout désigné pour
* **suitable place for** - lieu privilégié pour
* **suitable statement** - proclamation de circonstance

SUM
* **agreed sum** - forfait
* **fixed sum** - forfait
* **lump sum** - forfait
* **sum involved** - valeur en litige, valeur du litige, valeur litigieuse

SUMMARIZE (to) - Condenser, récapituler, résumer
* **which can be summarised** - qui, en quelques mots,

SUMMARY (adj.) - 1.
* **convictions by courts of summary jurisdiction** - condamnations correctionnelles
* **penalty for ... is on summary conviction** - punissable dans les affaires peu graves, peine de simple police, condamnation correctionnelle
* **summary account of proceedings** - résumé des travaux, résumé des débats
* **summary fine** - amende de simple police
* **summary judgment** - ordonnance en référé
* **summary jurisdiction** - prononcé en référé, le référé
* **summary offence** - contravention de simple police
* **summary order to pay** - injonction de payer, prononcée en référé
* **summary procedure** - procédure de simple police
* **summary proceedings** - procédure en référé
* **summary record** - compte rendu analytique
* **summary statement** - état récapitulatif, exposé succinct, aperçu
* **summary table** - tableau analytique

- 2.
* **summary dismissal** - renvoi sans préavis

SUMMARY (subst.)
* **a summary was prepared** - un aperçu a été établi
* **short summary** - condensé
* **summary of expenditures** - résumé des dépenses
* **summary of the proceedings** - résumé des travaux, historique de la procédure
* **summary reference** - référé, instance en référé

SUMMATIVE - Additif, cumulatif; "sommative" (recherche éd.)

SUMMER - Eté
* **right for summer pasture** - droit d'estivage
* **right to summer pasture in the mountain** - droit d'alpage

SUMMON - Assignation, citation à comparaître, convocation, sommation; invitation; cédule de citation, exploit d'ajournement
* **direct summon** - citation directe
* **originating summon** - acte introductif d'instance, requête initiale
* **police summon** - avertissement
* **summon for direction** - obtention de mesures provisoires
* **summon of an accused** - citation d'un prévenu
* **summon to attend urgent proceedings** - assignation en référé
* **summon to pay** - invitation à payer
* **summon to quit** - sommation de déguerpir
* **summons** - interpellation; assignation, invitation, citation en justice (à comparaître), mandat de comparution, ordonnance de comparution
* **the summons were returnable on...** - le jour de l'audience a été fixé au ...
* **(to) serve a summon** - signifier une mise en demeure
* **(to) take a summon for directions** - déposer des conclusions pour obtenir la fixation de l'audience; demande de décision avant dire droit

SUMMON (to) - Convoquer (les témoins), citer à comparaître, avertir, inviter à comparaître
* **summoning** - convocation
* **(to) be sumonned to appear** - (être cité à) comparaître
* **(to) be sumonned** - recevoir un avertissement
* **(to) summon a session** - convoquer une session
* **(to) summon to appear as witness** - citer comme témoin

SUNRISE - Montant, en expansion

SUNSET
* **sunset clause** - mesure de temporisation, disposition de temporisation
* **sunset industry** - industrie en déclin
* **sunset law** - loi de temporisation
* **sunset report** - rapport de réexamen, rapport de révision
* **sunset review** - réexamen, révision

SUPERFICIAL - Sommaire

SUPERINTENDENT - Commandant (de la police nationale), commissaire de police

SUPERIOR - Hiérarchique
* **appeal to superior administrative authority** - recours hiérarchique
* **by reference to a superior authority** - hiérarchiquement
* **official superior** - supérieur hiérarchique

SUPERVENE (to) - Survenir
* **supervening circumstances** - circonstances nouvelles

SUPERVISION - 1. Contrôle, tutelle; curatelle; manière dont les travaux sont dirigés
* **continuing supervision under close order** - contrôle permanent
* **excessive supervision** - tutelle excessive
* **judicial supervision** - contrôle judiciaire
* **juvenile supervision service** - éducation surveillée
* **right of supervision** - droit de contrôle, droit de surveillance
* **supervision agreement** - accord de contrôle
* **vehicle for supervision** - véhicule d'inspection

- 2.
* **administrative supervision** - tutelle administrative
* **court supervision** - contrôle judiciaire
* **educational supervision** - éducation surveillée
* **preventive supervision** - tutelle pénale
* **probationary supervision** - liberté surveillée; surveillance
* **release under judicial supervision** - mise en liberté sous contrôle judiciaire, mise en liberté sous sauvegarde de la justice
* **submitted to the supervision of the Ministry** - sous tutelle du ministère
* **supervision officer** - éducateur de rue
* **supervision Committee** - comité directeur
* **(to) keep under police supervision** - garder à vue

SUPERVISOR - Contrôleur; cadre, agent de maîtrise, agent de supervision
* **immediate supervisor** - supérieur hiérarchique direct
* **supervisor posts** - postes de chefs de service

SUPERVISORY
* **supervisory authorities** - autorité de tutelle
* **supervisory functions** - fonctions de surveillance
* **supervisory guardianship** - subrogée tutelle
* **supervisory organ** - organe de surveillance
* **supervisory position** - cadre
* **supervisory posts** - postes de chef de service
* **supervisory powers** - pouvoirs de contrôle
* **supervisory staff** - cadres et agents de maîtrise, personnel d'encadrement
* **supervisory work station** - poste de contrôle du travail

SUPPLEMENTARY - D'appoint, complémentaire, supplémentaire, additionnel, supplétif
* **supplementary agreement** - accord complémentaire, avenant (au contrat)
* **supplementary contract** - contrat additionnel
* **supplementary inquiry** - enquête complémentaire
* **supplementary item** - question supplémentaire

SUPPLIER - Titulaire de marché

SUPPLY - Fournitures, offre, approvisionnement
* **central supply department** - direction centrale des approvisionnements
* **changes in labour supply** - évolution de l'offre sur le marché du travail
* **chief supply officer** - directeur général des approvisionnements
* **domestic supply** - production nationale, offre sur le marché intérieur
* **equipment supply** - matériel d'équipement
* **excessive supply** - offre excédenaire, offre pléthorique
* **food supplies** - disponibilités alimentaires
* **food supply** - approvisionnements alimentaires
* **industrial production and supplies** - la production et l'offre industrielles
* **labour supply** - offre de main-d'oeuvre, disponibilités en main-d'oeuvre
* **lack of supplies** - manque de produits
* **larger supply** - effectifs plus nombreux, approvisionnement plus abondant
* **liquidity supply** - masse monétaire
* **manpower supply** - disponibilité en main-d'oeuvre
* **money supply** - disponibilités monétaires, masse monétaire
* **shortage of supplies** - offre insuffisante
* **supplies** - fournitures
* **supply contract** - contrat de fourniture
* **supply services** - services de distribution
* **swollen supply** - offre excédentaire, offre pléthorique
* **unexpansible supply** - offre inélastique
* **unresponsive supply** - offre inélastique
* **water supply** - distribution d'eau

SUPPORT - Appui, soutien, concours, adhésion, attachement, appoint
* **administrative support** - aide administrative
* **agricultural support services** - services d'appoint de l'agriculture
* **evidence in support** - pièces justificatives
* **family support** - soutien de famille
* **financial support** - aide financière
* **practical support** - soutien logistique
* **self-support** - (capable de) subvenir à ses besoins
* **support expressed for** - prises de position en faveur
* **support paper** - document d'appui
* **the support of local authorities** - la bonne volonté des pouvoirs locaux
* **(to) secure the support of** - rallier quelqu'un à

SUPPORT (to) - 1. Déposer (un projet, une proposition)

- 2. Entretenir, subvenir aux besoins de, faire vivre, assurer la subsistance de

- 3. Voter pour (une proposition), appuyer de son vote, être favorable, appuyer, soutenir, épauler, seconder, concourir à, adhérer à, souscrire à, se prononcer en faveur de, corroborer, valider, étayer
* **he said he would support the draft resolution** - il annonce qu'il votera pour le projet de résolution (et non "appuiera")
* **strongly supports** - donne son plein appui
* **supporting documents** - pièces justificatives
* **supporting evidence** - pièces justificatives
* **supporting teaching** - pédagogie de soutien
* **(to) support by evidence** - étayer par des preuves
* **(to) support in principle** - donner son approbation de principe

SUPPORTER - Défenseur, (qqfs) bienfaiteur, partisan, sympathisant, adhérent, adepte, disciple, "supporter"
* **strong supporter** - partisan convaincu, militant

SUPPORTIVE
* **being supportive** - sympathie agissante
* **socially supportive measures for** - mesures d'action sociale en faveur de
* **supportive arena** - milieu protecteur
* **supportive care** - soins conservateurs (dentaire)
* **supportive facilities** - services annexes

SUPPOSEDLY - Censément, (être) censé...
* **supposedly based on** - fondé sur la présomption

SUPPRESS (to) - Réprimer, refouler, contenir, neutraliser, éliminer, subjuguer, désamorcer, étouffer
* **suppressed demand** - demande contenue, demande bridée
* **suppressed inflation** - inflation réprimée, inflation maîtrisée
* **the hitherto suppressed demand was released** - la demande, jusqu'alors refoulée, a été libérée
* **(to) suppress a fact** - supprimer un fait, dissimuler une circonstance
* **(to) suppress evidence** - faire disparaître des preuves

SUPPRESSION - Répression; suppression
* **suppression of documentary evidence** - détournement de pièces, soustraction de pièces
* **suppression of documents evidence** - détournement de pièces, soustraction de pièces

SUPREMACY
* **supremacy of the law** - souveraineté de la loi

SURE - Sûr, certain, convaincu, infaillible, assuré, éprouvé
* **he is sure to** - il est, à coup sûr, ...
* **(to) be sure to do** - ne pas manquer de faire

SURELY - Assurément, sans aucun doute, sans contredit

SURETY - Caution, répondant, garant; fourniture d'une caution, cautionnement
* **as a surety** - à titre de caution
* **co-surety** - cofidéijusseur
* **further or additional surety** - contre-caution
* **personal sureties** - cautions simples du débiteur
* **surety for a surety** - contre-caution
* **surety jointly and severally liable with** - caution solidaire
* **(to) enter into sureties to** - prendre l'engagement formel de, prendre l'enagement solennel de
* **(to) offer, to produce a surety** - fournir une caution
* **(to) stand surety for** - se porter garant pour

SURETYSHIP - Cautionnement (droit commercial)

SURFACE
* **surface area** - surface habitable
* **surface postage** - envois par voie de surface (Poste)
* **surface right** - droit de superficie
* **surface waters** - eaux superficielles, eaux de surface

SURPASS (to) - Eclipser

SURPLUS - Excédent
* **accounting surplus** - excédent comptable
* **budgetary surplus** - excédent budgétaire
* **cash surplus** - excédent de caisse
* **countries in a strong surplus position** - pays fortement excédentaires
* **government surplus** - excédent budgétaire
* **gross surplus** - excédent brut
* **operating surplus** - excédents d'exploitation, bénéfices
* **showing a surplus** - excédentaire
* **trade surplus** - balance commerciale favorable

SURPRINT - Surcharge

SURPRISE
* **as a surprise** - inopinément
* **the news came as a surprise** - cette nouvelle est inattendue, la nouvelle de ... a surpris

SURPRISING
* **there is nothing surprising in that** - il n'y a rien là qui doive surprendre, il n'y a pas lieu d'en être surpris

SURPRISINGLY - Etonnamment, singulièrement
* **surprisingly enough** - curieusement

SURRENDER - Reddition; cession; (qqfs) rachat
* **compulsory surrender (of real estate)** - expropriation
* **surrender value** - valeur de rachat (police d'asurance)

SURRENDER (to) - 1. Céder, se rendre, renoncer à, déposer les armes, abandonner; annuler
* **surrender to one's bail** - comparaître devant le tribunal (pour un libéré sous caution)
* **(to) surrender control to** - s'en remettre à

- 2. Racheter (une police d'assurance)

SURROGATE (adj.) - Suppléant, substitut, subrogé
* **surrogate guardian** - subrogé tuteur
* **surrogate mother** - mère de substitution, mère porteuse

SURROGATE (subst.) - 1. Suppléant, substitut

- 2. Juge homologuant les testaments
* **surrogate court (USA)** - tribunal chargé d'homologuer les testaments

- 3. Succédané (d'un produit)

- 4. Synthèse extraite de documents primaires (littérature tertiaire) = produit documentaire

SURROUND (to) - Prendre position autour de, se poster autour de
* **surrounding structures** - structures voisines

SURVEY - Survol, aperçu, vue d'ensemble, enquête, étude, reconnaissance, prospection, inventaire, recensement, (qqfs) analyse, panorama, tour d'horizon
* **comprehensive survey** - bilan
* **follow-up survey** - enquête "follow-up", enquête de suivi
* **mail survey** - enquête par correspondance
* **management survey** - études de gestion administrative
* **retrospective survey** - enquête rétrospective
* **sampling survey** - enquête par sondage
* **social survey at the countries** - situation sociale des pays
* **soil survey** - enquête pédologique
* **survey area** - zone de l'enquête
* **survey of meetings** - aperçu de séance, aperçu des séances
* **survey Programme for the Development of Natural Resources** - Programme d'études pour la mise en valeur des ressources naturelles
* **survey report** - constat

SURVEY (to) - (qqfs) Recenser
* **surveying and mapping** - cadastre et cartographie

SURVIVING
* **surviving right** - droit de suite

SURVIVOR - Survivant (au décès de l'autre)
* **advantage accruing to the survivor** - gain de survie
* **passing on the survivor** - réversible
* **survivor's pension** - rente après décès, pension de réversion

SUS
* **sus law (= suspicion law)** - loi des suspects

SUSPECT - 1. Suspect
* **suspects** - cas suspects (méd.)

　　　- 2. Inculpé

SUSPECT (to) - Etre porté à croire, présumer
* **suspected case of smallpox** - cas présumé de petite vérole
* **suspected person** - un suspect
* **suspected political opponents** - personnes suspectes d'opposition au régime

SUSPEND (to) - Suspendre
* **suspended sentence** - condamnation avec sursis, sursis, peine assortie de sursis, condamnation conditionnelle
* **(to) suspend a sentence** - accorder le sursis
* **(to) suspend from duty** - mettre à pied
* **(to) suspend the rule** - suspendre l'application du règlement

SUSPENSION - 1. Mise à pied (fonctionnaire, militaire)

　　　- 2. Sursis (à la peine), suspension
* **conditional suspension of punishment** - sursis conditionnel à l'exécution de la peine
* **suspension of a measure** - cessation d'une mesure
* **suspension of prosecution, of proceedings** - sursis avec poursuites, nolle prosequi
* **suspension of sentence** - interruption de peine; (qqfs) suspension du prononcé de la peine, remise de peine
* **suspension of the enforcement of the sentence** - sursis à l'exécution de la peine

　　　- 3. Perte
* **suspension of civil rights** - perte des droits civiques

SUSPENSIVE
* **an appeal having a suspensive effect** - un recours de caractère suspensif

SUSPICION - Soupçon, suspicion
* **fair suspicion** - suspicion légitime
* **on suspicion** - sous l'inculpation de
* **reasonable suspicion** - raisons plausibles de soupçonner

SUSTAINABLE - Durable, viable

SWAP - Opération à réméré
* **currency swaps** - échanges réciproques de monnaie

SWEAR (to) - Jurer
* **(to) swear in a witness** - faire prêter serment à un témoin
* **(to) swear to something** - attester qqch sous serment, certifier qqch sous serment

SWEEP (to) - Balayer
* **these shares have swept the market** - ces titres ont inondé le marché

SWINDLER - Escroc

SWINDLING - Manoeuvres frauduleuses, escroquerie

SWITCH (to) - Remplacer une chose par une autre, virer de ... à, préférer, passer de ... à, convertir
* **(to) switch resources** - modifier la répartition des ressources

SWORN
* **sworn clerk** - clerc assermenté
* **(to) be sworn in** - prêter serment

SYMBOL - 1. Signe conventionnel

　　　- 2. Cote (document)

　　　- 3. Symbole; idéogramme

SYMPATHETIC - Compatissant, favorablement disposé, compréhensif
  * **sympathetic strike** - grève de solidarité
  * **(to) give sympathetic consideration to** - étudier avec compréhension
  * **with sympathetic interest** - avec un intérêt bienveillant

SYMPATHIZE (to) - Partager l'opinion, partager le désir, partager l'appréhension (de qqn)
  * **(to) sympathize with motives** - comprendre l'intérêt, approuver les considérations, comprendre les raisons qui incitent à
  * **while he sympathized with that objective** - le but est louable mais...

SYMPATHIZER
  * **(to) be a sympathizer of** - être dans la mouvance de

SYMPATHY - Appui moral, solidarité, intérêt, bienveillance, compassion, compréhension, considération, estime
  * **deep sympathy** - condoléances émues
  * **(to) have considerable sympathy for** - partager largement les vues

SYMPOSIUM - Colloque, entretiens, journées

SYNDICATE - 1. Consortium
  - 2. Groupe de discussion
  - 3. Association de malfaiteurs, gang

SYNDICATED
  * **syndicated column** - chronique en copyright
  * **syndicated columnist** - collaborateur (éminent) de plusieurs journaux

SYNOPSIS - Carnet de bord (au Greffe du C.E.)

SYNOPTIC - Compte rendu, sommaire (de réunions du Comité des Ministres)
  * **synoptic table** - tableau synoptique

SYSTEM - Ensemble; ordre; système
  * **administrative systems** - appareil administratif
  * **constitutional system** - ordre constitutionnel
  * **country with a developed system of law** - pays de civilisation juridique
  * **country with an advanced legal system** - pays de civilisation juridique
  * **experimental system** - dispositif expérimental
  * **judiciary system** - appareil judiciaire
  * **legal system** - ordre juridique; technique juridique (de l'Etat)
  * **liability system** - régime de responsabilité
  * **penal system** - appareil répressif
  * **predetermined time system** - système des temps déterminés à l'avance
  * **social insurance system** - régime de sécurité sociale
  * **sub-system** - circuit secondaire
  * **system of rules** - ordre normatif
  * **systems analysis and design** - analyse et étude des systèmes

SYSTEMATIC - Méthodique
  * **non systematic** - de manière empirique

SYSTEMIC - Systémique

SYSTEMNESS - Systémisme

TABLE (to) - Déposer, saisir
* **(to) table a motion** - déposer une proposition, saisir (un Comité) d'une proposition; (qqfs, USA) ajourner une motion (indéfiniment)

TABULATE (to) - Mettre en tableaux, présenter en tableaux, tabuler (inf.); récapituler, préparer un état de; (qqfs) classer, dépouiller
* **tabulating error** - erreur de classement, erreur de dépouillement

TACIT - Implicite, sans débat

TAIL (subst.) - (Clause) de substitution
* **estate in tail** - bien substitué
* **heir in tail** - héritier par substitution

TAIL (to)
* **tailed estate** - bien substitué, bien majoraté, bien indisponible, bien grevé
* **(to) tail an estate on sb** - substituer un bien au profit de qqn
* **(to) tail away** - décroître, s'amenuiser, s'effriter, se raréfier
* **(to) tail off** - décroître, s'amenuiser, s'effriter, se raréfier

TAKE (to)
* **taking as a pledge (security)** - prise en gage
* **taking into custody** - prise en charge, prise en garde
* **taking of evidence** - constat judiciaire
* **(to) take a profit** - prise de bénéfice
* **(to) take cells from their tissue** - extraire des cellules de
* **(to) take the sense of the Assembly** - consulter l'Assemblée

TAKE-OVER (subst.) - Prise en charge, prise de contrôle (écon.), annexion, acquisition, transfert, relève, reprise, absorption, achat, captage (d'entreprises)
* **take-over bid** - offre publique d'achat (OPA)

TAKE OVER (to) - Annexer (un territoire); relayer (qqn); assumer des responsabilités, reprendre des responsabilités; se substituer à, être subrogé
* **X takes over the rights of Y in any action against Z** - X est subrogé dans les droits de Y pour tout recours contre Z

TAKE UP (to) - 1. Relever, prendre; saisir, entreprendre, aborder, s'occuper de
* **(to) take up a challenge** - relever un défi
* **(to) take up a question** - aborder (l'examen d') une question
* **(to) take up a statement** - relever une affirmation, reprendre une affirmation
* **(to) take up a test** - subir un examen
* **(to) take up an activity** - s'adonner à une activité
* **(to) take up an idea** - suivre une suggestion
* **(to) take up an opportunity** - saisir une occasion, profiter d'une occasion
* **(to) take up sb's work** - reprendre en charge le travail de qqn

- 2. Arrêter
* **the police took him up** - la police l'arrêta

- 3. Occuper
* **this takes up all my attention** - cela absorbe toute mon attention
* **(to) take up too much room** - occuper trop de place

TAKING (of property) - Appropriation (de biens)

TAMPER (to) - Falsifier, fausser
* **(to) tamper with a witness** - suborner un témoin, corrompre un témoin
* **(to) tamper with evidence** - altérer des preuves

TANGIBLE - 1. Tangible, palpable, matériel
* **tangible difference** - différence sensible

- 2. Corporel
* **tangible assets** - actifs corporels
* **tangible chattels** - biens corporels
* **tangible (personal) property** - biens corporels

TAP (to) - Capter, puiser à, exploiter, mettre en valeur, mobiliser (épargne), mettre à contribution, s'adresser à
* **resources still to be tapped** - ressources non encore exploitées
* **(to) tap a telephone** - place sur table d'écoute
* **(to) tap fresh sources of credit** - puiser à de nouvelles sources de crédit
* **(to) tap savings** - mobiliser l'épargne

TAPPING
* **(wire) tapping** - écoute clandestine, écoutes

TARGET (adj.) - Indicatif, objectif
* **target prices** - prix indicatifs

TARGET (subst.) - Objectif, cible, but
* **target approach** - quantification optimale
* **target group** - groupe visé
* **target hardening measures** - mesures de prévention situationnelle (diminution des occasions d'infraction)
* **target oriented project** - projet ciblé
* **target population** - population-cible, population bénéficiaire
* **(to) be the target of pressures** - faire l'objet de pressions

TARIFF (adj.) - Tarifaire
* **tariff liberalisation** - libération tarifaire

TARIFF (subst.) - Tarif, droit
* **compensating tariff** - droit compensateur
* **competitive tariffs** - tarifs de concurrence
* **equalizing tariff** - droit compensateur
* **introduction of tariff** - mise en place du tarif
* **sliding scale tariffs** - droits dégressifs, tarifs dégressifs
* **two-columns customs tariffs** - tarifs douaniers à deux colonnes

TASK - Tâche, opération, fonction
* **task data sheet** - fichier de fonctions
* **task force** - groupe tactique, groupe d'intervention, équipe spéciale, mission spéciale, détachement spécial, groupe d'action, équipe de travail
* **(to) take sb to task** - prendre qqn à partie, donner une semonce

TAX (subst.) - 1. Evaluation, imposition
* **collector of taxes** - receveur des finances, percepteur
* **rate of tax** - rôle d'imposition, taux d'imposition
* **right to raise taxes** - droit d'imposition
* **tax account** - comptabilité fiscale
* **tax agreement** - convention fiscale
* **tax avoidance** - évasion fiscale
* **tax basis** - base de l'imposition, assiette de l'impôt
* **tax burden** - ponction fiscale, charge fiscale
* **tax claim** - créance fiscale
* **tax evasion** - fraude fiscale
* **tax expert** - fiscaliste
* **tax haven** - paradis fiscal
* **tax holiday** - trêve fiscale
* **tax law** - droit fiscal
* **tax legislation** - fiscalité
* **tax loophole** - lacune fiscale
* **tax mitigation** - allègement fiscal
* **tax rating** - évaluation fiscale
* **tax rebate** - dégrèvement fiscal
* **tax relief** - allègement fiscal, dégrèvement fiscal
* **tax reserve certificates** - bons fiscaux
* **tax substance** - matière fiscale
* **tax system** - fiscalité
* **tax valuation** - évaluation fiscale
* **unpaid taxes** - créance fiscale

- 2. Impôt, taxe
* **additional tax** - impôt supplémentaire
* **additional taxes** - taxes additionnelles
* **allocation of taxes** - répartition des impôts
* **amount of tax due** - montant de l'impôt
* **built-up property tax** - impôt sur la propriété bâtie
* **business and services tax** - impôt sur les affaires et les services
* **capital gains tax** - impôt sur l'accroissement de la fortune, impôt sur l'accroissement (de la valeur) du capital
* **compensatory import tax** - taxe compensatoire à l'importation
* **comprehensive taxes** - impôts synthétiques
* **corporate tax** - impôt sur les sociétés
* **entertainment tax** - impôt sur les spectacles
* **excess profits tax** - impôt sur les superbénéfices
* **flat-rate tax** - taux (d'imposition) forfaitaire
* **general taxes** - impôts synthétiques
* **indicator-based tax** - impôt indiciaire
* **indirect consumer tax** - impôt indirect sur la consommation
* **liable to tax** - imposable, assujetti à l'impôt
* **local tax** - impôt communal, impôts locaux
* **luxury tax** - impôt somptuaire, impôt sur les dépenses
* **non personal property taxes** - impôts réels
* **payment of taxes** - versement des impôts
* **payroll tax** - impôt sur les salaires
* **poll tax** - impôt minimum forfaitaire
* **pro-rata tax** - impôt de quotité
* **profit tax** - impôt sur les bénéfices
* **rates and taxes** - impôts locaux
* **rent tax** - impôt (sur le revenu) locatif

./..

* **repayment of taxes** - remboursement d'impôts
* **salary tax** - impôt sur les salaires
* **shifting of the tax** - répercussion de l'impôt
* **single tax** - taxe unique
* **special purpose tax** - impôt affecté (à une dépense déterminée)
* **specific taxes** - impôts analytiques
* **standard tax** - taxe forfaitaire, impôt unique
* **Tax Act** - Code général des impôts
* **tax arrears** - impôts arriérés
* **tax at source** - retenue à la source
* **tax base** - assiette de l'impôt, assiette fiscale
* **tax claimed** - créance d'impôt
* **Tax Code** - Code général des impôts
* **tax contribution** - prélèvement fiscal
* **tax debts** - créances du Trésor public
* **tax deducted from income** - impôt sur le revenu
* **tax equalization Fund** - Fonds de péréquation des impôts
* **tax exemption** - exonération de l'impôt, détaxe
* **tax inducements** - incitations fiscales
* **tax liability** - assujettissement à l'impôt
* **tax on corporate profits** - impôt sur les bénéfices des sociétés
* **tax on earned income** - impôt sur les revenus du travail
* **tax on individual earnings** - impôt sur les revenus du travail
* **tax on property** - impôt sur la fortune, impôt réel
* **tax payer** - contribuable
* **tax payment certificate** - bon d'impôt, bon fiscal
* **tax rate** - taux de l'impôt
* **tax receipts** - recettes d'impôts, rentrées d'impôts, rendement de l'impôt
* **tax refund** - taxe à rembourser
* **tax remission** - remise d'impôt, détaxe
* **tax reserve certificate** - bon d'impôt, bon fiscal
* **tax return** - déclaration d'impôts, feuille d'impôts
* **tax revenue** - recettes d'impôts, rentrées d'impôts, rendement de l'impôt
* **tax saving credit** - crédit d'impôt fictif
* **tax surcharge** - surtaxe
* **tax write-off** - abattement, déduction
* **(to) collect a tax** - percevoir un impôt, lever un impôt, recouvrer un impôt
* **(to) levy a tax** - percevoir un impôt, lever un impôt, recouvrer un impôt
* **transfer tax** - impôt sur les transferts de capital
* **turnover tax** - impôt sur le chiffre d'affaires
* **value-added tax (VAT)** - taxe sur la valeur ajoutée (TVA)
* **visitors' tax** - taxe de séjour
* **wages tax** - impôt sur les salaires
* **witholding tax** - taxe à la source

- 3. Droit, contribution, cote
* **entitling to tax relief** - dégrevable
* **graduated tax** - droit gradué
* **Income Tax Department** - Contributions directes
* **tax allowance** - déductions à la base
* **tax relief** - décote

* **taxes and duties** - droits fiscaux
* **tenancy tax** - cote mobilière
* **trade tax** - droit de patente, contribution de patente
* **trading licence tax** - droit de patente, contribution de patente
* **transport tax** - droit de circulation

TAX (to) - 1. Taxer, imposer, frapper d'un impôt; fixer les dépens d'un procès
* **cost were taxed at...** - les frais de justice on été fixés à...
* **taxed bill of costs** - mémoire taxé (par le juge)
* **taxing Master** - juge taxateur

- 2. Taxer qqn de, accuser qqn de, reprocher à qqn de
* **(to) be taxed with doing sth** - être accusé d'avoir fait qqch

- 3. Abuser de, mettre à l'épreuve
* **(to) tax sb's patience** - abuser de la patience de qqn

TAXABLE
* **slice of taxable income** - tranche d'imposition
* **taxable capacity** - capacité contributive, faculté contributive

TAXATION - Imposition, fiscalité, prélèvements fiscaux
* **administrative taxation** - imposition d'office
* **basis of taxation** - assiette de l'impôt
* **double taxation agreement** - convention de double imposition
* **free of all taxation** - exempt de tout impôt
* **profit before taxation** - bénéfice avant impôts
* **system of taxation** - régime fiscal
* **taxation of costs** - décision de taxation ; liquidation des dépens

TEAM - Equipe, groupe
* **field surgical team** - antenne chirurgicale
* **observers' team** - groupe d'observateurs
* **team leader** - chef d'équipe, contrôleur
* **team work among teachers** - concertation entre enseignants
* **(to) decide as a team** - décider en commun

TECHNICAL
* **technical error** - vice de forme, vice de procédure

TECHNICALITY - Vice de forme, vice de procédure
* **technicalities** - (qqfs) subtilités juridiques

TECHNICIAN - Technicien
* **advanced technician** - technicien supérieur (diplômé d'une université technique)
* **low-level technician** - professionnel qualifié
* **middle-level technician** - agent technique (AT)
* **professional technician** - technicien breveté

TECHNOLOGIST - Cadre supérieur, ingénieur (d'une grande école)

TECHNOLOGY - Technologie
* **animal technology** - technologie des animaux
* **civil technology** - technologie civile (construction)
* **new technology** - novotique
* **plant technology** - technologie botanique
* **technology assessment** - prospective technologique
* **technology assessor** - prospectiviste, prévisionniste
* **technology package** - technologie en bloc

TELECOMMUTER - Télétravailleur (électr./inform.)

TELL (to)
* **(to) tell what to do** - imposer une ligne de conduite

TELLER - Scrutateur (vote)

TEMPORARY - Temporaire, provisoire
* **temporary administrative measures** - mesures conservatoires
* **temporary appointment** - engagement à titre temporaire
* **temporary storage** - mémoire intermédiaire (inf.)

TENANCY - Location, durée de location, régime d'occupation, bail
* **agricultural tenancy** - bail rural
* **furnished tenancy** - location meublée, location en meublé
* **joint tenancy** - location en indivision
* **life tenancy** - usufruit
* **oral tenancy** - location verbale
* **property for tenancy purpose** - immeuble de rapport, immeuble locatif
* **residential tenancy** - bail à usage d'habitation
* **statutory tenancy** - maintien dans les lieux
* **tenancy agreement** - bail
* **tenancy in common** - location en indivision

TENANT - Locataire, fermier
* **life tenant** - propriétaire viager, usufruitier
* **tenant farmer** - métayer
* **tenant for life** - occupant à vie, usufruitier
* **tenant in possession** - occupant
* **tenant's risks** - risques locatifs

TENDER - 1. Adjudication
* **advertisement for tenders** - mise en adjudication, mise en concours
* **call for tenders** - mise en adjudication, mise en concours
* **putting out for tenders** - mise en adjudication, mise en concours
* **(to) advertise for tenders** - mettre en adjudication

- 2. Enchère, soumission, offres
* **call for tenders** - appel d'offres, appel à la concurrence
* **Central Tender Board** - Comité central des marchés de l'Etat
* **legal tender** - monnaie légale (ayant cours légal)
* **sale by sealed tender** - vente par soumission cachetée
* **tender bond** - garantie de soumission
* **tender guarantee** - garantie de soumission
* **tender inquiry** - demande d'offres, appel d'offres
* **tenders for a contract** - soumission
* **tenders for supplies** - offres de soumission

TENDERER - Soumissionnaire
* **successful tenderer** - adjudicataire

TENDERING - Adjudication
* **collective tendering** - offre collective

TENEMENT - Fonds de terre; jouissance d'une propriété; habitation
* **dominant tenement** - fonds dominant
* **profit for the benefit of a dominant tenement** - servitude réelle
* **servient tenement** - fonds assujetti, fonds servant, fonds grevé, fonds débiteur de servitude
* **tenement building** - immeuble collectif

TENET - Doctrine, principe, opinion, croyance

TENOR - 1. Durée, échéance (d'un prêt) (écon.)

- 2. Teneur
* **tenor of a convention** - économie d'une convention

TENTATIVE - Indicatif, provisoire, préalable, aléatoire, (qqfs) officieux, révocable, sous toutes réserves
* **tentative act** - ballon d'essai

TENURE - 1. Durée
* **tenure of appointments** - durée des engagements

      - 2. Régime, statut, mode d'occupation, mode de faire-valoir, modalités de jouissance
* **land tenure** - occupation des terres; régime foncier; modes de faire-valoir, modes de concession, structure agraire
* **land tenure rights** - statut d'occupation; régime foncier
* **land tenure system** - statut d'occupation; régime foncier
* **security of tenure** - sécurité de jouissance, garantie d'occupation, garantie de maintien dans les lieux; stabilité de l'emploi (ind.)
* **tenure of office** - durée d'un mandat

TERM - 1. Délai, période, durée
* **fixed term** - délai de péremption
* **long term imprisonment** - réclusion
* **long term prisoner** - réclusionnaire
* **short term policy** - politique conjoncturelle
* **term of office** - période de fonctions, durée du mandat (électif)
* **term of the contract** - durée du contrat
* **term of the lease** - durée du bail
* **(to) reduce the term of imprisonment** - revoir le taux de la peine
* **unexpired term of office** - durée du mandat restant à courir

      - 2. Clauses, conditions, modalités
* **breach of terms** - violation des conditions
* **explicit terms** - conditions expresses
* **express terms** - conditions expresses
* **imposed terms** - conditions imposées
* **in terms** - expressément
* **innominate terms** - conditions d'exception, clauses d'exception
* **terms and conditions of appointment** - dispositions et clauses de l'engagement
* **terms of association** - protocole d'association
* **terms of reference** - mandat, cadre d'une mission
* **terms of trade** - termes de l'échange
* **(to) come to terms** - trouver un arrangement, trouver un compromis, ("faire avec")

TERMINAL - Terminal, borne, limite

TERMINATE (to) - Dénoncer, résilier, mettre fin à, lever
* **right to terminate** - faculté de dénonciation, droit de résiliation
* **(to) terminate a contract** - résilier un contrat, se désister d'un contrat
* **(to) terminate a treaty** - dénoncer un traité, mettre fin à un traité, abroger un traité
* **(to) terminate the marriage** - prononcer le divorce

TERMINATION - 1. Mainlevée
* **termination of an attachment (by agreement)** - main-levée amiable
* **termination of an attachment (by order of Court)** - main-levée judiciaire

      - 2. Déchéance, dénonciation, résiliation, rupture, fin, abandon, dissolution, extinction, licenciement, résolution, annulation
* **case of termination of proceedings** - abandon des poursuites
* **in case of termination of a contract** - dans le cas où il est mis fin au contrat
* **prior notice of termination** - préavis
* **termination clause** - clause de dénonciation
* **termination of a contract** - résiliation d'un contrat
* **termination of a contract of employment** - licenciement, résiliation d'un contrat de travail, rupture d'un contrat de travail
* **termination of a disqualification** - relèvement d'une déchéance
* **termination of a joint liability** - remise de solidarité
* **termination of a right** - suppression d'un droit, extinction d'un droit
* **termination of a treaty** - extinction d'un traité, dénonciation d'un traité, abrogation d'un traité
* **termination of appointment by retirement** - cessation de fonctions par mise à la retraite
* **termination of authority (of power of attorney)** - déchéance du mandat
* **termination of marriage** - dissolution du mariage, rupture du lien matrimonial
* **termination of the usufruct** - déchéance de l'usufruit

TERRITORIAL - (qqfs) Spatial

TERROREM (IN)
* **in terrorem penalty** - peine comminatoire

TEST (subst.) - 1. Examen, test
* **achievement test** - test de niveau, test pédagogique
* **aptitude test** - examen d'aptitude, examen probatoire
* **craftman's test** - examen de compagnonnage
* **formative tests** - tests normatifs (éd.)
* **intelligence tests** - tests psychotechniques
* **performance test** - test de performance
* **qualified test** - examen de compagnonnage
* **single-blind test** - test anonyme
* **skilled workman's test** - examen de compagnonnage
* **summative tests** - tests summatifs (éd.)
* **trade test** - test professionnel

- 2. Epreuve, essai, critère, signe distinctif, élément d'appréciation
* **acid test** - pierre de touche
* **check test** - essai contradictoire, contre-épreuve
* **control test** - essai contradictoire, contre-épreuve
* **crucial test** - épreuve redoutable
* **double-blind test** - test en "double aveugle" (exp. scient.)
* **scheme test** - protocole d'essai (chimie)
* **selected as test cases** - choisis pour jeter les bases de la jurisprudence
* **subjective test** - critère subjectif
* **test case** - décision de principe, arrêt de principe, (qqfs) parangon, affaire-type
* **test evaluation** - docimologie
* **test measurement** - docimologie
* **test plot** - parcelle expérimentale (agr.)
* **the test of "contempt" is whether...** - les éléments constitutifs du "contempt", le critère du "contempt", le signe distinctif du "contempt", il n'y a "contempt" que si
* **these applications are test cases** - ces requêtes sont susceptibles de faire jurisprudence
* **(to) be put to test** - être mis à l'épreuve

- 3. Contrôle, vérification
* **post-enumeration test** - enquête de contrôle (stat.)
* **test equipment** - appareils de contrôle
* **test examination** - vérification (des comptes) par sondage

- 4. Enquête
* **legal aid based on means test** - octroi d'une aide judiciaire fondée sur le niveau des ressources
* **means test** - enquête sur les ressources financières
* **(to) apply a similar test** - appliquer un critère analogue

- 5. Essai
* **field test** - essai sur le terrain, essai grandeur nature, essai en vraie grandeur
* **Test Ban Treaty (TBT)** - Traité sur l'interdiction des essais (d'armes nucléaires)

TEST (to) - 1. Essayer, éprouver, vérifier, expérimenter, examiner
* **(to) test carefully an argument** - examiner un argument avec soin
* **(to) test out a scheme** - essayer un projet

- 2. Viser un acte, authentifier un acte

- 3. Faire son testament

TESTAMENTARY - Testamentaire
* **testamentary disposition** - disposition de dernière volonté
* **testamentary gift** - donation testamentaire
* **testamentary provision** - disposition posthume

TESTIFY (to) - 1. Témoigner (de) (son respect, sa foi, ...)

- 2. Déclarer sous serment, faire une déclaration, affirmer, déposer
* **(to) testify against sb** - déposer contre qqn
* **(to) testify in sb's favour** - déposer en faveur de qqn
* **(to) testify of sth** - témoigner de qqch, rendre témoignage de qqch
* **(to) testify to a fact** - attester d'un fait, témoigner d'un fait

TESTIMONIAL
* **testimonial dinner** - banquet d'honneur

TESTIMONY - 1. Témoignage, attestation, déposition (sous serment)
* **in testimony whereof** - en foi de quoi
* **(to) be called in testimony** - être attesté en témoignage
* **(to) bear testimony of sth** - attester qqch, porter témoignage de qqch
* **(to) produce testimony of (to) a statement** - apporter des preuves testimoniales à l'appui d'une affirmation

- 2. Audition de témoins

TEXTBOOK - 1. Manuel, recueil de textes sur un sujet spécifique, livre de classe

- 2.
* **textbooks** - la doctrine, la science du droit

THEFT - Vol, larcin
* **aggravated theft** - vol qualifié
* **petty theft** - vol de simple police, larcin
* **snatch theft** - vol à l'arraché
* **theft by a prostitute from customer** - entôlage
* **theft from a dwelling-house** - vol domestique

THEORETICAL - Raisonnement, doctrine théorique
* **theoretical authorities** - la doctrine
* **theoretical research** - recherche pure

THEORY - Théorie, thèse, doctrine
* **genetical theories** - modes génétiques
* **mere theory** - vue de l'esprit
* **pure theory** - vue de l'esprit
* **rival theories** - thèses opposées
* **theory with no basis in reality** - vue de l'esprit

THINK
* **think tank** - groupe de réflexion, équipe de réflexion

THINKING - Pensée, méditation, réflexion, avis, opinion, esprit (d'une loi), grands principes, philosophie
* **compulsive thinking** - pensée obsédante
* **current political thinking** - options politiques du moment
* **lateral thinking** - pensée latérale
* **new thinking** - évolution doctrinale
* **thinking part** - rôle muet
* **thinking patterns** - modes de pensée, façons de pensée, mentalité
* **this necessitates some new thinking** - d'où la nécessité de reconsidérer la question
* **wishful thinking** - voeux pieux

THIRD PARTY - 1. Tiers
* **claim to goods by a third party** - demande en distraction, stipulation pour autrui
* **contract conferring a right to a third party** - demande en distraction, stipulation pour autrui
* **contract for the benefit of the third party** - demande en distraction, stipulation pour autrui
* **third party claim** - recours de tiers
* **third party notice** - action récursoire, demande en intervention forcée; déclaration de jugement commun
* **third party proceedings** - appel en garantie
* **third party State** - Etat tiers

- 2. Partie civile dans un procès

THOROUGH - Consciencieux, minutieux, exhaustif, fouillé, approfondi
* **a thorough scoundrel** - un scélérat consommé, un scélérat accompli
* **thorough going** - achevé, complet (parfait)

THREAT - Menace
* **a threat to peace** - une menace pour la paix
* **idle threat** - vaine menace
* **threat or use of force** - menace ou emploi de la force
* **under physical threat** - sous contrainte physique
* **under threat of disciplinary sanctions** - sous peine de mesures disciplinaires

THROUGHPUT - Débit, rendement, capacité (de traitement), consommation, quantités de matières mises en circulation en un temps donné (écon.)
* **throughput statistics** - statistiques des flux

THRUST - Poussée brusque, élan, coup de pouce; idées maîtresses (projet), moteur

TICKET - 1. Billet, carte, ticket
* **season ticket holder** - abonné (à une saison de spectacles)

- 2. Contravention

- 3. Liste, étiquette, plateforme (pol.)
* **he was elected on the Republican ticket** - il a été élu sur la liste des Républicains
* **the democratic ticket** - le programme des Démocrates, la plateforme des Démocrates
* **(to) vote a split ticket** - faire du panachage

TICKETING - Billeterie; étiquetage

TICKLISH - Susceptible (pers.); délicat, épineux, brûlant (sujet)
* **(to) be in a ticklish situation** - se trouver dans une situation critique

TIE (subst.) - 1. Lien, attache; chaîne, liaison

- 2. Partage égal des voix
* **the vote ended in a tie** - le vote a donné un nombre égal de voix pour ou contre
* **tie award** - prix ex-aequo
* **tie breaking power** - voix prépondérante
* **(to) play off a tie game** - rejouer un match à égalité, rejouer un match nul

TIED - Assujetti, lié, astreint
* **tied aid** - aide liée
* **tied credits** - crédits à emploi défini
* **tied house contract** - contrat d'enchaînement
* **tied loan** - prêt à conditions restrictives, prêt lié
* **tied-in clause** - clause d'achats liés, clause d'achats imposés

TIGHT - 1. Rigide, étroit, tendu, raide, serré, difficile, raréfié
* **tight market** - marché étroit, (rigidité du marché), marché tendu
* **tight money** - argent cher, argent rare
* **tight money policy** - (politique de) resserrement monétaire, (politique de) resserrement du crédit
* **tight schedule** - horaire minuté
* **tighter controls** - renforcement de la réglementation

- 2. Imperméable, hermétique

TIGHTEN (to) - Renforcer, alourdir (fiscalité), resserrer, se rétrécir, se tendre
* **(to) tighten the budgetary policy** - pratiquer une politique de rigueur budgétaire
* **(to) tighten the scope of** - préciser

TIME - 1. Temps
* **marking time** - piétiner; faire une pause, s'accorder un délai de réflexion
* **part-time staff** - vacataires
* **time coverage** - période considérée
* **time deposit** - dépôt à terme
* **time giver** - synchroniseur
* **time lag** - retard chronologique, décalage chronologique
* **time measurement** - délai
* **time recording** - agenda électronique
* **time reference** - période de référence
* **time scale** - base de temps
* **time study** - étude des temps
* **(to) be on short time** - travailler à temps réduit
* **universal time** - temps universel
* **working time** - heures de services, horaire de travail

- 2. Délai; durée
* **at the same time** - concurremment, parallèlement, simultanément
* **by expiry of the time for** - par l'arrivée du terme extinctif
* **calculation of time limits** - computation des délais
* **difference in clock time** - décalage horaire
* **expiration of time** - expiration de la durée
* **expiring of a time limit** - péremption
* **expiry of the time for** - expiration du délai, échéance du délai
* **(expiry of) time limit for enforcement of the sentence** - prescription de la peine
* **extension of time** - prorogation d'un délai, délai de grâce
* **extension of time for payment** - délai de sursis, (moratoire), délai moratoire
* **failure to observe a time limit** - inobservation d'un délai, non respect d'un délai
* **fixing a time limit** - fixation d'un délai
* **for the time being** - dans l'immédiat, provisoirement, jusqu'à nouvel ordre; en exercice, en vigueur
* **granting of time** - octroi d'un délai
* **if it is not to be out of time** - à peine de forclusion, sous peine de forclusion
* **increase in time limit for distance** - délai de distance
* **leave to exceed the time limit** - relevé de forclusion
* **leave to take proceedings out of time** - relever de la forclusion (déchéance)
* **load time** - délai de préparation, mise au point
* **out of time** - tardif, forclos, hors délai, susceptible de forclusion
* **plea for failure to comply with the time limit** - moyen de tardiveté
* **preclusive time limit** - délai de forclusion, délai de préclusion, délai préfix, délai de rigueur; prescription de l'action pénale
* **predetermined time limit** - délai préfixé
* **question time** - partie de chaque séance (parlementaire) réservée à l'interpellation du Gouvern. par l'opposition
* **running of time** - délais
* **statutory time limit** - délai légal, délai imparti par la loi
* **still time to do** - encore dans le délai utile pour
* **strict time limit** - délai de rigueur
* **target table time** - calendrier prévu
* **time and attendance reports** - feuilles de présence
* **time barred** - forclos, prescrit
* **time bill** - effet à un certain délai de date
* **time consuming task** - tâche absorbante
* **time dimension** - le facteur temps
* **time fixed by the court** - délai fixé par le juge
* **time fixed for appearance** - délai pour comparaître, délai de comparution, délai d'expulsion
* **time for** - délai de
* **time for appealing** - délai de recours, délai d'appel
* **time for application of the law** - domaine d'application de la loi dans le temps
* **time for entering an appeal** - délai de recours, délai d'appel
* **time for filing the grounds of appeal** - délai de présentation des motifs
./..

* **time for payment** - délai de grâce, terme de grâce
* **time for performance** - délai d'exécution
* **time for raising an objection** - délai d'opposition
* **time limit** - délai, échéance du délai, délai de déchéance, délai préfix (droit comm.), prescription, délai de prescription, échéance du terme
* **time limit fixed by court** - délai judiciaire
* **time limit for collection** - délai d'enlèvement
* **time limit for prosecution** - prescription de l'action pénale
* **time limits** - délais
* **time series** - séries temporelles, séries chronologiques
* **time spent** - durée
* **time table** - emploi du temps; horaire; calendrier; chronologie; échéancier
* **time to quit** - délai d'évacuation, délai d'expulsion
* **time within wich proceedings must be taken** - délai pour intenter une action
* **(to) fix a time limit** - impartir un délai
* **(to) set a time limit** - impartir un délai
* **(to) start time running** - faire commencer un délai
* **(to) stop time running** - arrêter le cours de la prescription
* **trends over time** - tendances structurelles
* **without time limit** - sans délai
* **without time limitation** - sans fixer de délai, pour une période indéterminée

TIMELESS
* **timeless approach** - approche intemporelle

TIMING - Date, échelonnement, calendrier, répartition des travaux, synchronisation, périodicité, rythme, chronologie, minutage, horaire, choix du moment
* **adverse shift in the timing of tax payments** - ralentissement des rentrées d'impôts
* **birth timing** - échelonnement des naissances

TIP (To Insure Promptness) - Pourboire

TIP-OFF - Indication, tuyau, avertissement

TITLE - 1. Désignation, intitulé, titre, appellation
* **functional title** - titre fonctionnel
* **title of an item** - intitulé d'un point de l'ordre du jour

- 2. Titre de propriété, droit de propriété, titre translatif de propriété, titre représentatif de propriété, droit réel
* **absolute title** - titre de propriété inscrit au registre foncier
* **action to establish title to** - action en revendication
* **clear title** - titre incontestable
* **document of title to a pledge** - titre de gage
* **document of title to the goods** - titre représentatif des marchandises
* **good title** - titre incontestable
* **legal title** - titre juridique, titre de propriété
* **predecessor in title** - propriétaire antérieur
* **registration of title** - inscription au registre foncier
* **reservation of a title clause** - clause de réserve de propriété
* **successor in title** - propriétaire subséquent
* **title deed** - acte (constitutif) de propriété
* **title search** - relevé d'hypothèques
* **title to the goods** - droit réel, droit de propriété, droit sur la chose
* **(to) hold a legal title** - être propriétaire en droit
* **(to) trace title** - relever les origines de
* **transfer of title** - transfert de la propriété (d'un droit réel)
* **warranty of title** - garantie du titre

TO
* **to a first approximation** - en première approximation
* **to and from** - à destination et en provenance de

TOE (Tons of Oil Equivalent) - TEP (Tonnes Equivalent Pétrole)
* **Mtoe** - Mtep

TOGETHER
* **acting together** - (agissant) de concert

TOGETHERNESS - Convivialité

TOKEN (adj.) - Symbolique, de principe, pour la forme, pour mémoire
* **token money** - monnaie fiduciaire
* **token payment** - paiement symbolique

TOKEN (subst.) - 1. <u>Signe, indication, marque, témoignage</u>
* **as a token of** - en signe de, en témoignage de, comme preuve de
* **by the same token** - donc, d'ailleurs, la preuve en est que
* **by this token** - donc, d'ailleurs, la preuve en est que

- 2. <u>Jeton (de téléphone, de métro)</u>

TOLL - <u>Droit de péage</u>
* **toll collector** - péagiste

TOOL - <u>Instrument, outil; moyen d'action</u>
* **tool subject** - matière-clé, discipline fondamentale

TOOL (to)
* **(to) tool a factory** - équiper une usine

TOPICAL
* **topical international political issues** - actualité politique internationale

TORT - 1. <u>Faute, fait dommageable, fait délictueux, fait illicite</u>
* **intentional tort** - faute délictuelle
* **profitable tort** - faute lucrative
* **(to) create a tort** - avoir des effets préjudiciables

- 2. <u>Délit civil</u>
* **action in tort** - action en responsabilité (civile)
* **law of torts** - droit préjudiciel
* **liability in tort** - responsabilité aquilienne, responsabilité délictuelle, responsabilité quasi-délictuelle
* **negligent tort** - quasi-délit
* **non-intentional tort** - quasi délit
* **tort law** - législation sur les délits civils
* **tort of negligence** - quasi-délit
* **torts** - responsabilité civile

TORTFEASOR - <u>Débiteur; sujet passif; auteur du dommage, auteur du fait dommageable</u>
* **joint tortfeasor** - co-auteur du fait dommageable

TORTIOUS - 1. <u>Délictueux</u>
* **deliberate tortious intent** - faute délibérée, faute intentionnelle
* **tortious act** - fait délictueux, fait illicite
* **tortious conduct** - faute (délictuelle); mauvaise foi

* **tortious deliberate intent** - faute délibérée, faute intentionnelle

- 2. <u>(qqfs) Extra-contractuel</u>

TORTURE - <u>Torture</u>
* **extracted under torture** - arraché sous la torture
* **on torture charges** - accusé de torture
* **torture chamber** - salle de torture
* **water torture** - supplice de l'eau

TOUCH OFF (to) - <u>Déclencher</u>
* **the exodus of foreign currencies touched off by the recent events** - la fuite des devises étrangères déclenchée par les événements récents

TOUT (to) - <u>Guetter, espionner</u>
* **(to) tout a product (around)** - faire l'article
* **(to) tout for custom** - courir après la clientèle, solliciter des commandes, importuner (qqn) par des offres de service
* **(to) tout for work** - solliciter des clients

TOWARDS - <u>Vers</u>
* **as a first step towards** - afin de pouvoir créer ultérieurement
* **towards agreement on** - en attendant qu'on décide de

TOWN - <u>Ville, localité, agglomération</u>
* **flight to the towns** - exode rural
* **large towns** - grandes agglomérations urbaines
* **principal towns in the Département** - chefs-lieux du département
* **town rate** - taxe municipale
* **town scape** - paysage urbain

TPE (Total Primary Energy) - ETP (Energie Primaire Totale) (besoins totaux en énergie primaire)

TRACE (to) - 1. <u>Retracer, retrouver</u>

- 2. <u>Avoir un droit de suite (en Equity) sur un bien transféré à un tiers</u>

TRACEABLE - Attribuable

TRACINGS - Tracés

TRACK, TRACKING - Localisation, poursuite; trajectographie
* **radio tracking** - radiopistage
* **track and field** - athlétisme
* **well-defined track** - piste routière

TRADE - 1. Commerce, (commercial), affaires, distribution
* **barter trade** - (accord de) troc
* **export trades** - les exportations
* **Fair Trade Commission** - Commission des pratiques commerciales équitables
* **fair trade laws** - lois "fair trade" (légalisant les prix imposés)
* **the links between consumer, trade and the producer** - les liens entre le consommateur, les circuits de distribution et le producteur
* **trade associations** - associations professionnelles
* **trade customers** - négociants
* **trade-in** - échange en vue de vente (rachat par le vendeur du modèle usagé)
* **trade licence** - licence d'exploitation, permis d'exploitation
* **trade secret** - secret d'affaires
* **trade tax** - patente
* **trade transaction** -échange
* **trade usage** - coutume commerciale
* **white slave trade** - traite des blanches

- 2. Entreprise
* **manual trade** - entreprise artisanale

- 3. Produit
* **trade description** - marque du produit
* **trade name** - marque du produit

- 4. Profession, métier
* **itinerant trade** - profession ambulante
* **manual trade** - profession artisanale
* **trade association** - chambre des métiers, association professionnelle
* **trade guild** - chambre des métiers, association professionnelle
* **trade pledge** - déclaration sur la politique commerciale

TRADE-OFF - Choix, option, arbitrage, équilibrage, substituabilité, compensation, relation inverse (ex. chômage/salaires), alternative (ex. chômage/inflation), corrélation négative; concession mutuelle; compromis; échange
* **insider trade-off** - opération d'initié, délit d'initié

TRADEMARK - Marque (de fabrique), estampille
* **quality trademark** - label, marque-label
* **registered trademark** - marque déposée
* **registration of a trademark** - dépôt d'une marque, enregistrement d'une marque
* **trademark application** - déclaration de marque de fabrique

TRADING - Commercial
* **reckless trading** - gestion imprudente
* **street trading** - vente ambulante
* **trading account** - compte d'exploitation
* **trading certificate** - licence de commerce
* **trading partners** - partenaires commerciaux; coéchangistes
* **trading year** - exercice financier

TRADITION
* **(to) have a long tradition** - avoir une longue histoire

TRADITIONAL - D'usage, coutumier (chef, etc.)
* **non traditional** - extra-coutumier
* **traditional gifts** - présents d'usage
* **traditional resources** - ressources classiques

TRADITIONALLY - De longue date, par le passé, depuis toujours, selon la tradition

TRAFFIC - Roulage, circulation routière, trafic
* **broadcasting traffic** - trafic hertzien
* **traffic police** - police de roulage

TRAFFICABILITY - Viabilité

TRAFFICKERS - Passeurs (immigrés clandestins)

TRAFFICKING
* **trafficking in young women** - traite des jeunes femmes

TRAIL - Piste, trace; traînée
* **back-country trail** - piste rustique
* **connecting trail** - piste de raccordement
* **hiking trail** - piste de randonnée
* **nature trail** - sentiers botaniques, sentiers balisés, "sentiers nature", sentiers éducatifs
* **posted trails** - sentiers jalonnés, sentiers balisés
* **riding trail** - piste hippique, piste cavalière, piste d'équitation
* **town trail** - sentier éducatif urbain
* **trail bike** - moto tous terrains
* **trail pooling** - jalonnement de sentiers
* **trail posting** - balisage de sentiers
* **trail rider** - randonneur
* **trail skiing** - ski de piste
* **urban trail** - piste urbaine

TRAINED - Qualifié
* **full trained** - rompu à
* **migration of highly trained personnel** - exode de l'élite professionnelle

TRAINING - Entraînement; formation, préparation
* **alternance training** - formation en alternance
* **bench training** - instruction en salle
* **in-service training** - formation en cours d'emploi
* **on the job training** - formation sur le tas
* **post-induction training** - mise au courant (après le stade de l'orientation, de l'initiation)
* **refresher training** - recyclage
* **training group** - groupe de diagnostic
* **training in supervision** - formation au contrôle
* **training within industry (T.W.I.)** - formation en cours d'emploi
* **vestibule training** - instruction en salle

TRANCHE
* **first credit tranche** - première tranche de crédit
* **gold tranche** - tranche-or
* **higher credit tranche** - tranches ultérieures de crédit (tirage de sommes plus importantes)

TRANSACTION - 1. Transaction, acte, action
* **action to set aside a simulated transaction** - action en déclaration de simulation
* **commercial transaction** - acte de commerce
* **fictitious transaction** - simulation

* **legal transaction** - acte juridique
* **legal transactions** - commerce juridique
* **not subject to legal transactions** - hors commerce
* **security of legal transactions** - sécurité du droit
* **simulated transaction** - simulation

- 2. Opération
* **cash transactions** - mouvements de fonds
* **collateral transaction** - opération liée
* **combined transaction** - opération liée
* **connected transaction** - opération liée
* **fictitious transaction** - opération fictive
* **transaction velocity** - taux de rotation des capitaux

TRANSCRIPT - Compte rendu d'audience, compte rendu officiel (d'un procès)
* **transcript of the appeal hearing** - procès-verbal des débats en appel

TRANSFER (subst.) - 1. Transfert, déplacement, mutation, virement, transbordement
* **disciplinary transfer** - mutation d'office, déplacement par mesure disciplinaire
* **transfer of a right** - déplacement d'un droit
* **transfer of proceedings** - renvoi devant une autre juridiction
* **transfer of the right to use** - cession d'usage
* **transfer of workers to other jobs** - reclassement

- 2. Cession, mutation (de biens), aliénation, transfert
* **capital transfer tax** - droits de mutation
* **improper transfer** - aliénation irrégulière
* **transfer duty** - droit de mutation, droit de transmission
* **transfer of property** - mutation de biens
* **transfer order** - délégation de sommes
* **transfer without consideration** - libéralité

- 3. Transfert, translation
* **giro transfer** - virement
* **transfer of mortgage** - translation d'hypothèque
* **transfer of ownership** - transfert de propriété
* **transfer of the proceeds** - transfert du prix de la vente, transfert du produit de la vente

- 4. Dévolution, délégation (de pouvoirs
* **normal transfer of jurisdiction** - effet dévolutif normal
* **transfer of functions** - passation des pouvoirs
* **transfer of jurisdiction** - dévolution de compétence

- 5.
* **transfer of prisoner** - transfèrement d'un détenu

- 6.
* **electronic transfer of funds** - transfert électronique de fonds, monétique

TRANSFER (to) - (qqfs) Modifier

TRANSFERABLE - 1. <u>Cessible, transférable</u>
* **transferable deposits** - dépôts à vue transférables
* **transferable securities** - valeurs mobilières cessibles

- 2.
* **transferable measures** - mesures généralisables

TRANSFEREE - Cessionnaire

TRANSFEROR - Cédant

TRANSFORMER
* **instrument transformer** - transformateur de mesure

TRANSIT - <u>Transit, passage</u>
* **transit entry** - déclaration de transit
* **transit items** - effets en cours d'encaissement
* **unimpeded transit** - libre passage

TRANSITION
* **transition period** - période transitoire

TRANSITIONAL - <u>Transitionnel, de transition</u>
* **transitional law** - droit intermédiaire
* **transitional legislation** - droit transitoire
* **transitional provisions** - droit transitoire, réglementation transitoire

TRANSITORY - Passager, éphémère, momentané, transitoire

TRANSMIT (to) - <u>Transmettre, communiquer</u>
* **(to) be transmitted to X for an opinion** - être communiqué à X pour avis

TRANSPONDER - Répétiteur d'impulsions (répondeur)

TRANSPORT
* **intermodal transports** - transports mixtes
* **multimodal transports** - transports multimodes
* **transport law** - droit des communications
* **transport tax** - droit de circulation

TRANSPORTATION - <u>Déportation (d'un criminel)</u>
* **offender sentenced to transportation** - déporté

TRANSPOSITION - Interversion, permutation (chiffres, documents), transposition

TRAP - <u>Piège, trappe</u>
* **police trap** - souricière

TRAVEL - <u>Voyage, (itinérant)</u>
* **travel arrangements** - conditions de voyage
* **travel time** - délais de route

TRAVESTY - <u>Caricature, image fausse, contre-vérité, parodie</u>
* **it would be a travesty to ...** - on travestirait la vérité en ...

TREASURY - 1. <u>Trésor public, trésorerie</u>
* **treasury bill** - effet du trésor
* **treasury bond** - bon du trésor
* **treasury suspense account** - compte de trésorerie

- 2.
* **treasury control** - inspection des finances

TREAT (to) - <u>Négocier, traiter</u>
* **invitation to treat** - invitation à faire des offres, invitation à entamer des pourparlers

- 2.
* **treated as a liar** - réputé menteur

- 3.
* **(to) treat plasma with ethanol** - traiter le plasma par de l'éthanol

TREATMENT - <u>Régime, traitement; utilisation</u>
* **different treatment** - régime discriminatoire, régime différentiel
* **equality of treatment** - parité
* **medical treatment** - soins médicaux
* **preferential treatment** - régime préférentiel, régime de faveur
* **tax treatment** - régime fiscal
* **treatment home** - (qqfs) centre d'éducation surveillée
* **treatment with drugs** - traitement médicamenteux

TREATY - <u>Convention, traité</u>
* **open treaty** - traité ouvert à des pays tiers, traité ouvert à des pays non membres
* **private treaty** - convention de gré à gré
* **(to) be treated as a treaty** - avoir valeur conventionnelle
* **(to) enact a treaty** - faire entériner un traité par le Parlement
* **(to) rank as a treaty** - avoir valeur conventionnelle
* **treaty law** - droit des traités, droit international écrit
* **treaty making competence** - pouvoir de conclure des traités
* **treaty obligations** - obligations conventionnelles, obligations nées d'un traité
* **treaty relations** - pouvoir de conclure des traités

TREND - <u>Tendance, direction, sens, cours, courant (dans la jurisprudence), constantes, évolution, orientation, conjoncture, ambiance, climat, physionomie, allure, tournure, disposition, comportement; glissement, dynamique</u>
* **rising trends** - conjoncture ascendante
* **trend index** - indicateur de tendance
* **trends over time** - tendances structurelles

TRESPASS (subst.) - <u>Atteinte, empiétement, trouble de la possession, troubles de jouissance</u>
* **action for trespass** - action en dommages-intérêts pour troubles de jouissance
* **cattle trespass** - dommage causé par les animaux
* **trespass on domestic premises** - violation de domicile
* **trespass to goods** - détention illégale de biens
* **trespass to land** - intrusion illicite sur le fonds d'autrui
* **trespass to the person** - voie de fait, atteinte à l'intégrité de la personne

TRIAL - 1. <u>Procès, procédure, jugement, audience, instruction, mise en jugement</u>
* **awaiting trial** - avant le jugement sur la culpabilité; en instance de jugement
* **criminal trial** - jugment correctionnel
* **day of trial** - jour d'audience, jour de l'ouverture du procès
* **fair trial** - jugement équitable
* **held for trial** - inculpé en détention préventive, prévenu en détention préventive, accusé en détention préventive
* **jury trial** - procès par jury
* **open trial** - procès public
* **pre-trial stage** - stade préparatoire au procès
* **preparation for trial** - mise en état (d'une affaire)
* **properly conducted trial** - procès en bonne et due forme
* **right to a fair trial** - droit d'être entendu
* **summary trial** - instance de tribunal de police
* **(to) be brought to trial** - être traduit en justice
* **(to) be sent to trial** - être traduit en justice
* **(to) bring to trial** - traduire en justice, déférer devant un tribunal
* **(to) come on for trial** - atteindre le stade des plaidoiries
* **(to) hold a retrial** - réviser un procès
* **(to) stand for trial before a court** - comparaître devant un tribunal
* **treason trial** - procès pour trahison
* **trial court** - tribunal du fond, juge du fond; juridiction de jugement
* **trial in absentia** - procédure par contumace, procédure par défaut (pénal)
* **trial judge** - juge de première instance ; juge du fond
* **trial on indictment** - procès sur inculpation devant un jury
* **trial on jury** - procès devant jury
* **trial on the merits** - procédure sur le fond
* **trial on the principal issue** - procédure sur le fond
* **trial records** - minutes du procès
* **until full trial of the company's action** - jusqu'à ce que la justice ait statué sur l'action engagée par la société
* **where the case is sent for trial** - le renvoi de la cause à l'autorité de jugement

- 2. <u>Essai, épreuve, vérification</u>
* **trial balance** - bilan de vérification, balance de vérification
* **trial period** - délai d'épreuve
* **trial project** - projet expérimental

TRIBE - Ethnie

TRIBUNAL - Juridiction, tribunal (administratif), (qqfs) commission, instance (quand il ne s'agit pas d'une juridiction de droit commun)
* **agricultural lands tribunal** - tribunal paritaire de baux ruraux
* **county court is the main tribunal for** - le tribunal de comté est la principale juridiction pour
* **disciplinary (professional) tribunal** - juridiction d'honneur
* **joint tribunal** - tribunal paritaire
* **jurisdiction of professional tribunal** - juridiction corporative, juridiction ordinale
* **professional tribunal** - juridiction professionnelle, juridiction ordinale
* **social security tribunal** - commission contentieuse de la sécurité sociale
* **tribunal of enquiry** - commission d'enquête

TRICKS - Manoeuvres frauduleuses

TRIED
* **the offence is to be tried in** - l'infraction est justiciable de

TRIM (to) - Emonder, limer, rogner, écheviller, ébarber
* **(to) trim profit margins** - serrer les marges bénéficiaires

TRIVIAL - Insignifiant, superficiel, futile

TRIVIALISE (to) - Galvauder

TROUBLE
* **the trouble is** - malheureusement,
* **trouble maker** - agitateur
* **trouble shooting** - dépannage
* **troubles** - désordres, conflits

TRUCIAL
* **trucial State** - Etat sous le régime de traité

TRUCULENT - Brutal, grossier, agressif

TRUE - Véritable, réel, exact
* **true facts** - faits non controuvés
* **true ground of arrest** - motif exact de l'arrestation
* **true of** - valable pour, (en dire autant de)

TRUST (adj.) - Fiduciaire

TRUST (subst.) - 1. Confiance
* **breach of trust** - abus de confiance

- 2. Fonds, fondation, fiducie, société fiduciaire
* **absolute trust** - fiducie parfaite
* **charitable trust** - fiducie philanthropique, fiducie privée, fiducie à but non lucratif, fiducie de charité; fiducie particulière
* **discretionary trust** - fiducie variable, fiducie à effets variables
* **funds in trust** - fonds d'affectation spéciale, fonds fiduciaire, fonds en dépôt, fonds de dépôt, fonds de tutelle, fonds administrés
* **grantor of a trust** - constituant d'un trust
* **implied trust** - fiducie implicite, trust implicite
* **investment trust** - coopérative de placement
* **private trust** - fondation privée, fiducie philanthropique, fiducie à but non lucratif, fiducie de charité; fiducie particulière
* **settlor of the trust** - fiduciant
* **(to) put in trust** - fiducier, mettre en fiducie
* **trust agreement** - contrat de mandat, contrat de trust
* **trust deed** - acte fiduciaire
* **trust fund** - fonds d'affectation spéciale, fonds fiduciaire, fonds en dépôt, fonds de dépôt, fonds de tutelle, fonds administrés
* **unit trust** - société de placement à capital variable; fiducie d'investissement à participation unitaire

- 3. Fidéicommis, mandants
* **held in trust** - détenu par fidéicommis

- 4. (qqfs) Mission

TRUSTEE - Syndic; administrateur de fonds; tuteur, curateur, trustee, commissaire (dans une commission scolaire); fiduciaire, fidéicommis
* **Board of Trustee** - conseil d'administration
* **interim and permanent trustee in sequestration (Scotland)** - liquidateur
* **judicial trustee** - trustee datif
* **public trustee** - curateur public
* **trustee in bankruptcy** - syndic de faillite

TRUSTEESHIP - <u>Tutelle, mandat</u>
* **trusteeship agreement** - accord de tutelle
* **trusteeship system** - régime de tutelle, puissance administrante, nation tutrice
* **trusteeship territory** - territoire sous tutelle

TRUSTWORTHY - Fiable, digne de confiance, loyal, présentant des garanties, personne de confiance, honnête, fidèle

TRUTH
* **there is no doubt as to the truth of these statements** - la véracité de ces déclarations ne fait aucun doute

TRY (to) - 1. <u>Juger, débattre (lors d'un procès), faire passer en jugement</u>
* **(to) try a case (USA)** - plaider une cause (avocat)
* **(to) try an offence** - instruire
* **(to) try the merits** - débattre au principal
* **which try divorce cases** - appelés à connaître des affaires de divorce

- 2. <u>Essayer, expérimenter, mettre à l'épreuve, vérifier, faire l'épreuve de</u>

- 3. <u>Faire un effort, vouloir, tâcher (d'obtenir, etc.)</u>
* **(to) try for a job** - poser sa candidature à un emploi

TUNING
* **initial tuning frequency** - fréquence de l'accord initial
* **initial tuning pitch** - accord initial

TURN (subst.) - <u>Changement, infléchissement, revirement, retournement, volte-face, tournant, virage</u>
* **(to) take an upward turn** - remonter

TURN-OUT
* **turn-out of the police** - sortie de police

TURNING POINT - <u>Tournant, point critique, renversement, cassure, rupture de pente, point d'inflexion</u>
* **lower turning point** - creux de la courbe, point le plus bas
* **upper turning point** - sommet de la courbe, point culminant

TURNOVER - 1. <u>Chiffre d'affaires, valeur</u>
* **foreign trade turnover** - valeur du commerce extérieur
* **turnover and balances of the accounts** - balance des comptes en mouvement et en solde

- 2. <u>Rotation, roulement, cadence de renouvellement</u>
* **staff turnover** - renouvellement
* **turnover ratio** - rapport de roulement

TWINNING
* **town twinning** - jumelage des villes
* **twinning co-operation** - jumelage coopération

TWO
* **this part falls into two sections corresponding...** - cette partie est articulée en dyptique selon...

TYCOON - Magnat de l'industrie, "ponte"

TYING - <u>Qui fait dépendre</u>
* **tying the worker's earnings very closely to the profits of his entreprise** - qui fait dépendre très étroitement les gains des travailleurs des bénéfices de l'entreprise
* **tying up** - (assujettir à, immobiliser, bloquer)

TYPICAL - <u>(qqfs) Classique</u>
* **typical business cycle** - cycle économique classique
* **typical region** - région type (et non "typique")

UGLY
* **war rears its ugly head** - le spectre hideux de la guerre fait son apparition

ULTERIOR - 1. Qui n'est pas permis

- 2. Ultérieur

- 3. Inavoué, caché, injustifiable
* **ulterior motives** - motifs secrets
* **without ulterior motive** - sans arrière-pensée

ULTIMATE - Final, fondamental, ultime, dernier
* **the ultimate interest of the community** - l'intérêt supérieur de la collectivité
* **the ultimate success is dependent on it** - c'est de lui que dépend, en dernière analyse, le succès de l'opération
* **ultimate decision** - décision finale, décision définitive

ULTRA VIRES - Abus de droit, excès de pouvoir, au-delà de leur compétence, au-delà des limites de leur juridiction
* **(to) act ultra vires** - excéder ses pouvoirs
* **(to) be ultra vires** - excéder les limites de la loi
* **ultra vires rule** - principe de la spécialité

UMBRELLA
* **umbrella agreement** - accord général, convention cadre
* **umbrella convention** - convention cadre
* **umbrella organisation** - confédération (de syndicats), organisation faîtière (Suisse)
* **umbrella theme** - thème général

UMPIRE - Dépositeur, superarbitre, surarbitre, tiers arbitre
* **decision by an umpire** - surarbitrage

UNACCEPTABLE - Inadmissible

UNACCOUNTABLE - (qqfs) Inexplicable

UNALLOCABLE - Non ventilables (dépenses)

UNALLOCATED
* **unallocated balance** - solde non affecté (à des programmes)
* **unallocated funds** - fonds non affectés (à des programmes)

UNALTERABLE - Immuable

UNAPPORTIONED
* **unapportioned balance** - solde non affecté (à des programmes)
* **unapportioned funds** - fonds non affectés (à des programmes)

UNASSAILABLE
* **(to) be, as such, unassailable** - n'être en rien critiquable

UNASSIGNABLE - Incessible

UNAUTHORISED
* **unauthorised labour** - main-d'oeuvre clandestine, main-d'oeuvre en situation irrégulière

UNAWARE
* **he is not unaware that** - il n'ignore pas que
* **(to) be unaware that** - ne pas être informé de, ne pas être au courant de, (qqfs) prétendre ignorer que
* **(to) take someone unaware** - prendre qqn au dépourvu, prendre qqn à l'improviste

UNBALANCED - Déréglé, déséquilibré, décalé, désaxé, désorienté, instable, précaire

UNBIASED - Impartial, neutre, sans idées préconçues, désintéressé, non partisan, sans parti pris

UNBORN
* **unborn child** - enfant conçu, enfant in utero

UNCERTAIN - Aléatoire, précaire

UNCERTAINTY - <u>Caractère équivoque, caractère précaire; ambiguïté, insécurité, les hasards</u>
* **legal uncertainty** - insécurité du droit, insécurité juridique, caractère flou du droit, caractère ambigu du droit
* **uncertainty of the law** - insécurité du droit, insécurité juridique, caractère flou du droit, caractère ambigu du droit

UNCHALLENGEABLE - Incontestable

UNCHANGED - Stationnaire

UNCLARITIES - <u>Incertitudes</u>
* **(to) resolve unclarities** - lever des incertitudes

UNCOMMITTED - <u>Non engagé, disponible sans affectation</u>
* **uncommitted amount** - montant non affecté, montant non engagé
* **uncommitted funds** - crédits disponibles

UNCONDITIONAL - 1. <u>Pur et simple</u>

        - 2. <u>Absolu (jur.)</u>
* **period of unconditional detention** - période de sûreté
* **unconditional sentence** - peine ferme

UNCONNECTED
* **unconnected decisions** - décisions ponctuelles

UNCONSCIONABLE - 1. <u>Déraisonnable, démesuré, invraisemblable</u>

        - 2. <u>Indélicat, sans scrupule</u>

        - 3. <u>Abusif (clause)</u>
* **unconscionable bargain** - contrat léonin

UNCONTESTED
* **it is uncontested that** - il n'est pas contesté que
* **uncontested divorce** - divorce non contesté par l'autre partie

UNCOORDINATED
* **in an uncoordinated fashion** - en ordre dispersé

UNCOVER
* **uncover cheque** - chèque sans provision

UNDEBATABLE
* **undebatable motions** - propositions à mettre aux voix sans discussion, propositions sujettes au vote sans discussion

UNDEFENDED
* **undefended action** - action dans laquelle le défenseur s'abstient de plaider

UNDELIVERABLE - Envoi tombé aux rebuts (Postes)

UNDER - 1. <u>Dessous</u>
* **under-achievement** - rendement déficient
* **under-insurance** - insuffisance d'assurance, sous-assurance
* **under-privileged** - défavorisé
* **under-registration** - lacunes d'enregistrement
* **under-run** - sous-utilisation (d'un crédit)
* **under-spending** - sous-utilisation (d'un crédit)
* **under-value** - sous-évaluation

        - 2. <u>Eu égard à, sous l'angle de, au titre de, aux termes de, au regard de, dans le cadre de, grâce à, en vertu de, prévu à, s'appuyant sur, conformément à</u>
* **a dispute under the labour legislation** - un litige relevant de la législation du travail
* **an offence under Art. 2** - une infraction réprimée par l'article 2
* **claims under Art. 2** - griefs relevant de l'article 2
* **for consideration under item 3 of the agenda** - (qqfs) pour servir à l'étude du point 3 de l'ordre du jour
* **is not an offence under Belgian law** - n'est pas un délit en droit belge
* **the applicants' rights under Art. 2** - les droits que l'article 2 reconnaît aux requérants
* **their right under Art. 2** - le droit que leur reconnaît l'article 2, le droit protégé par l'article 2, le droit prévu par l'article 2, le droit consacré par l'article 2
* **(to) come under Art. 2** - être visé par l'article 2
* **under Art. 5** - tiré de l'article 5, au titre de l'article 5, sur la base de l'article 5, aux termes de l'article 5, excipant de l'article 5, invoquant l'article 5
* **under capitalism** - en régime capitaliste
* **under item 4** - au titre du point 4

* under the Act - en vertu de la loi
* under the Convention - au regard de la Convention

- 3.
* really under way - bien lancé

UNDERCONSUMPTION - Sous-consommation

UNDERCURRENT - Malaise, psychose

UNDEREMPLOYMENT
* concealed underemployment - sous-emploi dissimulé

UNDERGO (to) - Subir (un phénomène)

UNDERGROUND - 1.
* underground work - travaux en sous-sol
* underground of property - tréfonds

- 2.
* underground economy - économie souterraine
* underground litterature - ouvrages clandestins
* underground movement - mouvement clandestin

UNDERINVESTMENT - Sous-investissement

UNDERLEASE - Sous-bail

UNDERLINE (to) - Mettre en relief, mettre en évidence, attester de

UNDERLYING - De base, profond, qui sous-tend, sous-jacent, à l'appui de, qui dicte
* arguments underlying the application - arguments avancés à l'appui de la requête
* the thought underlying Art. 10 - l'esprit de l'article 10
* underlying factors - facteurs déterminants
* underlying problems - problèmes fondamentaux
* underlying this formulation is the belief that - cette formulation procède de la conviction que

UNDERMINE (to)
* (to) undermine his Convention right to - méconnaître son droit, protégé par la Convention, de

UNDERPRIVILEGED - Défavorisé

UNDERSTAND (to) - Croire savoir, croire comprendre, entendre, interpréter, considérer, présumer
* he does not wish to be understood as - il ne veut pas laisser entendre que
* it is understood that - il est entendu que
* it must be understood that - il faut considérer que
* (to) understand from something - déduire de
* (to) understand that a bill will soon be introduced - croire savoir qu'un projet de loi sera bientôt présenté

UNDERSTATE (to) - Amoindrir, atténuer, minorer

UNDERSTATEMENT - Euphémisme
* it would be an understatement to say - le moins que l'on puisse dire

UNDERTAKE (to)
* action undertaken under the stimulus of - action impulsée par

UNDERTAKER - Entrepreneur de pompes funèbres ("mortician" aux USA)

UNDERTAKING - 1. Entreprise
* undertaking operating a concession - entreprise concessionnaire

- 2. Engagement, promesse
* conditional undertaking - promesse sous condition
* definite undertaking - engagement ferme
* joint and several undertakings - engagement solidaire
* unilateral undertaking - engagement unilatéral, acte unilatéral

UNDERTONE - Nuance cachée, arrières-pensées, implications, fond de la tendance, note (écon.)
* a fairly steady undertone - une tendance assez soutenue

UNDER-UTILISATION
* **under-utilisation of labour and capacity** - utilisation insuffisante de la main-d'oeuvre et des installations
* **under-utilisation of resources** - sous-emploi des ressources

UNDERWORLD - Pègre, milieux interlopes

UNDERWRITE (to)
* **(to) underwrite a new issue** - souscrire une nouvelle émission

UNDERWRITING
* **taking responsibility for underwriting (of equity)** - ayant garanti l'émission (des actions)
* **underwriting commitment** - accord de prise ferme
* **underwriting costs** - frais de garantie
* **underwriting groups** - syndicat de placement, syndicat de garantie

UNDERWRITTEN - Avalisé

UNDESIRABLE - Indû, malencontreux, fâcheux, ne peut que soulever des objections, condamnable, (on ne peut que condamner)

UNDETECTED
* **undetected crime** - chiffre noir (de la criminalité)

UNDISCHARGED
* **undischarged bankrupt** - failli non réhabilité
* **undischarged liability** - dette non acquittée, dette non payée

UNDIVIDED
* **in undivided shares** - en parts indivises, par indivis

UNDOCUMENTED - "Sans papiers"
* **undocumented labour** - main-d'oeuvre clandestine, main-d'oeuvre en situation irrégulière
* **undocumented migrants** - migrants clandestins, migrants irréguliers

UNDRAWN
* **undrawn amounts** - montants non tirés

UNDUE - Injustifié, excessif, abusif, anormal, intempestif

UNDULY - Outre-mesure, exagérément

UNEASY - Précaire, instable, fragile, troublé

UNEMPLOYMENT - Chômage
* **chronic unemployment** - chômage endémique
* **concealed unemployment** - chômage caché
* **cyclical unemployment** - chômage conjoncturel
* **disguised unemployment** - chômage déguisé
* **frictionnal unemployment** - chômage intermittent, chômage "frictionnel"
* **full-time unemployment** - chômage complet
* **general unemployment** - chômage généralisé, chômage massif
* **involuntary unemployment** - chômage involontaire
* **mass unemployment** - chômage généralisé, chômage massif
* **persistant unemployment** - chômage permanent
* **technological unemployment** - chômage technologique
* **threat of unemployment** - chômage potentiel
* **transfered unemployment** - chômage transféré
* **unemployment plus inflation** - chômeflation
* **unrecorded unemployment** - chômage non déclaré, chômage latent, chômage invisible

UNENCUMBERED - 1. Exempt de charges, exempt de dettes
- 2. Inutilisé
* **unencumbered balance** - solde inutilisé

UNENFORCEABLE - Privé d'effet, non exécutoire (contrat)

UNEQUAL - Injuste, lésionnaire

UNEQUIVOCALLY - Sans ambiguïté

UNEXPIRED

* **unexpired term** - durée d'un mandat restant à courir

UNFAIR - Inique, lésionnaire, abusif (clause), arbitraire, injustifié, injuste, déloyal

* **(to) make the trial unfair** - entacher d'inéquité le procès
* **unfair clauses** - clauses abusives
* **unfair comments** - commentaires de mauvaise foi
* **unfair competition** - concurrence déloyale
* **unfair pressure** - pression indue

UNFAIRNESS - Manque d'équité, iniquité, partialité

UNFAMILIAR - Insolite

UNFETTERED - Sans entraves, absolu, discrétionnaire

* **according to one's own unfettered discretion** - discrétionnairement
* **this power was not unfettered** - ce pouvoir n'était donc pas discrétionnaire

UNFIT - Incapable

* **unfit for** - inapte
* **unfit for service** - inapte au service

UNFITNESS

* **unfitness for work** - incapacité de travail

UNFORTUNATE - Triste, tragique

UNHIBITED - Décontracté

UNIFORM

* **uniform system** - système unitaire

UNINVOLVED - Etranger à l'affaire

UNION - 1.

* **union card catalogue** - catalogue central sur fiches

- 2. Union

* **long-term union** - union réelle (de deux Etats)
* **non-marital union** - union libre
* **personal union** - union personnelle (de deux Etats)

- 3. Syndicat (ouvrier)

* **federation of trade unions** - union de syndicats
* **majorities in trade unions** - la majorité des membres du syndicat
* **membership of a trade union** - appartenance à un syndicat
* **right of union organisation** - droit syndical
* **(to) contribute to a union** - cotiser à un syndicat
* **(to) form trade unions** - fonder des syndicats
* **(to) gain to a union** - adhérer à un syndicat
* **trade union** - syndicat
* **trade union action** - action collective (du syndicat)
* **trade union members** - adhérents d'un syndicat
* **trade union membership agreement** - accord sur l'affiliation syndicale
* **union fund** - fonds syndical
* **union security** - sécurité syndicale
* **union security clauses** - clauses de protection syndicale

UNIONIST - Syndiqué

UNIQUE - Sans parallèle, original, unique en son genre, spécifique, sui generis

* **he has a unique role to play** - il ne saurait être remplacé dans le rôle qu'il a à jouer

UNIT - 1. Unité, entité

* **geographical unit** - unité géographique
* **housing unit** - unité d'habitation
* **investigating unit** - unité de personnel enquêteur
* **listing unit** - unité d'enregistrement, unité de dénombrement
* **population of unit** - population de l'unité
* **rate per unit** - taux unitaire
* **recording unit** - unité d'enregistrement
* **reporting unit** - unité déclarante, unité servant à la publication
* **selected sample units** - unités-échantillons
* **size of the area unit** - taille de l'unité aréolaire
* **social unit** - unité sociale
* **statistical unit** - unité statistique
* **unit of enquiry** - unité d'enquête
* **units based on occupancy** - unités définies en fonction de l'occupant
* **units listed** - unités enregistrées

./..

- 2. Unité, groupe, service
* **monetary unit** - étalon monétaire
* **servicing unit** - service non organique
* **study unit** - centre d'intérêt
* **surgical unit** - antenne chirurgicale

UNITY - Unité, communauté
* **unity of interest** - communauté de droit
* **unity of possession** - communauté de possession, consolidation de la possession
* **unity of time** - communauté de durée
* **unity of title** - communauté de titre

UNJUST - 1. Inique; injuste
* **unjust suspicions** - soupçons mal fondés

- 2.
* **unjust enrichment** - enrichissement sans cause

UNJUSTIFIED - Arbitraire, abusif

UNJUSTIFIEDLY - Sans justification, abusivement, d'une manière inexcusable

UNLAWFUL - Contraire à la loi, illégal, illégitime, illicite, indû, arbitraire
* **unlawful detention** - séquestration arbitraire
* **unlawful entry** - intrusion illégale (sur la propriété d'autrui)
* **unlawful occupancy** - occupation sans titre

UNLAWFULLY - Illégalement, de manière ilicite

UNLAWFULNESS - Illégalité, illégitimité, illicéité

UNLESS - A moins que, sauf, faute de
* **unless a sufficient justification is given** - sauf à donner une justification suffisante
* **unless otherwise stated** - sauf indication contraire
* **unless to be** - faute d'être

UNLIQUIDATED
* **unliquidated obligations** - dépenses engagées mais non réglées

UNLISTED - Non admis à la cote officielle, non coté (en bourse)
* **Unlisted Securities Market (USM)** - marché hors cote

UNMERITORIOUS
* **unmeritorious claim** - grief non fondé, grief injustifié

UNNATURAL - Anormal, contre-nature, dénaturé
* **unnatural practices** - pratiques contre-nature

UNNECESSARY - Inutile, superflu, vain, sans raison d'être, indû, sans objet, évitable

UNNUMERATED
* **unnumerated rights** - droits non écrits

UNPLEASANT - Pénible, désagréable

UNPROBED - Non vérifié

UNPRODUCTIVE
* **unproductive debate** - discussion stérile, débat stérile, controverse stérile

UNPROVEN - Non confirmé

UNQUALIFIED - Absolu (droit), sans réserve, inconditionnel, souverain, sans ombres (tableau)
* **unqualified declaration** - déclaration formelle

UNREALISTIC - Artificiel, arbitraire; utopique, chimérique, (être une vue de l'esprit, être vain (d'essayer), être illusoire (de penser), s'abuser, être une aberration (que de croire), ne pas être de mise, sans rapport avec la réalité, (qui ne tient pas compte des circonstances)

UNREASONABLE - Abusif (clauses), excessif, exorbitant, arbitraire

UNREASONABLY - Abusivement, arbitrairement, sans raison valable
* (to) interfere with unreasonably - porter abusivement atteinte à

UNREBUTTEN - Non réfuté (présomption)

UNRELIABLE - Sujet à caution, douteux, médiocre

UNREPORTED
* unreported decision - décision non publiée

UNREQUITED - Sans contre-partie
* unrequited flows - capitaux fournis à fonds perdus
* unrequited services - prestations gratuites

UNRESPONSIVE - Réfractaire

UNREST
* student unrest - malaise étudiant

UNRESTRICTED - Libre, illimité, absolu, sans réserves, sans entraves
* unrestricted ballot - scrutin libre

UNREWARDING - Infructueux, non satisfaisant

UNSATISFACTORY - Décevant (explication), défectueux (système), médiocre (résultat), peu convaincant (théorie), qui laisse à désirer, (qqfs) fautif

UNSAVOURY - Désobligeant, acerbe, désagréable
* unsavoury business - affaire louche
* unsavoury reputation - réputation équivoque

UNSEAWORTHY
* unseaworthy vessel - navire en mauvais état

UNSECURED - 1. Mal fermé
* by unsecured lorry - en camion non fermé

- 2. Non garanti, à découvert, en blanc
* unsecured creditor - créancier chirographaire

UNSOUND - Aliéné
* person of unsound mind - déficient mental

UNSOUNDNESS
* unsoundness of mind - aliénation mentale

UNSTEADY - Instable, irrégulier, capricieux, chancelant, vacillant

UNSUBSTANTIATED - Non fondé

UNSUITABLE - Contre-indiqué, mal choisi, impropre, répondant mal à, correspondant mal à

UNTIED
* untied credit - crédit librement utilisable

UNTRAINING
* untraining of staff - "déconditionnement"

UNTRIED
* untried prisoner - prévenu (= en détention provisoire)

UNTRUTH - Contre-vérité

UNTUTORED - Brut, à l'état brut

UNUSUAL - Fortuit, inhabituel

UNVEILED - Effronté, cynique, non déguisé, (ouvertement)

UNWARRANTED - Injustifié

UNWILLING
* **unwilling subjection to the demands** - soumission forcée aux exigences

UNYIELDING - Réfractaire

UPGRADING - Valorisation professionnelle, recyclage, reclassement

UPHEAVAL - Bouleversement, secousse (sociale), soulèvement (populaire)

UPHOLD (to) - 1. Faire droit, accueillir, retenir, affirmer, maintenir
* **if the case was to be upheld** - si le requérant devait obtenir gain de cause
* **(to) uphold a charge** - retenir une charge

       - 2. Confirmer (un jugement), confirmer la décision d'une juridiction inférieure
* **(to) uphold a sentence** - confirmer une peine

       - 3. Reconnaître le bien-fondé d'un grief, soutenir (un argument)
* **upheld complaints** - griefs jugés fondés

       - 4. Faire appliquer, faire respecter

       - 5. Défendre, adhérer à (un principe)

UPS AND DOWNS - Avatars, vicissitudes, aléas

UPTURN
* **economic upturn** - reprise économique
* **no clear upturn can be seen** - on n'aperçoit aucun indice précis d'amélioration

UPWELLING
* **upwelling of ocean current** - remontée des eaux profondes

URBAN - Urbain
* **sub-urban sprawl** - suburbanisation
* **uncontrolled urban sprawl** - extension urbaine sauvage
* **urban encroachment** - empiètement des villes sur les campagnes
* **urban sprawl** - extension urbaine

URBANE - Courtois, civil, affable

URGE (to) - Exhorter à, engager à, presser de

URGENCY - Urgence, gravité, actualité, (qqfs) diligence
* **as a matter of urgency** - d'urgence
* **urgency rating** - indice d'importance

URGENT - (Au plus vite), urgent, pressant, instant
* **at the urgent request of** - à la demande instante de, à la demande pressante de; sur les instances de
* **urgent cases procedure** - procédure de référé
* **urgent request for an opinion** - procédure d'urgence pour une demande d'avis

USAGE - 1. Usage, coutume
* **commercial usage** - habitude commerciale

       - 2.
* **usage of land** - droit de passsage

USE (subst.) - Emploi, usage, recours, exercice
* **deposit for use** - dépôt d'usage
* **for cultural use** - à vocation culturelle
* **improper use** - emploi abusif
* **profitable use** - emploi lucratif
* **(to) make maximum use of all opportunities** - en recourant à toutes les possibilités
* **too little use is made of** - on se soucie trop peu de recourir à
* **use of force** - recours à la force, recours à la violence, emploi de la force
* **use of remedies** - exercice des recours

USE (to) - Mettre en pratique

USEFUL - Instructif, intéressant, indiqué; disponible
* **(to) seem useful to reveal the truth** - pouvant aider à la manifestation de la vérité
* **useful energy** - énergie disponible

USEFULNESS - (Le parti à tirer de)

USER - 1. Utilisateur

    - 2. Usage, droit d'usage
* **assignment of a right of user** - cession d'usage
* **constant user** - usage perpétuel
* **continuous user** - usage continu
* **exclusive user** - usage privatif
* **land user** - exercice d'un droit de propriété
* **lawful user** - usage légitime
* **non-user of land** - non exercice d'un droit de propriété (usu capies)
* **right of user** - droit d'usage
* **rightful user** - usage légitime
* **user cost** - coût d'usage
* **user-friendliness** - convivialité
* **user-friendly** - facilement utilisable, à la portée de l'utilisateur, convivial
* **user since time immemorial** - usage perpétuel

USUAL
* **usual conclusion** - conclusion classique

USUFRUCT - Droit de jouissance, usufruit
* **commencement of usufruct** - entrée en jouissance
* **grant of an usufruct** - constitution d'usufruit

USUFRUCTUARY - Usufruitier

UTILITIES
* **local utilities** - viabilité (eau, gaz)
* **public utilities** - établissements d'utilité publique, régie distributrice, entreprises de services publics
* **public utilities network** - voies et réseaux divers (VRD) (eau, égoûts, électricité, gaz)

UTMOST
* **(to) make the utmost for** - tout mettre en oeuvre pour

UTTERING - Usage de faux

- 438 -

VACANCIES
* unfilled vacancies - les emplois à pourvoir

VACANCY - 1. Poste vacant, vacance de poste
* vacancy notice - notice de vacance de poste

- 2. Vide, vacuité

VACANT
* (to) declare a post vacant - déclarer une vacance de poste
* vacant succession - vacance de la succession

VACATION - Vacation (du tribunal)
* court vacation - vacances judiciaires
* vacation court - chambre des vacations, vacations

VACUUM - Vide
* in vacuum (vacuo) - dans l'abstrait
* space vacuum - vide spatial

VAGARIES - Caprices, variations imprévues, fantaisies, lubies

VAGRANCY - Vagabondage
* vagrancy centre - dépôt de mendicité

VALID - Valide, valable, conforme à la loi; judicieux, rationnel, efficace, juste
* this remains valid - cela est encore vrai
* (to) be valid under French law - être régi par le droit français
* valid passport - passeport valide, passeport en cours de validité
* valid reason - raison valable

VALIDITY - Validité (d'un traité, etc.); durée de validité

VALUABLE - Excellent, intéressant, riche, de prix, de valeur, sérieux

VALUATION - Valeur, valorisation, estimation
* (to) make valuations of - calculer la valeur de
* valuation fee - droit de prisée (estimation)

VALUE - Valeur, poids
* (allowance for) development value - plus-value due aux impenses à titre onéreux
* at a rate per unit of value - d'après un taux ad valorem
* book value - valeur comptable
* evidential value - valeur probante
* face (rated) value - valeur nominale
* (fixed) par values - parités (fixes)
* for value - à titre onéreux
* in terms of value - en valeur
* liquidation value - valeur liquidative
* loss of value - moins-value
* market value - valeur vénale, valeur marchande
* notional value - valeur fictive
* of low value - dévalorisé
* par value - valeur nominale, parité (change)
* par value stock - titre au pair
* present value method - méthode du profit actualisé au taux (d'intérêt) du marché
* probative value - valeur probante
* purchaser's value - valeur à l'achat, valeur d'acquisition
* rateable value - valeur du revenu cadastral, valeur locative cadastrale
* rental value - valeur locative
* sentimental value - prix d'amateur; valeur affective, valeur morale
* value added - valeur ajoutée
* value date - date de valeur
* "value for money" - en avoir pour son argent, rentabiliser au maximum, rentabilité des dépenses
* value for tax purposes - valeur fiscale
* value-free document - document neutre, document sans parti-pris
* value in security - valeur en garantie
* value of the subject matter - valeur en litige, valeur du litige, valeur litigieuse
* value of the trust fund - dotation du fonds

VALUED
* a valued member of the Commission - un membre estimé de la Commission

VARIABLE (adj.) - Variable, supplétif

VARIABLE (subst.) - Variable
* control variable - variable de contrôle
* random variable - variable aléatoire

VARIANCE - <u>Variance</u>
* **conditions at variance with** - modalités contraires à
* **co-variance** - covariance
* **residual variance** - variance résiduelle

VARIETY
* **a wide variety of duties** - un ensemble diversifié de tâches

VARY (to) - <u>Varier, diversifier, modifier</u>
* **(to) vary a judgment** - réformer un jugement
* **(to) vary from** - différer, s'écarter de

VARYING - Plus ou moins grand, modulé, changeant, divers

VEHICLE - <u>Véhicule</u>
* **recreational vehicle** - véhicule de plaisance
* **utility vehicle** - véhicule utilitaire

VEIN - <u>Ordre d'idées, tournure d'esprit</u>

* **in the same vein** - dans le même ordre d'idées

VENTURE (subst.) - <u>Investissement, entreprise, opération, projet</u>
* **business venture** - opération commerciale à risques élevés
* **joint venture** - co-entreprise, opération conjointe
* **venture capital** - capitaux à risques et à taux élevés

VENTURE (to) - <u>Se risquer à, se permettre de, oser, croire bon de, s'enhardir à</u>
* **if I may venture to say** - si je puis exprimer mon avis

VENUE - <u>Lieu (du jugement, de la poursuite, ratione loci), juridiction</u>
* **the venue of a conference** - le siège d'une conférence

VERBAL
* **verbal amendment** - amendement de forme (par opposition à "substantive amendment", amendement de fond)
* **verbal proposals** - propositions verbales

VERBATIM - <u>Mot pour mot, textuel, in extenso</u>
* **verbatim record** - compte rendu
* **verbatim reporter** - sténographe-rédacteur de séance

VERBOSE - Loquace, volubile, prolixe, verbeux, diffus

VERDICT - <u>Verdict</u>
* **(to) bring in a verdict** - rendre un verdict
* **(to) return a verdict** - rendre un verdict
* **(to) set aside a verdict** - rejeter un verdict, annuler un verdict

VERIFY (to) - 1. <u>Prouver son dire, certifier, confirmer (un fait, une affirmation)</u>
* **which verifies the Court's fears** - ce qui confirme les craintes de la Cour

- 2. <u>Vérifier, contrôler</u>

VERSATILE - Aux talents variés, à usage multiple, polyvalent, aux nombreuses possibilités

VERSUS - <u>Contre</u>
* **Regina versus X ex parte Z** - la Reine, pour le compte de Z, contre Y; la Reine, dans l'intérêt de Z, contre Y

VEST (to) - <u>Investir (d'une autorité, etc.)</u>
* **authority vested in the people** - autorité exercée par le peuple
* **(to) vest property in somebody** - mettre qqn en possession d'un bien, assigner un bien à qqn
* **(to) vest someone with a function** - investir qqn d'une fonction

VESTED - <u>Acquis, dévolu</u>
* **(to) have vested interests in a concern** - être intéressé dans une entreprise
* **vested in estate** - droit acquis de jouissance future
* **vested in interest** - droit acquis de jouissance future
* **vested in possession** - droit acquis de jouissance immédiate
* **vested interests** - intérêts établis; chasses gardées, chasses réservées, fiefs; groupes d'intérêts
* **vested right** - droit acquis

VETTED
* **(to) be vetted by** - être approuvé par

VEXATIOUS
* **vexatious action** - poursuites abusives, procédure abusive
* **vexatious appeal** - fol appel
* **vexatious litigant** - plaideur téméraire, plaideur abusif

VEXED
* **a vexed question** - question discutée, question débattue, question controversée, question non résolue

VICARIOUS - <u>Fait par procuration, fait par substitution</u>
* **reading provides with a vicarious experience** - la lecture fait profiter de l'expérience d'autrui
* **vicarious liability** - responsabilité du fait d'autrui

VICE-CHAIRMAN
* **delegation vice-chairman** - chef-adjoint de la délégation, vice-président de la délégation

VICTIMISATION - 1. <u>"Victimalité", victimisation</u>

- 2. <u>Brimade (dans les prisons notamment)</u>

VICTIMOLOGY - <u>"Victimologie" (pédagogie)</u>

VIEW - <u>Idée, opinion, avis</u>
* **in his view** - à son sens
* **in view of** - en raison de, par suite de, eu égard à, vu que
* **it is the view of the authorities** - dans l'esprit des autorités
* **overall view** - vue d'ensemble, effort de synthèse
* **(to) ascertain the views** - recueillir l'opinion
* **(to) incline to the view** - incliner à penser
* **with a view to** - en vue de, eu égard à, à l'effet de
* **with a view to complementing** - par souci de complémentarité

VIGILANTE - 1. <u>Membre d'un comité de surveillance</u>

- 2. <u>Milicien</u>
* **vigilante group** - milice spéciale

VINDICATE (to) - 1. <u>Justifier, soutenir (une réputation, une action, un fait), défendre</u>
* **(to) vindicate one's say** - maintenir son point de vue

- 2. <u>Revendiquer</u>
* **(to) vindicate one's rights** - faire valoir ses droits

VINDICATION - 1. <u>Revendication (d'un droit)</u>

- 2. <u>Défense, apologie, justification</u>
* **in vindication of one's conduct** - en justification de sa conduite

VIOLATE (to)
* **(to) violate the right** - être contraire au droit, constituer une violation du droit

VIOLATING - <u>Attentatoire, en violation de</u>
* **violating Art. 6** - contraire à l'article 6

VIOLATION - <u>Violation, manquement, atteinte, infraction, méconnaissance</u>
* **consistent pattern of gross violation of human rights** - violations flagrantes, constantes et systématiques des droits de l'homme
* **violation of a right** - violation d'un droit, lésion d'un droit

VIOLENCE - <u>Violence</u>
* **physical violence** - sévices
* **robbery with violence** - vol avec agression
* **(to) resort to violence** - se livrer à des voies de fait, recourir à la violence
* **violence against the person** - voies de fait

VIRES
* **doctrine of ultra vires** - principe de la spécialité
* **intra vires** - dans les limites de la compétence
* **ultra vires** - antistatutaire, non prévu par les statuts; excès de pouvoir, hors compétences
* **vires intra** - statutaire, prévu au statut

VIRTUE
* **by virtue of** - grâce à

VIS
* **vis major** - force majeure

VISA
* **visa status** - genre de visa

VISIBILITY - Transparence, notoriété (d'une organisation)

VISION - <u>Audace, hardiesse, clairvoyance, perspicacité, intuition, discernement, largeur de vues, hauteur de vues, inspiration; vues progressistes</u>
* **my vision is...** - ce dont je rêve, c'est de...

VISIT - <u>Visite, séjour, voyage</u>
* **doctor's home visit** - visite à domicile (du médecin)
* **doctor's office visit** - consultation (au cabinet)
* **visit in quo** - descente sur les lieux, transport sur les lieux
* **visit to the locus** - descente sur les lieux, transport sur les lieux

VITAL
* **a vital factor** - un facteur de première importance
* **(to) have a vital bearing on** - influer de manière décisive sur
* **vital events** - événements (d'état-civil)
* **vital rates** - taux démographiques
* **vital rate enquiry** - enquête sur les taux démographiques

VITIATE (to) - Infirmer, invalider, compromettre, aller à l'encontre de, entacher, vicier

VITIATED - <u>Vicié, entaché</u>
* **viciated consent** - vice de consentement

VOCAL
* **(to) be vocal about something** - exprimer avec force son opinion sur, "ameuter" l'opinion, se faire entendre avec vigueur, se faire entendre bruyamment

VOCATION - (souvent) Profession, carrière, état

VOID (subst.) - <u>Nullité, entaché de nullité, frappé de nullité (absolue)</u>
* **absolutely void** - frappé d'une nullité radicale
* **action to have declared void** - action en nullité
* **judgment declaring (a contract) void** - jugement déclaratif de nullité
* **null and void** - nul et non avenu, nul et de nul effet, frappé de nullité
* **(to) declare void** - invalider
* **(to) declare void a marriage** - prononcer l'annulation d'un mariage
* **void against** - inopposable
* **void disposition** - disposition entachée de nullité

VOID (to)
* **action to void** - recours en annulation

VOIDABILITY - Nullité relative

VOIDABLE - 1. <u>Annulable, opposable, attaquable, résiliable</u>
- 2. <u>Frappé de nullité relative, entaché de nullité relative</u>

VOIDNESS - Invalidité

VOLATILE - <u>Dynamique; fébrile</u>
* **volatile funds** - capitaux fébriles

VOLUNTARY - 1. <u>Volontaire (contribution, assistance),</u> <u>librement consenti</u>
* **on a voluntary basis** - sur la base d'une libre adhésion
* **voluntary dispositions** - libéralités
* **voluntary work** - volontariat

- 2. <u>Volontariste</u>
* **a voluntary and diversified tax policy** - politique fiscale diversifiée et volontariste

- 3. <u>Bénévole, privé</u>
* **voluntary welfare agency** - organisme social privé
* **voluntary worker** - travailleur bénévole

- 4. <u>Spontané; motu proprio, de son</u> <u>plein gré</u>
* **voluntary migration** - migration spontanée

- 5. <u>Facultatif</u>
* **voluntary inquiry** - enquête facultative (recensement)

VOTE (subst.) - <u>Voix, suffrage, vote</u>
* **affirmative vote** - vote affirmatif, voix pour
* **casting vote** - voix prépondérante
* **entitled to vote** - avec voix délibérative
* **equality of votes** - partage des voix
* **equally divided vote** - partage égal des voix
* **if the votes are equal** - en cas de partage des voix
* **in a free vote** - sans discipline de vote
* **inconclusive vote** - vote sans résultat, vote non décisif
* **invalid vote** - suffrage nul
* **negative vote** - vote négatif, voix contre
* **one man, one vote** - à chacun une voix
* **proxy vote** - vote par procuration
* **right to vote** - droit électoral, droit de suffrage, voix délibérative
* **the casting vote of the President** - le suffrage du Président étant décisif, la voix prépondérante du Président
* **(to) proceed to a vote on** - passer au vote sur
* **(to) put to the vote** - mettre aux voix
* **(to) take a vote** - procéder à un vote
* **vote by ballot** - vote à bulletin secret
* **vote by roll call** - vote par appel nominal
* **vote by secret ballot** - vote par scrutin secret
* **vote by show of hands** - vote à main levée
* **vote by sitting and standing** - vote par assis et debout, vote par assis et levé
* **vote cast** - voix exprimée
* **vote in favour** - voix pour
* **vote of no confidence** - vote de défiance
* **with a right to vote** - avec voix délibérative

VOTE (to) - <u>Voter</u>
* **non voting** - avec voix consultative
* **(to) be represented as a non voting member** - être représenté sans voix délibérative
* **(to) vote an appropriation** - ouvrir un crédit, voter un crédit
* **(to) vote somebody in** - élire qqn
* **(to) vote somebody out** - rejeter qqn
* **voting** - avec voix délibérative
* **voting assembly** - assemblée délibérante
* **voting booth** - isoloir
* **voting power** - voix attribuées (FMI)
* **voting stock** - action donnant droit de vote

VOTER - <u>Electeur</u>
* **register of voters** - liste électorale
* **voter on the register** - électeur inscrit

VOTING
* **members present and voting** - membres présents et votants
* **present and not voting** - ne prend pas part au vote (dans un relevé de vote par appel nominal)
* **voting procedure** - mode de votation (le "mode de scrutin" ne couvre pas le vote à main levée, ni par assis et levé)

VOUCHER - <u>Pièce de comptabilité, pièce comptable,</u> <u>pièce justificative, document comptable,</u> <u>bordereau, bon, ticket; témoignage</u>
* **appropriate voucher** - pièce justificative
* **inter office voucher** - bordereau inter-services
* **production of vouchers** - présentation des pièces justificatives

WAGE - Salaire, gain (salarial)
* **differential wages** - salaires différenciés
* **money wage** - salaire nominal
* **wage contract** - contrat collectif, contrat tarifaire
* **wage differentials** - éventail des salaires
* **wage drift** - glissement des salaires
* **wage-earner** - salarié soutien de famille
* **wage scale** - barème des salaires, échelle des salaires

WAGER - Pari

WAGING
* **waging contract** - contrat spéculatif (ass. mar.)

WAITING
* **waiting period** - délai de carence
* **waiting time** - délai de carence

WAIVABLE - Supplétif

WAIVE (to) - Renoncer à, dispenser de, ne pas insister sur l'application de, écarter, déroger à
* **right to waive** - droit de renonciation
* **(to) waive a claim** - renoncer à faire valoir une réclamation
* **(to) waive an argument before the Commission** - renoncer à invoquer un argument devant la Commission
* **(to) waive one's rights** - déclarer forfait, abandonner
* **(to) waive one's rights in favour of X** - se désister de ses droits en faveur de X

WAIVER - 1. Renonciation (à un droit), abandon

- 2. Désistement (d'instance), (qqfs) dérogation
* **waiver of a right of action** - désistement de l'action

- 3. Levée, dispense, dérogation, exemption
* **interest waivers** - exonérations d'intérêt
* **local cost waiver** - dispense du paiement des dépenses locales, exemption du paiement des dépenses locales
* **(to) withdraw the waiver** - rétracter la renonciation
* **waiver of immunity** - levée de l'immunité

WAKE
* **in the wake of** - dans la mouvance de

WANTON - 1. Gratuit, délibéré, pour le plaisir
* **wanton destruction** - destruction délibérée, destruction pour le plaisir de détruire, destruction aveugle
* **wanton insult** - insulte gratuite

- 2. Licencieux, lascif, impudique

WANTONLY - Injustifié, sans motif

WAR - Guerre
* **act of war** - fait de guerre
* **laws of war** - droit de la guerre
* **war clauses** - clauses (de) risques de guerre
* **war levy** - contribution de guerre

WARDSHIP - Tutelle (d'un mineur)

WAREHOUSE - Entrepôt, magasin, magasinage
* **bonded warehouse** - entrepôt de douane
* **customs warehouse** - entrepôt de douane
* **public warehouse** - magasin public
* **warehouse receipt** - récépissé d'entrepôt
* **warehouses charges** - droit d'entrepôt, droit de magasinage

WARNING - 1.
* **early warning system** - système de prévision météorologique avancée; système d'alerte avancée (mil.)

- 2. Sommation, alerte, mise en garde
* **warning shot** - coup de semonce

-3. Préavis

WARRANT (subst.) - 1. Mandat, ordre judiciaire
* **arrest warrant** - ordre d'écrou, mandat d'arrêt, ordonnance de prise de corps
* **Bench warrant** - mandat d'arrêt lancé au cours d'une audience
* **committal warrant** - mandat de dépôt, ordre d'écrou
* **expulsion warrant** - décision d'expulsion
* **rescission of the warrant** - levée du mandat
* **search warrant** - mandat de perquisition
* **(to) issue a warrant for arrest** - décerner un mandat, délivrer un mandat
* **warrant authorising payment by the Treasury** - ordonnancement des dépenses
* **warrant for delivery** - ordre de saisie des meubles
* **warrant for detention** - mandat de dépôt, ordre d'écrou ./..

* **warrant for imprisonment** - mandat de dépôt, ordre d'écrou
* **warrant of possession** - ordre de saisie des biens immobiliers
* **warrant order** - avis de mandat
* **warrant to bring before the Court** - ordonnance de contrainte
* **warrant to pay** - mandat de paiement
* **warrant to produce** - mandat d'amener

- 2. Récépissé, lettre, titre
* **air-freight warrant** - lettre de transport aérien
* **bonds to wich are attached warrants to purchase shares** - obligations ouvrant un droit de souscription sur des actions
* **deposit warrant** - récépissé d'entrepôt
* **freight warrant** - lettre de voiture
* **share warrant** - action au porteur, titre au porteur

WARRANT (to) - 1. Garantir, attester, certifier (qqch), répondre de qqch
* **(to) warrant the payment** - garantir le paiement
* **warranted free from adulteration** - garanti pur de toute falsification

- 2. Justifier
* **sufficient to warrant conviction** - suffisant pour motiver une condamnation
* **(to) warrant a departure from the rule** - justifier une dérogation à une règle
* **warranted** - autorisé, (qqfs) légitime

WARRANTY - Garantie, clause de garantie
* **action to enforce a warranty** - recours en garantie, action en garantie, assignation en garantie, démarche en garantie
* **breach of warranty** - rupture de garantie
* **period covered by a warranty** - délai de garantie
* **post-facto warranty** - garantie sous peine de dommages-intérêts
* **warranty bond** - aval (droit commercial)
* **warranty of origin** - garantie de provenance, appellation d'origine, désignation d'origine
* **warranty of title** - attestation du titre

WARY
* **we must be wary of such exaggerations** - nous devons nous garder de telles exagérations

WASTAGE - Déperditions (d'effectifs), déchets scolaires
* **natural wastage** - usure naturelle des effectifs (emploi)

WASTE - 1. Détériorations, dégâts
* **impeachable for waste** - responsable des dégâts éventuels
* **(to) be not liable for waste** - ne pas répondre des détériorations

- 2. Déchets
* **waste-borne disease** - maladie transmissible par les déchets
* **waste disposal** - évacuation des déchets
* **waste re-use** - réutilisation des déchets
* **waste water** - eaux usées

- 3. Abus de jouissance

WATER (subst.) - Eau
* **economic water lift** - hauteur de chute économique
* **International Conference on Water for Peace** - Conférence internationale de "l'Eau pour la paix"
* **underground water table** - surface de la nappe souterraine libre
* **water course** - voie d'eau, voie fluviale
* **water services** - services de distribution d'eau

WATER (to)
* **(to) water down** - affaiblir, atrophier, édulcorer

WATERING - Mouillage de capital (procédé de sur-capitalisation)

WAY
* **air transportation way bill** - connaissement aérien
* **by way of** - par voie de
* **by way of exception** - à titre d'exception
* **really under way** - bien lancé
* **right of way** - passage, droit de passage; emprise (d'une construction)
* **way bill** - feuille de route, lettre d'expédition, lettre de voiture
* **Ways and Means Committee** - Commission des Finances et du Budget

WEAKEN (to)
* **(to) weaken a judgment** - infirmer un jugement

WEAKNESS - Point faible, lacunes, défaut, tare, travers, insuffisances

WEALTH - <u>Richesse, fortune</u>
* **a wealth of details** - une profusion de détails
* **net wealth** - valeur nette
* **statement of net wealth** - déclaration de valeur nette
* **wealth tax** - taxe sur les signes extérieurs de richesse

WEAR
* **compensation for wear and tear** - indemnité de dépréciation
* **the worse for wear** - en piètre état
* **wear and tear** - usure et détérioration, dépréciation et usure (de matériel)

WEDLOCK
* **birth in wedlock** - filiation légitime, descendance légitime
* **birth out of wedlock** - filiation naturelle, descendance naturelle
* **born out of wedlock** - enfant né hors mariage

WEEDING OUT
* **weeding out of document** - nettoyage des documents inutiles, élimination des documents inutiles

WEIGHT (subst.) - <u>Poids, charge, pondération</u>
* **constant weights** - coefficients constants de pondération
* **excess weight** - excédent de poids, excédent de charge
* **factors of different weights** - facteurs de poids différents
* **fixed weight** - coefficient de pondération constant
* **gross weights** - tout venant (mines)
* **original weight base** - base de pondération initiale
* **(to) shift the weights of items to others** - déplacer les coefficients de pondération affectés à certains articles vers d'autres
* **weight base** - base de pondération

WEIGHT (to)
* **current or base weighted formula** - formule de pondération fondée sur l'année courante ou sur l'année de base
* **current weighted average** - moyenne pondérée sur les années courantes
* **re-weighting during data processing** - pondérer lors du traitement de l'information
* **re-weighting the sample** - redresser l'échantillon
* **self-weighting sample** - échantillon autopondéré
* **weighted down by** - surchargé par
* **weighted voting** - pondération des voix (répartition des voix d'après la participation ou les contributions des membres)
* **weighting system** - base de pondération initiale

WELCOME (to) - <u>Accueillir avec faveur, accueillir avec satisfaction, être favorable à, saluer (l'initiative), noter avec approbation, se féliciter de, tenir à exprimer sa satisfaction, être heureux d'apprendre, faire bon accueil à, souhaiter la bienvenue</u>
* **is very welcome** - doit être encouragé
* **it was welcome** - c'était un motif de satisfaction

WELFARE - <u>Protection sociale, aide (promotion sociale)</u>
* **child welfare** - protection sociale des enfants, protection de l'enfance, assistance à l'enfance
* **general welfare** - le bien général
* **preventive medicine and social welfare** - hygiène sociale
* **the welfare department** - les oeuvres sociales
* **(to) be on welfare** - recevoir des allocations d'aide sociale
* **welfare law** - droit social
* **welfare legislation** - droit social
* **welfare State** - Etat-providence

WELL
* **as well as** - au même titre que
* **well-educated consumer** - consommateur averti
* **would do well to** - serait bien inspiré de

WELL-KNOWN
* **it is a well-known fact that** - nul n'ignore que

WHARFAGE
* **wharfage tax** - droit de quai

WHEELING
* **wheeling and dealing** - tractations

WHENEVER - <u>Dans tous les cas où</u>
* **whenever necessary** - chaque fois qu'il y aura lieu, en tant que de besoin

WHEREABOUTS - <u>Coordonnées, déplacements (d'un individu)</u>

WHEREAS - <u>Considérants, (considérant que)</u>

WHEREVER

* **wherever possible** - dans tous les cas où ce sera possible

WHILE

* **while appreciating** - sans contester (la valeur)

WHIP

* **party whip** - discipline de groupe, discipline de parti

WHITE

* **white-collar crime** - délinquance en col blanc
* **white elephant** - objet sans utilité, "danseuse"
* **white fish** - poisson de fond
* **white paper** - livre blanc

WHOLE - 1. Ensemble, plénier

* **a series of activities forming a coherent whole** - une série d'activités s'étayant mutuellement
* **committee of the whole** - comité plénier
* **the Article as a whole is adopted** - l'ensemble de l'article est adopté

- 2. Systématique

* **as a whole** - (qqfs) systématique
* **interpretation of the Convention as a whole** - interprétation systématique de la Convention

WHOLESALE - A forfait

WHOLLY - Totalement

* **wholly owned by** - entièrement contrôlé par

WHO'S WHO - Dictionnaire biographique

WILDERNESS - (qqfs) Les lieux sauvages, zone primitive, région inhospitalière

WILFUL - Intentionnel, délibéré, fait exprès, commis de parti pris

* **wilful damage** - dommage délibéré
* **wilful intention** - intention délibérée
* **wilful murder** - homicide volontaire

WILL - 1. Volonté

* **incapable of determining one's will** - incapable de discernement
* **will to possess** - volonté de posséder

- 2. Testament, disposition testamentaire

* **capacity to make a will** - capacité de tester
* **gift by will** - donation testamentaire
* **holograph will** - testament olographe
* **joint will** - testament conjoint, testament conjonctif, testament mutuel
* **law of wills** - droit testamentaire
* **notarially recorded will** - testament notarié, testament par acte public, testament authentique
* **public will** - testament par acte public, testament authentique
* **reciprocal will** - testament conjoint, testament conjonctif, testament mutuel
* **right to make a will** - droit de tester
* **secret will** - testament mystique
* **(to) dispute a will** - attaquer un testament
* **(to) mention in a will** - coucher sur un testament
* **(to) prove a will** - homologuer un testament
* **will made at sea** - testament maritime

WILLING

* **would be willing** - consentirait

WIN (to)

* **(to) win a case** - avoir gain de cause

WIND UP (to) - Dissoudre, liquider

* **compulsory winding up** - redressement judiciaire
* **compulsory winding up order** - ordonnance de liquidation de bien, liquidation forcée
* **surplus on a winding up** - boni de liquidation
* **(to) wind up a company** - dissoudre une société
* **voluntary winding up** - liquidation volontaire, liquidation amiable
* **winding up of the bankruptcy** - clôture de la faillite
* **winding up speech** - discours de clôture, discours de récapitulation
* **winding up subject to the supervision of the Court** - liquidation sous règlement judiciaire

WINDFALL - Gain exceptionnel et imprévisible, "manne"

WISDOM

* **retrospective wisdom** - esprit de l'escalier

WISE

* the Council has been wise to - le Conseil a bien fait de

WISH (to) - Souhaiter

* the Executive Board may wish to - le Conseil exécutif jugera peut-être bon de
* they have wished to - ils ont marqué leur désir de
* X would wish that I - ce serait le désir de X que je

WITHDRAW (to) - Retirer (motion, projet de résolution), se retirer, déclarer forfait

* (to) withdraw a bill - retirer un effet
* (to) withdraw an action - se désister d'une action

WITHDRAWAL - 1. Désistement, retrait, abandon, renonciation, cessation

* age at withdrawal - âge de la cessation d'activité
* withdrawal of authority - déchéance du mandat
* withdrawal of immunity - levée d'immunité
* withdrawal of Member States - retrait d'Etats Membres
* withdrawal of power of attorney - déchéance du mandat
* withdrawal of the proceedings - classement sans suite, désistement d'instance
* withdrawal of the prosecution against - renvoi des fins de la poursuite

- 2. Prélèvement

* withdrawal from holdings - prélèvements sur des avoirs

- 3. Retrait (de sommes)

- 4. Révocation (de pouvoirs)

- 5.

* withdrawal of judicial supervision - levée du contrôle judiciaire, mainlevée du contrôle judiciaire

WITHIN

* within a year from - un an au plus tard après, un an au plus tard à partir de, un an au plus tard à dater de
* within 30 days after the date - dans un délai de 30 jours à partir de

WITHOLDING

witholding taxes - impôts retenus à la source

WITNESS - 1. Témoin

* character witness - témoin de moralité
* defaulting witness - témoin défaillant
* defence witness - témoin à décharge
* eye witness - témoin oculaire
* false witness - faux témoignage
* hearing of witness - audition de témoin
* hostile witness - témoin hostile
* in witness thereof - en foi de quoi
* intimidation of witnesses - pression sur les témoins
* material witness - témoin de fait
* privileged witness - personne pouvant refuser de témoigner, personne en droit de refuser de témoigner
* prosecution witness - témoin à charge
* reading over a witness's statement to ensure that it is correct - récolement (verbe=récoler)
* reliable witness - témoin digne de foi
* the refusal by a privileged witness to give evidence - le refus d'un témoin de déposer lorsqu'il est en droit de s'y refuser
* (to) bear witness to - témoigner de
* (to) bribe a witness - suborner un témoin
* (to) call a witness - appeler un témoin, citer un témoin, convoquer un témoin, appeler qqn en témoignage
* (to) challenge a witness - récuser un témoin
* (to) examine and cross-examine a witness - interrogatoire et contre-interrogatoire d'un témoin; interroger contradictoirement un témoin
* (to) examine witnesses - procéder à l'audition des témoins
* (to) suborn a witness - suborner un témoin
* (to) subpoena a witness - citer un témoin à comparaître sous peine de sanctions
* (to) summon a witness - appeler un témoin, citer un témoin, convoquer un témoin, appeler qqn en témoignage
* (to) tamper with a witness - suborner un témoin
* witness against - témoin à charge
* witness allowance - taxe des témoins
* witness as to character - témoin de moralité
* witness box - barre des témoins
* witness evidence - témoignage, déposition, preuves par témoignage
* witness for himself - témoin à décharge
* witness in support of the case - témoin à charge
* witness my hand - en foi de quoi, je signe
* witness on behalf of - témoin à décharge
* witness order - ordre de comparution (Crown Court)
* witness stand - barre des témoins
* witness summons - convocation du témoin (County Court)
* witness to prove character - témoin de moralité
* witnesses expenses - frais de citation des témoins
* witnesses involved - témoins cités

- 2. Déposition

* evidence given by a witness - déposition
* (to) examine a witness - recevoir une déposition
* (to) take a statement from a witness - recevoir une déposition

WOMB - Ventre
* **womb leasing** - location de ventre
* **womb rent** - location de ventre

WORD - Mot, terme, formule
* **by word of mouth** - verbalement
* **words of limitation** - conditions limitatives de durée
* **words of purchase** - conditions désignant l'acheteur

WORDING - Rédaction, libellé, termes, formule, énoncé, texte, projet
* **the wording of the Act** - la formule légale

WORK (subst.) - 1. Travail, emploi, tâche, activité
* **continuous work system** - système continu (3 x 8)
* **forms of work** - modalité du travail
* **normal work load** - travail courant
* **relief work** - travaux publics spéciaux
* **short-time work** - chômage partiel, sous-emploi
* **work-in** - grève par le travail
* **work load** - charge de travail
* **work-oriented** - fonctionnel
* **work sheet** - bordereau
* **work shift** - poste de travail, période de travail
* **work-shop design** - plan de montage
* **work simplification** - simplification des tâches
* **work study** - analyse des tâches
* **work-to-rule strike** - grève du règlement, grève du zèle, grève perlée

- 2. Mandat, mission, attributions, services
* **advisory work** - services consultatifs

- 3. Entreprise, établissement, atelier
* **works agreement** - accord collectif d'établissement, accord d'entreprise
* **works committee** - comité d'entreprise
* **works council** - comité d'entreprise
* **works provident fund** - caisse d'entreprise
* **works regulations** - règlement d'entreprise, règlement d'atelier
* **Works Section** - Section des bâtiments et installations (C.E.)
* **works union** - syndicat d'entreprise

WORKABILITY - Ouvrabilité (ind.), maniabilité
* **workability of a system** - maniabilité d'un système

WORKABLE - Exécutable, réalisable, applicable, plausible (hypothèse, théorie)

WORKED - (qqfs) Concret, pratique, vécu

WORKER - Travailleur, agent, praticien, personnel d'exécution
* **computer-linked home worker** - télétravailleur électronique (inf.)
* **field worker** - agent recenseur (démogr.); agent d'exécution
* **front-line worker** - agent général, agent polyvalent
* **home worker** - travailleur à domicile
* **medico-social worker** - assistant médico-social
* **multipurpose worker** - agent général, agent polyvalent
* **production worker** - ouvrier de fabrication, ouvrier à la production
* **professional worker** - employé de formation supérieure
* **public health worker** - agent de santé publique
* **semi-skilled worker** - ouvrier spécialisé
* **skilled worker** - ouvrier qualifié
* **technician worker** - agent technique, technicien
* **voluntary worker** - agent bénévole, travailleur bénévole
* **white-collar worker** - employé
* **workers' management** - autogestion ouvrière
* **workers' representative** - responsable d'entreprise

WORKING
* **different working stations (case processing)** - différents stades de la procédure
* **expectation of working life** - espérance de vie active
* **short-time working** - chômage partiel
* **the working life** - le monde du travail, la vie active
* **those working in the field of music** - les "professionnels" de la musique
* **working arrangement** - modus vivendi
* **working balance** - fonds de roulement
* **working capital** - capital de roulement, capital circulant
* **working day** - jour ouvrable
* **working language** - langue de travail
* **working life** - durée utile, durée de vie
* **working management** - modus vivendi
* **working partner** - associé actif
* **working party** - groupe de travail
* **working text** - texte provisoire

WORLD - Monde
* **the underdeveloped world** - le tiers-monde
* **the world at large** - le reste du monde
* **world order** - le concert des nations

WORTH - Valeur
* **net worth** - valeur nette

WORTHLESS - Sans provision (chèque)

WORTHY - Solvable, digne de confiance

WOULD-BE - Imaginaire, prétendu, qui se prétend

WOUND (to) - Blesser
* **guilty of having seriously wounded** - coupagle du délit de coups et blessures avec circonstances aggravantes
* **guilty of having wounded** - coupable du délit de coups et blessures

WOUNDING - Coups et blessures
* **wounding causing death** - coups et blessures ayant entraîné la mort sans intention de la donner
* **wounding with intent to cause grievous bodily harm** - coups et blessures avec préméditation

WRECK - Epave
* **franchise of wreck** - droit d'épave

WRIT - 1. Requête, assignation, citation (de témoin), exploit (d'huissier), demande introductive d'instance, demande en justice, demande initiale
* **issuing of a writ for elections** - convocation du corps électoral
* **original writ** - demande introductive d'instance
* **service of the writ** - signification par huissier, assignation
* **substituted service of the writ** - notification par la poste
* **time of issue of the writ** - moment où une assignation est signifiée
* **(to) file a writ** - déposer une demande introductive d'instance
* **(to) issue a writ (against)** - déposer un exploit d'assignation, attaquer, assigner en justice
* **(to) reply to the writ** - constituer avoué
* **(to) serve a writ** - signifier, assigner
* **writ issuance** - obtention d'un exploit d'huissier
* **writ of execution** - titre exécutoire
* **writ of summons** - ordonnance d'assignation, ordonnance de citation, exploit introductif d'instance
* **writ served on the defendant** - exploit d'ajournement

- 2. Mandat, ordonnance, acte judiciaire
* **judicial writ** - ordonnance judiciaire
* **prerogative writ** - ordonnance régalienne
* **(to) issue a writ** - délivrer une ordonnance, délivrer un mandat
* **writ of attachment** - ordonnance de prise de corps, ordonnance de saisie-arrêt
* **writ of delivery** - ordonnance de saisie des meubles
* **writ of execution** - ordonnance de saisie-exécution
* **writ of habeas corpus** - mandat d'habeas corpus, ordonnance d'habeas corpus
* **writ of mandamus** - ordonnance de mandamus
* **writ of nolle prosequi** - ordonnance de non-lieu
* **writ of possession** - ordonnance d'expulsion
* **writ of prohibition** - défense de statuer

WRITE-OFF (to) - Passer par pertes et profits
* **rate of write-off** - taux d'amortissement

WRITER
* **legal writers in Austria** - la doctrine juridique en Autriche
* **most writers** - la doctrine dominante

WRITING
* **scholarly writings** - la doctrine
* **signed writing** - acte sous seing privé
* **writing down** - amortissement (d'un investissement)
* **writing of jurists** - la doctrine
* **writing-off** - inscription aux profits et pertes, passation par pertes et profits, dépréciation

WRITTEN
* **written instruments** - écrits (juridiques)
* **written-off equipment** - matériel réformé

WRONG (adj.) - Pas juste, contre-indiqué, erroné, injustifiable, laissant à désirer
* **the Government are wrong when they refer to...** - c'est à tort que le gouvernement se réfère à ...
* **wrong in law** - illégal

WRONG (subst.) - 1. Délit civil, préjudice
* **civil wrong** - acte dommageable
* **(to) redress a wrong** - parer au préjudice
* **(to) suffer a wrong** - subir un préjudice

- 2. Manquement, violation

WRONGDOING (adj.) - Mal, injuste

WRONGDOING (subst.) - Méfait, écart de
conduite, infraction à la
loi

WRONGFUL - Illicite, condamnable, fautif, délictueux,
abusif, dolosif, dommageable
* **wrongful act** - fait illicite, fait dolosif, acte
dommageable, acte délictueux
* **wrongful arrest** - arrestation injustifiée, arrestation
abusive
* **wrongful detention** - détention injustifiée, détention
abusive
* **wrongful purpose** - but dommageable

WRONGFULLY - Sans cause juste

WRONGLY - Indûment
* **wrongly paid** - indûment payé

YEAR - Année, exercice
* **academic year** - année scolaire, année universitaire
* **accounting year** - exercice budgétaire
* **base (reference) year** - année de base
* **calendar year** - année civile
* **closed year** - année révolue
* **crop year** - campagne agricole
* **financial year** - exercice budgétaire
* **grant of years of service** - rappel d'ancienneté
* **past accounting year** - exercice clos, exercice écoulé
* **previous accounting year** - exercice clos, exercice écoulé
* **quota year** - année contingentaire
* **year of service** - annuité; ancienneté
* **year's contribution** - annuité

YIELD (subst.) - Rendement, récolte, produit
* **cash yield** - produit financier
* **yield of a tax** - rendement d'un impôt

YIELD (to)
* **sufficiently yielding taxes** - impôts suffisamment productifs

YOUTH - La jeunesse, les jeunes, les adolescents
* **youth centre** - foyer pour les jeunes, centre pour les jeunes
* **youth prison** - prison pour mineurs, prison-école
* **youth programme** - programme en faveur de la jeunesse

ZAPPING - 1. <u>Eliminer (qqn avec un pistolet à rayons)</u>
<u>(B.D.)</u>

- 2. <u>"Court-circuiter" (les spots publicitaires),</u>
<u>changer de chaîne (TV)</u>

ZEAL
* **crusading zeal** - prosélytisme

ZERO - <u>Nul, rien, zéro</u>
* **zero-defect engineering** - garantie zéro-défaut (G.Z.D.)
* **zero hour** - heure H

ZONE - <u>Zone, région</u>
* **virgin land zones** - régions de terres vierges
* **zone of attraction influence** - aire d'attraction

Sales agents for publications of the Council of Europe
Agents de vente des publications du Conseil de l'Europe

AUSTRALIA/AUSTRALIE
Hunter Publications, 58A, Gipps Street
AUS-3066 COLLINGWOOD, Victoria
Tel.: (61) 3 9417 5361
Fax: (61) 3 9419 7154
E-mail: Sales@hunter-pubs.com.au
http://www.hunter-pubs.com.au

AUSTRIA/AUTRICHE
Gerold und Co., Graben 31
A-1011 WIEN 1
Tel.: (43) 1 533 5014
Fax: (43) 1 533 5014 18
E-mail: buch@gerold.telecom.at
http://www.gerold.at

BELGIUM/BELGIQUE
La Librairie européenne SA
50, avenue A. Jonnart
B-1200 BRUXELLES 20
Tel.: (32) 2 734 0281
Fax: (32) 2 735 0860
E-mail: info@libeurop.be
http://www.libeurop.be

Jean de Lannoy
202, avenue du Roi
B-1190 BRUXELLES
Tel.: (32) 2 538 4308
Fax: (32) 2 538 0841
E-mail: jean.de.lannoy@euronet.be
http://www.jean-de-lannoy.be

CANADA
Renouf Publishing Company Limited
5369 Chemin Canotek Road
CDN-OTTAWA, Ontario, K1J 9J3
Tel.: (1) 613 745 2665
Fax: (1) 613 745 7660
E-mail: order.dept@renoufbooks.com
http://www.renoufbooks.com

CZECH REPUBLIC/RÉPUBLIQUE TCHÈQUE
USIS, Publication Service
Havelkova 22
CZ-130 00 PRAHA 3
Tel./Fax: (420) 2 2423 1114

DENMARK/DANEMARK
Munksgaard
35 Norre Sogade, PO Box 173
DK-1005 KØBENHAVN K
Tel.: (45) 7 733 3333
Fax: (45) 7 733 3377
E-mail: direct@munksgaarddirect.dk
http://www.munksgaarddirect.dk

FINLAND/FINLANDE
Akateeminen Kirjakauppa
Keskuskatu 1, PO Box 218
FIN-00381 HELSINKI
Tel.: (358) 9 121 41
Fax: (358) 9 121 4450
E-mail: akatilaus@stockmann.fi
http://www.akatilaus.akateeminen.com

FRANCE
C.I.D.
131 boulevard Saint-Michel
F-75005 PARIS
Tel.: (33) 01 43 54 47 15
Fax: (33) 01 43 54 80 73
E-mail: cid@msh-paris.fr

GERMANY/ALLEMAGNE
UNO Verlag
Proppelsdorfer Allee 55
D-53115 BONN
Tel.: (49) 2 28 94 90 231
Fax: (49) 2 28 21 74 92
E-mail: unoverlag@aol.com
http://www.uno-verlag.de

GREECE/GRÈCE
Librairie Kauffmann
Mavrokordatou 9
GR-ATHINAI 106 78
Tel.: (30) 1 38 29 283
Fax: (30) 1 38 33 967

HUNGARY/HONGRIE
Euro Info Service
Hungexpo Europa Kozpont ter 1
H-1101 BUDAPEST
Tel.: (361) 264 8270
Fax: (361) 264 8271
E-mail: euroinfo@euroinfo.hu
http://www.euroinfo.hu

ITALY/ITALIE
Libreria Commissionaria Sansoni
Via Duca di Calabria 1/1, CP 552
I-50125 FIRENZE
Tel.: (39) 556 4831
Fax: (39) 556 41257
E-mail: licosa@licosa.com
http://www.licosa.com

NETHERLANDS/PAYS-BAS
De Lindeboom Internationale Publikaties
PO Box 202, MA de Ruyterstraat 20 A
NL-7480 AE HAAKSBERGEN
Tel.: (31) 53 574 0004
Fax: (31) 53 572 9296
E-mail: lindeboo@worldonline.nl
http://home-1-worldonline.nl/~lindeboo/

NORWAY/NORVÈGE
Akademika, A/S Universitetsbokhandel
PO Box 84, Blindern
N-0314 OSLO
Tel.: (47) 22 85 30 30
Fax: (47) 23 12 24 20

POLAND/POLOGNE
Głowna Księgarnia Naukowa
im. B. Prusa
Krakowskie Przedmiescie 7
PL-00-068 WARSZAWA
Tel.: (48) 29 22 66
Fax: (48) 22 26 64 49
E-mail: inter@internews.com.pl
http://www.internews.com.pl

PORTUGAL
Livraria Portugal
Rua do Carmo, 70
P-1200 LISBOA
Tel.: (351) 13 47 49 82
Fax: (351) 13 47 02 64
E-mail: liv.portugal@mail.telepac.pt

SPAIN/ESPAGNE
Mundi-Prensa Libros SA
Castelló 37
E-28001 MADRID
Tel.: (34) 914 36 37 00
Fax: (34) 915 75 39 98
E-mail: libreria@mundiprensa.es
http://www.mundiprensa.com

SWITZERLAND/SUISSE
BERSY
Route d'Uvrier 15
CH-1958 LIVRIER/SION
Tel.: (41) 27 203 73 30
Fax: (41) 27 203 73 32
E-mail: bersy@freesurf.ch

UNITED KINGDOM/ROYAUME-UNI
TSO (formerly HMSO)
51 Nine Elms Lane
GB-LONDON SW8 5DR
Tel.: (44) 171 873 8372
Fax: (44) 171 873 8200
E-mail: customer.services@theso.co.uk
http://www.the-stationery-office.co.uk
http://www.itsofficial.net

UNITED STATES and CANADA/ ÉTATS-UNIS et CANADA
Manhattan Publishing Company
468 Albany Post Road, PO Box 850
CROTON-ON-HUDSON,
NY 10520, USA
Tel.: (1) 914 271 5194
Fax: (1) 914 271 5856
E-mail: Info@manhattanpublishing.com
http://www.manhattanpublishing.com

STRASBOURG
Librairie Kléber
Palais de l'Europe
F-67075 STRASBOURG Cedex
Fax: (33) 03 88 52 91 21

Council of Europe Publishing/Editions du Conseil de l'Europe
F-67075 Strasbourg Cedex
Tel.: (33) 03 88 41 25 81 – Fax: (33) 03 88 41 39 10 – E-mail: publishing@coe.int – Web site: http://book.coe.fr